btb

Wie funktionieren gute Geschichten, wie schreibt man sie und was erzählen sie uns über unsere Welt: George Saunders führt den Leser durch sieben klassische Kurzgeschichten der russischen Meister Tschechow, Turgenjew, Tolstoi und Gogol, so wie er es zwanzig Jahre lang mit seinen Studenten im Creative-Writing-Programm machte. Und es ist unglaublich, wie unterhaltsam, witzig und erhellend Lernen bei George Saunders ist. Während er uns erklärt, wie Literatur funktioniert, fangen wir an, die Welt mit anderen Augen zu sehen, erkennen, dass gute Literatur moralische und ethische Vorstellungen beeinflussen, ja Leben verändern kann.

Die Geschichten sind in voller Länge abgedruckt: Anton Tschechow, *Auf dem Wagen, Herzchen, Die Stachelbeeren*; Iwan Turgenjew, *Die Sänger*; Leo Tolstoi, *Herr und Knecht, Aljoscha der Topf*; Nikolai Gogol, *Die Nase*.

George Saunders wurde 1958 in Amarillo, Texas, geboren, lebt heute mit seiner Frau und zwei Töchtern in Oneonta, New York, und ist Dozent an der Syracuse University. Er hat mehrere Bände mit Kurzgeschichten veröffentlicht, erhielt u. a. 2013 den PEN/Malamud Award und 2014 den Folio Prize. Das Echo auf seinen ersten Roman »Lincoln im Bardo« war überwältigend: Man Booker Prize 2017, Shortlist für den Golden Man Booker Prize, Premio Gregor von Rezzori 2018, *New York Times*-Nr.1-Bestseller, SWR-Bestenliste Platz 1 und SPIEGEL-Bestseller.

Frank Heibert, geb. 1960, ist der Übersetzer von u. a. Don DeLillo, Richard Ford, William Faulkner und Lorrie Moore und wurde u. a. ausgezeichnet mit dem Helmut-M.-Braem-Preis und, zusammen mit Hinrich Schmidt-Henkel, dem Straelener Übersetzerpreis.

George Saunders

Bei Regen in einem Teich schwimmen

Von den russischen Meistern
lesen, schreiben und leben lernen

Aus dem amerikanischen Englisch
von Frank Heibert

btb

Für meine Studierenden in Syracuse,
in der Vergangenheit, Gegenwart und Zukunft

Und in dankbarer Erinnerung an Susan Kamil

Iwan Iwanytsch ging nach draußen, stürzte sich mit viel Lärm ins Wasser und schwamm im Regen umher, wobei er weit mit den Armen ausholte und Wellen machte, und auf den Wellen schaukelten weiße Seerosen. Er schwamm ganz bis zur Mitte des aufgestauten Teichs und tauchte, und nach einer Minute kam er an einer anderen Stelle wieder nach oben und schwamm weiter; er tauchte immer wieder und versuchte den Boden zu erreichen. »Ach, mein Gott…« Er schwamm bis zur Mühle, unterhielt sich dort mit den Bauern über irgend etwas und kehrte um, und in der Mitte des Teiches legte er sich auf den Rücken und hielt sein Gesicht in den Regen. Burkin und Aljochin waren schon angezogen und wollten gehen, er aber schwamm und tauchte noch immer.

»Ach, mein Gott«, sagte er. »Ach, Herr erbarm dich.«

»Jetzt ist es aber genug!« rief Burkin ihm zu.

Anton Tschechow, *Stachelbeeren*

INHALT

WIR FANGEN AN

In den letzten zwanzig Jahren habe ich einen Kurs über russische Erzählungen des 19. Jahrhunderts (in englischer Übersetzung) an der Syracuse University unterrichtet. Meine Studierenden gehören zu den besten jungen Autor:innen Amerikas. (Jedes Jahr wählen wir aus einem Pool von sechs- bis siebenhundert Bewerbungen sechs Studierende aus.) Schon wenn sie antreten, sind sie großartig. Über die nächsten drei Jahre versuchen wir, ihnen dabei zu helfen, ihren »ikonischen Raum« zu erlangen, so nenne ich das – den Ort, von dem aus sie die Geschichten schreiben werden, die nur sie schreiben können und für die sie einbringen, was sie als Menschen unverwechselbar macht: ihre Stärken und Schwächen, ihre Obsessionen und Eigenheiten, das ganze Paket. Auf diesem Niveau wird gutes Schreiben schon vorausgesetzt; das Ziel lautet, die handwerklichen Mittel zu erlernen, mit denen sie frech und froh sie selbst werden können.

In dem Kurs über die Russen, wo wir die Physik des Genres zu begreifen versuchen (»Wie funktioniert dieses Ding überhaupt?«), wenden wir uns einer Handvoll Texte der großen russischen Schriftsteller zu und schauen uns an, wie sie es angestellt haben. Manchmal mache ich den (durchaus ernst gemeinten) Witz, dass wir sie daraufhin lesen, was wir bei ihnen klauen können.

Vor ein paar Jahren kam mir nach dem Kurs (sagen wir, Kreidestaub schwebte in der Herbstluft, der altmodische Heizkörper klonkerte in der Ecke, draußen probte irgendwo eine Blaskapelle) die Erkenntnis, dass ich einige der besten Augenblicke meines Lebens, in denen ich wirklich das Gefühl hatte, ich hätte der Welt etwas Wertvolles zu geben, im Verlauf dieses »Russenkurses« erfahren habe. Die Erzählungen, die ich dort durchnehme, habe ich, wenn ich selbst schreibe, immer in der Nähe, als hohe Messlatte für meine eigenen. (Ich wünsche mir, dass meine Geschichten jemanden ebenso sehr bewegen und verändern können, wie diese russischen Erzählungen mich bewegt und verändert haben.) Nach all den Jahren kommen mir die Texte vor wie alte Freunde, die ich, jedes Mal, wenn ich den Kurs wieder unterrichte, einer neuen Gruppe brillanter junger Autor:innen vorstellen darf.

Und so beschloss ich, dieses Buch zu schreiben, ein paar der Dinge, die meine Studierenden und ich über die Jahre zusammen entdeckt haben, zu notieren und damit eine bescheidene Version dieses Kurses auch Ihnen anzubieten.

Im Laufe eines Semesters lesen wir vielleicht dreißig Erzählungen (zwei oder drei pro Sitzung), aber für dieses Buch beschränken wir uns auf sieben. Die von mir ausgewählten Texte sollen nicht die Diversität der russischen Autor:innen abbilden; es sind nur Tschechow, Turgenjew, Tolstoi und Gogol vertreten, und die Erzählungen sind nicht einmal immer ihre allerbesten. Es sind einfach sieben Geschichten, die ich liebe und die sich über die Jahre als sehr geeignet für den Unterricht erwiesen haben. Würde ich eine Nicht-Leserin dazu bringen wollen, sich in das Genre der Erzählung zu verlieben, würde ich ihr unter anderem diese Texte vorschlagen. Ich halte sie für großartig, geschrieben in einer Hochphase des Genres. Aber sie sind nicht alle gleich gut. Manche sind großartig trotz einiger Makel. Bei manchen muss ich ein bisschen Überzeugungsarbeit leisten (mach ich gerne). Mein eigentliches Thema ist das Genre Erzählung selbst, und dazu eignen diese Texte sich gut: Sie sind einfach, klar, elementar.

Wer gerade mit dem Schreiben angefangen hat, wird bei der Lektüre russischer Erzählungen aus dieser Zeit ähnlich empfinden wie ein junger Komponist, der sich mit Bach auseinandersetzt. Alle Grundprinzipien der Form werden sichtbar. Die Werke sind einfach, aber bewegend. Was darin passiert, bedeutet uns etwas. Sie wurden geschrieben, um herauszufordern, zu provozieren, zu empören. Und auf komplexe Weise zu trösten.

Wenn wir diese Erzählungen, die meistenteils still, häuslich und unpolitisch sind, zu lesen beginnen, mag der Gedanke vielleicht seltsam erscheinen; aber dies ist eine Literatur des Widerstands, geschrieben von progressiven Reformern in einer repressiven Kultur, unter ständiger Bedrohung durch die Zensur, in einer Zeit, da die politische Haltung eines Schriftstellers zu Exil, Haft, ja Todesstrafe führen konnte. Der Widerstand in diesen Erzählungen ist still, eher nicht geradeheraus, und er erwächst aus dem vielleicht radikalsten Gedanken, den es gibt: dass jedes Menschenwesen Aufmerksamkeit verdient und dass man den Ursprüngen allen guten und bösen Potenzials im Universum auf die Spur kommen kann, indem man eine einzige Person, auch eine ganz bescheidene, und die Windungen und Wendungen ihres Innenlebens genau betrachtet.

Ich habe an der Bergbauschule von Colorado Ingenieurswesen studiert und kam erst spät zur Literatur, mit einem ganz besonderen Verständnis davon, wozu Literatur da ist. Eines Sommers machte ich eine packende Erfahrung bei der nächtlichen Lektüre der *Früchte des Zorns*, in einem alten Wohnwagen in der Einfahrt meiner Eltern in Amarillo, nach langen Arbeitstagen auf den Ölfeldern als ein »Pottschwenker«, so heißt der Assistent, der Geophone (Erdbewegungssensoren) in den Boden steckt. Zu meinen Kollegen gehörten auch ein ehemaliger Vietnamkämpfer, der dort mitten in der Prärie regelmäßig einen aufgedrehten Radioansager mimte (»DU HÖRST WVOR, AMARILLO!«), und ein frisch entlassener Knacki, der mich jeden Morgen im Kleinbus auf dem Weg zu der Ranch, wo wir arbeiteten, über die neuen, abartigen Nummern, die er und seine »Lady« letzte Nacht im Bett ausprobiert hatten, auf den neuesten Stand brachte (leider bin ich diese Bilder nie mehr losgeworden).

Wenn ich nach so einem Tag Steinbeck las, erwachte der Roman zum Leben. Ich begriff, dass ich in einer Verlängerung der fiktionalen Welt arbeitete. Das war dasselbe Amerika ein paar Jahrzehnte später. Ich war müde, Tom Joad war müde. Ich fühlte mich von einer großen, vermögenden Macht missbraucht, genauso ging es Reverend Casy. Der kapitalistische Koloss zermalmte mich und meine neuen Kumpel, genau wie er die Okies[1] zermalmt hatte, die in den Dreißigerjahren auf dem Weg nach Kalifornien durch genau diese Gegend im Norden von Texas gekommen waren. Auch wir waren der missgestalte Müll des Kapitalismus, die unvermeidlichen Unkosten beim Geschäftemachen. Kurz, Steinbeck schrieb über das Leben, wie ich es vorfand. Er war auf dieselben Fragen gekommen wie ich, er fand sie dringend, genau wie ich, immer mehr.

Als ich ein paar Jahre später die Russen entdeckte, hatten sie dieselbe Wirkung auf mich. Sie schienen Literatur nicht als etwas Dekoratives zu betrachten, sondern als ein lebenswichtiges ethisch-moralisches Werkzeug. Sie zu lesen veränderte einen, auf einmal war es, als erzählte die Welt eine andere, interessantere Geschichte, in der man selbst eine bedeutsame Rolle spielen könnte und in der man Verantwortung trug.

---

1 Arbeitsmigranten in den Dreißigerjahren, vorwiegend aus Oklahoma. (A. d. Ü.)

Wie Sie vielleicht bemerkt haben, leben wir in einer Ära des Niedergangs, bombardiert von schlichten, oberflächlichen, interessensgetriebenen, allzu schnell verbreiteten Info-Explosionen. Nun aber werden wir einige Zeit in einer Welt verbringen, wo man (mit Isaak Babel, dem großen russischen Meister der Erzählung des 20. Jahrhunderts) von der Annahme ausgeht: »Kein Eisen dringt so tief in das Menschenherz wie ein richtig gesetzter Punkt«. Wir werden sieben sorgfältig gebaute, maßstabsgetreue Modelle der Welt betreten, hervorgebracht zu einem ganz bestimmten Zweck, den unsere Zeit vielleicht nicht mehr ganz so entschieden verfolgt, dem sich diese Autoren aber implizit als Ziel der Kunst verschrieben hatten – nämlich die großen Fragen zu stellen: Wie sollen wir hinieden leben? Mit welcher Zielsetzung sind wir hierhergepflanzt worden? Was sollten wir wertschätzen? Was ist überhaupt die Wahrheit, und wie können wir sie erkennen? Wie können wir unseren Frieden damit machen, dass manche Menschen alles haben und andere gar nichts? Wie sollen wir freudig in einer Welt leben, die anscheinend möchte, dass wir andere Menschen lieben, uns aber am Ende brutal und unweigerlich von ihnen trennt?

(Eben diese fröhlichen, typisch russischen großen Fragen.)

Damit eine Erzählung solche Fragen stellen kann, müssen wir sie erst mal zu Ende lesen. Sie muss uns hineinziehen, uns dazu bringen, immer weiterzulesen. Das Ziel dieses Buches ist vor allem diagnostisch: Wenn es eine Erzählung schafft, uns hineinzuziehen und weiterlesen zu lassen, und uns das Gefühl gibt, ernst genommen zu werden, wie macht sie das? Ich bin kein Kritiker, kein Literaturwissenschaftler und kein Experte in russischer Literatur, nichts dergleichen. In meinem künstlerischen Leben habe ich mich darauf konzentriert, so gut wie möglich zu lernen, wie ich berührende Erzählungen schreiben kann, die eine Leserin, ein Leser unbedingt zu Ende lesen will. Ich sehe mich eher als Varietékünstler denn als Gelehrter. Meine Lehrmethoden sind weniger akademisch (»In diesem Kontext ist die Wiederauferstehung eine Metapher für die politische Revolution, ein kontinuierliches Anliegen im russischen Zeitgeist«), eher strategisch (»Wozu brauchen wir eigentlich diese zweite Rückkehr in das Dorf?«).

Ich möchte Ihnen eine Grundübung vorschlagen: Lesen Sie die jeweilige Erzählung, dann konzentrieren Sie sich darauf, welche Erfahrung Sie gerade gemacht haben. Gab es eine Stelle, die Sie besonders berührt hat? Etwas, das Widerstände oder Verwirrung in Ihnen ausgelöst hat? Eine Stelle, wo Sie plötzlich in Lachen ausgebrochen sind, sich geärgert oder etwas Neues gedacht haben? Hängen Ihnen im Zusammenhang mit der Erzählung Fragen nach? *Jede Antwort ist zulässig*. Wenn Sie (meine wohlmeinende tapfere Leserin) es gefühlt haben, gilt es. Was Sie verwirrt hat, verdient, erwähnt zu werden. Hat es Sie gelangweilt oder angekotzt: wertvolle Information. Sie brauchen Ihre Reaktion nicht in literarische Sprache zu kleiden oder mit Begrifflichkeiten wie »Thema« oder »Plot« oder »Figurenentwicklung« oder so etwas auszuformulieren.

Die Erzählungen sind natürlich auf Russisch geschrieben worden. Ich lege diejenigen englischen Übersetzungen zugrunde[2], auf die ich am stärksten reagiert habe, oder manchmal auch die Versionen, die ich vor Jahren als erste gefunden und mit denen ich seitdem im Unterricht gearbeitet habe.

2 Für die deutsche Ausgabe dieses Buches werden entsprechend deutsche Übersetzungen der russischen Erzählungen zugrunde gelegt. In Einzelfällen, wo die deutsche und die englische Übersetzung signifikant voneinander abweichen, habe ich mich mit Frank Heibert (meinem wunderbaren deutschen Übersetzer, der auch die jeweilige deutsche Übersetzung ausgewählt hat) und Olga Radetzkaja (einer renommierten Übersetzerin aus dem Russischen ins Deutsche) beraten und meine Kommentare zu diesen Passagen für die deutsche Ausgabe angepasst.

Ich kann Russisch weder sprechen noch lesen, ich kann also nicht dafür garantieren, wie originalgetreu sie sind (wir werden unterwegs allerdings auch darüber ein bisschen nachdenken). Mein Vorschlag wäre, wir gehen an diese Erzählungen so heran, als wären sie ursprünglich in unserer Sprache geschrieben worden, im Wissen, dass wir die Musik des Russischen und manche Nuancen, die sie für russische Leser:innen hätten, vielleicht verlieren. Doch auch wenn uns diese Genüsse entgehen, können wir Welten von ihnen lernen.

Ich möchte gern, dass wir uns vor allem eine Frage stellen: Was haben wir gefühlt, und an welcher Stelle des Textes haben wir es gefühlt? (Jegliche schlüssige Denkarbeit beginnt mit einer echten Reaktion.)

Sobald Sie die jeweilige Erzählung gelesen haben, steuere ich meine Gedanken in einem Essay bei, in dem ich Sie durch meine Reaktionen führe, ein Plädoyer für die Erzählung halte und einige handwerkliche Erklärungen dafür anbiete, warum wir vielleicht gefühlt haben, was wir dort gefühlt haben, wo wir es gefühlt haben.

An dieser Stelle sei gesagt, dass Ihnen so ein Essay nicht viel sagen wird, wenn Sie die zugehörige Erzählung zuvor *nicht* gelesen haben. Die Essays sind an jemanden gerichtet, der gerade zu Ende gelesen hat und frisch darauf reagiert. Diese Art des Schreibens ist neu für mich, handwerklicher als sonst. Ich hoffe natürlich, dass die Essays unterhaltsam für Sie werden, doch beim Schreiben fiel mir immer wieder das Wort »Arbeitsbuch« ein: ein Buch über Arbeit, manchmal harte Arbeit, aber eine Arbeit, die wir uns zusammen vornehmen, um gemeinsam tiefer in diese Erzählungen einzudringen, als es eine einfache erste Lektüre erlauben würde.

Das Ganze hat natürlich einen Hintergedanken: Präzises Arbeiten mit diesen Erzählungen wird sie für uns verfügbarer machen, wenn wir an unseren eigenen Texten arbeiten; und diese intensive, gewissermaßen erzwungene Bekanntschaft wird unsere Schlenker und instinktiven Manöver prägen, die so unabdingbar zum eigentlichen Schreiben gehören, in jedem einzelnen Moment.

Dies ist also ein Buch für alle, die schreiben, aber hoffentlich auch für alle, die lesen.

In den letzten zehn Jahren hatte ich Gelegenheit zu Lesungen und Gesprächen überall auf der Welt, bei denen ich Tausende begeisterter Leser:innen kennenlernte. Ihre Leidenschaft für die Literatur (die deutlich wurde bei den Fragen aus dem Publikum, den Gesprächen am Signiertisch, dem Austausch mit Buchklubs) hat mich davon überzeugt, dass die Welt über ein weitgespanntes Untergrundnetzwerk für gutes Handeln verfügt: ein Gewebe aus Menschen, die das Lesen in den Mittelpunkt ihres Lebens gestellt haben, weil sie aus Erfahrung wissen, dass das Lesen sie zu offeneren, großzügigeren Menschen macht – und ihr Leben interessanter.

Beim Schreiben dieses Buches habe ich an diese Menschen gedacht. Ihre Großzügigkeit gegenüber meiner Arbeit, ihre Neugier auf Literatur und ihr Glaube daran gaben mir das Gefühl, ich könnte hier mal für die gute Sache in die Vollen gehen – so handwerklich, nerdig und ehrlich, wie es nötig ist, während wir untersuchen, wie der kreative Prozess wirklich funktioniert.

Erforschen wir, wie wir lesen, so erforschen wir, wie unser Geist vorgeht: wie er eine Äußerung auf seinen Wahrheitsgehalt überprüft, wie er sich über Raum und Zeit hinweg zu einem anderen Geist in Bezug setzt (dem der Autorin zum Beispiel). Im Wesentlichen werden wir uns beim Lesen beobachten (und dabei versuchen zu rekonstruieren, wie wir uns gerade eben beim Lesen gefühlt haben). Aber wozu wollen wir das tun? Nun, der Teil unseres Geistes, der eine Erzählung liest, ist derselbe, der auch die Welt liest; er kann uns täuschen, er kann aber auch auf Treffsicherheit hin trainiert werden; er kann durch mangelnden Gebrauch aus der Übung kommen und uns dadurch empfänglicher für faule, gewalttätige, materialistische Einflüsse machen, doch er kann auch wieder zum Leben erweckt werden und uns in aktivere, neugierigere, wachere Leser der Wirklichkeit verwandeln.

Ich werde durchgehend Angebote dazu machen, wie wir über Geschichten nachdenken können. Keines davon ist »richtig« oder ausreichend. Sehen Sie sie als rhetorische Versuchsballons. (»Wollen wir mal *so* über diese Erzählung nachdenken? Bringt das was?«) Wenn Ihnen ein solches Angebot zusagt, nutzen Sie es. Wenn nicht, weg damit. Im Buddhismus heißt es, jegliches Lehren sei wie »ein Finger, der auf den Mond zeigt«. Der Mond (die Erkenntnis) ist das Wesentliche, und der zeigende Finger versucht, darauf hinzuweisen, aber wir dürfen Finger und Mond nicht miteinander verwechseln. Wer von uns schreibt, wer davon träumt, eines Tages eine Erzählung zu schreiben wie diejenigen, die wir gelesen und geliebt haben, in denen wir lustvoll verschwunden sind und die uns für kurze Zeit wirklicher erschienen als die sogenannte Wirklichkeit, dessen Ziel (»der Mond«) ist ein Zustand des Geistes, aus dem heraus wir vielleicht genau so eine Erzählung schreiben können. All das Werkstattgerede und die Erzähltheorie und die aphoristischen, cleveren, handwerklich ermutigenden Parolen sind nichts weiter als Finger, die auf diesen Mond zeigen, um uns zu diesem Zustand des Geistes zu führen. Und das Kriterium, nach dem wir einen angebotenen Finger annehmen oder verwerfen, lautet: »Ist das hilfreich?«

In diesem Sinne biete ich alles Folgende an.

Auf dem Wagen

Anton Tschechow
(1897)

EINE SEITE NACH DER ANDEREN

Gedanken zu *Auf dem Wagen*

Vor Jahren, als ich bei einem Telefonat mit Bill Buford, dem damaligen Literaturredakteur beim *New Yorker*, gerade eine Reihe schmerzlicher Lektoratsvorschläge durchlitt und mich etwas verunsichert fühlte, versuchte ich, mir ein Kompliment zu angeln: »Aber was *gefällt* Ihnen denn an der Geschichte?«, jammerte ich. Lange Pause am anderen Ende. Und dann sagte Bill Folgendes: »Na ja, ich lese eine Zeile. Und sie gefällt mir ... genug, damit ich die nächste lese.«

Und das war's: seine gesamte Poetik der Kurzgeschichte, wahrscheinlich auch die der Zeitschrift. Sie ist perfekt. Eine Erzählung ist eine zeitlich lineare Erscheinung. Sie schreitet voran und bezaubert uns (oder nicht), eine Zeile nach der anderen. Wir müssen in eine Erzählung hineingezogen werden, damit sie etwas mit uns machen kann.

Dieser Gedanke hat mich über die Jahre immer wieder getröstet. Ich brauche keine große Literaturtheorie, um Literatur zu schreiben. Ich muss mich nur um eines kümmern: Bekommt ein vernünftiger Mensch beim Lesen der vierten Zeile einen Impuls, der stark genug ist, ihn in die fünfte zu schicken?

Warum lesen wir einen Text *weiter*?

Weil wir es wollen.

Warum wollen wir es?

Das ist die Eine-Million-Dollar-Frage: Was hält einen Leser, eine Leserin bei der Stange?

Gibt es Gesetze der Literatur, so wie es Gesetze der Physik

gibt? Funktionieren manche Dinge einfach besser als andere? Was schmiedet die Verbindung zwischen Autor und Leser, was zerstört sie?

Und wie finden wir das heraus?

Ein Ansatz könnte sein, unserem Geist bei seiner Bewegung von einer Zeile zur nächsten zu folgen.

Eine Erzählung (irgendeine Erzählung, jede Erzählung) baut ihren Sinn im Schnelltempo auf, durch einen kleinen strukturellen Schub nach dem anderen. Wir lesen ein Stück Text, und dabei entsteht eine Reihe von Erwartungen.

»Ein Mann stand auf dem Dach eines 70-stöckigen Hauses.«

Erwarten Sie nicht sofort, dass er hinunterspringt, -fällt oder -gestoßen wird?

Die Erzählung wird Ihnen gefallen, wenn sie diese Erwartung im Blick behält, aber sie wird Ihnen weniger gefallen, wenn diese Erwartung allzu platt umgesetzt wird.

Man könnte eine Erzählung ganz einfach als eine Kette solcher Momente von Erwartung und Auflösung betrachten.

Für unsere erste Erzählung, *Auf dem Wagen* von Anton Tschechow, schlage ich eine einmalige Ausnahme von der »Grundübung« vor, die ich in der Einführung beschrieben habe: Nähern wir uns der Geschichte mit einer Methode, die ich auch in Syracuse benutze.

Und die geht so.

Ich gebe Ihnen immer eine Seite der Erzählung. Sie lesen diese Seite. Danach machen wir eine Bestandsaufnahme: Wo stehen wir gerade? Was hat diese Seite mit uns gemacht? Was wissen wir nach der Lektüre dieser Seite, was wir vorher nicht wussten? Hat sich unser Blick auf die Erzählung verändert? Was erwarten wir als Nächstes? Falls wir weiterlesen wollen – warum?

Bevor wir anfangen, sollten wir festhalten, dass *Auf dem Wagen* im Augenblick noch, naheliegenderweise, eine Leerstelle in Ihrem Geist darstellt.

*

AUF DEM WAGEN

Morgens um halb neun fuhren sie aus der Stadt.

Die Chaussee war trocken, eine herrliche Aprilsonne wärmte schon angenehm, doch in den Straßengräben und im Wald lag noch Schnee. Der Winter, ein böser, finsterer, langer Winter, war noch kaum vergangen, der Frühling war plötzlich angebrochen, doch für Marija Wassiljewna, die da im Pferdewagen saß, bedeuteten weder die Wärme noch die matten, vom leichten Frühlingshauch gestreiften lichten Wälder etwas Neues oder Interessantes, auch nicht die schwarzen Schwärme, die über den riesigen, seengleichen Wasserlachen im Feld herumflogen, oder dieser Himmel, der wunderbar war, so unergründlich, daß man sich mit großer Freude hineinversenkt hätte. Schon dreizehn Jahre war sie Lehrerin, und es ließ sich [1]
nicht mehr nachzählen, wie oft sie in all den Jahren in die Stadt gefahren war, um ihren Lohn abzuholen; ob es da Frühling war wie jetzt oder ein Herbstabend mit Regen oder Winter – für sie war es gleichgültig, immer wollte sie nur das eine: so rasch wie möglich ankommen.

Sie empfand das alles, als lebte sie schon ewig in dieser Region, an die hundert Jahre, ihr schien, sie kenne auf dem ganzen Weg von der Stadt bis zu ihrer Schule jeden Stein, jeden Baum. Hier war ihre Vergangenheit, ihre Gegenwart, und eine andere Zukunft konnte sie sich nicht vorstellen als nur die Schule, den Weg in die Stadt und zurück, und wieder die Schule, und wieder den Weg...

*

Jetzt ist in Ihrem Geist keine Leerstelle mehr.

Wie hat sich der Zustand dort verändert?

Wenn wir in einem Unterrichtsraum zusammensäßen, und

ich wünschte, es wäre so, dann könnten Sie es mir erzählen. Stattdessen bitte ich Sie, noch eine Weile stillzusitzen und diese beiden Geisteszustände zu vergleichen: den leeren, empfänglichen Zustand, in dem Ihr Geist war, bevor Sie mit dem Lesen anfingen, und den jetzigen.

Beantworten Sie die folgenden Fragen, in aller Ruhe:

1. Schauen Sie weg von der Buchseite und fassen Sie für mich zusammen, was Sie bis jetzt wissen. Versuchen Sie, das in ein oder zwei Sätzen zu schaffen.
2. Was macht Sie neugierig?
3. Wo geht die Geschichte Ihrer Meinung nach hin?

Was immer Sie geantwortet haben, damit muss Tschechow jetzt arbeiten. Er hat bereits mit seiner ersten Seite bestimmte Erwartungen und Fragen ausgelöst. Wie bedeutsam und sinnvoll Sie den Rest der Erzählung finden, hängt damit zusammen, inwieweit sie auf diese reagiert (oder »sie im Blick behält« oder »nutzt«).

In der ersten Phase einer Erzählung ist der Autor wie ein Jongleur, der Keulen in die Luft wirft. Der Rest der Erzählung besteht daraus, sie wieder aufzufangen. Zu jedem Zeitpunkt sind bestimmte Keulen in der Luft, und wir können das auch spüren. Sollten wir jedenfalls, denn sonst hat die Erzählung nichts, woraus sie ihren Sinn aufbauen könnte.

Auf jeden Fall lässt sich sagen, dass im Verlauf dieser einen Seite der Weg, den die Geschichte nimmt, enger geworden ist. Vorm Lesen waren die Möglichkeiten unendlich (sie hätte von allem Möglichen handeln können), und jetzt handelt sie von etwas Konkretem (ein wenig).

Wovon handelt die Erzählung für Sie bislang?

Wovon eine Erzählung handelt, ergibt sich aus der Neugier, die sie in uns weckt: In gewisser Weise geht es jetzt um etwas.

Also: Worum geht es für Sie bislang in dieser Erzählung?

Um Marija.

Weiter: Wonach »schmeckt« dieses »Es geht um etwas«? Wie und wo kam es dazu, dass es Ihrer Meinung nach um sie geht?

In der ersten Zeile erfahren wir, dass irgendwelche unidentifizierten »sie« frühmorgens aus irgendeiner Stadt hinausfahren.

»Die Chaussee war trocken, eine herrliche Aprilsonne wärmte schon angenehm, **doch** in den Straßengräben und im Wald lag noch Schnee. Der Winter, ein böser, finsterer, langer Winter, war noch kaum vergangen, der Frühling war plötzlich angebrochen, **doch** für Marija Wassiljewna, die da im Pferdewagen saß, bedeuteten weder die Wärme noch die matten, vom leichten Frühlingshauch gestreiften lichten Wälder etwas Neues oder Interessantes.«

Ich habe das doppelte Vorkommen des Wortes »doch« hervorgehoben (und ja, ich drücke es so aus, weil ich nicht schreiben will »Ich habe die beiden dochs hervorgehoben«), um zu betonen, dass wir zwei Äußerungen nach demselben Muster vor uns haben: »Die Bedingungen für Glück sind vorhanden, **doch** das Glück ist es nicht.« Es ist sonnig, **doch** noch liegt Schnee. Der Winter ist vorbei, **doch** das bringt nichts Neues oder Interessantes für … und nun warten wir darauf, zu hören, wer das ist, der in dem Ende dieses langen russischen Winters keinen Trost sieht.

Schon bevor die Figur auftritt, herrscht unterschwellige Spannung zwischen zwei Seiten der Erzählstimme; die eine erzählt uns, dass die Dinge schön sind (der Himmel ist »wunderbar« und »unergründlich«), die andere widersteht diesem allgemeinen Schönen. (Die Erzählung würde sich schon ganz anders anfühlen, wenn sie so begonnen hätte: »Die Chaussee war trocken, eine herrliche Aprilsonne wärmte schon angenehm, und obwohl noch Schnee in den Straßengräben und im Wald lag, machte das gar nichts: Der böse, düstere, lange Winter war endlich vorbei.«)

Auf der Hälfte des zweiten Absatzes finden wir heraus, dass die widerstrebende Seite der Erzählstimme zu einer gewissen Marija Wassiljewna gehört, die der Frühling nicht weiter berührt und die, kaum erklingt ihr Name, für uns in dem Pferdewagen auftaucht.

Von allen Menschen auf der Welt, die Tschechow in diesen Pferdewagen hätte setzen können, hat er eine unglückliche Frau ausgewählt, die den Reizen des Frühlings widersteht. Dies hätte eine Geschichte über eine glückliche Frau sein können (frisch verlobt, sagen wir, oder gerade komplett durchgecheckt und kerngesund, oder eine ganz natürlich glückliche Frau), aber Tschechow hat beschlossen, Marija *unglücklich* zu machen.

Und ihr Unglück »schmeckt« nach seinen besonderen Gründen: Sie ist seit dreizehn Jahren Schullehrerin; sie hat diese Fahrt in die Stadt so oft gemacht, dass es sich »nicht mehr nachzählen« lässt, und ist sie leid; sie fühlt sich, als würde sie in »dieser Region« seit hundert Jahren leben; sie kennt jeden Stein und Baum auf dem Weg. Am schlimmsten ist, dass sie für sich keine andere Zukunft mehr sieht.

Dies hätte eine Geschichte über eine Frau sein können, die unglücklich ist, weil sie in der Liebe verschmäht wurde, weil bei ihr gerade eine tödliche Krankheit diagnostiziert wurde oder weil sie schon seit ihrer Geburt unglücklich war. Tschechow aber hat beschlossen, dass der Grund für Marijas Unglück *die Monotonie ihres Lebens* ist.

Aus dem Nebel sämtlicher irgend denkbarer Geschichten tritt allmählich eine ganz bestimmte Frau hervor.

Man kann sagen, die drei Absätze, die wir gerade gelesen haben, dienen der *zunehmenden Spezifizierung*.

Figurenzeichnung, wenn wir sie so nennen wollen, entsteht genau durch diese zunehmende Spezifizierung. Der Autor fragt: »Was ist das hier überhaupt für ein Mensch?« und antwortet mit einer Reihe von Tatsachen, die den Weg der Erzählung verengen: Gewisse Möglichkeiten werden verworfen, andere in den Vordergrund gestellt.

Indem eine spezifische Figur geschaffen wird, wächst auch das Potenzial für den »Plot«. (Ich mag das Wort allerdings nicht besonders – ersetzen wir es lieber durch »bedeutsame Handlung«.)

Indem eine spezifische Figur geschaffen wird, wächst auch das Potenzial für bedeutsame Handlung.

Wenn eine Erzählung so beginnt: »Es war einmal ein Junge, der Angst vorm Wasser hatte«, dann erwarten wir in Bälde einen Teich, Fluss, Ozean, Wasserfall, Badezuber oder Tsunami. Wenn eine Figur sagt: »Ich habe noch nie im Leben Angst gehabt«, dann hätten wir nicht viel dagegen, wenn gleich ein Löwe hereinspaziert käme. Wenn eine Figur in ständiger Angst vor Peinlichkeiten lebt, wächst in uns eine Ahnung davon, was ihr wahrscheinlich bald bevorsteht. Ebenso bei jemandem, der nur Geld liebt oder gesteht, dass er eigentlich noch nie an Freundschaft geglaubt hat, oder bei einer Frau, die sagt, sie sei ihr Leben so leid, dass sie sich kein anderes vorstellen kann.

Als die Erzählung noch leer war (bevor Sie mit dem Lesen anfingen), gab es auch nichts, was passieren *wollte*.

Jetzt haben wir die unglückliche Marija, und die Erzählung bekommt etwas Ruheloses.

Der Text hat über sie gesagt: »Sie ist unglücklich und kann sich kein anderes Leben vorstellen.«

Und wir spüren, dass er Anlauf nimmt, um zu sagen: »Erst mal abwarten.«

Mit diesem Innehalten, das für Sie wahrscheinlich schon unvernünftig lange dauert, am Ende der ersten Seite einer elfseitigen Erzählung, haben wir einen interessanten Punkt erreicht.[3] Die Erzählung ist im Gange. Die erste Seite hat radikal verengt, worum es bei der Geschichte geht; der Rest muss sich nun darum kümmern (es nutzen, es ausnutzen) und um nichts anderes.

Wenn Sie die Autorin wären, was würden Sie als Nächstes tun?

Und was wollen Sie als Leser gern wissen?

*

An die Vergangenheit zu denken, die vor ihrem Eintritt in den Schuldienst lag, hatte sie sich abgewöhnt, das alles war fast völlig vergessen. Einst hatte sie Vater und Mutter gehabt; sie wohnten damals in Moskau in der Nähe der Roten Pforte in einer großen Wohnung. Doch von diesem ganzen Leben war ihr nur etwas Vages, Verschwommenes in Erinnerung geblieben, wie ein Traum.
[2] Der Vater starb, als sie zehn Jahre alt war, bald danach auch die Mutter… Es gab noch einen Bruder, einen Offizier; anfangs schrieben sie sich, doch dann antwortete der Bruder nicht mehr auf ihre Briefe, vergaß es wohl. Von all den Dingen der früheren Zeit war ihr nur noch ein Photo der Mutter geblieben, doch durch die Feuchtigkeit in der Schule war es dunkel geworden, außer Haaren und Augenbrauen konnte man nichts mehr darauf erkennen.

Als sie etwa drei Werst gefahren waren, drehte sich der alte Semjon, der die Pferde lenkte, um und sagte:

»In der Stadt haben sie einen Beamten verhaftet. Und verschickt. Soll mit Deutschen in Moskau den Bürgermeister ermordet haben, heißt es.«

»Wer hat dir das gesagt?«

---

3 Das gehört zu den Merkmalen dieser Seite-um-Seite-Übung: Je besser das Schreiben ist, desto neugieriger und ungeduldiger wird man beim Lesen.

»In der Schenke von Iwan Jonow haben wir's in der Zeitung gelesen.«

Und wieder schwiegen sie lange. Marija Wassiljewna dachte an ihre Schule, daran, daß bald Prüfungen waren und daß sie vier Jungen und ein Mädchen dazu anmelden würde. Gerade als sie an die Prüfungen dachte, überholte sie der Gutsbesitzer Chanow in einem Vierspänner, derselbe, der ihr im vorigen Jahr als Prüfer für die Schule zugeteilt worden war. Als er auf gleicher Höhe war, erkannte er sie und grüßte.

»Guten Tag!« sagte er. »Sie wollen nach Hause fahren?«

*

Am Schluss meines letzten Abschnitts hatte ich gefragt, was Sie noch wissen wollten.

Also, ich wollte wissen: Wie ist Marija bloß hierhergeraten, in dieses lausige Leben?

Tschechow beantwortet das im ersten Absatz dieser Seite: Sie ist hier, weil ihr nichts anderes übrigblieb. Sie ist in Moskau in einer großen Wohnung bei ihrer Familie aufgewachsen. Aber dann sind ihre Eltern gestorben, sie hat ihren einzigen Bruder aus den Augen verloren, und jetzt ist sie allein auf der Welt.

Eine Person könnte »hierhergeraten«, weil sie hier geboren wurde, hinterm Mond, oder weil sie eine idealistische junge Frau ist, die das Leben auf dem Land voranbringen möchte, die sich von ihrem konventionellen, verstädterten Verlobten getrennt hat und aufs Land geflüchtet ist. Aber Marija ist anders hierhergeraten: Ihre Eltern sind gestorben, es waren die ökonomischen Zwänge.

Von ihrer Familie hat sie nichts als dieses traurige Foto, auf dem von ihrer Mutter nur noch Haare und Augenbrauen übrig sind.

Marijas Leben ist also nicht nur eintönig, sondern einsam.

Wenn wir über Literatur sprechen, benutzen wir gern Begriffe wie »Thema«, »Plot«, »Figurenentwicklung« und »Struktur«. Als Autor habe ich sie nie sehr nützlich gefunden. (»Ihr Thema ist nicht gut«, das gibt mir nichts, womit ich arbeiten kann, ebenso wenig: »Vielleicht verbessern Sie Ihren Plot ein bisschen.«) Diese Begriffe sind Platzhalter, und wenn sie uns einschüchtern und blockieren, wie es vorkommen kann, sollten wir sie lieber vermeiden und uns eine nützlichere Art suchen, darüber nachzudenken, wofür sie eigentlich Platzhalter sind.

Tschechow eröffnet uns hier eine Gelegenheit, den etwas verunsichernden Begriff »Struktur« neu zu betrachten.

Vielleicht verstehen wir Struktur ganz schlicht als: ein organisatorisches Schema, das der Erzählung erlaubt, eine Frage zu beantworten, auf die sie ihre Leser gebracht hat.

Ich, am Ende der ersten Seite: »Die arme Marija. Ich mag sie irgendwie schon. Wie ist sie hierhergeraten?«

Die Erzählung, im ersten Absatz der zweiten Seite: »Tja, sie hatte halt Pech.«

Stellen wir uns Struktur als eine Art Zuruf-und-Antwort vor. Eine Frage ruft ganz organisch aus der Erzählung heraus, und dann ist die Erzählung so aufmerksam, sie zu beantworten. Wenn uns an einer guten Struktur gelegen ist, müssen wir uns einfach bewusst machen, auf welche Frage wir die Leserin bringen, und diese Frage dann beantworten.

(Sehen Sie?

Total einfach, Struktur.

Hahaha.)

Seit der ersten Zeile der Erzählung wissen wir (»Morgens um halb neun fuhren **sie** aus der Stadt.«), dass noch jemand bei Marija auf dem Pferdewagen sitzt. Auf der Hälfte der zweiten Seite erfahren wir, dass das der »alte Semjon« ist, und warten nun, dass Semjon mal ein paar Eigenschaften zeigt. (»Wer bist du, Semjon, und was machst du in dieser Geschichte?«) Wenn seine Antwort lautet: »Ich bin da, um den Wagen zu lenken«, dann reicht das nicht. Millionen Bauern könnten diesen Wagen lenken. Wir wollen herausfinden, warum Tschechow dafür diesen spezifischen Bauern ausgewählt hat.

Bislang hat uns diese Erzählung erklärt, wovon sie in etwa handelt: von einer Frau, die über die Eintönigkeit ihres Lebens unglücklich ist, eines Lebens, das ihr von der Not aufgezwungen wird. Durch sein plötzliches Auftauchen ist Semjon, ob es ihm gefällt oder nicht, zu einem Element dieser Erzählung geworden, er darf also nicht einfach den Wagen lenken und dabei in die Landschaft schauen. Er muss etwas leisten, innerhalb genau dieser Geschichte mit (der gelangweilten, unglücklichen) Marija.

Was erfahren wir also über Semjon?

Nicht viel, noch nicht. Er ist alt, er lenkt den Wagen (wir begreifen, sie sitzt hinter ihm). Er erzählt ihr eine Neuigkeit: Der Bürgermeister von Moskau ist ermordet worden. Marijas Antwort (»Wer hat dir das gesagt?«) klingt abweisend und ungeduldig (sie glaubt ihm nicht recht). Semjon hat in einer Schenke gehört, wie die Nachricht aus der Zeitung vorgelesen wurde. (Das deutet an, dass er nicht lesen kann.) Und obwohl Marija skeptisch ist, hat Semjon tatsächlich recht: 1893 wurde der Bürgermeister von Moskau, Nikolai Alexejew, tatsächlich von einem geistesgestörten Mann in seinem Büro erschossen.

Marijas Reaktion? Sie wendet sich wieder den Gedanken an ihre Schule zu.

Wir wissen noch nicht, was wir mit alldem sollen, aber unser Geist sortiert es unter »Semjon, Infos über« und »Marija, Infos über« ein. Unsere Erwartung ist, angesichts dieser so sparsamen Form, dass die Infos in den Ordnern später noch Bedeutung erlangen werden.

Im vorletzten Absatz dieser Seite denkt Marija an ihre Schülerinnen und Schüler und an die bevorstehenden Prüfungen, da »überholte sie der Gutsbesitzer Chanow in einem Vierspänner, derselbe, der ihr im vorigen Jahr als Prüfer für die Schule zugeteilt worden war«.

Halten wir hier kurz inne. Wie hat Ihr Geist Chanow in der Erzählung »aufgenommen«?

Dazu fällt mir ein Satz aus alten Filmen ein: »Wofür halten Sie mich?«

Wofür halten Sie Chanow? Was meinen Sie, wozu er in der Erzählung auftaucht?

Es müsste einen Begriff geben für den Moment in einer Erzählung, wenn eine Situation etabliert ist und eine neue Figur auftritt. Wir erwarten automatisch, dass dieses neue Element die Situation ändert, verkompliziert oder vertieft. Ein Mann steht in einem Fahrstuhl und murmelt halblaut, wie sehr er seine Arbeit hasst. Die Tür geht auf, jemand betritt den Fahrstuhl. Wir begreifen automatisch, dass diese neue Figur erschienen ist, um den Hass des ersten Mannes auf seine Arbeit zu verändern, zu verkomplizieren oder zu vertiefen, oder? (Was sollte die Figur sonst hier? Wenn nicht, dann weg mit ihr und her mit jemandem, der die Dinge verändern, verkomplizieren oder vertiefen wird. Das ist schließlich eine Erzählung hier, keine Webcam.)

Als uns klar wurde, Marija ist »die Frau, die unglücklich über die Monotonie ihres Lebens ist«, hatten wir sowieso den Auftritt von jemandem erwartet, der alles verändern würde.

Na bitte: Chanow.

Das ist das große Ereignis auf dieser Seite. Beachten Sie, wie zügig sie sich, nachdem die Geschichte Marija auf der ersten Seite aufgebaut hat, voranbewegt. (Die zweite Seite hat nicht nur ihre Langeweile erklärt.) Daraus können wir etwas über den Rhythmus einer Erzählung vs. den Rhythmus des wahren

Lebens lernen: Die Erzählung schreitet viel schneller voran, verdichtet und überzeichnet stärker – hier muss ständig etwas Neues passieren, etwas Bedeutsames bezogen auf das bisherige Geschehen.

Schreibkurse an der Syracuse University (und in den meisten Master-Studiengängen der künstlerischen Fächer) folgen meistens dem Werkstattmodell. Sechs Studierende treffen sich einmal in der Woche, nachdem sie zwei Texte aus der Gruppe gelesen haben, und dann werden diese Texte in handwerklicher Hinsicht zusammen durchgesprochen. Wir haben die Erzählungen alle mindestens zweimal gelesen, Zeile für Zeile lektoriert und mit mehreren Seiten Kommentar versehen.

Dann geht der Spaß los.

Bevor wir uns in die Kritikrunde im Kurs stürzen, bitte ich die Werkstatt manchmal um eine »Hollywood-Version« der Story – eine plakative Zusammenfassung in ein, zwei Sätzen. Es bringt nichts, mit Änderungsvorschlägen zu einer Erzählung anzufangen, bevor wir uns darüber geeinigt haben, was sie sich eigentlich vorgenommen hat. (Wenn in Ihrem Vorgarten plötzlich eine komplizierte Maschine auftauchen würde, dann würden Sie ja auch nicht anfangen, an ihr herumzubasteln und sie zu »verbessern«, bevor Sie nicht eine Vorstellung davon hätten, was sie eigentlich leisten soll.) Die »Hollywood-Version« soll die Frage beantworten: »Was für eine Erzählung will diese Erzählung allem Anschein nach sein?«

Das läuft so, wie ich mir Artilleriefeuer vorstelle: ein erster Schuss, dann wird mehrfach nachjustiert, um treffsicherer zu werden.

Eine unglückliche Frau fährt in einem Wagen irgendwohin.

Eine Schullehrerin, Marija Wassiljewna, unglücklich, weil sie schon viel zu lange unterrichtet, ist nach einer Fahrt in die Stadt auf dem Heimweg.

Eine Schullehrerin, Marija Wassiljewna, unglücklich, weil sie schon viel zu lange unterrichtet, gelangweilt von der Monotonie ihres Lebens, allein auf der Welt, Lehrerin nur, weil sie das Geld braucht, ist nach einer Fahrt in die Stadt auf dem Heimweg.

Marija, eine gelangweilte, einsame Schullehrerin, trifft auf einen Mann namens Chanow.

Übrigens trifft sie auf einen *vermögenden* Mann namens Chanow (schließlich ist er »ein Gutsbesitzer« und hat diese vier Pferde).

Beachten Sie, dass wir, als abgebrühte Literaten, die sich gerade an eine Tiefenbohrung in Tschechows Meisterwerk gemacht haben, das plötzliche Auftauchen Chanows als ein potenzielles *meet-cute* aus dem russischen 19. Jahrhundert wahrnehmen, also die erste Begegnung eines zukünftigen Liebespaares:

Eine einsame Schullehrerin trifft auf einen vermögenden Gutsbesitzer, der ihr deprimierendes Leben vielleicht von Grund auf verändern wird (das spüren wir).

Oder, krasser ausgedrückt:

Einsame Frau trifft möglichen Liebhaber.

Wohin könnte die Erzählung von hier aus gehen?

Was fällt Ihnen dazu ein? Machen Sie eine Liste.

Welche Einfälle erscheinen Ihnen zu naheliegend? Anders ausgedrückt: Welche Einfälle würden Sie, wenn Tschechow sie umgesetzt hätte, enttäuschen, weil sie zu sklavisch Ihren Erwartungen entsprechen? (Auf der nächsten Seite kniet Chanow nieder und macht ihr einen Heiratsantrag.) Und welche sind zu beliebig und passen überhaupt nicht zu Ihren Erwartungen? (Ein Raumschiff landet und entführt Semjon.)

Die Herausforderung für Tschechow besteht darin, die Erwartungen, die er geschaffen hat, zu nutzen, aber nicht allzu passgenau.

Kein Druck.

*

Dieser Chanow, ein Mann von etwa vierzig Jahren, mit verlebtem Gesicht und matten Zügen, begann bereits merklich zu altern, sah aber immer noch gut aus und gefiel den Frauen. Er lebte in seinem großen Herrenhaus, ganz allein, hatte nirgends gedient; man redete über ihn, er tue nichts zu Hause, gehe nur immer ruhelos hin und her und pfeife oder spiele Schach mit seinem alten Lakaien. Außerdem hieß es, er trinke viel. In der Tat, im vergangenen Jahr bei der Prüfung roch es sogar von den Papieren, die er mitgebracht hatte, nach Parfum und Alkohol. Damals war alles an ihm nagelneu, und Marija Wassiljewna gefiel er sehr; als sie neben ihm saß, geriet sie ganz in Verwirrung. Sie war es gewohnt, kühle, vernünftige Prüfer bei sich zu sehen, aber dieser hier konnte kein einziges Gebet mehr und wußte nicht, wonach er fragen sollte; er war außerordentlich höflich und taktvoll und gab nur Fünfen.

»Ich fahre zu Bakwist«, fuhr er fort, an Marija Wassiljewna ge- [3]
wandt, »aber es heißt, er sei nicht zu Hause?«

Von der Chaussee bogen sie in die Dorfstraße ab, Chanow vorneweg, Semjon ihm nach. Das Viergespann lief im Schritt auf der Straße und zog die schwere Equipage immer wieder mühsam aus dem Schlamm. Semjon suchte die Straße zu umfahren und lavierte den Wagen bald über einen Buckel, bald durch eine Pfütze, sprang häufig ab und half dem Pferd. Marija Wassiljewna dachte nur immer an die Schule, daran, was für eine Aufgabe wohl in der Prüfung gestellt würde – eine schwierige oder eine leichte. Auch war sie verärgert über die Semstwo-Verwaltung, wo sie gestern niemanden angetroffen hatte. Was war das für eine Mißwirtschaft! Schon zwei Jahre waren vergangen, seit sie darum gebeten hatte, den Schuldiener zu entlassen, weil er nichts tat, unverschämt war gegen sie und die Schüler verprügelte, aber auf sie hörte ja keiner!

*

Vielleicht haben wir uns gerade ein bisschen ertappt gefühlt, dass wir hier mit einer Liebesgeschichte rechnen, aber wenn wir den ersten Absatz dieser Seite lesen, sehen wir, Marija denkt ganz ähnlich. Chanow (so beobachtet sie) hat ein verlebtes Gesicht und matte Züge und beginnt merklich zu altern, aber er sieht immer noch gut aus »und gefällt den Frauen«. Er lebt allein, vergeudet sein Leben (tut nichts anderes als Schach spielen und trinken). Letztes Jahr, als er in ihre Schule kam, rochen die Papiere nach Alkohol. Das muss sie doch sicher irritiert, ja, entsetzt haben? Ach, eigentlich nicht: Seine Papiere rochen »nach *Parfum* und Alkohol«, und Marija »gefiel er sehr«. Als sie neben ihm saß, »geriet sie ganz in Verwirrung«, und für uns heißt das, »in Verwirrung über die Gefühle, die seine Nähe in ihr weckte«.

Schauen wir uns den letzten Satz des ersten Absatzes an, der uns zeigt, wie Tschechow Figuren baut. Wir erfahren, dass Marija »gewohnt [war], kühle, vernünftige Prüfer bei sich zu sehen«. Das lässt uns annehmen, Chanow sei das Gegenteil (warm und sanftmütig zum Beispiel). Wir nehmen diese Annahme von Wärme und Sanftmut in das nächste Stück Text mit, wo es bestätigt (»er war außerordentlich höflich und taktvoll«), aber auch komplexer gemacht wird. Chanow mag warm und sanftmütig sein, aber offenbar ist er auch ahnungslos und desorganisiert und unfähig zu einem erwachsenen Maß an Differenzierung (er erinnert sich an »kein einziges Gebet« und vergibt nur Bestnoten).

Eine facettenreiche Figur wird mit widersprüchlichen Informationen ausgemalt (ja, er ist gut aussehend und reich, aber er ist auch ein Schlamper, und wir gewinnen den Eindruck, dass sein Alkoholismus mit dieser Schlamperei zu tun hat, eine Form der Unachtsamkeit oder Verleugnung). Die dadurch entstehende Figur ist komplex und dreidimensional. Wir denken über ihn nach, können ihn nicht einfach fein säuberlich wegsortieren, und wir sind uns nicht sicher, ob wir es gut finden, dass Marija an ihm interessiert ist.

Chanow verkündet das Ziel seines Ausflugs so, dass er endgültig als liebenswerter Dummbeutel gezeichnet ist: Er unternimmt diese lange Fahrt durch den Matsch, um einen Freund zu besuchen, dabei hat er keine Ahnung, ob der überhaupt zu Hause ist.

Der Wagen verlässt die Straße. In einer schwächeren Erzählung würde Marija an nichts anderes denken als an Chanow. Aber Tschechow hat nicht vergessen, welche Marija er aufgebaut hat. Sie lebt schon seit langem hier. Sie kennt Chanow, und er kennt sie. Sie hat, schwant uns, schon früher darüber nachgedacht, ob Chanow wohl ein möglicher Retter sein könnte. Daher kehren ihre Gedanken ganz natürlich und ohne weiteres zur Schule zurück, und jetzt fällt uns vielleicht auch wieder ein, dass das vorhin genauso war, als Semjon seine Attentatsanekdote erzählte. Jetzt hat sie sich schon zweimal von der Welt zurückgezogen und an die Schule gedacht (das sensibilisiert uns dafür, ob es zukünftig wieder passiert). Warum tut sie das? Was erzählt uns das an Wissenswertem über sie?

Legen wir es vorläufig beiseite. Aber beachten Sie, da entsteht wieder eine Erwartung in puncto Effizienz – falls ihre Angewohnheit nicht später irgendwie von Bedeutung wird, werden wir sie als (etwas) vergeudet empfinden.

Ja: Die Erzählung ist ein brutales Genre.

So brutal wie ein Witz, ein Lied, ein Gruß vom Schafott herunter.

*

Den Vorsitzenden in der Verwaltung anzutreffen, war schwierig, und wenn es gelang, dann redete er mit Tränen in den Augen, daß er keine Zeit habe; der Inspektor kam alle drei Jahre einmal in die Schule und hatte von Tuten und Blasen keine Ahnung, weil er früher für die Steuer gearbeitet und den Posten des Inspektors durch Protektion erhalten hatte; der Schulrat trat nur äußerst selten zusammen, und man wußte nie, wo; der Kurator war ein ungebildeter Kerl, Gerbereibesitzer, unfähig, grob und ein großer Freund des Schuldieners – Gott weiß, an wen man sich da mit Beschwerden und um Auskünfte wenden sollte …

Er ist wirklich schön, dachte sie und blickte auf Chanow.

Der Weg wurde immer schlechter … Sie fuhren in den Wald. Dort konnte man nirgends ausweichen, die Radspuren waren tief, überall lief das Wasser gurgelnd hinein. Und dornige Zweige schlugen einem ins Gesicht.

»Was für ein Weg!« meinte Chanow und lachte.

Die Lehrerin sah ihn an – es war ihr unbegreiflich: Weshalb lebte dieser merkwürdige Mensch hier? Was konnte ihm in diesem abgelegenen Winkel, in all dem Schmutz, der Langeweile sein Geld,
[4] sein interessantes Äußeres, die feine Bildung geben? Es brachte ihm doch nicht den geringsten Vorteil im Leben, und da fuhr er nun wie Semjon im Schritt über diesen abscheulichen Weg und mußte dieselben Unannehmlichkeiten ertragen. Weshalb hier leben, wenn man doch die Möglichkeit hatte, sich in Petersburg, im Ausland niederzulassen? Und hätte es ihm, dem reichen Mann, nicht wohl angestanden, aus dieser schlechten Straße eine gute zu machen, um sich nicht so quälen, nicht mehr diese Verzweiflung mitansehen zu müssen, die dem Kutscher und Semjon ins Gesicht geschrieben stand? Aber Chanow lachte bloß, offenbar war ihm alles egal, und ein besseres Leben brauchte er nicht. Er war gutmütig, weich und naiv, dieses grobe Leben verstand er ja gar nicht, kannte es ebensowenig wie die Gebete bei der Prüfung. Für die Schule hatte er lauter Globen gespendet und hielt sich allen Ernstes für einen nützlichen Menschen und angesehenen Förderer der Volksbildung. Aber wer brauchte hier schon diese Globen!

*

Marija denkt weiter an die Schule und ihre korrupte Verwaltung und die Tatsache, dass es niemanden gibt, an den sie sich wenden kann –

Und dann denkt sie, ohne Übergang, sich selbst unterbrechend: »Er ist wirklich schön.« Sie hat Chanow also, obwohl er für sie schon abgemeldet ist, weiter beobachtet (seinen breiten, wohlhabenden Rücken, der da direkt vor ihr hin- und herschwankt in seinem teuren Pelzmantel) und so getan, könnte man annehmen, als dächte sie über die Schule nach, während sie eigentlich an ihn gedacht oder versucht hat, nicht an ihn zu denken.

Wie sie sich da selbst unterbricht, das ist großartig. Das sagt uns: Man kann im Geist an zwei Orten gleichzeitig sein. (Da drinnen fahren viele Züge parallel, aber das Bewusstsein weiß immer nur von einem.)

Achten Sie auf den kleinen Augenblick des Vergnügens, wenn wir uns in Marija wiedererkennen. (Schon mal ganz leicht, hartnäckig, unerwidert und unentschuldbar ein bisschen verknallt gewesen?) Er ist nichts für sie, das weiß sie, sie hat ihn sowieso nie ernsthaft in Betracht gezogen, und doch wird sie im Geist immer wieder von ihm angelockt, wie ein Hund von der Seitengasse hinter einem gut riechenden Restaurant.

Achten Sie darauf, wie ungeduldig Ihr lesender Geist ist, oder sagen wir: wie aufmerksam. Er weiß, wo wir uns befinden: Marija, einsam und unglücklich, hat in Chanow ein mögliches Gegengift gefunden. Wie ein besessener Detektiv interpretiert der lesende Geist jedes neu hinzukommende Stück Text allein in dieser Hinsicht, an viel anderem ist er nicht interessiert.

Und dabei sieht es so aus, als bekämen wir hier, im dritten Absatz, eine Beschreibung von der Straße, ob wir sie haben wollen oder nicht.

Warum braucht eine Erzählung überhaupt solche Beschreibungen? Warum hat Tschechow entschieden, dass er uns aus der Handlung herauszieht und die Welt außerhalb des Wagens beschreibt? Eines der stillschweigenden Versprechen der Erzählung lautet: Da sie so kurz ist, gibt es nichts Überflüssiges darin. Alles darin ist aus begründeten Motiven vorhanden (damit die Erzählung es nutzen kann) – sogar die kurze Beschreibung einer Straße.

Wenn wir uns also in diese Beschreibung hineinbegeben, fragen wir uns irgendwo hinten links in unserem lesenden Geist: In welcher Hinsicht wird sich diese Beschreibung einer Straße irgendwann als wesentlich erweisen, d. h. als nicht überflüssig?

Weiter oben kam die Frage auf, ob es wohl gewisse »Gesetze« in der Literatur gibt. Gibt es Dinge, auf die unser lesender Geist einfach reagiert? Materielle Beschreibungen scheinen so etwas zu sein, warum auch immer. Wir hören es gern, wenn unsere Welt beschrieben wird. Und wir hören es gern, wenn das spezifisch passiert. (»Zwei Männer in grünen Pullovern spielten Fangen bei einem Autowrack« ist besser als: »Ich fuhr durch eine irgendwie nichtssagende Gegend, mir fiel nichts weiter auf.«) Eine spezifische Beschreibung erhöht für uns, wie eine Theaterrequisite, die Glaubwürdigkeit von etwas komplett Erfundenem. Das ist irgendwie ein billiger oder zumindest einfacher Autorentrick. Wenn ich vorhabe, Sie in ein bestimmtes (erfundenes) Haus zu versetzen, könnte ich »eine große weiße Katze, die sich auf der Couch zu ihrer anscheinend doppelten Länge reckte und streckte« in diesem Haus heraufbeschwören. Wenn Sie die Katze vor sich sehen, wird das Haus real.

Aber das ist nur ein Teilaspekt. Sobald die Katze in die Erzählung eingebracht wurde, ist sie auch eine metaphorische Katze und steht in Bezug zu all den anderen Dutzenden (oder Hunderten) metaphorischer Elemente, die in jeder Erzählung herumschwirren.

Und diese Katze muss jetzt etwas für die Erzählung Spezifisches leisten. Wir könnten auch sagen, sie *wird in Bälde* etwas für die Erzählung Spezifisches leisten, ob sie will oder nicht, und zwar einfach durch ihre Anwesenheit darin; die Frage lautet, welche Leistung ihr abverlangt wird und wie gut sie sie erbringt.

Hier wird der Weg »immer schlechter«. Das ist eine spezifische Entscheidung des Autors; wenn der Weg breiter und trockener würde und sich auf eine Wiese voll blühender Blumen öffnete, wäre es eine andere Geschichte. Was »bedeutet« es, dass der Weg immer schlechter wird? Warum hat Tschechow sich dafür entschieden? Das ist eine gute Frage, und am besten kann sie von Ihnen, lieber Leser, liebe Leserin, beantwortet werden, und zwar so: Beschwören Sie die beiden Versionen vor Ihrem geistigen Auge herauf (Weg wird immer schlechter vs. Weg wird immer besser) und spüren Sie dem Eindruck nach, warum der »schlechter werdende Weg« besser funktioniert. Oder spüren Sie den *Unterschieden* zwischen den beiden Versionen nach. Wir können versuchen auszuformulieren, warum ein schlechter werdender Weg eine bessere Wahl ist als ein besser werdender Weg oder auch umgekehrt – vorerst halten wir einfach fest, dass Tschechow in diesem Absatz zweierlei getan hat: Er hat sich daran erinnert, wohin er uns versetzt hat (in einen Wagen, der im beginnenden Frühling durch den Wald fährt), und dann die Bedingungen dort sehr spezifisch beschrieben (»die Radspuren waren tief, überall lief das Wasser gurgelnd hinein«).

Dies ist also sowohl eine realistische Beschreibung (es ist Frühling, der Schnee schmilzt, die Wege werden matschig) als auch ein kleines Gedicht, das unser Verständnis von der Erzählung justiert.

Grob gesagt verstehen wir diese Beschreibung als Anzeiger für »eine stetig schlechter werdende Situation«. Der Weg wird »immer schlechter«. Sie fahren »in den Wald«. »Dort konnte man nirgends ausweichen.« Diese Fahrt kostet etwas (Zweige ins Gesicht).

Das wirkt anders auf uns (sagen wir: mit mehr Vorahnungen) als eine Beschreibung, in der sie »aus dem Wald hinaus und in die helle Sonne« fahren, »wo sich der Weg willkommenheißend verbreiterte«, und »tief hängende Blüten sacht ihre Wangen streiften, während der Wagen langsam an einer fröhlichen Bauernhochzeit vorbeirollte«.

Beide Beschreibungen würden eine vorbereitende Funktion erfüllen – wir hätten das Gefühl, dass Tschechow die Beschreibung nutzt, um uns auf das Kommende einzustellen, was immer es sein wird.

Seltsam: Hätte Tschechow beschlossen, die beiden an einer fröhlichen Bauernhochzeit entlangzuschicken, hätte das die ganze Erzählung verändert. Vielmehr: Die ganze Erzählung hätte sich ändern müssen, damit diese positivere Beschreibung eingebunden, innerhalb der größeren Einheit des Kontextes stichhaltig würde.

Eine Erzählung ist ein organisches Ganzes, und wenn wir eine Erzählung für gut befinden, sagen wir damit, dass sie aufmerksam auf sich selbst reagiert. Das gilt in beiden Richtungen; eine kurze Beschreibung des Weges sagt uns, wie wir den aktuellen Moment lesen sollen, aber auch alle bisherigen und alle noch kommenden Momente der Erzählung.

Chanow hat Geld. Er könnte überall leben. Aber er ist hier, am selben Ort wie Marija: auf einem matschigen Weg in der Provinz, den er immerhin instand setzen lassen könnte, nur würde er nie auf diese Idee kommen. Er »lachte bloß, offenbar war ihm alles egal, und ein besseres Leben brauchte er nicht«. Warum ist er so passiv? Wenn sie Macht hätte, würde sie etwas damit anfangen. Am Ende der Seite stellt sie sich gegen ihn, und dazu gehört auch die Erinnerung an die blöden Globen, die er der Schule gespendet hat, ein Geschenk, das es ihm – zu Unrecht – gestattet, sich als aufgeklärten, nützlichen Menschen zu betrachten.

Stellen wir unsere drei Fragen noch einmal, und ich gebe Ihnen meine ungefähren Antworten:

1. Schauen Sie weg von der Buchseite und fassen Sie zusammen, was Sie bisher wissen.
   Eine einsame Frau befindet sich in der Nähe eines Mannes, der, so erwarten wir, vielleicht ihr Freund oder Liebhaber werden oder ihre Einsamkeit irgendwie lindern könnte.

2. Was macht Sie neugierig?
   Sie scheinen sich schon lange zu kennen, ohne dass es gefunkt hat. Was könnte sie wohl heute zusammenbringen (wenn das noch nie zuvor geschah)? Und, will ich sie überhaupt zusammen sehen? Wahrscheinlich irgendwie schon, die Erzählung lässt auch diese Möglichkeit vor meiner Nase baumeln. Doch zum Ende der Seite wendet sich Marija eher von ihm ab.

3. Wohin will Ihrer Meinung nach die Erzählung?
   Ich weiß es nicht. Ich weiß, worum es geht, aber ich sehe keine rechte Auflösung. Diese Ungewissheit ruft eine nicht unangenehme Spannung hervor. Ich habe das Gefühl, irgendetwas muss passieren, das Chanow eine Chance bietet, Marija zu trösten und ihre Einsamkeit zu lindern. Vielleicht werden sie einfach Freunde oder erleben einen kurzen Moment der Nähe, der für die unglückliche Marija eine (kleine) Erleichterung darstellt.

Und nun eine Ankündigung: Um zu vermeiden, dass Sie mein Buch zu einem so frühen Zeitpunkt aus der Hand legen, weil Sie sich langweilen, werden wir von nun an zwei Seiten am Stück lesen.

*

»Halt dich fest, Wassiljewna!« sagte Semjon.

Der Wagen legte sich stark auf die Seite, drohte zu kippen; etwas Schweres rutschte Marija Wassiljewna auf die Füße – ihre Einkäufe. Ein steiler Anstieg, durch den Lehm. In gewundenen Gräben rauschten kleine Bäche, das Wasser fraß sich gleichsam in die Straße – wie sollte man da noch fahren! Die Pferde schnaubten. Chanow stieg aus seiner Kalesche und ging in seinem langen Mantel am Straßenrand entlang. Ihm war heiß.

»Was für ein Weg«, sagte er wieder und lachte. »So geht es nicht lang, und die Equipage bricht zusammen.«

»Wer befiehlt Euch denn auch, bei so einem Wetter zu fahren!« brummte Semjon streng. »Säßt besser zu Haus.«

»Zu Hause ist's langweilig, Alter. Ich sitze nicht gerne zu Hause.«

Neben dem alten Semjon wirkte er schlank und munter, doch
[5] etwas in seinem Gang ließ kaum merklich ein Wesen ahnen, das schon vergiftet war, schwach und dem Untergang geweiht. Und tatsächlich roch es im Wald plötzlich nach Alkohol. Marija Wassiljewna wurde angst und bange, es tat ihr leid um diesen Menschen, der wer weiß wofür und weshalb zugrunde ging; ihr kam in den Sinn, wäre sie seine Frau oder Schwester, sie würde wohl ihr ganzes Leben dafür hingeben, um ihn vor dem Untergang zu retten. Seine Frau sein? Leider war das Leben so eingerichtet, daß er allein in seinem großen Herrenhaus lebte und sie allein in einem abgelegenen Dorf; irgendwie schien selbst der Gedanke, daß er und sie einander nah oder gleich sein könnten, unmöglich, unsinnig. In Wahrheit war doch das ganze Leben in einem Maße unverständlich, hatten sich die menschlichen Beziehungen derart kompliziert, daß einem, wenn man nur darüber nachdachte, beklommen zumute wurde und das Herz schwer.

Es ist einfach nicht zu begreifen, dachte sie, weshalb Gott diese Schönheit, diese Freundlichkeit, die traurigen, lieben Augen immer den schwachen, unglücklichen, unnützen Menschen gibt und weshalb sie einem so gefallen.

»Hier müssen wir nach rechts abbiegen«, sagte Chanow und stieg in die Kalesche. »Leben Sie wohl! Alles Gute!«

Und wieder dachte sie an ihre Schüler, die Prüfung, den Schuldiener, den Schulrat; als dann der Wind von rechts das Geräusch der sich entfernenden Kalesche herübertrug, vermischten sich diese Gedanken mit anderen. Sie wollte an die schönen Augen denken, an die Liebe, an das Glück, das es niemals geben würde...

Seine Frau sein? Morgens war es kalt, da war keiner, der den Ofen anheizte, der Schuldiener – fort, wohin, wußte sie nicht; die Schüler kamen immer beim ersten Tageslicht, trugen Schnee und Schmutz herein, lärmten; alles war so unbequem, so ungemütlich. Die Wohnung bestand aus einem kleinen Zimmer, das zugleich als Küche diente. Jeden Tag nach dem Unterricht hatte sie [6]
Kopfweh, nach dem Mittagessen schmerzte es ihr in der Brust. Bei den Schülern mußte sie Geld sammeln für Brennholz und für den Schuldiener, mußte es dem Kurator übergeben und dann ihn anflehen, diesen satten unverschämten Kerl, daß er um Gottes willen das Brennholz auch schickte. Nachts träumte sie von den Prüfungen, den Bauern, den Schneeverwehungen. Und von diesem Leben war sie gealtert, abgestumpft, häßlich, plump und ungeschickt, als hätte man sie mit Blei gefüllt; immer war sie ängstlich, stand auf in Gegenwart von Amtspersonen oder dem Schulkurator und wagte nicht, sich zu setzen; wenn sie über einen von ihnen sprach, dann ehrerbietig in der Mehrzahl. Keinem gefiel sie, ihr Leben verlief eintönig, ohne Zärtlichkeit, ohne freundschaftliche Anteilnahme, ohne interessante Begegnungen. In ihrer Situation, wäre das grauenvoll, wenn sie sich verliebte!

*

Der Wagen kippt beinahe um. Wir erfahren, dass Marija in der Stadt eingekauft hat. (Diese Einkäufe sind jetzt ein Teil der Geschichte. Und wir fragen uns, wozu sie wohl noch gebraucht werden?) Chanow wiederholt den blöden Witz, den er auf der vorigen Seite schon einmal gemacht hat, Semjon fährt ihn an (»Wer befiehlt Euch denn auch, bei so einem Wetter zu fahren!«, brummte Semjon **streng**), und Chanows freundliche Reaktion auf diese Respektlosigkeit von jemandem, der im Rang unter ihm steht (Semjon ist ein Bauer, Chanow ein reicher Gutsbesitzer), fügt sich zufriedenstellend mit dem zusammen, was uns Marija über Chanow mitgeteilt hat: Er ist rückgratlos und angepasst und wirft mit guten Noten um sich.

Marija meint, Alkohol im Wald zu riechen. Sie bemitleidet Chanow, der »wer weiß wofür und weshalb zugrunde ging«, und denkt, wenn sie seine Frau oder Schwester wäre, würde sie »ihr ganzes Leben dafür hingeben«, um ihn zu retten. Aber das ist unmöglich. »In Wahrheit war doch das ganze Leben in einem Maße unverständlich, hatten sich die menschlichen Beziehungen derart kompliziert, daß einem, wenn man nur darüber nachdachte, beklommen zumute wurde und das Herz schwer.«

Dann, als hätte er gerade gehört, wie Marija ihre Ehe ausschließt, reitet Chanow aus der Geschichte hinaus.

Marija scheint das kaum zu bemerken, was unseren Eindruck bestätigt, dass sie ihn nicht ernsthaft als romantische Option betrachtet. (Sie denkt nicht: »O nein, er ist weg, ich habe es nicht geschafft, ihn für mich zu interessieren!«) Ihre Gedanken kehren zur Schule zurück (sie denkt »an ihre Schüler, die Prüfung, den Schuldiener, den Schulrat«). Das macht sie jetzt zum dritten Mal – zieht sich von der realen Welt zurück in die Sorgen um ihre Schule. Das ist eine Angewohnheit von ihr (ihre erwartbaren Grübeleien, Ausdruck davon, wie sie von diesem mühseligen Leben geprägt und kleingemacht worden ist).

Eine der Qualitäten dieser Erzählung ist Tschechows Darstellung, wie ein einsamer Mensch denkt. Marija sinniert hier nur, sie malt sich ein bisschen was aus, so wie wir es tun, wenn wir uns vorstellen, wir hätten in der Lotterie gewonnen oder wären Bürgermeister geworden oder hätten endlich jemanden zusammengestaucht, der uns früher auf der Schule drangsaliert hat. Die Erzählung hat uns zwar darauf eingestellt, dass Marija vielleicht (vielleicht) offen für Chanow sein könnte, aber sie gibt uns auch eine Menge Gründe dafür, warum das sowohl unmöglich als auch unerwünscht ist. Er ist Trinker, Müßiggänger und zu alt, um sich noch zu ändern. Er scheint sich nicht für Marija zu interessieren, für niemanden eigentlich – bestimmt hatte er viele Gelegenheiten zu heiraten, aber er hat es nie getan. Und Marija hat durchaus ihren Stolz; während sie ihn in Erwägung zieht, bekommen wir auch ihr Gefühl mit, dass er, wenn sie sich zusammentäten, vermutlich ziemlich anstrengend wäre und enttäuschend.

Und doch…

Tschechow lässt sie etwas Schönes tun; sie hört »das Geräusch der sich entfernenden Kalesche« und will plötzlich »an die schönen Augen denken, an die Liebe, an das Glück, das es niemals geben würde…«

Wieder denkt sie daran, seine Frau zu sein (diesmal nicht seine Schwester).

Diese Möglichkeit hat sie ein paar Absätze zuvor schon ausgeschlossen. Aber hier kommt sie noch einmal auf. (»Seine Frau sein?«) Ihr Herz ploppt immer wieder hoch, wie ein Schwimmkörper. Wie traurig – ihre Gedanken kehren zu Chanow zurück, nicht weil er so toll wäre oder ihr Seelenverwandter, sondern weil 1) es sonst niemanden gibt (jedenfalls in ihrer Welt) und 2) sie so furchtbar einsam ist.

Sie ist einsam, er ist in der Nähe. Er ist in der Nähe, und obwohl er nicht so richtig einsam wirkt, könnte er ein bisschen Hilfe schon gebrauchen.

Haben Sie schon mal versucht, zwei Menschen zu verkuppeln? Dann wissen Sie, dass auch zwei furchtbar einsame Menschen weiterhin ihre Ansprüche haben. Wir können uns nicht anmaßen, für sie zu sprechen. In diesem Fall haben Marija und Chanow schon selbst gesprochen. Ihre Situation ist nicht: Zwei Menschen, die reif für die Liebe sind, begegnen sich zum ersten Mal. Sondern: Zwei Menschen, nicht gerade reif für die Liebe (und wenn sie etwas miteinander anfangen könnten, hätten sie das schon vor Jahren getan), begegnen sich wieder.

Niemand erwartet, dass etwas passiert, tatsächlich wäre das auch eher komisch.

In dem langen Absatz am Ende von Seite 6 beantwortet sie ihre eigene Frage (»Seine Frau sein?«) mit einer trostlosen Aufzählung ihres derzeitigen Lebens: der Schnee, der Matsch, die Unbequemlichkeit, ihr winziges Zimmer, ihr Kopfweh, ihre Brustschmerzen, ihr ständiges Betteln um materielle Unterstützung; ein erniedrigendes Leben, das sie »gealtert, abgestumpft« hat. Sie mag »ehrerbietig« sein, aber »keinem gefiel sie«, die Ärmste.

Dieser Absatz sagt uns größtenteils: Wie lächerlich, zu meinen, dass dieser vermögende Mann eine Malocherin wie mich heiraten könnte. Dann, in der letzten Zeile (»In ihrer Situation, was wäre das grauenvoll, wenn sie sich verliebte!«), sagt er etwas noch Schlimmeres: Ja, sie ist nicht auf einer Ebene mit ihm, aber ihr Leben, so schwer, wie es ist, hat sowieso keinen Platz für die Liebe, selbst wenn er interessiert wäre.

Was er offenkundig nicht ist.

Einstein hat einmal gesagt: »Probleme kann man niemals mit derselben Denkweise lösen, durch die sie entstanden sind.«[4]

Die Erzählung hat sich soeben aus ihrer ursprünglichen Denkweise herausgeschrieben, indem sie Chanow als mögliches Gegengift gegen Marijas Einsamkeit entfernt hat.

4 Das scheint ein falsches Zitat dessen zu sein, was Einstein wirklich gesagt hat, nämlich sinngemäß: »Man muss wissen, dass es eine neue Denkweise braucht, wenn die Menschheit überleben und sich zu Höherem entwickeln will.« Vor Jahren hörte ich den Gedanken von einem meiner Studierenden in der oben genannten Form, und, nichts gegen Einstein, aber ich fand diese Formulierung genial, deshalb benutze ich sie seitdem.

Was nun?

Stellen wir uns eine Erzählung einmal als ein System zur Energieübertragung vor. Energie wird (hoffentlich) auf den ersten Seiten aufgebaut, und auf den weiteren Seiten geht es darum, diese Energie zu nutzen. Marija wurde als unglücklich und einsam aufgebaut und ist auf jeder weiteren Seite noch spezifischer unglücklich und einsam geworden. Das ist die Energie, die die Erzählung aufgebaut hat und jetzt nutzen muss. Es gibt einzelne Indizien in Marijas Gedanken, dass sie einem Antrag von Chanow nicht ablehnend gegenüberstehen würde. Sie findet ihn gut aussehend, anziehend und spürt den Drang, ihn vor sich selbst zu retten. Die Erzählung hat uns zwar von Anfang an mitgeteilt, dass eine Beziehung nicht wahrscheinlich ist (es wird heute nicht dazu kommen, weil es früher auch nicht dazu gekommen ist), aber wir haben doch die Daumen dafür gedrückt – wir haben Marija die Daumen gedrückt.

Wir wünschen uns, was sie sich wünscht: dass sie nicht so einsam ist. Die Energie der Erzählung ist in unserer Hoffnung gespeichert, dass das Leben für sie leichter wird.

Auf diesen ersten fünf Seiten hat Tschechow eine Tür gebaut und angezeigt, dass wir bitte hindurchgehen sollen. Über dieser Tür steht ein Schild: »Chanow könnte Marijas Einsamkeit lindern.« Jedes Mal, wenn wir Marijas Einsamkeit spüren konnten, haben wir einen hoffnungsfrohen Blick auf diese Tür geworfen. Und nun ist diese Tür verrammelt und verriegelt.

Vielmehr, sie ist nicht mehr da.

Tschechow hat sich mit Chanows Abgang die naheliegende, erwartete Auflösung versagt. Wer weiß, wie Tschechow, ganz praktisch gesprochen, zu dieser Entscheidung gekommen ist. Aber wir können beobachten, was er tatsächlich getan hat: Er hat Chanow entfernt. Jetzt besteht keine Gefahr mehr, dass die Erzählung diesen leichten Weg nimmt.

Dieses Manöver ist wichtig beim Erzählen, nennen wir es »das Ritual der Banalitätsvermeidung«. Wenn wir uns die Schrottversion unserer Erzählung versagen, wird uns (so nehmen wir ehrgeizig an) eine bessere einfallen. Das Schrottige zu vermeiden stellt de facto einen qualitativen Pluspunkt dar. (Zumindest haben wir *das* nicht gemacht.)

Wir können es auch so betrachten: Tschechow hat schon unsere Erwartung einer romantischen Entwicklung zwischen Marija und Chanow in der Tasche. Wir haben uns diese Entwicklung bereits vorgestellt. Er braucht das also gar nicht auszuerzählen. Er kann, indem er Chanow einfach aus der Erzählung herausnimmt, daran vorbeigehen, zu der nächsten und vermutlich raffinierteren Lösung, was immer sie sein mag (da kann er sich sozusagen selbst in Zugzwang bringen). (Wenn in Ihrer Küche eine große Schüssel mit Süßkram stünde und Sie äßen nichts anderes, dann wäre eine Möglichkeit, wie Sie sich dazu zwingen könnten, besser zu essen, den Süßkram einfach wegzuwerfen.)

Wenn ich meinem Kurs diese Zusammenhänge erkläre, beschwöre ich das Bild der Armbänder herauf, die wir Ende der Sechziger gebastelt haben, als ich in der Schule war (die nannten wir süßen kleinen Hippie-Azubis aus dem Chicagoer Umland damals »Liebesperlen«). Man fädelt eine Perle auf das Band und schiebt sie dann nach ganz hinten, bis zum Knoten; das macht Platz für neue Perlen.

Und genauso in einer Erzählung: Wir sollten die neue Perle immer bis zum Knoten schieben. Wenn Sie wissen, wo die Erzählung hingeht, brüten Sie nicht darauf herum, schicken Sie die Erzählung dorthin, sofort. Aber was dann? Was tun Sie als Nächstes? Ihre große Enthüllung haben Sie offengelegt. Ja, eben. Wenn wir Zweifel daran hegen, dass wir eine echte Geschichte zu erzählen haben, halten wir oft irgendetwas zurück, in der Angst, sonst hätten wir nichts mehr. Und das kann eine Art Betrug sein. Die Enthüllung offenzulegen stellt einen Vertrauensvorschuss dar, der die Erzählung zwingt, sich zusammenzureißen, Sie sagen ihr gewissermaßen: »Du musst mehr bringen, und jetzt, wo ich dir deinen Trick verweigert habe, deine naheliegende Lösung, weiß ich auch, dass du das schaffen wirst.«

Stellen Sie sich eine Erzählung vor, in der auf den letzten Zeilen enthüllt wird, dass der Erzähler die ganze Zeit gelähmt war (er hat halt versäumt, es vorher zu erwähnen).

Stellen Sie sich eine Erzählung vor, in der, ziemlich spät, herauskommt, dass die Erzählstimme gar nicht der Mensch ist, der durch den Zoo von Lincoln Park läuft, sondern *ein Tiger im Zoo* (!) (aber alle Indizien dafür waren sorgfältig verborgen, um einen starken Überraschungseffekt zu erzielen; die anderen Tiere nannten unseren Tiger »Mel« und unterhielten sich mit ihm über Baseball und so weiter).

Ein Kunstwerk bewegt uns dadurch, dass es aufrichtig ist, und diese Aufrichtigkeit zeigt sich in seiner Sprache, in seiner Form und in seinem Verzicht auf Versteckspiele.

Marijas Dilemma hat sich nicht aufgelöst. Sie ist immer noch einsam und gelangweilt. Dadurch, dass Tschechow die naheliegende Lösung (Chanow) entfernt hat, ist die Erzählung ehrgeiziger geworden. Auf den ersten Seiten steht »Es war einmal ein einsamer Mensch.« Sie hätte so weitergehen können: »Und ist es nicht wunderbar? Dieser einsame Mensch ist einem anderen einsamen Menschen begegnet, und jetzt sind sie beide nicht mehr einsam.« Die Erzählung weigert sich, dorthin zu gehen, und stellt dadurch jetzt eine viel tiefere Frage: »Was, wenn ein einsamer Mensch keinen Weg aus seiner Einsamkeit findet?«

Und an diesem Punkt gewinnt die Erzählung auf einmal an Größe. Sie sagt: Einsamkeit ist real und hat Folgen, und für manche Menschen, die da drinstecken, gibt es keinen einfachen Ausweg, manchmal gibt es auch überhaupt keinen.

Wir mögen Marija, wir haben erwartet, dass Chanow ihr hilft, und plötzlich ist er fort.

Was jetzt?

*

»Halt dich fest, Wassiljewna!«

Wieder ein steiler Anstieg…

Lehrerin war sie aus Not geworden, ohne die geringste Neigung dafür zu verspüren; niemals dachte sie an Berufung, an den Nutzen der Bildung, immer schien ihr, daß die Hauptsache bei ihrer Arbeit nicht die Schüler und nicht die Bildung war, sondern die Examen. Wann sollte man da schon über Berufung, den Nutzen der Bildung nachdenken? Können sich doch die Lehrer, die armen Ärzte, die Krankenpfleger bei ihrer gewaltigen Arbeitslast nicht einmal mit der Vorstellung trösten, sie dienten einer Idee oder dem Volk, weil ihnen die ganze Zeit nur der Gedanke an ihr Stückchen Brot, an das
[7] Brennholz, die schlechten Straßen, die Krankheiten im Kopf herumgeht. Das Leben ist mühsam, eintönig, und auf die Dauer ertragen es nur so schweigsame Lastpferde wie diese Marija Wassiljewna; die lebendigen, nervösen Menschen, die leicht zu beeindrucken sind und von ihrer Berufung sprechen, vom Ideal des Dienens – die ermatten bald und schmeißen den Bettel hin.

Semjon suchte nur immer, wie er auf möglichst trockenem und kürzestem Weg ein Durchkommen fände, wo über die Wiese, wo hinter den Häusern vorbei; doch mal ließen einen die Bauern nicht durch, mal war es Popenland und es gab keine Durchfahrt, mal hatte Iwan Jonow seinem Herrn ein Stück Land abgekauft und mit einem Graben umgeben. Immer wieder mussten sie umkehren.

Sie kamen nach Nishneje Gorodischtsche. Beim Wirtshaus, auf dem gedüngten Boden, wo hier und da noch Schnee lag, standen Lastfuhren, die große Ballonflaschen mit Vitriolöl geladen hatten. Das Wirtshaus war voller Leute, alles Kutscher, es roch nach Wodka, Tabak und Schafspelzen. Es wurde laut geredet, mit der Tür geknallt. Hinter der Wand in einem kleinen Laden spielte jemand Ziehharmonika, ohne auch nur einen Moment zu verstummen. Marija Wassiljewna saß da und trank Tee, die Bauern am

Nebentisch waren vom Tee und der Wirtshausluft ins Schwitzen geraten und tranken Wodka und Bier.

»Hör zu, Kusma!« tönte es im Stimmengewirr. »Was heißt dort! Herrgott noch mal! Iwan Dementjitsch, das werd ich dir aber! Paß auf, Gevatter!«

Ein kleingewachsener Kerl mit schwarzem Bärtchen, blatternarbig und längst betrunken, wunderte sich auf einmal über irgend etwas und begann unflätig zu fluchen.

»Was schimpfst du da? He, du da!« ließ sich Semjon, der etwas abseits saß, verärgert hören. »Siehst du nicht: das Fräulein!«

»Das Fräulein ...« höhnte es aus der anderen Ecke.

»Alte Krähe!«

»Wir meinen's nicht ...« der Kleine geriet ganz durcheinander. [8]
»Verzeihung. Wir nämlich, für unser Geld, und das Fräulein für ihres ... Seien Sie gegrüßt!«

»Sei gegrüßt«, antwortete die Lehrerin.

»Wir danken Euch untertänigst.«

Marija Wassiljewna trank voller Behagen ihren Tee und wurde selbst rot wie die Männer; wieder dachte sie ans Brennholz, an den Schuldiener ...

»Wart mal, Gevatter«, hörte man vom Nachbartisch. »Die Lehrerin aus Wjasowje ... die kennen wir! Ein gutes Fräulein.«

»Eine anständige!«

Die Tür knallte dauernd, die einen kamen, die anderen gingen. Marija Wassiljewna saß da und dachte nur immer an dasselbe, und die Ziehharmonika hinter der Wand spielte und spielte. Auf dem Boden tanzten Sonnenflecken, wanderten langsam auf die Bänke, an die Wand und verschwanden schließlich, also ging die Nachmittagssonne schon wieder unter. Die Männer vom Nebentisch machten sich auf den Weg. Der Kleine trat leicht schwankend auf Marija Wassiljewna zu und gab ihr die Hand; auch die anderen, die das sahen, gaben ihr zum Abschied die Hand und gingen, einer nach dem anderen, und die Tür quietschte und knallte neun Mal.

*

Oben auf Seite 7 setzt sich der Prozess der Figurenzeichnung durch Spezifizierung fort.

Marija wird wieder eine etwas spezifischere Marija. (Die Form der Erzählung erinnert uns daran, dass kein Mensch je statisch oder stabil ist. Dem sollen Schriftsteller:innen gerecht werden, das verlangt die Form. Wenn eine Figur ständig dasselbe tut oder sagt oder dieselbe Haltung einnimmt, empfinden wir das als statisch, als Wiederholung eines Spielzugs – also als verpasste Chance der Weiterentwicklung.) Hier erfahren wir, dass Marija sich nie zur Lehrerin berufen fühlte. Sie wurde durch finanzielle Not dazu gezwungen. »Immer« sind ihr die Prüfungen wichtiger vorgekommen (nicht die Kinder, nicht die Bildung). Wir registrieren die stetig zunehmende Besonderheit dieser Figur, die Tschechow aufbaut, und wie weit sie sich jetzt von einer naheliegenden, klischeehaften, überarbeiteten, idealistischen Lehrerin fortentwickelt hat. Sie ist nicht aus Liebe zur Sache Lehrerin, nie gewesen. Die fehlende Liebe zur Arbeit hat sie (unter anderem) so abstumpfen lassen. Als sie anfing, war sie nicht voller Hoffnung, sie mochte die Arbeit nicht: Sie sah sie als unter ihrer Würde an, als etwas, worin sie scheitern könnte, nicht als ein Handeln aus Liebe.

Tschechow lehnt es ab, reine Heilige oder reine Sünder zu erschaffen. Das haben wir schon bei Chanow gesehen (reicher, gut aussehender Schlamper und Säufer), und jetzt ist es auch bei Marija so (hart arbeitende, edle Lehrerin, die sich durch freudloses Hinnehmen ihrer Lage ihren Käfig selbst gebaut hat). Das macht die Dinge komplexer; unsere naheliegende Neigung dazu, eine Figur als »gut« oder »böse« zu sehen, wird herausgefordert. Mit dem Ergebnis, dass unsere Aufmerksamkeit um noch ein paar Grade zunimmt; die subtile Zurückweisung durch die Erzählung weckt in uns gewissermaßen neuen Respekt für ihre Glaubwürdigkeit. Gerade hatten wir uns an das schlichte Bild von Marija als völlig unschuldiges, naives

Opfer eines brutalen Systems gewöhnt. Doch dann sagt die Erzählung: »Ja, Moment; haben brutale Systeme es nicht an sich, ihre Menschen so zu deformieren, dass sie zu Komplizen der eigenen Zerstörung werden?« (Das heißt: »Vergessen wir nicht, dass Marija ein Mensch ist, also komplex und irrtumsanfällig.«)

Ihre Lage ist immer noch traurig, aber jetzt verstehen wir, dass sie auch selbst dazu beigetragen hat, da sie sich ihrer Arbeit letztlich nicht gewachsen zeigen konnte. Im Geist überarbeite ich mein Bild von ihr: Jetzt ist sie eingeschränkt, etwas weniger fähig.

Andererseits, was ist das für ein Russland, das eine Person zu einer Arbeit zwingt, auch wenn sie sich nicht dazu berufen fühlt, und sie dadurch abstumpfen lässt? Dazu zwingt, um Unterstützung zu betteln und in einem zugigen Raum zu unterrichten, und von der Gemeinschaft wird sie damit alleingelassen? Wie soll irgendjemand so ein Leben lieben? (Mir fällt dazu der Gedanke von Terry Eagleton ein, dass der Kapitalismus Raubbau an der Sinnlichkeit des Körpers betreibt.)

Stellen Sie sich die vielen Marijas vor, die schon immer überall auf der Welt gelebt haben, das Beste an ihnen ist den Zwängen der Not geopfert worden, und der stetige Druck, für die Plackerei zum Verdienen ihres Lebensunterhalts schlecht gerüstet zu sein, hat ihre Anmut beschädigt. (Vielleicht haben Sie, wie ich, einmal zu ihnen gehört.)

Die Form der Erzählung ist, wir sehen es ein weiteres Mal, gnadenlos effizient. Alles in einer Geschichte sollte einem Zweck dienen. Unsere Arbeitsannahme lautet, dass nichts in einer Geschichte sich rein zufällig oder zu dokumentarischen Zwecken dort befindet. Jedes Element sollte ein kleines Gedicht sein und eine fein gesponnene Bedeutung tragen, die mit dem Sinn der Erzählung zusammenhängt.

Im Geist dieses Prinzips (nennen wir es das Prinzip der gnadenlosen Effizienz, PGE) fragen wir uns, als der Wagen in Nishneje Gorodischtsche einfährt: »Wozu dient diese Stadt?« Und weil es eine Stadt in einer Erzählung ist, lautet die einzig mögliche Antwort: »Diese Stadt ist hier drin, weil sie etwas leisten soll, was für die Erzählung notwendig ist.« Eigentlich sollten wir also fragen: »Was ist der Zweck *dieser* Stadt? Warum diese und keine andere?«

Achten Sie darauf, wie Ihr lesender Geist bei der Lektüre des Absatzes gegen Ende von Seite 7 reagiert:

> »Sie kamen nach Nishneje Gorodischtsche. Beim Wirtshaus, auf dem gedüngten Boden, wo hier und da noch Schnee lag, standen Lastfuhren, die große Ballonflaschen mit Vitriolöl geladen hatten. Das Wirtshaus war voller Leute, alles Kutscher, es roch nach Wodka, Tabak und Schafspelzen. Es wurde laut geredet, mit der Tür geknallt. Hinter der Wand in einem kleinen Laden spielte jemand Ziehharmonika, ohne auch nur einen Moment zu verstummen.«

Das ist eine richtig gute Beschreibung, sie ist überdies auch zugespitzt. Während wir Marija nach drinnen folgen, will Tschechow uns etwas vermitteln. Beim Lesen, während wir nach Anhaltspunkten suchen, sammeln wir lauter »negative« Wörter wie »gedüngt«, »Vitriol«, »es roch«, es wird »laut geredet«, »mit der Tür geknallt«. Wenn man noch die Feiergeräusche und die ständig leiernde Ziehharmonika hinzunimmt, können wir folgern, dass Tschechow uns sagen will: *An diesem Ort geht es grob zu.*

Lesen Sie einmal eine anders »schmeckende« Version:

> »Auf der weißen, schneebedeckten Erde beim Wirtshaus standen Wagen voll üppiger Orangen- und Apfelkisten,

die von exotischen Orten aus der weiten Welt gekommen waren. Im Wirtshaus waren viele, viele Menschen, allesamt Kutscher, und es roch nach Tee und dem, was gerade in dem kolossalen Ofen am einen Ende des Raums buk. Glückliches, lautes Gerede erfüllte den Raum, und durch das ständige fröhliche Auf und Zu der Tür fühlte man sich feierlich begrüßt. In dem Laden nebenan spielte jemand eine leichtfüßige Tanzmelodie auf der Ziehharmonika.«

So eine Stadt könnte es geben, hat es irgendwo gegeben, aber die brauchte Tschechow nicht.

Also: Eine einsame Frau, unzufrieden mit ihrem Leben, das ihrer nicht würdig scheint, betritt einen groben Ort, an den sie in dem eigentlich für sie bestimmten Leben nie einen Fuß gesetzt hätte.

Der Filmproduzent und »gute Mensch« Stuart Cornfeld hat mir mal erklärt, dass in einem guten Drehbuch jedes strukturelle Element zwei Aufgaben hat: 1) Es muss für sich genommen unterhaltsam sein und 2) die Handlung auf eine nicht triviale Weise voranbringen.

Das nennen wir von nun an »das Cornfeld-Prinzip«.

In einer mittelmäßigen Erzählung wird im Wirtshaus nicht viel passieren. Das Wirtshaus ist dazu da, damit der Autor Lokalkolorit liefern und uns beschreiben kann, wie so ein Ort aussieht. Oder etwas passiert dort drinnen, aber es wird nicht viel bedeuten. Ein paar Teller fallen runter und zerbrechen, ein zufälliger Sonnenstrahl verirrt sich durchs Fenster herein, aber ohne weiteren Sinn und Zweck, weil Sonnenstrahlen das nun mal in der realen Welt so tun, ein Hund wird rein- und rauslaufen, weil die Autorin das neulich so beobachtet hat, einen realen Hund in einem realen Wirtshaus. All das mag »für sich genommen unterhaltsam« sein (lebendig, lustig, in lebhafter

Sprache beschrieben usw.), aber es bringt *nicht* »die Handlung auf eine nicht triviale Weise voran«.

Wenn eine Erzählung »auf eine nicht triviale Weise« vorangebracht wird, bekommen wir das Lokalkolorit und noch etwas darüber hinaus. Die Figuren gehen in einem bestimmten Zustand in die Szene hinein und verlassen sie in einem anderen. Die Erzählung wird zu einer spezifischeren Variante ihrer selbst; sie verfeinert die Frage, die sie die ganze Zeit schon gestellt hat.

Was also passiert hier?

Ein »kleingewachsener Kerl«, blatternarbig, betrunken, flucht. (Das fällt unter Lokalkolorit.) Dann reagiert Semjon auf das Fluchen, indem er den Kleinen darauf hinweist, dass Marija da ist (»Siehst du nicht: das Fräulein!«).

In der Schreibwerkstatt reden wir viel davon, wie man bei einer Erzählung »den Einsatz erhöhen« kann. Das hat Semjon gerade getan. Es gibt ein blankes Kabel namens »Marija« und ein blankes Kabel namens »Bauern in einem Wirtshaus«; durch jedes dieser Kabel fließt Strom, aber unverbunden, denn sie liegen parallel nebeneinander, mit ein paar Metern Abstand.

Durch seine Reaktion auf das Fluchen hat Semjon die beiden Kabel kurzgeschlossen. Marija und die anwesenden Bauern hatten nichts miteinander zu tun, waren ohne Bezug zueinander. Das ist jetzt anders.

Jemand »höhnt« bei der Bezeichnung, die Semjon für Marija wählt: »Das Fräulein!« (Womit zwei Dinge gemeint sind: »Die soll jung sein?« und: »Verheiratet ist sie auch nicht!«)

Plötzlich herrscht große Spannung im Raum. Marija ist zweimal beleidigt worden: indirekt durch das Fluchen und direkt durch dieses Höhnen. Wir spüren, dass dieser Raum voller Bauern das Potenzial hat, über die »Elite«-Lehrerin herzufallen. Wer soll sie schon verteidigen?

Der putzige kleine blatternarbige Bauer löst die Spannung auf, ich stelle ihn mir immer vor wie Schlafmütz, einen der sieben Zwerge (vor meinem geistigen Auge zieht er bei seiner Entschuldigung die Mütze). Marija nimmt seine Entschuldigung an. »Sei gegrüßt«, sagt sie steif, vielleicht fürchtet sie eine weitere Eskalation.

Also: ein knapper Ausgang, der Marijas schwache Position inmitten des Pöbels unterstreicht. Wäre der fluchende Bauer ein anderer fluchender Bauer gewesen, hätte es schlimmer ausgehen können. (In etwa zwanzig Jahren wird es schlimmer ausgehen, wenn die russische Revolution ausbricht und ein paar von genau diesen Bauern die Straße zu Chanow hochmarschieren und sein Gut übernehmen.)

Wie reagiert Marija? Sie trinkt ihren Tee »voller Behagen«. Das hätte sie auch »mit zitternden Händen« oder »den Tränen nahe« tun können. Aber nein. Vielleicht, so schwant uns, ist das gar keine so ungewöhnliche Erfahrung für sie. (Es hat uns stärker mitgenommen als sie.) Wahrscheinlich ist sie, auf anderen Fahrten in die Stadt und zurück, schon oft in dieser Wirtschaft gewesen. Vielleicht hat es solchen gemeinen Spott schon früher gegeben?

Wieder ist unser Bild von Marija verfeinert worden. Hier wird nicht von einer Frau erzählt, die soeben in der Welt zu Fall gekommen ist. Sondern von einer Frau, die vor einiger Zeit gefallen ist und sich dermaßen an ihren Zustand einer Gefallenen gewöhnt hat, dass es sie nicht mehr sehr aufregt. Sie ist gefallen, fällt noch, fällt vielleicht noch tiefer. Sie ist schon fast selbst eine Bäuerin.

Hat die Szene das Cornfeld-Prinzip erfüllt? Ich meine, ja. Sie hat sich zuvor in ihren inneren Monologen durchaus als Frau präsentiert, die tief gefallen ist, in ein Leben mit dem Pöbel, aber vielleicht haben wir ihr das gar nicht richtig geglaubt. Jetzt tun wir es. In diesen Monologen (wie vermutlich in all unseren inneren Monologen) hat sie die Kontrolle behalten, durch ihre feine Kritik an Semjon und Chanow und überhaupt durch ihr intelligentes Nachdenken. Doch jetzt haben wir gesehen, wie prekär ihre Lage wirklich ist. Schlimmer nämlich, als sie selbst weiß. Sie ist blind dafür, *wie* tief sie gefallen ist – aber wir wissen es jetzt.

Stellen Sie sich einen Mann vor, der die Straße entlanggeht und denkt, es wäre vielleicht an der Zeit, sich einen neuen Anzug zu kaufen. Der Anzug, den er trägt, ist ziemlich klasse, er bekommt immer Komplimente dafür, aber was soll's, er kann sich auch mal was gönnen. Auf seinem Weg zum Laden kommt er an ein paar Teenagern vorbei, die ihn auslachen, weil sein Anzug so altmodisch und abgerissen ist.

Er tut uns leid, aber wir sehen plötzlich auch seinen Anzug.

Nachdem ich den Unterschied zwischen Marijas innerem Selbstbild und ihrer tatsächlichen Position in der Welt wahrgenommen habe, merke ich, dass sie mir noch mehr ans Herz gewachsen ist und ich sie noch mehr beschützen möchte. Und genau diese komplexere, gefährdete Marija nehme ich bis zum Ende der Erzählung mit.

Und das (wappnen Sie sich!) kommt schon in drei Seiten.

*

»Wassiljewna, mach dich fertig!« rief Semjon.

Sie fuhren weiter. Und wieder nur im Schritt.

»Vor kurzem haben sie hier eine Schule gebaut, in ihrem Nish-
[9] neje Gorodischtsche«, sagte Semjon und wandte sich um. »Einfach
Sünde, was da gelaufen ist!«

»Wieso?«

»Der Vorsteher soll Tausend in die eigene Tasche gesteckt haben, der Kurator auch Tausend, und der Lehrer Fünfhundert.«

»Aber die ganze Schule kostet doch nur Tausend. Man soll andere nicht verleumden, Großvater. Das ist doch alles Unsinn.«

»Weiß nicht… So wie die anderen denk ich auch.«

Und es war klar, dass Semjon der Lehrerin nicht glaubte. Auch die Bauern glaubten ihr nicht; sie meinten immer, daß sie viel zuviel Lohn bekäme, einundzwanzig Rubel im Monat (auch fünf wären doch genug), und daß sie von dem Geld, das sie bei den Schülern für Brennholz und den Schuldiener sammelte, den größten Teil für sich behielte. Der Kurator dachte genau wie alle Bauern, selbst aber zweigte er sich vom Brennholz ab, und für seine Aufsicht bekam er von den Bauern noch extra, hinter dem Rücken der Vorgesetzten.

Der Wald hörte Gott sei Dank auf, jetzt war bis Wjasowje flaches Feld. Nur noch ein kurzes Stück: den Fluß überqueren, dann die Bahnlinie, und dann kam Wjasowje.

»Wo fährst du denn hin?« fragte Marija Wassiljewna Semjon. »Fahr nach rechts, auf die Brücke.«

»Wozu? Wir kommen auch hier rüber. Tief, aber nicht sehr …«

»Paß auf, daß uns das Pferd nicht ertrinkt.«

»Wieso?«

»Da schau nur, auch Chanow ist auf die Brücke gefahren«, sagte [10]
Marija Wassiljewna, als sie weit rechts den Vierspänner erblickte. »Das ist er doch wohl?«

»Ja, ja. Hat wohl Bakwist nicht angetroffen. So ein Dickkopf, du meine Güte, fährt dort rüber, wozu, wo es doch hier ganze drei Werst näher ist.«

Sie fuhren an den Fluß. Im Sommer war das ein kleines Bächlein, das man leicht durchwaten konnte und das gewöhnlich bis zum August vollständig austrocknete, jetzt aber, nach der Frühjahrsflut, war es ein Fluß von sechs Sashen Breite, reißend, trüb und kalt; am Ufer und direkt am Wasser waren frische Radspuren zu sehen – also war man hier schon durchgefahren.

»Vorwärts!« schrie Semjon ärgerlich und aufgeregt, zerrte kräftig an den Zügeln und schlug mit den Ellbogen wie Vögel mit den Flügeln. »Vorwärts!«

Das Pferd ging bis zum Bauch ins Wasser, blieb stehen, zog dann aber unter Anspannung all seiner Kräfte weiter, und Marija Wassiljewna spürte an den Füßen eine beißende Kälte.

»Vorwärts!« schrie auch sie und erhob sich. »Vorwärts!«

Sie fuhren heraus aufs andere Ufer.

»Daß das immer sein muß, Herrgott noch mal«, murmelte Semjon und ordnete das Zaumzeug. »Die reinste Strafe mit diesem
[11] Semstwo …«

Galoschen und Schuhe waren voll Wasser, Kleid und Pelzmantel unten sowie ein Ärmel durchnäßt, sie tropften: Zucker und Mehl waren aufgeweicht, das war am ärgerlichsten; vor Verzweiflung schlug Marija Wassiljewna die Hände zusammen und sagte:

»Ach Semjon, Semjon! … Was bist du nur für ein … wirklich!«

*

Kurz etwas zur Variation.

Zurück im Wagen, fängt Semjon wieder zu tratschen an, diesmal über einige Ereignisse in der Stadt, die sie gerade verlassen haben, »einfach Sünde«. Vorher hatte Semjon mit dem Gerücht, das er weitertratschte, richtiggelegen (über die Ermordung des Bürgermeisters von Moskau), und Marija glaubte ihm nicht bzw. war nicht daran interessiert. Hier scheint er falschzuliegen, und sie interessiert sich dafür und weist ihn zurecht. Es hätte beide Male so sein können, dass Semjon falsche Gerüchte weitergibt und Marija, daran interessiert, ihn zurechtweist. Doch Tschechows Instinkt geht offenbar erneut in Richtung Variation, gegen eine statische Wiederholung. Zu seinen Talenten gehört es, eine Situation ganz natürlich mit Abwechslung anzureichern, die ein minderer Schriftsteller statisch gelassen hätte.

Dank der Variation in seiner Figur können wir Semjon aus zwei Blickwinkeln betrachten: einerseits als russische 19.-Jahrhundert-Ausgabe eines Verschwörungstheoretikers, stets willens, den Machthabern das Schlimmste zu unterstellen, und andererseits als jemanden, der, obwohl er demselben niederen Milieu wie Marija angehört, sich lebhaft für alles interessiert, was um ihn herum geschieht (auch wenn das mit der Genauigkeit eher Glückssache ist).

Marija dagegen ist an der »großen, weiten Welt« nicht interessiert, nur an lokalen Ereignissen, die sich auf ihre jetzt schon prekäre Lage in der Gemeinschaft auswirken könnten. (Nach der Erfahrung im Wirtshaus kann man ihr das nicht verdenken.) Das erklärt auch ihre bereits beobachtete Neigung, in Gedanken immer wieder zur Schule zurückzukehren. Das dient dem Selbstschutz und der Grenzziehung. Sie ist fixiert auf den einen Bereich, den sie vielleicht wirklich noch ein bisschen kontrollieren kann.

Achten Sie darauf, wie wir Semjon und Marija beim Lesen gegeneinander abgleichen. Sie sind wie zwei Puppen in einer Kiste, in verschiedenen Haltungen. Er interessiert sich für die Welt; sie nicht. Er spekuliert; sie nicht. Sie misstrauen beide dem System (wenn auch aus verschiedenen Gründen). Er ist Bauer; sie ist es fast. Und so weiter.

Im Übrigen sind da eigentlich drei Puppen drin: Marija, Semjon und Chanow. Und die ganze Zeit suchen wir, ohne bewusste Absicht, nach Ähnlichkeiten und Unterschieden zwischen diesen dreien. Marija und Semjon packen wir zusammen, weil sie beide aus derselben Stadt und in demselben Wagen sind; Marija und Chanow, weil sie jünger sind als Semjon und sozial höher stehen, außerdem sind sie ein mögliches (und anscheinend doch nicht so mögliches) Paar; Semjon und Chanow, weil sie beide »weniger intelligent sind als Marija, aber sie muss mit ihnen klarkommen«. Gleichzeitig ist jede Figur auf ihre Art ein Solitär: Marija ist die einzige Frau, Semjon der einzige Bauer, Chanow der einzige Gutsbesitzer.

Eine Erzählung ist nicht wie das reale Leben; sie ist wie ein Tisch, auf dem nur wenig liegt. Der »Sinn« des Tisches entsteht durch die Auswahl der Dinge und wie sie aufeinander bezogen sind. Stellen Sie sich folgende Dinge auf einem Tisch vor: eine Pistole, eine Granate, eine Axt, eine Porzellanente. Wenn die Ente mitten auf dem Tisch steht, dicht ringsum die

Waffen, dann haben wir das Gefühl: Die Ente kriegt Ärger. Wenn die Ente, die Pistole und die Granate die Axt in einer Ecke isolieren, könnten wir es so empfinden, dass die Ente die modernen Waffen (Pistole, Granate) gegen die (altmodische) Axt ins Feld führt. Wenn die drei Waffen alle bedenklich über eine Tischkante hängen, und die Ente betrachtet sie, dann könnten wir das so deuten, dass die Ente eine radikale Pazifistin ist, die endgültig den Schnabel voll hat.

Mehr ist eine Erzählung eigentlich nicht: eine begrenzte Anzahl von Elementen, die wir gegeneinander abgleichen.

Also, zumindest von hier aus (zweiter Absatz von Seite 10) wird die restliche Reise leicht. Sie sind buchstäblich aus dem Gröbsten raus, vor ihnen liegt eine gerade Strecke. Tschechow gibt uns eine schlichte, leicht vorzustellende Landkarte der vor ihnen liegenden Landschaft: »Nur noch ein kurzes Stück: den Fluß überqueren, dann die Bahnlinie«.

In der Nähe gibt es eine Brücke, aber Semjon hat etwas vor. Er will *durch* den Fluss, der ist »tief, aber nicht sehr«, damit würden sie etwas Zeit sparen. Chanow taucht noch einmal in der Geschichte auf, übervorsichtig (vernünftig?) fährt er zur Brücke. Beachten Sie, dass Marija nicht weiter über Chanow nachdenkt (keine wiedererwachende Hoffnung, kein schneller schlagendes Herz). Das bestätigt unseren Eindruck, dass ihr Sinnieren über ihn müßig, nicht richtig ernst gemeint war.

Aus der Uhrzeit schließt Semjon, dass Chanow, der »Dickkopf«, seinen Freund nicht zu Hause angetroffen hat. Also war sein ganzer Ausflug umsonst.

Sie erreichen den Fluss.

Bevor wir Semjon das Pferd antreiben lassen, eine Frage: Warum hat sich Tschechow die Mühe gemacht, diesen Fluss zu erfinden? Er hätte die Kutsche doch direkt in die Stadt fahren lassen können, über ein Stück trockener Landstraße. Offenbar wird während der Durchquerung etwas passieren, das seinen Zwecken dient. (Hier verbinden sich zwei Merksätze des Schreibens: »Lass nichts ohne Grund passieren« und: »Wenn du etwas hast passieren lassen, gib ihm einen Sinn.«)

»Im Sommer war das [der Fluss] ein kleines Bächlein ... jetzt aber ... ein Fluß von sechs Sashen Breite«. Die Durchquerung wird also zu einer Herausforderung. Dabei zeigen Radspuren an, dass vor kurzem jemand durchgefahren ist. Dieser Moment wirkt wie ein Kompetenzwettbewerb zwischen Semjon und Chanow. Welche Version der Wirklichkeit ist richtig? (A) »Semjon, ein eingebildeter Bauer, tut den intelligenteren Vertreter der Oberschicht ab und versucht einen unüberwindbaren Fluss zu durchqueren, mit desaströsen Folgen«; oder (B) »Semjon, ein Mann aus dem Volk, handelt, um Zeit zu sparen, vernünftigerweise genauso wie andere kurz zuvor, während der unwissende Chanow seine Zeit vergeudet, um grundlos auf Nummer sicher zu gehen«?

Marija hat bei der ganzen Sache nichts zu sagen, sie muss einfach sitzen bleiben und die Folgen dessen ertragen, was kommt, obwohl sie die Hauptfigur und die klügste, am stärksten selbstreflektierte Person der Erzählung ist.

Die Durchquerung wird eine knappe Angelegenheit. Wasser dringt in den Wagen ein. Sie schaffen es hinüber, und Semjon (als unverbesserlicher Verschwörungstheoretiker) gibt wem die Schuld? Der Lokalregierung (dem »Semstwo«). Es ist »die reinste Strafe«, hier zu leben. (»Es liegt nicht an mir, sondern an dieser Stadt!«) Währenddessen, so stellen wir uns das vor, ruckelt Chanow weiter auf die Brücke zu.

Wer gewinnt? Tja, irgendwie Semjon, aber Marija hat die Schuhe voll Wasser, das Kleid ist nass, und am schlimmsten, auch Zucker und Mehl (ihre »Einkäufe«) sind ruiniert, für die sie wahrscheinlich gerade einen ordentlichen Anteil ihres Gehalts ausgegeben hat.

»Ach Semjon, Semjon!«, sagt sie. »Was bist du nur für ein… wirklich!«

Dieser Moment ist so traurig: Sie wollte sich ein bescheidenes Vergnügen gönnen (wenn wir den Einkauf von Grundnahrungsmitteln für das Leben in einem kleinen Zimmer ein »Vergnügen« nennen dürfen), und nicht mal das klappt.

Chanow hat mit einem Ausflug ohne greifbares Ergebnis einen ganzen Tag vergeudet.

Und Marija auch.

Weiter oben stellte sich die Frage, wozu Tschechow sich die Mühe gemacht hat, diesen Fluss in die Erzählung zu bringen. Offenbar, um Marijas Einkäufe zu ruinieren.

Und warum musste er das tun?

Die Frage heben wir uns für später auf.

Als junger Schriftsteller bekam ich einmal eine Absage, die voller Lob war, aber so endete: »Es ist schnell und witzig und wild… aber wir sind uns nicht sicher, ob es auch eine Kurzgeschichte ist.« Das hat mich, tja… echt wahnsinnig gemacht. (Schnell und witzig und wild – ist das nicht genug, ihr Ödel?) Aber heute verstehe ich es. Eine Kurzgeschichte ist nicht nur eine Reihe von Ereignissen, die aufeinanderfolgen. Sie ist nicht einfach etwas lebhaft Erzähltes, das ein paar Seiten lang frisch voranschreitet und dann aufhört. Sie ist etwas Erzähltes, das uns dazu zwingt, es zu Ende zu lesen, ja, aber irgendwie ab der Mitte irgendwie höher oder weiter wird und am Ende… genug.

Als ich ein Kind war, hatte die Tütensuppenfirma Lipton eine Fernsehwerbung mit dem Slogan: »Ist das schon Suppe?«

Und beim Lesen stellen wir einem Text (auch wenn es ein eigener ist) immer die Frage: »Ist das schon eine *Geschichte*?«

Diesen Moment streben wir beim Schreiben an. Wir überarbeiten und überarbeiten, bis wir uns den Text sozusagen erschrieben haben, und dann entsteht dieses »Jetzt ist es eine Geschichte«-Gefühl.

Eine gute Methode, um zu untersuchen, was dieses Gefühl erzeugt, besteht darin, versuchsweise eine gute Erzählung vor dem Ende abzuschneiden, das der Autor, die Autorin dafür geschaffen hat. Schneiden Sie einfach das Ende ab und beobachten Sie Ihre Reaktion auf diesen erzwungenen Schluss. Das entstehende Gefühl sagt uns, was fehlt. Oder, umgekehrt, was der restliche Text liefert, wenn wir ihn lesen, und was den Übergang von »etwas Erzähltem« zu einer »Erzählung« ausmacht.

Lassen wir die Erzählung doch einfach mal hier enden, nach dem Absatz, den wir gerade gelesen haben, also mit:

»Ach Semjon, Semjon! ... Was bist du nur für ein ... wirklich!«

ENDE

Gehen Sie zurück an den Anfang, blättern Sie sich durch die Erzählung und hören Sie hier auf. Wie wirkt das auf Sie? Was könnte die Erzählung, wenn sie hier aufhört, »aussagen«? Was fehlt ihr? (Welche Keulen sind noch in der Luft?)

Mein Gefühl sagt mir: »Nein, noch keine Geschichte.«

Mal schauen, ob wir den Grund dafür herausfinden können.

Zuvor gab es einen Vorschlag, wie die Erzählung sich selbst am einfachsten zusammenfassen würde:

Einsame Frau begegnet möglichem Liebhaber.

Darüber sind wir inzwischen hinaus, jetzt sind wir in etwa bei:

Einsame Frau begegnet möglichem Liebhaber, der vielleicht ihre Einsamkeit mildern kann, es aber nicht tut, sie stellt fest (und wir mit ihr), dass es sowieso nur eine vergebliche Hoffnung war, dann wird sie grenzwertig in einem Wirtshaus be-

leidigt, und der augenscheinliche Sinn ihres Ausflugs (ihre Einkäufe) bleibt unerfüllt.

ENDE.

Wenn die Erzählung so verstümmelt wird, wirkt sie anekdotisch und schroff: *Einer Dame, die wir mögen, passiert einiges Schlimmes, und sie kommt in einem schlechteren Zustand nach Hause, als sie aufgebrochen ist.* (Das beschreibt Millionen von Tagen, wie sie in der realen Welt ablaufen, aber es ist nicht »eine Geschichte«.)

In der Schreibwerkstatt sagen wir manchmal, damit ein Text zu einer richtigen Geschichte wird, muss darin etwas passieren, was das Leben der Figur für immer verändert. (Das klingt etwas drakonisch, aber nehmen wir es trotzdem als Ausgangspunkt.) Wir erzählen also, als Rahmen für diesen verändernden Moment, eine bestimmte Geschichte mit einem Anfangs- und einem Endpunkt. (Wir erzählen ja nicht, was in der Woche passiert ist, bevor die drei Gespenster Scrooge heimsuchten, oder die Geburtstagsfeier, als Romeo zehn wurde, oder die Phase von Luke Skywalkers Leben, wo echt nicht viel los war.)

Warum hat sich Tschechow entschlossen, diesen Tag aus Marijas Leben zu erzählen? Anders gefragt: Was hat sich an diesem Tag für Marija verändert? Ist sie eine andere als die Frau, die wir auf der ersten Seite kennengelernt haben? Es sieht nicht so aus. Hat sie etwas Neues erlebt? Ich finde nicht. Sie ist Chanow schon oft begegnet, und sie hat wohl auch vorher schon romantisch und voller Hoffnung an ihn gedacht, aber mit ihm hat es keinen Sinn, das weiß sie. Sie ist im Wirtshaus beleidigt worden, hat das aber sportlich genommen, und obwohl diese Reaktion unseren Blick auf sie verändert und sich deshalb wie eine Eskalation angefühlt hat, ist ihr Blick auf sich selbst gleich geblieben. (Das wissen wir daher, dass sie ihren Nach-Beleidigungs-Tee »mit Behagen« trinkt und sofort wieder zu ihren Gedanken an die Schule zurückkehrt.)

Eigentlich lautet unsere Frage: Was könnte (was müsste) in den letzten sieben Abschnitten noch passieren, um all das zu einer *Geschichte* zu erheben?

Es ist schon aufregend, hier innezuhalten und zuzugeben: So wie es jetzt aussieht, ist das keine Geschichte. Noch keine. Und ich behaupte jetzt, dass es bis zum Ende noch eine großartige Geschichte wird.

Hier können wir also etwas ganz Wesentliches über die Form lernen: Was immer »noch keine Geschichte« in »eine großartige Geschichte« verwandelt, wird jeden Augenblick passieren, auf dieser nächsten (letzten) Seite.

*

Am Bahnübergang waren die Schranken heruntergelassen: Vom Bahnhof sollte der Kurierzug kommen. Marija Wassiljewna stand am Übergang und wartete, daß er vorbeiführe; sie zitterte am ganzen Leib vor Kälte. Wjasowje war schon zu sehen – die Schule mit dem grünen Dach, die Kirche, deren Kreuze im Licht der Abendsonne glänzten, und aus der Lokomotive stieg rosa Rauch auf… Marija Wassiljewna kam es vor, als zittere alles vor Kälte.

Da war er, der Zug; die Fenster von hellem Licht übergossen wie
die Kreuze auf der Kirche, daß es einem in den Augen schmerzte. [12]
Auf der Plattform eines Waggons der ersten Klasse stand eine Dame, Marija Wassiljewna blickte sie flüchtig an: ihre Mutter! Was für eine Ähnlichkeit! Auch ihre Mutter hatte diese weichen Haare, genau so eine Stirn, dieselbe Neigung des Kopfes. Und mit verblüffender Klarheit stellte sie sich zum ersten Mal in all diesen dreizehn Jahren ihre Mutter, ihren Vater, den Bruder, die Wohnung in Moskau, das Aquarium mit den Fischen vor, alles bis ins letzte Detail, hörte plötzlich das Spiel auf dem Flügel, die Stimme des Vaters, fühlte sich wie damals jung, schön, elegant, im hellen warmen Zimmer, umgeben von der Familie; auf einmal ergriff sie ein Gefühl der Freude und des Glücks, vor Begeisterung preßte sie die Hände an die Schläfen und rief zärtlich, flehend:

»Mama!«

Und brach in Tränen aus, wußte nicht, weshalb. Zur selben Zeit kam zufällig Chanow in seinem Vierspänner heran. Bei seinem Anblick stellte sie sich ein Glück vor, wie es das niemals gegeben hatte, und lächelte, nickte ihm zu von gleich zu gleich und ganz vertraut, es kam ihr so vor, als ob am Himmel und überall in den Fenstern und auf den Bäumen ihr Glück, ihr Triumph strahlte. Ja, nie waren Vater und Mutter gestorben, nie war sie Lehrerin gewesen, das war ein langer, schwerer, seltsamer Traum, und jetzt war sie erwacht...

»Wassiljewna, steig ein!«

Plötzlich war alles verschwunden. Die Schranke hob sich langsam. Marija Wassiljewna stieg zitternd und steif vor Kälte in den Wagen. Der Vierspänner fuhr über die Bahnlinie, Semjon hinterher. Der Bahnwärter am Übergang zog die Mütze.

»Wjasowje. Wir sind da.«

*

Die Bahnschranke ist unten (gleich kommt ein Zug durch). Jenseits der Gleise sehen sie ihr Heimatdorf Wjasowje. Tschechow beschreibt spezifische Gebäude, darunter auch Marijas ausbeuterischen Arbeitsplatz, »die Schule mit dem grünen Dach« in einem spezifischen Moment des Tages, »im Licht der Abendsonne«. Was macht die Abendsonne mit den Gebäuden? Sie bringt sie zum Glänzen. Welche Teile spezifisch? Die Kreuze und die Fenster der Bahnstation. (Beachten Sie den Unterschied zwischen dieser Beschreibung und: »Das Städtchen lag vor ihnen, es sah aus wie jedes andere russische Dorf.«)

Da kommt der Zug. Tschechow hat nicht vergessen, dass er gerade eben gesagt hat, die untergehende Sonne beleuchtet die Dinge. Also werden auch die Fenster des Zuges »von hellem Licht übergossen«. Mit dem Ergebnis, dass Marija sie nicht direkt ansehen kann. Stattdessen schaut sie auf eine Plattform der ersten Klasse. Und sieht... ihre Mutter. (Beachten Sie die enge Kausalität hier, ein Detail sorgt für das nächste.) Sofort korrigiert Tschechow diese falsche Wahrnehmung (lässt Marija sie korrigieren): »Was für eine Ähnlichkeit!« Ist es nachvollziehbar, dass sie diese Frau mit ihrer Mutter verwechselt? Ja, Tschechow belegt es, über das Spezifische. Was ist ähnlich? Das Haar der Frau, die Stirn, die Art, wie sie den Kopf hält.

Das setzt einen Schwall vergessener Erinnerungen frei: »zum ersten Mal in all diesen dreizehn Jahren« stellt sie sich ihre frühen Jahre in Moskau lebhaft vor.

Vergleichen Sie diesen Absatz mit dem früheren, in dem sie ihre Kindheit erwähnt (erster Absatz von Seite 2). In der Beschreibung kam kein Aquarium mit Fischen vor, kein Klavier, kein Gesang, kein assoziiertes Wohlgefühl. Als sie zuvor (gerade mal ein paar Stunden früher) an ihre Kindheit dachte, konnte sie sich, ganz aufrichtig, nur an »etwas Vages, Verschwommenes« erinnern, »wie ein Traum«. Jetzt ist ihr Geist voller spezifischer Einzelheiten. Die vage Version ihrer Kindheit ist richtiggestellt. Die erinnerten Details ändern Marijas Blick auf sich selbst. Sie war einmal jemand anders, jemand mit einem Zuhause, eine Frau, die geliebt wurde, »jung, schön, elegant, im hellen warmen Zimmer, umgeben von der Familie«, eine Frau in Sicherheit, für die gesorgt war.

»Ein Gefühl der Freude und des Glücks« überwältigt sie.

»Mama!«, ruft sie und fängt an zu weinen und »wußte nicht, weshalb«.

Wenn wir auf das Ende ihres Unglücks gewartet haben, hier ist es. Erleichterung ist in Gestalt einer Erinnerung gekommen. Sie weiß wieder, wer sie einmal war. Sie *ist*, wer sie einmal war.

Wird dieser neue Glückszustand anhalten? (Wird er sie für immer verändern?)

Wir begreifen, warum uns Tschechow die Geschichte dieses und keines anderen Tages erzählt hat. Dies ist ihr nicht gestern oder an irgendeinem anderen Tag im Lauf dieser albtraumhaften dreizehn Jahre passiert.

Erst heute, zum ersten Mal.

Vielleicht wäre es nützlich, hier innezuhalten und die beiden Absätze über ihre Kindheit nacheinander zu lesen. Schauen Sie sich die Überschneidungen an (Moskau, eine Wohnung), aber auch, was beim zweiten Mal alles hinzukommt: das Aquarium, das Klavier, die Liebe, das Gefühl der Zugehörigkeit. Das ist Steigerung. Hätte Tschechow beide Male dieselbe Beschreibung geliefert, wäre es Stillstand. (»Ich ging zum Laden, da drinnen war es heiß, und ich sah Todd. Später ging ich zum Laden, da drinnen war es heiß, und ich sah Todd.«) Nach diesen Erinnerungen ist Marija buchstäblich ein anderer Mensch als noch Sekunden zuvor. Das empfinden wir als Steigerung; plötzlich erwacht der Mensch, der sie einmal war (geliebt, besonders, umsorgt), in dieser erschreckenden neuen Realität. Wir spüren den Schock. (»Ich bin eine Fast-Bäuerin an einer ollen Provinzschule? Wer? Ich? *Marija?*«), aber wir spüren auch ihre Freude darüber, dass sie wieder sie selbst ist, ihr wahres Selbst.

Ich liebe diese neue, diese plötzlich hochgestimmte Marija. (Ich sehe, wie elend es ihr in all den Jahren ergangen ist und wie tapfer sie war.)

Wir haben gesagt, dass eine Erzählung ein System für die Übertragung von Energie ist. Energie, die auf den ersten Seiten produziert und im Verlauf der Erzählung übertragen, von einem Abschnitt zum nächsten weitergegeben wird, wie ein Eimer Wasser auf dem Weg zum Brand, mit der Hoffnung, dass kein einziger Tropfen verlorengeht.

Beachten Sie den wunderschönen Domino-Effekt der Kausalität hier: Die anfängliche Energie unseres Mitleids mit Marija (das uns hoffen ließ, sie würde Erleichterung finden, bei Chanow, dachten wir irrtümlicherweise) ist durch diesen schrecklichen Tag intensiviert worden, der darin gipfelte, dass ihre Einkäufe ruiniert wurden; der sich anstauende Schmerz des Tages brachte sie dazu, eine Fremde für ihre Mutter zu halten, was ihr den ersten glücklichen Augenblick schenkte, seit wir sie kennen, die Ärmste, also seit dem Anfang der Erzählung.

Sie ist verjüngt, wieder zu der sorglosen, glücklichen, hoffnungsfrohen jungen Frau geworden, die sie einst war. Sie ist wie ein Superheld, dessen Kräfte wieder da sind.

Und an dieser Stelle habe ich immer das Gefühl, dass die Brutalität der Welt, in der sie gelebt hat, gleich richtiggestellt wird.

Jedenfalls hoffe ich das.

Chanow kommt heran. Wie viel Zeit Semjon auch immer gewonnen hat, indem er den Fluss durchquerte, sie ist von dem erzwungenen Warten auf den vorbeifahrenden Zug aufgebraucht wurden, ein Nullsummenspiel: Chanow ist genauso schlau wie Semjon und umgekehrt, mit anderen Worten, nicht besonders. Niemand in diesem Russland ist schlau genug, der allgemeinen Ödnis zu widerstehen – Oberschicht und Bauern sind gleichermaßen unfähig, und die Marijas dieser Welt, die etwas mehr Durchblick haben, sitzen zwischen ihnen fest.

Als Marija Chanow sieht, »stellte sie sich ein Glück vor, wie es das niemals gegeben hatte, und lächelte, nickte ihm zu von gleich zu gleich und ganz vertraut« (beides hat sie zuvor, auf Seite 5, in fast identischer Sprache als unmöglich verworfen).

Und »es kam ihr so vor, als ob am Himmel und überall in den Fenstern und auf den Bäumen ihr Glück, ihr Triumph strahlte«, komisch, »ihr Triumph«. Was ist »ihr Triumph«? Na ja, sie ist wieder die junge Frau, die sie einst war. Ihre Eltern sind nicht gestorben, »nie war sie Lehrerin gewesen«. Keine Erniedrigung hat stattgefunden. Alles war »ein langer, schwerer, seltsamer Traum«, aus dem sie nun erwacht ist.

Sie ist wieder glücklich, wieder stolz, wieder ein ganzes Menschenwesen, endlich.

Sie ist glücklich, aber immer noch allein. (Und ist sie immer noch einsam?)

Können Sie sich hier, wenige Zeilen vor dem Ende der Erzählung, eine Version vorstellen, in der dieses plötzliche Selbstvertrauen, diese neue Selbstwahrnehmung als jemand, der es wert ist, geliebt zu werden, sie so stark verändert, dass Chanow den Unterschied bemerkt und sie quasi wie zum ersten Mal sieht und …?

Ich wette, das können Sie. Ich kann es. Und ich tue es auch, jedes Mal, wenn ich an diese Stelle komme.

Aber nein.

Semjon ruft, »steig ein!«, mit anderen Worten, »steig ein in diesen Wagen, der dein derzeitiges Leben ist«. Auf einmal ist »alles verschwunden«. Die Geschichte hat uns bereits erzählt, dass eine Beziehung zwischen den beiden unmöglich ist, und das ist sie, das ist sie immer noch. Chanow wird kein weiteres Mal erwähnt, nur seine Kutsche: »Der Vierspänner fuhr über die Bahnlinie«. Dann kommt das merkwürdige und irgendwie perfekte Detail des Bahnwärters, der vor ihr seine Mütze zieht. (»Willkommen zurück in Ihrer Einsamkeit, gnä' Frau.«)

Sie sind zu Hause, und die Erzählung ist zu Ende.

Wie traurig, wie traurig, wie zutiefst wahrhaftig.

Warum konnte Chanow nicht bezaubert werden?

Die beste Antwort darauf lautet, dass die Erzählung dadurch schöner ist. Würde er bezaubert, hieße das, der einzige Grund, warum er nicht vorher bezaubert war, läge darin, dass Marija noch nie so glücklich (noch nie so attraktiv) war. Die Erzählung würde also allem Anschein nach aussagen: »Um geliebt zu werden, hätte Marija nur *mehr* sein müssen, als sie war.« Das würde die Erzählung weniger interessant, ja, trivial machen. Und es stünde im Widerspruch zu etwas bereits Geklärtem: Diese beiden sind nicht füreinander bestimmt. Keine Dosis Glücksglanz wird die Lücke zwischen ihnen überbrücken können, und wenn es doch dazu käme, würde es sich falsch und gewollt anfühlen.

Registriert Chanow ihre Veränderung? Sieht nicht so aus. Entweder entgeht ihm das Lächeln-und-Zunicken (er schaut schon über die Brücke), oder er sieht es, aber es löst nichts in ihm aus – kein fröhliches Auf Wiedersehen, kein erwidertes Nicken-und-Zulächeln und schon gar keine Liebeserklärung. Kann es sein, dass ihm die Veränderung entgeht? Na klar, und hier zahlen sich die ganzen »Chanow ist ein Dummbeutel«-Momente aus. (Dieser Bursche ist so ahnungslos, dass ihm noch nicht mal auffällt, wenn eine Frau gerade dreizehn Jahre Elend abgeworfen hat.)

Marija ist das sowieso egal. Ihre Aufmerksamkeit liegt nicht bei Chanow, sondern beim Himmel, den Fenstern und den Bäumen, die in ihrem Glück erstrahlen, und bei dem »Triumph«, dass sie auf einmal wieder zu ihrem wahren Selbst geworden ist.

Etwas Tiefgreifendes ist mit ihr geschehen, und es hat nichts mit Chanow zu tun: Etwas seit langem Totes ist gerade wieder in ihr aufgeflackert, lebendig geworden.

In dem Leuchten ihrer Augen, das wir vor uns sehen, ist die Energie gespeichert, die die Erzählung aufgebaut hat.

Wir haben gesagt, eine Erzählung umrahmt einen Moment der Veränderung und sagt implizit: »Dies war der Tag, an dem sich die Dinge für immer veränderten.« Eine Variante davon wäre: »Dies war der Tag, an dem sich die Dinge beinahe für immer verändert hätten, aber dann doch nicht.« Vor dem Augenblick an der Bahnlinie war *Auf dem Wagen* eine Variante dieser Variante: »Dies war der Tag, an dem es danach aussah, als hätten sich die Dinge für immer verändern können, aber dann geschah es doch nicht, weil es natürlich nie möglich gewesen wäre« (die Erzählung von einem kurzen, trügerischen Aufwallen der Hoffnungen). An der Bahnlinie wird die Erzählung nun hierzu: »Dies war der Tag, an dem sich die Dinge tatsächlich für immer veränderten, aber auf eine unerwartete Weise, die zum Besseren wie zum Schlechten ausgehen könnte.«

Wenn wir das Gefühl haben, ein Nichts zu sein und immer ein Nichts gewesen zu sein, ist das die eine Erzählung. Aber wenn wir das Gefühl haben, ein Nichts zu sein, und dann, in einem wundersamen Augenblick, erinnern wir uns daran, dass wir einmal jemand gewesen sind – ist das eine glücklichere oder eine traurigere Erzählung?

Na ja. Kommt drauf an.

Wir fragen uns (darauf hat die Erzählung uns gebracht): Wie sehen die Nachwirkungen dieses vorübergehenden Gefühls von Kraft und Selbstvertrauen aus, das Marija erlebt hat? Hat diese Erfahrung sie »für immer verändert«? Wird sie sich auch morgen noch so fühlen? Wird das Wissen, dass sie einst jung und geliebt war, in ihr wach bleiben und beeinflussen, wie sie jetzt lebt?

Der vorletzte Absatz stellt uns darauf ein, das eher nicht anzunehmen; der Teilsatz »zitternd und steif vor Kälte« deutet eine Rückkehr zu ihrem früheren Zustand an, vor allem, wenn wir ihn gegen die Tatsache lesen, dass noch am Höhepunkt ihres Glücksmoments alles »strahlte«, ein Wort, das wir mit Wärme assoziieren.

Doch es gehört zu den Qualitäten einer wunderschön endenden Erzählung, dass wir uns nachher vorstellen können, wie die Figuren weiterleben werden. Ich kann mir vorstellen, wie diese Erfahrung Marijas Leben besser macht, sie hat jetzt einen geheimen Ort, an den sie manchmal zurückkehrt, während sie durch diese trübselige Schule huscht. Ich kann mir auch vorstellen, dass sie ihr Leben schlimmer macht: ein wiederkehrender Stich, eine Erinnerung daran, wie tief sie gefallen ist.

Und ich kann mir den traurigsten möglichen Ausgang vorstellen, der zu ihrem bisherigen Leben passen würde: Noch ein paar Wochen (Monate, Jahre) dieses abstumpfenden Lebens, und sie wird den Moment der Erleuchtung an den Bahngleisen komplett vergessen haben, so wie sie auch das Aquarium ihrer Kindheit vergessen hatte.

Diese Beschreibung echter Einsamkeit, wie sie tatsächlich in der Welt vorkommt, wird dadurch so menschlich und herzzerreißend, dass wir Marija von innen bei all dem beobachten, was sie durchmacht. Eine Erzählung mit weniger Innenperspektive hätte vielleicht nur Mitleid hervorgerufen (»Ach, was für eine arme, einsame Frau!«). Wir würden Marija als die unterlegene Andere sehen. Doch die virtuose Innenperspektive der Erzählung schließt sie ein, während sie uns hineinzieht. Sie ist nicht: ein vollkommener Mensch und einsam. Sie ist: ein unvollkommener Mensch und einsam. Wir empfinden Mitleid mit der einsamen unvollkommenen Marija, so wie mit einem unvollkommenen einsamen Menschen, den wir geliebt haben, oder mit dem unvollkommenen (einsamen) Menschen, der wir selbst sind.

Stellen wir uns eine Erzählung einmal wie dieses Bild vor: Der Leser, die Leserin sitzt im Beiwagen eines Motorrads, das von dem Autor, der Autorin gesteuert wird. In einer gut geschriebenen Erzählung sitzen Leser und Autor so nah beieinander, dass sie eine Einheit ergeben. Meine Aufgabe als Autor ist es, den Abstand zwischen dem Motorrad und dem Beiwagen klein zu halten: Wenn ich nach rechts fahre, fahren Sie mit. Wenn ich am Ende der Geschichte das Motorrad über die Klippe steuere, können Sie nicht anders, Sie müssen mit. (Weil ich Ihnen bislang keinen Anlass gegeben habe, sich von mir zu distanzieren.) Wenn der Zwischenraum zum Beiwagen zu groß wird, kriegen Sie es nicht mit, wenn ich um die Ecke biege, wir verlieren uns, Sie langweilen sich, hören irritiert auf zu lesen und gehen einen Film gucken. Dann gibt es keine Figurenentwicklung, keinen Plot, keine Stimme, keine Politik, kein Thema. Es gibt gar nichts mehr.

Tschechow hat für eine solche Nähe zwischen Marija und uns gesorgt, dass wir eigentlich zu ihr geworden sind. Er hat uns keinen Anlass gegeben, uns emotional von ihr zu distanzieren, im Gegenteil, er hat so gut beschrieben, wie ihr Geist funktioniert, dass es uns manchmal erscheint, als hätte er uns beschrieben. Wir sind Marija, Marija ist wir, aber in einem anderen Leben, wo wir rettungslos einsam sind.

Löst diese Erzählung das Problem der Einsamkeit? Schlägt sie eine Lösung vor? Nein. Sie scheint auszusagen, dass es solche Einsamkeit bei Menschen immer gegeben hat und immer geben wird. So lange es Liebe gibt, wird es Menschen geben, die nicht geliebt werden. So lange es Reichtum gibt, wird es Armut geben. So lange es Aufregung gibt, wird es Langeweile geben. Im Wesentlichen lautet die Schlussfolgerung der Erzählung: »Ja, so ist es auf der Welt.«

Doch die wahre Schönheit einer Erzählung liegt nicht in ihrer anscheinenden Schlussfolgerung, sondern in den Veränderungen, die sie unterwegs am Geist des Lesers, der Leserin vorgenommen hat.

Tschechow hat einmal gesagt, die Kunst müsse keine Probleme lösen, sie müsse sie nur richtig formulieren. »Richtig formulieren« könnte man verstehen als »uns ein Problem voll und ganz spüren lassen, ohne irgendeinen Anteil davon zu leugnen«.

Wir können Marijas Einsamkeit jetzt voll und ganz spüren. So als wäre sie unsere eigene. Falls wir es nicht schon vorher wussten, wissen wir jetzt, dass es Einsamkeit jenseits jeglicher

Erleichterung geben kann, wir sind überall davon umgeben, auch wenn die Menschen keine äußeren Anzeichen davon aufweisen, während sie in die Stadt fahren, ihr Gehalt bekommen, still nach Hause fahren (oder in der Post in der Schlange warten, im Auto vor der Ampel stehen, bei der Musik aus dem Radio mitsingen).

Im Verlauf dieser zwölf Seiten ist Ihre anfängliche Leerstelle im Geist mit einer neuen Freundin ausgefüllt worden, Marija, die, wenn ich nach meiner Erfahrung gehe, für immer bei Ihnen bleiben wird. Und wenn Sie das nächste Mal hören, wie jemand als »einsam« beschrieben wird, könnte es sein, dass Sie dank Ihrer Freundschaft mit Marija eher dazu neigen, diese Person mit Zuneigung zu betrachten, auch wenn sie Ihnen noch gar nicht begegnet ist.

NACHTRAG 1

Falls die Lehrer:innen unter uns eine kürzere Ausgabe der nervigen Eine-Seite-nach-der-anderen-Übung im Unterricht versuchen wollen, empfehle ich eine Story von Hemingway namens *Katze im Regen*. Ich kopiere die ganze Erzählung und zerlege sie in sechs Seiten. Lassen Sie alle die erste Seite lesen, dann fragen Sie, genau wie oben: 1) Was wissen Sie bisher? 2) Was macht Sie neugierig? Und 3) Wohin will die Erzählung Ihrer Meinung nach? (Welche Keulen sind in der Luft?)

Wählen Sie eine Stelle gegen Ende der Erzählung aus, wo Sie sie abschneiden, und fragen Sie: »Ist das schon eine Erzählung?«

Wenn die Studierenden diese Übung machen, bekommen sie ein echtes Gefühl dafür, wie konstruiert und übertrieben eine Erzählung wirklich ist. Diese kleine Story bietet sich besonders für das Thema der Steigerung an. Sie ist ruhig, aber sie sitzt nie still. In fast jedem Absatz findet sich ein subtiles Steigerungsmoment.

Gehen wir es noch einmal durch: Eine Erzählung ist ein linearzeitliches Phänomen.

Das gilt eigentlich für jedes Kunstwerk. Wir wissen schon nach ein paar Minuten, was wir von einem Film halten. Wir treten mit leerem Geist vor ein Bild, schauen es an, und der Geist füllt sich. In einem Konzertsaal sind wir entweder sofort gefesselt, oder wir fragen uns, was der Typ auf dem Rang so eifrig textet.

Eine Erzählung besteht aus einer Reihe abgestufter Impulse, und jeder davon macht etwas mit uns. Jeder bringt uns im Verhältnis zu unserem bisherigen Standort ein Stück weiter. Und Kritik ist kein unergründlicher, mysteriöser Prozess. Es geht einfach nur darum: 1) zu beobachten, wie wir auf ein Kunstwerk reagieren, von einem Moment zum nächsten, und 2) besser darin zu werden, wie wir diese Reaktion formulieren.

Meinen Studierenden gegenüber betone ich immer, wie bestärkend dieser Vorgang ist. Die Welt ist voller Menschen mit Absichten, die uns davon überzeugen wollen, etwas in ihrem Sinne zu tun (in ihrem Sinne Geld ausgeben, in ihrem Sinne kämpfen und sterben, in ihrem Sinne andere unterdrücken). Doch in uns gibt es etwas, das Hemingway einen »eingebauten, stoßfesten Schrottsensor« nannte. Woher wissen wir, dass etwas Schrott ist? Wir beobachten, wie der tiefe, ehrliche Anteil unseres Geistes darauf reagiert.

Und genau dieser Anteil unseres Geistes wird durch Lesen und Schreiben verfeinert und geschärft.

Die Eine-Seite-nach-der-anderen-Übung können wir auch in anderen Kunstgenres durchführen.

Es gibt zum Beispiel eine Sequenz in dem Film *Fahrraddiebe*, die etwa nach 54 Minuten beginnt. Was ereignet sich in dieser Sequenz? Ein Vater und sein Sohn suchen nach dem gestohlenen Fahrrad des Vaters. Ein Verdächtiger, den sie aufgrund einer Spur verfolgen, geht ihnen durch die Lappen, weil der Vater einen Fehler macht. Als der Sohn ihn danach fragt, ohrfeigt der Vater den Sohn, der anfängt zu weinen. Der Vater sagt, der Sohn soll auf einer Brücke warten, während er zum Fluss runtergeht, um dort zu suchen.

Dann hört der Vater eine Art Tumult: Anscheinend ertrinkt gerade ein Junge. Er denkt, und wir denken, das könnte sein Sohn sein. Aber nein: Sein Sohn erscheint am oberen Ende einer langen Treppe, auf der Brücke, genau da, wo er warten sollte.

Vater und Sohn gehen am Fluss entlang. Der Vater, der wegen der Ohrfeige ein schlechtes Gewissen hat, schaut in sein Portemonnaie und schlägt etwas ganz Verschwenderisches vor: Sie werden Pizza essen gehen. Im Restaurant werden sie in die Nähe einer reichen Familie gesetzt. Der Sohn mustert neugierig einen reichen Jungen in seinem Alter. Als der Vater das bemerkt, ist er gerührt und öffnet sich ganz aufrichtig seinem Sohn gegenüber. (Die Wunde der Ohrfeige ist geheilt.)

Wenn wir im Unterricht diese Sequenz mehrfach anschauen, fallen uns irgendwann Details auf, die wir beim ersten Mal übersehen hatten. Zum Beispiel: Als der Vater und der Sohn traurig am Fluss entlanglaufen, geht der Sohn auf der einen Seite eines Baums her, der Vater auf der anderen. Doch als der nächste Baum kommt, läuft der Junge herüber, und Vater und Sohn gehen auf derselben Seite des Baums weiter. (Das lesen wir als: »Mögliche Versöhnung im Gange?«.) Ein Lkw voll feiernder Fußballfans fährt vorbei (sie, anders als Vater und Sohn, sind glücklich). Der Vater bemerkt, dass sein Sohn die jungen Männer auf dem Lkw bemerkt, und das, vermuten wir, zusammen mit seiner Scham wegen der Ohrfeige, bringt ihn auf die Idee, seinen Sohn ins Restaurant einzuladen. (Aber zuerst schaut er in seinem Portemonnaie nach.) Während sich diese herzige kleine Versöhnungsszene entfaltet, sehen wir hinter ihnen im Bild ein Liebespaar, das auf den Fluss hinausschaut.

Ohne diese Bäume, den Lkw voller glücklicher Fans, das Nachschauen im Portemonnaie und das Liebespaar wäre die Sequenz schwächer.

An dieser Übung erfreut mich auch, wenn ich sehe, wie meine Studierenden erkennen, wow, der Regisseur, dieser Vittorio De Sica, hat wirklich so genau gearbeitet. Jeder Aspekt jedes Einzelbildes ist sorgfältig überlegt und liebevoll genutzt worden, und das erklärt zu einem guten Teil auch, warum die Sequenz sie schon beim ersten Mal so bewegt hat. Mit anderen Worten: De Sica hat für jedes Detail in diesem Film Verantwortung übernommen.

Na sicher. *Fahrraddiebe* ist ein großes Kunstwerk, und De Sica ist ein Künstler, und genau das zeichnet ihn aus: Er übernimmt Verantwortung.

Die Sänger

Iwan Turgenjew
(1852)

DIE SÄNGER

Das Dörfchen Kolotowka, das einst einer Gutsbesitzerin gehörte, die wegen ihrer Bosheit und ihres aufbrausenden Wesens in der ganzen Gegend nur die »Kahlschererin« genannt wurde (wie sie tatsächlich hieß, ist nicht überliefert), und das heute ein Deutscher aus Petersburg besitzt, liegt am Hang eines von oben bis unten durch einen fürchterlichen Graben zerteilten Hügels. Dieser Graben windet sich, wie ein Abgrund gähnend, inmitten der Dorfstraße, tief eingeschnitten und ausgewaschen, und trennt schlimmer als ein Fluss beide Hälften des armseligen Dörfleins voneinander, denn über einen Fluss kann man immerhin eine Brücke bauen. Einige dürre Weiden säumen furchtsam seine sandigen Ränder; auf dem [1]
trockenen, messinggelben Grund liegen gewaltige Platten tonhaltigen Gesteins. Kein erfreulicher Anblick, so viel steht fest, dennoch kennt jedermann im Umkreis den Weg nach Kolotowka: oft und gern kommt man hierher.

Ganz oben, einige Schritte von jener Stelle entfernt, wo der Graben als schmaler Spalt seinen Anfang nimmt, steht eine kleine Kate, allein und abseits von den anderen steht sie da, mit Stroh gedeckt, aber mit einem Schornstein; eines ihrer Fenster, gleichsam ein wachsames Auge, geht zum Graben hinaus, an Winterabenden, wenn es von innen erleuchtet ist, kann man es im trüben Nebel der Frostluft schon von ferne sehen, so manchem vorüberfahrenden Bauern dient es mit seinem Schimmer als Leitstern. Über der Tür hängt eine hellblaue Tafel, denn es ist eine Schenke genannt »Zur Einkehr«. In dieser Schenke wird der Branntwein wohl nicht billiger als üblich ausgeschenkt, und doch wird sie viel häufiger besucht als alle anderen derartigen Lokale in der Umgebung. Der Grund dafür ist der Schankwirt Nikolai Iwanytsch.

Nikolai Iwanytsch, einst ein schlanker, lockiger, rotbäckiger Bursche, heute ein erstaunlich dicker, ergrauter Mann mit aufgedunsenem Gesicht, schelmisch-gutmütigen Äuglein und einer fettigen Stirn, die von Falten durchzogen ist wie von Fäden, lebt schon seit mehr als zwanzig Jahren in Kolotowka. Nikolai Iwanytsch ist rührig und findig, wie die meisten Schankwirte. Weder besonders liebenswürdig noch gesprächig ist er, und doch besitzt er die Gabe, Gäste anzuziehen und zum Bleiben zu bewegen. Gern sitzen sie an seinem Schanktisch, unter dem ruhigen, freundlichen, wenn auch wachsamen Blick des phlegmatischen Wirts. Er hat viel gesunden Menschenverstand; auch mit dem Alltag der Gutsbesitzer wie dem der Bauern und Städter kennt er sich gut aus; in schwierigen Situationen kann er einen vernünftigen Rat erteilen, aus Vorsicht und Eigennutz jedoch zieht er es vor, unparteiisch zu bleiben, doch immer führt er seine Besucher, allerdings nur jene unter ihnen, die
[2] ihm lieb sind, durch vage, scheinbar absichtslos vorgebrachte Anspielungen auf den Weg der Wahrheit. Er kennt sich in allem aus, was für einen Russen von Belang oder Interesse ist, seien es Pferde, das Vieh, der Wald, Ziegelsteine, Geschirr, Tuch- und Lederwaren, Lieder oder Tänze. Hat er keine Gäste, sitzt er meist wie ein Sack auf dem Boden vor der Tür seiner Kate, die dünnen Beine untergeschlagen, und wechselt mit jedem, der vorüberkommt, ein freundliches Wort. Vieles hat er in seinem Leben gesehen, Dutzende kleiner Adliger ertragen, die sich bei ihm mit »Klarem« versorgt haben, er weiß Bescheid, was im Umkreis von hundert Werst vor sich geht, nie aber plaudert er etwas aus, lässt nicht einmal erkennen, dass ihm dies oder jenes bekannt ist, von dem nicht einmal der scharfsinnigste Polizeihauptmann etwas ahnt. Unbeirrt schweigt er vor sich hin, lacht in sich hinein und schwenkt die Gläser. Die Nachbarn schätzen ihn sehr: der Zivilgeneral Schtscherepetenko, der ranghöchste Gutsbesitzer im Kreis, grüßt ihn jedes Mal huldvoll, wenn er an seinem Häuschen vorüberfährt. Nikolai Iwanytsch ist ein einflussreicher Mann: Einen berüchtigten Pferdedieb bewegte er, das Pferd, das dieser vom Hof eines seiner Bekannten gestohlen hatte, zurückzubringen, die Bauern des Nachbardorfs, die den neuen Verwalter nicht anerkennen wollten, hat er zur Vernunft ge-

bracht usw. Man sollte übrigens nicht denken, dass er dies aus Gerechtigkeitssinn oder Nächstenliebe tut – nein! Er versucht einfach nur, alles zu verhindern, was irgendwie seine Ruhe stören könnte. Nikolai Iwanytsch ist verheiratet, auch Kinder hat er. Seine Frau, eine schlagfertige Bürgersfrau mit lebhaftem Blick und spitzer Nase, ist in letzter Zeit auch etwas fülliger geworden, ganz wie ihr Mann. In allen Belangen verlässt er sich auf sie, auch das Geld hat sie in Verwahrung. Die Radaubrüder unter den Säufern fürchten sie; sie mag sie nicht: Nutzen hat man von ihnen kaum, dafür machen sie viel Lärm; die Schweigsamen, Mürrischen sind eher nach ihrem Geschmack. Nikolai Iwanytschs Kinder sind noch klein; die Erstgeborenen sind alle gestorben, die Übriggebliebenen nach den Eltern geraten: Es ist eine Freude, in die klugen Gesichter dieser gesunden Kinder zu schauen.

Eines unerträglich warmen Julitags stieg ich zusammen mit meinem Hund, langsam einen Fuß vor den anderen setzend, den Gra- [3]
ben hinauf in Richtung der Schenke »Zur Einkehr«. Am Himmel brannte unerbittlich die Sonne; es war sengend heiß und die Luft voller Staub. Glänzende Saatkrähen und Rabenvögel blickten die Vorübergehenden mit aufgesperrten Schnäbeln kläglich an, als bäten sie um Mitgefühl; nur die Sperlinge grämten sich nicht, mit aufgeplustertem Gefieder zwitscherten und kämpften sie noch eifriger als sonst auf den Zäunen, flogen einträchtig vom staubigen Weg auf und schwärmten in grauen Wolken über die grünen Hanffelder. Der Durst quälte mich. Wasser war keines in der Nähe: In Kolotowka wie in vielen anderen Steppendörfern trinken die Menschen in Ermangelung von Quellen oder Brunnen eine trübe Brühe aus den Teichen, als Wasser kann man dieses abscheuliche Gesöff wohl kaum bezeichnen. Ich wollte Nikolai Iwanytsch um ein Glas Bier oder Kwas bitten.

Ehrlich gesagt bietet Kolotowka zu keiner Jahreszeit einen erfreulichen Anblick; besonders bange wird einem jedoch ums Herz, wenn die grelle Julisonne alles mit ihren unbarmherzigen Strahlen überflutet, die braunen, halbverfallenen Dächer der Häuser, den tiefen Graben, das versengte, staubige Grasland, auf dem magere, langbeinige Hühner verzagt umherirren, das graue Hausgerippe aus

Espenholz mit Löchern anstelle der Fenster, Überbleibsel des einstigen Herrenhauses, das von Brennnesseln, Gras und Wermut überwuchert und mit Gänsefedern bedeckt ist, der schwarze, gleichsam siedende Teich, gesäumt von halb eingetrocknetem Schlamm und einem zur Seite gekippten Wehr, an dem sich schwer atmend und vor Hitze niesend auf dem zu Staub zertrampelten Erdboden trostlos Schafe aneinanderdrängen und mit hoffnungslosem Gleichmut tief die Köpfe hängen lassen, als warteten sie darauf, dass diese unerträgliche Hitze endlich vorübergeht. Schleppenden Schrittes näherte ich mich Nikolai Iwanytschs Behausung, was, wie üblich, sämtliche Kinder in Erstaunen setzte und zur Folge hatte, dass sie mich stumpfsinnig anstarrten, während die Hunde vor Entrüstung in ein derart krächzendes und böses Gekläff ausbrachen, dass man hätte meinen können, sie bellten sich sämtliche Eingeweide aus dem Leib, sie husteten und schnappten nach Luft, dann erschien auf der
[4] Schwelle der Schenke plötzlich ein hochgewachsener Mann ohne Mütze, in einem tief mit hellblauer Schärpe gegürteten Friesmantel. Er sah aus wie ein Knecht; dichte graue Haare standen über seinem mageren, zerfurchten Gesicht wirr in die Höhe. Er rief jemanden und fuchtelte dabei hastig mit den Armen, wobei er offenbar weiter ausholte, als er eigentlich wollte. Er war schon angetrunken, das sah man.

»Komm, so komm schon!« lallte er und hob mühsam die dichten Brauen. »Komm, Blinzler, komm! Was kriechst du so, Bruderherz, das kann man ja nicht mit ansehen. Das ist nicht gut, Bruderherz. Alle warten auf dich, und du kriechst im Schneckentempo ... Komm.«

»Ich komme ja schon«, ertönte eine krächzende Stimme, und von rechts hinter dem Haus kam ein kleiner, dicker, hinkender Mann zum Vorschein. Er trug einen reinlichen, langen Tuchrock, von dem er nur einen Ärmel übergestreift hatte; eine hohe spitze Kappe, die ihm tief im Gesicht saß, verlieh seinem runden, aufgedunsenen Gesicht einen listigen, spöttischen Ausdruck. Die kleinen, gelblichen Augen irrten flink hin und her, ein beherrschtes, angespanntes Lächeln wich ihm nicht von den Lippen, und die Nase, spitz und lang, reckte sich frech nach vorn wie ein Bugspriet.

»Ich komme, mein Lieber«, wiederholte er und hinkte in Richtung der Schenke, »wieso rufst du mich denn? Wer will was von mir?«

»Wieso ich dich rufe?« sagte der Mann im Friesmantel vorwurfsvoll. »Bist ein komischer Kauz, Blinzler: wirst in die Schenke gerufen und fragst, wieso. Alle warten auf dich: Jaschka, der Türke, der Wilde Barin und der Verdinger aus Shisdra. Jaschka hat ja mit dem Verdinger gewettet, um ein Achtel Bier – wer wen besiegt, also, wer am besten singt … verstehst du?«

»Jasenka will singen?« sagte der Mann mit dem Spitznamen Blinzler lebhaft. »Stimmt das auch, Narr?«

»Es stimmt«, antwortete der als Narr Angesprochene voller Würde. »Du faselst. Wenn er gewettet hat, wird er wohl auch singen, ach, was bist du nur für ein Einfaltspinsel, du Spitzbube, ach, Blinzler!«

»Na, dann komm, du Tor«, entgegnete Blinzler. [5]

»Gib mir erst mal einen Kuss, mein Herzblatt«, lallte der Narr und breitete weit die Arme aus.

»Sieh mal einer an, was für ein gefühlvoller Kerl«, antwortete Blinzler verächtlich und stieß ihn mit dem Ellbogen von sich, dann bückten sich beide und traten durch die niedrige Tür.

Das Gespräch, dessen Zeuge ich geworden war, hatte mich neugierig gemacht. Oft schon hatte ich gerüchteweise von Jaschka, dem Türken, gehört, der der beste Sänger weit und breit sein sollte, und plötzlich bot sich mir die Gelegenheit, ihn im Wettstreit mit einem anderen Meistersinger zu hören. Ich beschleunigte meine Schritte und trat ins Gasthaus.

Vermutlich haben nur wenige meiner Leser Gelegenheit gehabt, eine Dorfschenke von innen zu sehen; wo kommt unsereiner als Jäger nicht alles hin! Eingerichtet ist sie meist sehr einfach. Gewöhnlich besteht sie aus einer dunklen Diele und einer guten Stube, die durch eine Zwischenwand, hinter die kein Gast treten darf, in zwei Hälften unterteilt ist. In die Zwischenwand ist über einem breiten Eichentisch eine große längliche Öffnung eingelassen. An diesem Tisch, dem Schanktisch, wird der Branntwein verkauft. Der Öffnung direkt gegenüber sind versiegelte Flaschen unterschiedlicher Größe nebeneinander auf Borden aufgereiht. Im vorderen Teil des Raums, der den Gästen vorbehalten ist, stehen Bänke, zwei, drei leere Fässer und ein Ecktisch. Dorfschenken sind meist ziemlich dunkel, fast nie finden sich an ihren Balkenwänden jene grellbunten Holzschnittbildchen, die in kaum einem Bauernhaus fehlen.

Als ich die Schenke »Zur Einkehr« betrat, hatte sich schon eine zahlreiche Gesellschaft zusammengefunden.

Nikolai Iwanytsch stand in einem bunten Kattunhemd hinter dem Schanktisch und füllte fast die gesamte Öffnung aus. Mit trägem, spöttischem Lächeln im aufgedunsenen Gesicht schenkte er den eingetretenen Freunden Blinzler und Narr mit seiner dicken, weißen Hand zwei Gläser Branntwein ein; hinter ihm in der Fensterecke saß seine scharfäugige Frau. Mitten im Raum stand Jasenka, der Türke, ein magerer, schmaler Mann von dreiundzwanzig Jahren, er trug einen langschößigen hellblauen Nankingkaftan,
[6] sah aus wie ein verwegener Fabrikarbeiter und schien offenbar nicht sonderlich gesund zu sein. Seine eingefallenen Wangen, die großen unruhigen grauen Augen, die gerade Nase mit den feinen, bebenden Flügeln, die weiße fliehende Stirn mit den zurückgeworfenen hellbraunen Locken, die vollen, doch hübschen und ausdrucksstarken Lippen – sein ganzes Gesicht zeugte von einem empfindsamen und leidenschaftlichen Naturell. Er war sehr aufgeregt, seine Augen zwinkerten, er atmete stockend, die Hände zitterten wie im Fieber, ja, er hatte tatsächlich Fieber, jenes nervöse, plötzliche Fieber, das ein jeder kennt, der in der Öffentlichkeit eine Rede hält oder singt. Neben ihm stand ein Mann um die vierzig, er war breitschultrig, hatte ausgeprägte Backenknochen, eine niedrige Stirn, schmale Tatarenaugen, eine kurze, platte Nase, ein kantiges Kinn und glänzend schwarzes, borstiges Haar. Sein bräunliches, bleiern schimmerndes Gesicht, besonders die blassen Lippen, hätte man beinahe wild nennen können, würde es nicht so ruhig und nachdenklich gewirkt haben. Er bewegte sich kaum und sah nur langsam in die Runde, wie ein Stier unter dem Joch. Gekleidet war er in einen abgetragenen Rock mit schmucklosen Messingknöpfen; ein altes schwarzes Seidentuch umhüllte seinen mächtigen Hals. Man nannte ihn den Wilden Barin. Ihm direkt

gegenüber, auf der Bank unter den Heiligenbildern, saß Jaschkas Kontrahent, der Verdinger aus Shisdra, ein untersetzter kleiner pockennarbiger Mann von dreißig Jahren mit lockigem Haar, stumpfer Himmelfahrtsnase, lebhaften braunen Augen und schütterem Bart. Er blickte munter in die Runde, hatte die Hände unter sich geschoben, ließ sorglos die Beine baumeln und tippte dann und wann mit den Füßen, die in eleganten, mit einem Besatz verzierten Stiefeln steckten, auf den Boden. Er trug einen neuen Bauernrock aus feinem grauem Tuch mit einem Plüschkragen, von dem sich der Halsausschnitt seines bis oben zugeknöpften scharlachroten Hemdes leuchtend abhob. An einem Tisch in der gegenüberliegenden Ecke, rechts von der Tür, saß ein Bäuerlein in einem engen abgetragenen Kittel mit einem riesigen Loch auf der Schulter. Die Sonnenstrahlen fielen in schwachen, gelblichen Streifen durch die verstaubten Scheiben der beiden kleinen Fenster und schienen die Dunkelheit des Raums nicht besiegen zu können: sämtliche Ge- [7]
genstände waren nur kümmerlich, schemenhaft beleuchtet. Dafür war es hier beinahe kühl, und das Gefühl von Hitze und Schwüle fiel gleichsam wie eine Last von mir ab, kaum dass ich über die Schwelle getreten war.

Mein Eintreffen – das bemerkte ich – machte Nikolai Iwanytschs Gäste zunächst ein wenig verlegen; als sie jedoch sahen, dass er mich begrüßte wie einen Bekannten, beruhigten sie sich und beachteten mich nicht weiter. Ich bestellte ein Bier und setzte mich in die Ecke, neben den Mann im zerrissenen Kittel.

»Also, was ist!« schrie der Narr plötzlich, nachdem er das Glas Branntwein in einem Zug geleert hatte, und begleitete seinen Ausruf mit jenem sonderbaren Gefuchtel, ohne das er offenbar kein einziges Wort sprach. »Worauf warten wir noch? Lasst uns anfangen. Wie? Jascha?…«

»Ja, fangen wir an«, stimmte ihm Nikolai Iwanytsch zu. »Dann fangen wir eben an«, sagte der Verdinger gleichmütig und lächelte selbstbewusst, »ich bin bereit.«

»Ich bin auch bereit«, sagte Jakow aufgeregt.

»Dann fangt an, Kinder, fangt an«, piepste Blinzler. Doch trotz des einhellig geäußerten Wunsches fing niemand an; der Verdinger erhob sich nicht einmal von seiner Bank, alle schienen auf etwas zu warten.

»Fang an!« sagte der Wilde Barin finster und scharf. Jakow fuhr zusammen. Der Verdinger stand auf, nahm den Gürtel ab und räusperte sich.

»Und wer soll anfangen?« fragte er mit leicht veränderter Stimme den Wilden Barin, der noch immer reglos mitten im Raum stand, die dicken Beine weit gespreizt und die mächtigen Arme fast bis zu den Ellenbogen in den Taschen seiner Pluderhosen vergraben.

»Du doch, du, Verdinger«, lallte der Narr, »du, mein Freundchen.«

Der Wilde Barin blickte ihn finster an. Der Narr piepste nur leise, wand sich verlegen, schaute zur Decke hoch, zuckte mit den Schultern und verstummte.

»Lasst uns das Los werfen«, sagte der Wilde Barin bedächtig,
[8] »und stell das Achtel auf den Schanktisch.«

Nikolai Iwanytsch bückte sich, hob ächzend das Achtel vom Boden und stellte es auf den Tisch.

Der Wilde Barin warf Jakow einen Blick zu und sagte: »Na!«

Jakow kramte in seinen Taschen, holte einen Groschen heraus und kennzeichnete ihn mit den Zähnen. Der Verdinger zog unter seinem Rockschoß einen neuen ledernen Geldbeutel hervor, knotete gemächlich die Schnur auf, schüttete sich einen Haufen Kleingeld in die Hand und wählte einen funkelnagelneuen Groschen. Der Narr hielt beiden seine abgewetzte Mütze entgegen, deren Schirm gebrochen war und lose herabhing; Jakow warf seinen Groschen hinein und der Verdinger den seinen.

»Du ziehst«, sagte der Wilde Barin zu Blinzler.

Blinzler lächelte selbstgefällig, nahm die Mütze in beide Hände und begann zu schütteln.

Augenblicklich verstummten alle: die Groschen klirrten leise, als sie aufeinanderschlugen. Ich blickte mich aufmerksam um: alle Gesichter waren voll angespannter Erwartung; sogar der Wilde Barin hatte die Augen zusammengekniffen; auch mein Nachbar, das Bäuerlein im zerrissenen Kittel, reckte neugierig den Hals. Blinzler griff in die Mütze und zog den Groschen des Verdingers heraus; alle atmeten auf. Jakow wurde rot, der Verdinger aber fuhr sich mit der Hand durch die Haare.

»Ich hab's dir ja gesagt, dass du anfängst«, rief der Narr, »hab's ja gesagt.«

»Spiel dich nicht auf«, bemerkte der Wilde Barin abfällig. »Fang an«, fuhr er, in Richtung des Verdingers nickend, fort.

»Und welches Lied soll ich singen?« fragte der Verdinger, nun doch aufgeregt.

»Welches du willst«, antwortete Blinzler. »Sing, was dir in den Sinn kommt.«

»Versteht sich, welches du willst«, sagte nun auch Nikolai Iwanytsch und verschränkte langsam die Arme vor der Brust. »Da mischen wir uns nicht ein. Sing, was du willst; aber gut solltest du singen; wir werden dann schon die richtige Entscheidung treffen.«

»Die richtige, versteht sich«, plapperte der Narr und leckte den Rand des leeren Glases ab. [9]

»Ich will mich nur ein wenig räuspern, Freunde«, sagte der Verdinger und fuhr mit den Fingern am Kragen seines Rockes entlang.

»Wer rastet, der rostet, so fang schon an!« bestimmte der Wilde Barin und senkte den Blick.

Der Verdinger dachte kurz nach, schüttelte seine Locken und trat einen Schritt nach vorn. Jakow verschlang ihn geradezu mit den Augen...

Bevor ich aber zur Beschreibung des Wettstreits selbst schreite, möchte ich noch etwas über jede der handelnden Personen meiner Erzählung sagen. Von einigen hatte ich schon gehört, als ich ihnen in der Schenke »Zur Einkehr« begegnete; über die anderen zog ich später Erkundungen ein.

Beginnen wir mit dem Narren. Sein wirklicher Name war Jewgraf Iwanow; doch niemand nannte ihn je anders als den Narren und auch er selbst bezeichnete sich mit diesem Spitznamen: so fest war er mit ihm verwachsen. Und tatsächlich, er passte haargenau zu seinen nichtssagenden, ewig aufgeregten Gesichtszügen. Er war ein unverheirateter Knecht aus dem Hofgesinde, den seine Herrschaft schon längst aufgegeben hatte, ein Herumtreiber ohne jedes Amt und ohne einen Groschen Lohn, dennoch fand er Mittel und

Wege, jeden Tag auf fremde Kosten zu zechen. Er hatte Unmengen an Bekannten, die ihn mit Branntwein und mit Tee bewirteten und selbst nicht hätten sagen können, warum, denn er war nicht nur nicht unterhaltsam, sondern ging, im Gegenteil, allen mit seinem sinnlosen Geschwätz, der unerträglichen Aufdringlichkeit, den fieberhaften Bewegungen und dem ständigen unnatürlichen Gelächter auf die Nerven. Er konnte weder singen noch tanzen; niemals hatte man von ihm ein vernünftiges, geschweige denn kluges Wort gehört: nichts als Gefasel und Lügen, dass sich die Balken bogen – eben ein Narr! Und dennoch gab es im Umkreis von vierzig Werst kein einziges Gelage, ohne dass seine hoch aufgeschossene Gestalt unter den Gästen umherscharwenzelte – so sehr hatte man sich an ihn gewöhnt und betrachtete seine Anwesenheit als unausweichliches Übel. Zwar behandelte man ihn geringschätzig, doch zügeln konnte seine unsinnigen Anwandlungen allein der Wilde Barin.

[10] Blinzler ähnelte dem Narren nicht im Geringsten. Sein Spitzname passte ebenfalls zu ihm, obwohl er nicht häufiger blinzelte als andere Menschen; es ist ja bekannt, dass das russische Volk, was Spitznamen betrifft, unübertroffen ist. Obwohl ich versucht habe, Genaueres über die Vergangenheit dieses Mannes herauszufinden, sind in seinem Leben für mich – und sicherlich auch für viele andere – blinde Flecke geblieben, in tiefe Finsternis der Ungewissheit getauchte Stellen, wie man sich in Büchern auszudrücken pflegt. Ich erfuhr lediglich, dass er einst bei einer alten kinderlosen Gutsbesitzerin Kutscher gewesen war, mit der ihm anvertrauten Pferdetroika das Weite gesucht hatte, ein ganzes Jahr verschwunden blieb und dann, bereits lahm, von allein zurückkehrte, vermutlich nachdem er sich von den Fährnissen und Nöten des Vagabundenlebens hatte überzeugen können, sich seiner Herrin zu Füßen warf und im Laufe einiger Jahre durch tadelloses Verhalten seine Untat wiedergutmachte und dadurch erneut in ihrer Gunst stieg, schließlich ihr volles Vertrauen zurückgewann, Verwalter wurde und nach dem Tode seiner Herrin irgendwie die Freiheit erlangte, sich als Bürger eintragen ließ, von den Nachbarn Felder zum Anbau von Melonen pachtete, reich wurde, so dass er jetzt sorglos und in Freuden lebt. Er ist ein erfahrener Mann, hat seinen eigenen

Kopf, ist weder gut noch böse, eher berechnend; mit allen Wassern ist er gewaschen, kennt die Menschen und weiß aus ihnen seinen Nutzen zu ziehen. Er ist vorsichtig und gleichzeitig findig wie ein Fuchs; obwohl schwatzhaft wie ein altes Weib, plaudert er doch nie etwas aus, bewegt aber alle anderen zum Reden; dabei stellt er sich jedoch nicht dumm, wie das viele Schlaumeier seines Schlages tun, es würde ihm auch schwerfallen, sich zu verstellen: nie habe ich durchdringendere und klügere Augen gesehen als seine kleinen, schelmischen »Späher«, wie man im Orjolschen sagt. Nie blicken sie einfach so in die Welt, stets halten sie Ausschau oder beobachten etwas. Manchmal zerbricht sich Blinzler wochenlang den Kopf über ein allem Anschein nach einfaches Vorhaben, um sich dann urplötzlich für ein kühnes Unternehmen zu entscheiden; dann scheint es, als würde er sich den Hals brechen... doch alles gelingt ihm und läuft wie geschmiert. Er ist ein Glückspilz und glaubt auch an sein Glück, ebenso wie an Vorzeichen. Er ist überhaupt sehr abergläu- [11]
bisch. Blinzler ist unbeliebt, denn er schert sich nicht um andere, doch er wird geachtet. Seine ganze Familie besteht aus nur einem Söhnlein, das er vergöttert und das es, von einem solchen Vater erzogen, sicher weit bringen wird. »Das Blinzlerchen kommt ganz nach seinem Vater«, sagen die Alten schon jetzt halblaut, wenn sie auf den Erdwällen vor ihren Häusern sitzen und an den Sommerabenden einen Schwatz halten; und alle wissen, was damit gemeint ist, und verlieren kein weiteres Wort.

Über Jakow, den Türken, und über den Verdinger gibt es nicht viel zu berichten. Jakow wurde »der Türke« genannt, weil er tatsächlich von einer Türkin abstammte, die in Gefangenschaft geraten war, seinem Wesen nach war er ein Künstler, im wahrsten Sinne dieses Wortes, dem Beruf nach aber Schöpfgeselle in der Papierfabrik eines Kaufmanns; was nun den Verdinger betrifft, dessen Lebensumstände mir, wie ich bekennen muss, unbekannt geblieben sind, so schien er ein windiger und ausgebuffter Städter zu sein. Auf den Wilden Barin allerdings lohnt es, etwas ausführlicher einzugehen.

Der erste Eindruck, den dieser Mann hinterließ, war der einer groben, ungeschlachten, doch unerbittlichen Stärke. Er war von plumper Gestalt, »klobig«, wie man bei uns sagt, strahlte aber

etwas unerschütterlich Gesundes aus, und, was merkwürdig war, seine bärenhafte Erscheinung entbehrte nicht einer gewissen Grazie, die möglicherweise darauf beruhte, dass er völlig von seiner Stärke überzeugt war. Auf Anhieb fiel es einem schwer zu erkennen, welcher Schicht dieser Herkules angehörte; er glich weder einem Hofknecht noch einem Städter, auch keinem verarmten Amtsschreiber im Ruhestand oder einem bankrottgegangenen Kleinadligen, Raufbold und Hundenarren: er war eben ganz eigen. Niemand wusste, was ihn in unseren Landkreis verschlagen hatte; es hieß, er stamme von Einhöfern ab und hätte irgendwo in Diensten gestanden; Genaueres aber wusste man nicht; woher hätte man es auch wissen sollen, von ihm selbst jedenfalls nicht: es gab keinen schweigsameren und mürrischeren Menschen als ihn. Auch wovon er lebte, hätte niemand mit Gewissheit sagen können; ein Handwerk betrieb er nicht, er machte keine Besuche, verkehrte mit fast niemandem,
[12] Geld aber hatte er; zwar nicht viel, aber er hatte welches. Dass er bescheiden gewesen wäre, konnte man nicht sagen – nichts an ihm zeugte von Bescheidenheit, aber er war zurückhaltend: er lebte, als nähme er niemanden um sich herum wahr und als brauche er auch niemanden. Der Wilde Barin (so nannte man ihn; tatsächlich hieß er Perewlessow) genoss im ganzen Umkreis großes Ansehen; man ordnete sich ihm sogleich und bedenkenlos unter, obwohl er nicht nur kein Recht besaß, jemandem Vorschriften zu machen, sondern auch selbst nicht den geringsten Anspruch auf den Gehorsam der Menschen erhob, mit denen er zufällig zusammentraf. Er sprach und man gehorchte; Stärke setzt sich immer durch. Branntwein trank er fast nie, Frauen interessierten ihn nicht, den Gesang aber liebte er leidenschaftlich. Vieles an diesem Mann war rätselhaft; in ihm schienen gewaltige Kräfte zu schlummern, die gleichsam wussten, dass sie, ließe man ihnen freien Lauf, sich selbst und alles, womit sie in Berührung kämen, zerstören würden; ich müsste mich sehr irren, wenn es im Leben dieses Mannes nicht schon einmal eine derartige Eruption gegeben hat und er sich, durch die Erfahrung klug geworden und dem Tod mit knapper Not entronnen, nun fest in der Gewalt hatte. Besonders verblüffte mich die Mischung aus einer gewissen angeborenen, natürlichen Wildheit und einer ebensolchen

angeborenen Hochherzigkeit, eine Mischung, der ich bei niemandem sonst begegnet bin.

Der Verdinger trat also vor, schloss halb die Augen und setzte im höchsten Falsett ein. Er hatte eine angenehme, süße, wenn auch ein wenig krächzende Stimme, mit der er spielte und jonglierte wie mit einem Kreisel, unermüdlich ließ er sie anschwellen und von oben nach unten strömen, um dann immer wieder zu den hohen Tönen zurückzukehren, die er mit besonderem Eifer hielt und in die Länge zog, zu verstummen und plötzlich die ursprüngliche Melodie mit einer gewissen übermütigen, waghalsigen Verwegenheit wieder aufzunehmen. Seine Übergänge waren bisweilen recht gewagt, bisweilen amüsant: ein Kenner würde seine reine Freude daran gehabt haben; einem Deutschen dagegen hätten sie Missvergnügen bereitet – ein russischer tenore di grazia, ténor leger. Er sang ein fröhliches Tanzlied, dessen Worte, sofern ich sie durch die endlosen Verzierungen, die angefügten Harmonien und Ausrufe, erkennen [13]
konnte, folgendermaßen lauteten:

Pflügen will ich, mein Mägdelein fein,
ein wenig das Ländelein;
Und dann säe ich, mein Mägdelein fein,
rote Blümelein.

Er sang, und alle hörten aufmerksam zu. Er spürte offenbar, dass er es mit Kennern zu tun hatte, und gab deshalb seinem Affen Zucker, wie man zu sagen pflegt. In unserer Gegend versteht man etwas vom Singen, nicht umsonst ist das Dorf Sergijewskoje an der Orjoler Landstraße in ganz Russland berühmt für seinen außerordentlich angenehmen und harmonischen Gesang. Lange sang der Verdinger, ohne allerdings bei seinen Zuhörern allzu starke Sympathie zu wecken; ihm fehlte die Unterstützung durch einen Chor; bei einem besonders gelungenen Übergang, der sogar den Wilden Barin lächeln ließ, hielt es der Narr schließlich nicht mehr aus, er jauchzte vor Vergnügen. Alle fuhren zusammen. Narr und Blinzler fielen halblaut in den Gesang ein und riefen: »Na los!… Gib dir Mühe, du Schurke!… Gib dir Mühe, halte den Ton, Scheu-

sal! Halte den Ton! Mehr Zunder, du Hund, du Köter! ... Herodes soll dir Beine machen!« und Ähnliches mehr. Nikolai Iwanytsch wiegte hinter dem Schanktisch anerkennend den Kopf. Schließlich stampfte und trampelte der Narr mit den Füßen und zuckte mit der Schulter; Jakows Augen aber glühten wie Kohlen, er zitterte wie Espenlaub und lächelte abwesend vor sich hin. Nur der Wilde Barin verzog keine Miene und rührte sich nach wie vor nicht vom Fleck; sein auf den Verdinger gerichteter Blick aber hatte sich etwas entspannt, obwohl seine Lippen nach wie vor Geringschätzung ausdrückten. Ermutigt durch die Zeichen allgemeiner Freude, geriet der Verdinger vollends außer Rand und Band und begann sich in derartige Ausschmückungen hineinzusteigern, mit der Zunge zu schnalzen, zu trällern und so verwegen mit der Kehle zu jonglieren, dass, als er schließlich, müde, blass und schweißüberströmt, den Körper zurückbog und einen letzten ersterbenden Ton von
[14] sich gab, ihm ein ungestümer allgemeiner, einstimmiger Jubel entgegenschallte. Der Narr fiel ihm um den Hals und drückte ihm mit seinen langen, knochigen Armen beinahe die Luft ab; Nikolai Iwanytschs aufgedunsenes Gesicht hatte Farbe bekommen, er sah geradezu verjüngt aus; Jakow schrie wie ein Verrückter: »Wunderbar! Wunderbar!« Selbst mein Nachbar, der Bauer im zerrissenen Kaftan, konnte nicht an sich halten, schlug mit der Faust auf den Tisch und rief: »Oh! Das war schön, zum Teufel, war das schön!« und spuckte energisch auf den Boden.

»Was für eine Freude, Bruder!« schrie der Narr, ohne den erschöpften Verdinger loszulassen. »Was für eine Freude aber auch! Hast gewonnen, Bruder, hast gewonnen! Ich gratuliere! Das Achtel gehört dir! Jasenka kann dir nicht das Wasser reichen ... Das sage ich dir: der kann dir nicht das Wasser reichen ... Glaub's mir!« Und wieder drückte er den Verdinger an seine Brust.

»So lass ihn doch los; lass ihn los, du aufdringlicher Kerl ...«, sagte Blinzler verärgert. »Lass ihn sich doch endlich mal hinsetzen; du siehst doch, dass er erschöpft ist ... Was bist du nur für ein Einfaltspinsel, Bruder, der reinste Einfaltspinsel! Wieso klebst du an ihm wie eine Klette?«

»Na gut, soll er sich setzen, ich will inzwischen auf seine Gesundheit trinken«, sagte der Narr und trat an den Schanktisch. »Auf deine Rechnung, Bruder«, fügte er an den Verdinger gewandt hinzu.

Der nickte nur, setzte sich auf eine Bank, holte ein Tuch aus seiner Mütze und trocknete sich das Gesicht; der Narr aber trank mit eiliger Gier das Glas aus, ächzte nach Art der Trunkenbolde und setzte eine bekümmerte Miene auf.

»Du singst wirklich gut, mein Lieber«, bemerkte Nikolai Iwanytsch freundlich. »Und jetzt bist du dran, Jascha: nur Mut! Wir werden noch sehen, wer wen besiegt... Der Verdinger singt gut, bei Gott, er singt gut.«

»Sehr gut singt er«, sagte Nikolai Iwanytschs Frau und blickte Jakow lächelnd an.

»Gut, ha!« wiederholte halblaut mein Nachbar.

»Oho, ein Hinterwäldler, ein Poleche!« schrie der Narr plötzlich, trat zu meinem Bauern mit dem Loch auf der Schulter, zeigte mit
dem Finger auf ihn, sprang um ihn herum und brach in schallen- [15]
des Gelächter aus. »Ein Poleche, ein Poleche! Ha, ein Hinterwäldler! Was willst du hier, du Hinterwäldler?« schrie er immer noch lachend.

Das arme Bäuerlein wurde verlegen und wollte schon aufstehen und so schnell wie möglich verschwinden, als plötzlich die eherne Stimme des Wilden Barin ertönte:

»Was ist das denn für ein unausstehliches Aas?« rief er zähneknirschend.

»Ich hab's nur so gesagt«, murmelte der Narr, »nur so...«

»Schluss jetzt, Ruhe!« entgegnete der Wilde Barin. »Jakow, fang an!«

Jakow griff sich an die Kehle.

»Ja, also, Bruder, also... Hm... Ich weiß wirklich nicht, also...«

»Genug jetzt, nur Mut. Schäm dich was!... Wieso windest du dich?... Sing, wie Gott dich geheißen hat.«

Der Wilde Barin senkte den Blick und wartete.

Jakow schwieg, blickte in die Runde und hielt sich die Hände vors Gesicht. Alles starrte ihn an, besonders der Verdinger, dessen Miene trotz der üblichen Selbstsicherheit und des triumphalen Erfolgs eine unwillkürliche, leichte Unruhe ausdrückte. Er lehnte sich

gegen die Wand, schob wieder beide Hände unter die Schenkel, baumelte aber nicht mehr mit den Beinen. Als Jakow endlich die Arme sinken ließ, war sein Gesicht totenblass; hinter den gesenkten Wimpern waren die Augen kaum zu erkennen. Er holte tief Luft und fing an zu singen… Der erste Ton war schwach und unsicher und schien nicht aus der Brust aufzusteigen, sondern von irgendwo weither herbeigeschwebt zu kommen, als sei er zufällig ins Zimmer geflogen. Seltsam wirkte dieser bebende, klingende Ton auf uns; wir sahen einander an, Nikolai Iwanytschs Frau straffte sich. Diesem ersten Ton folgte ein zweiter, er war sicherer und hielt länger an, doch noch immer zitterte er wie eine Saite, die, nachdem sie unter einem kräftigen Finger plötzlich erklungen ist, in einer letzten ersterbenden Schwingung vibriert, dem zweiten ein dritter, und allmählich anschwellend und sich ausweitend, strömte ein schwermütiges Lied dahin. »Viele Wegelein führen übers Feld«, sang er, und
[16] uns allen wurde lieblich und weh ums Herz. Ich muss gestehen, selten habe ich eine solche Stimme gehört: sie war ein wenig spröde und klang, als hätte sie einen Sprung; zunächst meinte man sogar, sie sei kraftlos; doch eine unverfälschte, tiefe Leidenschaft, Jugendlichkeit, Stärke und Süße sprach aus ihr und eine hinreißend unbekümmert-sorglose, traurige Wehmut. Seine russische, wahrhaftige, ungestüme Seele tönte und atmete in ihr, berührte tief unser Herz und griff direkt in seine russischen Saiten. Das Lied schwoll an und strömte dahin. Jakow war offenbar von ihm berauscht, nun war er nicht mehr schüchtern, er gab sich ganz seinem Glück hin; seine Stimme zitterte auch nicht mehr, sie vibrierte, es war jenes kaum merkliche innere Beben der Leidenschaft, das wie ein Pfeil in die Seele der Zuhörer dringt und stetig an Kraft gewinnt, stärker wird und sich ausbreitet. Ich erinnere mich, dass ich einst, eines Abends während der Ebbe, an einem flachen Sandstrand des Meeres, das in der Ferne drohend rauschte, eine große weiße Möwe sah: sie saß reglos, die seidige Brust dem Purpurglanz der Abendröte dargeboten, und spannte nur hin und wieder die weiten Flügel aus, dem vertrauten Meer und der tief stehenden glutroten Sonne entgegen: an diese Möwe musste ich denken, als ich Jakow zuhörte. Er sang, ohne auch nur im Geringsten an seinen Konkurrenten oder an uns

zu denken, und doch schien er von unserer schweigenden, leidenschaftlichen Teilnahme getragen, wie ein kühner Schwimmer von den Wellen. Er sang, und mit jedem seiner Töne wehte uns etwas Vertrautes an, etwas ungemein Großes, als öffnete sich vor uns die heimatliche Steppe und verlöre sich in ihren unendlichen Weiten. Ich spürte, wie Tränen in mir aufstiegen und mir in die Augen traten; plötzlich drang ein dumpfes, unterdrücktes Schluchzen an mein Ohr … Ich blickte mich um – die Wirtsfrau weinte, die Brust gegen das Fenster gelehnt. Jakow warf ihr einen flüchtigen Blick zu und sang noch melodischer und lieblicher als zuvor; Nikolai Iwanytsch hatte den Kopf gesenkt und Blinzler sich abgewandt; der Narr stand mit aufgerissenem Mund verzaubert da; das graue Bäuerlein schluchzte leise in seinem Winkel, bitter vor sich hin flüsternd wiegte es den Kopf; über das harte Gesicht des Wilden Barin rann langsam eine große Träne; der Verdinger presste die geballte Faust
gegen die Stirn und rührte sich nicht … Ich kann nicht sagen, wor- [17]
in die allgemeine Verzückung kulminiert wäre, hätte Jakow nicht plötzlich mit einer hohen, außergewöhnlich zarten Note geendet – als sei ihm die Stimme gebrochen. Niemand jubelte, keiner regte sich; alle schienen zu warten, ob er weitersingen würde; doch er schlug die Augen auf, gleichsam erstaunt über unser Schweigen, sah sich fragend um und erkannte, dass er gesiegt hatte …

»Jascha«, sagte der Wilde Barin, legte ihm die Hand auf die Schulter und verstummte.

Wir standen alle da wie erstarrt. Der Verdinger erhob sich leise und ging zu Jakow. »Du … dein … du hast gewonnen«, sagte er schließlich – es kostete ihn viel Mühe – und stürzte nach draußen.

Seine hastige, entschlossene Bewegung schien den Bann zu brechen: alles sprach nun durcheinander, laut und fröhlich. Der Narr sprang in die Höhe, lallte, schwenkte die Arme wie eine Mühle ihre Flügel; Blinzler humpelte zu Jakow und küsste ihn; Nikolai Iwanytsch stand auf und erklärte feierlich, dass er von sich aus noch ein Achtel Bier spendiere; der Wilde Barin lachte so gutmütig, wie ich es von ihm niemals erwartet hätte; das graue Bäuerlein wischte mit beiden Ärmeln über Augen, Wangen, Nase und Bart und rief: »Oh, wie schön, bei Gott, wie schön, zum Kuckuck noch eins, schön war das!«, und Nikolai Iwanytschs Frau, ganz rot im Gesicht, erhob sich rasch und ging hinaus. Jakow genoss den Sieg wie ein Kind; sein Gesicht war wie verwandelt; besonders die Augen strahlten vor Glück. Man zog ihn zum Schanktisch; er rief auch das verweinte graue Bäuerlein heran, schickte den Wirtssohn los, den Verdinger zu holen, den dieser allerdings nicht finden konnte, und das Gelage begann.

»Wir wollen noch mehr hören, bis zum Abend wirst du uns sicher noch mehr vorsingen«, wiederholte der Narr ein ums andere Mal mit hocherhobenen Armen.

Ich blickte noch einmal zu Jakow hinüber und ging hinaus, denn ich wollte nicht länger bleiben, fürchtete, mir den Eindruck zu verderben. Es war noch immer unerträglich heiß. Die Hitze schien wie eine dichte, schwere Schicht direkt über dem Erdboden zu liegen; durch den feinen, fast schwarzen Staub glänzten am dunkelblauen Himmel kleine helle Funken. Alles schwieg; es lag etwas Hoffnungs-
[18] loses, Bedrücktes in diesem tiefen Schweigen der ermatteten Natur. Ich fand eine Scheune und legte mich ins gerade gemähte, doch fast schon trockene Gras. Lange konnte ich nicht einschlafen; lange noch klang mir Jakows unvergleichliche Stimme im Ohr … Schließlich forderten Hitze und Müdigkeit ihren Tribut, und ich sank in einen totenähnlichen Schlaf. Als ich erwachte, war es schon dunkel; das ringsum ausgebreitete Gras duftete stark und war ein wenig feucht geworden; durch die dünnen Streben des halb abgedeckten Daches schimmerten schwach blasse Sterne. Ich trat ins Freie. Das Abendrot war schon lange erloschen, am Horizont schimmerte sein letzter Widerschein; in der noch vor kurzem glühend heißen Luft spürte man trotz der nächtlichen Frische noch die Wärme, und die Brust lechzte noch immer nach einem kühlen Hauch. Es war windstill und wolkenlos; der Himmel stand rein, dunkel und klar über mir, sacht flimmerten ungezählte, kaum sichtbare Sterne. Im Dorf blinkten Lichter; aus der hell erleuchteten Schenke drang wirrer, undeutlicher Lärm, mir schien, als sei auch Jakows Stimme darunter. Von Zeit zu Zeit ertönte wüstes Gelächter. Ich ging näher, trat ans Fenster und drückte mein Gesicht gegen die Scheibe. Was ich sah, war ein wenig erfreuliches, wenn auch buntes, lebendiges Bild: alle waren betrunken, ausnahmslos alle, einschließlich Jakow.

Mit entblößter Brust saß er auf einer Bank, klimperte und zupfte träge auf den Saiten einer Gitarre herum und sang mit krächzender Stimme ein vulgäres Tanzlied. Feuchte Haarsträhnen hingen ihm ins schrecklich blasse Gesicht. In der Schenke tanzte hopsend und springend der Narr vor dem Mann im grauen Bauernrock, völlig »entfesselt« und ohne Kaftan; das Bäuerlein seinerseits stampfte und scharrte mühsam mit den kraftlosen Beinen, lächelte stumpfsinnig unter dem zottligen Bart und machte hin und wieder eine Handbewegung, als wollte es sagen: »Mir soll's recht sein.« Sein Gesichtsausdruck war überaus komisch; wie sehr er sich auch mühte, seine Brauen hochzuziehen, die schwer gewordenen Lider wollten sich einfach nicht öffnen, sie blieben auf den kaum erkennbaren, benebelten, wonnetrunkenen Äuglein liegen. Er befand sich in jenem lieblichen Zustand eines restlos berauschten Menschen, zu dem jeder Vorübergehende, nachdem er ihm ins Gesicht gesehen hat, unweigerlich sagt: »Lass es gut sein, mein Lieber, lass es [19]
gut sein.« Blinzler, rot angelaufen wie ein Krebs und mit geweiteten Nasenlöchern, saß in seiner Ecke und lachte höhnisch; nur Nikolai Iwanytsch bewahrte, wie es sich für einen wahren Schankwirt gehört, seine unwandelbare Gelassenheit. In der Schenke hatten sich viele neue Gäste eingefunden, den Wilden Barin aber konnte ich nicht mehr entdecken.

Ich wandte mich ab und stieg schnellen Schrittes vom Hügel hinab, auf dem Kolotowka liegt. Am Fuße dieses Hügels breitet sich eine weite Ebene aus; gehüllt in die dunstigen Schwaden des Abendnebels schien sie noch unübersehbarer und mit dem dunkel werdenden Himmel zu verschmelzen. Mit großen Schritten ging ich den Weg am Graben entlang, als plötzlich von der Ebene her aus weiter Ferne die helle Stimme eines Jungen erklang. »Antropka! Antropka-a-a! …«, rief er immer wieder in weinerlichem, verzweifeltem Tonfall, wobei er die letzte Silbe in die Länge zog.

Dann verstummte er für einige Augenblicke und fing erneut an zu rufen. Seine Stimme hallte klingend in der reglosen, leise schlummernden Luft. Mindestens dreißig Mal rief er Antropkas Namen, als plötzlich vom entgegengesetzten Ende wie aus dem Jenseits eine kaum hörbare Antwort heranwehte:

»W-a-a-a-s denn?«

Sogleich rief die Jungenstimme verärgert, doch voller Freude:

»Komm her, du Waldschra-a-a-a-t!«

»Wies-o-o-o?« antwortete der andere nach einer Weile. »Weil Papa dich verhauen w-i-i-i-ll«, rief die erste Stimme schnell.

[20] Die zweite Stimme antwortete nun nicht mehr, und der Junge fing von neuem an, Antropka zu rufen. Seine Rufe, die seltener und schwächer wurden, drangen noch an mein Ohr, als es schon völlig finster geworden war und ich den Wald umrundet hatte, der mein Dorf umgibt und vier Werst von Kolotowka entfernt liegt…

»Antropka-a-a-!« schien noch immer in der Luft zu klingen, die nun von den Schatten der Nacht erfüllt war.

DAS HERZSTÜCK DER ERZÄHLUNG

Gedanken über *Die Sänger*

Jahr für Jahr, wenn der Kurs sich *Die Sänger* vornimmt, frage ich meine Studierenden nach ihren ersten Reaktionen auf diese Erzählung, die ich für ein Meisterwerk halte, und eine unbehagliche Stille breitet sich im Raum aus. Bis es dann endlich jemand sagt: »Ich war so … na ja … ich hab mich irgendwie gefragt, was diese ganzen *Abschweifungen* in dieser Erzählung sollen.« Ermutigt schaltet sich ein Zweiter ein: »Ja, was bringen diese endlosen körperlichen Beschreibungen von jedem Lebewesen in einem Drei-Kilometer-Radius um die ›Einkehr‹?« Und eine Dritte: »Das ist so *langsam*. Muss Turgenjew uns wirklich *alles* von *jedem* erzählen?«

Dann lachen alle erleichtert, und ich weiß, das wird gut.

Eine Geschichte mit einem Problem ist wie ein Mensch mit einem Problem: interessant.

Beim Lesen einer Erzählung (stellen wir uns das einfach mal vor) ziehen wir einen Karren hinter uns her, auf dem steht: »Was mir unweigerlich auffiel« (WMUA). Beim Lesen fallen uns Dinge auf – an der Oberfläche, auf den Plot bezogen (»Romeo scheint Julia ja echt zu mögen«), aber auch subtilere Dinge: sprachliche Aspekte etwa (»massenhaft Alliterationen auf den ersten drei Seiten«), Strukturelles (»Das wird ja in umgekehrter chronologischer Reihenfolge erzählt!«), Farbmuster, Rückblenden oder Vorausblenden, Perspektivwechsel. Ich meine nicht, dass sie uns alle *bewusst* auffallen. Oft ist das nämlich nicht so. Uns fallen Dinge körperlich auf, mit unseren

Aufmerksamkeitsantennen, und erst später, wenn wir die Erzählung analysieren, »fallen« sie uns offenkundig »auf«.

Nennen wir das, was wir auf unseren WMUA-Karren laden, mal die »nicht normativen« Anteile der Erzählung – Aspekte, die offenbar durch eine Art überzogener Präsentation auf sich aufmerksam machen.

Wenn Sie Ihren lesenden Geist genau beobachten, werden Sie feststellen, dass Sie beim Zusammentreffen mit etwas Überzogenem in einer Erzählung (einem nicht normativen Aspekt) in eine Handelsbeziehung mit dem Autor, der Autorin eintreten. Wenn Kafka schreibt: »Als Gregor Samsa eines Morgens aus unruhigen Träumen erwachte, fand er sich in seinem Bett zu einem ungeheueren Ungeziefer verwandelt«, dann sagen Sie nicht: »Nein, Franz, tat er nicht« und schmeißen das Buch durchs Zimmer. Sie fügen »Unmögliches Ereignis: Junger Mann gerade in Insekt verwandelt« ihrem WMUA-Karren hinzu und begeben sich in eine »Mal sehen«-Phase. Was wird Kafka jetzt daraus machen? Ihr Lesezustand ist angegriffen worden. Sie befinden sich, sagen wir, in einem »beginnenden Widerstand«. Sie haben »leichte Einwände« registriert. Aber wir Leser sind schon bereit, alle möglichen Lesezustände hinzunehmen, sogar anscheinend negative: Phasen der Langeweile, des Erstaunens, Phasen, in denen wir Figur X echt hassen und uns fragen, ob dem Autor wohl klar ist, wie sehr. Im Wesentlichen sagen wir dann: »Okay, Franz, dieses Insekt ist überzogen, aber ich lass mich drauf ein. Mach weiter. Was machst du aus dieser Sache, die mir unweigerlich aufgefallen ist? Ich hoffe, du sorgst dafür, dass es sich gelohnt hat.«

Wenn uns eine Autorin einem nicht normativen Ereignis aussetzt – einer körperlichen Unwahrscheinlichkeit, dem Gebrauch deutlich überhöhter (oder deutlich slangiger) Sprache oder einer Reihe langatmiger Abschweifungen in einer russischen Kneipe, wo die Leute mitten in der Handlung mehrere

Seiten lang erstarren, damit jeder von ihnen ausführlich und nacheinander beschrieben werden kann –, dann bezahlt sie dafür einen Preis: Unsere Leseenergie sinkt. (Wir werden misstrauisch und widerspenstig.) Aber wenn sie nicht komplett abstürzt und wir später erkennen, dass das alles geplant war – wenn das, was nach einer handwerklichen Schwäche aussieht, sich als wesentlich für den Sinn der Erzählung entpuppt (wenn wir also annehmen, »das war ihre Absicht«) –, dann ist alles vergeben und vergessen, und vielleicht verstehen wir die gewinnbringende Nutzung dieser anscheinenden Übertreibung als eine Art Virtuosität.

Es ist nicht das Ziel, den WMUA-Karren leer zu halten, also eine »vollkommen normale« Erzählung zu schreiben. Eine Erzählung, die sich mit leerem WMUA-Karren ihrem Ende nähert, wird kaum einen spektakulären Schluss hinlegen. Eine gute Erzählung hat ein Muster aus Überzogenheiten geschaffen, nimmt sich ihrer an und verwandelt sie in Vorzüge.

Ein passender Moment für eine einfache Frage: Woher wissen wir, dass eine Erzählung gut ist?

Die Schriftstellerin und Comiczeichnerin Lynda Barry hat einmal auf eine neurologische Studie verwiesen, laut der unser Gehirn, wenn wir an das Ende einer Erzählung, eines kurzen Gedichts oder eines Witzes kommen, eine rückwirkende Soforteinschätzung vornimmt, wie effizient das Werk war. Wenn ich also den von der Ente erzähle, die in eine Bar kommt, und dabei eine fünfzehnminütige Abschweifung über die Kindheit der Ente einbaue, die schließlich nichts mit der Pointe zu tun hat, wird Ihr Gehirn das als ineffizient registrieren, und Sie werden am Ende weniger lachen.

Auf welcher Basis schätzt das Gehirn Effizienz ein?

Es geht von der Annahme aus, dass alles in dem Witz dazu da ist, die Pointe zu bedienen, sie wirkmächtiger zu machen.

Stellen wir uns eine Erzählung als eine Zeremonie vor, wie eine katholische Messe oder eine Krönung oder eine Hochzeit. Wir begreifen, dass im Herzen der Messe die Kommunion steht, im Herzen der Krönung der Augenblick, wenn die Krone aufgesetzt wird, und im Herzen der Hochzeit die beiden Gelübde. Alles andere (Feierlichkeiten, Lieder, Rezitationen und so weiter) wird als wunderschön empfunden und notwendig insoweit, als es dem Herzstück der Zeremonie dient.

Ein Weg, sich der Erzählung zu nähern – also einzuschätzen, wie gut sie ist, wie elegant und effizient –, besteht in der Frage: »Was ist dein Herzstück, liebe Erzählung?« (Oder eifern wir Dr. Seuss[5] nach: »Warum machst du dir die Mühe, mir das zu erzählen?«)

Mit anderen Worten: »Woran, liebe Erzählung, orientierst du dich, was würdest du sagen? Das muss ich nämlich wissen, damit ich sehen kann, wie gut deine nicht normativen Aspekte deinem Herzstück dienen.«

Das Herzstück der *Sänger* ist natürlich der Wettstreit zwischen ihnen. Davon »handelt« die Erzählung, das hat sie anzubieten, dem dienen ihre Bestandteile. (Die »Hollywood-Version« der *Sänger* ginge ungefähr so: »Zwei Männer tragen in einer russischen Kneipe einen Sängerwettstreit aus. Einer gewinnt, einer verliert.«)

Aber vielleicht fällt uns auf – na, ich bin ziemlich sicher, es ist Ihnen aufgefallen –, dass der Wettstreit erst anfängt, nachdem wir durch zwölf lange, etwas mäandernde Seiten gewatet sind.

Nach dem zuvor erwähnten Prinzip der gnadenlosen Effizienz haben wir das Recht (die Pflicht sogar) zu fragen: Wozu sind diese ersten zwölf Seiten da? Beweisen sie ihre Existenzberechtigung? Lohnen sie die Mühe?

---

5 Theodor Seuss Geisel, ikonischer US-amerikanischer Kinderbuchautor und Cartoonzeichner, Erfinder u. a. des Grinch. (A. d. Ü.)

Die Sänger ist eine Erzählung nach herkömmlicher Art, A und B treffen in einem Wettstreit aufeinander, und einer von ihnen gewinnt. (Denken Sie an die *Ilias* oder *Karate Kid* oder *Rocky* oder an irgendeinen Film mit einer Schießerei drin.)

Was verleiht diesem Typus Erzählung seine Bedeutung? Wenn wir es einfach so sagen (»A und B treffen in einem Wettstreit aufeinander«), warum ist es uns nicht egal, wer gewinnt? Das ist es nämlich nicht. Kann es nicht. A gleich B gleich A gleich B? Wenn die beiden Konkurrenten identisch sind, geht es auch um nichts. Wenn ich sage: »In der Bar gegenüber von meinem Haus haben sich zwei Typen geprügelt, und halt dich fest, einer von ihnen hat gewonnen!« – das ist nicht bedeutsam. Bedeutsam könnte es dadurch werden, dass wir erfahren, wer diese Typen waren. Wenn A ein freundlicher heiligmäßiger Mensch ist und B ein echter Fiesling und B gewinnt, dann liest sich der Sinn der Erzählung als »Tugend trägt nicht immer den Sieg davon«. Wenn A beim Training für den Kampf nur Sellerie gegessen hat und B nur Hot Dogs, dann könnte man den Sieg von A als Plädoyer für Sellerie lesen.

Angesichts der Tatsache, dass das Herzstück dieser Erzählung der Sängerwettstreit ist, wo Jakow und der Verdinger die Rollen A und B spielen, könnten wir mit Fug und Recht erwarten, dass diese zwölf Seiten vor dem Singen zumindest teilweise dazu da sind, uns etwas über Jakow und den Verdinger zu erzählen (z.B. »wofür« sie »stehen«), so dass wir, wenn einer von ihnen gewinnt, das Ergebnis deuten können.

Aber jetzt kommt eine interessante Eigenschaft der Erzählung: Obgleich sie, gelinde gesagt, so »reich an Beschreibungen« ist, stellen wir fest, dass Turgenjew auf diesen zwölf Seiten zwar für alle Gäste der »Einkehr« über einen anscheinend unerschöpflichen Quell an Hintergrundwissen verfügt, über seine beiden Hauptfiguren aber gar nicht viel zu sagen hat, das einem helfen würde, sie voneinander zu unterscheiden (und dem Wettstreit Bedeutung zu verleihen). Jakow ist ein nervöser Dorfjunge, und der Verdinger ist ein Außenseiter. Jakow, »Schöpfgeselle in der Papierfabrik«, von einem »empfindsamen und leidenschaftlichen Naturell« ist offenbar der beste Sänger des Dorfs. Und der Verdinger: Auf Seite 6 bekommen wir eine kurze äußerliche Beschreibung von ihm und später die vage Behauptung, dass er wie ein »windiger und ausgebuffter Städter« aussieht. Ansonsten: »Über Jakow, den Türken, und über den Verdinger gibt es nicht viel zu berichten.«

Wenn wir nach diesen ersten zwölf Seiten also fragen: »Welche Eigenschaften dieser beiden Sänger machen das Ergebnis des Wettstreits bedeutsam?«, wissen wir es immer noch nicht und müssen den Wettstreit selbst abwarten.

Tun wir vorerst das, was Sie sich vielleicht auch von Turgenjew gewünscht hätten: Überspringen wir die ersten zwölf Seiten und schauen uns gleich mal das Singen an.

Wenn der Verdinger anfängt zu singen (nach der Pause oben auf Seite 13), lesen wir weiter und suchen nach Anzeichen dafür, wie er sich so macht – das heißt, wir suchen nach Anzeichen dafür, was wir gemäß Turgenjew glauben, wie er sich macht. (Wenn Rocky einen Schlag einsteckt und auf ein Knie geht, verstehen wir das als »Er scheint zu verlieren!«)

Wir erfahren, dass der Verdinger »im höchsten Falsett« einsetzt, er hat »eine angenehme, süße (…) Stimme« (d. h. »er macht es gut und könnte gewinnen«). Die nächste Passage sagt uns (durch Ausdrücke wie »spielte«, »jonglierte wie mit einem Kreisel«, »mit einer gewissen übermütigen, waghalsigen Verwegenheit«), dass er selbstbewusst und locker ist – ein lässiger Virtuose. »Ein Kenner würde seine reine Freude [an seinen Übergängen] gehabt haben.« Er hat »ein fröhliches Tanzlied« ausgewählt, auch der Liedtext verbreitet Ambition und Vertrauen: »Pflügen will ich, mein Mägdelein fein, / ein wenig das

Ländelein; / Und dann säe ich, mein Mägdelein fein, / rote Blümelein.« Alle hören »aufmerksam« zu.

Wir bekommen den Eindruck, dass der Verdinger einen Volltreffer landet und schwer zu schlagen sein wird.

Die ganze Erfahrung, Literatur zu lesen, ließe sich beschreiben als eine Reihe von Setzungen (»Der Hund schläft«), Festigungen (»Er schläft wirklich tief, so tief, dass es die Katze gerade geschafft hat, über seinen Rücken zu laufen«) und Veränderungen (»Oha, jetzt ist er aufgewacht«).

Hier wird gesetzt, dass der Verdinger sich gut schlägt und offenbar dabei ist zu gewinnen. Turgenjew sorgt dafür, dass sich das bei uns festigt, dann liefert er eine Veränderung: »Lange sang der Verdinger, *ohne allerdings bei seinen Zuhörern allzu starke Sympathie zu wecken*« (Hervorhebung von mir). Jetzt, könnte man sagen, bekommt der Verdinger ein Problem. Er ist gut, er kann was, aber emotional passiert beim Publikum nicht viel. Das lesen wir als: »Eilmeldung: Übrigens, dieser Typ könnte auch verlieren.«

Turgenjews Einführung dieser Komplikation erlaubt uns, den Verdinger besser kennenzulernen. Er ist in etwa: ein Typ, der zwar dick aufträgt, die Leute aber kaltlässt. (Eine erste Antwort auf unsere Frage: Wer ist A?) Sobald das Problem gesetzt ist, liefert Turgenjew ein neues Bulletin, das anzeigt, der Verdinger hat das Problem gelöst... indem er noch dicker aufträgt. »Bei einem besonders gelungenen Übergang« läuft ein Schauer der Erregung durchs Publikum: der Wilde Barin lächelt; der Narr jauchzt vor Vergnügen und fällt, wie der Blinzler, halblaut in den Gesang ein. Jakow, der in der Kulisse wartet, bestätigt, wie stark der Auftritt des Verdingers wirkt: Seine Augen »glühten wie Kohlen, er zitterte wie Espenlaub und lächelte abwesend vor sich hin«. Nur der Wilde Barin ist nicht ganz überzeugt (»verzog keine Miene«), aber sein Blick hat sich »etwas entspannt«.

Ermutigt »geriet der Verdinger vollends außer Rand und Band«, und was heißt das, bei ihm? Es heißt, noch dicker aufzutragen: Ausschmückungen, Zungenschnalzen, Trällern, »mit der Kehle (...) jonglieren«. Er hat ein Problem (»Ich erreiche mein Publikum nicht«) und findet eine Lösung (»Noch dicker auftragen!«). Er endet, dann ertönt »ungestümer allgemeiner, einstimmiger Jubel«. Der Narr erklärt ihn zum Sieger. Nikolai Iwanytsch, der Kneipenbesitzer, erinnert alle daran, dass der Wettstreit noch nicht vorüber ist, gibt allerdings zu: »Der Verdinger singt gut.«

Schauen wir uns den Auftritt noch einmal an. Der Verdinger ist vor allem technisch versiert. Sein Gesang wird mit technischen Begrifflichkeiten beschrieben, und auf das Publikum hat er an zwei Stellen eine Wirkung: zuerst nach dem »besonders gelungenen Übergang« und noch einmal am Schluss, durch das »Jonglieren« mit der Kehle.

Spezifisches dient der Figurenzeichnung, auch hier. Turgenjew lässt den Verdinger auf eine spezifische Art und Weise singen (bei der Gitarre würde man von einem Schrammler sprechen, der sein Publikum mit gekonnter Technik verblüfft), und dadurch ist aus ihm ein spezifischer Mensch geworden, der für etwas steht.

Jetzt ist Jakow dran. Die Erzählung muss sich entscheiden: Jakow kann verlieren (dann wird die Erzählung sich darum drehen: die Beschämung einer lokalen Legende, und vermutlich auch darum, wie diese Person das verarbeitet) oder gewinnen. Implizit fragt die Erzählung jetzt also: Welche Qualitäten könnte Jakow haben, um den technisch hervorragenden Gesang des Verdingers zu schlagen? Jedes Mal, wenn ich diese Erzählung lese, kommt der Moment, wenn Jakow dran ist und ich mich wieder frage: »Wie kann Jakow gewinnen? Der Verdinger war doch so gut.« Die Erzählung ist zu einem Referendum über etwas geworden … wir wissen noch nicht genau, was. Aber wir wissen, dass auf der einen Seite des Wahlzettels das technische Können steht. (Und ich sage durchaus nicht, dass uns das nach einer ersten Lektüre wirklich bewusst wäre. Ich glaube nämlich, das ist es nicht. Wir haben nur das Gefühl, der Verdinger hat die Latte hoch gelegt, und wir fragen uns: »Hoppala, wie soll Jakow das denn überbieten?«)

Und jetzt (auf Seite 16) beobachten wir noch einmal ganz genau, wie Turgenjew Gesang beschreibt, mal sehen, wie wir das auswerten sollen.

Jakow fängt nervös an: »Der erste Ton war schwach und unsicher«. Er klingt, »als sei er zufällig ins Zimmer geflogen« (das ist das Gegenteil von technischem Können). Vielleicht spüren wir gerade: »Oha. Jakow verschluckt sich gleich.« Aber dann: »Seltsam wirkte dieser bebende, klingende Ton auf uns; wir sahen einander an, Nikolai Iwanytschs Frau straffte sich.«

Sein Lied ist voller Trauer. Der Text, im Vergleich zu dem Lied des Verdingers, ist weniger selbstbewusst, lässt Mehrdeutigkeit zu: »Viele Wegelein führen übers Feld.« (Wir fragen uns ja immer noch, wie Jakow gewinnen soll, und diese Zeile ist vielleicht eine sanftere russische Version von »Letztlich ist es egal, ob du der Katze das Fell nach links oder nach rechts abziehst.«)

Jakows Gesang ist nicht perfekt; seine Stimme ist »ein wenig spröde und klang, als hätte sie einen Sprung«, sogar »kraftlos«, aber aus ihr spricht auch »eine unverfälschte, tiefe Leidenschaft, Jugendlichkeit, Stärke und Süße«. Bald ist Jakow von dem Lied »berauscht«. Er scheint sich und das Publikum gar nicht mehr zu bemerken, »er gab sich ganz seinem Glück hin«. Und wir erinnern uns, dass der Verdinger in einem Parallelmoment (dem der größten Ausdruckskraft seines Auftritts) »vollends außer Rand und Band« gerät und eine denkwürdige Folge von Ausschmückungen und Zungenschnalzen von sich gibt. Er hat sich nicht verloren, sein Publikum vergessen oder sich einem Gefühl hingegeben; er hat den Sieg gewittert und eine noch raffiniertere Salve bezaubernder Tricks vom Stapel gelassen. (Er hat das Publikum nicht erleuchtet, nur geblendet.)

Dann geschieht etwas sehr Schönes, in der Erzählung und in Turgenjews Erzählweise. Jakow »gibt sich ganz seinem Glück hin«, und kurz darauf kehrt der Erzähler plötzlich als Figur wieder in die Geschichte zurück (seit dem Moment auf Seite 7, wo er bemerkte, dass er bemerkt wurde, war er größtenteils daraus verschwunden). Angeregt von Jakows Gesang erinnert er sich an etwas: »eine große weiße Möwe«. Bei dem Wort »Möwe« haben wir vielleicht gleich ein Bild vor Augen, eine »in den Himmel steigende Möwe über uns«, aber nein, die Möwe, an die der Erzähler sich erinnert, »saß reglos«, und in diesem Augenblick, wo das richtiggestellt wird, sehe ich sie immer ganz klar vor mir, »die seidige Brust dem Purpurglanz der Abendröte dargeboten«, sie »spannte nur hin und wieder die weiten Flügel aus, dem vertrauten Meer und der tief stehenden glutroten Sonne entgegen«.

Vielleicht fallen uns hier die Vögel ein, die zuvor in der Erzählung aufgetaucht sind, die kläglichen Saatkrähen und Rabenvögel, die kämpfenden Sperlinge von Seite 3. Diese Möwe ist eine freiere Art von Vogel, weit weg von dieser miesen, glutheißen kleinen Stadt, irgendwo in einer kühlen, reinen Meeresluft. Sie leidet nicht, anders als die Vögel von hier; sie wirkt kraftvoll und selbstbewusst; sie scheint, indem sie die Flügel ausbreitet, sogar Schönheit wahrzunehmen und zu begrüßen (den Sonnenuntergang). Und wer hat sie dem Erzähler ins Gedächtnis gerufen? Jakow. Wie? Mit seinem Gesang.

Jakow »sang, und mit jedem seiner Töne wehte uns etwas Vertrautes an«. Was immer gerade passiert, es passiert ihnen allen. Jeder von ihnen hat sich an so etwas erinnert wie die

Möwe des Erzählers. Beim Gesang des Verdingers war nichts dergleichen passiert. Er hat alle beeindruckt, aber niemanden entrückt. Der Auftritt des Verdingers wurde durch die Beschreibung dessen, was er konnte, erzählt, Jakows Auftritt durch die Beschreibung dessen, was er in seinen Zuhörern auslöste.

Jakow hat die Möwe heraufbeschworen, aber er *ist* auch diese Möwe: im Kontakt mit der Schönheit, kurz aus seiner erwartbaren Figur herausgetreten. Die Möwe »saß reglos«, anstatt zu fliegen; Jakow ist jetzt kein Schöpfgeselle aus der Papierfabrik mehr, er ist ein Künstler geworden, selbst in dieser miesen kleinen Stadt.

Allgemeines Schluchzen.

Jakow gewinnt.

Was ich gerade beschrieben habe, ist also das Herzstück der Erzählung. Es nimmt ungefähr fünf von zwanzig Seiten ein und fängt, wie gesagt, erst auf Seite 13 an.

Was war also die Aufgabe der ersten zwölf Seiten?

Stellen wir uns eine Erzählung mal als Bonbonfabrik vor. Uns ist klar, die Bonbonherstellung besteht im Wesentlichen daraus ... so ein Bonbon herzustellen. Während wir durch die Fabrik laufen, erwarten wir, dass alles hier – jeder Mensch, jedes Telefon, jede Abteilung, jeder Arbeitsschritt – irgendwie mit diesem Moment der Bonbonherstellung in Bezug steht, damit befasst ist oder dazu beiträgt. Wenn wir auf ein Büro stoßen, auf dessen Schild steht »Zentrale für die Planung von Steves Hochzeit«, empfinden wir das als ineffizient. Vielleicht entpuppt sich die Planung von Steves Hochzeit noch als vorteilhaft für die Herstellung von diesem einen Bonbon, aber das ist weit hergeholt. Wenn wir dieses Büro dichtmachen, wird unsere Bonbonherstellung faktisch sicher effizienter (Steve sieht das vielleicht anders). Die Bonbonfabrik wird eine schönere Bonbonfabrik, weil sie eine effizientere Bonbonfabrik geworden ist.

Oder stellen wir uns vor, wir wären Rausschmeißer, die durch den Klub »Erzählung« patrouillieren und jedes Element fragen: »Entschuldigung, warum sind Sie eigentlich hier?« In einer perfekten Erzählung hat jedes Element eine gute Antwort darauf. (»Öh, na ja, ich lade auf meine ganz subtile Weise das Herzstück der Erzählung mit Energie auf.«)

Gemäß unserem ziemlich hartgesottenen, aber sich ständig weiterentwickelnden Modell einer Erzählung sollte jedes Element in ihr motiviert sein. Das rein Zufällige (»das ist wirklich so passiert« oder »das war ziemlich cool« oder »irgendwie kam das in die Geschichte, und ich hab's nicht geschafft, es wieder rauszunehmen«) bringt nichts. Jedes Element der Erzählung sollte diesem Maß an Überprüfung standhalten können, einer Überprüfung, die, das muss dazugesagt werden, Großzügigkeit braucht, sonst wird die Erzählung zu glatt und mathematisch.

Gehen wir die ersten zwölf Seiten durch und fragen unterwegs immer wieder: Also, Leute, wie nützt ihr dem Herzstück der Erzählung?

Ich war früher mal Ingenieur, daher lassen Sie mich gern die Einzelteile dieser (vielleicht seltsamen, in laufender Ermittlung befindlichen) Seiten auflisten. Außerdem werde ich die Elemente, in denen bedeutsame Handlung stattfindet, kursiv setzen, um sie von den rein deskriptiven Teilen zu unterscheiden.

Nein, ganz im Ernst:

LISTE 1

Zusammenfassung der 12 Seiten bis zum Wettstreit

Beschreibung des Grabens (Seite 1)
Beschreibung des Schankwirts, Nikolai Iwanytsch (Seiten 1–2)
Beschreibung von Nikolais (namenloser) Gattin (Seite 3)
Beschreibung einiger Vögel (Seite 3 Mitte)
Beschreibung der Stadt Kolotowka (Seiten 3–4)
Beschreibungen des Narren und des Blinzlers (Seite 4)
Aktive Dialogsequenz zwischen dem Narren und Blinzler, Thema: Es gibt bald einen Sängerwettstreit (Seite 5 oben)
Beschreibung der Schenke (Seiten 5–6)
Aktive Sequenz (zwei Zeilen), als der Erzähler die Schenke betritt (Seite 6 oben)
Beschreibung von Jakow (Seite 6 Mitte)
Beschreibung des Wilden Barin (Seite 6 unten)
Beschreibung des Verdingers (Seite 7 oben)
Beschreibung eines Bauern (Seite 7 Mitte)
Aktive Sequenz, in der der Erzähler bemerkt, dass er als vornehmer Herr in diesem Raum voller Bauern auffällt, dann wird seine Anwesenheit von dem Schankwirt gutgeheißen (Seite 7)
Aktive Sequenz, als sie die Details des Wettstreits besprechen und er (fast) beginnt (Seiten 7-8), *aber unterbrochen wird von:*
(Zweite, hintergrundlastigere) Beschreibung des Narren (Seiten 9-10)
(Zweite, hintergrundlastigere) Beschreibung des Blinzlers (Seiten 10-11)
Eine Beschreibung von Jakow und ein zweiter Anlauf beim Verdinger sind weniger Beschreibungen als vielmehr Erklärungen, warum keine Beschreibungen geboten werden können (Seite 11)
Beschreibung des Wilden Barin (Seiten 11-12)
Endlich beginnt der Wettstreit (Seite 13)

Beim Blick auf die Liste stellen wir fest, dass die Erzählung auf den ersten zwölf Seiten, gelinde gesagt, ein gewisses Übergewicht an statischen Beschreibungen hat. (Auf diesen Seiten geschieht eigentlich nur: Der Erzähler geht auf die Schenke zu, begegnet dem Narren und dem Blinzler, geht in die Schenke und hört ein Gespräch über die Einzelheiten des Wettstreits mit an.) Sobald der Wettstreit beginnt (Seite 13), treten die Beschreibungen in den Hintergrund, und der Text verbleibt (meistens) in kontinuierlicher Echtzeithandlung in der Schenke und in ihrer Nähe.

(Wenn Sie sich visuell verdeutlichen wollen, wie seltsam das ist, markieren Sie auf einer Fotokopie der Erzählung die Beschreibungen in einer Farbe und die aktiven Sequenzen in einer anderen, gemäß der Liste.)

Auf unserem WMUA-Karren befindet sich so etwas wie »Aufgefallen: Massenhaft Abschweifungen und statische Beschreibungen«. Und wir fragen uns: Ist der Erzählung dieses Übermaß aufgefallen? Wird sie es in eine Qualität umwandeln?

Wir wollen uns mal auf den Versuch einlassen, alle Abschweifungen und statischen Beschreibungen Turgenjews als »absichtlich« zu verteidigen – d.h. dass er es genau so haben wollte.

Beim Blick auf die Liste stellen wir auch fest, dass die meisten seiner statischen Beschreibungen Menschen betreffen.

Daher ein paar Gedanken dazu, wie Turgenjew Menschen beschreibt, denn ich glaube, das unter anderem hat meine Studierenden über die Jahre so sehr gestört.

Auf Seite 6 begegnen wir Jakow: »ein magerer, schmaler Mann von dreiundzwanzig Jahren… sah aus wie ein verwegener Fabrikarbeiter und schien offenbar nicht sonderlich gesund zu sein. Seine eingefallenen Wangen, die großen unruhigen grauen Augen, die gerade Nase mit den feinen, bebenden

Flügeln, die weiße fliehende Stirn mit den zurückgeworfenen hellbraunen Locken, die vollen, doch hübschen und ausdrucksstarken Lippen« – können Sie sich daraus einen Menschen basteln? Ich nicht. Vielleicht habe ich ja eine schwache Vorstellungskraft, aber diese Heraufbeschwörung von Gesichtszügen fügt sich nicht zu einem Bild vor meinem inneren Auge zusammen. Die Einzelteile führen nur zu einer picassohaften Anhäufung in meinem Kopf. Diese Art zu beschreiben (lückenlose Listen, die vor allem das Gesicht und einzelne Körperteile betreffen) zieht sich durch die ganze Erzählung. Der Wilde Barin hat »ausgeprägte Backenknochen, eine niedrige Stirn, schmale Tartarenaugen, eine kurze, platte Nase, ein kantiges Kinn und glänzend schwarzes, borstiges Haar«. Als wir dem Verdinger begegnen, wird er beschrieben als »ein untersetzter kleiner pockennarbiger Mann von dreißig Jahren mit lockigem Haar, stumpfer Himmelfahrtsnase, lebhaften braunen Augen und schütterem Bart«. Nikolai Iwanytsch ist ein »Mann mit aufgedunsenem Gesicht, schelmisch-gutmütigen Äuglein und einer fettigen Stirn, die von Falten durchzogen ist wie von Fäden«.

Zeitgenössische Leser:innen empfinden diese Art zu beschreiben als altmodisch. Nach unserem gängigen Verständnis von Literatur sind Figuren selektiv zu beschreiben – es werden also nicht alle beschrieben, und nicht alles von ihnen muss beschrieben werden. Wir erwarten, dass Beschreibungen eher minimalistisch sind und einem inhaltlichen Zweck dienen, während Turgenjew anscheinend Phänomene beschreibt, einfach weil sie da sind.

Diese Methode kommt aus einer Zeit, in der Geschichten eine eher dokumentarische Funktion erfüllen sollten. Turgenjew gehörte zum Adel und ging gern auf dem Lande wandern und jagen, wie der Erzähler. Das Buch, in dem *Die Sänger* zuerst erschien, *Aufzeichnungen eines Jägers*, war ein grundlegendes Werk der literarischen Anthropologie und erlaubte den Literaten einen Blick darauf, wie »diese Leute«, d. h. ländliche Bauern, eigentlich lebten. Turgenjew wurde damals für die Feinfühligkeit und Empathie seiner Porträts gelobt, für ihren Realismus. (Die aristokratische Positionierung des Erzählers erklärt auch den zuvor erwähnten Augenblick auf Seite 7: »Mein Eintreffen – das bemerkte ich – machte Nikolai Iwanytschs Gäste zunächst ein wenig verlegen; als sie jedoch sahen, dass er mich begrüßte wie einen Bekannten, beruhigten sie sich und beachteten mich nicht weiter.«)

Diese Beschreibung der »Einkehr« war für Leute gedacht, die vielleicht noch nie an so einem Ort waren (»Vermutlich haben nur wenige meiner Leser Gelegenheit gehabt, eine Dorfschenke von innen zu sehen«). Das könnte auch die langwierigen Beschreibungen von Nikolai Iwanytsch und seiner Frau, vom Blinzler und vom Narren erklären, die wir gleich über uns ergehen lassen müssen. Zu Turgenjews Aufgabe gehört, nach seinem Selbstverständnis, hier auch die *Reportage*; er ist eine Art Abenteuerjournalist, der seinen Lesern kurze Einblicke in eine exotische Welt gewährt, eine Welt, über der sie stehen.

Doch diese Art zu beschreiben entstand auch aus Turgenjews Arbeitsweise.

Henry James schrieb über ihn: »Bei ihm lag der Keim einer Erzählung nie in der Handlung – daran dachte er zuletzt: Es ging ihm um die Darstellung bestimmter Menschen. Eine Geschichte trat ihm als Erstes in Form einer individuellen Figur oder einer Figurenkonstellation vor Augen … Die Figuren standen deutlich und lebendig vor ihm, und er wollte so viel wie möglich über ihr Wesen wissen und zeigen. Zunächst musste er sich dazu klarmachen, was er von Anfang an bereits über sie wusste; zu diesem Zweck notierte er für jede seiner Figuren eine Art Lebenslauf, alles, was sie bislang getan und bis zum

Einsetzen der Geschichte erlebt hatten. Er hatte sein ›Dossier‹ über sie, wie die Franzosen sagen… Mit diesem Material konnte er weiterarbeiten; die Erzählung war in der Frage enthalten: Was werde ich sie jetzt tun lassen?… Aber wie er selbst sagte: Sein Ansatz hatte eine Schwäche, die ihm auch vorgeworfen wurde. Es mangelte an ›Architektur‹, mit anderen Worten, an der Komposition… Wenn man Turgenjews Erzählungen mit dem Wissen liest, dass sie auf diese Weise geschaffen wurden – oder vielmehr, Gestalt annahmen –, dann kann man diesen Prozess in jeder Zeile mitverfolgen.«

Nabokov drückte es etwas bärbeißiger aus: »Sein literarischer Genius bleibt in puncto literarischer Vorstellungskraft zurück, das heißt, er entdeckt bei einer Geschichte nicht wie von selbst die Erzählweise, die an die Originalität seiner Beschreibungskunst heranreichte.«

Unser derzeitiges ästhetisches Verständnis erwartet körperliche Beschreibungen in zügiger, natürlicher und organisch in die Handlung eingebauter Präsentation. (*Show, don't tell* lautet der Glaubensgrundsatz.) Unsere Toleranzschwelle für langatmige, endlos erklärende Erzähler ist niedrig. Wie es im Kurs mal jemand ausdrückte: Bei Turgenjew ist es, als würden Handlung und Beschreibung abwechselnd ans Mikrofon treten, und wenn die eine spricht, schweigt die andere. Die Wirkung ist statisch, unbeholfen und manchmal auch nervtötend. Der Hintergrund zu einer Figur erscheint wie eine Datendeponie, auf der die anderen Personen herumstehen, erstarrt wie Modellfiguren in einem Diorama namens *Russische Landschenke, ca. 1850*.

Und so, machen wir uns nichts vor, holpert die Erzählung manchmal ganz schön. Wir halten Turgenjews Angewohnheit stand, alle zum Innehalten und Schweigen zu zwingen, damit er herumgehen und Daten über sie sammeln kann, ihre Stirn, ihren Haaransatz, ihre Jacke und so weiter. Die dramaturgische Unbeholfenheit wird streckenweise fast unfreiwillig komisch. Meine Studierenden finden einen Satz ganz besonders lächerlich, fast am Ende von Seite 9, als das Singen jeden Augenblick losgehen soll. Der Verdinger ist nervös und schindet Zeit. Der Wilde Barin verlangt, dass er anfängt. Der Verdinger tritt vor. Die Spannung steigt. Wir haben jetzt schon lange darauf gewartet, dass endlich mal gesungen wird.

Und dann kriegen wir das hier:

»Bevor ich aber zur Beschreibung des Wettstreits selbst schreite, möchte ich noch etwas über jede der handelnden Personen meiner Erzählung sagen.«

Und unser Gefühl sagt: »Mensch, Iwan, hast du das auf den letzten neun Seiten nicht schon die ganze Zeit getan?«

Sagen wir, ein Freund taucht bei Ihnen zu Hause auf, er bringt ein klobiges, verrückt aussehendes Kleidungsstück an – einen Taucheranzug aus Asbest, zum Beispiel – und fordert Sie auf, das anzuziehen. Sie tun es. Aber da drin ist es ungemütlich, kratzig, heiß. Die Minuten ticken vor sich hin. Irgendwann werden Sie fragen: »Moment mal, wozu soll das gut sein?«

Fragen wir das doch jetzt auch: Wofür sind diese mühevollen Figurenbeschreibungen gut? Wenn wir einen Grund dafür wissen, sind wir vielleicht eher dazu bereit, in diese kratzige Ausstaffierung hineinzuschlüpfen, die Turgenjews Figurenbeschreibungsmethode darstellt.

Oder weniger.

Doch zuerst – als Hommage und Imitation des Turgenjew'schen Geists der Abschweifung – treten wir einen Schritt zurück und fragen: Wozu brauchen wir Figurenbeschreibungen überhaupt? Welchem Zweck dienen sie?

Oder, wo wir schon dabei sind, wozu brauchen wir Figuren?

Nun, um David Mamets Satz über Schauspieler:innen umzuformulieren, wir brauchen Figuren, damit sie dem Zweck dienen können, den die Erzählung von ihnen verlangt. Warum brauchen wir Jacob Marley in Dickens' *Weihnachtsgeschichte*? Um Scrooge davon zu überzeugen, dass er dem Unheil geweiht ist, wenn er sich nicht verändert. Was müssen wir dazu über Marley erfahren? Alles, was ihm dazu verhilft, diesem Zweck zu dienen. Marleys Relevanz erwächst daraus, dass Scrooge und er Geschäftspartner waren, und falls Scrooge je einen vertrauten Freund hatte, dann war das Marley. Marley hat exakt genauso gelebt wie Scrooge und dieselben Sünden begangen. Das (und nicht viel mehr) müssen wir wissen, damit wir, wenn Marley Scrooge sagt, er solle sich besser ändern, ihm das genauso abnehmen wie Scrooge. (Wir brauchen nicht zu wissen, ob Marley verheiratet war, wie seine Kindheit aussah oder seine Nase oder wie Scrooge und er sich kennengelernt haben.)

Also: Leisten die etlichen Nebenfiguren in *Die Sänger* (der Narr, der Blinzler, Nikolai und seine Frau, der Wilde Barin) irgendetwas dafür, dass das Herzstück der Geschichte (der Wettstreit) stärker wird?

Doch, schon, könnte man sagen: Sie dienen als Juroren.

Gehen Sie zurück zum Auftritt des Verdingers (Seiten 13–14), und während Sie ihn noch einmal lesen, achten Sie auf die Reaktionen der Nebenfiguren. Das Herzstück der Geschichte ist das Singen, das wir ja gar nicht hören können. Die Nebenfiguren erzählen uns, was davon zu halten ist. Wir beobachten sie, um zu erfahren, wie der Verdinger und Jakow sich schlagen. Und abhängig davon, was wir über sie erzählt bekommen, bewerten wir ihre Einschätzungen unterschiedlich.

Der Narr zum Beispiel: Wir haben ihn als eher unerhebliche Person kennengelernt, einen Dorfsäufer, dessen Urteil man kaum trauen kann. (»Niemals hatte man von ihm ein vernünftiges, geschweige denn kluges Wort gehört: nichts als Gefasel und Lügen, dass sich die Balken bogen – eben ein Narr!«) Er dient als eine Art Jury-Idiot – grobschlächtiges Urteilen und Pöbelmentalität in Person. Er reagiert als Erster, heftig, aber meistens daneben. Als er den Verdinger zum Sieger erklärt, dient das als deutlicher Hinweis darauf, dass der Verdinger zwar gut gesungen hat, aber noch nicht aller Tage Abend ist, und dieses Urteil wird denn auch feinsinnig aufgehoben/umgestoßen durch Nikolai, den Schankwirt, »er kennt sich in allem aus, was für einen Russen von Belang oder Interesse ist«. Oder nehmen Sie den Wilden Barin; in der langen Beschreibung, kurz bevor der Wettstreit beginnt, heißt es, »er genoss im ganzen Umkreis großes Ansehen«. »Den Gesang liebte er leidenschaftlich.« Mehr noch: »in ihm schienen gewaltige Kräfte zu schlummern«. Wenn wir bei diesem »Herkules« – »man ordnete sich ihm sogleich und bedenkenlos unter« – nach Hinweisen suchen, wie der Auftritt des Verdingers einzuschätzen ist, finden wir zunächst ein Lächeln (bei einem bestimmten Übergang), dann hat sich, gegen Ende des Liedes, sein Blick »etwas entspannt, obwohl seine Lippen nach wie vor Geringschätzung ausdrückten«. Aber er gibt kein endgültiges Urteil ab; er weist Jakow nur an, sich nicht länger zu winden: »Sing, wie Gott dich geheißen hat.«

Und jetzt schauen wir uns aus dieser Perspektive Jakows Auftritt noch einmal an (ab Seite 16):

Nikolais Frau, eine verhärtete Person, zuvor beschrieben als »schlagfertige Bürgersfrau mit lebhaftem Blick und spitzer Nase« (sprich: keine Heulsuse), wird von Jakows Gesang zu Tränen gerührt. Nikolai senkt den Blick (vielleicht verbirgt er seine Tränen). Der Blinzler wendet sich ab (dito); der Narr ist in ein untypisches Schweigen verfallen. Der kleine Bauer (der zuvor seine Begeisterung für den Verdinger zeigte, indem er »energisch auf den Boden« spuckte) schluchzt leise, was wir als intensivere Reaktion lesen. Und wir stellen fest, dass wir gern vom oberen Ende der Juroren-Befehlskette eine maßgebliche Einschätzung hätten. Wer ist von der Erzählung so aufgestellt worden, dass er als höchster Schiedsrichter dienen könnte? Der Wilde Barin, der nach dem Auftritt des Verdingers kein Urteil gesprochen hatte, kommt nun ins Spiel mit einer »großen Träne«, und besiegelt wird das Ganze durch ein Wort: »Jascha.« Jascha hat gewonnen.

Angenommen, wir können nicht in die Oper gehen, aber wir schicken vier Freunde und bitten sie, uns während der Vorstellung zu schreiben, wie die Dinge laufen. Solange sie nicht alle denselben Geschmack haben, werden ihre Nachrichten eine vielstimmige Rezension der Oper in Echtzeit darstellen. Und wir können ihre Reaktionen, je nachdem, wie gut wir sie kennen, auch gewichten.

Also (das Plädoyer geht weiter): Turgenjew hat aus unterschiedlichen Persönlichkeiten und Graden von Empfindsamkeit und Autorität eine Jury zusammengestellt, die es ihm ermöglicht, die beiden Auftritte, während sie sich in Echtzeit abspielen, präzise zu schildern, über eine präzise Hierarchie der Reaktionen. Aus genau diesem Grund müssen die Nebenfiguren beschrieben werden: damit wir wissen, was ihre Reaktionen bedeuten, welchen wir Glauben schenken und welche wir abtun können; durch sie baut er eine ansteigende Leiter der Glaubwürdigkeit auf.

Doch vielleicht fragen wir uns weiterhin, vielleicht gar flehentlich: Müssen die Beschreibungen denn *so* lang sein? Brauchen wir all diese Worte, um diesen Zweck zu erfüllen? Wenn etwa der Blinzler als etwas weniger durchgeknalltes Gegenstück zu dem Narren fungieren soll – müssen wir da auf Seite 10 und 11 so viel über sein Leben erfahren? (Schon von dem Augenblick an, als er die Schenke betritt, wissen wir, dass er ein Depp ist.) Müssen wir von seinem Rock und dem einen Ärmel erfahren, von dem spitzen Hut, der Form seiner Lippen, seiner Nase? Helfen uns diese Details bei der Einschätzung, wie es um seine Juroren-Qualitäten bestellt ist? Wir bekommen so viele Informationen, dass es uns schwerfällt zu entscheiden, was wir als relevant behalten sollen.

Wäre eine effizientere, weniger beschreibungslastige, weniger anstrengende Version der Erzählung vorstellbar, die im selben Geist funktioniert, aber frischer?

Ich biete meinen Studierenden immer eine freiwillige Aufgabe an: Kopieren Sie den Text und gehen Sie ihn mit Rotstift durch, streichen Sie ihn so zusammen, dass sich das Tempo etwas zeitgenössischer anfühlt. Machen Sie ihn schneller, aber ohne dabei seine Qualitäten zu verlieren. Wenn Sie ganz ehrgeizig sein wollen, tippen Sie ihn neu ab. Lesen Sie ihn mit frischem Blick. Funktioniert die Erzählung immer noch? Funktioniert sie besser? Können Sie noch weitere 20 Prozent rausstreichen? Und dann noch mal 10 Prozent? Wann haben Sie zum ersten Mal das Gefühl, dass Sie jetzt in den Knochen reinschneiden, also der Erzählung etwas von ihrer rätselhaften Schönheit nehmen, die sie trotz aller Weitschweifigkeit ursprünglich hatte?

Wenn Sie sich an dieser Übung versuchen, werden Sie feststellen, denke ich, dass es, mit einer Klaviermetapher gesagt, um den *Anschlag* geht – oder darum, wie fein das Sieb ist, bei Ihren Satz-für-Satz-Entscheidungen darüber, was Spreu und was Weizen ist. Da alle ernsthaften Autor:innen lernen müssen, diese Art extremer Striche an ihren eigenen Texten vorzunehmen, spricht vieles dafür, erst mal an den Texten anderer zu üben, bis man es raushat, vor allem, wenn diese anderen schon eine Weile tot sind und sich nicht mehr beschweren können. (Falls es Sie zu hart ankommt, Turgenjew einzukürzen, versuchen Sie es mit der Übung, die ich Ihnen im Anhang A gebe, wo ich Ihnen erlaube bzw. Sie darum bitte, einen Text streng zu kürzen, den ich eigens zu diesem Zweck geschrieben habe.)

Auf Seite 17 ist der Wettstreit vorüber. Wir verlassen das Herzstück der Geschichte und kommen zu einer Art Epilog. Jascha freut sich über seinen Sieg »wie ein Kind«. Der Erzähler geht ab, für ein Nickerchen in einem Heuschober. Als er aufwacht, ist es dunkel, und aus der Schenke dringt Lärm (»wüstes Gelächter«). Der Erzähler schaut zu einem Fenster hinein und stellt fest, alle, inklusive Jascha, sind betrunken. Und Jascha singt wieder (eigentlich summt er, spielt Gitarre dazu, »feuchte Haarsträhnen« hängen ihm ins »schrecklich blasse« Gesicht). Es war ein langer Weg bergab von dem heiligen Augenblick seines Siegs vor nur wenigen Stunden. Für ihn und für alle.

Während des Wettstreits haben wir die Verwandlung der Schenke in eine Kirche beobachtet. Etwas Heiliges ist geschehen: Diese groben Menschen (Bauern, Arme, fast zu Tode gearbeitet in dieser glutheißen, bedrückenden Umgebung) sind durch die Kunst erhoben und verwandelt worden. Sie haben die Schönheit vor ihren Augen erkannt. Jetzt sinkt die Kirche wieder zu einer Spelunke ab.

Hat diese Kunsterfahrung eine dauerhafte Veränderung bewirkt? Nein. Die mächtige Berührung mit der Kunst hat sie vielmehr so sehr bewegt, dass sie diesmal noch mehr trinken als sonst. Eine Energieübertragung hat stattgefunden: Die Kraft des Gesangs musste irgendwohin, und nun ist sie in dieses Monumentalbesäufnis gegangen. (Das könnte uns an ein früheres Ereignis in der Geschichte erinnern, als der Narr, berührt vom Auftritt des Verdingers, mit überschwappender, von der Kunst inspirierter, gewalttätiger Energie den kleinen Bauern angriff.)

Und hier haben wir das Gefühl, die Erzählung sagt etwas über unser Bedürfnis nach Kunst. Menschen, auch »einfache« Menschen, sehnen sich nach Schönheit und sind zu vielem bereit, um von ihr kosten zu können. Zugleich ist Schönheit aber auch gefährlich und kann mit so viel Macht in einen Menschen fahren, dass er aufgewühlt und verwirrt wird, ja, sogar gewalttätig. (An dieser Stelle in der Erzählung hat mich schon öfter der Gedanke an das ganze Nazigepränge oder die aufgestachelten und aufstachelnden Radiosendungen in Ruanda vor dem Genozid gestreift.)

Und doch war es schön und notwendig, was gerade in der Schenke geschah. Etwas Wunderbares in diesen Menschen hat auf diese Situation reagiert.

Und übervoll von lauter Wunderbarem haben sie sich die Kante gegeben.

Jetzt, auf der Mitte von Seite 19, geht der Epilog weiter.

Der Erzähler wandert den Hügel wieder hinunter, an dem Graben entlang, der die Stadt zerteilt. Aus dem Tal unten hört er eine ferne Stimme: Ein Junge ruft einen Namen, »immer wieder in weinerlichem, verzweifeltem Tonfall, wobei er die letzte Silbe in die Länge zog«. Mit anderen Worten: singend. Ein Junge ruft auf eine Art und Weise nach einem anderen, die fast wie ein Lied klingt. Er ruft/singt den Namen »mindestens dreißig Mal«. Dann kommt eine Antwort, »wie aus dem Jenseits«, was uns vielleicht an den Anfang von Jaschas Gesang erinnert (der »schien nicht aus der Brust aufzusteigen, sondern von irgendwo weither herbeigeschwebt zu kommen«). Auch diese Antwort (»W-a-a-a-s denn?«) klingt gesungen. Der erste Junge ruft/singt »Komm her, du Waldschra-a-a-a-t… Weil Papa dich verhauen w-i-i-i-ll.« Verständlicherweise antwortet der zweite Junge »nun nicht mehr«. Der erste Junge ruft/singt weiter, und der zweite Junge bleibt stumm. Während der Erzähler weitergeht, werden die Rufe allmählich leiser (obwohl er selbst vier Werst, also über vier Kilometer entfernt den ersten Jungen immer noch rufen hören kann).

Was gibt uns diese letzte Szene? Nun, als Erstes bemerken wir, dass sie eine Miniaturversion der ganzen Erzählung darstellt. Beziehungsweise, wir versuchen es mal mit dieser Idee. Ja: Zwei männliche Wesen im Zwiegesang. Der eine »singt« zuerst, der andere antwortet.

Ich assoziiere den ersten Jungen mit dem Verdinger, den zweiten mit Jascha. Warum? Na, der erste ist pragmatisch: Er versucht, den anderen Jungen, vermutlich seinen Bruder, nach Hause zu rufen, damit sein Vater ihn schlagen kann. Gibt es eine Verbindung zwischen »pragmatisch« und dem Verdinger? Allerdings: Wir verknüpfen Pragmatismus mit technischem Können. Wir erinnern uns daran, dass der Verdinger, »ein windiger und ausgebuffter Städter«, auch ein technisch versiertes Gesangsgenie war.

Also: Der Verdinger und der erste Bruder sind Techniker, sie nehmen die Dinge wortwörtlich, sind ergebnisorientiert; sie haben ein Ziel im Blick. (»Da Papa meinen Bruder schlagen will«, so der Gedankengang des ersten Bruders, »sollte ich ihn besser nach Hause schaffen, damit ich nicht selber geschlagen werde.«) Ihr schroffes Umfeld hat sie eingeschränkt – auf Pragmatismus im Fall des ersten Bruders und (bloßes, mechanisches) technisches Können im Fall des Verdingers. Jascha und der zweite Bruder sind dagegen passiv, zerbrechlich, verletzlicher gegenüber der Brutalität, die in diesem Provinzkaff vorherrscht.

In der Schenke haben wir das Singen als einen Modus der Kommunikation empfunden, der diese groben Männer erhoben hat. Der Gesang brachte einige von ihnen zum Weinen, erlaubte ihnen Zugang zu einem Gefühlsregister, das ihnen im Alltag meistens verschlossen bleibt. Aber hier, am Ende der Erzählung, dient das Singen dazu, Gewalt zu arrangieren, es ist eine Form von Trickserei vom einen Bruder zum anderen. Die Erzählung handelt also auch davon – wie erhabene Dinge ins Niedrige heruntergezogen werden. Bei den Männern war es Aufstieg und Fall; die Stadt war früher hübsch und ist jetzt ramponiert; Singen kann eine transzendentale Form der Verständigung sein oder ein Trick, um jemanden nach Hause zu locken, damit er Prügel kriegt. Singen, die Kunst des Singens, hat Überzeugungskraft, aber wozu es uns überzeugen wird, ist eine offene Frage.

Der zweite Junge, der nicht gefunden und geschlagen werden will, verstummt (hört auf zu singen). Auch Jascha verstummt – oder sagen wir, er singt nicht mehr so erhaben wie zuvor. Was hindert ihn daran? Dasselbe, was den zweiten Jungen zum Schweigen bringt: diese niedrige, harte Stadt, wo sich Schönheit nicht lange halten kann.

Achten Sie darauf, dass unser Denken, während es derlei thematische Verdichtungen durchführt, zugleich die Unvollkommenheiten der Indizienlegung bemerkt: Es gibt Entsprechungen, aber sie sind nicht perfekt. Die Erzählung ist zu schön und eigenwillig, um sich solchermaßen einordnen zu lassen: Dieses wildes Tier will nicht in die Schublade hinein, die wir extra dafür gebaut haben, die Öffnung ist zu fein säuberlich »wie« dieses Tier geformt und trägt nicht der Tatsache Rechnung, dass das Tier immer in Bewegung ist.

Jedenfalls würde ich sagen, der Epilog hat seine Existenzberechtigung bewiesen: Die Erzählung ist besser, wenn diese letzte Szene drin ist.

Ich erinnere nochmals an Lynda Barrys Begriff der rückwirkenden Soforteinschätzung in Bezug auf Wirksamkeit. Hier, am Ende der Erzählung, zeigt sich meiner Meinung nach, dass ein paar Punkte, die auf meinem WMUA-Karren geduldig gewartet haben, nun vortreten und in den Blick genommen werden wollen, allesamt auf den schwierigen, mäandernden ersten zwölf Seiten: vor allem die Beschreibung des Grabens auf Seite 1, die Beschreibung der Saatkrähen, Rabenvögel und Sperlinge und die Beschreibung der Stadt selbst auf Seite 3 und 4.

Im Kurs gehen wir das alles normalerweise nacheinander durch. Das empfehle ich Ihnen als Übung. Unterbrechen Sie hier, stellen Sie jeden dieser Punkte neben das Herzstück der Geschichte (den Gesangswettstreit) und schauen Sie, was passiert. Wie beweist ein jeder Punkt seine »Existenzberechtigung«?

Aber was meine ich genau damit, wenn ich Sie auffordere, diese Punkte »neben« das Herzstück der Geschichte zu »stellen«?

Stellen Sie sich ein Gemälde mit einem Baum vor: eine gute, hohe, gesunde Eiche, die stolz auf einem Hügel steht. Jetzt fügen Sie eine zweite Eiche hinzu, aber … eine kränkelnde: knotig, krumm, kahle Äste. Beim Anschauen dieses Bildes werden Sie begreifen, wovon es »handelt«, nämlich, sagen wir: von Vitalität vs. Schwäche. Oder: von Leben vs. Tod. Oder: von Krankheit vs. Gesundheit. Es ist ein realistisches Bild von zwei Bäumen, ja, aber es hat auch eine metaphorische Bedeutung, wegen der offenkundigen Elemente. Wir »vergleichen« die beiden Bäume (oder »vergleichen und stellen sie gegeneinander«), zunächst ohne Nachdenken, ohne Analyse. Wir *sehen* sie einfach. Die beiden Bäume stehen nebeneinander vor unserem geistigen Auge und bekommen über eine Schlussfolgerung ihren Sinn. Das Ergebnis erfahren wir mehr, als es zu formulieren. Die Nebeneinanderstellung führt zu einem *Gefühl*: sofort, spontan, komplex, vielschichtig, nicht zu vereinfachen.

So etwas können wir richtig gut. Sagen wir, das Gemälde würde diesen gesunden Baum zeigen und daneben einen zweiten, der auf den ersten Blick identisch aussieht. Sofort fangen wir an, die beiden nach Unterschieden abzusuchen. Nehmen wir an, in einem der Bäume sitzt, kaum zu bemerken, ein Vogel. Sofort lesen wir den Baum mit dem Vogel als »lebensbejahend« und den anderen als »karg«.

Wir neigen zum Erklären und Formulieren von allem. Aber

am intelligentesten sind wir in dem Augenblick kurz vorher, bevor wir mit dem Erklären und Formulieren anfangen. In diesem Augenblick passiert große Kunst – oder eben nicht. Und genau dieser Augenblick ist das, was wir von der Kunst wollen: wenn wir etwas »wissen« (es fühlen), es aber nicht formulieren können, weil es zu komplex und vielschichtig ist. Das »Wissen« in solchen Augenblicken ist, obwohl es ohne Sprache stattfindet, nicht weniger real. Und dafür ist meiner Meinung nach die Kunst da: uns daran zu erinnern, dass diese andere Art des Wissens nicht nur real ist, sondern unserer üblichen (konzeptionellen, verdichtenden) Art überlegen.

Also tun wir's und machen die »Nebeneinanderstellen«-Übung mit dem Graben und dem Gesangswettstreit.

Wenn ich das tue, ist mein erster Eindruck, dass es tatsächlich einen Bezug gibt, der nicht zufällig ist.

Ich will hier gern einen Moment verweilen und betonen, dass es wirklich auf dieses Gefühl ankommt. Wir stellen den Graben neben den Gesangswettstreit, dann … passiert etwas in uns, und das ist gut. (Auf der anderen Seite steht die Erfahrung: Wenn ein Element willkürlich und zufällig ist, stellt sich ein Gefühl von »ausbleibender Verbindung« ein, wie eine Fehlermeldung: »Kein bedeutsamer Bezug gefunden«.)

Gehen wir der Frage einmal genauer nach, welche Bezüge, die sich gut anfühlen, beim Nebeneinanderstellen von »Graben« und »Gesangswettstreit« erkennbar werden.

Da fällt mir beispielsweise eine parallele Dualität auf: Es gibt zwei Sänger, und die Stadt ist in zwei Teile gespalten. Was mich zu der Frage (an die Erzählung) führt: Gibt es noch mehr solcher Gegensatzpaare? Ja, es wimmelt nur so von ihnen: die kläglichen, mitleidheischenden Saatkrähen und Rabenvögel vs. die eher zufrieden zwitschernden, energischen Sperlinge; der frühere ländliche Glanz der Stadt (es gab dort das Grasland einer Allmende, einen Teich, ein Herrenhaus) vs. ihr derzeitiger Zustand (die Allmende ist »versengt« und »staubig«, der Teich »schwarz und gleichsam siedend«, das Herrenhaus »von Brennnesseln überwuchert«); Jascha vs. Verdinger; Technik vs. Empfindung; Junge 1 vs. Junge 2; der Gegensatz zwischen dem wunderschönen künstlerischen Moment, den Jascha entstehen ließ, und der hässlichen Stadt, wo er das tat: der gutsituierte Herr, der unser Erzähler ist vs. die einfachen Dörfler, zu deren Beobachtung er hier hereingeschneit ist.

Ich habe also durchaus das Gefühl, dass die Zeilen, mit denen der Graben in die Erzählung kommt, »sich gelohnt haben«. Ohne den Graben wäre es eine weniger gute Erzählung. Der Graben, könnten wir sagen, ist ein Schlüssel für all die Gegensatzpaare, von denen, wie wir erkennen, die Erzählung übersät ist.

Das »Nebeneinanderstellen« kann in die verschiedensten Richtungen gehen.

Stellen wir zum Beispiel die kleine Vogelversammlung auf Seite 3 neben unsere beiden Sänger. Die Saatkrähen und Rabenvögel blicken »kläglich« mit aufgesperrten Schnäbeln, sie betteln um Mitgefühl (wegen der Hitze). Die Sperlinge sind anders, forscher: sie »grämten sich nicht« wegen der Hitze und »zwitscherten« umso eifriger herum. Wer, was würden Sie sagen, wird eher eifrig herumzwitschern, Jascha oder der Verdinger? Irgendwie scheint diese Eigenschaft eher mit dem Verdinger verbunden zu sein, dem schwungvolleren, mechanischeren Performer, mehr Rampensau und weniger neurotisch als Jascha. Jascha wirkt kleinlauter, niedergeschlagener und »kläglicher«. Aber, wenn wir die Dinge komplexer (schöner) machen: Die Sperlinge sind diejenigen, die (sozusagen wie Jascha) emporfliegen und über der Stadt schweben (sie können sich, wie Jascha, erheben). Oder wir könnten die Vögel neben die anderen Gäste der »Einkehr« stellen. (Ist der Narr eher

Sperling oder eher Saatkrähe/Rabenvogel?) Die beiden Sänger können, wie die Sperlinge, vorübergehend dem Elend entkommen, während der Narr et al. am Boden bleiben, wie die Saatkrähen und die Rabenvögel.

Wie dem auch sei, diese Art der Nebeneinanderstellung vermittelt uns einen Eindruck davon, wie hochbewusst die Elemente der Erzählung gesetzt sind und dass Turgenjew seine Vögel und seine Menschenfiguren aus derselben künstlerischen Kraftbrühe geschöpft hat. Diese Elemente stehen allesamt energetisch miteinander in Verbindung. So locker die Erzählung in anderer Hinsicht gestrickt sein mag, so hoch ist ihr Grad an Organisiertheit. Vielleicht ist sie dramaturgisch weitschweifig und unbeholfen, aber die Feinfühligkeit ihrer Regie ist alles andere als zufällig.

Was bedeutet es eigentlich, dass Jascha gesiegt hat? Um das zu beantworten, destillieren wir nochmals die wesentlichen Eigenschaften der beiden Auftritte heraus. Grob gesagt: Der Verdinger war technisch wunderbar, hat aber neben dem Erstaunen über seine Fertigkeiten keine Gefühle bei seinem Publikum hervorgerufen. Jascha, technisch etwas wacklig, hat unleugbar tiefe Gefühle in seinem Publikum ausgelöst und beim Erzähler für eine überraschende, nicht ganz verstandesbedingte Erinnerung gesorgt. Wir haben also den Eindruck, dass die Erzählung etwas über technische Fertigkeiten vs. emotionale Kraft aussagt und sich auf die Seite der Letzteren stellt. Sie besagt, das Höchste, wonach Kunst streben kann, ist ein emotional berührtes Publikum, und wenn das gelingt, sind technische Schwächen sofort vergeben und vergessen.

An dieser Stelle verliebe ich mich jedes Mal wieder von neuem in die Erzählung und verzeihe ihr sämtliche Schwächen. Gerade noch habe ich Turgenjew sein handwerkliches Herumwursteln übelgenommen – diese Berge von Nasen und Stirnen und Haaransätzen; die ruckelige Handlung; die Abschweifungen innerhalb von Abschweifungen –, und plötzlich bin ich berührt: durch Jaschas Auftritt, der wunderschön ist, wenn auch nicht technisch perfekt, und, analog, durch Turgenjews »Auftritt«, ebenso wunderschön trotz handwerklicher Wackligkeiten.

Ich bin berührt von einem unbeholfenen Kunstwerk, das uns offenbar davon überzeugen will, dass Kunst unbeholfen sein darf, sofern sie uns berührt.

Manchmal habe ich mich gefragt, ob diese Wirkung Absicht ist: eine Art Apologie Turgenjews ob seiner eigenen handwerklichen Schwächen. Wenn wir berührt sind, hat Turgenjew durch diese Erzählung, die behauptet, dass emotionale Kraft das höchste Ziel von Kunst ist und auch mit handwerklicher Unbeholfenheit erreicht werden kann, seinen Beweis erfolgreich geführt.

Und das wäre, na ja – echt tolles Handwerk.

Es ist schwer, eine Erzählung zu schreiben, die funktioniert, die das Publikum berührt, das können nur die wenigsten von uns. Auch unter denen, die schon welche geschrieben haben. Und es gelingt nicht aus einer Position völliger Kontrolle und makelloser Meisterschaft heraus, einfach eine Absicht zu haben und sie dann wissend auszuführen. Es gehört Intuition dazu und Elastizität – etwas ausprobieren, das unser Können an seine Grenzen bringt, das vielleicht zu Fehlern führt. Wie Jascha muss auch der Schriftsteller das Risiko eingehen, dass die Stimme bricht, und mit seiner tatsächlichen Kraftquelle umgehen, ungeachtet seiner Selbstzweifel.

Nehmen wir an, es gäbe ein Armbandmessgerät, das den Energie-Output beim Tanzen messen könnte, und das Ziel wäre, ein Energielevel von 1000 Einheiten zu erreichen. Andernfalls (nur mal angenommen) würde man umgebracht. Und

Sie haben eine Idee, wie Sie tanzen wollen; aber wenn Sie so tanzen, liegt Ihr Energielevel niedrig, bei ca. 50. Doch dann, als Sie endlich Ihren Energielevel über 1000 haben, werfen Sie einen Blick nach oben in den Spiegel (da, wo Sie sich dem Tod von der Schippe tanzen, gibt es so einen Spiegel) und – wow. Das soll Tanzen sein? Das soll ich beim Tanzen sein? Du liebes bisschen! Aber Ihr Energielevel steht bei 1200 und steigt weiter.

Was würden Sie da machen?

Genau so weitertanzen.

Wenn Sie von draußen auf dem Gang jemand auslacht, würden Sie denken: »Okay, klar, lach nur – mein Tanzen ist nicht perfekt, aber immerhin bin ich nicht tot.«

Die Schriftstellerin muss auf genau die Art und Weise schreiben, mit der sie die notwendige Energie hervorbringt. Damit Turgenjew sein Energielevel über 1000 bringen konnte, brauchte er diese Figurendossiers. Er musste dazu stehen, dass er Beschreibung und Handlung nicht besonders gut miteinander verweben konnte. Er musste sich kopfüber hineinstürzen, die Dinge auf seine Weise machen oder untergehen. Er musste einen ehrlichen Blick auf sich selbst richten und befinden: »Tja, wie immer hat Herr Nabokov recht, obwohl er noch gar nicht geboren ist: Mein literarischer Genius entdeckt bei einer Geschichte nicht wie von selbst die Erzählweise, die an die Originalität meiner Beschreibungskunst heranreichte. Aber was soll ich machen?«

Es ist schwer, einer Erzählung überhaupt Schönheit zu verleihen. Falls und wenn uns das gelingt, dann ist das vielleicht nicht die Art Schönheit, die wir uns für unser Schreiben immer erträumt hatten. Aber wir müssen uns mit der Schönheit abfinden, die wir hinkriegen können, egal wie.

Ich behandle *Die Sänger*, um meinen Studierenden zu verdeutlichen, wie wenig wir selbst entscheiden können, welche

Art von Schriftsteller wir am Ende werden. Als Jungautor:innen haben wir alle romantische Träume davon, welcher Art des Schreibens wir folgen, in welche Ahnenlinien wir uns genau einreihen wollen. Vielleicht wollen wir ein akribischer Realist sein; ein Nabokov-artiger Stilist; eine zutiefst spirituelle Autorin wie Marilynne Robinson – was auch immer. Aber manchmal sagt uns die Welt, durch ihre laue Reaktion auf unsere solcherart geschriebene Prosa, dass wir diese Art Autorin in Wahrheit gar nicht sind. Also müssen wir einen anderen Ansatz finden, mit dem wir über die erforderlichen 1000 Einheiten kommen. Wir müssen der Schriftsteller werden, der es schafft, das notwendige Energielevel zu erreichen, egal wie. (»Der Schriftsteller kann sich aussuchen, worüber er schreiben will«, hat Flannery O'Connor gesagt, »aber er kann sich nicht aussuchen, was er zum Leben erwecken kann.«)

Am Ende kann es sein, dass diese Schriftstellerin wenig Ähnlichkeit mit der besitzt, von der wir geträumt haben. Wie sich herausstellt, entsteht sie wohl oder übel aus dem, was wir wirklich sind: auch aus all den Neigungen, die wir seit Jahren in unserem Schreiben und vielleicht sogar in unserem Leben versucht haben zu unterdrücken, zu leugnen oder zu verbessern, den Anteilen, deren wir uns womöglich ein bisschen schämen.

Whitman hatte recht: Wir sind groß, wir sind viele[6]. Da drinnen gibt es mehr als ein »Wir«. Wenn wir »unsere Stimme finden«, passiert eigentlich eher, dass wir eine Stimme aus den vielen *auswählen*, die wir »herstellen« können, und wir wählen sie aus, weil sich diese von all den Stimmen, die in uns sind, als die bislang energievollste erwiesen hat.

---

6 Saunders spielt auf die Zeile »I am large, I contain multitudes« aus Walt Whitmans berühmtem Gedicht »Gesang von mir selbst« an, die auf Deutsch meist als »Ich bin [ja] weiträumig, ich enthalte Vielheit[en]« übersetzt wird (zuerst von Wilhelm Schölermann, in: *Grashalme*, Reclam, Leipzig 1904). (A. d. Ü.)

Stellen Sie sich vor, Sie haben die ersten zwanzig Jahre Ihres Lebens in einem Raum verbracht, wo ein Fernseher pausenlos glanzvolle Filmaufnahmen von olympischen Sprintern zeigt. (Dieser Raum befindet sich nur ein paar Türen neben dem anderen, wo die Schriftstellerkolleg:innen um ihr Leben tanzen.) Und Sie, inspiriert durch all die Jahre, in denen Sie Sprintern zugeschaut haben, hegen nun den liebgewordenen Traum … ein Sprinter zu werden. Dann werden Sie an Ihrem einundzwanzigsten Geburtstag aus dem Raum entlassen und laufen im Korridor auf einen Spiegel zu, in dem Sie entdecken, dass Sie 1,96 groß sind, muskelbepackt und 150 kg schwer (nicht der geborene Sprinter), und als Sie draußen Ihren allerersten Hundertmeterlauf absolvieren, gehen Sie als Letzter durchs Ziel. Herzzerreißend! Ihr Traum ist zerstört. Aber während Sie deprimiert der Aschenbahn den Rücken kehren, sehen Sie eine Gruppe Leute, die wie Sie gebaut sind: Kugelstoßer, beim Training. In diesem Augenblick erwacht Ihr Traum vielleicht in neuer Gestalt wieder zum Leben. (»Als ich sagte, dass ich ein Sprinter werden wollte, meinte ich eigentlich, ein *Leistungssportler.*«)

So etwas kann Schriftsteller:innen auch passieren.

Mit Anfang dreißig sah ich mich als Realist in der Hemingway-Tradition. Mein Stoff: meine Zeit auf den Erdölfeldern in Asien. Ich schrieb eine Erzählung nach der anderen über diesen Stoff, und alles, was ich schrieb, war minimalistisch und streng und effizient und leblos und humorfrei, obwohl ich im wahren Leben in jedem schwierigen oder wichtigen oder ungemütlichen oder schönen Augenblick zu Humor griff.

Ich hatte mir ausgesucht, worüber ich schreiben wollte, aber ich konnte es anscheinend nicht zum Leben erwecken.

Eines Tages, als ich bei einer Telefonkonferenz in der Umwelttechnikfirma, wo ich arbeitete, mitschreiben sollte, fing ich vor lauter Langeweile an, finstere kleine Gedichte im Stil von Seuss zu schreiben. Hatte ich eines fertig, zeichnete ich einen Cartoon dazu. Am Ende der Konferenz hatte ich ungefähr zehn Paar Gedichte-mit-Cartoon fertig, und da sie nicht meinem »echten« Schreiben entsprachen, hätte ich sie beinah weggeworfen, als ich an diesem Tag meine Arbeitsstelle verließ. Doch irgendetwas hielt mich davon ab. Ich brachte sie nach Hause, warf sie auf den Tisch, ging zu den Kindern hinüber. Und dann hörte ich herzliches Gelächter vom Tisch herüberschallen, meine Frau las gerade diese dummen kleinen Gedichte.

Erschrocken wurde mir klar, dass dies seit Jahren die erste positive Reaktion auf etwas war, was ich geschrieben hatte. Die ganze Zeit hatte ich von Freund:innen und Lektor:innen genau die Rückmeldungen bekommen, die Schriftsteller am meisten fürchten: Meine Geschichten waren »interessant«, »da drin ist echt eine Menge los«, keine Frage, dass ich mir »richtig viel Mühe damit gegeben« hatte.

In meinem Kopf legte sich ein Schalter um, und am nächsten Tag fing ich mit einer Erzählung in diesem neuen Modus an – ich erlaubte mir, unterhaltsam zu sein, schob meine Vorstellung davon, wie eine »klassische« Erzählung zu klingen hätte, beiseite, ebenso meine normalerweise geltende Annahme, es dürften nur Dinge in einer Erzählung passieren, die auch in der Wirklichkeit passierten. In dieser neuen Geschichte, die in einem futuristischen Erlebnispark spielte, nahm ich eine unbeholfene, etwas überdrehte Managerstimme an, die mir ganz von selbst kam, wenn ich dachte: »Na los, sei lustig.« Ich schrieb immer nur ein paar Zeilen, noch unsicher, wo die Erzählung hingehen sollte (welchen Bogen sie hatte, welches Thema oder welche »Botschaft«), ich achtete nur auf die Energie von einer Zeile zur nächsten, insbesondere auf den Humor, und ich behielt meine imaginäre Leserin im Auge, ob sie auch weiter an Bord blieb – ob sie, wie meine Frau, im Nebenzimmer lachte und mehr von der Geschichte haben wollte, statt darauf zu hoffen, dass sie bald gnädig zu Ende ginge.

Ich stellte fest, dass ich in diesem Modus meinungsstärker war, als wenn ich Hemingway nachzuahmen versuchte. Wenn irgendetwas nicht funktionierte, wusste ich sofort instinktiv, was zu tun war, aus einem Impuls heraus (»Ach, *das* wäre jetzt cool!«), während ich zuvor immer rational entschieden hatte, in starrem Gehorsam gegenüber dem, was meiner Ansicht nach eine Erzählung leisten sollte oder musste.

Dieser Modus war viel freier – ich fühlte mich, als würde ich auf einer Party Witze machen.

Am Ende wurde aus dieser Erzählung *Der Wellenmacher versagt*, die erste Geschichte meines ersten Buches, sieben Jahre (!) später: *BürgerKriegsLand fast am Ende.*

Als ich die Erzählung fertig hatte, wurde mir klar, etwas Besseres hatte ich bislang noch nicht geschrieben. Sie enthielt etwas Wesentliches, »Ich-haftes« – im Guten wie im Schlechten hätte sie niemand anders so geschrieben. Die Themen, die mir damals im Kopf herumgingen, kamen auch in der Geschichte vor, weil sie zu meinem Leben gehörten: Klasse, Geldmangel, Druck bei der Arbeit, Versagensangst, der schrullige Tonfall an amerikanischen Arbeitsplätzen, die kleinen Abstürze, die mir tagtäglich wegen meiner ständigen Überarbeitung unterliefen. Die Erzählung war merkwürdig gebaut, etwas peinlich – sie legte meinen derzeitigen Geschmack offen, der, wie sich zeigte, irgendwie prollig und anzüglich und aufmerksamkeitsheischend war. Ich stellte diese Erzählung neben einige Erzählungen, die ich liebte (ein paar stehen in diesem Buch), und hatte das Gefühl, ich sei der Form nicht gerecht geworden.

Dieser Augenblick des erwarteten Triumphs (ich hatte »meine Stimme gefunden!«) war also auch traurig.

Es war, als hätte ich den Jagdhund, der mein Talent war, über eine Wiese geschickt, um mir einen prachtvollen Fasan zu apportieren, und was brachte er mir zurück? Sagen wir, die untere Hälfte einer Barbiepuppe.

Um es anders auszudrücken: Nachdem ich den Berg Hemingway erklommen hatte, so hoch ich kommen konnte, nachdem ich erkannt hatte, dass ich da oben beim besten Willen nur ein Jünger sein konnte, und beschloss, die Sünde der Imitation nie wieder zu begehen, stolperte ich wieder ins Tal zurück und stieß auf einen kleinen Scheißhügel, der ein Schild trug: »Berg Saunders«.

»Hmmm«, dachte ich. »Ist der klein. Und aus Scheiße.«

Aber es stand mein Name drauf.

Für jede Künstlerin, jeden Künstler ist es ein wichtiger Moment (der Moment, in dem sich Triumph und Enttäuschung mischen), wenn wir entscheiden müssen, ob wir ein Kunstwerk akzeptieren, von dem wir zugeben müssen, dass wir, als wir es erschufen, nicht alles im Griff hatten, und bei dem wir nicht ganz sicher sind, ob wir es gut finden. Es ist *weniger*, weniger, als es werden sollte, und zugleich ist es auch *mehr* – es ist klein und ein bisschen lächerlich, verglichen mit dem Werk der großen Meister, aber es ist nun mal da, ganz und gar unseres.

Ich finde, was wir in diesem Augenblick tun müssen, ist Folgendes: Wir müssen, verlegen und tapfer, da rübergehen und uns auf unseren Scheißhügel stellen und hoffen, dass er noch wächst.

Und – um diese sowieso schon fragwürdige Metapher noch ein bisschen mehr zu strapazieren – wachsen wird dieser Scheißhügel nur durch unser Engagement für ihn, wenn wir also ganz klar sagen: »Ja, okay, es ist ein Scheißhügel, aber es ist *mein* Scheißhügel, also gehe ich jetzt einfach mal davon aus, dass er, wenn ich weiter in diesem mir eigenen Modus arbeite, irgendwann nicht mehr nur aus Scheiße bestehen und außerdem wachsen wird, bis ich irgendwann von ihm aus die ganze Welt sehen (und in mein Werk hereinholen) kann.«

Hatte Turgenjew *Die Sänger* als Apologie für seine handwerklichen Schwächen gemeint? Während er daran schrieb? Nachdem er fertig war? Ich bin mir ziemlich sicher, dass er das ursprünglich nicht vorhatte. Ich bezweifle, ob ihm klar war, was das Ergebnis seiner Arbeit bedeutete, und ich weiß nicht, ob er unsere Einschätzung davon unbedingt teilen würde. Wichtig finde ich nur: Es ist egal. Er hat den Text geschrieben und so stehen lassen. Das ist eine Art (für einen Künstler die endgültige Art) zu sagen, das war meine Absicht (also Verantwortung zu übernehmen). Damit, dass ein Künstler einem fertigen Werk seinen Segen gibt (indem er es in die Welt hinausschickt), sagt er uns, dass er alles darin gutheißt, auch die Aspekte, die ihm in dem Moment vielleicht verborgen bleiben.

Unsere endgültige Zustimmung geben wir also nicht allein durch den eigenen bewussten Entschluss.

Nach meiner Erfahrung stehen wir, gegen Ende des Schreibprozesses, kurz vor der Fertigstellung einer Erzählung, in so enger Beziehung dazu, dass wir lauter unbewusste Entscheidungen treffen, aus Gründen, die zu subtil sind, um sie ausformulieren zu können. Und wir haben es sowieso viel zu eilig, sie auszuformulieren. Wir operieren in einer Zone der Intuition und entscheiden schnell, ohne lang zu überlegen.

Wir haben den ganzen Tag lang einen Saal für ein Bankett vorbereitet, das Mobiliar arrangiert, die Deko aufgehängt und umgehängt und so schnell und intensiv gearbeitet, dass wir nicht erklären könnten, auf welcher Grundlage diese Arbeit ablief. Es ist spät. Bald kommen die Gäste. Wir müssen schnell nach Hause und uns umziehen. Wir halten auf der Türschwelle inne und betrachten den ganzen Raum noch einmal. Wir sehen nichts, was wir verändern wollen. Dadurch, dass wir nicht wieder zurückhasten, um noch an irgendeinem Detail herumzufummeln, erklären wir den Saal für vollkommen (wir segnen ihn ab) – und dieses Kunstwerk ist fertig.

NACHTRAG 2

In diesem Buch erörtern wir, was die Russen gemacht haben, aber wir werden vermutlich nicht viel darüber sagen können, wie sie es genau gemacht haben. (Die waren damals nicht so wild auf Interviews und Werkstattgespräche und Diskussionen über den Prozess wie wir heute.) Henri Troyat erwähnt in seiner ausführlichen Tschechow-Biografie die Erzählung *Auf dem Wagen* genau ein Mal. Wir erfahren, dass Tschechow sie in Nizza schrieb, an einem Hotelschreibtisch in einem Zimmer im zweiten Stock, über eine Zeit von zwei Monaten, in der er auch zwei weitere Erzählungen schrieb, *Der Petschenege* und *In der Heimat*. Mehr wissen wir nicht über die Umstände ihres Entstehens, außer dass das Schreiben im Hotel Tschechow so vorkam (in seinen eigenen Worten) »wie Steppen auf einer fremden Nähmaschine«. (In Troyats Turgenjew-Biografie kommen *Die Sänger* überhaupt nicht vor.)

Aber eigentlich macht das auch nichts. Egal, wie es die Russen gemacht haben, wir wissen, dass wir, jede und jeder, einen eigenen Weg finden müssen.

Deshalb dachte ich, ich könnte hier vielleicht ein bisschen von dem einzigen Prozess erzählen, mit dem ich mich auskenne (meinem eigenen), nur um den Gedanken zu betonen, dass die Erörterung einer Erzählung mit handwerklichen Begriffen, wie wir es hier tun, nie ganz das Mysterium aufklärt, wie sie tatsächlich entsteht.

Oft reden wir über Kunst ungefähr so: Der Künstler hatte etwas zu sagen, und dann hat er es, na ja, halt gesagt. Damit bestätigen wir den Trugschluss über die Intention: die Vorstellung, dass es bei der Kunst um eine genau umrissene Aussageabsicht ginge, die selbstbewusst umgesetzt wird.

Nach meiner Erfahrung ist der tatsächliche Prozess deutlich rätselhafter und schöner und, wenn wir ehrlich darüber reden, auch nerviger.

Ein Typ (Stan) hat im Keller eine Modelleisenbahn. Stan kauft eine kleine Wanderarbeiterfigur, setzt sie unter eine Eisenbahnbrücke aus Plastik an ein künstliches Lagerfeuer, und dann fällt ihm auf, dass er die Figur in eine bestimmte Position gesetzt hat – so als würde der Wanderarbeiter zurück auf die Stadt blicken. Warum schaut er dorthin? Ach, zu dem kleinen blauen Haus im viktorianischen Stil? Stan fällt auf, dass dort eine Frau aus Plastik am Fenster steht, er dreht sie ein bisschen, so dass sie in die Ferne schaut. Genauer gesagt, zu der Eisenbahnbrücke. Hm. Plötzlich hat Stan eine Liebesgeschichte fabriziert. (Ach, könnten sie doch nur zusammen sein! Wenn der kleine »Jack« doch nur nach Hause ginge. Zu seiner Frau. Zu »Linda«.)

Was hat Stan (der Künstler) gerade getan? Also, zuerst hat er, als er den Blick über sein kleines Reich schweifen ließ, *bemerkt*, in welche Richtung sein Wanderarbeiter schaute. Dann hat er entschieden, das kleine Universum zu *verändern*, durch die Drehung der Plastikfrau. Nun hat Stan nicht bewusst entschieden, sie zu drehen. Es wäre passender zu sagen, dass es ihm einfiel – in einem Sekundenbruchteil, ohne etwas dabei zu sagen, außer vielleicht ein ganz leises innerliches »Ja«.

Es gefiel ihm so einfach besser, aus Gründen, die er nicht formulieren könnte – und auch bevor er überhaupt Zeit oder Lust hatte, sie zu formulieren.

Meiner Meinung nach beginnt jede Kunst mit diesem Augenblick der intuitiven Präferenz.

Wie gehen wir also vor? Ich überspringe vorläufig die erste Fassung und gehe von einem existierenden Text aus, an dem ich arbeite. Dann funktioniert meine Methode so: Ich stelle mir ein Messgerät vor, das in meine Stirn montiert ist, auf der einen Seite der Skala steht P (»Positiv«), auf der anderen steht N (»Negativ«). Ich versuche, das Geschriebene so zu lesen wie jemand, der oder die es zum ersten Mal vor sich hat (»ohne Hoffnung, ohne Verzweiflung«). Ich frage mich: Wo steht die Nadel? Wenn sie in den N-Bereich geht, gib es zu. Dann könnte sich sofort eine Lösung anbieten – ein Strich, eine Umstellung, eine Ergänzung. Ganz ohne intellektuelle oder analytische Komponente; es ist mehr ein Impuls, der zu einem Gefühl führt wie »Ah ja, so ist es besser«. Er ähnelt der Umstellung des Wanderarbeiters oben: rein instinktiv, in diesem Moment.

Und das war's eigentlich auch schon. So gehe ich die ganze Fassung durch, markiere sie, gehe zurück und gebe die entsprechenden Änderungen ein, drucke den Text aus und lese ihn noch einmal, solange ich mich noch wach genug fühle – normalerweise drei- oder viermal an einem Arbeitstag.

Es ist also eine wiederholte, obsessive Prüfung auf Präferenz: Nadel im Blick haben, Text anpassen, Nadel im Blick haben, Text anpassen (einseifen, abspülen, noch mal), und das (zuweilen) über Hunderte von Fassungen, über Monate oder sogar Jahre. Mit der Zeit wird die Erzählung, wie ein Kreuzfahrtschiff, das langsam wendet, über diese Tausende schrittweiser Anpassungen allmählich den Kurs ändern.

Im Frühstadium einer Erzählung gibt es meist ein paar vereinzelte Abschnitte (Klumpen? Stücke?), wo der Text locker und schlampig ist. Beim Überarbeiten werden diese Abschnitte allmählich… besser. Bald kommt der Moment, an dem ein Abschnitt funktioniert – ich komme hindurch, ohne dass die Nadel ins Negative ausschlägt. Manchmal fällt mir dafür das Wort »unabweisbar« ein, wie in »Okay, die Stelle ist jetzt wirklich ziemlich unabweisbar«, womit ich meine, dass sie jeder vernünftigen Leserin gefallen dürfte und diese somit bis zum Schluss an Bord bleibt.

Ein überarbeiteter Abschnitt sagt mir irgendwann, wozu er da ist; manchmal stellt er eine Frage (»Wer ist dieser Craig, von dem gerade die Rede ist?«) oder wirkt, als wollte er ein Ereignis in Gang setzen (»Fern hat Bryce beleidigt, und der explodiert gleich«). Sobald ich ein paar »unabweisbare« Textabschnitte habe, sagen sie mir auch, in welcher Reihenfolge sie gern stehen würden, und manchmal sagt mir einer auch, dass ich ihn besser ganz streichen sollte (»Wenn du mich rausschmeißt, Abschnitt B, dann werden A und C aneinandergrenzen, und schau doch mal – das ist gut, oder?«). Ich stelle Fragen wie: »Führt E zu F oder F zu E? Was fühlt sich natürlicher an? Was ergibt mehr Sinn? Was klinkt sich befriedigender ineinander?« Dann wird der Zusammenhalt bestimmter Abschnitte stabiler (E muss vor F kommen), und ich weiß, sie werden nicht auseinanderfallen.

Wenn etwas »Unabweisbarkeit« erlangt hat, fühlt es sich an wie etwas gerade Geschehenes, das sich nicht mehr zurücknehmen lässt, nicht wie eine Ansammlung von Wörtern auf einem Blatt Papier.

Während die Abschnitte ihren Platz finden, bekommt das daraus erwachsende Gefühl der Kausalität einen Sinn (wenn ein Mann gegen eine Wand boxt und sie durchbricht und danach auf eine Protestdemo geht, ist das eine bestimmte Geschichte; wenn er von einer Protestdemo nach Hause kommt und dann gegen die Wand boxt und sie durchbricht, ist es eine ganz andere), wird zu einem Hinweis darauf, worum es bei der Geschichte eigentlich gehen soll (wobei zu diesem Prozess auch gehört, dieses Gefühl so weit wie möglich abzuschütteln und immer wieder zu dem P/N-Messgerät zurückzukehren, im Vertrauen, dass die großen thematischen Entscheidungen irgendwann ganz natürlich über die immer zahlreicheren, in die Tausende gehenden Mikro-Entscheidungen von Zeile zu Zeile getroffen werden).

Doch all das ist bei jedem Schritt eher gefühlt als beschlossen.

Wenn ich gut schreibe, kommt es dabei zu fast gar keinem intellektuellen/analytischen Denken.

Als ich diese Methode für mich entdeckte, war sie eine große Befreiung. Ich musste mir keine Sorgen machen, nichts beschließen, ich musste nur präsent sein beim Lesen meiner Erzählung, jedes Mal mit frischem Blick, das Messgerät im Auge, bereit zu (spielerischen) Änderungen von Zeile zu Zeile, im Wissen, dass ich jeden Fehler bei der nächsten Lektüre wieder korrigieren konnte. Einmal hörte ich jemand sagen: »Wenn man unendlich viel Zeit hat, kann alles Mögliche passieren.« Dieses Gefühl habe ich, wenn ich so überarbeite. Es braucht keine allumfassenden Entscheidungen; die Erzählung hat ihren eigenen Willen, den sie mich fühlen lassen will, und wenn ich einfach darauf vertraue, wird alles gut, und die Erzählung wird meine ursprüngliche Vorstellung von ihr übertreffen.

Der große Schriftsteller Stuart Dybek aus Chicago hat einmal gesagt: »Eine Erzählung spricht immer mit einem; man muss nur lernen, ihr zuzuhören.« Diese Methode des Überarbeitens ist eine Art, der Erzählung zuzuhören und an sie zu glauben: Sie will so gut sein, wie sie kann, und wenn man Geduld mit ihr hat, wird sie es irgendwann auch sein.

Der ganze Prozess besteht im Wesentlichen aus Intuition plus Wiederholung.

Warum Wiederholung?

Angenommen, Sie bekämen von mir ein Apartment in New York, das ich selbst eingerichtet habe. Das wäre unglaublich nett von mir. Aber vielleicht könnte es sich da drinnen etwas unpersönlich anfühlen (ich kenne Sie ja nicht). Nehmen wir weiter an, ich würde Ihnen erlauben, es auf meine Kosten an einem Tag umzugestalten. Das Ergebnis hätte deutlich mehr mit Ihnen zu tun als meine ursprüngliche Version. Aber es wäre immer noch eingeschränkt durch die Tatsache, dass ich Ihnen nur einen Tag Zeit gegeben habe, um das zu tun. Wir könnten sagen, das Ergebnis würde nur einen der vielen verschiedenen Menschen widerspiegeln, die Sie sind.

Nehmen wir stattdessen an, ich lasse Sie einen Gegenstand pro Tag austauschen (heute die Couch, morgen die Uhr, am nächsten Tag diesen hässlichen kleinen Teppich), gegen einen gleichwertigen Gegenstand Ihrer Wahl. Und das lasse ich Sie über die nächsten zwei Jahre tun. Am Ende dieser zwei Jahre wird das Apartment mehr von Ihnen enthalten, als wir beide uns das am Anfang hätten vorstellen können. Es wird geprägt sein durch buchstäblich Hunderte Erscheinungsformen von Ihnen; Sie glücklich, Sie mürrisch, Sie streng, Sie euphorisch, Sie vage, Sie präzise und so weiter. Ihre Intuition wird tausend Chancen erhalten haben, so gut wie nur irgend möglich zu reagieren.

So sehe ich eine Überarbeitung: als Chance für die Intuition des Autors, sich immer wieder zu äußern.

Ein Text, der auf diese Weise geschrieben und überarbeitet wird, fängt ganz klein an, wie damals diese Impfkristalle im Chemieunterricht, ganz absichtslos, und dann erweitert er sich organisch, reagiert auf sich selbst und folgt seiner eigenen, natürlichen Energie.

Das Schöne an dieser Methode ist, dass es gar nicht darauf

ankommt, womit Sie anfangen oder wie die Anfangsidee zustande kommt. Was Sie als Schriftstellerin zu *Ihnen* macht, können Sie nach dieser Wiederholungsmethode mit jedem beliebigen Text anstellen. Sie stürzt die Diktatur der ersten Fassung. Wen juckt, ob die erste Fassung gut ist? Sie muss nicht gut sein, sie muss nur *da sein*, damit Sie sie überarbeiten können. Sie brauchen keine Idee, um eine Erzählung anzufangen. Sie brauchen nur einen Satz. Woher kommt dieser eine Satz? Egal. Er muss gar nichts Besonderes sein. Er wird mit der Zeit zu etwas Besonderem werden, während Sie immer wieder darauf reagieren. Auf diesen Satz reagieren und ihn verändern, in der Hoffnung, ihm einen Teil seiner Gewöhnlichkeit oder Trägheit zu nehmen ... das ist Schreiben. Mehr muss Schreiben nicht sein. Wir werden unsere Stimme, unser Ethos finden und uns von allen anderen Autor:innen auf der Welt unterscheiden, ohne dass wir irgendwelche großen, umfassenden Entscheidungen treffen müssen, nur durch die Tausende kleiner Entscheidungen, die wir beim Überarbeiten treffen.

Als unsere Töchter noch klein waren, kippte ich manchmal einen Haufen Spielbausteine auf den Boden (Legos und Holzblöcke und Teile aus anderen Sets), und dann saßen wir stundenlang da, hörten Musik und redeten und bauten geistesabwesend irgendetwas zusammen. Es gab keinen Plan; wir taten einfach x zu y, weil uns gefiel, wie es aussah. Doch schon bald zeigte sich eine Struktur. Die Rampen führten zu der Plattform, und unter der Plattform tat sich ein cooler kleiner Raum auf, hervorragend als Wohnort für den Plastikdrachen und den Lego-Klempner. Das Endprodukt war komplex, ich glaube, man konnte ihm auch bescheinigen, dass es »sinnvoll« war, aber diesen Sinn hatten wir nicht absichtlich produziert; etwas so Merkwürdiges hätten wir unmöglich planen können, ebenso wenig die genaue Wirkung vorhersagen, die es später auf uns hatte, wenn wir daran vorbeigingen und schon vergessen hatten, dass wir es gebaut hatten. Mit anderen Worten, hätten wir etwas geplant, wäre es geringer geworden. Wir hatten uns ja gewünscht, dass das Ergebnis so gut wie nur irgend möglich werden würde. Ein Kunstwerk aber muss noch mehr leisten; es muss sein Publikum überraschen, was es nur tun kann, wenn es seinen Schöpfer mit Fug und Recht überrascht hat.

Ich finde interessant, dass das Überarbeiten nach dieser Methode (immer wieder bessere Sätze zu bilden, nach seinem eigenen Geschmack) unbeabsichtigte Wirkungen zeitigt, die wir als »moralisch-ethisch« beschreiben könnten.

Wenn ich schreibe, »Bob war ein Arschloch« und den Satz dann, weil ich merke, dass er ein bisschen unspezifisch ist, überarbeite zu »Bob schnauzte ungeduldig den Barista an«; wenn ich mich dann auf der Suche nach noch Spezifischerem frage, warum er das wohl getan hat, und das überarbeite zu »Bob schnauzte ungeduldig den Barista an, der ihn an seine tote Frau erinnerte«, dann kurz innehalte, um zu ergänzen »die er so sehr vermisste, vor allem jetzt, an Weihnachten« –, dann ist in diesem Prozess aus Bob, dem reinen »Arschloch«, ein »trauernder Witwer« geworden, »so von der Trauer überwältigt, dass er sich einem jungen Menschen gegenüber, zu dem er normalerweise nett gewesen wäre, unhöflich verhalten hat«. Bob hat als Witzblattfigur begonnen, die ich gut verspotten könnte, und meine Leser:innen und ich könnten uns darin einig sein, auf Bob herabzuschauen, aber jetzt ist er näher an uns dran, an »uns, in einem anderen Leben«.

Der Text hat jetzt, könnte man sagen, »mehr Aufmerksamkeit für Bob«. Aber das ist nicht passiert, weil ich gern ein guter Mensch sein wollte. Sondern weil ich mit dem Satz »Bob war ein Arschloch« unzufrieden war und ihn verbessern wollte.

Der Mensch allerdings, der geschrieben hat »Bob schnauzte ungeduldig den Barista an, der ihn an seine tote Frau Marie erinnerte; er vermisste sie so sehr, vor allem jetzt, an Weihnachten, was immer ihre Lieblingszeit im Jahr gewesen war«, der fühlt sich irgendwie besser als der Typ, der geschrieben hat »Bob war ein Arschloch«.

Das beobachte ich die ganze Zeit. Ich mag den Menschen, der ich in meinen Geschichten bin, viel mehr als mein echtes Ich. Dieser Mensch ist schlauer, gewitzter, geduldiger, lustiger – sein Blick auf die Welt ist weiser.

Wenn ich mit dem Schreiben aufhöre und wieder zu mir zurückkehre, komme ich mir enger, rechthaberischer und kleinlicher vor.

Aber was hat es mir für einen Spaß gemacht, im Text kurz mal weniger dämlich gewesen zu sein als normalerweise.

Was macht eine Künstlerin die meiste Zeit? Sie zuppelt an dem herum, was sie schon geschaffen hat. Es gibt die Momente, in denen wir vor einem leeren Bildschirm sitzen, aber meistens passen wir an, was schon da ist. Die Autorin überarbeitet, der Maler retuschiert, die Regisseurin schneidet, der Musiker überspielt. Ich schreibe »Jane kam ins Zimmer und setzte sich auf die blaue Couch hin«, lese es, zucke, streiche »kam ins Zimmer« (warum muss sie erst ins Zimmer kommen?) und »hin« (es gibt ja nicht die Alternative, dass sie sich »weg«setzt), außerdem streiche ich »blau« (wenn juckt es, ob die Couch blau ist?), und nun heißt der Satz: »Jane setzte sich aufs Sofa«, und plötzlich ist er besser (geradezu hemingwayesk). Obwohl... warum ist es von Bedeutung, dass sich Jane aufs Sofa setzt? Brauchen wir das wirklich?

Also streichen wir »setzte sich aufs Sofa«.

Übrig bleibt, ganz schlicht: »Jane.«

Immerhin ist das nicht scheiße und hat dazu noch den Vorteil der Kürze.

Natürlich mache ich hier ein bisschen einen Scherz. Andererseits meine ich es aber auch todernst. Reduzieren wir den Satz auf »Jane…«, erhalten wir uns die Hoffnung, originell zu sein. Wir haben die Mittelmäßigkeit umschifft. Die ganze Welt des Herausragenden liegt (immer noch) vor uns.

Aber interessant ist auch, warum wir diese Striche gemacht haben.

Wir könnten etwa sagen, wir haben sie aus Respekt vor den Leser:innen gemacht. Wenn wir uns diese Reihe von Fragen stellen (»Warum ist es von Bedeutung, dass sich Jane aufs Sofa setzt?« und so weiter), sind wir eine Art Vorhut für die Leserin, die wir uns als klug vorstellen, eine Person mit gutem Geschmack, die wir nicht langweilen wollen.

Schauen Sie sich diesen Abschnitt an:

Als Jim ins Restaurant kam, sah er seine Exfrau Sara nah bei einem Mann sitzen, der mindestens zwanzig Jahre jünger aussah als sie. Jim konnte es nicht fassen. Es war schockierend, Sara mit jemandem zu sehen, der so viel jünger war als sie, auch als Jim, denn er und Sara waren im selben Alter, so schockierend, dass Jim seine Autoschlüssel fallen ließ.
»Sir«, sagte der Kellner, »die haben Sie fallen lassen«, und reichte Jim seine Autoschlüssel.

Vielleicht haben Sie gemerkt, dass Ihre Nadel irgendwo da drinnen Richtung N-Zone ausgeschlagen hat, vielleicht ein paar Mal (eine Delle, dann eine Unterdelle?).

Nun schauen Sie sich diese redigierte Version an:

Als Jim ins Restaurant trat, sah er seine Exfrau Sara neben einem Mann sitzen, der mindestens zwanzig Jahre jünger aussah als sie.
»Sir«, sagte der Kellner, »die haben Sie fallen lassen«, und reichte Jim seine Autoschlüssel.

Was ist gerade passiert? Tja, ich habe gestrichen, und zwar *Jim konnte es nicht fassen. Es war schockierend, Sara mit jemandem zu sehen, der so viel jünger war als sie, auch als Jim, denn er und Sara waren im selben Alter, so schockierend, dass Jim seine Autoschlüssel fallen ließ.*

Die beiden Versionen unterscheiden sich dadurch, dass die zweite mit mehr Respekt für Sie, die Leser:innen, vorgeht. Die Aussagen »Jim konnte es nicht fassen« und »Es war schockierend« sind bereits in der Handlung enthalten, dass Jim seine Autoschlüssel fallen lässt. Ich habe, mit Vorschussvertrauen, angenommen, dass Sie sich Jim und Sara in ungefähr demselben Alter vorstellen. In diesem Prozess habe ich mir (und Ihnen) siebenunddreißig Wörter erspart – ungefähr die Hälfte der Originalpassage.

Wie bin ich bei diesem Strich vorgegangen? Ich habe mir vorgestellt, dass ich an Ihrer Stelle wäre und dass Sie so lesen wie ich, dass Sie an denselben Stellen mit der ersten Version unzufrieden wären wie ich.

Eine Erzählung ist ein offenes, vertrauliches Gespräch unter Gleichen. Wenn wir lesen, lesen wir weiter, weil wir weiterhin das Gefühl haben, von der Autorin respektiert zu werden. Wir spüren sie, dort am Produktionsende des Prozesses, wie sie sich vorstellt, dass wir so intelligent und weltgewandt und neugierig sind wie sie. Da sie darauf achtet, wo wir gerade sind (wo sie uns hingebracht hat), weiß sie auch, wann wir »erwarten, dass sich etwas ändert« oder »skeptisch über diese neue Wendung« sind oder »diese Episode uns langsam ermüdet«. (Sie weiß auch, wann sie uns begeistert hat und dass wir in diesem Zustand etwas offener für das sind, was sie als Nächstes vorhat.)

Die Vorstellung, dass eine Erzählung eine fortlaufende Kommunikation zwischen zwei denkenden Wesen ist, erwächst ganz natürlich daraus, dass ein Mensch einem anderen eine

Geschichte erzählt. Dieses Modell lässt sich auf die russischen Erzählungen anwenden, die wir gerade lesen, und ebenso auf das erste Mal, als sich ein paar Höhlenmenschen zur allerersten Literaturlesung um ein Feuer versammelten, und falls dieser frühe Geschichtenerzähler nicht darauf geachtet hat, dass eine Erzählung eine fortlaufende Kommunikation zwischen Erzähler und Publikum ist, dann wird er gemerkt haben, genau wie heutzutage, dass einige seiner Zuhörer:innen eingenickt sind oder sich vorzeitig aus der Höhle schleichen, in jener geduckten Haltung, die die Leute annehmen, wenn sie aus einer Literaturveranstaltung schleichen, als würde das Ducken sie für den Autor unsichtbar machen, was, glauben Sie mir, nicht der Fall ist.

Das Aufregende an alldem ist für mich, dass wir immer eine Grundlage haben, auf der wir weitermachen können. Die Leserin ist da draußen, und sie ist real. Sie interessiert sich für das Leben, und indem sie zu einem Werk von uns greift, gibt sie uns einen Vertrauensvorschuss.

Wir müssen sie nur in Bann schlagen.

Und um sie in Bann zu schlagen, müssen wir sie nur ernst nehmen.

Herzchen

Anton Tschechow
(1899)

HERZCHEN

Olenka, die Tochter des pensionierten Kollegienassessors Plemjannikow, saß in Gedanken versunken auf den Treppenstufen vor ihrem Haus. Es war heiß, aufdringlich umschwirrten sie die Fliegen, und der Gedanke, daß es bald schon Abend sein würde, war überaus angenehm. Von Osten zogen dunkle Regenwolken auf, von denen hin und wieder Feuchte herüberwehte.

In der Mitte des Hofs stand Kukin, Inhaber und Betreiber des Vergnügungsparks »Tivoli«, der hierselbst im Seitengebäude wohnte, und blickte in den Himmel.

»Schon wieder!« sagte er verzweifelt. »Schon wieder wird es Regen geben! Jeden Tag Regen, nichts als Regen – wie zum Trotz! Das ist das Ende! Der Ruin! Jeden Tag schreckliche Verluste!«

Er schlug die Hände zusammen und fuhr, an Olenka gewandt, [1]
fort:

»Da haben Sie eine Vorstellung von unserem Leben, Olga Semjonowna. Zum Heulen! Man arbeitet, müht sich, plagt sich ab, schläft nächtelang nicht und grübelt nur darüber nach, wie man es besser machen könnte. Und was bringt's? Da haben wir einerseits das primitive und ungebildete Publikum. Ich offeriere ihm die erlesenste Operette oder Märchen-Revue und erstklassige Sänger, aber wozu das Ganze? Versteht es denn von all dem auch nur das Geringste? Es will Klamauk! Geschmacklos muß es sein! Andererseits, schauen Sie sich das Wetter an. Fast jeden Abend Regen. Seit es sich am zehnten Mai eingeregnet hat, regnet es jetzt den ganzen Mai und Juni hindurch, eine einzige Katastrophe! Das Publikum bleibt weg, die Miete aber muß ich trotzdem zahlen! Und die Künstler!«

Am nächsten Tag zogen gegen Abend erneut Wolken auf, und Kukin sagte unter hysterischem Lachen:

»Na bitteschön! Meinetwegen! Soll doch der ganze Park volllaufen und ich dazu! Mir ist eben kein Glück beschieden, weder in dieser noch in jener Welt! Sollen mich die Künstler meinetwegen vor Gericht bringen! Von wegen Gericht! Warum nicht gleich zur Zwangsarbeit nach Sibirien! Oder aufs Schafott! Hahaha!«

Und am dritten Tag das gleiche …

Olenka hörte Kukin ernst und schweigend zu, manchmal traten ihr auch Tränen in die Augen. Mit der Zeit rührten sie seine Heimsuchungen, und sie gewann ihn lieb. Er war klein von Statur, mager, hatte ein gelbliches Gesicht und an den Schläfen glatt anliegende Haare, sprach mit dünnem Tenorstimmchen und verzog beim Reden den Mund. In seinem Gesicht stand stets Verzweiflung geschrieben, dennoch erweckte er ein echtes, tiefes Gefühl in ihr. Sie liebte ständig irgend jemanden und konnte einfach nicht anders. Früher hatte sie ihr Papachen geliebt, der jetzt krank im
[2] dunklen Zimmer in seinem Sessel saß und schwer atmete. Sie liebte ihre Tante, die alle zwei Jahre einmal aus Brjansk zu Besuch kam. Und noch früher, auf dem Progymnasium, hatte sie ihren Französischlehrer geliebt. Sie war ein stilles, gutmütiges, mitfühlendes Fräulein mit sanftem, mildem Blick und sehr gesund. Betrachteten Männer ihre vollen rosigen Wangen, den weichen, weißen Hals mit dem dunklen Muttermal und das gutmütige naive Lächeln, das auf ihrem Gesicht lag, wenn sie etwas Angenehmes vernahm, dachten sie unweigerlich: Gar nicht mal so übel …, und lächelten ebenfalls. Die weiblichen Gäste aber konnten nicht anders, als mitten im Gespräch ihre Hand zu ergreifen und mit einem Ausdruck des Entzückens auszurufen:

»Herzchen!«

Das Haus, in dem sie von Geburt an wohnte und das testamentarisch auf ihren Namen eingetragen war, lag am Rande der Stadt, in der Zigeunervorstadt, unweit des »Tivoli«-Parks. Abends und nachts konnte sie hören, wie dort Musik erklang und krachend Raketen zerstoben, und ihr schien, als kämpfe Kukin mit seinem Schicksal und nehme seinen Hauptfeind – das gleichgültige Publikum – im Sturm. Ihr Herz stockte dann in süßem Schauer, an Schlaf war nicht zu denken, und wenn er gegen Morgen heimkehrte, pochte sie leise gegen das Fenster ihres Schlafzimmers, lächelte zärtlich und ließ ihn durch die Vorhänge einzig ihr Gesicht und eine Schulter sehen …

Er hielt um ihre Hand an, und sie wurden getraut. Und als er, wie es ihm zukam, ihren Hals und ihre runden kräftigen Schultern in Augenschein genommen hatte, klatschte er in die Hände und sagte:

»Herzchen!«

Er war glücklich. Da es aber am Hochzeitstag und später auch in der Nacht regnete, wich der verzweifelte Ausdruck nicht von seinem Gesicht.

Nach der Hochzeit führten sie ein gutes Leben. Sie saß bei ihm an der Kasse, sah nach dem Rechten im Park, notierte die Ausgaben, zahlte die Gage aus, und ihre rosigen Wangen und ihr liebliches, naives, strahlendes Lächeln tauchten mal im Kassenfenster, mal hinter den Kulissen oder am Buffet auf. Und ihren Bekannten erzählte sie nun, das Erhabenste, Wichtigste und Notwendigste auf [3]
der Welt sei das Theater. Nur im Theater könne man wahren Genuß erleben und Bildung und Menschlichkeit erwerben.

»Aber begreift das Publikum das etwa?« sagte sie. »Es will Klamauk! Gestern lief bei uns ›Faust verkehrt‹, fast alle Logen sind leer geblieben. Hätten Wanetschka und ich aber eine dieser Banalitäten auf die Bühne gebracht, wäre das Theater, glauben Sie mir, brechend voll gewesen. Morgen geben Wanetschka und ich ›Orpheus in der Unterwelt‹, kommen Sie doch vorbei.«

Und was Kukin über das Theater und die Schauspieler sagte, das wiederholte auch sie. Wie er verachtete sie das Publikum wegen seiner Gleichgültigkeit gegenüber der Kunst und seiner Unbildung; bei den Proben mischte sie sich ein, korrigierte die Schauspieler, überwachte den Lebenswandel der Musiker, und wenn in der Lokalzeitung mißbilligend über das Theater berichtet wurde, dann weinte sie und ging in die Redaktion, sich zu beschweren.

Die Schauspieler hatten sie gern, nannten sie »Wanetschka und ich« und »Herzchen«; sie fühlte mit ihnen und lieh ihnen kleinere Geldsummen, wurde sie aber einmal betrogen, weinte sie nur still, beschwerte sich jedoch nicht bei ihrem Mann.

Auch im Winter führten sie ein gutes Leben. Sie mieteten das

Stadttheater für die ganze Saison und verpachteten es immer wieder einmal für kurze Zeit an kleinrussische Truppen oder einen Zauberer oder an Amateure aus der Stadt. Olenka war voller geworden und strahlte vor Zufriedenheit, Kukin aber magerte ab, nahm eine gelbe Gesichtsfarbe an und klagte über schreckliche Verluste, obwohl die Geschäfte den ganzen Winter über nicht schlecht liefen. In den Nächten hustete er, und sie gab ihm Himbeersaft und Lindenblütentee zu trinken, rieb ihn mit Eau de Cologne ein und hüllte ihn in ihre weichen Tücher.

»Wie wundervoll du doch bist!« sagte sie von ganzem Herzen und strich ihm übers Haar. »Was für einen schmucken Mann ich doch habe!«

In den Großen Fasten reiste er nach Moskau, um eine Truppe zusammenzustellen, sie aber konnte ohne ihn nicht schlafen, saß nur am Fenster und betrachtete die Sterne. Dann verglich sie sich
[4] mit den Hühnern, die ebenfalls des Nachts nicht schlafen und unruhig sind, wenn im Hühnerstall der Hahn fehlt. Kukin wurde in Moskau aufgehalten, schrieb, er kehre zu den Osterfeiertagen zurück, und traf in seinen Briefen bereits Anordnungen für das »Tivoli«. Am Montag der Karwoche aber ertönte spät am Abend plötzlich ein unheilverkündendes Klopfen am Tor. Jemand schlug gegen die Pforte wie gegen ein Faß – bum, bum, bum! Barfuß durch die Pfützen schlurfend, eilte die schlaftrunkene Köchin, um zu öffnen.

»Machen Sie auf, seien Sie so gut!« sagte jemand hinter dem Tor mit dumpfem Baß. »Ein Telegramm für Sie!«

Auch früher hatte Olenka Telegramme von ihrem Mann erhalten, jetzt aber erstarrte sie buchstäblich vor Schreck. Mit zitternden Händen öffnete sie das Telegramm und las das Folgende:

»Iwan Petrowitsch heute unerwartet verstorben erwarten ungebend Anordnungen betreffs Vererdigung Dienstag.«

So stand es im Telegramm: »Vererdigung«, und ein weiteres unverständliches Wort – »ungebend«; unterschrieben war es vom Regisseur der Operettentruppe.

»Mein Liebster!« schluchzte Olenka. »Wanetschka, mein Guter, mein Liebster! Weshalb nur sind wir uns begegnet? Weshalb habe ich dich kennengelernt und liebgewonnen? Wieso hast du deine arme Olenka verlassen, mich Arme, Unglückliche?«

Kukin wurde am Dienstag beerdigt, in Moskau, auf dem Wagankow-Friedhof. Am Mittwoch kehrte Olenka nach Hause zurück, warf sich, kaum in ihr Zimmer getreten, aufs Bett und begann so laut zu schluchzen, daß es bis auf die Straße und in den Nachbarhöfen zu hören war.

»Unser Herzchen!« sagten die Nachbarinnen und schlugen das Kreuz. »Unser Herzchen Olga Semjonowna, oh je, wie sie sich grämt!«

Drei Monate darauf kehrte Olenka eines Tages von der Messe heim, tieftraurig und ganz in Schwarz. Es ergab sich, daß neben ihr ein ebenfalls von der Kirche heimkehrender Nachbar ging, Wassili Andrejitsch Pustowalow, Verwalter des Holzlagers von Kaufmann Babakajew. Er trug einen Strohhut und eine weiße Weste mit goldener Uhrkette und ähnelte eher einem Gutsherrn als einem Händler. [5]

»Jegliches auf Erden hat seine Ordnung, Olga Semjonowna«, sagte er würdevoll und mit Teilnahme in der Stimme. »Wenn ein uns Nahestehender dahingeht, so heißt das, es ist Gott gefällig. Wir müssen dessen also eingedenk sein und es in Demut tragen.«

Er begleitete Olenka bis zur Pforte, verabschiedete sich und ging seines Weges. Den ganzen Tag vernahm sie nun seine würdevolle Stimme, und kaum hatte sie die Augen geschlossen, da erschien vor ihrem inneren Auge sein dunkler Bart. Er gefiel ihr außerordentlich. Und offenbar hatte auch sie Eindruck auf ihn gemacht, denn kurz darauf kam eine betagte, ihr vage bekannte Dame zum Kaffee, die, kaum hatte sie am Tisch Platz genommen, unverzüglich über Pustowalow zu sprechen begann; darüber, daß er ein guter, solider Mann sei und jede junge Frau ihn mit Vergnügen nehmen würde. Drei Tage später machte Pustowalow selbst seine Aufwartung. Er blieb nur kurz, etwa zehn Minuten, und sprach wenig, Olenka aber hatte sich in ihn verliebt, so sehr verliebt, daß sie die ganze Nacht nicht schlafen konnte und glühte wie im Fieber und am Morgen nach der betagten Dame schickte. Bald verlobten sie sich, und dann fand die Hochzeit statt.

Nachdem Pustowalow und Olenka geheiratet hatten, lebten sie

glücklich zusammen. Meist saß er bis zum Mittagessen in seinem Holzlager, ging dann Erledigungen nach, und Olenka löste ihn ab, blieb bis zum Abend im Büro, schrieb Rechnungen und lieferte die Ware aus.

»Das Holz wird von Jahr zu Jahr zwanzig Prozent teurer«, sagte sie zu Kunden und Bekannten. »Ich bitte Sie! Früher haben wir mit hiesigem Holz gehandelt, jetzt aber muß Wassetschka jedes Jahr ins Gouvernement Mogiljow reisen, um Holz einzukaufen. Und die Preise!« sagte sie und barg entsetzt beide Wangen in den Händen. »Die Preise!«

Ihr schien, als handle sie schon seit Ewigkeiten mit Holz, als sei Holz das Wichtigste und Notwendigste im Leben, und Worte wie Balken, Rundholz, Schnittholz, Verschalung, Furnier, Dachlatte, Lafette oder Schalbrett klangen ihr vertraut und rührend... Des Nachts, wenn sie schlief, träumte sie von Bergen dicker und dünner
[6] Bretter, von langen, endlosen Reihen von Fuhrwerken, die das Holz irgendwohin nach außerhalb transportierten. Sie träumte, wie ein ganzes Regiment zwölf Arschin hoher und fünf Werschok dicker Balken aufrecht gegen das Holzlager stürmte, wie Balken, Knüppel und Schalbretter gegeneinanderstießen und dabei den dumpfen Ton trockenen Holzes von sich gaben, wie alles umfiel, wieder aufstand und sich übereinandertürmte. Dann schrie Olenka im Schlaf, und Pustowalow sagte zärtlich zu ihr:

»Olenka, was hast du, mein Liebes? Bekreuzige dich!«

Was ihr Mann dachte, das dachte auch sie. Dachte er, daß es im Zimmer heiß sei oder die Geschäfte jetzt schlechter liefen, so dachte sie ebenso. Ihr Mann liebte keinerlei Zerstreuungen und saß an Feiertagen zu Hause und sie ebenfalls.

»Immer sind Sie zu Hause oder im Büro«, sagten Bekannte. »Gehen Sie doch mal ins Theater, Herzchen, oder in den Zirkus.«

»Wassetschka und ich haben keine Zeit, ins Theater zu gehen«, entgegnete sie würdevoll. »Für uns gibt es nur die Arbeit, uns steht der Sinn nicht nach solchem Firlefanz. Was ist an diesen Theatern denn schon Gutes?«

Sonnabends besuchte sie mit Pustowalow die Abendandacht und an Feiertagen die Frühmesse. Auf dem Heimweg von der Kirche gingen sie Arm in Arm, mit ergriffenen Gesichtern, beide dufteten angenehm, und ihr Seidenkleid raschelte sympathisch. Zu Hause tranken sie Tee und aßen feines Weißbrot mit verschiedenen Konfitüren und danach Kuchen. Jeden Mittag duftete es auf dem Hof und vor dem Tor herrlich nach Borschtsch und Hammelbraten oder Ente, an Fastentagen aber nach Fisch. An ihrem Tor kam man nie vorbei, ohne den Wunsch nach Essen zu verspüren. Im Büro siedete stets der Samowar, und die Kunden wurden mit Tee und Kringeln bewirtet. Einmal pro Woche ging das Ehepaar in die Banja und kehrte von dort Arm in Arm und mit geröteten Gesichtern zurück.

»Wir haben es wirklich gut«, sagte Olenka zu ihren Bekannten. »Gott sei Dank. Gebe Gott einem jeden solch ein Leben wie Wasetschka und mir.«

Wenn Pustowalow ins Mogiljower Gouvernement zum Holzeinkauf fuhr, grämte sie sich sehr, schlief des Nachts nicht und weinte. Mitunter kam dann abends der Veterinärregimentsarzt Smirnin [7]
bei ihr vorbei, ein junger Mann, der bei ihnen im Nebengebäude wohnte. Er unterhielt sie, oder man spielte Karten, und das lenkte sie ab. Besonders interessant waren die Erzählungen aus seinem Familienleben. Er war verheiratet und hatte einen Sohn, lebte aber getrennt von seiner Frau, da sie ihn betrogen hatte. Jetzt haßte er sie und sandte ihr monatlich vierzig Rubel Unterhalt für den Sohn. Wenn Olenka das hörte, seufzte sie und schüttelte den Kopf. Er tat ihr leid.

»Gott beschütze Sie«, sagte sie beim Abschied zu ihm und geleitete ihn mit der Kerze zur Treppe. »Danke, daß Sie mir Gesellschaft geleistet haben, gebe Gott Ihnen Gesundheit, Muttergottes im Himmel…«

Und all das äußerte sie bedächtig und vernünftig und glich dabei ganz ihrem Gatten. Der Veterinär war schon unten hinter der Tür verschwunden, sie aber rief ihn noch einmal und sagte:

»Wissen Sie, Wladimir Platonytsch, Sie sollten sich mit Ihrer Frau versöhnen. Ihr wenigstens um des Sohnes willen verzeihen! Das Jungchen versteht doch sicher alles.«

Kehrte Pustowalow dann zurück, berichtete sie ihm halblaut vom Veterinär und seinem unglücklichen Familienleben. Dann seufzten beide, schüttelten die Köpfe und sprachen vom Jungen, der sicher Sehnsucht nach seinem Vater habe. Darauf stellten sie sich, einer wunderlichen Eingebung folgend, vor die Heiligenbilder, verneigten sich bis zum Boden und beteten, Gott möge ihnen Kinder schenken.

So lebten die Pustowalows still und demütig, in Liebe und bestem Einvernehmen sechs Jahre lang. Eines Wintertages aber ging Wassili Andrejitsch, nachdem er heißen Tee getrunken hatte, ohne Mütze ins Freie hinaus, um Holz auszuliefern, erkältete sich und wurde krank. Die besten Ärzte nahmen sich seiner an, doch die Krankheit forderte das Ihre, und er starb nach vier Monaten. So verwitwete Olenka aufs neue.

»Weshalb nur hast du mich verlassen, mein Liebster?« schluchzte sie, nachdem sie ihren Mann begraben hatte. »Wie soll ich denn jetzt ohne dich leben, elend und unglücklich wie ich bin? Ihr guten Leute, habt Erbarmen mit mir Waise…«

[8] Sie trug nun ein schwarzes Kleid mit Trauerbesatz und hatte Hut und Handschuhen für immer entsagt. Das Haus verließ sie selten, nur um in die Kirche oder zum Grab ihres Mannes zu gehen, und lebte wie eine Nonne. Und erst nachdem sechs Monate vergangen waren, legte sie den Trauerbesatz ab und öffnete die Fensterläden. Mitunter konnte man bereits beobachten, wie sie mit ihrer Köchin zum Einkaufen auf den Markt ging, welches Leben sie aber jetzt führte und was sich in ihrem Haus tat, das ließ sich nur vermuten; anhand der Tatsache beispielsweise, daß man sah, wie sie in ihrem Garten Tee mit dem Veterinär trank und er ihr aus der Zeitung vorlas, und auch noch daran, daß sie auf der Post zu einer Bekannten, die sie dort traf, gesagt hatte:

»In unserer Stadt gibt es keine vernünftige Veterinäraufsicht, daher die vielen Krankheiten. Immer wieder hört man doch, daß Menschen durch Milch erkranken oder sich bei Pferden und Kühen anstecken. Die Gesundheit der Haustiere muß im Grunde genauso ernst genommen werden wie die Gesundheit der Menschen.«

Sie wiederholte die Gedanken des Veterinärs und war jetzt in allem mit ihm einer Meinung. Es war klar, sie konnte nicht ein einziges Jahr leben, ohne jemandem zugetan zu sein, und hatte ihr neues Glück bei sich im Seitengebäude gefunden. Eine andere Frau hätte man deshalb verurteilt, über Olenka schlecht zu denken, war jedoch ausgeschlossen, in ihrem Leben war alles so klar und verständlich. Der Veterinär und sie erzählten niemandem von der Veränderung, die sich in ihrer Beziehung vollzogen hatte, und suchten sie zu verbergen, doch das gelang ihnen nicht, denn Olenka konnte keine Geheimnisse für sich behalten. Besuchten ihn seine Regimentskameraden, begann sie beim Eingießen des Tees oder während sie das Abendessen servierte, von der Beulenpest des Hornviehs, der Perlkrankheit oder den städtischen Schlachthöfen zu plaudern, und er genierte sich fürchterlich. Waren die Gäste dann gegangen, nahm er sie beim Arm und fauchte zornig:

»Ich hatte dich doch gebeten, nicht über Dinge zu reden, von denen du nichts verstehst! Wenn wir Veterinäre miteinander sprechen, misch dich bitte nicht ein. Das geht einem ja auf die Nerven!«

Sie aber blickte ihn verwundert und beunruhigt an und fragte:

»Wolodetschka, worüber soll ich denn sonst reden?« [9]

Und mit Tränen in den Augen umarmte sie ihn, flehte ihn an, nicht böse zu sein, und beide waren glücklich.

Dieses Glück allerdings hielt nicht lange. Der Veterinär reiste mit seinem Regiment ab, er reiste für immer, denn das Regiment wurde in eine weit entfernte Gegend verlegt, fast bis nach Sibirien. Und Olenka blieb allein zurück.

Nun war sie ganz allein. Der Vater war schon lange tot, sein Sessel lag irgendwo auf dem Boden herum, eingestaubt und mit fehlendem Bein. Sie magerte ab und wurde unansehnlich, und die Passanten auf der Straße beachteten sie nicht mehr wie früher und lächelten ihr auch nicht mehr zu. Ihre besten Jahre lagen offenbar hinter ihr, ein neues, unbekanntes Leben hatte begonnen, über das man besser nicht nachdachte. Abends saß Olenka auf der Vortreppe und hörte, wie im »Tivoli« Musik erklang und Raketen in die Luft gingen, doch das rief keinerlei Erinnerung mehr wach. Teilnahmslos blickte sie auf ihren leeren Hof, dachte an gar nichts und hatte keine Wünsche. Wenn dann die Nacht hereinbrach, ging sie schlafen und träumte von ihrem leeren Hof. Essen und trinken, das tat sie nur noch gezwungenermaßen und gleichsam automatisch.

Vor allem aber, und das war das Schlimmste, hatte sie keinerlei

Meinungen mehr. Sie sah die Dinge ringsum und begriff, was passierte, konnte sich aber über nichts eine Meinung bilden und wußte auch nicht, worüber sie sprechen sollte. Doch wie schrecklich das ist, keine Meinung zu haben! Man sieht beispielsweise eine Flasche stehen oder den Regen fallen oder einen Bauer auf einem Leiterwagen vorüberfahren, wozu diese Flasche allerdings da ist oder der Regen oder der Bauer, welcher Sinn darin liegt, kann man nicht sagen, und selbst für tausend Rubel kommt man nicht drauf. An Kukins oder Pustowalows Seite und später an der des Veterinärs hätte Olenka für alles eine Erklärung gehabt und ihre Meinung zu jedem erdenklichen Thema gesagt, jetzt aber herrschte in ihren Gedanken und ihrem Herzen die gleiche Leere wie auf dem Hof. So quälend und bitter, als hätte sie zu viel Wermut verschluckt.

Die Stadt hatte sich mit der Zeit nach allen Seiten ausgedehnt. Aus der Zigeunervorstadt war inzwischen eine Straße geworden,
[10] und dort, wo sich »Tivoli«-Park und Holzlager befunden hatten, waren Häuser emporgewachsen und einige Gassen entstanden. Wie schnell die Zeit vergeht! Olenkas Haus war düster geworden, das Dach hatte Rost angesetzt, der Schuppen war eingesunken und der ganze Hof mit Unkraut und Brennesseln überwuchert. Auch Olenka war älter und häßlicher geworden.

Im Sommer sitzt sie auf der Vortreppe, ihr ist öde und langweilig zumute wie eh und je, und sie hat den bitteren Geschmack von Wermut im Mund. Im Winter aber sitzt sie am Fenster und blickt auf den Schnee. Wenn dann der Frühlingswind den Klang der Kirchenglocken herüberweht und Erinnerungen an die Vergangenheit wach werden, krampft sich einem wehmütig das Herz zusammen, und aus den Augen strömen Tränen, doch nur einen Augenblick lang, dann überkommt dich wieder Leere, und du weißt nicht, wozu du lebst. Das schwarze Kätzchen Bryska schmeichelt und schnurrt leise, Olenka aber rühren diese Katzenzärtlichkeiten nicht. Was sollte ihr das? Sie hätte eine Liebe gebraucht, die ihr ganzes Wesen, ihre Seele, ihren Verstand gefesselt und ihr Gedanken beschert hätte, einen Lebenssinn, die es fertigbrächte, ihr alterndes Blut zu erwärmen. So scheucht sie die schwarze Bryska vom Rocksaum und sagt ärgerlich zu ihr:

»Geh schon, geh … Hier gibt's nichts zu holen!«

Und so Tag um Tag, Jahr um Jahr und nicht die geringste Freude und keine einzige Meinung. Was die Köchin Mawra sagte, das war gut und richtig.

Eines heißen Julitages gegen Abend, als die städtische Viehherde durch die Straße getrieben wurde und sich der Hof mit Staubwolken füllte, klopfte es plötzlich an die Pforte. Olenka ging selbst öffnen und erstarrte, kaum hatte sie hinausgeschaut: Vor dem Tor stand der Veterinär Smirnin, bereits ergraut und in Zivil. Plötzlich fiel ihr alles wieder ein, sie begann hemmungslos zu weinen und schmiegte ohne ein Wort zu sagen ihren Kopf an seine Brust. Sie war so erregt, daß sie gar nicht bemerkte, wie sie beide ins Haus gingen und sich zum Tee setzten.

»Mein Lieber!« murmelte sie vor Freude bebend. »Wladimir Platonytsch! Wo hat es Euch denn hergeweht?«

»Ich möchte mich für immer hier niederlassen«, erzählte er. [11]
»Hab meinen Abschied genommen und bin nun gekommen, um mein Glück in der Unabhängigkeit zu suchen und ein seßhaftes Leben zu führen. Und auch für meinen Sohn ist's höchste Zeit, ins Gymnasium zu gehen. Er ist groß geworden. Ich habe mich nämlich, müssen Sie wissen, mit meiner Frau versöhnt.«

»Aber wo ist sie denn?« fragte Olenka.

»Sie ist mit dem Sohn im Gasthof, und ich bin unterwegs, eine Wohnung zu suchen.«

»Gott im Himmel, mein Freund, so nehmen Sie doch mein Haus! Die Wohnung ist nicht übel. Gott im Himmel, Geld werd ich von Ihnen doch keines nehmen«, sagte Olenka aufgeregt und begann aufs neue zu weinen. »Sie können hier wohnen, mir reicht auch der Seitenflügel. Eine Freude aber auch, Gott im Himmel!«

Am nächsten Tag wurden bereits das Dach des Hauses gestrichen und die Wände geweißt, und Olenka lief auf dem Hof umher, die Arme in die Seiten gestemmt, und traf Anordnungen. In ihrem Gesicht erstrahlte das frühere Lächeln, sie war aufgeblüht, hatte frische Farbe bekommen, als sei sie aus langem Schlaf erwacht. Die Frau des Veterinärs kam, eine magere, unschöne Dame mit kurzem Haar und kapriziösem Gesichtsausdruck, und mit ihr der Junge,

Sascha, klein, obwohl bereits zehn Jahre alt, rundlich, mit hellen blauen Augen und Grübchen in den Wangen. Kaum hatte er den Hof betreten, da lief er auch schon der Katze nach, und sein fröhliches, freudiges Lachen erklang.

»Tantchen, ist das Ihre Katze?« fragte er Olenka. »Wenn Sie Junge wirft, schenken Sie uns doch bitte ein Kätzchen. Mama hat große Angst vor Mäusen.«

Olenka redete mit ihm, bewirtete ihn mit Tee, und das Herz in ihrer Brust erwärmte sich plötzlich und zog sich wonnig zusammen, als wäre dieser Junge ihr eigener Sohn. Und wenn er abends im Eßzimmer saß und seine Lektionen wiederholte, betrachtete sie ihn gerührt und ergriffen und flüsterte:

»Mein Liebling, du hübsches Kerlchen... Mein Kindchen, wie klug du doch bist und wie zart.«

»Als Insel bezeichnet man«, las er, »ein Stück Land, das von allen
[12] Seiten von Wasser umgeben ist.«

»Als Insel bezeichnet man ein Stück Land...« wiederholte sie, und das war ihre erste Meinung, die sie nach so vielen Jahren des Schweigens und der Gedankenleere voller Überzeugung zum besten gab.

Nun hatte sie wieder eine Meinung und sprach beim Abendessen mit Saschas Eltern darüber, wie schwer es die Kinder heutzutage in den Gymnasien hätten, daß die klassische Bildung aber dennoch besser sei als die Realschulbildung, da einem nach dem Gymnasium alle Wege offenstünden. Willst du Arzt werden, bitte schön. Oder vielleicht Ingenieur, auch möglich.

Sascha besuchte nun das Gymnasium. Seine Mutter reiste zu ihrer Schwester nach Charkow und kehrte nicht zurück; der Vater war jeden Tag unterwegs, um Herden zu inspizieren. Manchmal war er drei Tage lang außer Haus, und Olenka schien, man habe Sascha ganz vergessen, niemand kümmere sich um ihn und er müsse Hungers sterben. So holte sie ihn zu sich in den Flügel und brachte ihn dort im kleinen Zimmer unter.

Ein halbes Jahr ist bereits vergangen, seit Sascha bei ihr im Nebengebäude wohnt. Jeden Morgen kommt Olenka in sein Zimmer. Er schläft fest, eine Hand unter der Wange, und atmet kaum. Es tut ihr leid, ihn zu wecken.

»Saschenka«, sagt sie traurig, »steh auf, mein Liebling! Zeit fürs Gymnasium.«

Er steht auf, kleidet sich an, betet und setzt sich dann zum Tee. Er trinkt drei Gläser Tee und ißt zwei große Kringel dazu und ein halbes Brötchen mit Butter. Er ist noch nicht ganz wach und deshalb schlecht gelaunt.

»Saschenka, du hast die Fabel nicht richtig gelernt«, sagt Olenka und schaut ihn an, als begebe er sich auf eine lange Reise. »Was habe ich nur für Sorgen mir dir. Streng dich schon an, mein Liebling, und lerne ... Hör auf die Lehrer.«

»Ach, lassen Sie mich doch bitte!« sagt Sascha.

Dann geht er die Straße entlang zum Gymnasium, klein wie er ist, doch mit großer Schirmmütze und Ranzen auf dem Rücken. Und ihm folgt lautlos Olenka. »Saschenkaaa!« ruft sie.

Er dreht sich um, und sie steckt ihm eine Dattel oder einen Bonbon in die Hand. Wenn sie in jene Gasse einbiegen, in der sich das [13]
Gymnasium befindet, schämt er sich, daß ihm eine hochgewachsene, korpulente Frau hinterherläuft. Er dreht sich um und sagt:

»Gehen Sie nach Hause, Tante, ich finde jetzt schon allein hin.«

Sie bleibt stehen und blickt ihm reglos hinterher, bis er durchs Tor des Gymnasiums verschwunden ist. Ach, wie sehr sie ihn liebte! Keine ihrer früheren Leidenschaften war so tief gewesen, nie zuvor hatte sich ihre Seele so hingebungsvoll, selbstlos und voller Freude ergeben wie jetzt, da das Muttergefühl immer stärker Besitz von ihr ergriff. Für diesen ihr fremden Jungen, für seine Grübchen in den Wangen, für die Schirmmütze hätte sie ihr Leben gegeben, mit Freuden und Tränen der Rührung. Weshalb? Wer weiß das schon zu sagen, weshalb.

Nachdem sie Sascha ins Gymnasium begleitet hat, kehrt sie still, zufrieden, ruhig und voller Liebe nach Hause zurück. Ihr Gesicht, das sich im letzten halben Jahr verjüngt hat, lächelt und leuchtet. Wer sie im Vorübergehen betrachtet, freut sich und sagt zu ihr:

»Guten Tag, Herzchen Olga Semjonowna! Wie geht es Ihnen, Herzchen?«

»Schwer haben es die Kinder heutzutage im Gymnasium«, erzählt sie auf dem Markt. »Das ist doch kein Pappenstiel, gestern wurde der ersten Klasse aufgegeben, eine Fabel auswendig zu lernen, eine Lateinübersetzung anzufertigen und dann noch eine Rechenaufgabe… Wie soll der Kleine das bloß schaffen?«

Und sie beginnt von den Lehrern zu reden, vom Unterricht, von den Lehrbüchern, genauso wie Sascha darüber spricht.

Zwischen zwei und drei essen sie zusammen zu Mittag, am Abend erledigen sie gemeinsam die Hausaufgaben und weinen. Wenn sie ihn zu Bett bringt, bekreuzigt sie ihn lange und flüstert ein Gebet. Dann legt sie sich schlafen und träumt von jener fernen, verschwommenen Zukunft, wenn Sascha nach Beendigung seines Studiums Arzt oder Ingenieur geworden ist, ein eigenes großes Haus, Pferde und eine Kutsche besitzt, heiratet und Kinder bekommt… Sie schläft ein, ihre Gedanken aber kreisen immer um ein und dasselbe, und Tränen fließen ihr aus den geschlossenen Augen über die Wangen. Und die schwarze Katze liegt an ihrer Seite und schnurrt:

[14] »Murr… murr… murr…«

Plötzlich klopft es laut gegen die Pforte. Olenka erwacht, ihr stockt der Atem vor Angst, und ihr Herz rast. Eine halbe Minute vergeht, und wieder klopft es.

Ein Telegramm aus Charkow, denkt sie und beginnt am ganzen Leib zu zittern. Die Mutter will Sascha zu sich nach Charkow holen… Oh Gott!

Sie ist verzweifelt. Ihr Kopf, ihre Füße und Hände ersterben, und es scheint, als gebe es keinen unglücklicheren Menschen auf der ganzen Welt. Doch nach einer weiteren Minute hört man Stimmen – der Veterinär ist aus dem Klub heimgekehrt.

Na, Gott sei Dank, denkt sie.

Die Last weicht allmählich vom Herzen, und wieder wird ihr leicht zumute – sie legt sich nieder und denkt an Sascha, der im Nebenzimmer tief schläft und hin und wieder im Schlaf sagt:

»Ich werd dir helfen! Hau ab! Laß mich zufrieden!«

EINE MUSTER-GESCHICHTE

Gedanken zu *Herzchen*

Wir wissen: Die Grundeinheit des Geschichtenerzählens besteht aus zwei Schritten.

Erstens baut die Autorin eine Erwartung auf: »Es war einmal ein Hund mit zwei Köpfen.« Im Denken des Lesers entstehen eine Kette von Fragen (»Kommen die Köpfe miteinander klar?«, »Was passiert beim Fressen?«, »Sind noch weitere Tiere in dieser Welt zweiköpfig?«) und die ersten Ahnungen, worum es bei dieser Erzählung gehen könnte (»Das gespaltene Ich?«, »Parteinahme?«, »Optimismus vs. Pessimismus?«, »Freundschaft?«).

Zweitens geht die Autorin auf diese Erwartungen ein (»setzt sie ein« oder »benutzt« oder »bedient« sie). Aber weder zu sklavisch (wenn der Einsatz dieser Erwartungen sich allzu linear oder brav durchexerziert anfühlt) noch zu lässig (wenn die Erzählung in irgendeine willkürliche Richtung driftet, die mit den aufgebauten Erwartungen nichts mehr zu tun hat).

Eine bewährte Art, eine Erwartung aufzubauen, besteht darin, ein Muster anzuwenden.

»Es waren einmal drei Söhne. Der erste Sohn zog in die Welt, um sein Glück zu suchen, und da er die ganze Zeit auf sein Telefon starrte, stürzte er eine Klippe hinunter und starb sofort.« Wenn die nächste Zeile anfängt mit »Der zweite Sohn stand am nächsten Tag früh auf…«, dann erwarten wir (1) schon jetzt, dass auch der zweite Sohn stirbt und fragen uns (2) danach, wie er es wohl mit seinem Telefon hält. Wenn der zweite Satz so weitergeht: »Der zweite Sohn stand am nächsten Tag früh auf und ging ohne sein Telefon zur Tür hinaus«, dann verändern sich unsere Erwartungen: Tod durch Telefon fällt aus; Ungemach wird weiterhin erwartet. Wenn es dann weitergeht mit »Als er die Klippe zu seiner Rechten bemerkte, wich er ihr geschickt aus. Dann, aus vollem Halse singend und kein bisschen auf seine Umgebung achtend, weil er sich in der Fantasie verlor, wie er Hilda endlich einen Heiratsantrag machte, lief der zweite Sohn vor einen Lkw und starb sofort« – dann bringt diese Auflösung, ich muss es leider sagen, eine gewisse Befriedigung mit sich. Jetzt haben wir das Gefühl, diese Erzählung »handelt von«, sagen wir: *Tod durch Ablenkung*. Und so beobachten wir den dritten Sohn, wenn er am nächsten Morgen zur Tür hinausgeht, mal sehen, durch welche Art der Unaufmerksamkeit er zu Tode kommt. Wenn er die Klippe bemerkt und nicht abstürzt, dann geduldig am Straßenrand wartet und einen zu schnell fahrenden Lkw vorbeilässt, so »handelt« die Geschichte immer noch von Unaufmerksamkeit – wir erwarten immer noch, dass er etwas Unaufmerksames tut und stirbt –, weil sie bis dahin davon gehandelt hat.

Ein Muster ist eingerichtet worden, und wir erwarten, dass es sich wiederholt. Wenn es sich dann, leicht verändert, wiederholt, sorgt das für Vergnügen, und wir schreiben der Veränderung Bedeutung zu.

Herzchen ist dieser Typus Erzählung – eine Muster-Geschichte. Das Grundmuster lautet: Eine Frau verliebt sich, und diese Liebe geht zu Ende. Das Muster kommt dreimal zum Einsatz: mit dem Theaterbesitzer Kukin, dem Holzfritzen Wassili und dem Tierarzt Smirnin. Die Erzählung endet mitten in einer vierten Wiederholung: Sie hat sich in den Jungen Sascha verliebt, aber diese Liebe ist noch nicht zu Ende.

Kukin tritt auf der ersten Seite auf und beklagt sein Schicksal. (Da käme ja kein Mensch drauf, dass das Betreiben einer Provinzbühne frustrierend sein könnte.) Wir erfahren (auf der zweiten Seite): Olenka »liebte ständig irgend jemanden und konnte einfach nicht anders«. Dann folgt eine Liste: ihren Vater, ihre Tante, einen Lehrer. Also: Sie muss immer verliebt sein. Und hier haben wir Kukin, der im Seitengebäude ihres Hauses wohnt.

Es ist eine goldige Romanze, anscheinend Olenkas erste. Gut, Kukin ist nicht der Knaller (»klein von Statur, mager (...). In seinem [gelblichen] Gesicht stand stets Verzweiflung geschrieben«), aber dennoch »rührten sie seine Heimsuchungen, und sie gewann ihn lieb«.

Was erzählt uns Tschechow alles im Verlauf von Seite 2 und 3 über die Beziehung zwischen Olenka und Kukin, wie baut er eine bestimmte Beziehung durch spezifische Informationen auf? Kukins Arbeit (er betreibt ein erfolgloses Theater); die Art und Weise ihres Liebeswerbens (sie kommen sich von selbst näher, und sie verliebt sich aus Mitleid in ihn); die Art und Weise ihrer Beziehung (sie kommen gut miteinander aus, sind traurig und sorgenvoll und vereint in ihrem Groll gegenüber dem Publikum mit seinem billigen Geschmack; sie nimmt zu, er nimmt ab); wie Kukin sie anspricht/von ihr denkt (»Herzchen!«), wie sie ihn anspricht/von ihm denkt (»Wie wundervoll du doch bist!«, »Was für einen schmucken Mann ich doch habe!«); die Dauer der Beziehung (zehn Monate); die Methode, wie Tschechow sie trennt (der Mann stirbt fern von zu Haus, und sie hört durch ein sprachlich missglücktes Telegramm davon); und wie lange sie trauert (drei Monate).

Für einen besseren Überblick habe ich diese Daten in Liste 2 zusammengestellt.

LISTE 2

Olenka und Kukin

Kategorie	Beschreibung
Seine Arbeit	Theaterbetreiber
Art und Weise ihres Liebeswerbens	Sie kommen sich von selbst näher. »Mit der Zeit« verliebt sie sich, aus Mitleid (»... rührten sie seine Heimsuchungen«).
Art und Weise ihrer Beziehung	Traurig und sorgenvoll. Sie mögen das Publikum nicht. Sie nimmt zu, er »magerte ab«. Sie »führten ein gutes Leben«.
Wie er von Olenka spricht	»Herzchen!«
Wie sie von ihm spricht	»wundervoll«, »schmucker Mann«
Dauer der Beziehung, in Seiten	2,5 Seiten
Dauer der Beziehung, in Monaten	10 Monate
Wie er stirbt bzw. sie getrennt werden	Todesursache unbekannt. Sie hört über ein (sprachlich missglücktes) Telegramm davon.
Trauerzeit	3 Monate
Status des »Seitenflügels«	Während der Beziehung wohnt Kukin dort. (Kukin kommt aus ihrem eigenen Haus zu ihr.) Als sie verheiratet sind, bleibt der Seitenflügel leer.

Bemerken wir vorerst einmal die Informationsdichte hier, denn das und nichts weiter sind diese ersten Seiten: eine Matrix aus spezifischen Informationen über Olenkas und Kukins Beziehung.

Wir bekommen auch einen ersten Eindruck davon, was wir später als Olenkas charakteristische Eigenschaft erkennen: Sie liebt Kukin so sehr, dass sie zu ihm wird. Auf S. 3 erfahren wir, dass sie angefangen hat, im Theater zu arbeiten. Bald erzählt sie ihrem Freundeskreis, dass nichts auf der Welt so bemerkenswert, bedeutend und wesentlich ist wie das Theater; sie teilt Kukins Ansichten so weitgehend, dass die Schauspieler sie deswegen liebevoll aufziehen, indem sie sie »Wanetschka und ich« nennen.

Zu diesem frühen Zeitpunkt in der Erzählung wirkt die Verschmelzung von Olenkas Denken mit Kukin noch nicht merkwürdig. Offenbar ist sie richtig verliebt. Es ist eine goldige, überhöhte Version von dem, was uns allen passiert, wenn wir uns verlieben. Wir schmiegen uns dem oder der Geliebten an und teilen seine oder ihre Interessen, es fühlt sich an wie die Verbindung unseres Lebens, und wir sind glücklich.

Bis zum Ende von Seite 3 ist die glückliche Ehe etabliert, und die Erzählung steht still. Wenn wir im Lauf der nächsten Seiten nur weitere Bestätigungen davon bekommen, wie wohl sich die beiden in ihrer besonderen Art und Weise fühlen – er wird immer dünner und abgezehrter, sie wird plumper und liebenswerter, während die Jahreszeiten fröhlich vorüberziehen –, dann beschleicht uns jenes gewisse Gefühl, wie wir es angesichts einer ziellosen Erzählung bekommen, oder auch wenn jemand uns von dem langen Traum der letzten Nacht erzählt.

Und dann fragen wir uns irgendwann (wieder in Anlehnung an Dr. Seuss): »Warum machst du dir die Mühe, mir das zu erzählen?«

Wenn ich schreibe: »Es war einmal ein Hund, der richtig gerne fraß. Eines Morgens fraß er sein Hundefutter, dann fraß er das Katzenfutter. Er lief nach draußen und fraß ein paar Äpfel, die er unter einem Baum fand. Dann fraß er noch mehr Äpfel, die er unter einem anderen Baum in der Nähe fand. Dann fand er im Park die Reste eines Schweinefleisch-Sandwiches und fraß das« – dann haben Sie's kapiert. Sie haben das Muster erfasst (»Der Hund *frisst*«) und warten auf etwas, das das Muster durchbricht, entweder als Herausforderung des Musters (der Hund versucht, einen lebenden Bären zu fressen) oder als Folge des Musters (der Hund wird so fett, dass er nicht mehr laufen kann). Der Umstand »Dieser eine Hund hatte dauernd Hunger und fraß die ganze Zeit« mag durchaus wahr sein, aber die ganze Welt ist voll von solchen zufälligen Wahrheiten, die wir durch bloße Beobachtung herauskriegen können: »Ein Blumentopf hatte mal einen Tennisball drin.« »Dieses Mädchen fasste sich ständig mit der Hand auf den Hinterkopf, während es auf den Bus wartete.«

Das Genre Erzählung stellt dem rein Anekdotischen die Frage: »Okay, na und?«

Was eine Anekdote in eine Erzählung verwandelt, ist Steigerung. Wir könnten auch sagen: Wenn wir plötzlich merken, dass Steigerung stattfindet, ist das ein Zeichen dafür, dass sich unsere Anekdote in eine Erzählung verwandelt.

Dazu gibt es ein kleines Schaubild namens »Freytag'sches Dreieck«, mit dem erklärt werden soll, wie Geschichten funktionieren. Und es hilft uns tatsächlich ziemlich gut dabei zu begreifen, warum eine Geschichte, die funktioniert, denn funktioniert. Dank dieser nachträglichen Konstruktion schreiben wir nicht unbedingt eine gute Erzählung, aber wir können damit eine analysieren, die schon gut läuft, oder eine diagnostizieren, bei der es hakt.

Solange Olenkas glückliche Ehe mit Kukin anhält, befinden wir uns ruhig und zufrieden in der Zone der flachen Linie, die »Exposition« heißt (»Dies war der Normalzustand«). Wenn oben auf Seite 4 Olenka ihr Loblied auf Kukin singt (»Wie wundervoll du doch bist!«), werden wir allmählich ein bisschen rastlos, denn wir spüren, dass wir schon alles haben, was wir brauchen: Der Grundzustand ist eingerichtet und wartet darauf, gebrochen zu werden. Wir sind wachsam, ob gleich etwas Kompliziertes passiert, das uns in die »Ansteigende Handlung« katapultiert.

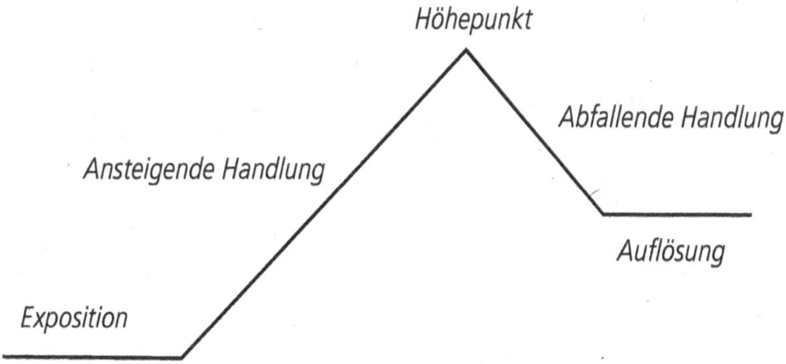

Freytag'sches Dreieck

Wenn wir lesen »In den Großen Fasten reiste er nach Moskau«, geht ein kleines Warnlämpchen bei uns an (vor allem, weil zwei Absätze vorher erwähnt wurde, dass er krank war). Das muss der Grund sein, warum Tschechow Kukin nach Moskau schickt: damit dort etwas mit ihm passieren kann, das uns in die Ansteigende Handlung stupst. (Manchmal sage ich meinen Studierenden scherzhaft, was sie tun sollen, wenn sie in der Exposition festsitzen und Seite um Seite schreiben, ohne dass die Handlung ansteigt; sie brauchen nur diesen Satz in ihre Erzählung zu werfen: »Was dann geschah, veränderte die Dinge für immer.« Die Geschichte kann gar nicht anders, als darauf zu reagieren.[7]

Wir warten auf Nachrichten aus Moskau. Kukin kommt nicht nach Hause wie geplant (»Kukin wurde in Moskau aufgehalten (...), er kehre zu den Osterfeiertagen zurück«). Wir fragen uns, warum er seine Pläne geändert hat. Verliert er das Interesse an Olenka? Hat er eine Affäre in Moskau? Wird das jetzt *die* Sorte Erzählung? Falls ja: Kukin, du Schwein. Aber nein: Er schickt immer noch Anweisungen für das Theater nach Hause, ein Signal für uns, dass ihm Olenka und ihr gemeinsames Leben weiterhin wichtig sind. Aber warum schickt Tschechow ihn nach Moskau, wenn dort nichts mit ihm passiert? Wenn alles unverändert bleibt und er einfach nur nach Hause kommt, derselbe Bursche, der dorthin aufgebrochen ist, dann empfinden wir die Moskau-Abschweifung als einen kleinen Kropf der Ineffizienz, nach dem wir (immer noch) in der Exposition festhängen.

Dann kommt das verhängnisvolle Wörtchen »aber«, das uns anzeigt, jetzt kommt das Ereignis, das den Lauf der Erzählung verändert:

»Am Montag der Karwoche *aber* ertönte spät am Abend plötzlich ein unheilverkündendes Klopfen am Tor.«

Wir denken: Spätabendliches Klopfen am Tor = schlechte Nachrichten.

Dann, bei »Telegramm«: Spätabendliches Klopfen am Tor + Telegramm = Tod?

Das Telegramm ist ulkig missglückt. Es ist traurig und lustig und macht Kukins Tod etwas leichter verdaulich. Irgendwo ist uns klar, dass Kukin abgeräumt werden musste, wir verzeihen

---

7 Im Anhang B biete ich den Autor:innen unter uns eine Übung an: einen todsicheren Trick, um von der Exposition in die Ansteigende Handlung zu kommen.

Tschechow, dass er sich seiner so ohne Umschweife entledigt (ihn quasi abschießt), teilweise weil wir durch das Telegramm ja auch etwas dafür bekommen.

Also, Kukin ist in Moskau gestorben. Als neuer Freund von Olenka fühle ich mit ihr, dem Herzchen.

Doch als Leser bin ich irgendwie froh.

Tschüss, Kukin, du hast dein Leben für die Ansteigende Handlung geopfert.

Kukin ist tot, Olenka trauert. Die Erzählung pausiert (nach dem dritten Absatz auf Seite 5). Kukin ist geliebt und nachgeahmt worden, und nun ist er gestorben. Was jetzt? Wird Olenka verrückt oder eine Säuferin, wird sie bis ans Ende ihrer Tage Schwarz tragen? Jeder Autor, der jemals mit den ersten Seiten einer Erzählung einen guten Anfang hingelegt hat, kennt diesen neurotischen, in den Wahnsinn treibenden Moment. Es gibt so viele Möglichkeiten weiterzuschreiben. Welche ist die beste? Und woher sollen wir das wissen?

Legen wir die Frage »Wie traf Tschechow die Entscheidung, was er als Nächstes tun sollte?« erst einmal beiseite und schauen uns an, was er tatsächlich als Nächstes tut, nämlich etwas Kühnes: Er überspringt die nächsten drei Monate (sämtliche nun folgenden, rund neunzig traurigen Tage nach der Beerdigung) und landet hier: »Drei Monate darauf kehrte Olenka eines Tages von der Messe heim.« Er liefert uns *nicht*: »Nach der Beerdigung machte Olenka tagelang überhaupt nichts. An einem Mittwoch bemerkte sie ein paar hübsche Wolken. Am Donnerstag wäre es Zeit für die Wäsche gewesen, aber sie konnte einfach nicht. Sie dachte an Kukin, wie lieb er immer zu ihr gewesen war. Dann putzte sie am Donnerstag Nachmittag die Küche. Dort fand sie Kukins Ersatzbrille und brach in …«

Er serviert uns null von diesem tagtäglichen, kalenderführenden bloßen Auflisten. Warum nicht? Weil diese Tage belanglos sind. Sie bedeuten nichts. Sagt wer? Die Erzählung selbst. Indem die Erzählung diese Tage überspringt, teilt sie uns mit, dass währenddessen nichts von Bedeutung geschah, sondern dass sie uns lieber mit dem Nächsten konfrontieren will, was sie bedeutsam findet, d. h. relevant für das, was sie vorhat.

Die Kühnheit dieses Sprungs lehrt uns etwas Wichtiges über die Form der Erzählung: Sie ist kein dokumentarischer oder präziser Rechenschaftsbericht darüber, wie die Zeit vergeht, oder ein abgewogener Versuch, das Leben so zu schildern, wie es wirklich gelebt wird; es ist eine radikal gestaltete, manchmal (im Vergleich zum öden realen Leben) sogar etwas karikatureske kleine Maschine, die uns damit begeistert, wie extrem entschlossen sie vorgeht.

Wie Sie wissen, weil Sie sie gerade gelesen haben, springt die Erzählung vor, bringt uns zu Wassili, dem Verwalter des Holzlagers. Ich glaube, dies ist die Stelle, wo uns beim ersten Lesen aufgeht, dass wir es mit einer Muster-Geschichte zu tun haben – dort auf Seite 5, genau da, wo der (Männer-)Name Wassili auftaucht. Wir wissen, dass Olenka Kukin so sehr liebte, dass sie quasi zu ihm wurde. Nun handelt die Erzählung davon, wie sie jemand Neues zum Lieben kennenlernt. Und wir fragen uns: Wie *kann* sie ihn lieben (nachdem sie Kukin so sehr geliebt hat)? Und: Wie kann sie *ihn* lieben (ihn, der nicht Kukin ist)? Und: *Wie* wird sie ihn lieben? (Wird sie ihn drängen, ins Theater zu gehen? Darauf bestehen, dass ein Bild von Kukin im Wohnzimmer hängt? Sich womöglich irgendwann von Wassili trennen, weil er Shakespeare nicht kapiert?) Wir meinen, wir hätten gerade eine liebende Frau erlebt (die Kukin liebt). Jetzt haben wir eine weitere Chance, diese Frau als Liebende zu erleben.

Als ich, als Kind, in Chicago lebte, sagten alte Männer, wenn sie eine Wendung in einer Geschichte gut fanden: »Ha, das ist ja happig.« Wie Wassili hier eingeführt wird, ist *happig.*

Und plötzlich tauchen Fragen über das Wesen der Liebe auf.

Im Lauf der Jahre entwickelt unsere Freundin eine Art, auch öffentlich zu zeigen, wie vertraut sie mit ihrem Mann ist: Immer wenn sie beieinanderstehen, steckt sie gedankenverloren einen Finger durch seine Gürtelschlaufe.

Er stirbt, unsere Freundin heiratet erneut, und wir sehen, wie sie bei ihrem neuen Freund dieselbe Nummer macht. Wer würde etwas dabei finden? Na ja, wir alle. Wir möchten gern glauben, dass die Liebe einzigartig und exklusiv ist, und finden die Vorstellung irritierend, dass sie tatsächlich erneuerbar und in ihren Gewohnheiten etwas repetitiv sein könnte. Würde der Mensch, mit dem Sie zur Zeit zusammen sind, den Menschen, mit dem er oder sie nach Ihrem Tod zusammen wäre, etwa mit demselben Kosenamen anreden, der jetzt Ihnen vorbehalten ist? Nun ja, warum nicht? Es gibt ja nicht endlos viele Kosenamen. Warum sollte Sie das stören? Klar, weil Sie glauben, dass mit dieser Liebe Sie im Besonderen gemeint sind (und deshalb nennt der liebe Ed Sie auch »Honey-Bunny«), aber von wegen: Die Liebe ist einfach da, und Sie haben zufällig ihren Weg gekreuzt. Wenn Sie, tot und über Ed schwebend, hören, wie er diese Ratte Beth, ihre frühere Freundin, »Honey-Bunny« nennt, während sie gedankenverloren einen Verräterfinger durch seine Gürtelschlaufe steckt, dann werden Sie – in Geistergestalt – etwas weniger von Ed halten, von Beth und vielleicht auch von der Liebe selbst. Oder?

Vielleicht auch nicht.

Tun wir denn nicht alle irgendetwas in dieser Art, wenn wir lieben? Wenn der Mensch, den Sie lieben, stirbt oder Sie verlässt, sind Sie doch immer noch da, sind Sie selbst mit Ihrer ganz bestimmten Art zu lieben. Und genauso die Welt, immer noch voller Menschen, die man lieben kann.

Es geschieht schnell, über drei Absätze auf den Seiten 5–6: Olenka wird auf dem Heimweg von der Kirche von Wassili getröstet, sie mag ihn so sehr, dass sie eine Vision von seinem »dunklen Bart« hat, sie heiraten – und sie fängt an, wie er zu denken und zu reden. Das ist die volle Dosis von happig: Olenka wird Wassili genauso lieben wie Kukin, indem sie zu ihm wird.

Sollten wir uns für Olenka freuen? Auf sie hinabschauen? Müssen wir ihre Beziehung zu Kukin neu bewerten?

Also: alles bestens. Dieser Text leistet allmählich das, was eine Erzählung kann. Aber wenn Sie selbst schreiben, fragen Sie sich (immer noch): Gut, aber woher wusste Tschechow, dass er jetzt diesen Sprung nach vorn, zu Wassili tun musste? Mit anderen Worten: Wie kam es, während er beim Schreiben war, zu dieser »Entscheidung«? Das wollen wir natürlich wissen, wir hätten gern eine Anleitung dafür, wie wir etwas ähnlich Schlaues hinkriegen, wenn es in einer von unseren Erzählungen so weit ist.

Also, eine Antwort könnte lauten: »Woher soll ich das wissen? Er war halt ein Genie und, na ja, wusste es halt… irgendwie?«

Aber hier gibt es ja vielleicht doch etwas für uns zu lernen, eine gute schriftstellerische Gewohnheit.

Auf den ersten Seiten der Erzählung hat nämlich Tschechow Olenka zu einer besonderen Figur gemacht, indem er ihr eine spezifische Eigenschaft mitgab: Wenn sie jemanden liebt, wird sie zu dieser Person. Wie wir bei unserer Betrachtung von *Auf dem Wagen* gesehen haben, wissen wir, sobald (über Tatsachen) eine spezifische Figur etabliert ist, auch genau, welche von den vielen Dingen, die mit ihr geschehen können, die potenziell relevanten sind.

Wir könnten sagen, dass in diesem Spezifischen die Knospe für den Plot liegt.

Erzählung: »Es war einmal eine Frau, die zu allem wurde, was sie liebte.«

Tschechow: »Echt? Na, dann testen wir diese Annahme doch mal. Hmmm. Wie machen wir das? Ah, ich weiß: Wir bringen ihre erste Liebe um und schenken ihr eine zweite.«

Die »gute schriftstellerische Gewohnheit« könnte also daraus bestehen, immer wieder im Hinblick auf das Spezifische zu überarbeiten, so dass es deutlich zutage tritt und dann Plot hervorbringen kann (oder, wie wir lieber sagen, »bedeutsame Handlung«).

Schauen Sie sich diesen Satz an, den ich zunehmend mit Spezifischem anreichere:

> Ein Typ sitzt in irgendeinem Zimmer und denkt an gar nichts, da kommt ein anderer Typ rein.

> Ein wütender Rassist sitzt in einem Zimmer und denkt, wie unfair er sein ganzes Leben lang behandelt wurde, da kommt jemand herein, der einer anderen »Rasse« angehört.

> Ein wütender weißer Rassist namens Mel, der Krebs hat, sitzt im Untersuchungszimmer und denkt daran, wie unfair er sein ganzes Leben lang behandelt wurde, da kommt ein Arzt herein, der etwas ichbezogene pakistanisch-amerikanische Dr. Buchari. Er hat schlechte Nachrichten für Mel, aber trotzdem strahlt er, denn er hat gerade einen großen Preis gewonnen.

Ich weiß nicht, was in diesem letzten, spezifischeren Zimmer passieren wird, aber ich bin ziemlich sicher, irgendwas passiert da gleich.

Auf den Seiten 5–8, während wir in die zweite Verkörperung des Musters hineinkommen (»Olenka verliebt sich in Wassili«), wird der wache Leser (oder der quasiwache Leser wie ich, der diese Erzählung jahrelang im Unterricht durchgenommen hat, ohne dass ihm das aufging) bemerken, dass Tschechow uns Informationen über die Beziehung von Olenka und Wassili liefert, die genau parallel laufen zu dem, was er uns zuvor an Informationen über die Beziehung zwischen Olenka und Kukin geliefert hatte. Ich habe das begriffen, als ich für Olenka und Wassili ein Schaubild anfertigte, analog zu dem vorherigen für Olenka und Kukin (Liste 2). Dann wurde mir klar, dass ich gar kein neues brauchte, weil alle Kolonnen dieselben Überschriften trugen (siehe Liste 3).

Und, wenn ich jetzt etwas vorgreife, lässt sich auch sagen, dass wir dieselben Parallelen in Tschechows Beschreibungen von Olenkas zukünftigen Beziehungen zu Smirnin und Sascha finden können (die ich zu Liste 3 hinzugefügt habe).

Das ist interessant und fast ein bisschen verrückt; es scheint darauf hinzuweisen, dass Tschechow, als er jede dieser Beziehungen beschrieb, im Wesentlichen denselben Satz Variablen anlegte, den er zuvor etabliert hatte, als er die Beziehung zwischen Olenka und Kukin beschrieb. (Tat er das absichtlich? War ihm bewusst, dass er das tat? Ich glaube nicht, aber heben wir uns diese Fragen vorerst noch auf.)

Auf den Seiten 5–8 bekommen wir also Folgendes geliefert: Wassilis Arbeit (Holzlagerverwalter); die Art und Weise ihres Liebeswerbens (eine zufällige Begegnung, dann wird die Verlobung durch einen Boten verkündet); die Art und Weise ihrer Beziehung selbst (sie sind sexuell heißer, sinnlicher: Sie essen und kochen und beten, gehen in die Banja, »dufteten angenehm«; sie haben nicht nur »ein gutes Leben«, sie leben »glücklich zusammen«); wie Wassili über sie spricht/denkt (»Olenka, was hast du, mein Liebes?«); wie Olenka über ihn spricht/denkt (sie wird wach gehalten, »glühte wie im Fieber«, wenn sie an ihn denkt; sie ist »so sehr verliebt« und »grämte sich sehr«, wenn er zum Holzeinkauf fährt); die Dauer der Beziehung (sechs Jahre); die Methode, wie Tschechow sie voneinander trennt (er stirbt zu Hause, nachdem er sich verkühlt hat); und die Dauer ihrer Trauerzeit (über sechs Monate).

Wir können die beiden Beziehungen vergleichen – ich würde sogar sagen, wir können gar nicht anders, als sie zu vergleichen. Die Struktur erzwingt diesen Vergleich. Die vervollständigte Liste 3, in der auch Smirnin und Sascha ihren Platz finden, liefert die leicht zugängliche vergleichende Geschichte von Olenkas Beziehungen.

Liste 3 ist der Grund, warum ich *Herzchen* im Kurs durchnehme. Das läuft auf einen flotten kleinen Leitfaden hinaus, wie viel Strukturierung die Form der Erzählung aushalten bzw. belohnen kann. Nehmen Sie irgendeine Rubrik (»Wie er zu Olenka spricht«, zum Beispiel), gehen Sie daran lang – und Sie werden Variation finden. Wenn man die Erzählung so betrachtet, ist sie ein wunderschönes System dafür, ein Muster in kontrollierter Variation zu zeigen. Sobald Tschechow ein Element eingeführt hat, bedient er es in jeder weiteren Sequenz wohldurchdacht weiter (mit überlegten, aussagekräftigen, nicht roboterhaften Variationen). Was zunächst wie ein angenehm anekdotisch wirkender Bericht-in-Lebensgröße von den romantischen Erfahrungen einer Frau aussah, entpuppt sich als eine nahezu mathematische Fakten-Übertragungsapparatur, ein durchstrukturiertes Muster von Ähnlichkeiten und Unterschieden, das über vier aufeinanderfolgende Beziehungen hinweg durchgezogen wird. Wo wir auch hinschauen, finden wir Variation.

LISTE 3

Die diversen Lieben der Olenka

KATEGORIE	KUKIN	WASSILI	SMIRNIN	SASCHA
Seine Arbeit	Theaterbetreiber	Holzlagerverwalter	Tierarzt	Kind
Art und Weise des Liebeswerbens	Sie kommen sich von selbst näher. »Mit der Zeit« verliebt sie sich aus Mitleid. (»… rührten sie seine Heimsuchungen.«)	Zufallsbegegnung auf dem Heimweg von der Kirche, dann durch Botin/Kupplerin arrangiert.	Passiert in den Kulissen, etwas heimlich. Sie heiraten nie. Keine Infos über Einzelheiten des Liebeswerbens. Eines Tages sind sie einfach ein Paar.	Er wird in ihr Haus gebracht und allmählich ihrer Pflege überlassen.
Art und Weise der Beziehung	Traurig und besorgt. Sie mögen das Publikum nicht. Sie nimmt zu, er »magerte ab«. »Sie führten ein gutes Leben.«	Sie »lebten glücklich« zusammen. Sie essen, kochen, beten, »duften angenehm«, gehen zusammen in die Banja, im Büro gibt es Tee und Kringel: Gesundheit und Fülle und Genuss und, offenbar, Lust.	Er dominiert sie eher und findet sie peinlich. Wenn sie sich streiten, sind sie bald darauf »beide [wieder] glücklich«.	Sie sieht sich als seine Beschützerin, er empfindet sie als Unterdrückerin.
Wie er zu Olenka spricht	»Herzchen!«	»Olenka, was hast du, mein Liebes?« Er fühlt sich hingezogen: »(…) hatte auch sie Eindruck auf ihn gemacht.«	»Misch dich bitte nicht ein!« (Nennt sie nie Herzchen.)	»Lassen Sie mich doch bitte!« und sein Traum von einem Kampf auf dem Schulhof auf den letzten Zeilen der Erzählung.

Wie sie zu ihm spricht	»Wie wundervoll du doch bist!«, »Was für einen schmucken Mann ich doch habe!«	»Er gefiel ihr außerordentlich«, sie liegt wach, glüht wie im Fieber. Sie ist in ihn »sehr verliebt« und »grämt sich sehr«, wenn er weg ist.	Oft »flehte [sie] ihn an, nicht böse zu sein«.	»Mein Liebling, du hübsches Kerlchen!«
Dauer der Affäre (Seiten)	2,5 Seiten	3 Seiten	1 Seite	3 Seiten
Dauer der Affäre (Zeit)	10 Monate	6 Jahre	»hielt nicht lange«	Ca. 6 Monate, am Schluss
Art von Tod / Trennung	Unbekannte Todesart. Sie erfährt durch ein (sprachlich verunglücktes) Telegramm davon.	Seite 7, Finte: Stirbt er gleich? Nein. Smirnin wird eingeführt. Affäre? Nein. Wassili stirbt zu Hause, an Unterkühlung.	Fährt mit seinem Regiment weg. (Der Erste, der sie freiwillig verlässt.)	Unbekannt. Sie stellt sich vor, dass er eines Tages weggeht, in ein gutes eigenes Leben hinein.
Trauerzeit	3 Monate	Über 6 Monate	Einige Jahre, sie ist deprimiert, ihr Aussehen verblasst. Sie ist nicht mehr das »Herzchen« der Stadt.	Unnötig. Am Ende der Erzählung sind sie immer noch»zusammen«.
Status des Seitenflügels	Während der Affäre wohnt Kukin dort. (Er kommt aus ihrem eigenen Haus.) Während sie verheiratet sind, steht der Seitenflügel leer.	Leer	An Smirnin vermietet, aber vermutlich meistens leer, da er bei ihr lebt.	Als Smirnin wiederkommt, zieht Olenka in den Seitenflügel. Als Smirnin mit Frau verschwindet, holt sie Sascha zu sich in den Seitenflügel.

Stellen wir uns vor, wir schauen auf ein Footballfeld voller Menschen hinunter. Die Hälfte davon trägt Rot, die andere Blau. Sie beginnen mit einer komplizierten Choreografie. Und einfach so »bedeuten« sie auf einmal etwas. In dem Maße, wie die Choreografie nicht willkürlich ist, »sagt« sie etwas, schon durch ihre Verwendung von Mustern. Wenn die Rothemden einen Kreis um die Blauhemden ziehen und dann allmählich in den Kreis hineingehen und sich unter den Blauhemden verteilen, dann lesen wir das als, sagen wir, »Integration«. Wenn die Blauhemden als eine Masse gegen die Rothemden anrennen, die zurückweichen, dann lesen wir das als »Aggression«. Es gibt auch einiges, was diese Menschen tun könnten, einige feinziselierte Bewegungen, die sie ausführen könnten – deren Bedeutung spüren wir vielleicht, sie ist aber unmöglich zu formulieren, sie ist real, aber nicht weiter herunterzubrechen, sie lässt sich beobachten und fühlen, geschieht aber außerhalb der Reichweite von Sprache.

So ist es mit Erzählungen. In der Diskussion neigen wir dazu, sie auf ihren Plot zu reduzieren (was passiert da?). Wir spüren, zu Recht, dass ein Teil dessen, was sie bedeuten, dort liegt. Erzählungen erhalten ihren Sinn aber auch durch ihre innere Dynamik – wie sie sich entfalten, wie ein Teil mit einem anderen in Beziehung tritt, die sekundenschnell gefühlte Gegenüberstellung von Elementen.

Betrachten Sie die folgende Version von *Herzchen*, in der die innere Dynamik als Quelle von Sinn neutralisiert wurde:

Es war einmal eine Frau namens Olenka, die sich ihrem Geliebten, Kukin, vollkommen anpasste. Ihre Liebe war 9 auf einer Skala von 10. Sie waren ein halbes Jahr zusammen. Dann starb er. Dann hatte sie einen anderen Geliebten, Wassili, dem sie sich vollkommen anpasste. Ihre Liebe war 9 auf einer Skala von 10. Sie waren ein halbes Jahr zusammen. Dann starb er.

Dann hatte sie einen dritten Geliebten, Smirnin, dem sie sich vollkommen anpasste. Ihre Liebe war 9 auf einer Skala von 10. Sie waren ein halbes Jahr zusammen. Dann starb er.

Das ist keine Erzählung. Ihr fehlt das Spezifische, das für innere Dynamik sorgt. (Wie genau ist Kukin gestorben? Wie lang hat Olenka getrauert? Wie lang hat sie im Vergleich getrauert, nachdem Wassili starb? Welche Liebe war für sie die körperlichste? Die härteste? Und so weiter.) In der Version oben scheint gar nichts irgendetwas anderes zu bewirken. Und deshalb bedeutet auch gar nichts irgendetwas. Der Autor hat eine Quelle von Schönheit nicht genutzt: die innere Variation, durch die Dinge wie »Fortentwicklung« und »Tragödie« und »Umkehr« und »Wiedergutmachung« so erscheinen, als hätten sie sich wirklich ereignet, in einem vollkommen erfundenen Werk.

In einer minderen Version der Halbzeitshow, die ich oben beschrieben habe, lassen sich die Leute auf dem Footballfeld einfach treiben, tragen Straßenkleidung in beliebigen Farben und sagen gar nichts aus. Der Unterschied zwischen einem meisterlichen Halbzeitshow-Choreografen und einem Stümper liegt darin, wie viel Aufmerksamkeit er den Details der inneren Dynamik widmet.

Wenn wir sagen, dass *Herzchen* eine intensiv mit Mustern arbeitende Erzählung ist und die kunstvollen Verfahren besprechen, mit denen Tschechow sein Muster zugleich wiederholt und subtil variiert, dann sieht das vielleicht so aus, als wollten wir damit auch etwas darüber aussagen, wie die Erzählung geschrieben wurde, z. B. dass Tschechow alles im Voraus geplant hatte und jeden Tag mit seiner sich weiterentwickelnden Fassung von Liste 3 dasaß, damit er festhalten konnte, über wie viele Seiten er jeden Ehemann am Leben hielt, und ja nicht vergaß, weiterhin die Parameter »Wie jeder Liebhaber zu Olenka spricht« zu variieren, und so weiter.

Deshalb werfe ich kurz mal ein: Ich habe keine Ahnung, wie Tschechow *Herzchen* geschrieben hat. Aber – einfach so hat er die Erzählung ganz sicher nicht geschrieben. Ich tippe darauf, dass sie sich ganz natürlich entfaltete, rasend schnell strukturiert durch seinen ihm eigenen Sinn fürs Erzählen. Nachdem er in der ersten Verkörperung des Musters bestimmte Elemente ins Spiel gebracht hatte, kehrte er intuitiv in der nächsten zu ihnen zurück und so weiter, allerdings mit einem Niveau an Genauigkeit und Subtilität, das uns normale Sterbliche verblüfft.

Ich bezweifle außerdem, dass Tschechow diese Erzählung als eine »Muster-Geschichte« betrachtet hätte.

Weil jede Erzählung eine »Muster-Geschichte« ist.

Damit meine ich, dass jede Erzählung Muster enthält. (*Herzchen* ist eine gewagt hundertprozentige Muster-Geschichte.)

Ein anderes Beispiel: Ich habe die Erzählung *Pastoralien* geschrieben, die in einem historischen Themenpark im Niedergang spielt. Unser Erzähler hat den Job, in einem Diorama einen Höhlenmenschen darzustellen. Mit der Pointe, dass schon seit längerem keine Besucher mehr dort waren. Deshalb handelt die Erzählung irgendwann davon, wie sich der Erzähler abmüht, unter diesen Umständen Disziplin aufrechtzuerhalten (er soll kein Englisch in der Höhle sprechen und so weiter).

Früh in der Erzählung (auf der ersten Seite) stolperte ich über eine Konvention: Unser Erzähler und seine Pseudohöhlenfrau (Janet) kriegen jeden Tag ihr Essen über etwas, das »die Große Klappe« heißt. Das Essen taucht da einfach auf, vermutlich geschickt von der, tja, Verwaltung. »Jeden Morgen steckt eine frisch geschlachtete Ziege in unserer Großen Klappe.« Auf die Große Klappe kam ich, als ich versuchte, mir die Einzelheiten des Alltags in dieser Höhle auszumalen. Aber kaum hatte ich »die Große Klappe« rausgehauen und stehen lassen (ich ließ sie stehen, weil ich sie witzig fand), wurde die Klappe zu einem Merkmal dieser Welt und einem Element der Erzählung.

Auf der ersten Seite werden also die grundlegenden Umstände etabliert: Jeden Morgen kriegen sie normalerweise eine Ziege in die Große Klappe geschickt. Später am Vormittag geht der Erzähler zur Großen Klappe und findet sie »ziegenlos« vor. Das zeigt an: »Probleme im Themenpark«. Am nächsten Morgen dasselbe, wieder keine Ziege (»weiterhin Probleme«). Und so hatte ich (voilà!) mal eben »ein Muster« produziert. Manchmal lag dann eine Ziege in der Großen Klappe (zum Zeichen einer »vorübergehenden Besserung der Umstände«), manchmal, als Entschuldigung für die unregelmäßige Ziege, lag auch irgendwelches ergänzendes Essen (ein Kaninchen etwa) in der sogenannten Kleinen Klappe; und schließlich erschien, zum Zeichen, dass es jetzt richtig schlimm geworden war, eine Plastikziege in der Großen Klappe, »mit einem vorgebohrten Loch für den Spieß«.

Ich hatte das alles nicht vorhergeplant oder mir überlegt: »Ah, diese Erzählung braucht unbedingt ein *Muster.*« Ich tippte einfach irgendwann, aus Spaß, »die Große Klappe«. Dann nahm ich das als Realität in der Erzählung an und kümmerte mich darum, schaute immer mal wieder rüber zur Großen Klappe, was da wohl drin war.

Daraus ergab sich ein Muster, das, wie es Muster so an sich haben, eine Serie von Erwartungen aufeinanderstapelte.

Stellen wir uns vor, dass drei Tage hintereinander, genau zur Mittagsstunde, eine Trompetenfanfare ertönt, und jemand boingt Ihnen einen Hammer auf den Kopf.

Da werden Sie am vierten Tag um 11:59 bestimmt zucken.

Wenn Sie dann statt einer Trompete eine Flöte hören, werden Sie denken: »Hm, interessant. Eine Variation des Musters, an das ich mich gewöhnt habe: Flöte statt Trompete. Das Muster ist nicht völlig weg, aber da ist eine Veränderung, die anzeigen könnte, dass heute kein Hammer kommt, sondern –«

Boing.

Dann denken Sie: »Autsch. Okay, das Muster ist jetzt offenbar: Irgendein Musikinstrument ertönt (bei der letzten Gelegenheit eine Flöte), dann boingt's.«

Mit anderen Worten, die Wiederholung eines Musters lässt uns kontinuierliche Wiederholungen des Musters erwarten, was unsere Erwartungen fokussiert und uns in einen engeren Kontakt zur Autorin bringt (unser Beiwagen rückt näher an das Motorrad heran).

Kukin ist auf einer Reise gestorben; als Wassili auf eine Reise geht (»in das Mogiljower Gouvernement«, auf Seite 7), erwarten wir, dass er stirbt. Als er nicht stirbt, sondern heil nach Hause kommt, nur um sechs Jahre/einen Abschnitt später zu sterben, spüren wir, erfreut, dass das Muster zugleich gebrochen und bedient wurde.

In der Zwischenzeit, als wir damit rechnen, dass Wassili stirbt, erscheint Smirnin. Wir ahnen eine mögliche Erweiterung des Musters voraus (von »Olenkas Geliebte sterben« zu »Olenkas Geliebte werden ersetzt«) und fragen uns, ob Smirnin in der Erzählung ist, um Olenkas Geliebter zu werden (das würde dasselbe bewirken wie Kukins Tod, nämlich uns zum nächsten Geliebten bringen und die nächste Verkörperung des Musters einleiten). Dann sehen wir, an der Zeile »Besonders interessant waren die Erzählungen aus seinem Familienleben«, dass hier dann doch keine Affäre angebahnt wird. Als Anhänger des Prinzips der gnadenlosen Effizienz fragen wir: »Okay, aber warum hat Tschechow Smirnin dann in die Erzählung gebracht?« Und Tschechow antwortet sofort: »Damit Wassili und Olenka eine Chance kriegen, ihr häusliches Glück zu betonen, indem ihnen Smirnin und sein vernachlässigter Sohn leidtun.« Tschechow bemerkt, dass wir Smirnin bemerken, und tätschelt uns quasi die Hand (»Keine Sorge, mir ist Effizienz auch wichtig«), indem er Smirnin mit einem Zweck verbindet, der sein Auftauchen in der Erzählung zulässt (rechtfertigt). (Aber auch das ist natürlich eine Finte; schon bald wird Smirnin ihr nächster Geliebter. Und auch das macht Spaß, wenn es passiert, zum Teil, weil wir es vorher erwartet hatten und darin enttäuscht wurden; wir hatten uns geirrt, aber am Ende dann doch nicht.)

Und ebenso: Da den Toden von Kukin und Wassili jedes Mal ein liebestrunkener Ausbruch von Olenka vorausgeht (»Schmucker Mann!« auf Seite 4 und »Gebe Gott einem jeden solch ein Leben wie Wassetschka und mir« auf Seite 7), erwarten wir, sobald es unserem Gefühl nach Zeit wird, dass auch Smirnin stirbt, einen entsprechenden fröhlichen Ausbruch von Olenka. Doch stattdessen, an der Stelle dieses Ausbruchs, kriegen wir Smirnins lustigen-aber-grausamen Spruch: »Wenn wir Veterinäre miteinander sprechen, misch dich bitte nicht ein. Das geht einem ja auf die Nerven!«, was in einem vertrauten-aber-umgekehrten Bezug zu Olenkas Ausbrüchen steht. Statt Lob aus ihrem Munde ist es eine Beleidigung an ihre Adresse.

Noch einmal: »Bemerken« wir diese Dinge wirklich beim ersten Lesen der Erzählung? Ich garantiert nicht, als ich sie irgendwann zum ersten Mal las. Aber wir bemerken sie jetzt, bei der Analyse. Diese Strukturen sind da, ohne jeden Zweifel. Und ich würde sagen, beim ersten Lesen haben wir sie »im Körper« gespürt oder »in der Abteilung unseres Geistes, wo Tiefenlektüre stattfindet«. Die Anwendung von Mustern in dieser Erzählung funktioniert wie eine Art Pawlow'scher Konditionierung. Wir reagieren, ohne zu wissen, warum. Und genau diese Reaktionen verbinden uns eng mit dem Autor, so als spielten wir irgendein sehr wichtiges, vertrautes Spiel mit ihm.

Wassili stirbt. Olenkas neuer Geliebter ist Smirnin. Wenn wir diese Beziehung mit den früheren vergleichen, haben wir irgendwie das Gefühl, Olenka ist auf dem absteigenden Ast. Wie kommt das? Nun, schauen Sie sich Liste 3 an, vor allem die Rubriken »Art und Weise ihres Liebeswerbens« und »Art und Weise der Beziehung« und »Wie er zu Olenka spricht«. Diese neue Beziehung ist heimlich, ihr Beginn findet hinter den Kulissen statt (anrüchig, irgendwo zwischen Seite 8 unten und Seite 9 oben), und sie heiraten nie. Als sie ihm ihre Liebe zeigt, indem sie redet wie er, weist er sie zurück. Und kein einziges Mal nennt er sie Herzchen, der Undankbare.

In unserer Besprechung von *Auf dem Wagen* kam Tschechows Fähigkeit vor, eine weitgehende Aussage zu machen und sie dann mit Komplikationen zu überlagern und zu konterkarieren. Hier machen wir, sobald uns auffällt, dass die übergeordnete Gestalt der Erzählung »Olenka im Niedergang« anzuzeigen scheint, einen schnellen kleinen Rückblick-Check mit der Frage: Moment mal, war sie von Anfang an im Niedergang? Immer bergab seit Kukins Tod? Handelt die Erzählung eigentlich von »Frau mit fragwürdiger Eigenschaft wird von der Welt bestraft, indem es stetig mit ihr bergab geht«?

Die Antwort lautet nein (aber auf komplexe Weise). Ich empfinde den Weg von Kukin zu Wassili als eine Art Verbesserung. Kukin ist ihre erste Liebe, die auch nach der wahren Liebe aussieht, aber dann sehen wir, wie gesund und geil und innig Olenka und Wassili miteinander leben und wie viel sie essen, und dann denken wir: »Nee, Moment, vielleicht ist das hier ihre wahre Liebe.« Oder: »Vielleicht ist es *noch eine* wahre Liebe.«

Und so barsch Smirnin mit ihr umgeht, er hat ja durchaus

recht: Er bemerkt, genau wie wir, dass sie ihn nachäfft, und er gruselt sich ein bisschen. Man könnte das also auch als eine gesündere, ehrlichere Beziehung lesen: Endlich findet Olenka einen Mann, der nicht auf ihr Anbetungsgehabe steht. Das könnte gut für sie sein. Er könnte ihr beibringen, wie eine gesündere Art zu lieben aussähe. (Diese Lesart geht etwas zu weit, aber ein Hauch Wahrheit steckt schon drin: Das ist der Vorteil beim Überlagern und Konterkarieren. Wenn wir versuchen, die Erzählung so zu lesen, stößt das nicht auf vollständige Zurückweisung.)

Außerdem könnte uns auffallen, dass sie jeden weiteren Partner länger betrauert (drei Monate bei Kukin, über sechs Monate bei Wassili, einige Jahre bei Smirnin). Anscheinend kann sie die Verluste schwerer wegstecken. Warum? Wird ihre Liebe jedes Mal tiefer? Oder wird sie mit dem Alter weniger widerstandsfähig?

Aber nehmen wir zur Kenntnis, dass wir diese Fragen nur deshalb stellen (die ihrerseits dazu führen, die Fragen, die die Erzählung über das Wesen der Liebe stellt, wahrzunehmen), weil die Erzählung die Länge jeder Beziehung genau angibt und weil Tschechow »daran gedacht« oder »sich die Mühe gemacht« hat, seine Parameter zu variieren.

Auf Seite 9 verlässt Smirnin sie, und nach unserer Erwartung kommen wir jetzt in die nächste (vierte) Version des Musters »Olenka verliebt sich in jemanden und übernimmt seine Meinungen und Interessen«.

Jede vorherige Version begann mit der Einführung eines neuen Geliebten, darum erwarten wir jetzt einen neuen Geliebten. Und da kommt er, in Gestalt der Katze, Bryska. Wird sie sich in Bryska verlieben und anfangen, die Welt durch ihre Augen zu sehen? »Mäuse sind das Letzte. So klein und schnell. Und Vögel? Komisch. Singen immer und was nicht alles?« Na ja, vielleicht. Wir erwarten einen Geliebten, und Tschechow liefert uns einen möglichen Kandidaten. Da in der Vergangenheit jeder recht war, erwarten wir, dass sie jetzt Bryska lieben (sich mit ihr zufriedengeben) wird. Die Erzählung hat uns dazu gebracht, das zu erwarten, denn bislang haben wir nicht gesehen, dass Olenka einen Kandidaten prüft und dann ablehnt – egal, wen Tschechow angebracht hat, sie hat ihn geliebt. Aber Tschechow fragt (ist wach genug, um den Wert der Frage zu erkennen): »Okay, und wenn sie sich jetzt nicht mit Bryska zufriedengibt?« Diese Art erzählerischer Wachheit ist eines von Tschechows überragenden Talenten. Er ist also wach genug, um das volle Potenzial eines Wendepunkts zu erkennen, den er geschaffen hat – und die Stelle, wo er eine schriftstellerische Entscheidung treffen muss (darf). Tschechow hält inne und fragt: Wird es bedeutsamer (»happiger«), wenn Olenka die Katze liebt (wie es die Erzählung anscheinend von ihr erwartet) oder wenn sie sie zurückweist? (Wie beim Optiker: »Ist es so besser? Oder so?«)

Der tiefere Sinn der Erzählung scheint eher dort zu liegen, wo sie die Katze zurückweist: »Nein, Bryska reicht nicht.« Das sagt uns, dass Olenka trotz allem kein Roboter ist. Die Erzählung ist nicht: »Sie liebt jeden Mist und wird dann zu ihm.« Nein. »Sie braucht ein Liebesgefühl, das ihr ganzes Wesen in Beschlag nimmt, ihre Seele, ihren Geist, das sie auf neue Gedanken bringt und ihrem Leben einen Sinn gibt, das ihr alterndes Herz erwärmt.« Dafür reicht keine Katze. Wir spüren, die Erzählung wird enger, präziser, und Olenka wird interessanter und bemerkenswerter. Aus »Eine Frau braucht etwas zum Lieben« wird »Eine Frau braucht etwas zum Lieben, das ihrer würdig ist«.

Und erneut weise ich darauf hin, dass diese schöne emotionale Abstufung durch einen schlichten handwerklichen Schritt ermöglicht wurde: Unterschwellig verlangte das Muster nach einem neuen Geliebten, Tschechow »bedachte« das und versuchte, einen zu liefern (Bryska), aber Olenka verweigerte diese einfache Lösung.

Und nun wartet sie darauf, dass der nächste, und zwar würdige Geliebte in der Erzählung auftritt.

Es ist Smirnin.

Oben auf Seite 11 kommt er zurück (»bereits ergraut und in Zivil«), mit Frau und Kind. Wir könnten erwarten, dass Olenka und er da weitermachen, wo sie aufgehört haben, und dass er auf diese Weise zum Geliebten Nr. 3 *und* 4 wird. Aber nein, Tschechow hat eine bessere Idee (die zu einer weiteren Variation des Musters führt): Sascha, Smirnins kleiner Sohn, wird Olenkas nächste Liebe. (Wie in *Auf dem Wagen* zwingt der Ausschluss der Option erster Ordnung die Erzählung dazu, etwas Besseres zu liefern.) Und wie erwartet, kaum hat sich Olenka in Sascha verliebt, verwandelt sie sich in ihn (»›Als Insel bezeichnet man ein Stück Land…‹ wiederholte sie«), und sie liebt wieder, sie ist glücklich, vielleicht glücklicher denn je.

Warum hört die Geschichte nicht hier auf? Auf Seite 12, genau hier:

»(…) und das war ihre erste Meinung, die sie nach so vielen Jahren des Schweigens und der Gedankenleere voller Überzeugung zum besten gab.«

ENDE.

Es ist doch ziemlich schön: Ihre Liebe (die ihr Leben lang romantisch/sexuell war) hat sich in mütterliche Liebe verwandelt – eine überraschende und befriedigende letzte Verkörperung des Musters. Es schwingt ja auch, seit dem Zeitpunkt, als Wassili und sie für Kinder gebetet haben, bei allem mit, dass sie die ganze Zeit nach Mutterschaft gesucht hat. Sie ist aus der rein romantischen Liebe in etwas Größeres hineingewachsen. Also, Problem gelöst: Sie hat jemanden Passendes zum Lieben, sie kann seine Ansichten nachbeten, daher ist sie glücklich, und alles ist gut.

Aber wenn wir nach vorn blättern, sehen wir, es kommen noch zwei Seiten.

Das gibt uns erneut Gelegenheit, darüber nachzudenken, wie Geschichten enden. Wann dürfen sie enden? Wenn sie eine Stelle nicht wahrgenommen haben, wo sie hätten enden können, was müssen sie danach leisten?

Was müssen, angesichts der hohen Effizienz des Genres, diese Seiten schaffen, damit sie sich nicht irrelevant anfühlen?

Nun könnten wir unserer immer weiter wachsenden Liste der universellen Gesetze der Literatur (Sei spezifisch! Achte auf die Effizienz!), der wir übrigens, nicht zu vergessen, auch immer wieder misstrauen sollten, noch einen Punkt hinzufügen: Immer schön steigern. Mehr ist eine Erzählung eigentlich nicht: ein kontinuierliches System der Steigerung. Ein Stück Prosa verdient sich seinen Platz in einer Erzählung nur, wenn es zu unserem Gefühl beiträgt, dass die Erzählung sich (immer noch) steigert.

Was würde zu diesem Zeitpunkt von *Herzchen* eine Steigerung darstellen?

Gehen wir erst mal einen Schritt zurück. Was ist Steigerung überhaupt? Wie stellt eine Erzählung die Illusion von Steigerung her? (Oder, wie ein Schriftsteller fragen könnte: »Wie krieg ich dieses blöde Ding gesteigert?«) Eine Antwort: Vermeiden Sie die Wiederholung von Spielzügen. Sobald eine Erzählung sich in Bewegung gesetzt hat, indem sich der Zustand der Figur grundlegend veränderte, dürfen wir diese Veränderung nicht noch einmal bringen. Und auch nicht innehalten, um uns über diesen Zustand auszulassen – nicht, wie in diesem Fall, über zwei volle Seiten.

Auf Seite 12 sind wir noch »im Takt« der Spielzüge: »Olenka hat eine neue Liebe gefunden (einen kleinen Jungen diesmal), hat seine Meinungen und Interessen übernommen und ist endlich wieder glücklich.«

Lesen wir weiter und schauen wir, was uns aus diesem Takt rausschubst – sprich, wann wir Steigerung verspüren.

Auf der nächsten Seite wird von einem typischen Morgen berichtet: Olenka nörgelt wegen der Schule an Sascha herum, und er sagt: »Ach, lassen Sie mich doch bitte!« Während Sascha zur Schule geht, folgt sie ihm »lautlos«. Als er sich umdreht, überrascht vermutlich (weil sie so, na ja, lautlos gewesen ist), gibt sie ihm »eine Dattel oder einen Bonbon«, und da »schämt er sich, daß ihm eine hochgewachsene, korpulente Frau hinterherläuft«. Wir erkennen, dass Sascha sie nicht liebt – er scheint sie kaum zu kennen. Sie ist bloß »Tante«.

Und einfach so ist etwas Neues in die Erzählung gekommen, worüber wir nicht nachgedacht hatten (wofür Tschechow uns auch noch keinen Grund zum Nachdenken gegeben hatte): welche Wirkung Olenkas Art zu lieben auf ihr Objekt hat. Auch wenn das nicht vollkommen neu ist (vielleicht erinnern wir uns an Smirnins hochnäsige Bemerkung vorher, dass ihm das »auf die Nerven geht«, Seite 9), so erscheint es ausreichend anders, um als Steigerung auf uns zu wirken. Vorher war Smirnin, ein Erwachsener, zu ihr ablehnend, aus, sagen wir, »leicht pikiertem Berufsstolz«, während Saschas direkte und aufsässige Ablehnung von einem Kind kommt, das bei dieser Beziehung nicht mitspielen will.

Olenka kehrt nach Hause zurück, »still, zufrieden, ruhig und voller Liebe«. (Sie hat nichts von seiner Ablehnung gemerkt.) Später machen sie Hausaufgaben zusammen (und »weinen«, was irgendwie komisch ist, aber andeutet, dass Olenka wieder das Gefühlsleben ihres Liebesobjekts übernimmt), dann träumt sie von seiner Zukunft, und »die schwarze Katze liegt an ihrer Seite und schnurrt«. Sie scheint Saschas Unbehagen nicht bemerkt zu haben oder nimmt es nicht ernst. Sie liebt ihn einfach, und für sie zählt sonst nichts.

Wieder könnten wir uns fragen: Warum nicht hier enden – also mit dem glücklich schnurrenden Kätzchen? Es ist gut: Olenka ist glücklich, Bryska ist glücklich, Sascha … aber nicht. Er ist bloßes Liebesobjekt. Olenkas Art zu lieben steht jetzt in neuem Licht da: eine Einbahnstraße, die nur sie zufriedenstellt. (Sogar die Katze hat – noch einmal – zu etwas gedient. Olenka ist für Bryska dasselbe wie Olenkas Geliebte für Olenka: Wenn Olenka glücklich ist, dann ist es Bryska auch.)

Aber immer noch ist eine halbe Seite übrig.

Tschechow hört hier nicht auf, weil er offenkundig findet, dass er auf der verbleibenden halben Seite noch eine weitere Steigerung hinkriegt. Er ist auf der Jagd nach noch einer Bedeutungserweiterung. Schauen wir mal, was er als Nächstes tut. (Ich fühle mich wie so ein Ansager beim Golfturnier: »Anton nähert sich dem Ende der Geschichte, Verne. Was für ein Augenblick!«)

Da klopft es am Tor, wir denken an das Klopfen, als Kukin starb, und wir verstehen das (genau wie Olenka) als eine Reaktion auf ein Muster, die sich einreiht zu früheren Momenten und deren Signalwirkung: »Gleich wird Olenka ihr Geliebter weggenommen.«

Aber nein. Es ist nur Smirnin, der spät aus dem Klub nach Hause kommt.

Fünf Zeilen übrig. Was ist noch möglich? Kann Tschechow noch weiter steigern?

Klar kann er; er ist schließlich Tschechow.

Die Erzählung endet so:

»Die Last weicht allmählich vom Herzen, und wieder wird ihr leicht zumute – sie legt sich nieder und denkt an Sascha, der im Nebenzimmer tief schläft und hin und wieder im Schlaf sagt:

›Ich werd dir helfen! Hau ab! Laß mich zufrieden!‹«

ENDE.

Was ist daran neu für uns? (Wir haben den Spielzug ja schon wahrgenommen: »Sascha weist Olenkas Liebe ab.«)

Zunächst nimmt Sascha jetzt eine andere rhetorische Position ein. Er »schläft tief« und träumt; er ist daher ganz und gar ehrlich. Wir haben einen Zugang zu seinem Innenleben, den wir bislang noch nicht hatten, und das sind seine echten Gefühle.

Wovon träumt er?

Na ja, irgendwie von Olenka, so kommt es uns vor, aber es ist ein bisschen kompliziert.

»Ich werd dir helfen!« heißt »Ich mach dich fertig«. »Hau ab« heißt »Raus mit dir, du Mensch, den ich fertigmachen werde, wenn du nicht abhaust«. Der letzte Satz wird in verschiedenen Übersetzungen verschieden interpretiert. In manchen steht so etwas wie »Nicht schlagen!«[8], was klingt, als träumte er davon, eine Schlägerei auf dem Schulhof zu beenden. In anderen, auch in unserer hier heißt es »Laß mich zufrieden!«[9] – und wir können uns leicht vorstellen, dass er das zu einer Traumversion von Olenka sagt.

Jedenfalls träumt Sascha von Gewalt; von einem wütenden Unterbrechen von Gewalt; von Gewalt als Antwort auf Gewalt. Saschas »Ich werd dir helfen! Hau ab! Laß mich zufrieden!« ist auch ein fernes Echo von Olenkas Zurückweisung der Katze auf Seite 11 (»Geh schon, geh… Hier gibt's nichts zu

---

8 So bei Peter Urban, s. Quellenverweise, oder auch in der englischen Fassung von Avrahm Yarmolinsky, die Saunders zugrunde legt. (A. d. Ü.)

9 In der hier insgesamt zitierten Fassung von Vera Bischitzky; im Englischen zitiert Saunders die Übersetzung von Constance Garnett. (A. d. Ü.)

holen!«), deren Sinn war: »Du bist nicht gut genug für mich! Du bist kein würdiges Objekt meiner Liebe!«

Wieder reagiert Olenka nicht darauf – sie denkt nicht: »Wow, Sascha hat diesen unglücklichen, aufgewühlten Traum, weil er sich von mir bedrängt fühlt – ich sollte es mal etwas leichter angehen lassen.« Sie hat zuvor auch nicht reagiert, als er sagte: »Ach, lassen Sie mich doch bitte!« oder als er sich sichtlich unwohl fühlte, weil sie ihm zur Schule gefolgt war, aber das waren noch »leichtere« Ausdrucksformen des Gedankens: »Sascha ist unglücklich.« Wir empfinden Saschas Traum also als Steigerung: Auf Seite 13 hat Sascha in der Öffentlichkeit verdrossen angedeutet, dass er unfroh war, und sie hat es ignoriert; hier zeigt Sascha in einem ehrlichen, ungefilterten (intimen) Augenblick wütend, dass er bitter unglücklich ist, und sie ignoriert es (immer noch).

Interessant: Tschechow sagt uns durch diesen Schluss, dass sich Olenkas Reaktion auf Saschas Unglücklichsein nicht so bald ändern wird (sonst hätte er uns das gezeigt, klar, ein weiteres Stück Steigerung). Sie wird Saschas Gefühle weiter ignorieren. Sie hört, was er in seinem Traum sagt, aber eigentlich hört sie es nicht – ihrer beider Leben wird unverändert weitergehen, nebeneinanderher.

Und das ist … furchterregend. Sie ahmt die Situation jedes Autokraten nach: glücklich mit ihrer Version der Dinge, desinteressiert an der Version sämtlicher anderer. Ihr Wesenszug, ihr Bedürfnis, in allem, was sie liebt, zu versinken, egal, was das ist, mag ja herzig sein, wenn er auf Kukin et al. angewandt wird, aber jetzt fühlt er sich narzisstisch und erdrückend an.

»Die letzten Worte der Erzählung sind die eines Kindes, und sie sind ein Protest«, schrieb Eudora Welty, »aber sie werden im Schlaf geäußert, wie es der Protest gegenüber den Herzchen dieser Welt immer sein wird – allein aus innerer, stiller Rebellion.«

Das ist ziemlich schön. Die Erzählung hat bis zur allerletzten

Zeile ihren Sinn immer mehr erweitert, sogar bis in den weißen Raum danach. So, wie wir es guten Schlüssen bescheinigt haben, schafft auch dieser eine ganze Zukunftswelt voll anderer, plausibler Möglichkeiten. Olenka könnte irgendwann ihr erdrückendes Verhalten klar werden, und sie könnte es ändern und auf diese Weise etwas über die echte Liebe lernen. Sascha könnte von zu Hause ausreißen oder sie im Schlaf töten. Er könnte sich ihr weiterhin unterwerfen (schließlich wüsste er ja nicht, wo er sonst hinsoll) und mit jedem vergehenden Jahr wütender werden, und dann würde er den Rest seines Lebens damit verbringen, allem, was nach erdrückender Zuneigung aussieht, aus dem Weg zu gehen.

Für manche Leser:innen (darunter Tolstoi) ist *Herzchen* eine Erzählung über Frauen – darüber, wie eine Frau sein sollte oder nicht sein sollte, ein Kommentar über einen bestimmten Typus unterwürfiger Frau, die das Gefühl für ihre Identität allein aus Männern bezieht. Ich finde aber, das wird der Erzählung nicht gerecht. Für mich handelt *Herzchen* von einer Neigung, die in uns allen vorhanden ist, Liebe als »völliges Aufgehen in« statt als »in voller Kommunikation mit« misszuverstehen. Hätte Olenka ein Mann sein können? Natürlich. Der Gedanke, bei *Herzchen* gehe es um Frauen – um etwas, das Frauen angeboren ist und ihnen allein eigen –, wird widerlegt von der Erzählung selbst, die Olenka als Anomalie begreift. Deshalb gibt es diese Geschichte, und deshalb handelt sie von Olenka: weil ihr wichtigster Charakterzug so selten ist. (Die anderen Frauen im Dorf lieben nicht so.) Es ist keine Erzählung über Frauen oder über »eine Frau«, sondern über eine Person mit einer bestimmten Art zu lieben, und die Erzählung fragt, ob diese Art zu lieben positiv und außergewöhnlich oder komisch und bedauerlich ist, eine seltene, heiligmäßige Eigenschaft oder eine verkümmerte, ekelhafte.

Tschechow stellt irgendein Phänomen aus der Wirklichkeit in die Mitte eines Zimmers und lädt uns ein, drum herumzugehen und es aus verschiedenen Blickwinkeln zu betrachten. Aus der einen Perspektive sehen wir Olenkas Art zu lieben als etwas Wunderschönes: In diesem Modus verschwindet das Ich, es bleibt nur noch liebevolle, altruistische Aufmerksamkeit für den Geliebten. Aus einer anderen Perspektive erscheint die unterschiedslose Anwendung ihrer eindimensionalen Form der Liebe als etwas Furchtbares, weil sie der Liebe alles Besondere raubt: Das Liebesdummerchen Olenka vampirisiert jeden, den sie zu ihrem Geliebten auserkoren hat.

Wir sehen diese Art zu lieben als kraftvoll, pur, mit einer einzigen Stoßrichtung, und in ihrer unerschütterlichen Großherzigkeit liegt eine Antwort auf alle Fragen. Wir sehen sie auch als schwach: Nirgendwo ist ihr wahres, autonomes Ich zu finden, während sie sich nach dem Bild jedes Männchens, das zufällig gerade in der Nähe ist, neu formt (für eine Katze tut sie das nicht).

Das bringt uns in eine interessante Verfassung. Wir wissen nicht genau, was wir von Olenka halten sollen. Durch diese gemischten Gefühle fällt es uns schwer, sie zu beurteilen.

Die Erzählung wirft offenkundig die Frage auf: »Ist diese Haupteigenschaft von Olenka gut oder schlecht?«

Tschechow antwortet: »Ja.«

Die Erzählung setzt ein, als wir die Augen aufschlagen: »Hier bin ich. In meinem Bett. Harter Arbeiter, guter Papa, anständiger Ehemann, ein Typ, der immer sein Bestes gibt. Gott, tut mir der Rücken weh. Wahrscheinlich von dem blöden Fitnessstudio.«

Und einfach so, nur durch unsere Gedanken, wird die Welt erschaffen.

Oder jedenfalls *eine* Welt.

Diese Welterschaffung über das Denken ist natürlich, gesund, darwinistisch: Wir tun das, um zu überleben. Kann es auch schädlich sein? Na ja, schon, denn wir denken genauso, wie wir hören oder sehen: innerhalb eines kleinen Radius, der günstig fürs Überleben ist. Wir sehen oder hören nicht alles, was gesehen oder gehört werden könnte, sondern nur das, was uns hilft. Auch unsere Gedanken sind so eingeschränkt und dienen einem ähnlich eng gefassten Zweck: dem Menschen, der da denkt, soll es gut gehen.

Dieses eingeschränkte Denken hat ein unwillkommenes Beiprodukt: Ego. Wer will da überleben? »Ich.« Der Geist nimmt sich eine riesenhafte, einheitliche Ganzheit vor (das Universum), wählt ein winziges Segment davon aus (mich) und fängt aus dieser Perspektive an zu erzählen. Im Nu wird diese Einheit (George!) real, er steht (große Überraschung!) im exakten Mittelpunkt des Universums, und alles geschieht sozusagen in *seinem* Film; irgendwie ist alles für und über ihn. Und daraus ergibt sich ein moralisches Urteil: Gut für George ist gleich… gut. Schlecht für ihn ist gleich schlecht. (Der Bär ist weder gut noch schlecht, bis er, ziemlich hungrig aussehend, auf George zugeht.)

In jedem Augenblick wird also eine Kluft der Einbildung geschaffen zwischen den Dingen, wie wir sie sehen, und den Dingen, wie sie wirklich sind. Wir laufen los und halten die Welt, die wir aus unseren Gedanken erschaffen haben, für die reale Welt. Böses und Dysfunktionales (oder jedenfalls Ekelhaftes) geschieht im Verhältnis dazu, wie fest ein Mensch daran glaubt, dass seine Projektionen zutreffen, und wie entschieden er sich danach verhält.

Wenn jemand »Chicago« sagt, dann erscheint ein Chicago vor meinem geistigen Auge. Aber es ist ein unvollständiges Chicago – ich habe nur Michigan Avenue und, weiter südlich, das Zuhause meiner Jugend zu bieten, wie es 1970 aussah. Aber selbst wenn ich oben auf dem Willis Tower stünde und über die ganze Stadt schauen könnte, als visuelle Hilfe dabei, mir »Chicago« vorzustellen – ich würde immer noch zu kurz greifen. Chicago ist zu groß. Selbst wenn ich mit Zauberkräften ausgestattet wäre und Chicago in seiner Gesamtheit erfassen könnte (den Geruch jedes engen Durchgangs zwischen zwei Häusern, den Inhalt jeder Kiste auf jedem Dachboden, die Gefühlslage jedes Bewohners und jeder Bewohnerin), würde die Zeit voranschreiten, und schon eine Sekunde später gäbe es dieses Chicago nicht mehr.

Kein Problem also, das ist sogar sehr schön so, aber kompliziert wird es in dem Augenblick, wo jemand ein Urteil über Chicago von mir haben will, mit dem wir etwas anfangen können. Wenn jemand fragt: »Und was machen wir jetzt mit Chicago?« – Gott steh uns bei. Natürlich wird sich dann schon eine Lösung ergeben, und wahrscheinlich wird das eine schwachköpfige, weil meine Vorstellung vom guten alten Chicago soeben so unfassbar hinter der Wirklichkeit zurückgeblieben ist.

Genauso stellen wir uns Menschen vor und beurteilen sie auch.

Wenn es in der realen Welt eine Olenka gäbe und ich würde sie kennen, und an irgendeinem Tag würde mich jemand fragen: »Und was machen wir jetzt mit Olenka?«, dann hätte ich eine Antwort parat. Ich könnte ein Urteil liefern. Tatsächlich könnte ich wahrscheinlich gar nicht anders. (Vielleicht würde ich es nicht laut sagen, aber in mir drin hätte ich es parat.)

Tatsächlich haben wir sie ja die ganze Zeit ziemlich heftig beurteilt. Als Olenka Kukin auf ihre Weise liebte, beurteilten wir sie und fanden sie süß. Später, als sie anfing, Wassili (und dann Smirnin) auf dieselbe Weise zu lieben, fanden wir sie komisch, ein bisschen roboterhaft. Als sie allein war und litt, tat sie uns leid, und wir begriffen allmählich, dass ihre

Art zu lieben keine freie Entscheidung von ihr war, sondern eine Eigenschaft ihrer Persönlichkeit. Und als sie anfing, ihre Liebe dem kleinen Sascha überzustülpen, hatten wir bereits eine vertiefte, zwiespältige Meinung dazu; gleichzeitig konnten wir sehen, dass diese Seite von ihr ganz natürlich war, ihr guttat und Sascha trotzdem erdrückte.

Zu Anfang der Erzählung mögen wir Olenka, weil wir sie als guten Menschen wahrnehmen; in den mittleren Abschnitten gehen wir etwas auf Distanz zu ihr. Am Ende mögen wir sie wieder, aber auf eine tiefere Weise: Wir mögen sie, obwohl wir, von Tschechow dorthin geführt und gebracht, jetzt ihre ganze Persönlichkeit wahrnehmen. Wir mögen sie, obwohl wir alles von ihr erkennen. Vielleicht wussten wir gar nicht, dass wir das konnten, eine so problematische Person mögen, die, je nach Sichtweise, einem anderen Menschen Schaden zufügt (noch dazu einem Kind), aber jetzt wissen wir, dass wir das können, zumindest vorübergehend.

Und vielleicht ist »mögen« auch nicht ganz das richtige Wort. Wir müssen nicht alles von ihr gutheißen, aber wir *kennen* sie. Wir sind ihr sozusagen in allen Wetterlagen begegnet. Sie ist, wie Marija in *Auf dem Wagen*, künstlich zu unserer Freundin gemacht worden. Wir spüren, dass ihre Stärken (sie liebt so stark!) mit ihren Schwächen verknüpft sind (sie liebt zu stark!) und dass sie sich all das nicht aussuchen kann – so ist sie eben, immer schon gewesen.

Am Ende der Erzählung fühlen wir, dass ihre Neigung, zu dem zu werden, was sie liebt, fest zu ihr gehört, ein Charakterzug, der sich ganz natürlich an einer Reihe von Liebesobjekten gezeigt hat. Ihre Art zu lieben ist eine Sonne, die vier verschiedene Landschaften beschienen hat. Diese Sonne ist weder gut noch schlecht; sie ist einfach da. Diesen emotionalen Zug von ihr können wir als Analogie zu so etwas verstehen wie der körperlichen Eigenschaft, besonders groß gewachsen zu sein.

Ist es gut oder schlecht, besonders groß zu sein? Na ja, wenn wir etwas von einem hohen Regal runterholen sollen, ist es gut. Wenn wir in Eile durch eine niedrige Tür laufen müssen, schlecht. Wir suchen uns die Körpergröße nicht aus und können sie weder durch Reue noch durch Willenskraft ungeschehen machen. Und die Welt bleibt voller enger Kriechböden und Basketballkörbe und Menschen, die uns fragen, wie das Wetter da oben so ist und so weiter.

Meine emotionale Beziehung zu Olenka ist ungefähr so, wie ich mir das bei Gott vorstelle. Ich weiß so viel über sie. Nichts ist mir verborgen geblieben. So genau kenne ich in der realen Welt kaum einen anderen Menschen. Ich habe sie in so vielen Zuständen gesehen: als glückliche junge Frischverheiratete und als einsame alte Dame; als rosiges geliebtes Herzchen und als übersehenes, vernachlässigtes Möbelstück, fast schon Spott des Dorfes; als fürsorgliche Ehefrau und als übergriffige falsche Mutter.

Und sieh mal einer an: Je mehr ich über sie weiß, desto weniger ist mir danach, sie zu hart oder voreilig zu beurteilen. Irgendeine grundlegende Barmherzigkeit in mir ist eingeschaltet worden. Was Gott uns voraushat, ist unendliche Information. Dass er uns angeblich so sehr lieben kann, rührt vielleicht daher.

NACHTRAG 3

Der letzte Nachtrag endete mit dem Gedanken, dass eine Erzählung ein offenes, vertrautes Gespräch unter Gleichen ist.

Was kann da schon schiefgehen?

Tja, puh, eine ganze Menge. (Hier könnten wir kurz an einige unangenehme Gespräche denken, die wir in der Vergangenheit erlebt haben.)

Eins der Hauptsymptome eines schlechten Gesprächs liegt vor, wenn einer der Gesprächspartner auf Autopilot ist.

Stellen Sie sich vor, Sie haben ein Date. Da Sie sich unsicher fühlen, haben Sie einige Spickzettel dabei. So nach dem Motto: »19 Uhr. Nach Kindheitserinnerungen fragen.« »19 Uhr 15. Kompliment für Kleidung machen.« So was kann man machen, klar, aber warum sollte man das? Na ja, Ängste. Wir wollen so sehr, dass das Date gut läuft. Aber jedes Mal, wenn wir auf unseren Spickzettel schielen, empfindet der oder die andere das als Rückzug aus dem Gespräch. Und zu Recht: weil wir ihn oder sie aus dem Prozess ausschließen.

Unsere Ängste haben uns nach einer Methode greifen lassen, dabei verlangt die Situation nach spontanen Reaktionen auf das, was gerade passiert (auf die eigentliche Energie dieses Gesprächs).

Was diese Spickzettel bei einem Gespräch sind, ist beim Schreiben der Plan. Ein Plan ist fein. Mit einem Plan können wir aufhören zu denken. Wir brauchen ihn nur auszuführen. Aber so funktioniert ein Gespräch nicht, und ein Kunstwerk ebenso wenig. Eine Absicht zu haben und sie dann auszuführen sorgt nicht für gute Kunst. Das wissen Künstler auch. Laut Donald Barthelme gilt: »Der Autor ist einer, der mit seiner Aufgabe anfängt, ohne zu wissen wie.« Gerald Stern hat es so ausgedrückt: »Wenn Sie sich vornehmen, ein Gedicht über zwei fickende Hunde zu schreiben, und schreiben ein Gedicht über zwei fickende Hunde – dann haben Sie ein Gedicht über zwei fickende Hunde geschrieben.« Dem können wir meine umgebastelte Version dessen hinzufügen, was Einstein irgendwann gesagt haben soll, ich hatte sie zuvor so wiedergegeben: »Probleme kann man niemals mit derselben Denkweise lösen, durch die sie entstanden sind.«

Wenn wir uns etwas vornehmen und es dann (einfach nur) tun, reißt das niemand vom Hocker. (Das wäre kein Kunstwerk, sondern ein Vortrag, eine Datenhalde.) Wenn wir eine Erzählung zu lesen beginnen, tun wir das mit der eingebauten Erwartung, dass sie uns darin überraschen wird, wie weit sie es schafft, sich von ihren kleinen Anfängen wegzuentwickeln; dass sie über ihr frühes Selbstverständnis hinauswachsen wird. (Eine Freundin von uns sagt: »Guck dir mal diesen Film über einen Fluss an.« In dem Moment, wenn der Fluss über seine Ufer tritt, wissen wir, warum sie das wollte.)

Warum also die Spickzettel bei diesem Date? Kurz gesagt: mangelndes Selbstvertrauen. Wir bereiten diese Zettel vor und bringen sie mit und gucken immer wieder unbeholfen drauf, weil wir meinen, ohne einen Plan hätten wir nicht genug zu bieten, dabei sollten wir unserem Gegenüber tief in die Augen schauen.

Wir können unseren ganzen künstlerischen Weg als den Prozess verstehen, uns selbst davon zu überzeugen, dass wir absolut genug zu bieten haben, als Nächstes herauszufinden, was das ist, und es dann zu verfeinern.

Als Kind hatte ich eine Spielzeugrennbahn: lange Plastikteile (die Fahrbahn), Blechautos, ein paar batteriebetriebene »Tankstellen« aus Plastik. In jeder davon gab es ein paar Gummiräder, die sich drehten. Das kleine Auto fuhr rein und wurde dann auf der anderen Seite wieder rausgeschossen. Wenn ich die Tankstellen richtig plazierte, konnte ich ein kleines Auto da reinsetzen, wenn ich zur Schule ging, und wenn ich zurückkam, fuhr es immer noch herum.

Die Leser:innen entsprechen dem kleinen Auto. Die Aufgabe des Autors ist es, Tankstellen so auf dem Parcours zu platzieren, dass die Leser:innen weiterlesen und es bis zum Ende der Erzählung schaffen. Was sind diese Tankstellen? Nun ja, im Grunde Äußerungen schriftstellerischer Bezauberungskraft. Alles, was die Leser:innen geneigt macht weiterzulesen. Ausbrüche von Ehrlichkeit, Witz, starker Sprache, Humor; eine saftige Beschreibung eines kleinen Stückchens Welt, die es uns wirklich sehen lässt, eine Dialogpassage, die uns durch ihren inneren Rhythmus weiterzieht – jeder Satz könnte eine kleine Tankstelle sein.

Die Autorin verbringt ihr ganzes künstlerisches Leben damit herauszufinden, welche Tankstellen nur sie herstellen kann. Was hat sie drauf, das die Leser:innen auf der Rennbahn weiterschickt? Was tut sie im wahren Leben, wenn sie einem Gespräch mehr Tempo einimpfen will? Wie hält sie einen anderen Menschen bei Laune, versichert ihm ihre Zuneigung, zeigt ihm, dass sie zuhört? Wie verführt, überredet, tröstet, zerstreut sie? Welche Arten zu bezaubern hat sie sich in der Welt zugelegt, und was könnte deren Äquivalent beim Schreiben sein? Es wäre schön, wenn sie einfach sagen könnte: »Also, im wahren Leben mach ich X«, und dann X in ihrer Arbeit machen – aber so simpel ist es nicht. Ihre einzigartigen schriftstellerischen Bezauberungskräfte entdeckt sie nur, indem sie sich über Tausende Stunden Arbeit am Text darauf zutastet (und dann kann das in einem schrägen Verhältnis zu ihrem »wahren« Zauber stehen oder auch in überhaupt keinem). Was sie dadurch erlangt, ist kein Credo, sondern eine Reihe von Impulsen, und sie gewöhnt sich an, ihnen zu vertrauen.

Unter all den Fragen, die eine beginnende Autorin sich stellen könnte, ist dies die wichtigste: Was hält einen Leser bei der Stange? Oder genauer: Was hält *meinen* Leser bei der Stange? (Was trägt und treibt einen Leser durch *meine* Prosa voran?)

Wie können wir das herausfinden? Nun, wie gesagt, die einzige Methode besteht darin, unseren Text unter der Annahme durchzugehen, dass unsere Leserin mehr oder weniger so liest wie wir selbst. Was uns langweilt, wird sie langweilen. Was uns ein kleines Aufflackern von Vergnügen beschert, wird auch ihr Spaß machen.

Genauer betrachtet, ist das eine komische Annahme. Wir alle wissen genau (etwa aus Lesegruppen oder Schreib-Workshops), dass die Menschen nicht genau gleich lesen.

Und doch gibt es im Kino manchmal den Moment, wo alle im gleichen Augenblick nach Luft schnappen.

Wenn wir weiter darüber nachdenken, ist unser Ziel oder zumindest mein Ziel, wenn ich überarbeite, gar nicht unbedingt, mir haargenau den anderen Menschen vorzustellen, der meinen Text liest, sondern mich selbst so zu imaginieren, als würde ich die Erzählung zum ersten Mal lesen.

Und daraus besteht, auf merkwürdige Weise, die ganze Kunst: aus der Fähigkeit, in ein akzeptables Rollenspiel von mir selbst zu springen, als wäre die Prosa, die ich gerade lese (und schon eine Million Male gelesen habe), vollkommen neu für mich. Wenn wir auf diese Weise einen Abschnitt durchgehen, unsere Reaktionen beobachten und den Text entsprechend überarbeiten, kommt das als Nachweis für Sorgfalt bei den Leser:innen an. (Man könnte sagen, dass der Erstleser in der Lage ist, die Existenz der vielen weniger überzeugenden

Versionen eines Satzes hinter dem einen, den die Autorin hat stehen lassen, zu erspüren.)

Es ist mir trotzdem ein Rätsel, warum dieses Eintauchen in unseren eigenen, vielleicht schrägen Geschmack zu einem Text führen sollte, der kraftvoller zu unserer Leserin spricht und von dem sie sich eher ernst genommen fühlt.

Kehren wir kurz zu unserem Gesprächsmodell zurück: Manche Gespräche fühlen sich ausweichend, unüberlegt, voller Hintergedanken, egoistisch an; andere vielmehr intensiv, dringlich, offenherzig, wahrhaftig. Was ist der Unterschied? Ich würde sagen, er liegt in der *Präsenz*. Sind wir da oder nicht? Ist es unser Gegenüber am Tisch (für uns) oder nicht? Wer Literatur schreibt, tritt in ein Gespräch mit den Leser:innen ein, mit einem großen Vorteil: Mit jedem Durchgang können wir das Gespräch ein bisschen verbessern. Wir können noch aufmerksamer »da sein«. Wenn wir lesen und irgendetwas schiebt unsere Nadel in die N-Zone, teilt uns das mit, dass wir beim Schreiben nicht genug »da« waren. (Wenn ich schreibe »Der orange Sonnenuntergang leuchtete wundervoll orange«, dann war ich offenkundig beim Schreiben nicht da. Aber jetzt bin ich da. Oder habe zumindest die Chance, es zu sein.)

Wir können das Überarbeiten also als eine Art Übung in Beziehungspflege betrachten: zu erkennen, was genau beim Überarbeiten die Beziehung zwischen uns und unseren Leser:innen verbessert. Was macht sie intensiver, direkter, ehrlicher? Was lässt sie gegen die Wand fahren? Aufregend daran ist, dass wir diese Fragen nicht abstrakt stellen müssen; wir dürfen es konkret auf Einzelstellen bezogen tun, indem wir unser Messgerät über die Ausdrücke, Sätze, Absätze unserer Erzählung führen, davon ausgehend, dass es zwischen uns und den Leser:innen einen kontinuierlichen Austausch gibt.

Der Unterschied zwischen einem Satz, der sich gut anfühlt (lebendig und wahrhaftig und unabweisbar) und die Leserin dazu bringt, den nächsten zu lesen, und einem Satz, der ihr missfällt und sie aus der Geschichte wirft, besteht darin – tja, ich merke, ich kann diesen Satz nicht vollenden, nicht auf der allgemeinen Ebene. Und das muss ich auch gar nicht. Um ein Schriftsteller zu sein, muss ich nur einen bestimmten Satz von mir lesen, in seinem besonderen Kontext an einem Tag X, den Stift in der Hand, und ihn so umschreiben, wie es mir gerade einfällt.

Und das wieder tun und wieder und wieder – bis er mir gefällt.

Herr und Knecht

Leo Tolstoi
(1895)

HERR UND KNECHT

1

Es war in den siebziger Jahren, am Tag nach St. Nikolaus. Im Kirchspiel war Feiertag, und der Herbergswirt und Kaufmann zweiter Gilde Wasilij Andrejitsch Brechunow hatte das Dorf noch nicht verlassen können: zuerst hatte er in die Kirche gehen müssen, da er Kirchenältester war, und dann mußte er in seinem Hause Verwandte und Bekannte empfangen und bewirten. Aber nun waren die letzten Gäste abgefahren, und Wasilij Andrejitsch machte sich bereit, zu einem benachbarten Gutsbesitzer zu fahren, dem er einen [1]
kleinen Wald abkaufen wollte, um den er schon lange gehandelt hatte. Wasilij Andrejitsch wollte so schnell wie möglich fahren, damit die städtischen Händler ihm dieses vorteilhafte Geschäft nicht wegschnappten. Der junge Gutsbesitzer verlangte nur deshalb zehntausend Rubel für den Wald, weil Wasilij Andrejitsch ihm siebentausend geboten hatte. Diese siebentausend bildeten aber nur den dritten Teil des Wertes, den der Wald wirklich hatte. Wasilij Andrejitsch hätte vielleicht noch länger um den Preis gefeilscht, da der Wald in seinem Bezirk lag und zwischen ihm und den anderen ländlichen Händlern des Kreises schon seit langer Zeit eine Abmachung bestand, daß ein Händler im Bezirk eines anderen die Preise nicht in die Höhe treiben durfte: aber Wasilij Andrejitsch hatte erfahren, daß Holzhändler aus der Gouvernementsstadt nach Gorjatschkino fahren und um den Wald handeln wollten, und deshalb beschloß er sofort hinzufahren und die Sache mit dem Gutsbesitzer zum Abschluß zu bringen. Sobald er sich frei machen konnte, nahm er siebenhundert Rubel aus der Truhe, legte noch zweitausenddreihundert Rubel Kirchengelder, die er in Verwahrung hatte, dazu, zählte das ganze Geld sorgfältig nach, steckte es in die Brieftasche und machte sich zur Abfahrt bereit.

Der Knecht Nikita, der als einziger von Wasilij Andrejitschs Leuten an diesem Tag nicht betrunken war, ging hinaus, um anzuspannen. Nikita war deshalb nicht betrunken, weil er ein Trinker war: zu Beginn der Fasten, als er die Jacke vom Leibe und seine Lederstiefel vertrunken hatte, hatte er geschworen, das Trinken aufzugeben, und nun schon länger als einen Monat nichts mehr angerührt; auch jetzt hatte er nicht getrunken, obwohl der Schnaps, der an den beiden ersten Festtagen überall konsumiert wurde, eine große Versuchung für ihn war.

Nikita war ein fünfzigjähriger Bauer aus einem Nachbardorf, kein guter Hauswirt, wie man von ihm sagte, und hatte den größten Teil seines Lebens nicht zu Hause, sondern bei anderen Leuten als Knecht verbracht. Überall schätzte man ihn wegen seines Fleißes, seiner Geschicklichkeit und Arbeitskraft, vor allem aber wegen seines guten, angenehmen Charakters. Aber er blieb nirgends lange
[2] im Dienst, weil er etwa zweimal im Jahr, manchmal auch öfter, zu trinken anfing und dann nicht nur alles vertrank, was er auf dem Leibe hatte, sondern auch händelsüchtig und gewalttätig wurde. Auch Wasilij Andrejitsch hatte ihn schon ein paarmal fortgejagt, ihn aber wiedergenommen, weil er Nikitas Ehrlichkeit, seine Liebe zu den Tieren und vor allem seine Anspruchslosigkeit sehr zu schätzen wußte. Wasilij zahlte ihm nicht achtzig Rubel, was der angemessene Lohn für einen solchen Knecht gewesen wäre, sondern nur vierzig, die er ihm ohne Abrechnung in kleinen Beträgen gab und großenteils nicht in barem Geld, sondern in Form von hoch berechneten Waren aus seinem Laden.

Nikitas Frau Marfa, die früher einmal ein hübsches, flinkes Weib gewesen war, wirtschaftete zu Hause mit einem halbwüchsigen Sohn und zwei Töchtern und forderte ihren Mann gar nicht dazu auf, daheim zu wohnen, erstens, weil sie schon seit zwanzig Jahren mit einem Böttcher aus einem anderen Dorf zusammenlebte, den sie ins Haus genommen hatte, und zweitens, weil sie eine Heidenangst vor ihrem Mann hatte, sobald er sich betrank, während sie ganz nach ihrem Belieben mit ihm umsprang, wenn er nüchtern war. Einmal hatte sich Nikita zu Hause sinnlos betrunken; um sich an seiner Frau für die Knechtung zu rächen, die er in nüchternem

Zustand erdulden mußte, hatte er dann ihre Truhe aufgebrochen, ihre besten Kleider herausgeholt, das Beil genommen und ihre sämtlichen Röcke und Umhänge auf dem Hauklotz kurz und klein gehackt. Nikitas gesamter Lohn wurde seiner Frau ausgehändigt, und Nikita war damit einverstanden. So war Marfa auch diesmal zwei Tage vor dem Fest zu Wasilij Andrejitsch gekommen, hatte sich von ihm für ungefähr drei Rubel Weizenmehl, Tee, Zucker und ein Achtel Schnaps und noch fünf Rubel Bargeld geben lassen und hatte sich dafür wie für eine besondere Gnade bedankt, obwohl Nikita selbst bei niedrigster Bezahlung zwanzig Rubel von Wasilij Andrejitsch zu bekommen hatte.

»Ich habe doch keinen Vertrag mit dir gemacht«, pflegte Wasilij
Andrejitsch zu Nikita zu sagen. »Wenn du etwas brauchst, dann
nimms dir, du wirst es schon abarbeiten. Bei mir ists nicht wie bei
anderen Leuten, die das Gesinde auf seinen Lohn warten lassen, genau abrechnen und noch Abzüge machen. Bei uns gehts ehrlich zu. [3]
Du dienst mir, und ich lasse dich auch nicht im Stich.«

Wenn Wasilij Andrejitsch das sagte, war er tatsächlich der Meinung, daß er Nikitas Wohltäter sei, denn er verstand sehr überzeugend zu reden, und alle Leute, die auf sein Geld angewiesen waren, Nikita voran, bestärkten ihn in der Überzeugung, daß er sie nicht betrüge, sondern ihnen nur Gutes tue.

»Das sehe ich ja auch ein, Wasilij Andrejitsch; und ich meine, ich diene Ihnen so gut, wie wenn Sie mein leiblicher Vater wären. Ich verstehe das sehr gut«, antwortete Nikita, der sehr gut verstand, daß Wasilij Andrejitsch ihn betrog, aber gleichzeitig auch fühlte, daß er keinen Versuch machen durfte, mit ihm abzurechnen, sondern dableiben und nehmen mußte, was man ihm gab, solange er keine andere Stelle hatte.

Jetzt, als der Herr befohlen hatte anzuspannen, lief Nikita vergnügt und willig wie immer mit schnellen, leichten, etwas watschelnden Schritten in den Schuppen, nahm dort den schweren, mit einer Troddel geschmückten ledernen Zaum vom Nagel und ging, mit der Kinnkette klirrend, zum verschlossenen Stall, wo das Pferd stand, das er anspannen sollte.

»Na, du langweilst dich wohl, du dummer Kerl«, sagte Nikita

als Antwort auf das leise Gewieher, mit dem ihn der einzige Bewohner des Stalls begrüßte, ein mittelgroßer, gutgebauter Hengst mit etwas hängendem Hinterteil, dunkelbraun mit gelblichen Flecken an Maul, Füßen und Weichen. »Na, na! Nicht so eilig, ich will dir erst zu saufen geben«, sagte er zu dem Pferd, als könnte es seine Worte verstehen. Dann wischte er mit dem Schoß seines Pelzes den fetten, in der Mitte durchhängenden, mit Staub bedeckten und zerfressenen Rücken des Hengstes ab, legte ihm den Zaum um den schönen, kräftigen Kopf, machte ihm die Ohren und den Haarschopf frei, legte das Halfter weg und führte das Pferd zur Tränke.

Der Braune schritt vorsichtig durch den hohen Mist, begann zu spielen und schlug aus; er tat, als wollte er dem Knecht, der im Trab mit ihm zum Ziehbrunnen lief, einen Schlag versetzen.

»Ach, so ein Racker!«, murmelte Nikita; er wußte, daß der Braune immer sehr vorsichtig ausschlug und ihn nie traf, sondern
[4] nur seinen schmutzigen Halbpelz berührte. An diesem Kunststück hatte Nikita immer eine ganz besondere Freude.

Als das Pferd sich an dem kalten Wasser satt getrunken hatte, holte es tief Atem, bewegte die nassen, kräftigen Lippen, von deren Haarborsten durchsichtige Tropfen in den Trog fielen, und verharrte regungslos, wie in Gedanken versunken; dann prustete es laut.

»Wenn du nicht mehr magst, dann brauchst du nicht mehr. Das werden wir uns merken. Aber später bekommst du nichts mehr«, sagte Nikita, der dem Braunen sein Verfahren stets sehr ernst und ausführlich auseinandersetzte. Dann lief er wieder zum Schuppen, das muntere junge Pferd, das mit den Hinterbeinen ausschlug und laut schnaubte, am Zügel hinter sich herziehend.

Die Knechte waren nicht da: Nikita sah nur einen Fremden, den Mann der Köchin, der zum Feiertag gekommen war. »Geh doch mal hin, mein Lieber«, sagte Nikita zu ihm, »und frage den Herrn, welchen Schlitten ich anspannen soll, den großen oder den kleinen.«

Der Mann der Köchin ging in das Haus mit dem Blechdach und dem hohen Fundament und kam gleich darauf mit der Nachricht zurück, daß der kleine Schlitten anzuspannen sei. Nikita hatte inzwischen dem Pferd das Kummet angelegt, das mit kleinen Nägeln beschlagene Rückenpolster festgebunden und ging jetzt, in der einen Hand das leichte, buntbemalte Krummholz tragend und mit der anderen das Pferd führend, zu den beiden Schlitten, die unter dem Schuppen standen.

»Wenn er den kleinen will, dann nehmen wir eben den kleinen«, sagte er, führte das kluge Tier, das die ganze Zeit tat, als wollte es ihn beißen, in die Gabeldeichsel und spannte es an; der Mann der Köchin half ihm dabei.

Als alles schon beinahe fertig war und Nikita nur noch die Leinen an den Zügeln befestigen mußte, schickte er den Mann der Köchin nach Stroh in den Schuppen und dann in die Scheune, um einen Sack zu holen.

»So, alles in Ordnung! Na, na, tu nur nicht so wichtig!« sagte Nikita und stopfte das frisch gedroschene Haferstroh, das der Mann der Köchin gebracht hatte, in den Schlitten. »Und jetzt gib [5]
mir die Packleinwand, die nehmen wir als Überzug, und obendrauf kommt der Sack. Siehst du wohl, so werden wir gut sitzen«, sagte er und führte dabei das aus, was er sagte. Dann stopfte er den Sack über dem Stroh auf allen vier Seiten um den Sitz herum fest.

»So, ich danke dir, mein Freund«, sagte Nikita zu dem Mann der Köchin, »zu zweit geht alles besser.« Dann brachte Nikita die ledernen, am verbundenen Ende mit einem Ring versehenen Zügel in Ordnung, setzte sich auf den Schlittenrand und lenkte das nach Bewegung verlangende brave Pferd über den gefrorenen Mist auf dem Hof zum Tor.

»Onkel Nikita, Onkelchen, he, Onkelchen!« rief ihm mit feiner Stimme ein siebenjähriger Junge nach, der eilig aus dem Hausflur in den Hof gelaufen kam; er trug einen kurzen schwarzen Pelz, neue weiße Filzstiefel und eine warme Mütze. »Setz mich rein«, bat er und knöpfte sich im Laufen den Pelz zu.

»Na, dann komm schnell her, mein Lieber«, sagte Nikita, hielt an, setzte den freudestrahlenden, blassen, mageren Jungen seines Herrn in den Schlitten und fuhr auf die Straße hinaus.

Es war gegen drei Uhr, kalt, wohl zehn Grad, trüb und windig. Der halbe Himmel war von einer tief herabhängenden dunklen

Wolke bedeckt. Auf dem Hof kam einem die Luft ruhig vor, aber auf der Straße spürte man den Wind; von dem Dach der Nachbarscheune stiebte der Schnee, und an der Ecke neben dem Badehaus wirbelte er nur so. Kaum war Nikita zum Tor hinaus und hatte gewendet, als auch schon Wasilij Andrejitsch, eine Zigarette im Mund, den tuchüberzogenen Schafpelz tief unten mit einem breiten Gurt zusammengeschnallt, aus dem Flur auf die hohe Vortreppe trat, wo der festgetretene Schnee unter den Ledersohlen seiner Filzstiefel laut knirschte. Er blieb stehen, zog noch einmal an seiner Zigarette, warf sie weg, zertrat sie und blies den Rauch durch den Schnurrbart. Nach dem Pferde schielend, bog er zu beiden Seiten seines rotwangigen, glattrasierten Gesichts die Ecken seines Kragens mit der Haarseite nach innen, damit der Pelz nicht vom Atem feucht wurde.

»Sieh mal an! So ein Racker! Er sitzt schon drin!« sagte er, als
[6] er seinen Jungen im Schlitten entdeckte. Wasilij Andrejitsch war durch den Schnaps, den er mit seinen Gästen getrunken hatte, in angeregter Stimmung und deshalb mit allem, was ihm gehörte, und mit allem, was er tat, noch zufriedener als sonst. Der Anblick seines Sohnes, den er in Gedanken immer den ›Erben‹ nannte, machte ihm besonders viel Vergnügen. Er betrachtete ihn mit zusammengekniffenen Augen und die langen Zähne bleckend.

Wasilij Andrejitschs blasse, magere, schwangere Frau, Kopf und Schultern in ein wollenes Tuch gehüllt, so daß nur ihre Augen zu sehen waren, begleitete ihn hinaus und stand hinter ihm im Hausflur.

»Wirklich, nimm doch Nikita mit«, sagte sie und trat schüchtern vor die Haustür.

Wasilij Andrejitsch, dem ihre Worte anscheinend unangenehm waren, antwortete nicht, runzelte die Stirn und spuckte aus.

»Du hast viel Geld bei dir«, fuhr die Frau in kläglichem Ton fort. »Und vielleicht kommt auch noch ein Unwetter. Wirklich, nimm ihn lieber mit.«

»Ach was, kenne ich vielleicht den Weg nicht, daß ich unbedingt jemanden mitnehmen muß?« erwiderte Wasilij Andrejitsch, jede Silbe scharf betonend und beim Sprechen unnatürlich die Lippen verziehend, was er immer tat, wenn er mit Käufern und Verkäufern redete.

»Nimm ihn doch mit. Ich bitte dich um Gottes willen!« sagte die Frau noch einmal und mummte sich noch fester in ihr Tuch ein.

»Sie lässt nicht locker ... Wo soll ich denn mit ihm hin?«

»Ich bin bereit, Wasilij Andrejitsch«, sagte Nikita fröhlich. »Nur müßten die Pferde gefüttert werden, wenn ich weg bin«, fügte er hinzu und sah die Hausfrau an.

»Ich werde dafür sorgen, Nikituschka, ich werde es Semjon sagen«, antwortete die Frau.

»Also wie ists? Soll ich mitfahren, Wasilij Andrejitsch?« fragte Nikita.

»Ja, ich muß der Alten wohl den Gefallen tun. Aber wenn du mitfährst, dann zieh dir erst einen wärmeren Staatsrock an«, antwortete Wasilij Andrejitsch lächelnd und blinzelte mit dem einen
Auge nach Nikitas Pelzjacke hin, die schmierig und verfilzt und [7]
unter den Achseln und am Rücken zerrissen und am Saum ausgefranst war; sie hatte offenbar schon viel mitmachen müssen.

»He, lieber Freund, komm doch mal raus und halte das Pferd!« rief Nikita dem Mann der Köchin zu, der im Hof war.

»Ich halte es, ich halte!« piepste der Junge, nahm seine frierenden roten Händchen aus den Taschen und ergriff die kalten ledernen Lenkriemen.

»Los, zieh deinen Staatsfrack an, aber mach schnell!« rief Wasilij Andrejitsch seinem Knecht spöttisch zu.

»Ich bin gleich wieder da, Wasilij Andrejitsch«, antwortete Nikita und rannte mit einwärts gedrehten Fußspitzen in seinen geflickten, schmierigen Filzstiefeln auf den Hof und in die Gesindestube.

»Schnell, Arinuschka, gib mir meinen Mantel vom Ofen runter, ich muß mit dem Herrn wegfahren!« rief Nikita, während er in die Stube gelaufen kam, und nahm seinen Gurt vom Nagel.

Die Köchin, die nach dem Mittagessen geschlafen hatte und gerade den Samowar für ihren Mann aufstellte, begrüßte Nikita freundlich; von seiner Eile angesteckt, rührte sie sich ebenso flink wie er, langte seinen auf dem Ofen trocknenden schlechten, abgetragenen Tuchmantel herunter, und schüttelte ihn und klopfte ihn weich.

»Jetzt hast du hier genug Platz und kannst mit deinem Mann ordentlich feiern«, sagte Nikita zu der Köchin, denn aus gutmütiger Höflichkeit redete er immer ein bißchen mit jedem Menschen, mit dem er allein zusammen war.

Dann legte er den schmalen, verfilzten Gurt um, zog seinen dünnen Bauch ein und schnallte den Gurt über der Pelzjacke ganz fest zu.

»Siehst du!« sagte er, nicht zur Köchin, sondern zu dem Gurt, dessen Enden er feststeckte. »Jetzt wirst du nicht aufgehen.« Er hob und senkte die Schultern, um den Armen Bewegungsfreiheit zu verschaffen, zog den Mantel an, reckte wieder den Rücken, um die Arme besser bewegen zu können, schlug sich unter die Achseln und nahm seine Fausthandschuhe vom Wandbrett. »So, jetzt ist alles in
[8] Ordnung.«

»Zieh doch andere Stiefel an, Nikita Stepanytsch«, sagte die Köchin, »die da sind ganz löchrig.«

Nikita blieb stehen und schien zu überlegen.

»Ja, das müßte ich schon... Na, es wird auch so gehen, es ist ja nicht weit.«

Und er lief auf den Hof.

»Wirst du auch nicht frieren, Nikituschka?« fragte die Hausfrau, als er zum Schlitten kam.

»Nein, kein bißchen, mir ist ganz warm«, antwortete Nikita, schob am Vorderteil des Schlittens das Stroh zurecht, um sich damit die Füße zu bedecken, und steckte die bei einem so braven Pferd überflüssige Peitsche ins Stroh.

Wasilij Andrejitsch saß schon im Schlitten, dessen gebogenen hinteren Teil er fast ganz mit seinem in zwei Pelzen steckenden Rücken ausfüllte, ergriff die Leine und trieb das Pferd an. Nikita setzte sich im Fahren vorn links zurecht und streckte das eine Bein heraus.

2

Die Kufen knirschten leise, der brave Hengst zog an und schritt in flottem Gang auf der glattgefahrenen, gefrorenen Dorfstraße dahin.

»Was machst du denn da hinten, du Schlingel? – Gib mal die Peitsche her, Nikita!« rief Wasilij Andrejitsch; er freute sich offenbar über den ›Erben‹, der hinten auf den Kufen hockte. »Wart nur! Mach, daß du zur Mutter kommst!«

Der Junge sprang ab, der Braune beschleunigte seinen Paßgang, schüttelte sich und fiel in Trab.

Das Dorf Krestnyj, zu dem Wasilij Andrejitschs Haus gehörte, bestand nur aus sechs Häusern. Sobald sie an dem letzten Haus, der Schmiede, vorbei waren, merkten sie, daß der Wind stärker war, als sie geglaubt hatten. Vom Weg war fast nichts mehr zu sehen. Die Spur der Kufen wurde sofort wieder verweht, und man
konnte den Weg nur daran erkennen, daß er höher war als das üb- [9]
rige Gelände. Der Schnee wirbelte über das Feld, und die Linie, wo Himmel und Erde sich berühren, war verschwunden. Der Teljatiner Wald, den man sonst immer gut erkennen konnte, war nur von Zeit zu Zeit als undeutliche schwarze Masse durch das Schneegestöber zu sehen. Der Wind kam von links; er wehte die Mähne an dem drallen, wohlgenährten Hals des Braunen hartnäckig nach der einen Seite und drückte sogar den aufgebundenen Schweif des Pferdes seitwärts. Nikita saß auf der Windseite, und der Wind preßte ihm den breiten Mantelkragen gegen Gesicht und Nase.

»Bei diesem Schneegestöber kann er nicht so gut laufen«, sagte Wasilij, der auf sein gutes Pferd stolz war. »Ich bin einmal mit ihm nach Paschutino gefahren, da hat er mich in einer halben Stunde hingebracht.«

»Was?« fragte Nikita, der nichts hörte, weil der Kragen ihm die Ohren verdeckte.

»Ich sage, ich bin in einer halben Stunde mit ihm nach Paschutino gefahren«, schrie Wasilij Andrejitsch.

»Ja, er ist ein gutes Pferd«, antwortete Nikita.

Sie schwiegen eine Weile, aber Wasilij Andrejitsch wollte sich mit Nikita unterhalten.

»Na, du hast deiner Frau doch sicher verboten, dem Böttcher Schnaps zu geben, was?« sagte Wasilij Andrejitsch ebenso laut. Er war so fest davon überzeugt, daß Nikita sich geschmeichelt fühlen müsse, wenn er sich mit einem so bedeutenden, klugen Mann wie ihm unterhalten dürfe, und er war so zufrieden mit seinem Spaß, daß es ihm gar nicht in den Sinn kam, diese Unterhaltung könnte Nikita vielleicht peinlich sein.

Nikita verstand wieder nicht, denn der Wind trug die Worte seines Herrn fort.

Wasilij Andrejitsch wiederholte mit seiner lauten, deutlichen Stimme den Scherz über den Böttcher.

»Gott möge ihnen verzeihen, Wasilij Andrejitsch, ich kümmere mich nicht um diese Sachen. Wenn sie nur meinem Jungen nichts antut, sonst mag sie machen, was sie will.«

»Da hast du recht«, antwortete Wasilij Andrejitsch. »Sag mal,
[10] willst du dir im Frühjahr ein Pferd kaufen?« fragte er, das Thema wechselnd.

»Ja, das muß ich wohl«, antwortete Nikita, schlug den Mantelkragen zurück und neigte sich zu seinem Herrn.

Jetzt war die Unterhaltung für Nikita interessant geworden, und er wollte jedes Wort verstehen.

»Der Junge ist jetzt erwachsen und muß selber pflügen, früher haben wir immer einen Pflüger und ein Pferd gemietet«, sagte er.

»Weißt du was? Nehmt doch meinen Kreuzschwachen, ich mache euch einen billigen Preis«, rief Wasilij Andrejitsch; er war in angeregter Stimmung und verfiel deshalb auf seine Lieblingsbeschäftigung, der er seine gesamten Geisteskräfte widmete – auf den Handel.

»Oder Sie können mir ja auch fünfzehn Rubel geben, und ich kaufe mir ein Pferd auf dem Pferdemarkt«, antwortete Nikita; er wußte ganz genau, daß der Kreuzschwache, den Wasilij Andrejitsch ihm aufschwatzen wollte, nur sieben Rubel wert war, aber Wasilij Andrejitsch würde ihm das Pferd mit fünfundzwanzig Rubeln anrechnen, und dann würde er ein halbes Jahr kein Geld zu sehen bekommen.

»Es ist ein gutes Pferd. Ich meine es mit dir genauso gut wie mit mir selbst. Auf Ehr und Gewissen! Brechunow haut niemand übers

Ohr. Lieber verliere ich selbst mein Hab und Gut, als daß ich es so mache wie andere Leute. Auf Ehre!« rief er in dem Ton, in dem er Käufer und Verkäufer zu beschwatzen pflegte. »Es ist wirklich ein gutes Pferd!«

»Freilich«, sagte Nikita seufzend, und da es für ihn keinen Zweck hatte, weiter zuzuhören, ließ er den Kragen los, der ihm sofort wieder das Ohr und das Gesicht bedeckte.

Etwa eine halbe Stunde fuhren sie schweigend weiter. Nikita wurde an der Seite und am Arm, wo der Pelz zerrissen war, tüchtig vom Wind durchgeblasen.

Er krümmte sich zusammen und atmete in den Kragen, der seinen Mund bedeckte, und bald war ihm ein bißchen wärmer.

»Was meinst du, sollen wir über Karamyschewo fahren oder geradeaus?« fragte Wasilij Andrejitsch.

Wenn sie über Karamyschewo fuhren, konnten sie eine vielbefahrene Landstraße benutzen, an der auf beiden Seiten gut sichtbare [11]
Merkstangen aufgestellt waren; aber es war weiter, der gerade Weg war näher, aber wenig befahren, und die Merkstangen waren teils nicht mehr vorhanden, teils in so schlechtem Zustand, daß sie nicht mehr aus dem Schnee herausragten.

Nikita überlegte einen Augenblick.

»Über Karamyschewo ist es ja weiter, aber der Weg ist besser«, antwortete er.

»Aber geradeaus brauchen wir nur aufzupassen, daß wir, ohne uns zu verirren, durch den Hohlweg kommen, und der Weg durch den Wald ist gut«, sagte Wasilij Andrejitsch, der gern geradeaus fahren wollte.

»Wie Sie meinen«, antwortete Nikita und ließ den Kragen wieder los.

Wasilij Andrejitsch fuhr geradeaus, und eine halbe Werst weiter bog er bei einem im Wind hin- und herschwankenden Eichenstämmchen, an dem noch einige dürre Blätter hingen, links ab.

Nach dieser Biegung mußten sie gegen den Wind fahren. Das Schneetreiben wurde immer stärker. Wasilij Andrejitsch lenkte das Pferd; er blähte die Backen auf und blies sich den Atem von unten in den Schnurrbart. Nikita war eingenickt.

Ungefähr zehn Minuten fuhren sie schweigend weiter. Plötzlich sagte Wasilij Andrejitsch etwas.

»Was?« fragte Nikita und öffnete die Augen.

Wasilij Andrejitsch gab keine Antwort, er hielt Umschau, nach hinten und an dem Pferd vorbei nach vorn. Das Pferd, das vom Schweiß an den Weichen und am Hals ganz struppig geworden war, ging Schritt.

»Was ist denn?« fragte Nikita noch einmal.

»Ja, was ist denn, was ist denn?« äffte Wasilij Andrejitsch ihn ärgerlich nach. »Die Merkstangen sind nicht zu sehen! Wir haben uns verirrt.«

»Dann halten Sie doch, ich will den Weg suchen«, sagte Nikita. Er sprang behend aus dem Schlitten, zog die Peitsche aus dem Stroh und ging nach links, nach der Seite, auf der er gesessen hatte.

Der Schnee lag in diesem Jahre nicht hoch, so daß man über-
[12] all gehen konnte, aber an manchen Stellen reichte er doch bis ans Knie und fiel Nikita in den einen Stiefel. Nikita ging hin und her und tastete mit den Füßen und mit der Peitsche, fand aber nirgends einen Weg.

»Na?« fragte Wasilij Andrejitsch, als Nikita wieder zum Schlitten kam.

»Auf dieser Seite ist kein Weg. Ich muß auf der anderen Seite suchen gehen.«

»Dort vorne ist etwas Schwarzes, geh doch mal hin«, sagte Wasilij Andrejitsch.

Nikita tat es und näherte sich dem Schwarzen: es war Erde, die von entblößten Wintersaatfeldern weggeweht worden war und den Schnee schwarz gefärbt hatte. Nachdem Nikita auch noch auf der rechten Seite gesucht hatte, ging er zum Schlittern zurück, klopfte sich den Schnee ab, schüttelte ihn auch aus dem Stiefel und setzte sich wieder in den Schlitten.

»Wir müssen nach rechts fahren«, sagte er entschlossen. »Vorher habe ich den Wind in die linke Seite bekommen, und jetzt bläst er mir gerade ins Gesicht. Nach rechts!« sagte er in entschiedenem Ton.

Wasilij Andrejitsch befolgte seinen Rat und hielt nach rechts.

Aber sie kamen trotzdem nicht auf einen Weg. Sie fuhren eine Zeitlang weiter. Der Wind hatte nicht nachgelassen, und es schneite immer noch.

»Wir sind anscheinend ganz vom Weg abgekommen, Wasilij Andrejitsch«, sagte Nikita plötzlich mit einer Stimme, die fast vergnügt klang.

»Was ist denn das?« fuhr er fort und zeigte auf schwarzes Kartoffelkraut, das aus dem Schnee hervorlugte.

Wasilij Andrejitsch hielt das Pferd an; es war schweißbedeckt und atmete heftig mit den Flanken.

»Was?« fragte er.

»Ja, wir sind auf dem Feld von Sacharowka. Sieh mal an, wohin wir geraten sind!«

»Quatsch!« erwiderte Wasilij Andrejitsch.

»Das ist kein Quatsch, Wasilij Andrejitsch, sondern richtig«, antwortete Nikita. »Man hört auch am Schlitten, daß wir über einen [13]
Kartoffelacker fahren. Und da sind auch Haufen, da haben sie das Kartoffelkraut zusammengeworfen. Das ist das Feld, das zur Brennerei von Sacharowka gehört.«

»Da haben wir uns ja arg verirrt«, sagte Wasilij Andrejitsch. »Was sollen wir jetzt machen?«

»Geradeaus fahren, weiter nichts. Irgendwohin werden wir schon kommen«, antwortete Nikita. »Wenn wir nicht nach Sacharowka kommen, dann kommen wir zu der herrschaftlichen Meierei.«

Wasilij Andrejitsch hörte auf Nikita und ließ das Pferd gehen. So fuhren sie ziemlich lange. Manchmal fuhren sie über entblößte Wintersaat, und der Schlitten polterte über gefrorene Erdklumpen. Manchmal kamen sie auf Stoppelfelder, bald von Wintergetreide, bald von Sommergetreide, wo Wermutsträucher und Strohhalme aus dem Schnee hervorschauten und im Wind schwankten; manchmal kamen sie auch in tiefen, gleichmäßig weißen, eben daliegenden Schnee, aus dessen Oberfläche nichts mehr hervorlugte.

Schnee rieselte von oben herab, und Schnee stiebte von der Ede auf. Das Pferd war offenbar erschöpft, vor Schweiß am ganzen Körper struppig geworden und mit Reif bedeckt: es ging Schritt. Plötzlich sank es ein und blieb stecken – ob in einer vom Wasser ausgespülten Vertiefung oder in einem Graben, war nicht zu erkennen. Wasilij Andrejitsch wollte halten, aber Nikita schrie ihm zu:

»Wozu halten? Wir sind hineingefahren, also müssen wir auch wieder heraus. Hü, mein Freund, hü, hü, mein Lieber!« rief er dem Pferd munter zu, sprang aus dem Schlitten und sank selber ein. Das Pferd zog mit einem Ruck an und arbeitete sich auf einen gefrorenen Damm hinauf. Also war es ein Graben, in den sie geraten waren.

»Wo sind wir denn?« fragte Wasilij Andrejitsch.

»Das werden wir schon sehen!« antwortete Nikita. »Fahren Sie nur zu, wir werden schon irgendwo hinkommen.«

»Das da ist wohl der Wald von Gorjatschkino?« sagte Wasilij Andrejitsch und zeigte auf etwas Schwarzes, das vor ihnen durch das Schneegestöber hindurch sichtbar wurde.

»Wenn wir hinkommen, werden wir schon sehen, was für ein Wald das ist«, antwortete Nikita.

[14] Nikita hatte bemerkt, daß aus der Gegend, wo dieses Schwarze lag, trockene, längliche Weidenblätter vom Wind herübergetragen wurden, und wußte daher, daß dort kein Wald, sondern eine Siedlung war, wollte es aber nicht sagen. Und wirklich, als sie kaum dreißig Schritte weit von dem Graben entfernt waren, sahen sie dunkle Bäume vor sich und hörten ein neues, eintöniges Geräusch. Nikita hatte richtig vermutet: es war kein Wald, sondern eine Reihe hoher Weidenbäume, an denen noch hier und da dürre Blätter raschelten. Die Weiden standen offenbar an einem Graben, der eine Tenne umgab. Als sie sich den Weiden näherten, die so traurig im Winde rauschten, hob sich das Pferd plötzlich mit den Vorderfüßen über die Höhe des Schlittens hinaus, arbeitete sich dann auch mit den Hinterbeinen hinauf, bog links ein und ging nun nicht mehr bis an die Knie im Schnee. Das war ein Weg.

»Jetzt sind wir ja angekommen«, sagte Nikita, »ich weiß bloß nicht wo.«

Das Pferd schritt dahin, ohne von dem verschneiten Weg abzukommen, und sie waren noch keine hundert Schritte gefahren, als sie einen breiten schwarzen Streifen vor sich sahen; das war das Flechtwerk einer Getreidedarre mit einem verschneiten Dach, von dem unaufhörlich Schnee herunterrieselte. Als sie an der Darre vorbei waren, machte der Weg eine Biegung; sie hatten jetzt den Wind im Rücken und fuhren auf eine Schneewehe zu. Aber vorn sahen sie eine Gasse zwischen zwei Häusern; die Schneewehe lag also offenbar auf dem Weg, und sie mußten hindurchfahren. Und als sie sich durchgearbeitet hatten, kamen sie wirklich in eine Dorfstraße. Auf dem ersten Gehöft flatterte steifgefrorene Wäsche wild im Wind: zwei Hemden, ein rotes und ein weißes, eine Hose, Fußlappen und ein Weiberrock. Das weiße Hemd bewegte sich besonders wild und schlug heftig mit den Ärmeln.

»Na, das muß ein faules Weib sein, wenn sie nicht gerade im Sterben liegt, hat die Wäsche am Feiertag draußen hängen lassen!« sagte Nikita beim Anblick der flatternden Hemden.

3

[15]

Am Anfang der Dorfstraße war es noch windig, und der Weg war verschneit, aber in der Mitte des Dorfes wurde es still, warm und angenehm. In einem Gehöft bellte ein Hund, in einem anderen lief eine Frau, die den Rock über den Kopf geschlagen hatte, über den Hof zur Haustür und blieb auf der Schwelle stehen, um die Vorbeifahrenden zu sehen. Aus der Mitte des Dorfes klangen die Lieder der Mädchen herüber.

Wind, Schnee und Kälte, alles schien im Dorf gelinder zu sein.

»Das ist ja Grischkino«, sagte Wasilij Andrejitsch.

»Ja, das stimmt«, antwortete Nikita.

Tatsächlich, das war Grischkino. Sie waren also zu weit nach links geraten und ungefähr acht Werst in falscher Richtung gefahren, aber doch ihrem Bestimmungsort näher gekommen. Von Grischkino nach Gorjatschkino waren es noch etwa fünf Werst.

In der Mitte des Dorfes begegneten sie einem hochgewachsenen Mann, der mitten auf der Straße ging.

»Wer kommt denn da gefahren?« schrie der Mann und hielt das Pferd an; als er Wasilij Andrejitsch erkannte, griff er sofort nach der Deichsel, tastete sich mit den Händen daran weiter, gelangte so zum Schlitten und setzte sich auf den Rand.

Der Mann war ein Bekannter von Wasilij Andrejitsch, der Bauer Isaj, der in der ganzen Umgegend als der größte Pferdedieb berüchtigt war.

»Ah, Wasilij Andrejitsch! Wohin geht denn die Reise?« fragte Isaj und hüllte beim Reden Nikita in eine Wolke von Schnapsgeruch ein.

»Wir wollen nach Gorjatschkino.«

»Warum kommt ihr dann hierher? Da hättet ihr doch über Malachowo fahren müssen!«

»Freilich, aber wir haben den Weg verfehlt«, antwortete Wasilij Andrejitsch und hielt das Pferd an.

»Ein gutes Pferdchen«, bemerkte Isaj, das Pferd musternd, und zog den locker gewordenen Knoten an dem aufgebundenen Schwanz mit geübtem Griff bis zur Rübe hinauf.

»Wollt ihr über Nacht hierbleiben?«

[16] »Nein, mein Lieber, wir müssen unbedingt weiterfahren.«

»Ihr habt es wohl sehr eilig, was? Und wer ist denn das? Ah, Nikita Stepanytsch!«

»Wer denn sonst?« antwortete Nikita. »Aber was sollen wir tun, lieber Freund, damit wir uns nicht noch einmal verirren?«

»Wie könnt ihr euch hier verirren! Wendet um und fahrt auf der Straße zurück, und dann, wenn ihr rauskommt, immer geradeaus. Nicht links. Dann kommt ihr auf die große Landstraße, und dort biegt ihr rechts ab.«

»Wo müssen wir denn abbiegen? Ist es ein Sommerweg oder ein bezeichneter Winterweg?« fragte Nikita.

»Ein Winterweg. Gleich wenn ihr hinkommt, seht ihr ein paar Sträucher, und gegenüber steht eine große eichene Merkstange mit Laub daran: da ist es.«

Wasilij Andrejitsch wendete und fuhr wieder durch das Dorf zurück.

»Bleibt doch lieber hier über Nacht!« rief ihnen Isaj nach.

Aber Wasilij Andrejitsch antwortete nicht und trieb das Pferd an: fünf Werst ebener Weg und davon zwei durch den Wald, die glaubte er mit Leichtigkeit zurücklegen zu können, zumal der Wind sich anscheinend gelegt und das Schneetreiben nachgelassen hatte.

Sie fuhren wieder auf der glatten Straße zurück, auf der hier und da frischer, dunkler Mist lag, kamen an dem Gehöft mit der Wäsche vorbei, wo das weiße Hemd nur noch an dem einen steifgefrorenen Ärmel hing, fuhren wieder zu den unheimlich rauschenden Weidenbäumen und kamen ins freie Feld. Der Schneesturm hatte nicht nachgelassen, sondern schien noch heftiger zu wüten als vorher. Der ganze Weg war verweht, und nur an den Merkstangen konnte man erkennen, daß man nicht vom Weg abgekommen war. Aber auch die Merkstangen auf der vor ihnen liegenden Wegstrecke konnten sie nur mit Mühe unterscheiden, weil sie gegen den Wind fuhren.

Wasilij Andrejitsch streckte den Kopf vor und hielt mit zusammengekniffenen Augen nach den Stangen Ausschau, verließ sich aber großenteils auf sein Pferd. Und wirklich kam das Pferd nicht vom Wege ab; bald nach links, bald nach rechts biegend, folgte es unbeirrt den Krümmungen des Weges, den es unter den Hufen
spürte. So sahen sie die Merkstangen bald zur Rechten, bald zur [17]
Linken, obwohl das Schneegestöber und der Wind stärker geworden waren.

Als sie ungefähr zehn Minuten gefahren waren, tauchte plötzlich dicht vor dem Pferd etwas Schwarzes auf, das sich in dem schrägen Netz des vom Wind getriebenen Schnees bewegte. Es waren Leute, die in derselben Richtung fuhren. Der Braune hatte sie bald eingeholt und schlug mit den Hufen gegen die Rücklehne des vor ihnen fahrenden Schlittens.

»Fahr doch vorbei... He!« wurde ihnen aus dem Schlitten zugerufen.

Wasilij Andrejitsch fuhr vorbei. In dem Schlitten saßen drei Bauern und ein Weib. Offenbar waren sie auf der Heimfahrt von einem Feiertagsbesuch. Einer der Bauern hieb unaufhörlich mit einer Gerte auf das verschneite Hinterteil des kleinen Pferdchens ein. Die beiden anderen fuchtelten mit den Armen und schrien etwas. Die Frau, ganz vermummt und verschneit, saß wie ein Vogel mit gesträubten Federn regungslos im Hinterteil des Schlittens.

»Wo seid ihr her?« schrie Wasilij Andrejitsch ihnen zu. »Aus A...a...a...«, war nur zu hören.

»Wo ihr her seid, frage ich.«

»Aus A...a...a...«, schrie einer der Bauern aus Leibeskräften, aber man konnte den Namen des Dorfes trotzdem nicht verstehen.

»Los! Laß sie nicht vor!« schrie der andere und schlug mit der Gerte unermüdlich auf das Pferd ein.

»Kommt ihr vom Fest?«

»Vorwärts, vorwärts! Los, Semjon! Überhol sie doch!«

Die Schlitten stießen zusammen, blieben aneinander hängen, kamen aber wieder los, und der Bauernschlitten blieb zurück.

Das zottige, dickbäuchige Pferdchen, das ganz mit Schnee bedeckt war und unter dem niedrigen Krummholz schwer keuchte, schleppte sich unter Aufbietung seiner letzten Kräfte mit den kurzen Beinen, die es ganz unter den Leib zog, durch den tiefen Schnee, vergebens bemüht, den Schlägen der Gerte zu entgehen. Der Kopf des offenbar noch jungen Tieres, mit hochgezogener Unterlippe wie bei einem Fisch, geblähten Nüstern und angstvoll zurückgelegten
[18] Ohren, hielt sich einige Sekunden neben Nikitas Schulter und blieb dann zurück.

»Was der Schnaps nicht alles anrichtet«, sagte Nikita. »Halb totgequält haben sie das Pferdchen. Die reinen Asiaten!«

Einige Minuten war noch das Schnaufen des gequälten Pferdes und das Geschrei der betrunkenen Bauern zu hören, dann verstummte das Schnaufen, und die Schreie verhallten. Und wieder hörten sie ringsum nichts weiter als den Wind, der an ihren Ohren vorbeipfiff, und von Zeit und Zeit das leise Knarren der Kufen, wenn sie über kahlgewehte Stellen fuhren.

Diese Begegnung hatte Wasilij Andrejitsch froher und mutiger gemacht; er trieb das Pferd, auf das er sich verließ, stärker an und achtete nicht besonders auf die Merkzeichen.

Nikita hatte nichts zu tun und döste wie immer bei solchen Gelegenheiten vor sich hin, um den versäumten Schlaf vieler Stunden nachzuholen. Auf einmal blieb das Pferd stehen; Nikita hackte mit der Nase nach vorn und wäre beinahe aus dem Schlitten gefallen.

»Wir fahren ja schon wieder falsch«, sagte Wasilij Andrejitsch.

»Was?«

»Die Merkstangen sind nicht mehr zu sehen. Wir sind wieder vom Weg abgekommen.«

»Wenn wir vom Weg abgekommen sind, müssen wir ihn wieder suchen«, antwortete Nikita kurz, stand auf und begann wieder mit einwärts gedrehten Füßen durch den Schnee zu wandern. Er ging lange hin und her; bald verschwand er aus dem Gesichtskreis, bald tauchte er wieder auf und verschwand von neuem. Endlich kam er zurück.

»Da ist kein Weg; vielleicht weiter vorne«, sagte er und setzte sich auf den Schlitten.

Es fing schon an dunkel zu werden. Das Schneetreiben hatte nicht zugenommen, aber auch nicht nachgelassen.

»Wenn wir wenigstens die Bauern von vorhin hörten«, sagte Wasilij Andrejitsch.

»Die haben uns nicht eingeholt, also müssen wir weit vom Weg abgekommen sein. Aber vielleicht haben sie sich auch selbst verirrt«, bemerkte Nikita.

»Wie sollen wir denn jetzt fahren?« fragte Wasilij Andrejitsch. [19]

»Wir müssen das Pferd laufen lassen«, sagte Nikita, »es wird uns schon irgendwohin bringen. Geben Sie mir die Leine.«

Das tat Wasilij Andrejitsch sehr gern, weil seine Hände trotz der warmen Handschuhe schon erstarrt waren.

Nikita nahm die Leine; er hielt sie nur locker, vermied es, sie zu bewegen, und freute sich über die Klugheit seines Lieblings. Das kluge Pferd legte bald das eine, bald das andere Ohr zurück und machte langsam eine Wendung.

»Nur nicht reden!« murmelte Nikita. »Sehen Sie nur, was er macht. Geh nur, geh nur! So ists brav!«

Sie hatten jetzt den Wind im Rücken, und es wurde wärmer. »Wie klug er ist«, sagte Nikita erfreut. »Unser ›Kirgise‹ ist ja stark, aber dumm. Aber der da, sieh mal, was der mit den Ohren macht. Der braucht keinen Telegraphen, eine Werst weit spürt er alles.«

Und es war noch keine halbe Stunde vergangen, als tatsächlich etwas Schwarzes vor ihnen auftauchte, ein Wald oder ein Dorf, und rechts wieder Merkstangen sichtbar wurden. Offenbar waren sie wieder auf einen Weg gekommen.

»Das ist ja wieder Grischkino«, rief Nikita plötzlich.

Wirklich, linker Hand sahen sie die Getreidedarre, von der der

Schnee herunterstiebte, dann die Leine mit der steifgefrorenen Wäsche, den Hemden und der Hose, die noch immer wild im Winde flatterten.

Wieder kamen sie auf die Dorfstraße, wieder wurde es still, warm und angenehm, wieder sahen sie den Mist auf dem Weg, wieder hörten sie Stimmen und Lieder, wieder fing der Hund an zu bellen. Es war schon so dunkel geworden, daß hinter einigen Fenstern Licht brannte.

In der Mitte der Dorfstraße lenkte Wasilij Andrejitsch das Pferd zu einem großen, zweistöckigen Backsteinhaus und hielt vor dem Tor.

Nikita trat an das verschneite, erleuchtete Fenster, in dessen Schein die vorbeiflatternden Schneeflocken glänzten, und klopfte mit dem Peitschenstiel an die Scheiben.

»Wer ist da?« antwortete eine Stimme auf Nikitas Klopfen.

[20] »Aus Krestnyj, lieber Mann, Brechunow und sein Knecht«, antwortete Nikita. »Komm doch mal einen Augenblick heraus!« Der Mann in der Stube trat vom Fenster zurück, und gleich darauf hörte man, wie die Tür zum Hausflur geöffnet wurde und wie dann die Klinke der Außentür klirrte; die Tür wegen des Windes festhaltend, trat ein hochgewachsener alter Bauer mit weißem Bart heraus, einen kurzen Pelz über das weiße Feiertagshemd geworfen; hinter ihm stand ein junger Bursche in rotem Hemd und Lederstiefeln.

»Bist du das, Andrejitsch?« sagte der Alte.

»Wir haben uns verirrt, Bruder«, sagte Wasilij Andrejitsch, »wir wollten nach Gorjatschkino und sind hierhergeraten. Dann sind wir noch einmal losgefahren und haben uns wieder verirrt.«

»Na, da seid ihr ja arg in der Irre gefahren«, sagte der Alte.

»Petruschka, geh und mach das Tor auf«, wandte er sich an den jungen Burschen im roten Hemd.

»Sofort!« rief der Bursche munter und lief in den Hausflur.

»Über Nacht bleiben wollen wir nicht, Bruder«, sagte Wasilij Andrejitsch.

»Wohin wollt ihr denn jetzt noch fahren? Es ist ja schon Nacht. Bleibt doch hier.«

»Das würde ich gern tun, aber ich muß fahren. Geschäfte, Bruder, es geht nicht anders.«

»Na, dann wärmt euch wenigstens auf, der Samowar ist gerade fertig«, sagte der Alte.

»Ja, das könnte man schon«, antwortete Wasilij Andrejitsch. »Es wird ja nicht dunkler; sobald der Mond aufgeht, wirds sogar heller. Komm, Nikita, wir wollen reingehen und uns aufwärmen.«

»Gut, das können wir ja«, antwortete Nikita, der arg durchgefroren war und nichts so sehr wünschte, als seine erstarrten Glieder am Ofen zu wärmen.

Wasilij Andrejitsch ging mit dem Alten ins Haus, Nikita fuhr
durch das Tor, das Petruschka geöffnet hatte, und brachte das
Pferd in den Schuppen. Auf dem Boden lag viel Mist, und das hohe
Krummholz stieß oben an die Querstange. Die Hühner und der
Hahn, die schon auf der Querstange saßen, gackerten unzufrieden
und klammerten sich mit den Krallen an die Stange. Die erschro- [21]
ckenen Schafe drängten sich zur Seite, ihre Klauen klapperten laut
auf dem gefrorenen Mist. Ein Hund, offenbar ein noch junges Tier,
stieß ein verzweifeltes Gewinsel aus und kläffte dann in seinem
Schreck den Fremden wütend an.

Nikita redete mit allen: er entschuldigte sich bei den Hühnern und suchte sie mit der Versicherung zu beruhigen, daß er sie nicht länger stören werde, er machte den Schafen Vorwürfe, weil sie sich fürchteten, ohne selbst zu wissen wovor, und redete, während er das Pferd festband, unaufhörlich dem jungen Hund ins Gewissen.

»So, jetzt ist alles in Ordnung«, sagte Nikita und klopfte sich den Schnee ab. »Was du für einen Spektakel machst!« sagte er zu dem Hund. »Hör doch auf! Ruhig, du dummer Kerl! Du regst dich bloß auf. Es sind ja keine Diebe, sondern gute Bekannte …«

»Das sind, wie man so sagt, die drei häuslichen Ratgeber«, sagte der junge Bursche und schob mit starker Hand den noch draußen stehenden Schlitten unter den Schuppen.

»Was heißt das – Ratgeber!« fragte Nikita.

»Im Paulson steht: ›Schleicht ein Dieb zum Haus, so bellt der Hund; das bedeutet: schlaf nicht, paß auf! Der Hahn kräht; das bedeutet: steh auf! Die Katze wäscht sich; das bedeutet: ein werter

Gast kommt, mach dich bereit, ihn zu bewirten‹«, sagte der Bursche lächelnd. – Petruschka konnte lesen und schreiben, wußte das einzige Buch, das er besaß, das Lesebuch von Paulson, beinahe auswendig und zitierte gern Denksprüche daraus, besonders wenn er etwas getrunken hatte, wie zum Beispiel an diesem Tage.

»Ja, das stimmt«, sagte Nikita.

»Du bist wohl tüchtig durchgefroren, Onkelchen?« fragte Petruschka.

»Und wie!« antwortete Nikita. Sie gingen über den Hof und durch den Flur in die Stube.

4

Das Gehöft, in dem Wasilij Andrejitsch eingekehrt war, war eins der
[22] reichsten im Dorf. Die Familie hatte fünf Landanteile und außerdem noch Pachtäcker. Auf dem Hof waren sechs Pferde, drei Kühe, zwei Kälber und etwa zwanzig Schafe. Die Zahl der Familienmitglieder belief sich auf zweiundzwanzig: vier verheiratete Söhne, sechs Enkel, von denen einer, Petruschka, schon verheiratet war, zwei Urenkel, drei Waisen und vier Schwiegertöchter mit kleinen Kindern. Der Hof gehörte zu den wenigen, die noch ungeteilt waren; aber auch hier war bereits die stille Wühlarbeit der Zwietracht im Gange, die, wie immer, unter den Weibern ihren Anfang genommen hatte und unvermeidlich zur baldigen Teilung führen mußte. Zwei Söhne lebten als Wasserfahrer in Moskau, einer war Soldat. Zu Hause waren jetzt der Alte, seine Frau, der zweite Sohn, der den Hof bewirtschaftete, der älteste Sohn, der aus Moskau zu den Feiertagen auf Besuch gekommen war, Petruschka und alle Weiber und Kinder. Außer den Familienangehörigen war noch ein Gast da, der Nachbar und Gevatter.

Über dem Tisch hing eine Lampe mit einem Schirm; ihr helles Licht fiel auf das darunterstehende Teegeschirr, die Flasche mit Schnaps, die kalten Speisen und auf die Ziegelwände, die im ›roten Winkel‹ mit Heiligenbildern und zu beiden Seiten mit anderen Bildern behängt waren. Wasilij Andrejitsch saß in seinem schwarzen

Halbpelz auf dem Ehrenplatz, sog an seinem gefrorenen Schnurrbart und musterte mit seinen hervorstehenden Habichtsaugen die anwesenden Leute und die Stube. Außer Wasilij Andrejitsch saß der weißbärtige, kahlköpfige alte Hausherr in weißem, hausgewebtem Hemd am Tisch, neben ihm der aus Moskau gekommene Sohn, mit breitem Rücken und kräftigen Schultern, dann der andere Sohn, ein breitschultriger Bauer, der den Hof bewirtschaftete, und endlich der hagere, rothaarige Nachbar.

Die Bauern, die bereits gegessen und Schnaps getrunken hatten, wollten gerade zum Tee übergehen, und der Samowar, der neben dem Ofen auf dem Fußboden stand, summte schon. Auf den Schlafstellen und auf dem Ofen lagen mehrere Kinder. Auf einer Pritsche saß eine junge Frau, die sich über eine Wiege beugte. Die alte Hausfrau mit runzligen Lippen und einem Gesicht, das von einem Netz feiner Fältchen überzogen war, bediente Wasilij Andrejitsch.

Als Nikita in die Stube kam, hatte sie gerade ein sehr dickes Glas [23]
mit Schnaps gefüllt und reichte es Wasilij Andrejitsch.

»Schlags nicht aus, Wasilij Andrejitsch, dem Feiertag zu Ehren mußt du ein Gläschen trinken«, sagte die Alte.

Der Anblick und der Geruch des Schnapses versetzte Nikita in starke Erregung, besonders jetzt, wo er durchgefroren und müde war. Er zog ein finsteres Gesicht, schüttelte den Schnee von der Mütze und vom Mantel, trat vor die Heiligenbilder und bekreuzigte und verneigte sich dreimal, als ob er die Anwesenden überhaupt nicht bemerkte; dann wandte er sich zu dem alten Hausherrn, verbeugte sich zuerst vor ihm, dann vor allen anderen, die am Tisch saßen, und vor den Weibern, sagte: »Ich wünsche euch Glück zum Feiertag!« und begann seinen Mantel auszuziehen, ohne nach dem Tisch zu blicken.

»Na, du bist ja ordentlich bereift, Onkel«, sagte der älteste Sohn mit einem Blick auf Nikitas Gesicht, Augen und Bart, die ganz mit Schnee überpudert waren. Nikita legte den Mantel ab, schüttelte ihn noch einmal aus, hängte ihn an den Ofen und trat an den Tisch. Man bot ihm ebenfalls Schnaps an. Es war ein Augenblick qualvollen Kampfes: beinahe hätte er das Gläschen genommen und die duftende, helle Flüssigkeit hinuntergegossen; aber er sah Wasilij

Andrejitsch an, dachte an sein Gelöbnis, an die vertrunkenen Stiefel, an den Böttcher und an seinen Sohn, dem er im Frühjahr ein Pferd zu kaufen versprochen hatte, seufzte und lehnte den Schnaps ab.

»Ich danke ergebenst, ich trinke nicht«, sagte er mit finsterem Gesicht und setzte sich am zweiten Fenster auf die Bank.

»Warum denn nicht?« fragte der älteste Sohn.

»Ich trinke halt nicht«, sagte Nikita, ohne aufzublicken; er schielte nach seinem Schnurrbart und Kinnbart und brachte die Eisstückchen darin zum Schmelzen.

»Es bekommt ihm nicht«, bemerkte Wasilij Andrejitsch, leerte sein Glas und aß einen Kringel.

»Na, dann trinkst du Tee«, sagte die freundliche Alte. »Du bist sicher arg durchgefroren, mein Lieber. Was trödelt ihr denn so lange mit dem Samowar, ihr Weiber?«

[24] »Er ist fertig«, antwortete eine junge Frau, schwenkte ihre Schürze hin und her, um den überkochenden, zugedeckten Samowar etwas abzukühlen, hob ihn hoch und stellte ihn mit einem lauten Stoß auf den Tisch.

Inzwischen hatte Wasilij Andrejitsch erzählt, wie sie den Weg verloren hatten und zweimal zu demselben Dorf gekommen waren, wie sie irregefahren und den Betrunkenen begegnet waren.

Die Leute vom Haus wunderten sich, setzten ihm auseinander, wo und warum sie vom Weg abgekommen und wer die Betrunkenen gewesen seien, und sagten ihm, wie er fahren müsse.

»Jedes Kind kann von hier nach Moltschanowka fahren, man braucht nur auf die Stelle aufzupassen, wo der Weg von der Landstraße abbiegt; da ist ein Gebüsch. Ihr seid einfach nicht bis dahin gekommen!« sagte der Nachbar.

»Bleibt doch über Nacht hier. Die Weiber können euch ein Nachtlager zurechtmachen«, redete ihnen die Alte zu.

»Morgen früh fahrt ihr dann weiter, das wäre das beste«, fügte der Alte bekräftigend hinzu.

»Es geht nicht, Bruder. Die Geschäfte!« antwortete Wasilij Andrejitsch. »Was man in einer Stunde versäumt hat, holt man in einem Jahr nicht mehr ein«, fuhr er fort und dachte an den Wald und an die Händler, die ihm bei diesem Kauf zuvorkommen konnten. »Wir werden doch hinkommen?« fragte er Nikita.

Nikita gab lange keine Antwort und tat, als wäre er mit dem Auftauen seines Bartes beschäftigt. »Wenn wir uns nur nicht wieder verirren«, sagte er mürrisch.

Nikita war mißgestimmt, weil er für sein Leben gern einen Schnaps getrunken hätte; das einzige, was ihm über sein Verlangen hätte hinweghelfen können, war Tee, aber man hatte ihm noch keinen angeboten.

»Wenn wir nur bis zur Wegkreuzung kommen, dann können wir uns nicht mehr verirren. Und von dort aus gehts dann immer durch den Wald«, sagte Wasilij Andrejitsch.

»Sie haben zu bestimmen, Wasilij Andrejitsch, ob wir fahren sollen oder nicht«, sagte Nikita und nahm ein Glas Tee in Empfang.

»Wir wollen ordentlich Tee trinken, und dann vorwärts!«

Nikita schwieg und wiegte nur den Kopf hin und her. Behutsam [25]
goß er den Tee in die Untertasse und wärmte seine erstarrten Hände mit den von der harten Arbeit immer geschwollenen Fingern. Dann biß er von einem Stück Zucker eine Ecke ab, verbeugte sich vor den Wirtsleuten, sagte: »Auf Euer Wohl!« und begann die wärmende Flüssigkeit zu schlürfen.

»Wenn uns doch jemand bis zu der Abzweigung bringen könnte«, sagte Wasilij Andrejitsch.

»Warum denn nicht?« antwortete der älteste Sohn. »Petruschka kann ja anspannen und euch hinbringen.«

»Na, dann spann an, Bruder, ich bin dir sehr dankbar.«

»Was redest du, mein Lieber!« sagte die freundliche Alte. »Wir tuns doch gern!«

»Petruschka, geh und spann die Stute an«, sagte der älteste Sohn.

»Schön«, antwortete Petruschka lächelnd, nahm die Mütze vom Nagel und lief hinaus.

Während das Pferd angeschirrt wurde, kam das Gespräch wieder auf die Dinge, von denen die Rede gewesen war, als Wasilij Andrejitsch vor dem Fenster gehalten hatte. Der Alte beklagte sich bei seinem Nachbar, dem Dorfschulzen, über seinen dritten Sohn, der ihm zu den Feiertagen nichts geschenkt, aber seiner Frau ein französisches Kopftuch geschickt hatte.

»Das junge Volk ist ganz aufsässig geworden und hört nicht mehr auf die Eltern«, sagte der Alte.

»Ja, es ist nicht mehr zum Aushalten«, antwortete der Nachbar. »Sie sind gar zu klug geworden. Der junge Demotschkin hat seinem Vater bei einem Streit den Arm gebrochen. Das kommt nur von der großen Klugheit.«

Nikita hörte zu, blickte den Redenden ins Gesicht und hätte sich offenbar gern an dem Gespräch beteiligt; aber er war von dem Teetrinken vollständig in Anspruch genommen und nickte nur zustimmend. Er trank ein Glas nach dem andern, und es wurde ihm immer wärmer, immer behaglicher. Im weiteren Verlauf der Unterhaltung war noch lange von den schädlichen Folgen der Wirtschaftsteilung die Rede, und das Gespräch hatte offenbar nicht etwa einen theo-
[26] retischen Charakter, sondern es handelte sich dabei um die Teilung in diesem Hause, die der zweite Sohn verlangte; er saß mürrisch am Tisch und schwieg. Dieses Thema war anscheinend ein wunder Punkt und für alle Hausgenossen von größtem Interesse, aber aus Anstandsgefühl mochten sie in Gegenwart Fremder ihre Privatangelegenheiten nicht erörtern. Schließlich konnte der Alte nicht länger an sich halten und erklärte mit tränenerstickter Stimme, solange er lebe, würde er nie eine Teilung erlauben; jetzt habe er, Gott sei Dank, noch sein Haus, wenn aber der Hof geteilt würde, dann könnten sie alle betteln gehen.

»Gerade wie die Matwejews«, sagte der Nachbar. »Es war ein schönes Anwesen, aber da haben sie geteilt, und jetzt hat keiner etwas.«

»Dahin möchtest du es auch bringen«, sagte der Alte zu seinem Sohn. Der Sohn antwortete nicht, und alle schwiegen. Petruschka, der das Pferd angespannt hatte und vor einigen Minuten in die Stube gekommen war, brach das unbehagliche Schweigen. Er hatte dem Gespräch zugehört und dabei fortwährend gelächelt.

»So eine Geschichte steht auch im Paulson«, sagte er. »Ein Vater gab seinen Söhnen ein Rutenbündel zum Zerbrechen. Das Bündel konnten sie nicht zerbrechen, aber die einzelnen Ruten zerbrachen sie ganz leicht. So ists hier auch«, sagte er und lächelte über das ganze Gesicht. »Das Pferd ist angespannt«, fügte er hinzu.

»Na, dann wollen wir fahren«, sagte Wasilij Andrejitsch. »Und was die Teilung betrifft, Großvater, so gib nur nicht nach. Du hast alles erworben, und du bist der Herr im Haus. Mach eine Eingabe an den Friedensrichter, der wird schon Ordnung schaffen.«

»Er krakeelt immerzu«, sagte der Alte mit weinerlicher Stimme, »man kann einfach nicht mehr mit ihm auskommen, er ist der reine Teufel.«

Unterdessen hatte Nikita sein fünftes Glas Tee getrunken, stellte aber sein Glas noch nicht umgekehrt hin, sondern legte es auf die Seite, weil er hoffte, daß man ihm noch einmal eingießen werde. Aber es war kein Wasser mehr im Samowar, und die Hausfrau goß ihm nicht mehr ein; auch begann Wasilij Andrejitsch sich anzuziehen. Also war nichts zu machen. Nikita stand auch auf, legte sein Stück Zucker, von dem er auf allen Seiten abgebissen hatte, in die Zuckerdose zu- [27]
rück, wischte sich mit dem Schoß seiner Pelzjacke das schweißnasse Gesicht ab und ging zum Ofen, um seinen Mantel anzuziehen.

Als er fertig war, seufzte er schwer, bedankte sich bei den Wirtsleuten und verabschiedete sich; dann ging er aus der hellen, warmen Stube in den dunklen, kalten Flur, wo der eindringende Wind heulte und der durch die Türritzen hereingewehte Schnee den Fußboden bedeckte, und trat auf den dunklen Hof hinaus.

Petruschka, im Pelz, stand mitten im Hof neben seinem Pferd und sagte lächelnd einen Vers aus dem Paulson her:

»Der Schneesturm verdunkelt den Himmel schier,
Die Flocken wirbeln im Wind,
Bald klingts, als heulte ein wildes Tier,
Und bald, als weinte ein Kind.«

Nikita nickte beifällig und brachte die Lenkseile in Ordnung.

Der Alte, der Wasilij Andrejitsch hinausbegleitete, kam mit der Laterne in den Flur, um ihm zu leuchten, aber die Laterne erlosch sofort. Auf dem Hof spürte man deutlich, daß der Schneesturm noch ärger geworden war als vorher.

›Ist das ein Wetter‹, dachte Wasilij Andrejitsch. ›Da kommen wir womöglich gar nicht hin. Aber wir müssen – die Geschäfte! Und ich habe mich ja auch schon fertiggemacht, und das Pferd des Wirtes ist auch schon angespannt. Mit Gottes Hilfe werden wir schon hinkommen.‹

Auch der Alte dachte, daß es nicht ratsam sei zu fahren, aber der Gast hatte nicht auf ihn gehört, als er ihn zum Bleiben überreden wollte. ›Vielleicht ist es auch nur mein Alter, was mich so ängstlich macht‹, dachte er. ›Sie werden schon hinkommen, und dann können wir uns wenigstens rechtzeitig schlafen legen und haben keine Umstände mit ihnen.‹

Petruschka aber dachte an keine Gefahr: er kannte den Weg und die ganze Gegend, und außerdem ermutigten ihn die Verse vom Schneesturm, weil sie das, was draußen vorging, so anschaulich schilderten. Nikita hatte nicht die geringste Lust zu fahren, aber er
[28] war schon längst daran gewöhnt, keinen eigenen Willen zu haben und anderen zu gehorchen, und so hielt sie denn niemand zurück.

5

Wasilij Andrejitsch ging zu seinem Schlitten, den er in der Dunkelheit nur mit Mühe fand, stieg ein und nahm die Leine. »Fahr vor!« rief er.

Petruschka, der in seinem Schlitten kniete, trieb sein Pferd an. Der Braune, der schon lange gewiehert hatte, da er die Stute vor sich witterte, rannte ihr nach, und sie kamen auf die Dorfstraße. Wieder fuhren sie durch die Ortschaft, an dem Gehöft mit der steifgefrorenen Wäsche vorbei, die jetzt nicht mehr zu sehen war, an der Getreidedarre vorbei, die bereits fast bis zum Dach zugeschneit war und von der unaufhörlich Schnee herunterrieselte, an den düster rauschenden, pfeifenden Weidenbäumen vorbei, die sich im Winde bogen. Dann fuhren sie wieder in das tobende Meer von Schnee hinein. Der Wind kam von der Seite und drückte gegen die Fahrenden wie gegen ein Segel; er war so stark, daß der Schlitten fast umkippte und das Pferd zur Seite gedrängt wurde. Petruschka fuhr mit seiner braven Stute in flottem Trab voran und stieß von Zeit zu Zeit einen ermunternden Schrei aus. Der Braune lief hinter der Stute her.

Als sie etwa zehn Minuten gefahren waren, wandte sich Petruschka um und rief ihnen etwas zu. Weder Wasilij Andrejitsch noch Nikita konnten es bei dem Wind verstehen, aber sie vermuteten, daß sie an der Abzweigung angekommen seien. Und wirklich bog Petruschka rechts ein, der Wind, der bisher von der Seite gekommen war, blies ihnen jetzt wieder entgegen, und rechts tauchte etwas Dunkles im Schnee auf. Das war das Gestrüpp an der Wegkreuzung.

»Nun, fahrt mit Gott weiter!«

»Danke, Petruschka!«

»Der Schneesturm verdunkelt den Himmel schier«, rief Petruschka und verschwand.

»Sieh mal, was das für ein Dichter ist«, sagte Wasilij Andrejitsch und schüttelte die Leine. [29]

»Ja, ein tüchtiger Bursche, ein richtiger Bauer«, sagte Nikita.

Sie fuhren weiter. Nikita hatte sich tief eingemummt und den Kopf eingezogen, so daß sein kleiner Bart ihm den Hals bedeckte; er saß schweigend da, darauf bedacht, die durch den Tee in seinem Körper angesammelte Wärme nicht zu verlieren. Vor sich sah er die geraden Linien der Gabeldeichsel, die den trügerischen Eindruck erweckten, als sei hier ein glattgefahrener Weg, und das hin- und herschwankende Hinterteil des Pferdes mit dem aufgebundenen, nach einer Seite gedrehten Schwanz, und weiter vorn das hohe Krummholz und den nickenden Kopf und den Hals des Pferdes mit der flatternden Mähne. Von Zeit zu Zeit fiel sein Blick auf die Merkstangen – also waren sie noch auf dem Weg, und er hatte jetzt nichts weiter zu tun.

Wasilij Andrejitsch hielt die Zügel, überließ es aber dem Pferd, dafür zu sorgen, daß sie auf dem Weg blieben. Der Braune hatte sich zwar im Dorf ausgeruht, lief aber ungern und schien vom Weg abbiegen zu wollen, so daß Wasilij Andrejitsch ein paarmal die Zügel gebrauchen mußte.

›Da rechts ist eine Merkstange, da die zweite, da die dritte‹, zählte Wasilij Andrejitsch in Gedanken, ›und da vorne ist auch der

Wald‹, dachte er, da er etwas Dunkles vor sich sah. Aber was er für einen Wald gehalten hatte, war nur ein Strauch. Sie fuhren an dem Strauch vorbei, sie fuhren noch etwa sechzig Schritt weiter – aber von der vierten Merkstange und von dem Wald war nichts zu sehen.

›Der Wald muß doch gleich kommen‹, dachte Wasilij Andrejitsch, und von Schnaps und Tee angeregt, trieb er unaufhörlich das Pferd mit den Zügeln an; das folgsame, brave Pferd gehorchte und lief bald im Paßgang, bald in kurzem Trab dahin, wohin es gelenkt wurde, obwohl es wußte, daß sein Herr es ganz und gar nicht nach der richtigen Seite lenkte. Zehn Minuten vergingen, doch von dem Wald war immer noch nichts zu sehen.

»Wir haben ja wieder den Weg verloren!« sagte Wasilij Andrejitsch und hielt das Pferd an.

Nikita stieg schweigend aus dem Schlitten; seinen Mantel haltend, den ihm der Wind bald an den Körper preßte, bald fortzurei-
[30] ßen drohte, begann er durch den Schnee zu waten. Er ging nach der einen Seite und nach der anderen. Dreimal verschwand er ganz aus der Sicht. Endlich kehrte er zurück und nahm Wasilij Andrejitsch die Leine aus der Hand.

»Nach rechts müssen wir fahren«, sagte er in bestimmtem Ton und wendete das Pferd.

»Na schön, dann fahren wir eben nach rechts«, antwortete Wasilij Andrejitsch, überließ ihm die Leine und steckte seine erstarrten Hände in die Ärmel.

Nikita antwortete nicht.

»Komm, Freundchen, leg dich mal ordentlich ins Zeug!« rief er dem Pferd zu und schüttelte mit der Leine, aber das Pferd ging trotzdem nur Schritt. An manchen Stellen lag der Schnee kniehoch, und der Schlitten kam bei jeder Bewegung des Pferdes nur mit einem Ruck vorwärts.

Nikita nahm die Peitsche, die am Vorderteil des Schlittens hing, und schlug das Pferd. Das gute, nicht an die Peitsche gewöhnte Tier machte einen Satz und fiel in Trab, ging aber gleich wieder in Paßgang und in Schritt über. So fuhren sie ungefähr fünf Minuten. Es war so dunkel, und der Schnee stiebte so dicht von oben und von unten, daß mitunter nicht einmal das Krummholz zu sehen war. Manchmal schien es, als ob der Schlitten stillstände und das Feld nach hinten liefe. Plötzlich stutzte das Pferd und blieb stehen: offenbar witterte es irgend etwas Unheimliches vor sich. Nikita warf die Leine hin und sprang behend aus dem Schlitten, um nachzusehen, warum das Pferd stehengeblieben war; er ging bis zum Kopf des Pferdes und machte noch einen Schritt – da glitt er aus und rutschte einen Abhang hinunter.

»Halt, brr, halt!« rief er sich selber zu, während er den Hang hinunterglitt und einen Halt suchte, aber es gelang ihm nicht eher festen Fuß zu fassen, als bis er mit beiden Beinen in die tiefe Schneeschicht auf dem Grund der Schlucht hineingefahren war.

Eine überhängende Schneewehe hatte sich durch Nikitas Fall vom Rand der Schlucht gelöst, stürzte auf ihn herunter und schüttete ihm Schnee in den Nacken.

»Was soll denn das!« sagte Nikita vorwurfsvoll zu der Schnee-
wehe und zur Schlucht und schüttelte sich den Schnee aus dem Kra- [31]
gen.

»Nikita! He, Nikita!« schrie Wasilij Andrejitsch von oben. Aber Nikita gab keine Antwort.

Er hatte keine Zeit, er mußte sich den Schnee abschütteln und die Peitsche suchen, die er beim Herunterrutschen verloren hatte. Als er die Peitsche gefunden hatte, wollte er wieder da hinaufklettern, wo er heruntergefallen war, aber das war unmöglich; er rutschte immer wieder zurück und mußte unten weitergehen, um eine geeignete Stelle zum Aufstieg zu suchen. Ungefähr zehn Schritte von der Stelle entfernt, wo er heruntergerutscht war, kroch er mühsam auf allen vieren den Hang hinauf und ging am Rand der Schlucht auf die Stelle zu, wo das Pferd sein mußte. Pferd und Schlitten waren nicht zu sehen; da er aber gegen den Wind ging, hörte er, noch ehe er etwas sah, das Schreien Wasilij Andrejitschs und das Wiehern des Braunen, die ihn riefen.

»Ich komme, ich komme! Was schreist du denn?« murmelte er vor sich hin.

Erst als er ganz dicht beim Schlitten war, sah er das Pferd und daneben Wasilij Andrejitsch, der riesengroß erschien.

»Zum Teufel, wo hast du denn gesteckt? Wir müssen zurückfahren, meinetwegen nach Grischkino«, fuhr Wasilij Andrejitsch seinen Knecht ärgerlich an.

»Zurückfahren möchte ich schon ganz gern, Wasilij Andrejitsch, aber wohin sollen wir denn fahren? Hier ist eine so zerklüftete Gegend, wenn wir da irgendwo mit dem Schlitten hineinfallen, kommen wir nicht mehr heraus. Ich bin da so hinuntergeschnurrt, daß ich kaum wieder heraufgekommen bin.«

»Aber wir können doch nicht hier stehenbleiben, irgendwohin müssen wir doch fahren!« sagte Wasilij Andrejitsch. Nikita gab keine Antwort. Er setzte sich mit dem Rücken gegen den Wind auf den Schlitten, zog die Stiefel aus und schüttete den Schnee heraus; dann nahm er etwas Stroh und verstopfte damit sorgfältig von innen ein Loch im linken Stiefel.

Wasilij Andrejitsch schwieg, als wollte er alles Weitere seinem Knecht überlassen. Nachdem Nikita seine Stiefel angezogen hatte,
[32] stieg er in den Schlitten, zog die Fausthandschuhe wieder an, nahm die Leine und lenkte das Pferd an der Schlucht entlang. Aber sie waren noch keine hundert Schritt gefahren, als das Pferd von neuem stutzte. Vor ihnen war wieder eine Schlucht.

Nikita stieg aus und begann wieder durch den Schnee zu waten. Das dauerte ziemlich lange. Endlich kam er zurück, und zwar aus entgegengesetzter Richtung.

»Wasilij Andrejitsch, wo sind Sie?« schrie er.

»Hier!« antwortete Wasilij Andrejitsch. »Na, wie stehts?«

»Man kann nichts unterscheiden. Es ist zu dunkel. Überall Schluchten. Wir müssen wieder gegen den Wind fahren.«

Wieder fuhren sie eine kurze Strecke, wieder watete Nikita durch den Schnee, wieder setzte er sich in den Schlitten, wieder stieg er aus, und schließlich blieb er vor Erschöpfung keuchend am Schlitten stehen.

»Na, was ist?« fragte Wasilij Andrejitsch.

»Was ist? Ich bin ganz matt, und das Pferd kann auch nicht mehr.«

»Was sollen wir denn machen?«

»Warten Sie einen Augenblick.«

Nikita ging noch einmal weg und kam bald zurück.

»Fahren Sie mir nach«, sagte er und ging vor dem Pferd her.

Wasilij Andrejitsch erteilte keine Befehle mehr, sondern tat gehorsam das, was ihm Nikita sagte.

»Hierher, mir nach!« rief Nikita; er wandte sich schnell nach rechts, nahm den Braunen am Zügel und führte ihn in eine Schneewehe hinein.

Das Pferd sträubte sich anfangs, machte aber dann einen Satz und versuchte über die Schneewehe hinwegzuspringen, vermochte es aber nicht und versank bis zum Kummet im Schnee. »Steigen Sie doch aus!« schrie Nikita Wasilij Andrejitsch an, der im Schlitten sitzengeblieben war, packte die eine Deichselstange und versuchte den Schlitten an das Pferd heranzuschieben. »Ja, es geht ein bißchen schwer, Bruder«, sagte er zu dem Braunen, »aber was sollen wir machen? Streng dich mal ein bißchen an. Komm, komm, noch ein bißchen!« schrie er. Das Pferd zog einmal und noch einmal an,
konnte sich aber nicht herausarbeiten und blieb stehen, als wollte [33]
es überlegen.

»Na, aber, so geht das nicht, mein Lieber!« ermahnte Nikita den Braunen. »Los, noch einmal!«

Wieder zog Nikita auf seiner Seite an der Deichsel, und Wasilij Andrejitsch tat auf der anderen Seite dasselbe. Das Pferd drehte den Kopf hin und her und machte plötzlich einen Satz.

»Nur zu! Du wirst schon nicht ertrinken!« rief Nikita.

Ein Sprung, ein zweiter und dritter – endlich hatte sich das Pferd aus der Schneewehe herausgearbeitet und blieb schwer atmend und sich schüttelnd stehen. Nikita wollte es weiterführen, aber Wasilij Andrejitsch war in seinen zwei Pelzen so außer Atem gekommen, daß er nicht mehr gehen konnte und sich in den Schlitten fallen ließ.

»Laß mich erst mal zu Atem kommen«, sagte er und knotete das Tuch auf, das er sich im Dorf um den Kragen seines Pelzes gebunden hatte.

»Hier machts nichts aus, bleiben Sie nur im Schlitten liegen«, sagte Nikita, »ich führe das Pferd.« Und während Wasilij Andrejitsch im Schlitten lag, führte Nikita das Pferd am Zaum etwa zehn Schritte abwärts, dann ein wenig aufwärts und machte halt.

Die Stelle, wo Nikita hielt, lag nicht in einer Mulde, wo sich der

Schnee hätte anhäufen können, aber sie war trotzdem durch eine Anhöhe etwas gegen den Wind geschützt. Es gab Augenblicke, in denen man glaubte, der Wind habe sich ein wenig gelegt, aber nach kurzer Zeit brauste der Sturm mit zehnfacher Gewalt, als wollte er diese Ruhepause wieder wettmachen, tobte noch ärger als zuvor und wirbelte dichte Schneemassen auf. Ein solcher Windstoß kam gerade in dem Augenblick, als Wasilij Andrejitsch, der sich wieder erholt hatte, aus dem Schlitten stieg und zu Nikita ging, um mit ihm zu besprechen, was jetzt zu tun sei. Beide duckten sich unwillkürlich und schwiegen, bis der wütende Windstoß vorüber war. Auch der Braune legte unwillig die Ohren an und schüttelte den Kopf. Sobald der Windstoß einigermaßen vorbei war, zog Nikita die Handschuhe aus, steckte sie in seinen Gurt, hauchte in die Hände und begann das Lenkseil von dem Krummholz zu lösen.

»Was machst du denn da?« fragte Wasilij Andrejitsch.

[34] »Ich spanne das Pferd aus; was sollen wir denn noch weiter tun? Meine Kraft ist zu Ende«, antwortete Nikita, als ob er sich entschuldigen wollte.

»Können wir denn nicht irgendwo hinkommen?«

»Nein, wir fahren nur das Pferd zuschanden. Das arme Tier ist ja schon ganz erschöpft«, sagte Nikita und zeigte auf das Pferd, das gehorsam dastand, zu allem bereit, und keuchend die schweißnassen Flanken bewegte. »Wir müssen hier übernachten«, erklärte er in einem Ton, als würde er in einer Herberge über Nacht bleiben, und begann den Kummetriemen aufzubinden. Die beiden Bügel des Kummets sprangen auseinander.

»Werden wir auch nicht erfrieren?« fragte Wasilij Andrejitsch.

»Wenn wir erfrieren, müssen wirs eben hinnehmen«, antwortete Nikita.

6

Wasilij Andrejitsch war es in seinen beiden Pelzen ganz warm, besonders nachdem er sich in der Schneewehe so abgeplagt hatte, aber es lief ihm doch kalt über den Rücken, als er einsah, daß er wirklich hier übernachten mußte. Um sich zu beruhigen, setzte er sich in den Schlitten und holte Zigaretten und Zündhölzer aus der Tasche.

Nikita spannte unterdessen das Pferd aus. Er löste den Bauchriemen und den Riemen des Rückenpolsters, nahm das Lenkseil und den Krummholzriemen ab und drehte das Krummholz heraus; dabei redete er unaufhörlich mit dem Pferd, um ihm Mut zu machen.

»Na, komm heraus, komm doch heraus«, sagte er, während er es aus der Deichsel führte. »Siehst du, hier werden wir dich anbinden. Ich lege dir auch Stroh unter und zäume dich ab«, sagte er und führte dabei alles aus, was er sagte. »Wenn du erst ein bißchen gefressen hast, wirst du gleich munterer werden.«

Aber der Braune ließ sich durch Nikitas Reden nicht beruhigen und blieb aufgeregt. Er trat von einem Bein aufs andere, drückte sich an den Schlitten, stellte sich mit dem Hinterteil gegen den Wind und rieb seinen Kopf an Nikitas Ärmel.

Anscheinend nur, um Nikita nicht zu kränken, der ihm Stroh [35]
unter die Nase gehalten hatte, zog der Braune mit einem Ruck ein Büschel Stroh aus dem Schlitten, sagte sich aber sofort, daß es sich jetzt nicht darum handele, Stroh zu fressen, und ließ es fallen; der Wind riß im selben Augenblick das Stroh auseinander, trug es fort und überschüttete es mit Schnee.

»Jetzt wollen wir uns ein Signal machen«, sagte Nikita, wendete den Schlitten mit dem Vorderteil gegen den Wind, band die Deichselstangen mit den Riemen des Rückenpolsters zusammen, richtete sie auf und befestigte sie am Vorderteil des Schlittens. »So! Wenn wir jetzt eingeschneit werden, dann werden es gute Menschen an den Deichselstangen sehen und uns ausgraben«, bemerkte Nikita, schlug die Fausthandschuhe gegeneinander und zog sie an. »Das habe ich von alten Leuten gelernt.«

Wasilij Andrejitsch hatte unterdessen den Pelz aufgemacht, benutzte seine Schöße als Windschutz und rieb ein Streichholz nach dem andern an dem stählernen Schächtelchen; aber seine Hände zitterten, und die aufflammenden Streichhölzer erloschen eins nach dem andern im Wind, teils ehe sie recht brannten, teils gerade in dem Augenblick, wo er seine Zigarette anzünden wollte. Endlich brannte ein Zündholz gut und beleuchtete für einen Augenblick die

Innenseite seines Pelzes, seine Hand mit dem goldenen Ring an dem nach innen gebogenen Zeigefinger und das verschneite Haferstroh, das unter dem Sack hervorschaute – und die Zigarette brannte. Ein paarmal zog er gierig den Rauch ein, schluckte ihn hinunter, blies ihn durch den Schnurrbart und wollte noch einen Zug tun, da wurde der Tabak mitsamt dem Feuer vom Wind weggerissen und nach derselben Seite davongetragen wie vorher das Stroh.

Aber diese wenigen Züge hatten genügt, um Wasilij Andrejitsch in heitere Stimmung zu versetzen.

»Na, wenn wir hier übernachten müssen, dann meinetwegen«, sagte er entschlossen. »Warte mal, Nikita, ich will noch eine Flagge machen«, fuhr er fort und hob das Halstuch auf, das er abgebunden und in den Schlitten geworfen hatte. Er zog die Handschuhe aus, stellte sich vorn in den Schlitten, reckte sich in die Höhe, um hinaufzureichen, und band das Tuch mit einem festen Knoten an
[36] der Deichsel fest.

Das Tuch begann sofort wild zu flattern; bald wurde es an die Deichsel gedrückt, bald plötzlich zur Seite geweht und spannte sich und knatterte.

»Sieh nur, wie geschickt ich das gemacht habe«, sagte Wasilij Andrejitsch, wohlgefällig sein Werk betrachtend, und setzte sich wieder in den Schlitten.

»Zusammen hätten wir es wärmer, aber zwei können hier nicht sitzen«, sagte er.

»Ich werde schon einen Platz finden«, antwortete Nikita. »Ich muß nur erst das Pferd zudecken, es trieft vor Schweiß, das gute Tier. Erlauben Sie mal«, fügte er hinzu, trat an den Schlitten heran und zog den Sack unter Wasilij Andrejitsch hervor. Dann nahm er den Umlaufriemen und das Rückenpolster ab, legte den Sack doppelt zusammen und deckte den Braunen damit zu.

»So hast dus doch ein bißchen wärmer, mein Dummerchen«, sagte er und legte dem Pferd über den Sack wieder das Rückenpolster und den schweren Umlaufriemen auf. Als er mit dieser Arbeit fertig war, ging er wieder zum Schlitten und sagte: »Die Packleinwand werden Sie wohl nicht brauchen, und ein bißchen Stroh können Sie mir auch geben.«

Und nachdem er das eine und das andere Wasilij Andrejitsch unter dem Leib weggezogen hatte, ging er hinter den Schlitten, grub sich dort im Schnee eine Grube und legte das Stroh hinein. Dann zog er die Mütze tief ins Gesicht, wickelte sich in seinen Mantel und in die Packleinwand, setzte sich auf das Stroh und lehnte sich gegen den geflochtenen Schlittenkorb, der ihn gegen Wind und Schnee schützte.

Wasilij Andrejitsch schüttelte mißbilligend den Kopf zu dem, was Nikita tat, wie er denn überhaupt die Unbildung und Dummheit verachtete, und richtete sich für die Nacht ein.

Er breitete das übriggebliebene Stroh gleichmäßig im Schlitten aus, stopfte es sich unter die Seite, auf der er lag, steckte die Hände in die Ärmel und lehnte den Kopf in die eine Ecke am Vorderteil des Schlittens, das ihn gegen den Wind schützte.

Er hatte keine Lust zu schlafen. Er lag da und dachte nach; er dachte immer nur an ein und dasselbe, was den einzigen Zweck [37]
und Inhalt, die Freude und den Stolz seines Lebens bildete: wieviel Geld er schon hatte und noch erwerben könne, wieviel Geld andere Leute, die er kannte, erworben hatten und besaßen, auf welche Art diese anderen ihr Geld erworben hatten und erwarben und daß auch er noch sehr viel Geld erwerben könne. Der Ankauf des Waldes von Gorjatschkino war für ihn außerordentlich wichtig. Er hoffte an diesem Wald mit einem Schlag vielleicht zehntausend Rubel zu verdienen. Und er begann in Gedanken den Wald abzuschätzen, den er im Herbst gesehen und in dem er auf zwei Deßjatinen alle Bäume gezählt hatte.

›Die Eichen werden gute Schlittenkufen geben. Selbstverständlich auch Balken. Und außerdem habe ich von jeder Deßjatine wohl noch dreißig Klafter Brennholz‹, rechnete er. ›Von jeder Deßjatine kann ich auch im schlimmsten Fall zweihundertfünfundzwanzig Rubel verdienen. Es sind sechsundfünfzig Deßjatinen, also sechsundfünfzig mal hundert und noch einmal sechsundfünfzig mal hundert und sechsundfünfzig mal zehn und noch einmal sechsundfünfzig mal zehn und sechsundfünfzig mal fünf...‹ Er sah, daß über zwölftausend Rubel herauskamen, konnte es aber ohne Rechenbrett nicht genau ausrechnen. ›Aber zehntausend Rubel werde ich ihm trotzdem nicht geben, sondern nur achttausend, und dann ziehe ich noch für die Lichtungen etwas ab. Den Feldmesser werde ich schmieren, er bekommt hundert oder auch hundertfünfzig Rubel, dann wird er mir schon fünf, sechs Deßjatinen Lichtung herausmessen. Für achttausend wird er mir den Wald schon geben, dreitausend zahle ich ihm bar auf den Tisch. Er wird sich schon herumkriegen lassen‹, dachte er und fühlte mit dem Oberarm nach den Banknoten in der Brusttasche. ›Und wie wir uns an der Abzweigung verirren konnten, das mag Gott wissen! Hier müßte doch ein Wald sein und die Hütte des Waldhüters. Wenn doch ein Hund zu hören wäre! Aber gerade wenns nötig ist, dann bellen die verdammten Köter nicht.‹ Er schob den Kragen etwas vom Ohr weg und lauschte; nur das Pfeifen des Windes war zu hören, das Knattern des Tuches an der Deichsel und der wie Peitschenhiebe klingende Ton des Schnees, der gegen die Bastwand des Schlittens getrieben wurde. Er mummte sich wieder ein.

[38] ›Wenn ich das gewußt hätte, wäre ich doch in dem Dorf über Nacht geblieben. Na, egal, dann kommen wir halt morgen hin. Nur daß ich einen Tag verloren habe. Aber bei diesem Wetter werden die anderen auch nicht hinfahren.‹ Und da fiel ihm ein, daß er am nächsten Tag vom Metzger Geld für Hammel zu bekommen hatte. ›Er wollte selbst kommen; jetzt wird er mich nicht zu Hause treffen, und meine Frau kann das Geld nicht in Empfang nehmen, sie ist zu ungebildet. Sie weiß nicht, wie man mit den Leuten umgeht‹, dachte er und erinnerte sich daran, daß sie nicht verstanden hatte, sich dem Polizeihauptmann gegenüber richtig zu benehmen, der gestern am Feiertag zu Besuch gekommen war. ›Es ist ja auch verständlich, sie ist eben ein Frauenzimmer, wo hätte sie denn etwas sehen und lernen sollen? Als meine Eltern noch lebten, wie war es denn da bei uns? Wie überall bei reichen Bauern: eine Graupenmühle und eine Herberge, das war das ganze Vermögen. Und was habe ich in fünfzehn Jahren daraus gemacht? Ich habe einen Laden, zwei Schenken, eine Mühle, eine Getreidehandlung. Und zwei Güter habe ich gepachtet. Mein Haus und mein Speicher haben Blechdächer‹, dachte er voller Stolz. ›Das ist jetzt eine andere Sache als zu Lebzeiten meines Vaters! Wer ist jetzt der angesehenste Mann in der ganzen Gegend? Brechunow!

Und woher kommt das? Weil ich alle meine Gedanken auf das Geschäft richte, weil ich mich anstrenge, weil ich es nicht so mache wie andere, die faulenzen oder sich mit Dummheiten abgeben. Ich gönne mir auch nachts keine Ruhe. Ob Schneesturm oder nicht – ich fahre. Na, und deshalb geht auch das Geschäft nach Wunsch. Die Leute denken, man könnte spielend sein Geld erwerben. Nein, arbeiten muß man und sich den Kopf zerbrechen. Draußen im Feld übernachten und nicht schlafen. Wie ein Kissen drehen sich die Gedanken im Kopf herum‹, dachte er stolz. ›Die glauben, daß alles nur vom Glück abhängt. Der Mironow, der ist jetzt Millionär. Und warum? Gearbeitet hat er, gearbeitet. Dann gibts einem der liebe Gott. Wenn mich Gott nur gesund erhält!‹

Und der Gedanke, daß auch er ein Millionär werden könnte wie Mironow, der mit nichts angefangen hatte, erregte Wasilij Andrejitsch so sehr, daß er das Bedürfnis hatte, mit irgend jemand zu reden. Aber es war niemand da, mit dem er hätte reden können… [39]
Wäre er nur nach Gorjatschkino gekommen, dann hätte er sich mit dem Gutsbesitzer unterhalten und ihm ein Licht darüber aufstecken können, was er, Brechunow, für ein bedeutender Mann sei.

›Sieh mal an, wie das bläst! Wir werden noch so eingeschneit, daß wir am Morgen gar nicht herauskommen‹, dachte er, während er auf die heftigen Stöße des Windes lauschte, der den Schnee gegen das Vorderteil des Schlittens peitschte und so stark war, daß die Bastwand sich bog. Er richtete sich auf und sah sich um: in der weißen, wogenden Finsternis war nur der schwarze Kopf des Braunen, sein mit dem flatternden Sack bedeckter Rücken und der dichte, aufgebundene Schweif zu sehen. Und ringsum, auf allen Seiten, vorn und hinten, immer die gleiche eintönige weiße, wogende Finsternis, die sich von Zeit zu Zeit etwas aufzuhellen schien, aber dann wieder dunkler und dichter wurde.

›Es war ein Fehler, daß ich auf Nikita gehört habe‹, dachte er. ›Wir hätten weiterfahren sollen, wir wären schon irgendwohin gekommen. Wenn wir wenigstens wieder nach Grischkino gekommen wären, dann hätten wir bei Taras übernachten können. Aber nun müssen wir die ganze Nacht hier sitzen. Ja, ich habe doch vorhin an etwas Schönes gedacht, was war es nur? Richtig, daß Gott einem nur für harte Arbeit etwas gibt, aber nicht den Faulenzern, Taugenichtsen und Dummköpfen. Ich muß ein bißchen rauchen.‹ Er setzte sich auf, zog sein Zigarettenetui aus der Tasche, legte sich auf den Bauch und schützte die Flamme mit dem Schoß seines Pelzes gegen den Wind, aber der Wind fand trotzdem seinen Weg und löschte ein Streichholz nach dem andern aus. Endlich gelang es ihm mit besonderer Kunst, eine Zigarette anzuzünden, und daß er das erreicht hatte, freute ihn sehr. Allerdings rauchte weit mehr der Wind als er selbst die Zigarette, aber er konnte doch ein paar Züge tun, und das versetzte ihn in etwas vergnügtere Stimmung. Er streckte sich wieder im Schlitten aus, jetzt mit dem Kopf an der Rücklehne, mummte sich ein, überließ sich erneut seinen Erinnerungen und Träumereien und schlief plötzlich ein.

Aber auf einmal war es ihm, als hätte ihn jemand gestoßen, und er wachte auf. Hatte der Braune ein Büschel Stroh unter ihm her-
[40] vorgezogen oder hatte ihn seine innere Erregung aus dem Schlaf aufgeschreckt – er erwachte jedenfalls, und sein Herz begann so schnell und heftig zu schlagen, daß er ein Gefühl hatte, als zitterte der Schlitten unter ihm. Er öffnete die Augen. Um ihn herum war alles unverändert, nur schien es heller geworden zu sein. ›Es tagt‹, dachte er, ›es kann nicht mehr lange bis zum Morgen sein.‹ Aber im selben Augenblick fiel ihm ein, daß es nur deshalb so hell war, weil der Mond aufgegangen war. Er richtete sich auf und blickte zuerst nach dem Pferd. Der Braune stand noch immer mit dem Hinterteil gegen den Wind und zitterte am ganzen Leib. Der schneebedeckte Sack war auf der einen Seite umgeschlagen, der Umlaufriemen verrutscht, und der verschneite Kopf mit dem wehenden Haarschopf und der flatternden Mähne war jetzt deutlicher zu sehen. Wasilij Andrejitsch beugte sich über die Rückwand des Schlittens und blickte nach hinten. Nikita saß noch immer so da, wie er sich hingesetzt hatte. Die Packleinwand, die er über sich gebreitet hatte, und seine Beine waren von einer Schneeschicht bedeckt. ›Wenn der Mensch nur nicht erfriert, seine Kleider sind gar zu schlecht. Dann werde ich noch dafür verantwortlich gemacht. Es ist wirklich ein dummes Volk. Ganz ungebildet‹, dachte Wasilij Andrejitsch und wollte dem Pferd den Sack abnehmen und Nikita damit zudecken;

aber es war ihm doch zu kalt, um aufzustehen und hin und her zu gehen, und außerdem fürchtete er, das Pferd könne ihm erfrieren. ›Wozu habe ich ihn überhaupt mitgenommen? Daran ist nur das dumme Weib schuld‹, dachte Wasilij Andrejitsch in Erinnerung an seine ungeliebte Frau und legte sich wieder auf seinen früheren Platz, mit dem Kopf nach dem Vorderteil des Schlittens. ›Mein Onkel hat auch einmal eine ganze Nacht im Schneesturm gesessen‹, fiel ihm ein, ›und es hat ihm nichts geschadet. Aber Sewastjan‹ – er dachte an einen anderen Fall –, ›als der ausgegraben wurde, war er tot, ganz starr, wie ein geschlachtetes Rind, das man hat steif frieren lassen.

Wenn ich in Grischkino über Nacht geblieben wäre, dann wäre das nicht passiert.‹ Und nachdem er sich sorgsam eingewickelt hatte, damit die Wärme des Pelzes nirgends verloren ginge und er es überall, an Hals, Knien und Füßen, warm hätte, schloß er die Augen und versuchte zu schlafen. Aber trotz aller Bemühungen [41] blieb er hellwach und fühlte sich sogar vollkommen frisch und angeregt. Wieder begann er seine Gewinne zu berechnen und wieviel Geld ihm andere Leute schuldeten, wieder prahlte er vor sich selbst und freute sich über seine Persönlichkeit und über sein Ansehen – aber jetzt wurden diese angenehmen Gedanken fortwährend durch die heranschleichende Angst unterbrochen und durch den Ärger darüber, daß er nicht in Grischkino über Nacht geblieben war. ›Da hätte ich schön warm auf der Bank liegen können.‹ Er drehte sich von einer Seite auf die andere, um eine bequemere und besser gegen den Wind geschützte Lage zu finden, aber alles kam ihm unbequem vor. Er richtete sich wieder auf, legte sich anders, wickelte seine Beine fest ein, schloß die Augen und verhielt sich ruhig. Aber dann begannen entweder die zusammengekrümmten Beine, die in hohen Filzstiefeln steckten, zu schmerzen, oder es zog irgendwo, und so dachte er denn, nachdem er eine Weile gelegen hatte, voller Ärger über sich selbst daran, daß er jetzt ruhig in der warmen Stube in Grischkino liegen könnte, und richtete sich wieder auf, wälzte sich herum, wickelte sich ein und legte sich wieder anders zurecht.

Einmal kam es ihm vor, als hörte er in der Ferne die Hähne krähen. Er setzte sich erfreut auf, schlug den Kragen seines Pelzes zurück und horchte gespannt; aber wie sehr er auch sein Gehör anstrengte, es war nichts zu hören als der Ton des Windes, der um die Deichsel pfiff und an dem Tuch zerrte, und der Laut des Schnees, der die Bastwand des Schlittens peitschte. Nikita saß immer noch so da, wie er sich am Abend hingesetzt hatte; er hatte sich die ganze Zeit nicht gerührt und Wasilij Andrejitsch, der ihn ein paarmal angerufen hatte, nicht einmal geantwortet. ›Der hat keine Sorgen, der schläft gewiß‹, dachte Wasilij Andrejitsch ärgerlich und blickte über die Rücklehne des Schlittens auf den ganz verschneiten Nikita.

Wasilij Andrejitsch stand ungefähr zwanzigmal auf und legte sich wieder hin. Diese Nacht schien gar kein Ende zu nehmen. ›Jetzt muß es bald Morgen sein‹, dachte er einmal, als er sich aufrichtete und sich umschaute. ›Ich will mal nach der Uhr sehen. Ich werde zwar tüchtig frieren, wenn ich den Pelz aufmache, aber
[42] wenn ich sehe, daß es auf den Morgen zugeht, wird mir gleich froher zumute sein. Dann werden wir auch bald anspannen.‹ Im Grunde seines Herzens wußte Wasilij Andrejitsch, daß es noch nicht Morgen sein konnte, aber seine Angst wuchs immer mehr, und er wollte die Wahrheit feststellen und gleichzeitig sich selbst betrügen. Vorsichtig öffnete er die Haken seiner Pelzjacke, steckte die Hand hinein und wühlte lange, bis er zur Weste gelangte. Mühsam zog er seine silberne, mit emaillierten Blumen verzierte Uhr heraus und versuchte zu sehen, wie spät es war. Aber ohne Licht war nichts zu erkennen. Er legte sich wieder auf Knie und Ellbogen wie vorher, als er sich die Zigarette angezündet hatte, und versuchte ein Zündholz anzustreichen. Diesmal ging er mit größerer Sorgfalt zu Werk: er betastete die Streichhölzer mit den Fingern und suchte das Hölzchen heraus, das die größte Phosphormasse hatte; es gelang ihm gleich beim ersten Mal, es zum Brennen zu bringen. Er hielt das Zifferblatt unter die Flamme, betrachtete es und traute seinen Augen nicht: es war erst zehn Minuten nach zwölf. Die ganze Nacht lag noch vor ihm.

›Ach, ist das eine lange Nacht!‹ dachte Wasilij Andrejitsch und fühlte, wie es ihm kalt über den Rücken lief. Er knöpfte den Pelz zu, mummte sich ein und drückte sich wieder in seine Schlittenecke,

bereit, geduldig zu warten. Plötzlich hörte er durch das eintönige Brausen des Windes hindurch einen neuen Ton, den Ton eines Lebewesens. Dieser Ton schwoll gleichmäßig an, war ganz deutlich zu hören und wurde dann allmählich schwächer. Das war zweifellos ein Wolf. Die langgezogenen Töne wurden vom Wind herübergetragen, und der Wolf heulte ganz in der Nähe, so daß man sogar hören konnte, wie er durch eine Drehung der Kinnlade den Klang seiner Stimme veränderte. Wasilij Andrejitsch schlug den Mantelkragen zurück und lauschte angestrengt. Auch der Braune spitzte die Ohren und horchte gespannt, und als das Geheul des Wolfes verstummt war, wechselte er die Fußstellung und schnaubte warnend. Nun konnte Wasilij Andrejitsch weder einschlafen noch zur Ruhe kommen. Wie sehr er sich auch bemühte, an seine Geschäfte, seinen Ruhm, sein Ansehen und seinen Reichtum zu denken – eine furchtbare Angst bemächtigte sich seiner immer mehr und drängte alle anderen Gedanken zurück, und in alle Gedanken mischte sich der [43]
Gedanke, warum er nicht in Grischkino über Nacht geblieben sei.

›Wozu brauche ich diesen dummen Wald? Meine Geschäfte gehen auch so Gott sei Dank gut! Ach, wenn ich doch irgendwo übernachten könnte!‹ sagte er zu sich selbst. ›Man sagt, daß Betrunkene am leichtesten erfrieren‹, dachte er, ›und ich habe ziemlich viel getrunken.‹ Und als er nun auf seine Empfindungen achtete, fühlte er, daß zu zittern anfing, ohne zu wissen warum, ob vor Kälte oder vor Angst. Er versuchte sich einzumummen und still zu liegen wie vorher, vermochte es aber nicht mehr. Er konnte nicht ruhig auf einem Fleck bleiben, er mußte aufstehen und irgend etwas unternehmen, um die in ihm aufsteigende Angst zu betäuben, gegen die er sich machtlos fühlte. Er zog wieder die Zigaretten und die Streichhölzer aus der Tasche, aber es waren nur noch drei Streichhölzer übrig, die alle nichts taugten. Bei allen dreien rieb sich die Zündmasse ab, ohne daß sie Feuer fingen.

»Hol dich der Teufel, verfluchtes Ding! Fort mit dir!« schimpfte er, ohne zu wissen auf wen, und warf die zerdrückte Zigarette weg. Auch die Streichholzschachtel wollte er schon wegwerfen, hielt aber inne und steckte sie in die Tasche. Jetzt überkam ihn eine solche Unruhe, daß er nicht länger auf seinem Platz bleiben konnte. Er stieg aus dem Schlitten, stellte sich mit dem Rücken gegen den Wind und band sich den Gurt anders um, tief unten und ganz fest.

›Wozu soll ich hier liegen und auf den Tod warten? Ich setze mich auf das Pferd und dann vorwärts!‹ schoß es ihm plötzlich durch den Kopf. ›Mit einem Reiter wirds das Pferd schon schaffen. Nikita kann es ganz gleich sein, ob er stirbt. Was hat er für ein Leben! Um so ein Leben brauchts ihm nicht leid zu tun, aber ich habe, Gott sei Dank, so viel, daß ich mein Leben genießen kann …‹

Er band das Pferd los, warf ihm die Zügel auf den Hals und wollte aufsitzen, aber Pelz und Stiefel waren so schwer, daß er abglitt. Dann stellte er sich auf den Schlitten und wollte von da auf das Pferd steigen. Aber der Schlitten schwankte unter seinem Gewicht, und er kam wieder nicht hinauf. Beim dritten Mal stellte er das Pferd dicht an den Schlitten, trat vorsichtig auf den Rand des Schlittens, stieß sich ab und kam mit dem Bauch quer auf den
[44] Rücken des Pferdes zu liegen. Nachdem er eine Weile still gelegen hatte, schob er sich vorwärts und brachte endlich das Bein über den Rücken des Pferdes; er setzte sich zurecht und stützte sich mit den Füßen auf den langen Umlaufriemen. Ein Stoß des schwankenden Schlittens hatte Nikita aufgeweckt; er richtete sich auf, und es kam Wasilij Andrejitsch so vor, als ob er etwas sagte.

»Soll man vielleicht auf euch Dummköpfe hören? Ich soll wohl hier für nichts und wieder nichts umkommen?« schrie Wasilij Andrejitsch, schob sich die flatternden Schöße seines Pelzes unter die Knie, wendete das Pferd und trieb es vom Schlitten weg in der Richtung, wo nach seiner Meinung der Wald und das Wächterhäuschen sein mußten.

7

Nikita hatte von dem Augenblick an, wo er sich mit der Packleinwand zugedeckt und sich an der Rücklehne des Schlittens hingesetzt hatte, dagesessen, ohne sich zu rühren. Wie alle Menschen, die mit der Natur leben und die Not kennen, war er geduldig und konnte stunden- und tagelang warten, ohne in Unruhe oder Erregung zu

geraten. Er hatte gehört, wie sein Herr ihn vorhin ein paarmal angerufen hatte, aber er hatte nicht geantwortet, weil er sich nicht bewegen mochte. Ihm war noch warm, weil er reichlich Tee getrunken hatte und lange durch den Schnee gewatet war, aber er wußte, daß diese Wärme nicht lange vorhalten und er nicht mehr fähig sein werde, sich durch Bewegung zu erwärmen. Er fühlte sich so müde wie ein völlig erschöpftes Pferd, das trotz aller Peitschenhiebe nicht mehr weitergehen kann und erst gefüttert werden muß, bevor es wieder arbeiten kann. Der eine Fuß in dem zerrissenen Stiefel war ganz erstarrt, und er fühlte die große Zehe nicht mehr. Außerdem begann er am ganzen Körper immer heftiger zu frieren. Der Gedanke, daß er in dieser Nacht sterben könnte und wahrscheinlich auch sterben werde, war ihm wohl gekommen, erschien ihm aber weder besonders traurig noch besonders schrecklich. Besonders traurig konnte ihm dieser Gedanke deshalb nicht vorkommen, weil sein ganzes Leben alles andere als ein einziger Feiertag, sondern im [45]
Gegenteil ein einziger Frondienst gewesen war, von dem er müde zu werden begann. Auch besonders schrecklich war ihm dieser Gedanke nicht, weil er, abgesehen von den Herren, denen er hier auf Erden diente, sich von dem höchsten Herrn abhängig fühlte, der ihn in dieses Leben gesandt hatte, und weil er wußte, daß er auch im Tode in der Macht dieses Herrn bleibe und daß dieser Herr ihm nichts Übles tun werde. ›Es kann einem ja leid tun, alles zu verlassen, woran man sich gewöhnt hat. Aber was ist da zu machen? Dann muß man sich eben an das Neue gewöhnen.

Und die Sünden?‹ dachte er und erinnerte sich an seine Trunksucht, an das vertrunkene Geld und wie er seine Frau geschimpft und mißhandelt und die Fasten nicht gehalten hatte und oft nicht zur Kirche gegangen war, und an alles, was ihm der Pope sonst noch in der Beichte vorgehalten hatte. ›Gewiß, das sind Sünden. Aber habe ich sie denn selbst verschuldet? Offenbar hat mich doch Gott so geschaffen. Na ja, es sind halt Sünden, aber was soll ich denn jetzt machen?‹

So dachte er zuerst an das, was ihm in dieser Nacht zustoßen konnte, dann aber kehrte er nicht mehr zu diesen Gedanken zurück, sondern überließ sich allerlei Erinnerungen, die ihm von selbst in den Kopf kamen. Er dachte daran, wie Marfa gekommen war und wie die Knechte sich betrunken hatten und wie er sich geweigert hatte mitzutrinken, und dann wieder an die heutige Fahrt, an die Stube des Bauern Taras, an die Unterhaltung über die Wirtschaftsteilung, an seinen Sohn, an den Braunen, der es jetzt unter der Decke schön warm hatte, und an seinen Herrn, der sich so unruhig umherwälzte, daß der Schlitten knarrte. ›Jetzt tuts ihm wohl selber leid, daß er gefahren ist‹, dachte er. ›Wenn man so ein gutes Leben hat, mag man nicht sterben. Das ist etwas anderes als bei unsereinem.‹ Und all diese Erinnerungen begannen sich in seinem Kopf zu vermengen und ineinanderzuschlingen, und er schlief ein.

Als Wasilij Andrejitsch aufs Pferd stieg, schwankte der Schlitten, und die Rückwand, an die sich Nikita gelehnt hatte, wich zurück. Die Kufe stieß ihn in den Rücken, er wachte auf und mußte
[46] seine Lage verändern, ob er das nun wollte oder nicht. Mit Mühe streckte er die Beine gerade, schüttelte sich den Schnee ab und stand auf; im selben Augenblick durchdrang die peinigende Kälte seinen ganzen Körper. Als er begriffen hatte, was vorging, rief er Wasilij Andrejitsch zu, er solle ihm den Sack dalassen, den das Pferd jetzt nicht mehr brauche. Aber Wasilij Andrejitsch hielt nicht an und verschwand im Schneegestöber.

Allein zurückgeblieben, überlegte Nikita einen Augenblick, was er nun tun solle. Wegzugehen und nach einer menschlichen Wohnung zu suchen, dazu fühlte er nicht mehr die Kraft in sich. Auf seinen alten Platz konnte er sich nicht mehr setzen – der war schon ganz zugeweht. Und im Schlitten würde er erfrieren, weil er nichts zum Zudecken hatte; sein Mantel und sein Pelz wärmten ihn jetzt nicht mehr, und er zitterte vor Kälte, als wäre er im bloßen Hemd. Ihm wurde ganz angst ums Herz. »Herr Gott, Vater im Himmel!« sagte er, und das Bewußtsein, daß er nicht allein war, daß jemand ihn hörte und ihn nicht verlassen würde, beruhigte ihn. Er seufzte tief, stieg, ohne die Packleinwand vom Kopf zu nehmen, in den Schlitten und legte sich auf den Platz seines Herrn.

Aber auch im Schlitten konnte er nicht warm werden. Anfangs zitterte er am ganzen Körper, dann ging das Zittern vorüber, und er verlor allmählich das Bewußtsein. Ob er sterben werde oder nur einschlief – das wußte er nicht, aber er fühlte sich zu dem einen wie zu dem andern bereit.

8

Unterdessen ritt Wasilij Andrejitsch, das Pferd mit den Hacken und den Zügeln antreibend, in der Richtung, wo er den Wald und die Hütte des Waldhüters vermutete. Der Schnee verklebte ihm die Augen, und der Wind schien ihn zurückhalten zu wollen, aber er trieb das Pferd unaufhörlich weiter. Er beugte sich nach vorn, schlug immer wieder seinen Pelz zusammen und schob ihn zwischen seinen Körper und das kalte Rückenpolster, das ihm beim Sitzen hinderlich war. Das Pferd ging mit großer Mühe, aber gehorsam im Paßgang dorthin, wohin er es lenkte. [47]

Er ritt ungefähr fünf Minuten immer geradeaus, wie er meinte, ohne etwas anderes zu sehen als den Kopf des Pferdes und die weiße Wüste, ohne etwas anderes zu hören als den Wind, der um die Ohren des Pferdes und um seinen Mantelkragen pfiff.

Plötzlich tauchte etwas Schwarzes vor ihm auf. Sein Herz begann vor Freude laut zu pochen, und er ritt auf dieses Schwarze zu, in dem er bereits die Mauern von Bauernhäusern zu erkennen glaubte. Aber dieses Dunkle war nicht unbeweglich, sondern schwankte hin und her, und war kein Dorf, sondern ein Grenzrain, der mit hohen, aus dem Schnee herausragenden Beifußstauden bewachsen war; sie warfen sich verzweifelt in dem pfeifenden Wind hin und her, der sie immer nach einer Seite bog. Beim Anblick dieser vom Wind so unbarmherzig mißhandelten Beifußstauden zuckte Wasilij Andrejitsch erschrocken zusammen, ohne eigentlich zu wissen, warum; er trieb eilig das Pferd weiter, ohne zu beachten, daß er die frühere Richtung vollständig geändert hatte, als er an die Beifußstauden herangeritten war, und jetzt das Pferd nach einer ganz anderen Seite lenkte, immer noch in der Vorstellung, daß er nach der Seite ritte, wo die Wächterhütte sein müsse. Aber das Pferd strebte immer nach rechts, und deshalb lenkte er es die ganze Zeit mehr nach links.

Wieder tauchte etwas Schwarzes vor ihm auf. Er freute sich, überzeugt, daß es diesmal sicher ein Dorf sei. Aber es war wieder ein mit Beifuß bewachsener Rain. Und wieder schwankten die Stauden wild hin und her und flößten Wasilij Andrejitsch eine unerklärliche Angst ein. An den Beifußstauden führte eine vom Wind fast verwehte Pferdespur vorbei. Wasilij Andrejitsch hielt an, beugte sich hinunter und blickte scharf hin: die Spur war nur leicht mit Schnee überdeckt und konnte von keinem anderen Pferd herrühren als von seinem eigenen. Er war offenbar im Kreis herumgeritten, und zwar auf einem kleinen Raum. ›So gehe ich zugrunde!‹ dachte er, trieb aber das Pferd noch heftiger an, um seine Angst zu überwinden, und starrte in den weißen Schneenebel, in dem er leuchtende Punkte zu sehen meinte, die plötzlich aufschimmerten und sofort wieder verschwanden. Einmal glaubte er Hundegebell oder Wolfsgeheul zu hören, aber diese Laute waren so schwach und un-
[48] bestimmt, daß er nicht wußte, ob er wirklich etwas hörte oder ob er es sich nur einbildete. Er hielt das Pferd an und horchte gespannt.

Plötzlich ertönte in nächster Nähe ein furchtbares, ohrenbetäubendes Schreien, und alles erzitterte und erbebte unter Wasilij Andrejitsch. Er klammerte sich an den Hals seines Pferdes, aber auch dieser Hals zitterte, und das furchtbare Geschrei klang noch schrecklicher. Einige Sekunden war Wasilij Andrejitsch wie benommen und konnte nicht begreifen, was eigentlich war. Aber es war nichts weiter geschehen, als daß der Braune, vielleicht um sich Mut zu machen oder um jemand zu Hilfe zu rufen, laut und schallend gewiehert hatte.

»Teufel noch mal! Hast du mich erschreckt, verdammtes Vieh!« sagte Wasilij Andrejitsch. Jetzt hatte er zwar die Ursache seiner Angst erkannt, aber er konnte sich dennoch von dieser Angst nicht mehr freimachen.

›Ich muß mich sammeln, meine Gedanken zusammennehmen‹, sagte er sich, konnte sich aber doch nicht zur Ruhe zwingen und trieb das Pferd unermüdlich an, ohne zu merken, daß er jetzt mit dem Wind ritt und nicht mehr gegen den Wind. Er keuchte, sein frierender Körper schmerzte, besonders zwischen den Beinen am Schritt, wo er ungeschützt war und das Rückenpolster berührte, und seine Arme und Beine zitterten. Er sah, daß er in dieser entsetzlichen Schneewüste zugrunde gehen würde und daß es keine Rettung für ihn gab.

Plötzlich sank das Pferd unter ihm weg; es war in eine Schneewehe geraten und begann um sich zu schlagen, fiel aber auf die Seite. Wasilij Andrejitsch sprang ab, wobei er den Umlaufriemen, auf dem er sich mit dem Fuß stützte, verschob und das Rückenpolster, an dem er sich beim Abspringen hielt, schief zog. Sobald Wasilij Andrejitsch abgesprungen war, kam das Pferd wieder auf die Beine, machte einen Sprung, dann noch einen, wieherte und verschwand aus der Sicht, den auf dem Boden schleifenden Sack und Umlaufriemen hinter sich herziehend. Wasilij Andrejitsch blieb allein in der Schneewehe zurück. Er lief dem Pferd nach, aber der Schnee war so tief, und die beiden Pelze waren so schwer, daß er bei jedem Schritt bis übers Knie einsank und nach zwanzig Schritten atemlos stehenblieb. [49]

›Der Wald, die Hammel, die Pachtgüter, der Laden, die Schenken, das Haus mit dem Blechdach und die Scheune, der Erbe‹, dachte er, ›was wird nun aus alldem werden? Was geschieht denn hier mit mir? Das kann doch nicht sein!‹ fuhr es ihm durch den Kopf. Und nun fielen ihm die vom Wind gepeitschten Beifußstauden ein, an denen er zweimal vorbeigeritten war, und es packte ihn ein solches Grauen, daß er an die Wirklichkeit dessen, was mit ihm vorging, gar nicht zu glauben vermochte. Er dachte: ›Vielleicht ist alles nur ein Traum‹, und wollte aufwachen, aber das war kein Schlaf, aus dem er hätte erwachen können, das war wirklicher Schnee, der sein Gesicht peitschte und seine rechte Hand bedeckte, von der er den Handschuh verloren hatte, und das war eine wirkliche Einöde, in der er jetzt so allein war wie jene Beifußstauden und dem unvermeidlichen, baldigen, sinnlosen Tod entgegensah.

›Königin des Himmels, wundertätiger Vater Nikolaus, Lehrer der Enthaltsamkeit‹, dachte er und erinnerte sich an die gestrigen Gebete in der Kirche und an das Heiligenbild mit dem schwarzen Antlitz und dem goldenen Beschlag und an die Kerzen, die vor diesem Heiligenbild angezündet wurden. Er verkaufte diese Kerzen, die ihm sofort wieder zurückgebracht wurden, und er verwahrte sie wieder in seinem Kasten, nachdem sie kaum angebrannt waren. Und nun betete er zu diesem wundertätigen Nikolaus um Rettung und gelobte ihm einen Dankgottesdienst und Kerzen. Aber zugleich war er sich klar bewußt, daß dieses Heiligenbild und sein Rahmen, die Kerzen, der Priester und die Gebete, daß das alles zwar dort in der Kirche sehr wichtig und nötig sei, ihm aber hier nicht helfen konnte und daß zwischen diesen Kerzen und Gebeten und seiner jetzigen jammervollen Lage keinerlei Zusammenhang bestand und auch nicht bestehen konnte. ›Ich darf nicht den Mut verlieren‹, sagte er sich.

›Ich muß den Spuren des Pferdes folgen, sonst werden auch die noch verweht‹, fuhr es ihm durch den Kopf. ›Das Pferd wird mich auf den Weg führen, vielleicht kann ich es auch noch einfangen. Nur nicht zu hastig, sonst komme ich außer Atem, und dann bin ich endgültig verloren.‹ Aber er begann trotzdem zu laufen, fiel
[50] immer wieder hin, stand auf und fiel von neuem. An Stellen, wo der Schnee nicht tief lag, war die Spur des Pferdes kaum noch zu erkennen. ›Es ist um mich geschehen‹, dachte Wasilij Andrejitsch, ›jetzt verliere ich auch diese Spur noch und kann das Pferd nicht mehr einholen.‹

Aber im selben Augenblick sah er etwas Schwarzes vor sich. Das war der Braune, und nicht nur der Braune, sondern auch der Schlitten mit der aufgerichteten Deichsel und dem Tuch. Der Braune stand jetzt nicht mehr auf seinem früheren Platz, sondern näher an der Deichsel; das Rückenpolster und der Umlaufriemen waren ganz schief gerutscht, und er schlug mit dem Kopf, den ihm der Zügel, auf den er getreten war, nach unten zog. Es stellte sich heraus, daß Wasilij Andrejitsch in derselben Vertiefung steckengeblieben war wie vorher zusammen mit Nikita; das Pferd hatte ihn zum Schlitten zurückgebracht, und die Stelle, wo er vom Pferd gesprungen war, war nicht mehr als fünfzig Schritte von dem Schlitten entfernt.

9

Wasilij Andrejitsch schleppte sich zu dem Schlitten, hielt sich daran fest und stand lange da, ohne sich zu rühren, bemüht, sich zu beruhigen und wieder zu Atem zu kommen. Nikita war nicht mehr auf seinem früheren Platz, aber im Schlitten lag etwas tief Verschneites, und Wasilij Andrejitsch erriet, daß das Nikita war. Wasilij Andrejitschs Furcht war jetzt vollkommen verschwunden, und wenn er etwas fürchtete, so war es nur jener entsetzliche Angstzustand, den er auf dem Pferd und besonders in dem Augenblick empfunden hatte, als er allein in der Schneegrube zurückgeblieben war. Von dieser Angst mußte er sich um jeden Preis frei halten, und deshalb mußte er irgend etwas tun, sich irgendwie ablenken. Er stellte sich mit dem Rücken zum Wind und machte seinen Pelz auf. Dann, sobald er ein wenig zu Atem gekommen war, schüttelte er den Schnee aus den Stiefeln und aus dem linken Handschuh. Der rechte war [51]
rettungslos verloren und steckte wohl schon irgendwo zwei Spannen tief unter dem Schnee. Hierauf band er sich den Gurt tief unten um den Pelz, so, wie er sich zu gürten pflegte, wenn er aus seinem Laden trat, um das von den Bauern gebrachte Getreide vom Wagen zu kaufen. Dann machte er sich ans Werk. Das erste, was ihm nötig schien, war, das Bein des Pferdes frei zu machen. Er zog den Zügel unter dem Huf des Pferdes hervor, band den Braunen wieder an die eiserne Krampe am Vorderteil des Schlittens und trat dann von hinten an ihn heran, um den Umlaufriemen, das Rückenpolster und den Sack in Ordnung zu bringen. Aber in diesem Augenblick sah er, daß sich im Schlitten etwas bewegte, und Nikitas Kopf hob sich aus der Schneedecke. Er war schon ganz erstarrt und brachte es offenbar nur mit großer Anstrengung fertig, sich aufzurichten und hinzusetzen; darauf machte er mit der Hand ganz seltsame Bewegungen vor seiner Nase, wie wenn er Fliegen wegjagen wollte, und sagte etwas. Wasilij Andrejitsch war es, als riefe ihn Nikita an. Er ließ den Sack, wie er war, und trat zum Schlitten.

»Was willst du?« fragte er. »Was sagst du?«

»Ich… ich sterbe, das ists«, sagte Nikita mühsam. »Meinen Lohn geben Sie meinem Jungen oder meiner Frau, ganz gleich.«

»Was hast du denn? Sind dir die Glieder erfroren?« fragte Wasilij Andrejitsch.

»Der Tod kommt, ich fühle es ... verzeih mir, um Christi willen«, sagte Nikita mit weinerlicher Stimme und fuchtelte unaufhörlich mit den Händen vor seinem Gesicht umher, als wollte er Fliegen verscheuchen.

Wasilij Andrejitsch stand etwa eine halbe Minute stumm und unbeweglich da; dann trat er mit derselben Entschlossenheit, mit der er bei einem vorteilhaften Kauf einzuschlagen pflegte, einen Schritt zurück, streifte die Ärmel seines Pelzes auf und begann mit beiden Händen den Schnee von Nikita und aus dem Schlitten wegzuscharren. Dann löste er hastig seinen Gurt, schlug den Pelz auseinander, drückte Nikita nieder, legte sich auf ihn und bedeckte ihn nicht nur mit seinem Pelz, sondern auch mit seinem ganzen warmen, erhitzten Körper. Mit den Händen stopfte er die Schöße seines Pelzes zwi-
[52] schen die Bastwand des Schlittens und Nikitas Leib, hielt den Saum des Pelzes mit den Knien fest und blieb ruhig auf dem Bauch liegen, den Kopf an die Wand des Vorderteils gelehnt. Jetzt hörte er weder die Bewegungen des Pferdes noch das Pfeifen des Sturms, er horchte auf Nikitas Atmen. Nikita lag lange unbeweglich da, dann seufzte er laut und begann sich zu rühren.

»Na, siehst du wohl! Und da redest du vom Sterben. Lieg ganz still und wärme dich, so machen wirs ...« sagte Wasilij Andrejitsch.

Aber zu seiner großen Verwunderung konnte er nicht weitersprechen, weil ihm Tränen in die Augen traten und sein Unterkiefer zuckte. Er hörte auf zu sprechen und schluckte nur das, was ihm in die Kehle kam, hinunter. ›Das hat mich ja gehörig mitgenommen, ich bin ganz schwach geworden‹, dachte er. Aber diese Schwäche war ihm nicht unangenehm, im Gegenteil, sie erweckte ein so freudiges Gefühl in ihm, wie er es noch nie empfunden hatte.

›So machen wirs‹, sagte er zu sich selbst und empfand dabei eine seltsam feierliche Rührung. Er lag ziemlich lange schweigend da, wischte sich die Augen an dem Pelz ab und stopfte den rechten Schoß seines Pelzes, den der Wind immer wieder zurückschlug, unter sein Knie.

Aber er hatte ein leidenschaftliches Verlangen, mit irgend jemand über seinen freudigen Gemütszustand zu sprechen.

»Nikita!« rief er.

»Mir ist wohl und ganz warm«, klang es von unten.

»Ja, Bruder, beinahe wäre ich umgekommen. Du wärst erfroren und ich wäre …«

Aber hier begannen seine Kinnbacken wieder zu zittern, und seine Augen füllten sich erneut mit Tränen, und er konnte nicht weiterreden.

›Na, das macht nichts‹, dachte er. ›Ich weiß ja selbst, was ich weiß.‹

Und er verstummte und lag lange schweigend da.

Es war ihm warm, von unten her durch Nikita, von oben her durch den Pelz. Nur die Hände, mit denen er die Schöße des Pelzes rechts und links von Nikitas Körper festhielt, und die Füße, von denen der Wind fortwährend den Pelz zurückschlug, begannen [53] zu erstarren. Die rechte Hand ohne Handschuh fror ganz besonders. Aber er dachte weder an seine Beine noch an seine Arme, sondern nur daran, wie er den unter ihm liegenden Knecht warmhalten könne.

Einige Male warf er einen Blick auf das Pferd und sah, daß sein Rücken unbedeckt war und daß der Sack und der Umlaufriemen im Schnee lagen; er hätte aufstehen und das Pferd zudecken müssen, aber er konnte sich nicht entschließen, Nikita auch nur für einen Augenblick allein zu lassen und den freudigen Gemütszustand, in dem er sich befand, zu stören. Jetzt empfand er nicht mehr die leiseste Angst. Er war davon überzeugt, daß es ihm gelingen werde, Nikita warm zu halten, und sagte sich mit derselben Ruhmredigkeit, mit der er von seinen Käufen und Verkäufen zu erzählen pflegte: ›Keine Bange, das werden wir schon hinkriegen!‹

So lag Wasilij Andrejitsch eine Stunde, eine zweite, eine dritte, aber er merkte nicht, wie die Zeit verging. Anfangs stürmten Gedanken an die Dinge auf ihn ein, die vor seinen Augen flimmerten: an den Schneesturm, an die Deichselstange, an das Pferd unter dem Krummholz und an Nikita, der unter ihm lag. Dann mischten sich Erinnerungen an den Feiertag hinein, an seine Frau, an den Polizei-

hauptmann, an den Kerzenkasten und wieder an Nikita, der nun unter diesem Kasten lag. Dann sah er Bauern vor sich, die kauften und verkauften, und weiße Wände und Häuser mit Blechdächern, und unter den Häusern lag Nikita. Dann verwirrte sich das alles, eins ging ins andere über, und wie die Farben des Regenbogens sich zu einem einheitlichen weißen Licht verbinden, so flossen alle diese Eindrücke in ein einziges Nichts zusammen, und er schlief ein. Lange Zeit lag er in tiefem, traumlosem Schlaf, aber gegen Morgen begann er wieder zu träumen. Es war ihm, als stände er bei seinem Kerzenkasten, und die Frau des Bauern Tichon verlangte zum Feiertag eine Kerze für fünf Kopeken; er will die Kerze herausnehmen und sie ihr geben, aber er kann die Hände nicht heben; die stecken zusammengeballt in den Taschen. Er will um den Kasten herumgehen, aber seine Beine bewegen sich nicht, und die
[54] neuen, sauberen Überschuhe sind an den steinernen Fußboden angewachsen, und er kann sie nicht heben und auch nicht die Füße herausziehen. Und auf einmal ist der Kerzenkasten kein Kerzenkasten mehr, sondern ein Bett, und Wasilij Andrejitsch sieht sich mit dem Bauch auf dem Kerzenkasten liegen, das heißt: auf seinem Bett in seinem Haus. Er liegt auf dem Bett und kann nicht aufstehen, aber er muß doch aufstehen, denn gleich wird ihn der Polizeihauptmann Iwan Matwejitsch abholen, und er muß mit Iwan Matwejitsch weggehen, entweder um mit dem Gutsbesitzer um den Wald zu handeln oder um den Umlaufriemen an dem Braunen in Ordnung zu bringen. Und er fragt seine Frau: »Mikolawna, ist der Polizeihauptmann noch nicht da?« – »Nein«, antwortet sie, »er ist noch nicht gekommen.« Und er hört, wie jemand an der Haustür vorfährt. Das muß er sein! Nein, er fährt vorbei. »Mikolawna, he, Mikolawna, kommt er denn immer noch nicht?« – »Nein.« Und er liegt auf dem Bett und kann nicht aufstehen, er wartet, und dieses Warten ist bedrückend und stimmt ihn gleichzeitig froh. Und plötzlich eine große Freude: der, auf den er gewartet hat, kommt, und es ist gar nicht Iwan Matwejitsch, sondern ein anderer, aber doch gerade der, auf den er wartet. Er kommt und ruft ihn bei seinem Namen, und der, der ihn ruft, ist derselbe, der ihn vorhin angerufen und ihn geheißen hat, sich auf Nikita zu legen. Und Wasilij

Andrejitsch freut sich, daß dieser Jemand gekommen ist, um ihn abzuholen.

»Ich komme!« ruft er freudig, und dieser Ausruf weckt ihn auf. Er erwacht, aber er ist ein ganz anderer als der, der er beim Einschlafen gewesen war. Er will aufstehen und kann es nicht, er will den Arm bewegen und kann es nicht, das Bein, auch das kann er nicht. Er will den Kopf wenden – auch das kann er nicht. Er ist darüber erstaunt, aber in keiner Weise betrübt. Er begreift, daß das der Tod ist, aber auch darüber grämt er sich nicht im geringsten. Er erinnert sich daran, daß Nikita unter ihm liegt und warm geworden ist und lebt, und es kommt ihm vor, als wäre er Nikita und Nikita er selbst und als sei sein Leben nicht in ihm selbst, sondern in Nikita. Er lauscht gespannt und hört Nikitas Atmen, sogar ein schwaches Schnarchen. ›Nikita lebt, also lebe ich auch‹, sagt er sich triumphierend.

Er denkt an sein Geld, seinen Laden, sein Haus, seine Einkäufe [55]
und Verkäufe und an Mironows Millionen, und es fällt ihm schwer zu begreifen, warum dieser Mensch, der Wasilij Brechunow hieß, sich mit all diesen Dingen beschäftigt hat. ›Nun, er hat eben nicht gewußt, worauf es ankommt‹, denkt er von diesem Wasilij Brechunow. ›Ich habe es nicht gewußt, aber jetzt weiß ich es. Jetzt weiß ich es ganz sicher, jetzt weiß ich es.‹ Und wieder hört er den Ruf dessen, der ihn schon einmal gerufen hat. ›Ich komme, ich komme!‹ antwortet sein ganzes Wesen freudig und gerührt. Und er fühlt, daß er frei ist, daß ihn nichts mehr zurückhält.

Und Wasilij Andrejitsch sah und hörte und fühlte nichts mehr in dieser Welt.

Ringsum tobte noch immer der Schneesturm. Unverändert wirbelte der Schnee und bedeckte den Pelz des toten Wasilij Andrejitsch und den am ganzen Körper zitternden Braunen und den kaum noch sichtbaren Schlitten und den warmgewordenen Nikita, der tief unten im Schlitten unter seinem toten Herrn lag.

10

Gegen Morgen erwachte Nikita. Die Kälte, die ihm wieder in den Rücken zu dringen begann, weckte ihn auf. Er hatte geträumt, er komme mit einer Fuhre Mehl von der Mühle, verfehle die Brücke über den Bach und bleibe mit der Fuhre stecken. Er kriecht unter die Fuhre und versucht sie zu heben, indem er den Rücken dagegen stemmt. Aber seltsam! Die Fuhre bewegt sich nicht und haftet fest an seinem Rücken, und er kann die Fuhre nicht heben und auch nicht wieder herauskriechen. Sie hat ihm das ganze Rückgrat zerquetscht, und sie ist eiskalt. Aber er muß herauskriechen. »Na, jetzt ists genug«, sagt er zu dem, der ihm die Fuhre auf den Rücken preßt, »nimm die Säcke herunter!« Aber die Fuhre wird immer kälter und drückt ihn immer schlimmer, und plötzlich hört er ein sonderbares Klopfen, kommt zu sich und erinnert sich an alles Ge-
[56] schehene. Die kalte Fuhre, das war sein erfrorener, toter Herr, der auf ihm liegt. Und geklopft hatte der Braune, der zweimal mit den Hufen gegen den Schlitten geschlagen hatte.

»Andrejitsch, he, Andrejitsch!« ruft Nikita, der schon die Wahrheit ahnt, vorsichtig seinen Herrn an und krümmt den Rücken, um in die Höhe zu kommen.

Aber Andrejitsch antwortet nicht, und sein Bauch und seine Beine sind steif und kalt, schwer wie Bleigewichte.

›Er ist wohl gestorben, Gott gebe ihm die ewige Seligkeit!‹ denkt Nikita.

Er dreht den Kopf ein paarmal hin und her, gräbt sich mit der Hand durch den Schnee und öffnet die Augen. Es ist schon hell. Der Wind pfeift immer noch um die Deichselstangen, es schneit immer, nur mit dem Unterschied, daß der Schnee jetzt nicht mehr gegen die Bastwand des Schlittens peitscht, sondern lautlos Schlitten und Pferd immer höher und höher bedeckt und keine Bewegung und kein Atmen des Pferdes mehr zu hören ist. ›Der Braune ist wohl auch erfroren‹, denkt Nikita. Und wirklich, die Hufschläge, die Nikita aufgeweckt hatten, waren die letzten Anstrengungen des schon ganz erstarrten Braunen gewesen, sich auf den Beinen zu halten.

›Vater im Himmel, jetzt rufst du auch mich‹, denkt Nikita.

›Dein heiliger Wille geschehe. Aber mir ist doch bange. Nun zweimal braucht man nicht zu sterben und daß man einmal stirbt, ist unvermeidlich. Wenns nur schnell geht ...‹ Und er steckt seine Hand wieder unter den Mantel, schließt die Augen und verliert das Bewußtsein, völlig überzeugt, daß er jetzt sicher sterben werde.

Es war schon Mittag, als Bauern mit Schaufeln Wasilij Andrejitsch und Nikita ausgruben, achtzig Schritt von der Landstraße und eine halbe Werst vom Dorf entfernt.

Der Schnee lag höher, als der Schlitten war, aber die Deichselstangen und das Tuch daran waren noch zu sehen. Der Braune stand bis an den Bauch im Schnee, der Umlaufriemen und der Sack waren ihm vom Rücken heruntergerutscht, er war ganz weiß und hielt den toten Kopf gegen den erstarrten Kehlkopf gedrückt. In den Nüstern steckten Eisstücke, die Augen waren bereift und wie mit gefrore-
nen Tränen überzogen. Das Pferd war in der einen Nacht so abge- [57]
magert, daß nur noch Haut und Knochen übriggeblieben waren. Wasilij Andrejitschs Körper war starr wie der eines geschlachteten, gefrorenen Rindes, und in derselben Haltung, in der er im Schlitten gelegen hatte – mit gespreizten Beinen –, wurde er von Nikita herabgewälzt. Die vorstehenden Habichtsaugen waren fest gefroren, der offene Mund unter dem kurzgeschnittenen Schnurrbart war mit Schnee vollgestopft. Nikita hingegen war zwar völlig erstarrt, aber noch am Leben. Als man ihn aufweckte, war er überzeugt, daß er bereits gestorben sei und daß alles, was jetzt mit ihm geschah, nicht mehr in dieser, sondern in jener Welt vorgehe. Als er das Geschrei der Bauern hörte, die ihn ausgruben und Wasilij Andrejitschs Leichnam von ihm herunterwälzten, war er zuerst darüber erstaunt, daß in jener Welt die Bauern genauso schrien und daß er denselben Körper habe wie auf Erden, aber als er begriffen hatte, daß er noch hier in dieser Welt sei, war er eher traurig als froh darüber, zumal er fühlte, daß ihm an beiden Füßen die Zehen erfroren waren.

Nikita lag zwei Monate im Krankenhaus. Drei Zehen wurden ihm abgenommen, aber die übrigen heilten, so daß er wieder arbeiten konnte. Er lebte noch zwanzig Jahre, zuerst als Knecht, dann in höherem Alter als Wächter. Gestorben ist er erst in diesem Jahr,

in seinem Haus, wie er es sich gewünscht hatte, unter den Heiligen-
bildern und mit einer brennenden Kerze in der Hand. Vor seinem
Tode bat er seine Frau um Verzeihung und verzieh ihr den Böttcher,
nahm Abschied von seinem Sohn und seinen Enkeln und starb, auf-
richtig erfreut darüber, daß er durch seinen Tod seinen Sohn und
seine Schwiegertochter von der Last eines überflüssigen Essers be-
freie und daß er aus diesem Leben, das er satt hatte, nun wirklich
in jenes andere Leben übergehe, das ihm von Jahr zu Jahr und von
Stunde zu Stunde immer verständlicher und lockender geworden
war. Ob es ihm dort, wo er nach diesem wirklichen Tod erwacht
[58] ist, besser oder schlechter geht, ob er sich enttäuscht gesehen oder
das gefunden hat, was er zu finden erwartete – das werden wir alle
bald erfahren.

UND SIE FUHREN IMMER WEITER

Gedanken zu *Herr und Knecht*

Tolstoi: moralisch-ethischer Riese, epischer Romancier, Vegetarier, Keuschheitsverfechter (was er, selbst als alter Mann, allerdings selbst nicht durchhalten konnte), Landwirtschaftstheoretiker, Bildungsreformer, Anführer einer internationalen, christlich-anarchischen religiösen Bewegung (Nabokov beschrieb sie als »eine neutrale Mischung aus einer Art hinduistischem Nirwana und dem Neuen Testament – Jesus minus die Kirche«), früher Vorkämpfer der Gewaltfreiheit mit inbrünstigen Anhängern auf der ganzen Welt, darunter auch der junge Gandhi. Es ist nicht sehr übertrieben, wenn ich behaupte, dass sein Schreiben das Denken der Menschen über sie selbst verändert hat.

Daher ist die Feststellung von Interesse, dass seine Prosa fast vollständig aus *Fakten* besteht. Die Sprache ist nicht besonders erhaben oder poetisch oder explizit philosophisch. Meist handelt es sich um Beschreibungen von Leuten, die irgendwas tun.

Nehmen Sie das hier, aus den ersten Seiten von *Herr und Knecht*:

»(…)lief Nikita vergnügt und willig wie immer mit schnellen, leichten, etwas watschelnden Schritten in den Schuppen, nahm dort den schweren, mit einer Troddel geschmückten Zaum vom Nagel und ging, mit der Kinnkette klirrend, zum verschlossenen Stall, wo das Pferd stand, das er anspannen sollte.«

Oder hier, als Nikita sich an die Arbeit macht:

»Dann wischte er mit dem Schoß seines Pelzes den fetten,

in der Mitte durchhängenden, mit Staub bedeckten und zerfressenen Rücken des Hengstes ab, legte ihm den Zaum um den schönen, kräftigen Kopf, machte ihm die Ohren und den Haarschopf frei, legte das Halfter weg und führte das Pferd zur Tränke.«

Oder von ihrem Halt in Grischkino:

»›Er ist fertig‹, antwortete eine junge Frau, schwenkte ihre Schürze hin und her, um den überkochenden, zugedeckten Samowar etwas abzukühlen, hob ihn hoch und setzte ihn mit einem lauten Stoß auf den Tisch.«

Jetzt bekommen Sie eine neue Farbmarker-Aufgabe: Markieren Sie auf egal welcher Seite der Erzählung *Fakten* in einer Farbe, *Autorenmeinungen* (philosophische oder religiöse Überlegungen oder aphoristische Bemerkungen über das menschliche Verhalten) in einer anderen. Sie werden feststellen, dass die Erzählung fast völlig aus Fakten besteht, mit einer starken Tendenz zu tatsachenbezogenen Handlungsbeschreibungen. Wenn Tolstoi mal eine subjektive Meinung zu einer Figur anbietet, wird sie so objektiv und präzise formuliert wie Nikitas Überqueren des Hofs oder sein Anschirren des Pferdes. Und da sie innerhalb einer Matrix aus Fakten präsentiert werden, akzeptieren wir sie auch leicht. (Wir akzeptieren Tolstois Behauptung, dass Nikita normalerweise vergnügt und willig ist, genau wie wir seine Behauptung akzeptieren, dass der Zaum aus Leder und mit Troddeln ist.)

Gleich werden wir sehen, dass Tolstoi, wenn er von den Gedanken und Gefühlen seiner Figuren erzählt, das ähnlich konzis und präzise tut, mit schlichten objektiven Sätzen, die mit ihrer Syntax und ihrer bescheidenen Haltung wie Tatsachen *wirken*.

Eine Tatsache zieht uns rein. Anscheinend wieder eines der »Gesetze der Literatur«, nach denen wir gesucht haben. »Das Auto war rot und verbeult« lässt ein Auto vor unserem geistigen Auge erscheinen. Umso mehr, wenn die Tatsache eine Handlung ist: »Das verbeulte rote Auto fuhr langsam vom Parkplatz.« Achten Sie darauf, wie wenig wir diese Äußerung anzweifeln, wie spontan und unabsichtlich wir sie dem Text »abkaufen« und vergessen, dass weder Auto noch Parkplatz Wirklichkeit sind.

Wenn ich sage, dass die Erzählung fast völlig aus Fakten besteht, meine ich damit nicht, dass Tolstoi ein Minimalist sei. Er hat die Begabung, seine Sätze im Faktischen zu verankern und zugleich reichhaltige Informationen zu bieten, die eine üppige, detaillierte, fast übervolle Welt erschaffen.

Betrachten Sie den Unterschied zwischen »Die Magd trug den Samowar zum Tisch« und Tolstois Version: »(...) eine junge Frau schwenkte ihre Schürze hin und her, um den überkochenden, zugedeckten Samowar etwas abzukühlen, hob ihn hoch und setzte ihn mit einem lauten Stoß auf den Tisch.«

Das abkühlende Wedeln, der laute Stoß beim Absetzen, die Tatsache, dass sie ihn unterhalb der Tischhöhe trägt (zunächst »hob ihn hoch«, dann erst »setzte ihn (...) auf den Tisch«), das alles sind Tatsachen, die in die einfache Handlung »Frau trägt Samowar zum Tisch« eingeflochten sind. Obwohl sie die Figur nicht spezifischer machen (jeder kann einen Samowar schwer finden), sorgen sie für eine spezifischere Handlung. Der Samowar ist schwerer und heißer, als wenn es einfach nur hieße: »trug den Samowar zum Tisch«, und ich sehe mehr von ihr, als mir eigentlich möglich ist: ihre roten Wangen, die Schweißflecken unter den Achseln ihrer Bluse (und wenn sie vom Tisch zurücktritt, pustet sie sich eine schweißgetränkte Strähne aus der Stirn).

Also, apropos kleine Tankstellen, hier ist eine von Tolstoi: etwas sagen, das für die Leser:innen wahr klingt. (Nabokov nannte das Tolstois »grundlegende Akkuratesse der Wahrnehmung«.)

Wir wissen, wie etwas ist und wie es nicht ist. Wir wissen, wie etwas funktioniert und wie nicht. Wir wissen, wie es meistens läuft und wie es niemals läuft. Und wir mögen es, wenn eine Geschichte mit unserem Gefühl, wie die Welt funktioniert, übereinstimmt. Das ist prickelnd, und wegen solcher prickelnder Wahrheiten lesen wir weiter. Da alles erfunden ist, lesen wir in einem kontinuierlichen Zustand leichter Skepsis. Jeder Satz ist ein kleines Referendum über die Wahrheit. Immer wieder fragen wir: »Wahr oder nicht?« Wenn unsere Antwort lautet »Ja, klingt wahr«, dann katapultiert es uns aus der kleinen Tankstelle voran, und wir lesen weiter.

»Die meisten russischen Schriftsteller haben sich brennend für das genaue Wo der Wahrheit und ihre wesentlichen Merkmale interessiert«, schrieb Nabokov. »Tolstoi ging geradewegs auf sie zu, mit gesenktem Kopf und geballten Fäusten.« Tolstoi suchte auf zwei Wegen nach der Wahrheit: als Schriftsteller und als Moralprediger. In ersterem Metier entwickelte er mehr Kraft, aber letzteres ließ ihn nicht los. Und dieser Kampf zwischen (in Nabokovs Worten) »dem Mann, der sich an der Schönheit schwarzer Erde, weißen Fleisches, blauen Schnees, grüner Felder und lila Gewitterwolken weidete, und dem Mann, der verkündete, Literatur sei sündig und Kunst unmoralisch«, sorgt irgendwie dafür, dass wir Tolstoi als moralisch-ethischen Riesen empfinden. Es ist, als griffe er nur auf die Fiktion zurück, wenn es gar nicht anders geht, und damit sich der sündige Fehltritt wenigstens richtig gelohnt hat, nutzt er ihn ausschließlich dafür, die größten Fragen zu stellen und mit äußerster und manchmal herzzerreißender Ehrlichkeit zu beantworten.

Zu Hause war Tolstoi allerdings, nach den Tagebüchern seiner Frau Sofja zu urteilen, eher kein moralisch-ethischer Riese.

»Alles ist mir eine Last. Die mich schon lange bedrückende

Entfremdung meines Mannes, der ausnahmslos alles auf mich abgewälzt hat – die Kinder, die Wirtschaft, den Umgang mit dem Gesinde und den Bauern, die Geschäfte, das Haus, die Bücher; und für alles bestraft er mich mit verächtlicher, egoistischer Gleichgültigkeit. Und *sein* Leben? Er geht spazieren, reitet aus, schreibt ein wenig, lebt, wo und wie es ihm paßt, und tut für die Familie rein gar nichts, nimmt aber alles in Anspruch. (...) Jene, die seine Biographie schreiben werden, werden berichten, daß er an Stelle eines Dieners selbst sein Wasser aus dem Brunnen schöpfte, aber keiner wird wissen, daß er niemals seiner Frau eine Minute Ruhe gegönnt hat, seinem Sohn einen Tropfen Wasser, daß er im Laufe von dreißig Jahren nicht fünf Minuten bei einem Kranken gesessen hat, damit ich mich ausruhen, schlafen oder spazierengehen konnte.«

Tolstois Biograf Henri Troyat sagt, Sofja neige in ihren Tagebüchern zu »Plädoyers, nicht mehr vor ihrer Familie und den Zeitgenossen, sondern vor der Nachwelt«.

Okay, Sofja, angekommen: Der Typ hört sich nach einem Drecksack an.

Doch was er schreibt, ist voller Mitgefühl. Dafür ist er berühmt. Er sorgt sich um die Schwachen und Machtlosen, sieht bei jedem Thema auch die andere Seite, versetzt sich in eine Figur nach der anderen (einfache Menschen, vornehme Menschen, Pferde, Hunde, suchen Sie sich was aus), und die fiktionale Welt, die dabei entsteht, fühlt sich fast so detail- und abwechslungsreich an wie die echte. Schon nach ein paar Zeilen Tolstoi kann man nicht anders, man spürt ein erfrischtes Interesse am Leben.

Was ist von alldem zu halten?

Nun, natürlich sind Schriftsteller und Mensch nicht dasselbe. Der Schriftsteller gehört zu den Menschen, die ein Weltmodell erschaffen, aber wenn das so aussieht, als propagierte es bestimmte Tugenden, muss sich der Mensch in seinem Leben deshalb noch lange nicht nach ihnen richten.

»Der Romancier ist jedoch niemandes Sprachrohr«, schrieb Milan Kundera, »ja, ich gehe sogar so weit zu behaupten, daß er nicht einmal Sprachrohr seiner eigenen Ideen ist. In Tolstois erstem Entwurf zu *Anna Karenina* war Anna eine ganz unsympathische Frau, und ihr tragisches Ende war nur gerecht und verdient. Die endgültige Fassung des Romans ist völlig anders; ich glaube aber nicht, daß Tolstoi seine Moralvorstellungen inzwischen geändert hatte; ich würde vielmehr sagen, daß er beim Schreiben eine andere Stimme als die seiner persönlichen moralischen Überzeugung vernahm. Er hörte auf etwas, was ich die Weisheit des Romans nennen möchte. Alle wahren Romanciers hören auf diese überpersönliche Weisheit, weshalb große Romane wohl immer ein bißchen intelligenter sind als ihre Autoren. Romanciers, die intelligenter sind als ihre Werke, sollten sich nach einem anderen Beruf umsehen.«

Laut Kundera stellt das Handwerk des Schreibens einen Weg dar, uns für die überpersönliche Weisheit in uns zu öffnen.

Behalten wir also das »Handwerkliche« im Kopf, wenn wir eine Stelle betrachten, wo Tolstoi schon verdammt riesenhaft erscheint, moralisch-ethisch, nämlich eine Passage in fünf Schritten, die auf der zweiten Seite der Erzählung beginnt.

In dem Absatz, der mit »Nikitas Frau Marfa« anfängt, erzählt uns ein allwissender Autor eine objektive Wahrheit: Wasilij betrügt Nikita und seine Frau gewohnheitsmäßig.

Im nächsten Absatz (»Ich habe doch keinen Vertrag mit dir gemacht«) lässt Tolstoi Wasilij diese Beziehung in direkter Rede (an Nikita gewandt) kommentieren: »Bei uns geht's ehrlich zu. Du dienst mir, und ich lasse dich auch nicht im Stich.« (Wir wissen, dass das nicht stimmt, weil der allwissende Erzähler uns das gerade mitgeteilt hat.)

Und dann gehen wir in Wasilijs Gedanken hinein, was uns einen Blick darauf ermöglicht, wie er mit der Lüge umgeht, die er gerade geäußert hat: Er ist »tatsächlich der Meinung, daß er Nikitas Wohltäter war«. Das erschafft einen anderen Wasilij als den Mann, dessen Gedanken in die »prust-kicher«-Richtung gegangen wären, nach dem Motto: »Wasilij hatte kein Problem mit dieser Lüge, weil Nikita ein Bauer war, und Wasilij machte es überhaupt nichts aus, seine idiotischen Diener anzulügen.« Der Wasilij, der Nikita bewusst anlügt, ist ein anderer als der Wasilij, der nicht (so richtig) merkt, dass er lügt. Tolstois Wasilij will gern beides haben: betrügen und immer noch finden, er sei ein Wohltäter. Mit anderen Worten, er ist ein Heuchler, und wie alle Heuchler weiß er nichts davon.

Nun gibt Tolstoi Nikita eine Chance, in direkter Rede auf Wasilijs Behauptung eines fairen Geschäfts zu reagieren: »Ich meine, ich diene Ihnen so gut, wie wenn Sie mein leiblicher Vater wären«, sagt Nikita. (Das bezweifeln wir. Hier drechselt Nikita selber ein bisschen an der Wahrheit herum.)

Schließlich gehen wir auch in Nikitas Gedanken hinein (da sieht es ehrlicher aus), wo bestätigt wird, dass er den Betrug »sehr gut verstand«. Er weiß aber auch, dass der Versuch, seine Sicht der Dinge zu erklären, nichts bringen würde. Er muss »dableiben und nehmen (...), was man ihm gab, solange er keine andere Stelle hatte«.

Das macht fünf Perspektivwechsel in drei Absätzen: (1) die objektive Wahrheit (durch unseren allwissenden Erzähler), (2) Wasilijs öffentliche Haltung (durch sein Sprechen mit Nikita), (3) Wasilijs private Haltung (durch seine Gedanken), (4) Nikitas öffentliche Haltung (durch sein Sprechen mit Wasilij) und (5) Nikitas private Haltung (durch seine Gedanken).

Eine solche Menge Perspektivwechsel verlangt eigentlich der Leserin einiges an Anstrengung ab – da wird ein Betrag fällig, zahlbar in Leseaufmerksamkeit. Doch es fällt uns hier kaum auf, so sehr sind wir von Tolstois »grundlegender Akkuratesse der Wahrnehmung« bezaubert. Wenn wir in den Kopf einer Figur versetzt werden, fühlt sich das, was wir vorfinden, nachvollziehbar und wahr an. Wir haben selbst schon mal so ähnlich gedacht, daher akzeptieren wir sie. Mit dem Ergebnis, dass sich dieser Blick auf die Situation holografisch und gottgleich anfühlt.

Noch ein Beispiel für diese Technik beginnt oben auf Seite 28, als Wasilij und Nikita gerade Grischkino verlassen, das zweite (finale, fatale) Mal.

Bei »Ist das ein Wetter« tauchen wir in Wasilijs Gedanken ein.

Im nächsten Absatz sind wir im Kopf des »Alten«, des Gastgebers.

Im letzten Absatz dieses Abschnitts sind wir zunächst in Petruschkas Kopf. Dann schalten wir um zu Nikita. Und schließlich stellt Tolstoi/der allwissende Erzähler auf den letzten Zeilen fest, die zugleich nach logischem Beweis (Quod erat demonstrandum!) und nach Todesurteil klingen: »(...) und so hielt sie denn niemand zurück.«

Mithin: fünf Perspektiven in drei Absätzen.

Die Glaubwürdigkeit entsteht nicht allein durch diese Bewegung von einem Kopf mit seinen Gedanken zum nächsten. Sondern dadurch, was Tolstoi macht, sobald er in einem Kopf ist: Er berichtet direkt, faktisch davon, was er dort vorfindet. Kein Urteil, keine Poesie. Nur Beobachtung, ganz geradeaus – was natürlich eine Form der *Selbstbeobachtung* darstellt (der Autor fragt sich: »Was würde ich denken, wenn ich dieser Mensch in dieser Situation wäre?«). Wie soll es auch anders sein? Wo, wenn nicht in seinem eigenen Kopf, soll Tolstoi das Material finden, um diese Köpfe mit Gedanken zu füllen?

Diese vier Menschen sind allesamt Tolstoi, und sein Nacherzählen dessen, was sie denken, ist gar nicht so außergewöhnlich »einfühlsam«. Er schreibt ihnen lediglich Gedanken zu, die er selbst schon in analogen Situationen hatte, sie sind psychologisch nicht unbedingt nur für sie typisch. Eher sind sie durch ihre Rolle in der Situation bedingt (Initiator der Reise; alter Gastgeber; junger Mann, der Literatur liebt; Diener, dem kalt ist) als durch irgendein Geheimwissen, das Tolstoi von diesen besonderen, individuellen Gedanken hätte (schließlich und endlich hat es sie ja nie gegeben).

Mit anderen Worten, was uns Tolstoi hier für einen moralisch-ethischen Riesen halten lässt, ist eine handwerkliche *Technik* (von einem Kopf zum anderen wechseln), verbunden mit *Vertrauen*. Worauf vertraut Tolstoi? Dass die Menschen ihm eher ähnlich sind als unähnlich. Dass er über einen inneren Wasilij, einen inneren Alten, einen inneren Petruschka, einen inneren Nikita verfügt. Dieses Vertrauen dient als Zugang zu dem (was sich liest wie das) Mitgefühl eines Heiligen.

Der Zauberer muss die Assistentin nicht in echt zersägen; für die kurze Dauer des Auftritts muss es nur so aussehen, als täte er das, und er hat noch den Vorteil, dass das Publikum ein Stück weit weg ist und, im Wissen, dass hier mit Illusion gearbeitet wird, zugestimmt hat, sich darauf einzulassen.

Dieses Publikum sind wir, und wir haben zugestimmt, uns darauf einzulassen, weil wir aus irgendeinem Grund gern zuschauen, wenn ein Mitmensch einigermaßen passabel Gott spielt und uns währenddessen erzählt, wie Gott uns sieht, falls es Gott gibt, und was Gott von unserem Benehmen hält.

Herr und Knecht hat Qualitäten, die wir normalerweise mit Populärunterhaltung assoziieren – Kinoqualitäten, könnte man sagen. Es ist erschütternd, es geht um viel, wir wollen wissen, wie es ausgeht. Am Ende sind wir bereit dafür, zu erfahren, wer stirbt. Manche Erzählungen lesen wir – geben wir es ruhig zu – aus einem gewissen Pflichtgefühl heraus, so wie wir durch ein mittelklassiges Heimatmuseum spazieren: Wir bemerken Dinge, die wir interessant finden sollten, aber nein, leider nicht. Wenn wir *solche* Erzählungen lesen, lesen wir sie einfach nur. Sie bleiben eine Aneinanderreihung von Worten, die wir pflichtschuldig dekodieren, ein cleveres Tänzchen, das die Autorin für uns aufführt, und wir ertragen es höflich. Bei der Lektüre von *Herr und Knecht* fangen wir an, die Geschichte mitzuleben; die Worte verschwinden, und wir denken nicht über einzelne Beispiele der Wortwahl nach, sondern über die Entscheidungen, die die Figuren treffen, und Entscheidungen, die wir in unserem Leben mal getroffen haben oder eines Tages vielleicht zu treffen haben.

Diese Art Erzählung möchte ich gern schreiben: die nicht mehr nur geschrieben ist, sondern lebendig wird.

Aber, du liebes bisschen, das ist schwerer, als es aussieht.

Herr und Knecht gelingt dieses Kunststück unter anderem durch seine Struktur.

Stellen Sie sich vor, ich führe Sie jetzt durch ein Herrenhaus. Ich kündige das Ordnungsprinzip der Tour vorher an: Wir fangen auf dem Dachboden an und arbeiten uns dann nach unten. Wenn ich auf der nächsten Etage davon abweiche (ich führe Sie in ein Seitenzimmer und von dort drei Stufen nach oben in ein kleines Geheimkabinett), ist das für Sie kein Problem, es macht Ihnen vielleicht sogar Spaß, weil Sie wissen, grundsätzlich folgen wir weiter unserem Plan (»wir arbeiten uns nach unten«).

Tolstoi bewirkt die kinohafte Schubkraft von *Herr und Knecht* unter anderem dadurch, dass er schon früh ankündigt, was hier das Ordnungsprinzip ist (das Äquivalent von »Wir arbeiten uns nach unten«): »Wir machen uns auf den Weg, um diesen Wald zu kaufen.«

Hier ist eine Skizze der Geschichte:

ABSCHNITT	HANDLUNG
1	Vorbereitung auf die Reise zum Haus eines benachbarten Landbesitzers. Einführung von Wasilij und Nikita.
2	Sie verlassen das Gut und verfahren sich zum ersten Mal, dann landen sie in Grischkino.
3	Sie halten nicht an; sie verfahren sich zum zweiten Mal, landen wieder in Grischkino und halten diesmal an.
4	Sie machen im Haus der Familie Pause, lehnen die Übernachtung aber ab.
5	Sie verfahren sich zum dritten Mal und müssen die Nacht bei der Schlucht verbringen.
6	Diese Nacht, aus Wasilijs Perspektive. Endet damit, dass Wasilij wegreitet.
7	Kurzer Rücksprung, dann: diese Nacht, aus Nikitas Perspektive. Endet damit, dass Wasilij wegreitet.
8	Wasilijs wilder Ritt. Er verirrt sich, läuft im Kreis, hat seine Begegnung mit dem Beifuß. Das Pferd läuft weg. Wasilij spürt es auf und findet … den Schlitten.
9	Wasilij legt sich auf Nikita, stirbt, rettet Nikita.
10	Nachtrag, Nikita.

Ein Grundlagenmuster wird viermal wiederholt: Sie brechen von irgendwoher auf und verirren sich. Man kann die ganze Erzählung als eine Serie von Verirren und Heimfinden sehen, die mit der größten Heimkehr von allen endet: Wasilij »kehrt heim« zu moralischer Vervollkommnung und, so nehmen wir an, in den Himmel.

Wie wir schon in *Herzchen* gesehen haben, sorgt ein Muster für Antrieb. (Jedes Mal, wenn wir durch das obige Muster das Gefühl haben, wir wissen wieder, wo wir sind, erwarten wir, dass wir uns bald wieder verirren werden. Und so kommt es auch. Das ist befriedigend.)

Es gibt auch ein eingebettetes zweites Muster, eine Art »Schattenstruktur«: Jeder Abschnitt beginnt mit einem Wunsch/Problem/Rückschlag und endet mit der hoffnungsfrohen Aussicht auf eine Verbesserung:

SZENE	HANDLUNG
1	Wasilij will den Wald, und es ist Feiertag, *aber* er macht sich auf, um ihn zu kaufen.
2	Sie haben sich verfahren, *aber* sie finden das Dorf.
3	Sie haben sich verfahren, *aber* finden das Dorf (wieder).
4	Sie fahren wieder los, *aber* diesmal mit einem Führer.
5	Sie haben sich verfahren, *aber* geben es zu und beschließen, bei der Schlucht zu übernachten.
6	Wasilij verzweifelt, *aber* unternimmt etwas (bricht auf, um sich zu retten).
7	Nikita glaubt zu sterben, *aber* nimmt es an.
8	Wasilij hat sich verlaufen, zu Fuß, *aber* er findet den Schlitten wieder.
9	Wasilij stirbt, *aber* er ist glücklich.
10	Nikita lebt noch zwanzig Jahre und stirbt, *aber* er ist froh zu gehen.

Dieses Muster ist auch in dem größeren Bogen der Erzählung vorhanden: Wasilij vermasselt sein Leben, *aber* am Ende ist er (spirituell) gerettet.

Diese Schattenstruktur sorgt auch für einigen Antrieb: In jedem Abschnitt geraten unsere Helden in Schwierigkeiten, *aber* sie kommen auch wieder raus. Sie (und wir) gehen belebt in den nächsten Abschnitt, mit dem Gefühl, gerade einer Gefahr entgangen zu sein. (Der Seiltänzer strauchelt, scheint abzustürzen, fängt sich wieder: Achten Sie auf den damit verbundenen Energieschub bei Ihrem Zuschauen.)

Wir werden von der starken Strömung des allgemeinen Ordnungsprinzips flussabwärts gerissen, unterwegs aber immer wieder von einer Reihe kleiner, ablenkender Wirbel gebremst. Unsere Aufmerksamkeit von einem Moment zum nächsten ist ständig damit beschäftigt, die kleinen Wirbel zu überstehen, und so merken wir gar nicht, wie wir auf den fatalen Wasserfall am Ende des Flusses zurasen.

Abschnitt 2, entsprechend der ersten Skizze oben: »Wasilij und Nikita verlassen das Gut und verfahren sich zum ersten Mal.« Hier ist es Tolstois Aufgabe, sie genau dazu zu bringen.

Das kann ein Schriftsteller auf verschiedene Weise bewerkstelligen.

Ein minderer Schriftsteller (dieser arme sprichwörtliche Typ, der wir hoffentlich niemals sind) könnte es so anstellen: (1) Beim Aufbruch von zu Hause kommen sie an irgendwelchen Dingen vorbei und reden über beliebige Themen; (2) sie kommen an eine Wegkreuzung, und aus Gründen, die wir nicht erkennen können (sie werden nicht geliefert oder sind nicht klar), fährt Wasilij geradeaus – tja, er tut es halt einfach; (3) Nikita schläft zufällig ein; und (4) irgendwie verirren sie sich dann.

Vergleichen Sie das mit Tolstois Version: (1) Beim Aufbruch von zu Hause neckt Wasilij Nikita, indem er das schmerzvolle Thema seiner Frau aufbringt. Dann fragt er, ob Nikita vorhat, ein Pferd zu kaufen, was ein Nikita vertrautes Muster antippt: Wasilij wird ihn reinlegen. Diese beiden Gesprächsfäden ärgern Nikita. (2) Sie kommen an eine Wegkreuzung. Wasilij fragt Nikita nach seiner Meinung (und angesichts des Wetters erscheint uns Nikitas Rat klug), dann ignoriert er sie. Als das geschieht, hakt Nikita nicht nach, sondern sagt nur teilnahmslos: »Wie Sie meinen.« (3) Nikita schläft ein. Wir empfinden das als Reaktion auf (1) und (2). Er ist erst geneckt, dann ignoriert worden und nimmt sich jetzt aus dem Spiel, indem er schläft. (4) Während Nikita schläft, steuert Wasilij nach eigenem Gutdünken und fährt sie in die Irre.

Der große Unterschied zwischen den beiden Versionen ist die größere Kausalität in Tolstois Fassung.

Die Fassung des »minderen Schriftstellers« liest sich wie eine Sequenz unverbundener Ereignisse. Nichts führt zu etwas anderem. Einiges … geschieht. Aber wir wissen nicht, warum. Das Ergebnis der Sequenz (»Sie verfahren sich«) scheint mit dem Vorherigen nicht verbunden zu sein. Sie verfahren sich einfach irgendwie, aus keinem Grund, und die Bedeutung ist gleich null.

Wir bewegen uns frustriert und unverankert durch die Sequenz, so als müssten wir einem ahnungslosen Reiseführer folgen. »Was soll uns hier auffallen?«, fragen wir uns. Wasilij und Nikita werden für uns weder realer noch besonderer. Sie sind bloße Strichmännchen. Am Ende der Sequenz kennen wir sie kein bisschen besser als am Anfang.

Über die Jahre habe ich mit so vielen rasend talentierten jungen Autorinnen und Autoren gearbeitet, dass ich mir ein Urteil darüber zutraue, was diejenigen, die einen Verlag finden werden, von den anderen unterscheidet.

Erstens: ihre Bereitwilligkeit, sich selbst zu redigieren.

Zweitens: wie gut die Autorin gelernt hat, Kausalitäten herzustellen.

Kausalitäten herstellen, das klingt nicht sexy oder besonders literarisch. A hat B hervorgerufen – das ist etwas Handwerkliches, das Holz, aus dem Varietékomödien und Hollywoodfilme geschnitzt sind. Aber es ist extrem schwer zu lernen. Es kommt den meisten von uns nicht natürlich. Aber mehr braucht eine Erzählung eigentlich nicht: eine Reihe von Dingen, die aufeinanderfolgend geschehen, in denen wir ein Muster der Kausalität erkennen können.

Für die meisten von uns ist es kein Problem, Dinge geschehen zu lassen (»Ein Hund bellte«, »Das Haus explodierte«, »Darren trat gegen den Reifen seines Wagens«, das tippt sich leicht hin), sondern es so aussehen zu lassen, als würde das eine das nächste hervorrufen.

Das ist wichtig, denn erst durch diese kausale Wirkung entsteht der Anschein von Bedeutung.

»Die Königin starb, und dann starb der König« (E. M. Forsters berühmte Formulierung) beschreibt zwei unverbundene Ereignisse, die aufeinanderfolgend geschehen. Das hat keinerlei Bedeutung. »Die Königin starb, und der König starb vor Kummer« stellt diese Ereignisse in Bezug zueinander; wir verstehen, dass eins vom anderen hervorgerufen wurde. Diese Sequenz, nunmehr von Kausalität durchdrungen, bedeutet: »Dieser König hat seine Königin echt geliebt.«

Kausalität ist für Autoren dasselbe wie Melodie für Songwriter: eine Superkraft, die das Publikum als vitalen Kern empfindet, als eigentlichen Grund dafür, zu einer Veranstaltung zu kommen; die schwierigste Herausforderung, die eine außergewöhnliche Praktikerin von einer lediglich kompetenten abhebt.

Ein gut geschriebenes Stück Prosa ist wie ein wunderschön handbemalter Drachen, der im Gras liegt. Sehr hübsch. Wir sind voller Bewunderung. Kausalität ist der Wind, der den Drachen in die Luft erhebt. Dann ist er etwas Wunderschönes, das noch schöner wird, weil es genau das tut, wofür es gemacht wurde.

Bohren wir bei diesem Gedanken von Kausalität noch ein bisschen weiter. Betrachten wir die Begegnung mit dem Schlitten voller betrunkener Bauern aus der Stadt »A...a...a...«, die auf Seite 17 beginnt.

Was macht diese Szene in der Erzählung? Sie ist schon unterhaltsam, aber (erinnern wir uns an das Cornfeld-Prinzip): »Wie bringt sie die Erzählung auf eine nicht triviale Weise voran?« Könnten wir diese Episode auch komplett streichen? Und Nikita und Wasilij durch die nun entstandene Leere auf der Straße weiterfahren lassen, was eine ganze Seite einsparen würde?

Wasilij und Nikita sind soeben zum ersten Mal durch Grischkino gekommen. Durch die Musterstruktur der Erzählung sind wir darauf vorbereitet und rechnen damit, dass sie sich wieder verfahren werden. Dann, »in dem schrägen Netz des vom Wind getriebenen Schnees«, sehen sie etwas vor sich: einen anderen Schlitten. Als Wasilij ihn überholen will, startet der betrunkene Bauer, der den anderen Schlitten lenkt, ein kleines Wettrennen mit Wasilij. Wir erhaschen einen kurzen Blick auf ihr Pferd mit »geblähten Nüstern und angstvoll zurückgelegten Ohren«, das unter der im Suff geschwungenen Peitsche leidet. Nikita, seit zwei Monaten trocken, tadelt Wasilij gegenüber die anderen mit dem Eifer des Bekehrten: »Was der Schnaps nicht alles anrichtet! Halb totgequält haben sie das Pferdchen. Die reinen Asiaten!« Das bringt den Gedanken »Ein Pferd kann so schlimm strapaziert werden, dass es stirbt« in die Erzählung (im Weiterlesen sehen wir den armen, treuen Braunen bald anders). Und ebenso: »Etwas erzwingen zu wollen, um zu gewinnen, sorgt nur für Probleme« (wir denken daran, dass Wasilij auf dieser schlecht überlegten Reise beharrt). Stellen wir Wasilijs und Nikitas Reaktion einander gegenüber: Wasilij wird vom Wettbewerb angetrieben; Nikita hat Mitgefühl mit dem leidenden Pferd. Eigentlich treibt Wasilij schon der bloße *Anschein* von Wettbewerb an, eigentlich gab es keinen (sein Schlitten war die ganze Zeit schneller als der andere). Das erinnert uns an seine Geldgeschäfte mit Nikita: Wasilij siegt gern, auch mit gezinkten Karten.

Also, lauter gute, vergnügliche, aussageverstärkende Gründe

dafür, dass es diese Szene gibt. Aber wir harren immer noch der Antwort auf die Frage: »Wie bringt diese Szene die Erzählung in nicht trivialer Weise voran?«

Kehren wir zu dem Gedanken zurück, dass eine Erzählung ein Prozess zur Übertragung von Energie ist: In einer guten Erzählung produziert die Autorin Energie in einem Spielzug und überträgt diese Energie dann sauber auf den nächsten (die Energie wird »bewahrt«). Das tut sie, indem sie sich die Art Energie bewusst macht, die sie produziert hat. In einer schlechten Erzählung (oder einer frühen Fassung) begreift die Autorin die Energie, die sie produziert hat, nicht so recht, und ignoriert sie oder setzt sie falsch ein, wodurch sie verpufft.

Die bevorzugte, effizienteste, hochrangigste Form der Energieübertragung (die erstklassige Art, wie eine Szene die Erzählung auf nicht triviale Weise voranbringt) liegt vor, wenn ein Spielzug den nächsten kausal *hervorruft*, vor allem, wenn der nächste als wesentlich begriffen wird, d.h. als Steigerung: eine bedeutungsvolle Veränderung nach den Bedingungen der Erzählung.

In der Erwartung, dass sie sich wieder verfahren, kommen wir in den Spielzug »Wettrennen mit einem Schlitten voller Bauern«.

Was ruft dieses Wettrennen hervor?

Nun, es treibt Wasilij an. Logisch. Dieser Mann, der für das Siegen lebt, hat gewonnen: »Diese Begegnung hatte Wasilij Andrejitsch froher und mutiger gemacht.« Sein Hochgefühl ruft den nächsten Spielzug hervor (»Er trieb das Pferd, auf das er sich verließ, stärker an und achtete nicht besonders auf die Merkzeichen«), was wiederum für den nächsten (wesentlichen, sehr nicht trivialen) Spielzug sorgt: Sie verfahren sich wieder.

Zu den bemerkenswertesten Elementen dieser Geschichte gehört Grischkino, das Dorf, das als wiederkehrender Anzeiger dafür dient, wie schlimm sie sich verfahren haben, und ihre letzte, vergebene Chance auf Rettung darstellt.

Betrachten wir die Wäscheleine außerhalb der Stadt, an der Wasilij und Nikita viermal vorbeikommen.

Jedes Mal beschreibt Tolstoi die Kleider etwas anders:

Erstes Mal. Auf Seite 15 nähern sie sich Grischkino zum ersten Mal: »zwei Hemden, ein rotes und ein weißes, eine Hose, Fußlappen und ein Weiberrock. Das weiße Hemd bewegte sich besonders wild und schlug heftig mit den Ärmeln.«

Zweites Mal. Auf Seite 17, auf ihrem Weg aus dem Dorf hinaus, wo das weiße Hemd sich inzwischen losgerissen hat und »nur noch an dem einen steifgefrorenen Ärmel hing«.

Die Nebeneinanderstellung dieser beiden Bilder erzählt eine kleine Geschichte (»Als ihr in dieses warme, sichere Dorf kamt, versuchte ich, das weiße Hemd, euch in panischer Sorge vor den Gefahren zu warnen, die auf euch warteten. Aber ihr Dummbeutel musstet ja meinen Rat ignorieren und seid nun wieder unterwegs, zurück in den Sturm, und, ganz ehrlich, mich haben jetzt alle Kräfte verlassen, ich hänge hier nur noch am letzten Faden«), die uns verdeutlicht, wo wir uns gerade physisch (beim Verlassen des Dorfes, auf dem Weg, über den wir hineingefahren sind) und emotional (vor lauter Hybris eine Warnung missachtend) befinden.

Dann:

Drittes Mal. Auf Seite 20, als sie wieder in Grischkino einfahren: »die Leine mit der steifgefrorenen Wäsche, den Hemden und der Hose, die noch immer wild im Winde flatterten«.

Wir lesen diese Hinzufügung von »noch immer« und »wild« als: Ja, die Lage ist immer noch verzweifelt. Und Wasilij erkennt es immer noch nicht. Tolstoi übertreibt es nicht (also, da umarmen sich nicht zwei Hemden voller Entsetzen, nicht wahr), aber wieder freut uns die Tatsache, dass er sich an die Wäsche erinnert und sie wieder einsetzt.

Viertes Mal. Auf Seite 28, als sie Grischkino zum zweiten (und letzten) Mal verlassen: »Wieder fuhren sie durch die Ortschaft, an dem Gehöft mit der steifgefrorenen Wäsche vorbei, die jetzt nicht mehr zu sehen war (...).«

Schluck. Dieses letzte Bild ist kein verzweifeltes Winken mehr, sondern vollständiges Verschwinden. Schwer zu sagen, warum das so genial ist. Eine holprige Interpretation könnte so lauten: »Da ihre bisherigen Warnungen ignoriert wurden, sendet die Wäsche keine Signale mehr.« Oder: »Wie dieses Hemd wird irgendjemand (Wasilij) auch bald... verschwunden sein.«

Zuvor haben wir Steigerung als etwas definiert, das entsteht, wenn wir vermeiden, Spielzüge zu wiederholen. Jedes Mal, wenn wir an dieser Wäscheleine vorbeikommen, hat der Zustand der Wäsche eine kleine Veränderung erlebt. Das lesen wir als Steigerung, zumindest als Ministeigerung – eine »Vermeidung von Wiederholung«. (Wenn alle vier Beschreibungen identisch wären, hätten wir es mit einer minderen Erzählung zu tun.)

»Immer schön steigern« lässt sich also verstehen als »Bleiben Sie immer aufmerksam für die Möglichkeiten der Variation, die Sie geschaffen haben«. Wenn ein Element wiederkehrt, ist das zweite Erscheinen eine Gelegenheit zu variieren und potenziell zu steigern. Sagen wir, in einem Film zeigen wir ein Tischgedeck (Teller, Löffel, Gabel, Messer), und dann schwenkt die Kamera über drei weitere, identische Tischgedecke. Das ist statisch. Aber wenn Sie die richtigen Anpassungen bei jedem der vier Teller/Löffel/Gabel/Messer-Arrangements vornehmen und sie in Folge zeigen, wird diese abwechslungsreichere Sequenz als steigerungshaltig und daher bedeutungsvoll wahrgenommen. Sagen wir beispielsweise, dass wir beim Schwenk Folgendes sehen: 1) ein korrektes/vollständiges Gedeck (Teller/Löffel/Gabel/Messer), 2) Löffel fehlt, 3) Löffel und Gabel fehlen, 4) sämtliches Besteck fehlt (nur der Teller ist da); das wird die Bedeutung von, sagen wir, »Entleerung« oder »Verminderung« vermitteln.

Hier ist das Variationsmuster nicht allzu feinsäuberlich oder direkt metaphorisch. (Die Kleider entwickeln sich zum Beispiel nicht von ungefroren zu gefroren, wie bald Wasilij und Nikita, sondern sind schon beim ersten Mal, wenn wir sie sehen, gefroren.) Beim zügigen Lesen fallen uns die Variationen gar nicht auf, aber bei genauerem Hinschauen merken wir, sie sind perfekt dosiert. Statt feinsäuberlich eine vorherbestimmte, enggeführte Bedeutung auszuspucken, sorgen sie für ein geheimnisvolles Gefühl, die metaphorische Welt sickert sacht ins Materielle hinein.

Nachdem das Wettrennen mit dem Schlitten der Bauern Wasilij eingeheizt hat, weshalb sie sich wieder verfahren, übernimmt Nikita die Zügel von Wasilij, gibt sie aber im Grunde an den klugen kleinen Braunen weiter, der sie zurück nach Grischkino bringt, gegen Ende des 3. Abschnitts.

Das begreifen wir als Chance für Wasilij, endlich das zu tun, was er schon beim ersten Mal hätte tun sollen: Halt machen und gerettet werden. Und erleichtert stellen wir fest, dass er tatsächlich Halt macht (in »einem großen zweistöckigen Backsteinhaus«).

Die Frage lautet (wie bei dem Wirtshaus in *Auf dem Wagen*): Warum *dieses* Haus? Warum lässt Tolstoi sie von allen Häusern in Grischkino (und allen Häusern, die er hätte erfinden können) ausgerechnet in diesem Halt machen?

Und eigentlich ist unsere Frage: Wie wird uns diese Passage der Geschichte (diese strukturelle Einheit) ihre Existenzberechtigung beweisen?

Eine strukturelle Einheit (in diesem Fall der gesamte Text,

der beschreibt, was bei diesem Halt in Grischkino geschieht, Seiten 20–28) sieht im Idealfall wie eine komplette Erzählung nach dem Freytag'schen Dreieck aus. (Das ist eher ein Ziel als eine Regel.) Das heißt, eine strukturelle Einheit *sollte* wie eine Miniaturausgabe einer Erzählung aussehen: Ansteigende Handlung, die sich zu einem Höhepunkt aufbaut. (Wenn eine strukturelle Einheit in einer Erzählung, an der wir gerade arbeiten, nicht diese Form hat, fragen wir uns mal, ob sie das überhaupt will; wenn sie diese Form hat, schärfen wir die Gestaltung der Form.)

Hier ereignet sich viel Schönes (Nikitas Kampf, nicht zu trinken, das allgemeine Gefühl von Wärme und Gemütlichkeit im ganzen Haus, der Enkel, der Paulson zitiert, die lebhafte Stelle, wo Nikita auf Wasilijs munteres »Wir werden doch hinkommen?« mit einem mürrischen »Wenn wir uns nur nicht wieder verirren« antwortet), aber nichts davon bringt uns aus der Exposition des Freytag'schen Dreiecks heraus (wenn wir es auf diese strukturelle Einheit anwenden). Wie wir es bei *Herzchen* gesehen haben: Wenn wir beim Lesen merken, dass wir (immer noch) in der Exposition sind, werden wir aufmerksam auf alles, was einen Übergang in die Ansteigende Handlung anzeigen könnte. In diesem Zustand befinde ich mich, wenn wir zu dem Gespräch kommen, das auf Seite 25 unten beginnt, während das Pferd angeschirrt wird (nennen wir es das »Das junge Volk ist ganz aufsässig geworden«-Gespräch).

Was in diesem Gespräch vermittelt uns ein Gefühl von Höhepunkt?

Dies sind seine wichtigsten Themen: 1) Das junge Volk ist ganz aufsässig geworden; 2) es ist nicht mehr zum Aushalten, weil die Jungen gar zu klug geworden sind; 3) es schadet einem Haushalt, sich der Tradition durch eine Teilung entgegenzustellen; und 4) der zweite Sohn der Familie erwägt eine Teilung, was seinem Vater das Herz bricht.

Nun gehe ich im Kopf alles durch, um zu verstehen, warum Tolstoi uns genau dieses Gespräch liefern will.

Was in der Erzählung könnte sich mit dem »jungen Volk« verknüpfen, das »gar zu klug geworden« ist? Mein Kopf bietet mir Wasilij an. Er ist zwar nicht mehr gerade jung, aber jünger als der alte Bauer, offenbar gehört er zu einer neuen Generation: selbstsüchtig, profitgierig, machtbewusst. Sein Grund dafür, nicht über Nacht zu bleiben (»Geschäfte (...) Was man in einer Stunde versäumt hat, holt man in einem Jahr nicht mehr ein«), fühlt sich »klug« an und stimmt nicht mit den Werten seines Gastgebers überein. Der alte Herr hat seine Familie gemütlich um sich herum versammelt, wie es sich traditionell gehört, während Wasilij zugunsten der Geschäfte Frau und Sohn an einem Feiertag allein zurückgelassen hat. Wir bemerken also eine gewisse Verwandtschaft zwischen Wasilij und diesem neumodischen, aufstrebenden Sohn.

Aber interessant: Als der alte Mann ausgeredet hat, schaltet sich Wasilij ein, nicht um den Sohn zu verteidigen, sondern den Alten. »Du hast alles erworben, und du bist der Herr im Haus«, sagt er. Mit anderen Worten: »Du bist ein Herr, ich bin ein Herr, ich verstehe dich. Halte Kurs und weiche nicht zurück.«

Tolstoi »spaltet« Wasilij also auf. Seine Werte sind mehr oder weniger die des Sohns, aber er verteidigt den Vater. Anscheinend will er beides: als altmodischer traditioneller allmächtiger Herr betrachtet werden und sich bei seinen frei flottierenden, antitraditionellen, kapitalistischen Unternehmungen austoben dürfen.

Wir begreifen den Sinn dieser zweiten Pause in Grischkino als: »Wasilij bekommt eine letzte Chance, Nikita und sich zu retten, indem er in diesem Haus übernachtet.« Und dort trifft er auf einen Herrn (wie er es ist), der dafür plädiert, dass sie bei ihm übernachten.

Müsste doch ein Volltreffer sein: Derjenige, den er in diesem Haus am meisten bewundert, drängt ihn (gestattet ihm) zu bleiben.

Nur leider: Wasilij ist genau im falschen Moment hierhergekommen, er findet den Alten, nach dem er sich eigentlich richten würde, in einem frisch geschwächten Zustand vor: Der schafft es nicht mehr, seine Kinder zu kontrollieren, drängt sie eindringlich und verliert. Er hat Tränen in den Augen, geht bitter und ungeschickt auf seinen Sohn los, und das vor allen Leuten. Seinerzeit mag er ein mächtiger Herr gewesen sein, aber an diesem Abend wirkt er nicht gerade so.

Der Wasilij, den wir kennengelernt haben, ist ein Schwadroneur und Drangsalierer. Damit es ihm gut geht, muss er alles im Griff haben, er, der Korrekte und Siegreiche, dem man gehorcht. Wir stellen ihn uns zu Hause vor, ein kleinlicher Tyrann, weder besonders geliebt noch besonders gefürchtet; wahrscheinlich gemieden, wenn möglich; hinter seinem Rücken für seine Unfähigkeit und sein Ego verlacht.

Er hat schon verkündet, dass sie nicht bleiben werden. Welcher Herr revidiert schon eine Entscheidung? Die Schwachen, wer sonst, wie dieser alte Knacker – die Sorte, deren Familie auseinanderfällt, die weint. So wollte Wasilij sein Leben lang nicht sein, und doch weiß er insgeheim, genau so ist er.

Hätten sie bei einem anderen Haus haltgemacht, wo, sagen wir, ein junger, immer noch mächtiger Herr für eine rücksichtsvolle Behandlung der Dienerschaft eingetreten wäre, dann hätte Wasilij, im Wunsch, sich nach diesem mächtigen Herrn zu richten, vielleicht seine Entscheidung revidiert, um zu zeigen, wie viel Rücksicht er auf seinen Knecht Nikita nimmt.

Stattdessen trifft er auf diesen alten, schwachen, unterlegenen Herrn und spürt Abneigung, diese Abneigung verbindet sich mit der Tatsache, dass das Pferd schon angeschirrt ist (die

Diktatur der Höflichkeit), um ihn in die Nacht und in seinen Tod zu bringen.

In gewisser Weise stirbt Wasilij an seiner Treue zu der Vorstellung, dass ein »Herr«, um seine Macht zu bewahren und auszustrahlen, fest sein muss, stark und unerschütterlich.

Dickens' Scrooge ist anfangs griesgrämig und am Ende großzügig und euphorisch. Joy/Hulga in Flannery O'Connors *Anständige Leute vom Land* ist anfangs arrogant und selbstgefällig und am Ende gedemütigt. Der Große Gatsby ist anfangs selbstbewusst und hoffnungsvoll und am Ende ernüchtert (und tot). König Lear ist anfangs ein mächtiger Monarch und am Ende – na ja, ebenfalls ernüchtert und tot.

In Abschnitt 6, einer meiner literarischen Lieblingspassagen überhaupt, ist Wasilij anfangs wie immer, der normale, unleidliche, ungeduldige, überlegene Typ, der sich freut, eine kindische Flagge in den Schnee gesteckt zu haben, und am Ende ist er ein panischer Feigling, der Nikita zurücklässt, dem Tod überlässt. Ich glaube das, und ich glaube auch, dass ich, sollte ich jemals ein Feigling werden (bloß nicht!), es ganz genauso anstellen würde wie er.

Dieser Abschnitt ist kraftvoll und virtuos und erfüllt uns mindere Schriftsteller (also mich jedenfalls) mit Neid und Missgunst, aber vielleicht tröstet uns die Beobachtung, dass die Illusion einer menschlichen Veränderung hier durch ein schlichtes Muster geschaffen wird: Was bislang für Wasilij gut funktioniert hat, tut es nicht mehr.

Dieser Abschnitt ist ganz organisch in zwei Episoden unterteilt: die eine, bevor Wasilij einschläft (Seiten 34–40), und die andere, nachdem er aufwacht (Seiten 40–44).

In der ersten Episode probiert Wasilij, der es langsam mit der Angst zu tun bekommt, verschiedene Methoden der Ablenkung aus. Er raucht eine Zigarette, hängt eine Flagge an das »Signal«, das Nikita gebaut hat. Er richtet sein Denken auf das, »was den einzigen Zweck und Inhalt, die Freude und den Stolz seines Lebens bildete« (nämlich Geld). Er rechnet den Kauf, zu dem er unterwegs ist, noch einmal durch (»Und außerdem habe ich von jeder Deßjatine wohl noch dreißig Klafter Brennholz«). Er denkt darüber nach, wie sie sich verirrt haben, wobei er die Schuld unzutreffend verteilt (»Und wie wir uns an der Abzweigung verirren konnten, das mag Gott wissen!« – man achte auf das »wir«), dann macht er genüsslich andere runter, nacheinander: Hunde (»Aber gerade wenns nötig ist, dann bellen die verdammten Köter nicht«), die Konkurrenten (»Aber bei diesem Wetter werden die anderen auch nicht hinfahren«) und seine Frau (»sie ist eben ein Frauenzimmer, wo hätte sie denn etwas sehen und lernen sollen?«). Wieder erzählt er sich die Geschichte seines siegreichen Aufstiegs (»Wer ist jetzt der angesehenste Mann in der ganzen Gegend? Brechunow!«), denkt darüber nach, was an ihm so besonders ist (»weil ich mich anstrenge, weil ich es nicht so mache wie andere, die faulenzen oder sich mit Dummheiten abgeben«), steigert sich in eine glückliche Schaumschlägerei hinein, weil er vielleicht ein Millionär wird, und wünscht, es wäre jemand da, mit dem er reden (prahlen) könnte. Aber nein: Da ist nur der (bescheidene) Nikita. Er denkt sehnsüchtig an Grischkino, beschließt, noch eine zu rauchen, schafft es kaum, sie anzuzünden, aber dann doch, und es geht ihm wie uns allen, die wir gesund sind und wohlhabend und Jahre vom Tod entfernt: »daß er das erreicht hatte, freute ihn sehr«.

Er schläft ein, wird dann aber jäh geweckt (Seite 40) von einem Stoß (das ist seine Angst, die sich tapfer durchs Unterbewusste nach oben gearbeitet hat), und wir kommen in die zweite Episode, durchlaufen genau dieselben Methoden der Ablenkung, die ihn gerade getröstet haben.

Nur dass es diesmal nicht klappt.

Er versucht es damit, andere runterzumachen: Bauern (»dummes Volk!«) und »seine ungeliebte Frau« (sie ist ja schuld daran, dass er Nikita mitgenommen hat). Aber seine Angst hält nicht still, und wie eine Antwort platzt irgendein besserer Anteil von ihm mit der ersten ehrlichen Selbsteinschätzung in der ganzen Erzählung heraus: »Wenn ich in Grischkino über Nacht geblieben wäre, dann wäre das nicht passiert!«

Er versucht es mit seinem alten Trick aus der Reserve, »wieder prahlte er vor sich selbst und freute sich über seine Persönlichkeit und über sein Ansehen«, aber seine zunehmende Angst verdirbt ihm selbst dieses Vergnügen (das wird »fortwährend durch die heranschleichende Angst unterbrochen«). Plötzlich ist Nikita doch einer Ansprache würdig, Wasilij hat ihn »ein paarmal angerufen«. (Nikita ist die Patsche, in der sie sitzen, deutlicher bewusst, und er spart Energie, indem er nicht antwortet.) Wasilij hört den Wolf (»ganz in der Nähe, so daß man sogar hören konnte, wie er durch eine Drehung der Kinnlade den Klang seiner Stimme veränderte«), und als er sich bemüht, »an seine Geschäfte, seinen Ruhm, sein Ansehen und seinen Reichtum zu denken«, ruft er aus: »Wozu brauche ich diesen dummen Wald? Meine Geschäfte gehen auch so Gott sei Dank gut!« Noch einmal versucht er, sich eine Zigarette anzuzünden, und es misslingt; das empfinden wir als zugefallene, verschlossene Tür: kein Trost mehr für Wasilij durch das Rauchen (er erreicht also nicht mehr, wie zuvor, was er will).

Kurz: Zwei zuvor etablierte Methoden des Klarkommens (Heruntermachen anderer und Prahlen) funktionieren nicht mehr. Seine vorherige Unehrlichkeit darüber, wer sie in die Irre geleitet hat, verwandelt sich in Ehrlichkeit. Erst ließ er sich nicht zu einem Gespräch mit Nikita herab, jetzt ruft er ihm etwas zu. Seine Gedanken daran, wie viel Geld er damit verdienen wird, den Wald zu kaufen, verwandeln sich in offene Reue darüber, dass er sich das je gewünscht hat.

Der strukturelle Kern dieses Abschnitts ist ein schlichtes Vorher-nachher-Muster. Hier das Angebot einer handwerklichen Technik für uns mindere Autoren: Wenn wir in unseren Erzählungen den Anschein von Veränderungen erwecken wollen, ist der erste Punkt auf der Tagesordnung, spezifisch festzuhalten, wie es *jetzt gerade* ist. Wir schreiben: »Der Tisch war staubig.« Wenn wir später schreiben »Der soeben abgewischte Tisch erstrahlte«, dann zeigen wir an, dass jemand, der ihn zuvor vernachlässigte, ihn jetzt abgewischt hat: Jemand hat sich verändert.

Dieses schlichte Vorher-nachher liegt in einer komplexen Matrix aus körperlichen Details und Darstellungen flüchtiger Seelenzustände und kurz auftauchender verschneiter Dächer und wehender Mähnen und angebotener Tassen Tee verborgen, die wir für einen echten Schneesturm in einer wahren Nacht halten. Aber markieren Sie mal die Sätze farbig, in denen die oben genannten Elemente stehen, d.h. die Elemente, die sich von der ersten zur zweiten Hälfte des Musters verändern, und Sie werden sich wundern, wie viele Zeilen dieses Muster bedienen, wie nahezu mathematisch die Struktur ist, wie organisch verborgen in all dieser (stetig schlimmer werdenden, beängstigenderen) »Wirklichkeit«.

Während wir Wasilij, dem Feigling, beim Davonreiten zusehen, auf Seite 46, diesmal aus Nikitas Perspektive, handelt die Erzählung nunmehr nur noch von einer Frage: Wird sich Wasilij ändern? (Allgemeiner: Kann sich ein Drecksack ändern?) Es geht eigentlich nicht darum, ob sie gerettet werden – wenn plötzlich ein Schlitten voller Ärzte am Horizont erschiene, mit einem Stapel Decken und ein paar Zigaretten und trockenen Streichhölzern, dann bliebe die grundlegende Frage der Erzählung unbeantwortet. Dadurch, dass sie stetig unterstrichen hat, wie sehr Wasilij im Unrecht ist – wie selbstsüchtig, gierig, hochmütig gegenüber Nikita –, sagt sie uns, dass sie nicht wissen will, ob so ein Mensch überleben kann, sondern ob er sich ändern kann.

Kann sein, dass die Erzählung uns enttäuscht und antwortet: »Nö.«

Die interessantere, wertvollere Antwort wäre: »Ja, und zwar so.«

Was würde unser Freund, der mindere Schriftsteller, tun, wenn er die Anweisung bekäme: »Ändere einen Drecksack«? Mein erster Impuls wäre, den schlechten Menschen ein bisschen nachdenken zu lassen, bis er eine Erleuchtung hätte und sich dann entschlossen danach verhielte.

Aber so kommt es nicht.

Wasilij reitet fünf Minuten immer geradeaus, dann trifft er auf »etwas Schwarzes«. Er hält es für ein Dorf, aber es ist ein hohes Gebüsch aus Beifußstauden (ein Kraut, das mit Bitterkeit, Endzeit, Schwierigkeiten, enttäuschten Hoffnungen verbunden wird), die »sich verzweifelt in dem pfeifenden Wind hin und her« werfen wie das weiße Hemd auf der Wäscheleine. »Beim Anblick dieser vom Wind so unbarmherzig mißhandelten Beifußstauden zuckte« er »erschrocken zusammen, ohne eigentlich zu wissen, warum«.

Er treibt das Pferdchen an, doch bald stehen sie wieder vor den Beifußstauden. Sie wiederzusehen flößt ihm Furcht ein, denn ihm wird klar, dass er (wieder) im Kreis geritten ist.

»So gehe ich zugrunde!«, denkt er.

Das Pferd stolpert in eine Schneewehe, rappelt sich wieder auf und läuft weg. Wasilij taumelt hinterher, muss aber nach zwanzig Schritten keuchend stehen bleiben. Panik setzt ein. Im Geist listet er alles auf, was er fürchtet, zurücklassen zu müssen, eine Liste, auf der seine Frau fehlt und die nur aus materiellen Besitztümern besteht, auch der letzte Punkt (»der Erbe«)

scheint für ihn ein Stück Besitz zu sein, kein geliebtes Kind. In dieser Erzählung voll sich wiederholender Ereignisse landet er (sich erinnernd) ein drittes Mal bei den Beifußstauden, »und es packte ihn ein solches Grauen, daß er an die Wirklichkeit dessen, was mit ihm vorging, gar nicht zu glauben vermochte«.

Was ist so erschreckend an diesen Beifußstauden?

Ich saß einmal in einem Flugzeug, das ein Triebwerk verlor (Möwen!), und ungefähr eine Viertelstunde lang dachten alle an Bord, dass wir gleich abstürzen würden. Nach einem Geräusch, das sich anhörte, als hätte ein Minivan die Seite des Flugzeugs gerammt, kam schwarzer Rauch aus den Luftdüsen über unseren Köpfen, ein Team von Softballspielerinnen fing an zu schreien. Ich sah das Gitterwerk aus beleuchteten Straßen unter uns (Chicago) größer werden, viel zu schnell, und der Pilot sagte ganz kurz, mit Panik in der Stimme über Lautsprecher: »Bleiben Sie angeschnallt auf Ihren Sitzen!« (Nicht tröstlich.) Ich schaute mir die Rückenlehne meines Vordersitzes an und dachte: »Jetzt muss ich diesen Körper verlassen, und das da wird dafür sorgen.« Die Rückenlehne war weder für noch gegen mich. Sie war vollkommen gleichgültig mir gegenüber. Sie war nur das, was mich gleich umbringen würde. (»Hi, ich bin der Tod, ich hole euch jetzt alle«, nicht wahr?) Und ich begriff, dass der Tod die ganze Zeit schon in der Welt gewesen war, ich hatte ihn bis jetzt nur nicht bemerkt. Und jetzt kam er *mich* holen, bald. In meinem Kopf gab es nur eine panische Beschwörungsformel (»Nein, nein, nein«) und eine tiefe Sehnsucht, die Zeit zurückzudrehen, um dieses Flugzeug gar nicht erst zu besteigen. (Ich wollte verzweifelt zu meinem Grischkino zurück, also zum Flughafen von Chicago.)

Aber das geschah nicht. Wir waren viele Meilen über der Erde, und es gab keine Möglichkeit runterzukommen außer die eine naheliegende. Der entspannte glückliche selbstbewusste Mensch, der ich bis dahin gewesen war (der daran gewöhnt war, zu tun, was er wollte) – wie lieb und dumm und süß und faul und ahnungslos auf die Freundlichkeit des Universums bauend erschien er mir jetzt. Ich hatte mir immer vorgestellt, in einer solchen Situation wäre ich der Typ, der sich zusammenriss, dem Universum still für all die glücklichen Jahre dankte und dann ruhig aufstand und mit den anderen Passagieren »Kumbaya« anstimmte oder so was. Von wegen. Mein Kopf hing in der »Nein, nein, nein«-Schleife fest, ich dachte keine Sekunde an meine Frau oder meine Töchter oder mein Schreiben (ha!) und merkte, dass die Menschen, die davon erzählen, sie hätten solche Angst gehabt, dass sie sich fast eingenässt hätten, keineswegs übertreiben. Meine Panik war stärker als alles andere, auch – das konnte ich spüren, jederzeit, falls das alles nur ein kleines bisschen schlimmer würde –, auch als die Kontrolle über meine Körperfunktionen.

Ich erinnere mich bis heute an dieses schreckliche Gefühl, in die Enge getrieben zu sein.

Aber nur schwach, und ich kann damit leben.

Der Tod kommt Wasilij holen, und das ist nicht persönlich gemeint. Das tut der Tod halt. Jetzt ist ihm Wasilij mit seinem zauberhaften Leben plötzlich über den Weg gelaufen. Der weiß und akzeptiert zwar, dass alles mit der Zeit die Erde verlassen muss, aber er merkt, es fällt ihm schwer zu akzeptieren, dass er ein Teil dieses »alles« ist. In seiner Novelle »Der Tod des Iwan Iljitsch« schreibt Tolstoi über den unheilbar kranken Iwan: »Jenes Beispiel eines Vernunftschlusses (...): Cajus ist ein Mensch, alle Menschen sind sterblich, folglich ist Cajus sterblich, war ihm sein Leben lang richtig erschienen, aber nur in Bezug auf Cajus, durchaus nicht in Bezug auf sich selber (...) *er* war nicht Cajus und nicht ein Mensch im allgemeinen, er war stets ein ganz, ganz besonderes Wesen, anders als alle anderen gewesen; er war doch Wanja gewesen, mit Mama, mit Papa (...) Hatte denn Cajus jenen Geruch des gestreiften Lederballs gekannt, den Wanja so sehr liebte?«

Die Beifußstauden sind ein geniales, verrücktes »Symbol«, das für mehrere Dinge gleichzeitig steht. Sie sind ein Marker für die Sinnlosigkeit (Wasilij wünscht, sie wären ein Dorf, aber das sind sie nicht; er wünscht, er liefe nicht im Kreis, immer zu ihnen zurück, aber genau das tut er). Sie sind eine materielle Erinnerung an das eisig egalitäre Wesen des Todes und an die Unmöglichkeit, ihm zu entgehen (egal, wo Wasilij hingeht, der Tod ist da, nicht feindselig, nur gleichgültig). Er identifiziert sich damit, sieht sich und die Beifußstauden in derselben Klemme (wie er werden sie »vom Wind so unbarmherzig mißhandelt«; er ist jetzt »so allein (...) wie jene Beifußstauden und [sah] dem unvermeidlichen, baldigen, sinnlosen Tod entgegen«).

Aber natürlich sind das auch *echte* Beifußstauden: Da schwankt im Mondschein das einzige schwarze Etwas in einer weißen Welt, und es wird angeschaut von... na ja, mir. Immer wenn ich diesen Abschnitt lese, spüre ich die Kälte und die Sackgassenpanik (ich kann buchstäblich nirgendwo hin, wo ich nicht erfrieren würde), ich sehe den schwarz-blauen russischen Himmel über mir und höre das Knirschen meiner albernen, vertrauten Stiefel im Schnee, darin meine Füße, die schon bald (Horror!) erfroren, tot sein werden.

Die Beifußstauden bewirken auch etwas: Sie bringen Wasilij zum Beten.

Aber er begreift, »daß zwischen diesen Kerzen und Gebeten und seiner jetzigen jammervollen Lage keinerlei Zusammenhang bestand und auch nicht bestehen konnte«. All sein Glaube bis zu diesem Tag ist nur pro forma gewesen, auf der Abmachung aufbauend: »Wenn ich die Äußerlichkeiten des Glaubens durchexerziere, wirst du (Gott) mich für immer verschonen.« Jetzt begreift er, dass er nicht verschont wird und dass, falls der Glaube irgendeinen Trost zu bieten hat, er sich dafür hätte tiefer auf das Spirituelle einlassen müssen, als er das wollte, und dass ein solcher Trost sowieso zur nächsten Welt gehören würde, aber er (wie ich in dem Flugzeug) will verzweifelt in dieser Welt bleiben und zurückkehren dürfen zu demselben entspannten glücklichen selbstbewussten korrekten Menschen, der er immer gewesen ist, um ununterbrochen und auf ewig das zu tun, was er will.

Da sein Gebet versagt, rufen die Beifußstauden noch etwas hervor: Sie bringen Wasilij in Panik.

Panisch folgt er dem Pferd, hastet vorwärts, läuft »trotzdem« und landet bald… wieder beim Schlitten (noch eine nutzlose Runde im Kreis). Seine Furcht ist »jetzt vollkommen verschwunden«, und »wenn er etwas fürchtete, so war es nur jener entsetzliche Angstzustand«, den er zuvor erlebt hat. Die Beifußstauden haben die Todesangst aus ihm herausgeängstigt und durch eine Angst vor etwas Schlimmerem ersetzt: die Angst, dass er noch einmal so viel Angst empfinden könnte. Plötzlich hat er keine Angst vor dem Tod mehr, sondern vor der Angst, und was ihm jetzt Angst macht, ist die Sinnlosigkeit, wie sie ihn gerade vor den Beifußstauden angefasst hat.

Wie stellt er sich vor, die Sinnlosigkeit von sich fernzuhalten? Na, das ist leicht; das kann er. Er muss »irgend etwas tun, sich irgendwie ablenken«. Das ist er gewohnt. Immer wenn er Sorgen hatte (um seine eigenen Fähigkeiten etwa oder seinen Status unter seinesgleichen), hat er »etwas getan«. Vor ein paar Stunden hat er gerade etwas getan: Er ist von seiner Familie weggeeilt, um seinen Besitz zu vergrößern und die Sorge zu beruhigen, dass ihm jemand zuvorkommen könnte. Und vor ein paar Minuten hat er auch etwas getan: In seiner Angst hat er Nikita zurückgelassen.

Wie üblich kümmert er sich erst mal um sich selbst: macht

seinen Pelz auf, schüttelt den Schnee aus seinen Stiefeln und Handschuhen. »Hierauf band er sich den Gurt tief unten um den Pelz, so, wie er sich zu gürten pflegte, wenn er aus seinem Laden trat, um das von den Bauern gebrachte Getreide vom Wagen zu kaufen. Dann machte er sich ans Werk.« Er wendet seine Aufmerksamkeit dem Braunen zu: befreit seine Beine aus den Zügeln, bindet ihn wieder am Schlitten fest.

All diese Handlungen sind im Wesentlichen selbstsüchtig; sie erhöhen seine Chance aufs Überleben.

Dann ruft Nikita ihn: Er liegt im Sterben. Er hat ein paar letzte Bitten in Bezug auf seinen Lohn und bittet um Verzeihung, »um Christi willen«, »mit weinerlicher Stimme« und fuchtelt sich dabei mit den Händen vorm Gesicht umher, »als wollte er Fliegen verscheuchen«.

Dann steht Wasilij »etwa eine halbe Minute stumm und unbeweglich da«.

Und dann erreichen wir den Moment, zu dem sich diese Erzählung hin gesteigert hat: Gleich wird sich Wasilij verändern.

Tolstoi hat es sich nicht leicht gemacht. Er hat einen überzeugenden Fiesling erfunden, und wie wir aus dem wahren Leben wissen, bleiben Fieslinge manchmal Fieslinge. Wir fürchten eine allzu einfache Verwandlung. Würde Tolstoi eine unplausible Methode der Veränderung vorschlagen (wenn er Wasilij etwas tun ließe, das der Wasilij, den wir kennengelernt haben, niemals tun würde), dann wäre die Erzählung als Propaganda entlarvt und fiele auseinander. Er muss eine Verwandlung hinkriegen, die wir glauben können; sie muss so aussehen wie die Art von Verwandlung, die tatsächlich mit einem Fiesling aus dem wahren Leben vor sich gehen könnte.

Was schlägt Tolstoi dafür vor?

Zunächst stellen wir fest, dass Wasilij nach einer stillen halben Minute nicht etwa in ein Selbstgespräch oder einen inneren Monolog verfällt, der seine veränderten Gefühle ausformuliert – über die Herr-Knecht-Beziehung oder sein radikal neues Verständnis der christlichen Tugend, angewandt auf den Umgang mit einem Benachteiligten. Er verkündet nicht (weder uns noch Nikita noch sich selbst), dass ihm etwas »klargeworden« ist. Die Reihenfolge des Vorgehens lautet nicht: Eine Veränderung überkommt ihn, es wird ihm klar, er teilt es uns mit und handelt dann. Er *handelt* einfach (genauer, er kehrt zum Handeln zurück). Und er tut das genau so, wie er ist, wie er es immer gemacht hat, »mit derselben Entschlossenheit, mit der er bei einem vorteilhaften Kauf einzuschlagen pflegte«. Er tut, was er sein Leben lang getan hat: Er ergreift kühn die Initiative, um jeglicher Angst vorzubeugen.

Er fegt den Schnee von Nikita runter, bindet seinen Gürtel ab, öffnet seinen Pelz, legt Nikita hin und legt sich auf ihn, dann zieht er die Schöße seines Pelzes fest, so dass Nikita eingemummelt ist.

So liegen sie still da, »lange«.

Die Haupthandlung der Erzählung ist jetzt vorbei. Wasilij hat sich verändert. Das erkennen wir daran, was er gerade getan hat. Es ist eine Art Wunder des Schreibens. Ohne die innere Logik der Verwandlung zu erzählen, hat Tolstoi Wasilij genau das tun lassen, was wir durch die Erzählung niemals von ihm erwartet hätten.

Wasilij ist ebenso überrascht darüber wie wir, und wir beobachten seine Reaktion auf diese Veränderung: diese wunderschöne, rätselhafte Äußerung, die auf Nikitas Seufzen folgt: »Na, siehst du wohl! Und da redest du vom Sterben! Lieg ganz still und wärme dich, so machen wirs…« Er bricht ab, »weil ihm Tränen in die Augen traten und sein Unterkiefer zuckte«.

»So machen wirs«, sagt er wieder, zu sich selbst, und »empfand dabei eine seltsam feierliche Rührung«.

Wen meint er mit »So machen wirs«? Die Russen, die russischen Herren, die Menschen? Es ist wunderschön: Ihm fällt nicht ein, dass er es noch nie so gemacht hat, kein bisschen, erst in diesem Augenblick. Das ist etwas ganz Neues für ihn.

Wirklich? Ganz sicher ist es das erste Mal, dass er willens ist, seine Bequemlichkeit, sein Wohlergehen oder sein Leben für jemanden zu opfern (noch dazu einen Bauern), aber es ist nicht das erste Mal, dass er meint, er hätte durch sein Handeln Gutes in der Welt bewirkt.

Er meint, das hätte er sein Leben lang so gemacht.

Währenddessen sackte mein Flugzeug immer tiefer. Das Kabinenpersonal und die Piloten waren erschreckenderweise verstummt. Das vertraute nächtliche Lichtgitter von Chicago-Land raste uns weiter entgegen. Dann sagte der Passagier neben mir, ein ungefähr vierzehnjähriger Junge, mit ängstlicher, dünner Stimme zu mir: »Sir, ist das in Ordnung, was hier gerade los ist?« Mein Herz wandte sich ihm zu. (Was für ein Satz auf Englisch, *my heart went out to him*. Hört sich so ungewöhnlich an, dabei versuchen unsere Herzen das doch eigentlich die ganze Zeit: auf andere zugehen.)

»Ja, das ist in Ordnung«, log ich.

Dass ich ihn so beruhigte, kam mir ganz natürlich, nach Jahren der Elternschaft und des Unterrichtens. Dass ich ihn so beruhigte, brachte mich selbst zu mir zurück. Das ist schwer zu erklären. Wie das alte katholische Kirchenlied sagt: »Wir müssen kleiner werden und Christus größer.« Ich sprach in dem Tonfall zu dem Kind, den ich immer anschlug, wenn ich versuchte, jemanden zu überreden, zu beschwatzen, zu beruhigen, aus alter Gewohnheit. Auf ihn mit diesem Tonfall zu reagieren, mit der (altvertrauten) Absicht, ihn zu beruhigen, und ihn darauf reagieren zu sehen (er wirkte etwas beruhigt, wenn auch skeptisch), veränderte etwas in meinem Körper. Jetzt ging meine Energie nach draußen, zu ihm, nicht neurotisch nach innen. Ich war wieder ich und wusste, als ich selbst, was ich zu tun hatte.

Ich hatte immer noch Angst, aber wäre ich in diesem Zustand gestorben, wäre das ein besserer Tod gewesen als in dem vorherigen panischen Zustand.

Ich denke, so etwas Ähnliches geschieht auch mit Wasilij. Er wird zu sich selbst zurückgebracht, indem er handelt, wie er es tut. Als er selbst weiß, was er zu tun hat. Seine natürliche Energie, so lange nur zu seinem eigenen Nutzen eingesetzt, wird umgelenkt. Eine Schwäche wird zu einer Superkraft. (Ein Elefant will gerade in einen Porzellanladen laufen und wird umgelenkt zu einem Haus, das zum Abriss vorgesehen ist.)

Und als er sich beim Handeln beobachtet und einen wohltätigen, selbstlosen Menschen sieht, ist er gerührt. Das weckt »ein so freudiges Gefühl in ihm, wie er es noch nie empfunden hatte«, was ich mit der Erleichterung verbinde, dass er endlich eine Verhaltensweise abschüttelt, die ihn immer behindert hat. Er erkennt diese neue Ausgabe seiner selbst, verspürt »eine seltsam feierliche Rührung« und fängt an zu weinen.

Das ist »Verwandlung«.

Wasilijs Verwandlungsprozess erinnert mich an ein anderes literarisches Beispiel, Scrooge aus Dickens' *Weihnachtsgeschichte*. Er wird von den Geistern in der Zeit zurückgeführt, durch sein ganzes Leben. Durch sie sieht er sich selbst als einsamer kleiner Junge, der Weihnachten zurückgelassen wird; als junger verliebter Mann; als Angestellter, zu dem sein Arbeitgeber freundlich ist. Die Geister verwandeln Scrooge nicht in einen anderen; sie erinnern ihn daran, dass er früher mal ein anderer war. Er war einmal ein Mensch, der sich anders fühlte als heute, und diese verschiedenen früheren Versionen von ihm leben in ihm fort. Die Geister aktivieren sozusagen diese früheren Versionen wieder.

Wasilij erinnert sich daran, dass er früher ein anderer war, jemand, der ein aufkommendes Problem mit Arbeitsenergie löste. Diese gute Seite in ihm (der unermüdliche Arbeiter) kehrt jetzt zurück. Nikita sagt, er stirbt, Wasilij *hört* ihn auch, und die naheliegendste Antwort wäre: »Ja, ich weiß, ich auch.« (Wasilij, die Beifußstauden und Nikita sind alle gleichermaßen machtlos und zum Tode verurteilt.) Auf diese Weise werden die Grenzen des Staates Wasilij ein bisschen erweitert, gerade genug, dass Nikita noch hineinpasst. Wasilij handelt immer noch im eigenen Interesse, aber jetzt, wo Nikita eine Kolonie von Wasilij geworden ist, fühlt es sich für Wasilij ganz natürlich an, zu Nikitas Gunsten zu handeln (es ist ja irgendwie auch zu Wasilijs Vorteil), und so profitiert Nikita voll und ganz von Wasilijs (bewundernswerter) Energie.

Auch nach der Verwandlung bleibt Wasilij… weitgehend Wasilij, und das ist schön. Er überlegt, ob er das Pferd wieder zudecken soll, bringt es aber nicht über sich, den »freudigen Gemütszustand« zu stören, in dem sich befindet. Er ist immer noch er selbst, applaudiert sich immer noch gern selbst, sieht seinen Lebenssinn darin, sich gut zu finden, ist immer noch grundsätzlich selbstsüchtig und stolz. (Er ist so toll darin, Leute zu retten!) Als er bei sich sagt, »Keine Bange, das werden wir schon hinkriegen!«, tut er das, so lässt uns Tolstoi wissen, »mit derselben Ruhmredigkeit, mit der er von seinen Käufen und Verkäufen zu erzählen pflegte«.

Aber etwas hat sich doch geändert. Während er da auf Nikita liegt, sehen wir ihm dabei zu, wie er wieder all die Punkte durchscrollt, die ihm in Abschnitt 6 erst Trost gespendet haben und dann nicht mehr. Jetzt transzendiert er sie alle oder wandelt sie um, einen nach dem anderen. Er erbaut sich immer noch an seinen Siegen (aber jetzt besteht sein Triumph daraus, dass er Nikita rettet). Er ist nicht mehr unehrlich; eher im Gegenteil (»Ich weiß ja selbst, was ich weiß«). In Abschnitt 6 hatte er zunächst nicht mit Nikita gesprochen und war dann dazu zurückgekehrt; jetzt freut er sich darüber, dass er und Nikita nicht mal mehr zwei verschiedene Personen sind (»es kommt ihm vor, als wäre er Nikita und Nikita er«), und er denkt, so lange Nikita lebendig ist, wird er, Wasilij, es auch sein, da sie beide nun eins sind. Er erinnert sich an den Mann, der er früher war, der sich immer so viele Gedanken über Geld machte. Jener Wasilij »hat eben nicht gewußt, worauf es ankommt«, aber das neue Wesen, zu dem er geworden ist, weiß es jetzt.

Er wäre ein guter Mensch gewesen, wenn es nur jemanden gegeben hätte, der ihn an jedem Tag seines Lebens tiefgefroren hätte.

Tolstoi schlägt etwas Radikales vor: Eine moralische Verwandlung geschieht, wenn sie denn geschieht, nicht durch eine völlige Erneuerung des Sünders oder das Ersetzen seiner üblichen Energie durch eine gereinigte neue Energie, sondern durch eine Umsteuerung seiner (altgewohnten) Energie.

Was für eine Erleichterung ist dieses Modell der Verwandlung. Was haben wir denn sonst, außer dem, womit wir geboren wurden und was uns bislang immer gedient (und uns eingeengt) hat? Nehmen wir an, Sie sind eine Weltklasse-Sorgenmacherin. Wenn diese Sorge-Energie sich auf extreme Körperhygiene richtet, sind Sie »neurotisch«. Wenn sie sich auf den Klimawandel richtet, sind Sie eine »große visionäre Aktivistin«.

Wir brauchen kein komplett neuer Mensch zu werden, um uns zu verbessern; unsere Perspektive muss nur etwas angepasst, unsere natürliche Energie in die richtige Richtung geschickt werden. Wir müssen unseren Kräftequellen nicht abschwören oder bereuen, wer wir sind oder was wir gern oder besonders gut machen. Das sind unsere Pferde; wir müssen sie nur, ähm, vor den richtigen Schlitten spannen.

Was hat Wasilij all sein Leben lang so klein gehalten? (Was hält uns jetzt gerade klein?) Am Ende zeigt sich, so klein war er gar nicht. Er war grenzenlos. Er hatte Zugang zu ebenso viel großer Liebe wie jeder unserer geliebten spirituellen Helden. Warum hat er sein Leben in diesem kleinen Land der Selbstsucht zu Ende gelebt? Was hat ihn letztlich dort wegkatapultiert? Die Wahrheit war es. Er erkannte, dass seine Vorstellung von sich selbst nicht der Wahrheit entsprach. Seine Vorstellung, er *sei* er selbst, war unwahr. All die Jahre war er nur ein Teil seiner selbst. Er hatte diesen Teil selbst fabriziert und tat das immer weiter und verteidigte ihn, mit seinen Gedanken und seinem Stolz und seinem Drang zu siegen, was kontinuierlich zwischen ihm und allem anderen stand. Und als diese Wesenheit Wasilij dahinschwand, erkannte das, was zurückblieb, den Irrtum und schloss sich dem großartigen Nicht-Wasilij-Teil (wieder) an.

Könnten wir den Prozess rückgängig machen (ihn wieder zum Leben erwecken, den Körper aufwärmen, den Schnee schmelzen und ihn dazu bringen, alles zu vergessen, was er in dieser Nacht gelernt hatte), würden wir einen Geist sehen, der nacheinander eine Reihe Lügen wieder vorholen und bekräftigen würde: »Du bist isoliert von allen« und »Du stehst im Mittelpunkt« und »Du hast recht« und »Geh los und beweise allen, dass du besser bist, dass du der Beste bist«.

Und dann wäre er wieder ganz und gar er selbst.

NACHTRAG 4

Ich wollte vorhin, mitten in der Fülle meines Essays, keinen Misston in mein Loblied auf »Herr und Knecht« bringen, indem ich einen leichten, pedantischen Vorbehalt erwähne, den ich bei dieser Erzählung schon immer hatte.

Aber ich werde ihn jetzt erwähnen.

In Abschnitt 6 betrachten wir Wasilij dabei, wie er sich an der Möglichkeit seines kommenden Todes abarbeitet. In Abschnitt 7 ist Nikita dran.

Als Wasilij ihn verlässt, hat Nikita kurzfristig Angst, aber er betet und wird sofort von der Vorstellung beruhigt, »daß er nicht allein war, sondern daß jemand ihn hörte und ihn nicht verlassen würde«. Als er allmählich das Bewusstsein verliert, fühlt er sich ebenso bereit für den Schlaf wie für den Tod.

Nikita nimmt die Vorstellung, er könnte möglicherweise sterben, schnell an, weil er sich »von dem höchsten Herrn abhängig fühlte, der ihn in dieses Leben gesandt hatte«. Und was seine Sünden betrifft – tja, so hat Gott ihn eben gemacht. Was Wasilij angeht, denkt Nikita großzügig: »Jetzt tuts ihm wohl selber leid, daß er gefahren ist.« Und: »Wenn man so ein gutes Leben hat, mag man nicht sterben.«

Dieser Abschnitt kommt mir … minderer vor. Weniger interessant, weniger detailliert. Nikita wirkt zu gut, um wahr zu sein. Was würde ein echter Mensch in Nikitas Lage, im Angesicht des Todes, empfinden? Es wirkt, als hätte Tolstois Wunsch, eine Art idealen Bauern zu erschaffen, das unterdrückt. Nikita hat keine Angst vor dem Tod, weil er so schlicht, selbstlos und authentisch ist; seine Ängste werden durch den bloßen Gedanken an Gott beschwichtigt. Das stellt ihn in Gegensatz zu Wasilij, dem neurotischen, komplizierten, treulosen Gutsherrn in Angst und Schrecken.

Aber es gab doch bestimmt Bauern, die nicht schlicht waren, die neurotisch waren, die, schlicht oder nicht, vorm Tode in Angst und Schrecken waren, die nicht an Gott glaubten, weil »Bauern« schließlich und endlich Menschen sind, keine »Bauern«. Mit anderen Worten, mir ist, als hätte Tolstoi hier ein Spürchen von genau dem angeweht, was er Wasilij vorwirft: Nikita nicht als vollgültigen Menschen wahrzunehmen.

Schnellvorlauf zum letzten Abschnitt der Geschichte (Abschnitt 10).

Von Wasilij gewärmt, überlebt Nikita. Er wird am nächsten Tag ausgegraben und »war zuerst darüber erstaunt, daß in jener Welt die Bauern genauso schrien«. Als ihm klar wird, dass er noch lebt, ist er nicht erfreut darüber, sondern »eher traurig«, vor allem, als er feststellt, dass an beiden Füßen die Zehen erfroren sind.

Der letzte Absatz überspringt zwanzig Jahre. Und wir fragen uns vielleicht: Was hat Nikita mit diesen zwanzig Jahren angefangen, der Zeit, die Wasilijs Opfer ihm eingebracht hat?

Tja, wie sich herausstellt, nicht sehr viel. Eher mehr vom selben.

Wie hat diese Nacht ihn verändert? Anscheinend gar nicht.

Kurz bevor Nikita stirbt, bittet er seine Frau um Verzeihung und verzeiht ihr die Beziehung zu dem Böttcher, was andeutet, dass er das bislang nicht getan hat – er hat vor zwanzig Jahren, als er mit verbundenen Füßen aus dem Krankenhaus heimwärts humpelte, nicht voll Mitgefühl, von Wasilij inspiriert, reinen Tisch gemacht. Da wir nichts anderes hören, nehmen wir an, dass er einfach zu seinen alten Gewohnheiten zurückgekehrt ist: lieb zu Tieren, aber ab und zu geht er mit der Axt auf die Kleider seiner Frau los und dergleichen.

Wir erleben Nikita nicht dabei, wie er über diese irre Nacht im Schlitten nachdenkt, weder über Wasilijs Feigheit noch über seine Wiedergutmachung, nie fragt er sich: »Warum hat mein Herr das getan?« oder: »Was mag da am Ende mit ihm passiert sein?« Wasilij hatte das Gefühl, Nikita und er wären miteinander verschmolzen, aber Nikita? Fehlanzeige. Er scheint Wasilij nicht dankbar zu sein. Er denkt überhaupt nicht an Wasilij.

Was… merkwürdig ist. Wenn ein Mensch sein Leben hingibt, um einen anderen zu retten, und der andere denkt nie darüber nach, wirkt nicht dankbar, nicht dadurch verändert, dann stellt das den Wert des Opfers in Frage. Es stellt auch den Geretteten in Frage.

Und es stellt den Autor in Frage.

Als Wasilij stirbt, werden wir zu Zeugen seiner letzten Augenblicke, in einem langen inneren Monolog (Seiten 53–55), der den Abschnitt 9 abschließt. Als Nikitas Zeit gekommen ist, erfahren wir die bloßen Umstände seines Todes (»Gestorben ist er erst in diesem Jahr, in seinem Haus, wie er es sich gewünscht hatte, unter den Heiligenbildern und mit einer brennenden Kerze in der Hand«), aber nichts über seine Gefühle oder Gedanken, als er starb. Eine Stoffkulisse wird hochgezogen, und uns wird mitgeteilt, dass wir auf unseren eigenen Tod warten müssen, um zu erfahren, ob Nikita »sich enttäuscht gesehen oder das gefunden hat, was er zu finden erwartete«.

Ich habe einmal im Unterricht eine beachtliche, wenn auch mit Mängeln behaftete Erzählung von Gogol namens *Newski-Prospekt* durchgenommen, und eine Studentin sagte, sie gefalle ihr nicht, weil sie sexistisch sei. Ich reagierte mit einem seltenen Anfall pädagogischer Klugheit und fragte: »Wo?«

Und das zeigte sie uns ganz genau, indem sie zwei Beispielstellen zitierte, wo eine Figur beleidigt wird. Als ein Mann beleidigt wurde, ging Gogol in das Denken der Figur, und wir erfuhren seine Reaktion. Als eine Frau beleidigt wurde, schaltete sich der Erzähler in der dritten Person ein und machte einen Witz auf ihre Kosten.

Dann bat ich den Kurs, sich die Geschichte vorzustellen, wenn Gogol fair geblieben wäre, indem er der Frau ihren eigenen inneren Monolog zugestanden hätte. Dann folgte eine Weile Schweigen, dann ein kollektives Seufzen/Lächeln, als wir alle gleichzeitig erkannten, wie viel besser die Erzählung hätte sein können: ebenso finster und seltsam, aber lustiger und ehrlicher.

Mithin, ja, die Erzählung ist sexistisch, aber das können wir auch anders ausdrücken: Es ist eine Erzählung mit einer handwerklichen Schwäche. Diese Schwäche ließe sich (wenn Gogol nicht tot wäre) korrigieren. Der Sexismus, den die Studentin erkannt hatte, war absolut da, und er drückte sich in einer ganz bestimmten Weise im Text aus, in Form eines »unausgeglichenen Erzählens«.

Hier steckt meines Erachtens eine allgemeine These drin: Jede Erzählung, die moralische Schwächen aufweist (die also sexistisch, rassistisch, homophob, transphob, pedantisch, aneignend, plagiiert wirkt und so weiter), wird sich, wenn wir ausreichend analytisch herumschnüffeln, als handwerklich fehlerhaft herausstellen, und wenn diese Fehler behoben werden, wird sie auch (immer) eine bessere Erzählung.

Hier wird ein Vorwurf, um den wir herumgestrichen sind (»Tolstoi scheint hier in Klassismus zu verfallen«[10]), durch die

---

10 Tolstoi bedeutete das Bild des schlichten, tugendhaften Bauern viel, und manchmal brachte es ihn dazu, etwas unwirkliche Bauern zu erfinden. Wie Nabokov es ausdrückte: Wir stellen fest, »dass sie die abstoßendsten Arbeiten ausführen – aber mit engelhaftem Gleichmut«.

Frage »Wo genau?« in eine neutrale, handhabbarere handwerkliche Beobachtung umgewandelt: »An (mindestens) zwei Stellen – als Nikita aus dem Krankenhaus heimkehrt und in ihren jeweiligen Todesszenen: Nikita wird die Innenschau verweigert, die Tolstoi Wasilij in dem vergleichbaren Moment zugestand.«

Wir sollten eine so großartige Erzählung wie *Herr und Knecht* dankbar annehmen, sie enthält so viel Wunderbares.

Aber es macht irgendwie Spaß, sie ein bisschen aufmüpfig auf Handwerkliches hin abzuklopfen.

Also: Können wir uns eine Version von Abschnitt 10 vorstellen, in der Nikita die gleichen erzählerischen Ressourcen zugestanden bekommt wie Wasilij in den parallelen Situationen?

Diese Version könnte damit beginnen, wie er kurz nach seiner Rettung im Krankenhaus liegt und nachdenkt. Der Nikita, den wir kennengelernt haben, durchschaut Wasilijs Tricks. Er hat Wasilij bislang als feste Größe betrachtet: dickköpfig, selbstsüchtig, ein aussichtsloser Fall, jemand, den man umschiffen und dulden muss. Was denkt Nikita jetzt von Wasilij? Ist er erstaunt? Verwirrt? Wie verarbeitet er die Tatsache, dass Wasilij sein Leben für ihn, Nikita, »nur« einen Bauern, geopfert hat? Während der ganzen Erzählung hat Wasilij Nikita unterschätzt, aber in Wahrheit hat auch Nikita Wasilij unterschätzt. Welche Gedanken und Gefühle löst diese Erkenntnis in Nikita aus?

Wir könnten auch den letzten Absatz der Erzählung überarbeiten und versuchen, ihn so ehrlich und allwissend zu machen wie den Text, der am Ende von Abschnitt 9 Wasilijs Tod beschreibt.

Wenn Sie Lust dazu haben, wäre das eine richtig gute Übung.

Also, genau, eine Übung: Überarbeiten Sie Abschnitt 10.
Schreiben Sie ihn wie Tolstoi. Sie wissen ja: viele Fakten benutzen. Haha.

Die Nase

Nikolai Gogol
(1836)

DIE NASE

I

Am 25. März trug sich in Petersburg ein außerordentlich sonderbarer Vorfall zu. Der Barbier Iwan Jakowlewitsch, wohnhaft am Wosnessenskij-Prospekt (sein Familienname ist verlorengegangen, und selbst auf seinem Aushängeschild, das einen Herrn mit eingeseifter Wange und der Aufschrift »Wir lassen auch zur Ader« zeigt, ist nichts weiter angegeben), der Barbier Iwan Jakowlewitsch also [1]
erwachte ziemlich früh und roch den Duft von warmem Brot. Als er sich ein wenig im Bett aufrichtete, sah er, daß seine Gemahlin, eine ziemlich respektable Dame, die überaus gerne Kaffee trank, gerade frisch gebackene Brote aus dem Ofen zog.

»Heute werde ich keinen Kaffee trinken, Praskowja Ossipowna«, sagte Iwan Jakowlewitsch, »aber statt dessen möchte ich warmes Brot mit Zwiebeln essen.« (Das heißt, Iwan Jakowlewitsch hätte gern das eine wie das andere gehabt, wußte jedoch, daß es völlig unmöglich war, zwei Dinge gleichzeitig zu verlangen, da Praskowja Ossipowna derartige Kapricen gar nicht schätzte.) »Soll der Dummkopf nur Brot essen; um so besser für mich«, überlegte die Gemahlin im stillen, »so bleibt eine Portion Kaffee übrig.« Und sie warf ein Brot auf den Tisch.

Iwan Jakowlewitsch zog anstandshalber seinen Frack über das Hemd, setzte sich an den Tisch, streute ein Häufchen Salz auf, legte zwei Zwiebelknollen bereit, nahm ein Messer in die Hand und machte sich mit gewichtiger Miene daran, das Brot zu schneiden. Nachdem er das Brot in zwei Hälften geteilt hatte, besah er sich das Innere und erblickte zu seinem Erstaunen etwas weiß Schimmerndes. Iwan Jakowlewitsch stocherte behutsam mit dem Messer daran herum und betastete es mit dem Finger. »Etwas Hartes?« sagte er vor sich hin. »Was könnte das nur sein?«

Er steckte seine Finger tiefer hinein und zog – eine Nase heraus! Iwan Jakowlewitsch ließ die Arme sinken; er rieb sich die Augen und fühlte erneut mit dem Finger: eine Nase, wahrhaftig eine Nase! Und obendrein kam sie ihm bekannt vor. Entsetzen spiegelte sich auf dem Gesicht von Iwan Jakowlewitsch. Dieses Entsetzen jedoch war nichts gegen die Empörung, die seine Gemahlin ergriff.

»Wo hast du die Nase abgeschnitten, du Bestie?« schrie sie voller Zorn. »Spitzbube! Trunkenbold! Ich werde dich selbst bei der Polizei anzeigen. So ein Räuber! Schon von drei Leuten habe ich gehört, daß du während der Rasur so an der Nase zerrst, daß sie kaum dran bleibt.«

Iwan Jakowlewitsch aber war halb tot vor Schreck. Er hatte erkannt, daß diese Nase niemand anderem als dem Kollegienassessor
[2] Kowaljow gehörte, den er jeden Mittwoch und Sonntag rasierte.

»Halt ein, Praskowja Ossipowna! Ich wickle sie in einen Lappen und lege sie in die Ecke. Soll sie dort ein wenig liegen, und später trage ich sie hinaus.«

»Davon will ich nichts hören! Ich sollte erlauben, daß bei mir im Zimmer eine abgeschnittene Nase herumliegt?... Herzloser Kerl! Kann nur in einem fort mit dem Rasiermesser über den Riemen fahren, aber seine Pflicht zu erfüllen ist er bald überhaupt nicht mehr imstande. Vagabund, Nichtsnutz! Soll ich vielleicht noch bei der Polizei für dich einstehen?... Ach, du Schmutzfink, törichter Klotz! Fort damit! Fort! Bring sie, wohin du willst! Daß sie mir nur nicht mehr unter die Augen kommt!«

Iwan Jakowlewitsch stand da wie erschlagen. Er dachte angestrengt nach und wußte doch nicht, was er denken sollte. »Weiß der Teufel, wie das geschehen ist«, sagte er schließlich und kratzte sich hinter dem Ohr. »Ob ich gestern betrunken nach Hause gekommen bin oder nicht, kann ich wohl nicht mehr sagen. Doch allen Anzeichen nach muß das ein unwahrscheinlicher Vorfall sein, ist doch Brot eine gebackene Sache und eine Nase ganz und gar nicht. Ich begreife überhaupt nichts!...« Iwan Jakowlewitsch verstummte. Der Gedanke daran, die Polizei könne die Nase bei ihm auffinden und ihn anklagen, ließ ihm ganz und gar die Sinne schwinden. Schon stand ihm ein scharlachroter Kragen vor Augen, schön mit Silber bestickt, ein Degen... und er zitterte am ganzen Körper. Schließlich holte er seine Unterwäsche und seine Stiefel hervor und zog sich den ganzen Plunder an; begleitet von den eindringlichen Ermahnungen Praskowja Ossipownas wickelte er die Nase in einen Lappen und trat hinaus auf die Straße.

Er wollte sie heimlich irgendwohin stecken, unter den Prellstein bei einem Tor etwa, oder sie einfach wie aus Versehen fallen lassen und dann in eine Gasse einbiegen. Unglücklicherweise jedoch begegnete ihm immer wieder ein Bekannter, der ihn sogleich fragte: »Wohin des Wegs?« oder »Wen willst du denn so früh rasieren?«, so daß Iwan Jakowlewitsch einfach keine passende Gelegenheit finden konnte. Ein anderes Mal hatte er sie schon fallen lassen, doch ein Stadtwächter zeigte bereits von weitem mit seiner Hellebarde darauf und fügte hinzu: »Heb das auf! Du hast da etwas fallen las- [3]
sen!« Und Iwan Jakowlewitsch mußte die Nase aufheben und sie wieder in die Tasche stecken. Verzweiflung ergriff ihn, zumal immer mehr Leute unterwegs waren, während allmählich Geschäfte und kleine Kaufläden öffneten.

Er beschloß, zur Isaaks-Brücke zu gehen: Ob es ihm nicht irgendwie gelingen würde, sie in die Newa zu werfen?... Doch ich bitte um Verzeihung, daß ich bisher noch gar nichts über Iwan Jakowlewitsch, einen in vieler Hinsicht ehrenwerten Menschen, gesagt habe.

Iwan Jakowlewitsch war, wie jeder anständige russische Handwerker, ein furchtbarer Saufbruder. Und obgleich er tagtäglich fremder Leute Kinn rasierte, war doch sein eigenes ewig unrasiert. Iwan Jakowlewitschs Frack (Iwan Jakowlewitsch trug nie einen Gehrock) war scheckig, das heißt, er war schwarz, aber mit lauter braun-gelben und grauen Flecken gescheckt; der Kragen glänzte, und anstelle der drei Knöpfe hingen nur noch die Fäden herab. Iwan Jakowlewitsch war ein großer Zyniker, und wenn der Kollegienassessor Kowaljow ihm während der Rasur gewöhnlich sagte: »Deine Hände, Iwan Jakowlewitsch, stinken immer!«, so antwortete Iwan Jakowlewitsch darauf mit der Frage: »Wonach sollen sie denn stinken?« »Das weiß ich nicht, mein Bester, sie stinken einfach«, entgegnete dann der Kollegienassessor, und Iwan Jakowlewitsch schnupfte eine Prise Tabak und seifte ihn dafür auf der Wange, unter der Nase, hinter dem Ohr und unter dem Bart ein, mit einem Wort, wo er gerade Lust hatte.

Dieser ehrenwerte Bürger befand sich bereits auf der Isaaks-Brücke. Zunächst blickte er sich um, dann beugte er sich über das Geländer, als wolle er unter die Brücke schauen, ob da viele Fische schwimmen, und warf den Lappen mit der Nase verstohlen ins Wasser. Ihm war, als seien ihm auf einen Schlag zehn Pud abgenommen, Iwan Jakowlewitsch schmunzelte sogar. Anstatt Beamtenbärte rasieren zu gehen, wollte er sich gerade in ein Lokal mit der Aufschrift »Speisen und Tee« begeben und um ein Glas Punsch bitten, als er plötzlich am Ende der Brücke einen Bezirksaufseher von vornehmer Erscheinung bemerkte, mit breitem Backenbart, Drei-
[4] spitz und Degen. Er erstarrte, und unterdessen wies der Bezirksaufseher mit dem Finger auf ihn und sagte: »Komm doch einmal her, mein Lieber!«

Iwan Jakowlewitsch, der wußte, was sich gehört, nahm schon von weitem seine Schirmmütze ab, trat geschwind näher und sagte: »Ich wünsche Euer Wohlgeboren Gesundheit!«

»Nein, nein, Freundchen, nichts Wohlgeboren; sag mal, was hast du denn da auf der Brücke gemacht?«

»Bei Gott, gnädiger Herr, ich war auf dem Wege zum Rasieren und habe nur geschaut, ob der Fluß schnell fließt.«

»Du lügst, du lügst! Damit kommst du nicht davon. Antworte gefälligst!«

»Ich bin bereit, Euer Gnaden zweimal pro Woche, oder sogar dreimal, ohne jede Widerrede zu rasieren«, entgegnete Iwan Jakowlewitsch.

»Nein, mein Freund, keine Sorge! Drei Barbiere rasieren mich und betrachten das zudem als große Ehre. Und jetzt erzähle gefälligst, was du da gemacht hast?«

Iwan Jakowlewitsch erblaßte ... An dieser Stelle jedoch wird das Geschehen von dichtem Nebel vollständig verhüllt, und was sich weiter ereignete, ist vollständig unbekannt.

II

Der Kollegienassessor Kowaljow erwachte ziemlich früh und machte mit den Lippen »brr…«, was er immer tat, wenn er erwachte, obgleich er selbst nicht recht erklären konnte, aus welchem Grund. Kowaljow reckte und streckte sich und ließ sich den kleinen Spiegel geben, der auf dem Tisch stand. Er wollte einen Blick auf den kleinen Pickel werfen, der am gestrigen Abend auf seiner Nase erschienen war, doch zu seiner allergrößten Verwunderung sah er, daß er dort, wo die Nase hätte sein sollen, eine vollkommen glatte Stelle hatte! Voller Schrecken ließ Kowaljow Wasser bringen und rieb sich mit einem Handtuch die Augen: Wahrhaftig, die Nase war nicht da! Er begann, mit der Hand zu tasten, um sich zu vergewissern, daß er nicht etwa schlief. Anscheinend nicht. Der Kollegienassessor Kowaljow sprang vom Bett und schüttelte sich: Die Nase war nicht da!… Er befahl, sogleich seine Kleider zu bringen, und [5]
eilte geradewegs zum Ober-Polizeimeister.

Inzwischen aber ist es unerläßlich, etwas zu Kowaljow zu sagen, damit der Leser sehen kann, von welcher Art dieser Kollegienassessor war. Kollegienassessoren, die diesen Titel mit Hilfe akademischer Attestate erlangt haben, dürfen keineswegs mit denjenigen Kollegienassessoren verglichen werden, welche im Kaukasus zu solchen wurden. Das sind zwei völlig verschiedene Spezies. Die gelehrten Kollegienassessoren… Aber Rußland ist ein so wundersames Land, daß, wenn man von einem Kollegienassessor spricht, alle anderen Kollegienassessoren von Riga bis Kamtschatka dies unweigerlich auf sich beziehen. Dasselbe versteht sich auch für alle anderen Titel und Ränge. – Kowaljow war ein kaukasischer Kollegienassessor. Er trug diesen Titel seit kaum zwei Jahren und konnte ihn daher nicht für einen Augenblick vergessen; um sich aber noch mehr Ansehen und Gewicht zu verleihen, nannte er sich selber nie Kollegienassessor, sondern stets Major. »Hör zu, meine Liebe«, sagte er für gewöhnlich, wenn er auf der Straße einem alten Weib begegnete, das Chemisetten verkaufte, »komm zu mir ins Haus, meine Wohnung ist in der Sadowaja-Straße, frag nur, ob hier Major Kowaljow wohnt, das kann dir jeder zeigen.« Traf er dagegen ein hübsches Mädchen, so gab er ihm obendrein noch eine heimliche Anweisung und fügte hinzu: »Frag nach der Wohnung von Major Kowaljow, mein Herzchen.« Ebendarum wollen auch wir den Kollegienassessor in Zukunft Major nennen.

Major Kowaljow hatte die Angewohnheit, jeden Tag auf dem Newskij-Prospekt zu promenieren. Der Kragen seiner Chemisette war stets außerordentlich sauber und gestärkt. Er hatte einen solchen Backenbart, wie man ihn noch heute bei Landvermessern von Gouvernements und Landkreisen sehen kann, bei Architekten und Regimentsärzten, ebenso bei denjenigen, die für verschiedene polizeiliche Aufgaben zuständig sind, und überhaupt bei allen Männern, die volle rote Wangen haben und sehr gut Boston spielen: Die Bartkoteletten gehen genau über die Mitte der Wange geradewegs bis zur Nase. Major Kowaljow trug immer eine Vielzahl von Karneolsiegeln bei sich, solche mit Wappen und auch solche, auf denen
[6] eingraviert war: Mittwoch, Donnerstag, Montag und anderes mehr. Major Kowaljow war in einer dringenden Angelegenheit nach Petersburg gekommen, und zwar, um eine seinem Titel angemessene Stellung zu suchen: wenn möglich als Vize-Gouverneur, und wenn das nicht gelänge, dann als Exekutor in einem bedeutenden Departement. Major Kowaljow hatte auch nichts dagegen, sich zu verheiraten, das aber nur in dem Falle, wenn hinter der Braut ein Kapital von Zweihunderttausend stünde. Und deshalb mag der Leser nun selbst beurteilen, in welcher Lage sich dieser Major Kowaljow befand, als er anstelle seiner ganz passablen, durchschnittlichen Nase eine höchst alberne, flache, glatte Stelle sah.

Zu seinem Unglück war auf der Straße keine einzige Droschke zu sehen, und so mußte er zu Fuß gehen; in seinen Mantel gehüllt und das Gesicht mit einem Tuch bedeckt, gab er sich den Anschein, als blute er. »Aber vielleicht habe ich es mir nur eingebildet, es kann doch nicht sein, daß eine Nase einfach so abhanden kommt«, dachte er und betrat eine Konditorei mit der Absicht, sich im Spiegel zu betrachten. Glücklicherweise war niemand in der Konditorei: Lehrjungen fegten die Räume und stellten Stühle auf, einige brachten mit verschlafenem Blick Tabletts mit heißen Piroggen heraus, auf Tischen und Stühlen lagen die Zeitungen von gestern herum, voller Kaffeeflecken. »Na, Gott sei Dank, es ist niemand da«, sprach er, »jetzt kann ich nachsehen.« Zaghaft trat er zum Spiegel und warf einen Blick hinein: »Weiß der Teufel, so eine Infamie!« sprach er und spuckte aus ... »Wenn wenigstens anstelle der Nase irgend etwas da wäre, aber einfach gar nichts! ...«.

Verdrossen biß er sich auf die Lippen, verließ die Konditorei und beschloß entgegen seiner Gewohnheit, niemanden anzusehen und niemandem zuzulächeln. Plötzlich blieb er wie angewurzelt am Eingang eines Hauses stehen; vor seinen Augen spielte sich eine unfaßbare Szene ab. An der Auffahrt hielt eine Kutsche, der Wagenschlag wurde geöffnet, ein Herr in Uniform sprang leicht gebückt heraus und lief die Treppe hinauf. Wie entsetzt und gleichzeitig verblüfft aber war Kowaljow, als er erkannte, daß das seine eigene Nase war! Bei diesem außerordentlichen Schauspiel, so schien ihm, drehte sich alles vor seinen Augen, er fühlte, daß er sich kaum noch auf den Beinen halten konnte; gleichwohl beschloß er, am ganzen Körper [7]
zitternd wie im Fieber, um jeden Preis die Rückkehr der Nase zur Kutsche abzuwarten. Nach zwei Minuten trat die Nase tatsächlich wieder heraus. Sie trug eine goldbetreßte Uniform mit einem großen Stehkragen, Hosen aus Wildleder und einen Degen an der Seite. Dem Hut mit Federbusch nach zu schließen stand sie im Rang eines Staatsrats. Aus all dem ging hervor, daß sie unterwegs zu einem Besuch war. Sie schaute sich nach beiden Seiten um, schrie dem Kutscher zu: »Fahr los!«, nahm Platz und fuhr davon.

Der arme Kowaljow verlor beinahe den Verstand. Er wußte nicht, was er von diesem seltsamen Vorfall halten sollte. In der Tat, wie konnte es sein, daß die Nase, die sich noch gestern in seinem Gesicht befunden hatte und weder fahren noch laufen konnte, eine Uniform trug! Er lief hinter der Kutsche her, die glücklicherweise nicht weit fuhr und vor der Kasaner Kathedrale zum Stehen kam.

Er eilte in die Kathedrale, drängte sich durch eine Reihe von alten Bettlerinnen mit verbundenen Gesichtern und zwei Öffnungen für die Augen, über die er sich früher immer so lustig gemacht hatte, und betrat die Kirche. Nur wenige Beter waren in der Kirche, sie standen alle beim Eingang an der Tür. Kowaljow war in so niedergedrückter Stimmung, daß er sich außerstande sah zu beten, und er suchte mit den Augen alle Winkel nach diesem Herrn ab. Schließlich sah er ihn etwas abseits stehen. Die Nase verbarg ihr Gesicht vollständig in dem großen Stehkragen und betete mit dem Ausdruck größter Frömmigkeit.

»Wie soll ich nur auf sie zugehen?« dachte Kowaljow. »An der Uniform, am Hut, an allem ist zu erkennen, daß sie ein Staatsrat ist. Weiß der Teufel, wie ich das anstellen soll!«

Er begann, in ihrer Nähe ein wenig zu hüsteln; die Nase jedoch gab ihre fromme Haltung nicht für einen Augenblick auf und machte ihre Verbeugungen.

»Geehrter Herr…«, sagte Kowaljow und zwang sich innerlich dazu, seinen ganzen Mut zusammenzunehmen, »Geehrter Herr…«.

»Was wünschen Sie?« entgegnete die Nase und wandte sich um.

»Es befremdet mich, geehrter Herr… mir scheint… Sie sollten Ihren Platz wohl kennen. Und plötzlich finde ich Sie, und zwar
[8] wo – in der Kirche. Sie werden zugeben…«

»Verzeihen Sie, ich kann nicht begreifen, wovon Sie zu sprechen belieben… Werden Sie doch deutlicher.«

»Wie soll ich ihr das nur erklären?« überlegte Kowaljow. Er faßte sich ein Herz und begann: »Natürlich bin ich… im übrigen bin ich Major. Sie werden zugeben, es ist ungehörig, daß ich ohne Nase herumlaufe. Eine Händlerin, die auf der Woskressenskij-Brücke geschälte Apfelsinen verkauft, kann ohne Nase da sitzen; aber da ich mich mit der Absicht trage, eine Gouverneurs-Stelle zu bekommen… und zudem in vielen Häusern mit Damen bekannt bin, mit der Staatsratsgattin Tschechtarewa und anderen… Sehen Sie selbst… Ich weiß nicht recht, geehrter Herr (dabei zuckte Major Kowaljow mit den Schultern)… Verzeihen Sie… wenn man das nach den Regeln von Pflicht und Ehre betrachtet… so werden Sie selbst verstehen…«

»Ich verstehe überhaupt nichts«, antwortete die Nase. »Erklären Sie sich deutlicher.«

»Geehrter Herr…«, sagte Kowaljow selbstbewußt, »ich weiß nicht, wie ich Ihre Worte verstehen soll… Die ganze Sache, so scheint es, liegt doch auf der Hand… Oder möchten Sie… Sie sind doch schließlich meine eigene Nase!«

Die Nase betrachtete den Major, und ihre Augenbrauen zogen sich leicht zusammen.

»Sie irren sich, geehrter Herr. Ich bin für mich selbst. Zudem kann es zwischen uns keinerlei enge Verbindungen geben. Den Knöpfen Ihres Uniform-Rocks nach zu urteilen müssen Sie im Senat oder wenigstens in der Justiz Dienst tun. Ich hingegen bin im akademischen Bereich.« Mit diesen Worten wandte sich die Nase ab und fuhr fort zu beten.

Kowaljow war nun vollends verwirrt und wußte nicht, was er tun oder was er davon halten sollte. In dem Moment war das angenehme Rascheln eines Damenkleides zu vernehmen: Eine ältere Dame trat heran, ganz in Spitzen geschmückt, und mit ihr kam eine andere, schlanke, in einem weißen Kleid, das ihre schmale Taille höchst anmutig betonte, mit einem honiggelben Hut, leicht wie ein Törtchen. Hinter ihnen blieb ein hochgewachsener Lakai mit breitem Backenbart und einem ganzen Dutzend Kragen stehen und öff- [9]
nete eine Tabatiere.

Kowaljow trat ein wenig näher, zog den Batistkragen seiner Chemisette heraus, rückte seine an einer goldenen Kette hängenden Siegel zurecht und richtete sein Augenmerk, nach allen Seiten lächelnd, auf die federleichte Dame, die sich wie eine Frühlingsblume sachte neigte und ihr weißes Händchen mit den fast durchsichtigen Fingern an die Stirn führte. Das Lächeln auf Kowaljows Gesicht wurde noch breiter, als er unter dem Hut ihr rundes, leuchtend weißes Kinn und einen Teil ihrer Wange erblickte, die mit der Farbe der ersten Frühlingsrose übergossen war. Doch auf einmal prallte er zurück, als hätte er sich verbrannt. Ihm war eingefallen, daß er statt einer Nase eine leere Stelle im Gesicht hatte, und die Tränen stürzten ihm aus den Augen. Er wandte sich zurück, um dem Herrn in der Uniform ohne Umschweife zu sagen, daß er sich nur als Staatsrat aufspiele, daß er ein Betrüger und ein Schurke sei und weiter nichts als seine eigene Nase … Doch die Nase war schon verschwunden, es war ihr gelungen, davonzuspringen, wahrscheinlich, um wieder irgendwem einen Besuch abzustatten.

Das brachte Kowaljow zur Verzweiflung. Er ging zurück und verharrte ungefähr eine Minute unter der Kolonnade, sich nach

allen Seiten aufmerksam umschauend, ob ihm nicht die Nase unter die Augen käme. Er erinnerte sich sehr gut, daß ihr Hut einen Federbusch hatte und die Uniform eine goldene Stickerei, doch den Mantel hatte er nicht beachtet, weder die Farbe ihrer Kutsche noch die der Pferde hatte er bemerkt und nicht einmal, ob hinten ein Lakai gestanden hatte und in welcher Livree. Obendrein sausten so viele Kutschen hin und her und mit solcher Geschwindigkeit, daß es schwierig war, sie überhaupt zu erkennen; doch selbst wenn er eine von ihnen erkannt hätte, so hätte er keinerlei Möglichkeit gehabt, sie anzuhalten. Der Tag war wunderschön und sonnig. Auf dem Newskij war eine Unmenge von Menschen, eine wahre Blütenkaskade von Damen ergoß sich über das Trottoir, von der Polizei- bis zur Anitschkow-Brücke. Da kommt ihm ein Bekannter entgegen. ein Hofrat, den er immer Oberstleutnant nannte, insbesondere in Gegenwart von Fremden. Und da ist auch Jaryschkin, Abteilungs-
[10] vorsteher im Senat, ein guter Freund von ihm, der beim Boston nie seine Stiche erreichte, wenn er die Acht spielte. Dort winkt ein anderer Major, der seinen Assessor-Titel im Kaukasus bekommen hat, ihn mit der Hand zu sich …

»Ach, hol's der Teufel!« sagte Kowaljow. »He, Kutscher, fahr mich geradewegs zum Ober-Polizeimeister!«

Kowaljow setzte sich in eine Droschke und schrie den Kutscher von Zeit zu Zeit an: »Fahr zu, was das Zeug hält!«

»Ist der Ober-Polizeimeister zu Hause?« rief er, als er den Hausflur betrat.

»Keineswegs«, erwiderte der Pförtner, »er ist gerade weggefahren.«

»Na so etwas!«

»Ja«, fügte der Pförtner hinzu, »es ist noch nicht lange her, aber er ist weggefahren. Wären Sie einen Augenblick früher gekommen, so hätten Sie ihn vielleicht noch zu Hause angetroffen.«

Ohne das Tuch vom Gesicht zu nehmen, stieg Kowaljow wieder in die Droschke und schrie mit verzweifelter Stimme: »Fahr zu!«

»Wohin?« sagte der Kutscher.

»Fahr geradeaus!«

»Wie geradeaus? Hier ist eine Biegung: nach rechts oder nach links?«

Diese Frage ließ Kowaljow innehalten und erneut überlegen. In seinem Fall mußte er sich zuallererst an das Amt für Öffentliche Ordnung wenden; nicht weil sein Fall einen direkten Bezug zur Polizei gehabt hätte, sondern deshalb, weil die Verfügungen dieses Amtes bei weitem schneller als in anderen Behörden erlassen werden konnten; indessen wäre es unbesonnen gewesen, Genugtuung beim Vorgesetzten derjenigen Behörde zu suchen, bei der die Nase sich als angestellt ausgegeben hatte, weil man aus den Antworten der Nase bereits ersehen konnte, daß diesem Menschen nichts heilig war und daß er in diesem Fall ebenso lügen könnte, wie er gelogen hatte, als er beteuerte, ihn noch nie gesehen zu haben. Und so wollte Kowaljow schon befehlen, zum Amt für Öffentliche Ordnung zu fahren, als ihm wiederum der Gedanke kam, dieser Betrüger und Spitzbube, der sich bereits bei der ersten Begegnung so gewissenlos aufgeführt hatte, könne die Zeit abermals nutzen und sich aus der Stadt davonmachen, und dann würde alles Suchen vergeblich [11]
sein oder könnte sich, was Gott verhüten möge, einen Monat lang hinziehen. Schließlich schien ihm der Himmel selbst eine Erleuchtung einzugeben. Er beschloß, sich direkt an die Annoncenabteilung einer Zeitung zu wenden und beizeiten eine Anzeige mit einer eingehenden Beschreibung aller Eigenschaften aufzugeben, damit ein jeder, der den Gesuchten treffe, diesen unverzüglich an ihn – Kowaljow – überstellen oder mindestens über seinen Aufenthaltsort Bescheid geben könne. So befahl er dem Kutscher, nachdem er diesen Entschluß gefaßt hatte, zur Annoncenabteilung zu fahren, und er bearbeitete dessen Rücken den ganzen Weg lang unaufhörlich mit der Faust, wobei er rief: »Schneller, du Halunke! Schneller, du Spitzbube!« – »Ach, gnädiger Herr!« sagte der Kutscher kopfschüttelnd und peitschte sein Pferd, dessen Mähne so lang war wie bei einem Schoßhündchen, mit den Zügeln. Endlich hielt die Droschke an, und Kowaljow lief ganz außer Atem in den kleinen Empfangsraum, wo ein ergrauter Beamter in einem alten Frack und mit Brille an einem Tisch saß und mit der Schreibfeder im Mund das eingegangene Kupfergeld zählte.

»Wer nimmt hier Annoncen entgegen?« rief Kowaljow. »Ah, guten Tag!«

»Meine Verehrung«, sagte der ergraute Beamte, hob für einen Moment die Augen und senkte sie dann wieder auf die vor ihm ausgelegten Geldhaufen.

»Ich möchte etwas drucken …«

»Erlauben Sie mal! Ich bitte, sich noch ein wenig zu gedulden«, sprach der Beamte, malte mit der einen Hand eine Ziffer auf ein Papier und verschob mit den Fingern der linken Hand zwei Steine auf dem Rechenbrett. Ein betreßter Lakai, dessen Äußeres darauf verwies, daß er einem aristokratischen Haus angehörte, stand neben dem Tisch mit einem Zettel in der Hand und erachtete es für angemessen, sich gesellig zu zeigen: »Glauben Sie mir, gnädiger Herr, das Hündchen ist keine achtzig Kopeken wert, das heißt, ich würde keine acht Groschen dafür geben; die Gräfin aber liebt es so, ach Gott, sie liebt es so, und da erhält derjenige, der es findet, hundert Rubel! Ehrlich gesagt, so ganz unter uns, über Geschmack läßt
[12] sich streiten: Wenn man schon Hundeliebhaber ist, dann sollte man sich einen Jagdhund oder einen Pudel halten, fünfhundert sollten einem dafür nicht leid tun, man kann auch tausend geben, doch dafür sollte man dann schon einen guten Hund bekommen.«

Der ehrenwerte Beamte hörte mit gewichtiger Miene zu und stellte gleichzeitig eine Berechnung auf, wieviel Buchstaben sich auf dem Zettel befanden. Zu beiden Seiten standen zahlreiche alte Frauen, Kaufmannsgehilfen und Dienstboten mit Zetteln. Auf dem einen hieß es, ein Kutscher, der nicht trinke, sei zum Dienst abzugeben, auf dem anderen wurde eine 1814 aus Paris importierte, wenig benutzte Kutsche angeboten; dort war ein neunzehn Jahre altes Hausmädchen zu vergeben, das im Waschhandwerk geübt und auch für andere Arbeiten geeignet war; eine feste ungefederte Droschke, ein junger feuriger Apfelschimmel, siebzehn Jahre alt, neue, aus London eingetroffene Samen von Rüben und Radieschen, eine Datscha mit allem, was dazu gehört: mit zwei Stallverschlägen für die Pferde und Land, auf dem man einen vortrefflichen Birken- oder Tannengarten anlegen könnte; ebenso fand sich dort ein Aufruf an diejenigen, die alte Schuhsohlen zu kaufen wünschten, mit der Aufforderung, sich jeden Tag von acht Uhr morgens bis drei Uhr nachmittags auf dem Trödelmarkt einzufinden. Der Raum, in dem sich diese ganze Gesellschaft versammelt hatte, war klein, und die Luft darin war außerordentlich stickig, doch der Kollegienassessor Kowaljow konnte den Geruch nicht wahrnehmen, weil er sich mit dem Tuch bedeckt hielt und seine eigene Nase sich weiß Gott wo befand.

»Geehrter Herr, gestatten Sie eine Bitte… Ich habe eine dringende Angelegenheit«, sagte er schließlich voller Ungeduld.

»Sofort, sofort! Zwei Rubel dreiundvierzig Kopeken! Gleich! Ein Rubel vierundsechzig Kopeken!« sagte der grauhaarige Herr und warf dabei den alten Weiblein und den Dienstboten ihre Zettel ins Gesicht. »Was wünschen Sie?« sagte er schließlich und wandte sich Kowaljow zu.

»Ich bitte Sie…«, sagte Kowaljow, »es ist eine Gaunerei passiert oder ein Schelmenstück, und bis jetzt konnte ich noch nichts herausbekommen. Ich bitte daher nur abzudrucken, daß derjenige, der mir diesen Schurken zuführt, eine reichliche Belohnung erhalten [13]
wird.«

»Gestatten Sie, wie ist Ihr werter Name?«

»Nein, wozu denn den Namen? Den kann ich nicht nennen. Ich habe viele Bekannte: Frau Tschechtarewa, die Staatsratsgattin, Palageja Grigorjewna Podtotschina, die Gattin des Stabsoffiziers… Plötzlich erfahren sie davon. Gott behüte! Sie können einfach schreiben: ein Kollegienassessor, oder noch besser, jemand im Majorsrang.«

»Und der Entlaufene war jemand von Ihren Dienstboten?«

»Wieso Dienstbote? Das wäre noch keine so große Gaunerei! Entlaufen ist mir… die Nase…«

»Hm! Welch sonderbarer Name! Und hat Ihnen dieser Herr Nase eine große Summe gestohlen?«

»Die Nase, das heißt… Sie verstehen mich falsch! Die Nase, meine eigene Nase ist verschwunden, und ich weiß nicht, wohin. Der Teufel wollte mir einen Streich spielen!«

»Aber auf welche Art und Weise ist sie denn verschwunden? Ich kann das nicht so recht begreifen.«

»Ich kann Ihnen eben nicht sagen, auf welche Art und Weise; aber die Hauptsache ist, daß sie jetzt in der Stadt herumfährt und sich Staatsrat nennt. Und daher bitte ich Sie zu annoncieren, daß derjenige, der sie fängt, sie mir unverzüglich in allerkürzester Zeit zuführen möge. Wahrhaftig, bedenken Sie doch, wie kann ich ohne einen so auffälligen Körperteil leben? Es ist schließlich nicht einfach ein kleiner Zeh, da stecke ich den Fuß in den Stiefel und niemand sieht, daß er fehlt. Immer am Donnerstag bin ich bei der Staatsratsgattin Tschechtarewa; Palageja Grigorjewna Podtotschina, die Gattin des Stabsoffiziers, und ihre ausnehmend hübsche Tochter sind auch sehr gute Bekannte, bedenken Sie doch, wie soll ich denn jetzt ... Ich kann mich jetzt bei ihnen nicht mehr sehen lassen.«

Der Beamte versank in Nachdenken, wie seine fest zusammengepreßten Lippen verrieten.

»Nein, ich kann eine solche Annonce nicht in der Zeitung veröffentlichen«, sagte er schließlich nach langem Schweigen.

»Wie das? Weshalb?«

[14] »Darum. Die Zeitung könnte ihren guten Ruf verlieren. Wenn jeder damit anfängt zu schreiben, daß seine Nase entlaufen ist, dann ... Es heißt auch so schon, daß vielerlei Ungereimtheiten und falsche Gerüchte publiziert werden.«

»Aber wieso ist das eine ungereimte Angelegenheit? Das ist doch, wie mir scheint, keineswegs der Fall.«

»Das scheint Ihnen so. Sehen Sie, da gab es in der vergangenen Woche genau so einen Fall. Ein Beamter kam ebenso, wie Sie jetzt hierher gekommen sind, mit einem Zettel, er mußte zwei Rubel dreiundsiebzig Kopeken bezahlen, und die ganze Annonce bestand darin, daß ein Pudel mit schwarzem Fell entlaufen sei. Was ist denn scheinbar schon dabei? Doch es stellte sich heraus, daß es ein Pasquill war: Dieser Pudel war ein Kassierer, von welcher Institution, habe ich vergessen.«

»Aber ich gebe doch keine Annonce über einen Pudel auf, sondern über meine eigene Nase: Also, das ist doch beinahe dasselbe wie über mich selbst.«

»Nein, eine solche Annonce kann ich keinesfalls veröffentlichen.«

»Aber wenn doch meine Nase wirklich verschwunden ist!«

»Wenn sie verschwunden ist, so ist das Sache eines Arztes. Es soll ja Leute geben, die einem jede beliebige Nase ansetzen können. Doch im übrigen fällt mir auf, daß Sie ein Mensch von fröhlichem Gemüt sein müssen und gerne in Gesellschaft zu scherzen belieben.«

»Ich schwöre Ihnen, so wahr Gott heilig ist! Meinetwegen, wenn es schon so weit gekommen ist, so zeige ich es Ihnen.«

»Wozu die Umstände!« fuhr der Beamte fort und nahm eine Prise Tabak. »Im übrigen, wenn es keine Umstände macht«, fügte er mit einer neugierigen Bewegung hinzu, »so würde ich es mir gerne ansehen.«

Der Kollegienassessor nahm das Tuch vom Gesicht.

»In der Tat, außerordentlich merkwürdig!« sagte der Beamte. »Eine vollkommen ebene Stelle, wie ein frisch gebackener Pfannkuchen. Ja, geradezu unglaublich glatt!«

»Wollen Sie jetzt noch streiten? Sie sehen selbst, daß die Annonce unbedingt gedruckt werden muß. Ich werde Ihnen überaus dank- [15]
bar sein und bin sehr froh, daß mir dieser Vorfall das Vergnügen Ihrer Bekanntschaft verschafft hat...« Der Major hatte, wie daraus ersichtlich, beschlossen, es diesmal mit einer kleinen Hinterlist zu versuchen.

»Es ist natürlich eine Kleinigkeit, sie zu drucken«, sagte der Beamte. »Nur sehe ich darin für Sie keinerlei Nutzen. Wenn Sie unbedingt wollen, so überlassen Sie es jemandem, der geschickt mit der Feder umgehen kann, den Vorfall als seltene Laune der Natur zu beschreiben und einen kleinen Artikel in der ›Nördlichen Biene‹ abzudrucken (hier nahm er nochmals eine Prise Tabak), zum Nutzen für die Jugend (hier wischte er die Nase ab) oder einfach so, zur allgemeinen Unterhaltung.«

Der Kollegienassessor war vollkommen entmutigt. Er ließ die Augen auf die Zeitung sinken, wo eine Mitteilung über Theateraufführungen stand; schon wollte er sein Gesicht zu einem Lächeln verziehen, als er den Namen einer hübschen Schauspielerin sah, und seine Hand griff in die Tasche, um nachzusehen, ob er eine blaue Assignate bei sich hatte, weil Stabs-Offiziere nach Meinung Kowaljows im Parkett sitzen müssen, doch der Gedanke an die Nase verdarb alles!

Selbst der Beamte, so schien es, war von der schwierigen Lage Kowaljows gerührt. Im Bestreben, seinen Kummer ein wenig zu lindern, hielt er es für angemessen, seine Teilnahme in einigen Worten auszudrücken: »Es bekümmert mich wirklich sehr, daß Ihnen eine solche Geschichte zugestoßen ist. Möchten Sie nicht vielleicht eine Prise Tabak? Das vertreibt Kopfschmerzen und trübsinnige Stimmungen; sogar gegen Hämorrhoiden ist es gut.« Mit diesen Worten reichte der Beamte Kowaljow seine Tabatiere, wobei er den Deckel mit dem Porträt einer Dame mit Hut geschickt darunterschob.

Diese unbedachte Handlung brachte Kowaljow aus der Fassung. »Es ist mir unbegreiflich, wie Sie solche Scherze machen können«, sagte er wütend. »Sehen Sie etwa nicht, daß mir genau das fehlt, womit ich schnupfen könnte? Mag der Teufel Ihren Tabak holen! Ich kann ihn nicht mehr sehen, nicht nur Ihren schlechten Beresiner,
[16] Sie könnten mir sogar Rapé anbieten.« Mit diesen Worten verließ er zutiefst verärgert die Annoncenabteilung und begab sich zum Polizeihauptmann des Reviers, einem außerordentlichen Zucker-Liebhaber. In seinem Haus war das ganze Vorzimmer, das gleichzeitig als Eßzimmer diente, mit Zuckerhüten vollgestellt, die ihm Kaufleute aus Freundschaft mitgebracht hatten. Die Köchin zog dem Polizeihauptmann gerade die Kanonenstiefel aus, sein Degen und seine militärische Ausrüstung hingen bereits friedlich in der Ecke, an dem furchterregenden Dreispitz machte sich schon sein dreijähriges Söhnchen zu schaffen, und er bereitete sich nach dem kämpferischen, kriegerischen Leben darauf vor, die Freuden der häuslichen Eintracht zu genießen.

Kowaljow kam zu ihm, als er sich gerade streckte, ächzte und sagte: »Ach, jetzt werde ich zwei Stündchen gut schlafen!« Und so war es abzusehen, daß der Besuch des Kollegienassessors höchst ungelegen kam. Ich weiß nicht, aber selbst wenn er ihm damals einige Pfund Tee oder Tuch mitgebracht hätte, wäre er dennoch nicht allzu gastfreundlich empfangen worden. Der Polizeihauptmann war ein großer Förderer aller Künste und Handwerks-Erzeugnisse, doch zog er staatliche Assignaten allem anderen vor. »Das ist eine Sache«, pflegte er zu sagen, »wie es sie besser nicht gibt: Sie braucht nichts zu essen, nimmt wenig Platz weg, paßt immer in die Tasche, und wenn man sie fallen läßt, geht sie nicht entzwei.«

Der Polizeihauptmann empfing Kowaljow ziemlich kühl und sagte, daß nach dem Mittagessen nicht die Zeit sei, eine Untersuchung durchzuführen, die Natur selbst habe es so bestimmt, daß man nach dem Essen ein wenig ausruhen solle (dem konnte der Kollegienassessor entnehmen, daß dem Polizeihauptmann die Aussagen der alten Weisen nicht unbekannt waren), daß einem ordentlichen Menschen nicht die Nase abgerissen würde und daß es auf der Welt allerlei Majore gebe, die nicht einmal ihr Unterzeug in ordentlichem Zustand hätten und sich an allerlei unanständigen Orten herumtrieben.

Damit hatte er ins Schwarze getroffen! Man muß anmerken, daß Kowaljow ein überaus empfindlicher Mensch war. Er konnte alles verzeihen, was über ihn selbst gesagt wurde, doch konnte er es keinesfalls entschuldigen, wenn sich das auf seinen Rang oder den Titel [17]
bezog. Er war sogar der Meinung, in Theaterstücken könne man alles durchgehen lassen, was sich auf Ober-Offiziere bezog, doch Stabs-Offiziere dürfe man keineswegs angreifen. Der Empfang des Polizeihauptmanns hatte ihn so verwirrt, daß er den Kopf schüttelte und mit leicht ausgebreiteten Armen würdevoll sagte: »Offen gestanden habe ich diesen beleidigenden Bemerkungen Ihrerseits nichts mehr hinzuzufügen ...« Damit ging er hinaus.

Er kam nach Hause und fühlte seine Beine kaum noch. Es dämmerte schon. Seine Wohnung schien ihm traurig und höchst abstoßend nach all diesen erfolglosen Nachforschungen. Als er das Vorzimmer betrat, erblickte er auf dem schmutzigen Lederdiwan seinen Lakaien Iwan, der auf dem Rücken lag, an die Decke spuckte und recht erfolgreich immer ein und dieselbe Stelle traf. Die Gleichgültigkeit des Menschen erboste ihn; er versetzte ihm mit dem Hut einen Schlag vor den Kopf und bemerkte dazu: »Du Schwein, machst immer nur Dummheiten!«

Iwan sprang plötzlich von seinem Platz auf und stürzte, so rasch er konnte, herbei, um ihm den Mantel abzunehmen.

In seinem Zimmer angelangt, warf sich der Major erschöpft und traurig in einen Sessel, seufzte ein paarmal und sagte schließlich:

»Mein Gott! Mein Gott! Womit habe ich dieses Unglück verdient? Fehlte mir ein Arm oder ein Bein, das alles wäre besser; hätte ich keine Ohren, wäre es schlimm, aber immer noch leichter zu ertragen; ohne Nase aber ist der Mensch weiß der Teufel was: Vogel oder nicht, Bürger oder nicht, so einen kann man gleich aus dem Fenster werfen! Wenn sie mir im Kriege oder im Duell abgeschlagen worden wäre, oder wenn ich selbst Schuld hätte; doch sie ist ja einfach mir nichts, dir nichts verschwunden, grundlos, umsonst!... Aber nein, das kann nicht sein«, fügte er nach einigem Nachdenken hinzu. »Es ist unwahrscheinlich, daß die Nase verlorengegangen ist, ganz und gar unwahrscheinlich. Das träume ich wohl, oder ich bilde es mir ein; vielleicht habe ich auch versehentlich statt Wasser den Wodka getrunken, mit dem ich mir nach der Rasur das Kinn abreibe. Iwan, der Tölpel, hat ihn nicht weggeräumt, und ich habe ihn wahrscheinlich getrunken.« Um sich tatsächlich zu vergewis-
[18] sern, daß er nicht betrunken sei, kniff der Major sich so fest, daß er aufschrie. Dieser Schmerz überzeugte ihn vollends davon, daß er sich in wachem Zustand befand. Ganz sachte näherte er sich dem Spiegel und kniff zunächst die Augen zusammen, mit dem Gedanken, daß sich die Nase möglicherweise an ihrem Platz befände; er fuhr jedoch sogleich zurück und sagte: »So ein schmachvoller Anblick!«

Es war wirklich unfaßbar. Wenn ein Knopf verlorengegangen wäre, ein silberner Löffel, eine Uhr oder etwas dergleichen, aber so etwas, einfach abhanden zu kommen, und das ihm!, und noch dazu in der eigenen Wohnung!... Major Kowaljow zog alle Umstände in Erwägung und gelangte zu der der Wahrheit wohl am nächsten kommenden Vermutung, daß die Schuld daran bei niemand anderem liegen könne als bei der Stabsoffiziersgattin Podtotschina, deren Wunsch es war, er möge ihre Tochter heiraten. Auch er selbst machte ihr gerne den Hof, wich jedoch einer endgültigen Entscheidung aus. Als aber die Stabsoffiziersgattin ihm geradeheraus erklärte, daß sie ihre Tochter mit ihm verheiraten wolle, ließ er allmählich von seinen Komplimenten ab und sagte, er sei noch jung, er müsse noch ungefähr fünf Jahre dienen, damit er genau zweiundvierzig Jahre sei. Und daher hatte die Stabsoffiziersgattin, wohl

aus Rache, beschlossen, ihm zu schaden, und zu diesem Zwecke irgendwelche Zauberweiber gedungen, denn es war keinesfalls anzunehmen, die Nase sei abgeschnitten worden: Niemand war zu ihm ins Zimmer gekommen, der Barbier Iwan Jakowlewitsch hatte ihn noch am Mittwoch rasiert, und im Verlaufe des ganzen Mittwochs und sogar den ganzen Donnerstag war seine Nase noch unversehrt gewesen – daran erinnerte er sich sehr gut; zudem hätte er auch Schmerz empfinden müssen, und die Wunde hätte zweifelsohne nicht so rasch abheilen und glatt sein können wie ein Pfannkuchen. Er machte in Gedanken Pläne: Sollte er die Stabsoffiziersgattin ganz formell vor Gericht bringen oder selbst bei ihr vorstellig werden und sie überführen? Seine Überlegungen wurden von dem Licht unterbrochen, das durch alle Türritzen drang und anzeigte, daß Iwan im Vorzimmer bereits die Kerze angezündet hatte. Bald erschien auch Iwan selbst, er trug die Kerze vor sich her und erleuchtete das ganze Zimmer mit hellem Schein. Kowaljows erste [19]
Reaktion war, das Tuch zu ergreifen und die Stelle zu bedecken, wo gestern noch die Nase gewesen war, damit dieser in der Tat törichte Mensch nicht Maulaffen feilhielt, wenn er bei seinem Herrn ein so absonderliches Phänomen erblickte.

Iwan war noch nicht wieder in seinem Winkel angelangt, als im Vorzimmer eine unbekannte Stimme zu vernehmen war, die sagte: »Wohnt hier der Kollegienassessor Kowaljow?«

»Treten Sie ein. Major Kowaljow ist hier«, sagte Kowaljow, der eilig aufgesprungen war, und öffnete die Tür.

Herein kam ein Polizeibeamter von angenehmer Erscheinung, mit einem Backenbart, der nicht zu hell und nicht zu dunkel war, mit ziemlich vollen Wangen, eben der, der zu Beginn der Erzählung am Ende der Isaaks-Brücke gestanden hatte.

»Haben Sie beliebt, Ihre Nase zu verlieren?«

»Ganz genau.«

»Sie wurde jetzt gefunden.«

»Was sagen Sie da?« rief Major Kowaljow. Die Freude verschlug ihm die Sprache. Aufmerksam betrachtete er den vor ihm stehenden Bezirksaufseher, auf dessen vollen Lippen und Wangen das flackernde Licht der Kerze hell schimmerte. »Auf welche Weise?«

»Durch einen seltsamen Zufall: Sie wurde aufgegriffen, als sie beinahe schon unterwegs war. Sie saß bereits in der Diligence und wollte nach Riga fahren. Und ihr Paß ist vor längerer Zeit auf den Namen eines Beamten ausgestellt worden. Das Merkwürdige ist, daß ich selbst sie zunächst für einen Herrn hielt. Doch glücklicherweise hatte ich die Brille bei mir, und ich sah sogleich, daß das eine Nase war. Schließlich bin ich kurzsichtig, und wenn Sie vor mir stehen, so sehe ich nur, daß Sie ein Gesicht haben, doch bemerke ich weder Nase noch Bart. Meine Schwiegermutter, das heißt die Mutter meiner Gattin, sieht gleichfalls nichts.«

Kowaljow war außer sich. »Wo ist sie denn? Wo? Ich laufe sogleich hin.«

»Machen Sie sich keine Sorgen. Ich wußte, daß Sie sie brauchen, und habe sie gleich mitgebracht. Das Merkwürdige ist, daß der Hauptbeteiligte an dieser Angelegenheit ein Halunke von Barbier
[20] auf der Wosnessenskij-Straße ist, der jetzt bereits auf der Polizeiwache sitzt. Ich habe ihn schon lange im Verdacht, ein Trinker und ein Dieb zu sein, erst vor drei Tagen hat er in einem kleinen Laden eine Borte mit Knöpfen stibitzt. Ihre Nase ist noch genau so, wie sie war.« Dabei griff der Bezirksaufseher in die Tasche und zog die in ein Papier eingewickelte Nase hervor.

»Ja, das ist sie!« schrie Kowaljow. »Das ist sie wahrhaftig! Nehmen Sie doch heute mit mir ein Täßchen Tee.«

»Das würde mir eine große Freude sein, aber ich kann auf gar keinen Fall. Ich muß von hier aus zum Zuchthaus fahren … Alle Lebensmittel sind sehr teuer geworden … Meine Schwiegermutter, das heißt die Mutter meiner Gattin, lebt bei mir im Haus, ebenso die Kinder; besonders der Älteste gibt Anlaß zu den besten Hoffnungen, ein sehr kluger Junge, doch fehlt es vollständig an Mitteln für seine Erziehung.«

Kowaljow verstand das richtig, er griff eine rote Assignate vom Tisch und drückte sie dem Bezirksaufseher in die Hand; dieser machte einen Kratzfuß und ging zur Tür hinaus, und fast im selben Augenblick hörte Kowaljow schon seine Stimme auf der Straße, wo er einem dummen Kerl, der mit seinem Fuhrwerk ausgerechnet auf den Boulevard geraten war, eine passende Belehrung erteilte.

Nachdem der Bezirksvorsteher gegangen war, verharrte der Kollegienassessor einige Minuten in einem unbestimmten Zustand und konnte erst nach einigen Minuten wieder sehen und fühlen, so benommen hatte ihn die unerwartete Freude gemacht. Er nahm die wiedergefundene Nase behutsam in beide Hände, die er zu einer Schale zusammengelegt hatte, und betrachtete sie noch einmal aufmerksam.

»Ja, sie ist es, sie ist es wahrhaftig!« sagte Major Kowaljow. »Da ist auch der kleine Pickel auf der linken Seite, der gestern gewachsen ist.« Der Major brach vor Freude beinahe in Lachen aus.

Doch nichts auf der Welt ist von langer Dauer, und daher ist die Freude schon im zweiten Augenblick nicht mehr so lebhaft wie im ersten: im dritten Augenblick wird sie noch schwächer, und schließlich verschmilzt sie unmerklich mit dem gewöhnlichen Zustand der Seele, so wie ein Kreis auf dem Wasser, der durch das Fallen eines Steinchens verursacht wurde, schließlich mit der glatten Oberfläche [21]
verschmilzt. Kowaljow begann zu überlegen und erkannte, daß die Angelegenheit noch nicht abgeschlossen war: Die Nase war gefunden, doch schließlich mußte man sie wieder ansetzen, sie an ihrem Platz anbringen.

»Und was ist, wenn sie nicht sitzen bleibt?«

Bei dieser an sich selbst gerichteten Frage erbleichte der Major.

Mit einem Gefühl unsäglicher Angst stürzte er zum Tisch und zog den Spiegel heran, um die Nase nicht irgendwie schief anzusetzen. Seine Hände zitterten. Vorsichtig und behutsam hielt er sie an ihren früheren Platz. O Schreck! Die Nase blieb nicht haften!... Er führte sie zum Mund, erwärmte sie leicht mit seinem Atem und führte sie dann erneut an die glatte Stelle zwischen den beiden Wangen; die Nase jedoch hielt überhaupt nicht.

»Na! Na los! So kletter doch hinauf, du dummes Ding!« sagte er zu ihr. Aber die Nase war wie aus Holz und fiel mit einem so merkwürdigen Ton auf den Tisch, als wäre sie ein Flaschenkorken. Das Gesicht des Majors verzerrte sich krampfhaft. »Sollte sie wahrhaftig nicht wieder anwachsen?« sagte er erschrocken. Doch sooft er die Nase auch an ihren eigentlichen Platz führte, seine Bemühungen blieben nach wie vor ohne Erfolg.

Er rief Iwan herbei und schickte ihn, den Doktor zu holen, der im gleichen Haus die beste Wohnung in der Beletage innehatte. Dieser Doktor war ein stattlicher Mann, hatte einen wunderschönen, glänzenden Backenbart und eine frische, gesunde Doktorsfrau, aß am Morgen frische Äpfel und hielt seinen Mund ungewöhnlich sauber, indem er ihn jeden Morgen beinahe eine Dreiviertelstunde ausspülte und die Zähne mit fünf verschiedenen Bürstchen polierte. Der Doktor erschien auf der Stelle. Nachdem er sich erkundigt hatte, wann das Unglück geschehen sei, griff er Major Kowaljow unters Kinn und versetzte ihm mit dem Daumen einen Stups an ebender Stelle, wo früher die Nase gewesen war, worauf der Major seinen Schädel mit solcher Kraft zurückwerfen mußte, daß er mit dem Hinterkopf an der Wand anschlug. Der Arzt sagte, das sei nicht weiter schlimm und riet ihm, ein wenig von der Wand abzurücken. Er befahl ihm, den Kopf zuerst nach rechts zu beugen, befühlte die
[22] Stelle, wo früher die Nase gewesen war, und sagte: »Hm!« Dann befahl er ihm, den Kopf nach links zu beugen, sagte: »Hm!« und gab ihm zum Abschluß wieder einen Stoß mit dem Daumen, so daß Major Kowaljow den Kopf zurückriß wie ein Pferd, dem man in die Zähne schaut. Nach diesem Versuch schüttelte der Arzt den Kopf und sagte: »Nein, es geht nicht. Sie bleiben besser so, denn man könnte es noch schlimmer machen. Natürlich kann man sie ansetzen; ich würde sie Ihnen meinetwegen jetzt gleich ansetzen, doch ich versichere Ihnen, daß das für Sie schlimmer ist.«

»Das ist ja sehr schön! Wie soll ich denn ohne Nase herumlaufen?« sagte Kowaljow. »Schlimmer als jetzt kann es doch nicht mehr werden. Weiß der Teufel, was das soll! Wo werde ich mich denn mit einer solchen Schmach zeigen? Ich habe gutsituierte Bekannte. Heute abend noch soll ich in zwei Häusern zu Gast sein. Ich habe viele Bekannte: die Staatsratsgattin Tschechtarewa, die Stabsoffiziersgattin Podtotschina... obgleich ich nach ihrem jetzigen Vergehen mit ihr nur noch durch die Polizei verkehren kann. Seien Sie so gut«, sprach Kowaljow mit flehender Stimme, »gibt es nicht ein Mittel? Befestigen Sie sie irgendwie, wenn auch nicht schön, wenn sie nur hält. Ich kann sie sogar in gefährlichen Situationen mit der Hand stützen. Ich tanze außerdem nicht, damit sie nicht durch eine unbedachte Bewegung in Gefahr gerät. Und was meine Dankbarkeit für Ihre Visite angeht, so seien Sie versichert, soweit es meine Mittel erlauben…«

»Glauben Sie mir«, sagte der Doktor nicht zu laut und nicht zu leise, aber äußerst freundlich und anziehend, »ich heile niemals aus Habsucht. Das widerstrebt meinen Regeln und meiner Kunst. Zwar nehme ich etwas für meine Visiten, aber einzig darum, um niemanden durch eine Ablehnung zu beleidigen. Selbstverständlich würde ich Ihre Nase anbringen, doch ich versichere Ihnen bei meiner Ehre, wenn Sie schon meinem Wort keinen Glauben schenken, daß das weit schlimmer sein wird. Überlassen Sie das besser dem Einfluß der Natur. Waschen Sie sich häufig mit kaltem Wasser, und ich versichere Ihnen, daß Sie ohne Nase genauso gesund sind, als wenn Sie eine hätten. Die Nase hingegen rate ich Ihnen in ein Glas mit Spiritus zu legen, oder besser noch gießen Sie zwei Eßlöffel starken Wodka und erwärmten Essig hinein, und dann können Sie dafür ordentliches Geld nehmen. Ich nehme sie sogar selbst, wenn Sie [23]
nur mit dem Preis nicht zu hoch gehen.«

»Nein, nein! Um keinen Preis verkaufe ich sie!« schrie der verzweifelte Major Kowaljow. »Dann soll sie lieber futsch sein!«

»Entschuldigen Sie!« sagte der Doktor und verbeugte sich, »ich wollte Ihnen von Nutzen sein… Was soll man machen? Wenigstens haben Sie gesehen, daß ich mich bemühe.«

Mit diesen Worten verließ der Doktor in vornehmer Haltung das Zimmer. Kowaljow bemerkte nicht einmal sein Gesicht und sah in seiner tiefen Benommenheit nur die aus den Ärmeln seines schwarzen Fracks hervorstehenden Manschetten des sauberen, schneeweißen Hemdes.

Gleich am folgenden Tag beschloß er, der Stabsoffiziersgattin vor der offiziellen Einreichung der Klage zu schreiben, ob sie nicht einverstanden sei, ihm kampflos zurückzugeben, was ihm gehöre. Der Brief hatte folgenden Inhalt:

Gnädige Frau, Alexandra Grigorjewna!

Ich kann das seltsame Verhalten Ihrerseits nicht verstehen. Seien Sie versichert, daß Sie, wenn Sie sich solcherart verhalten, nichts erreichen und mich keineswegs dazu veranlassen können, Ihre Tochter zu heiraten. Glauben Sie mir, daß die Geschichte mit meiner Nase mir vollständig bekannt ist, ebenso wie die Tatsache, daß Sie beide und niemand sonst daran die Hauptbeteiligten sind. Die plötzliche Abtrennung meiner Nase von ihrem Platz, ihre Flucht und ihre Maskierung, mal in Gestalt eines Beamten, dann schließlich in eigener Gestalt, sind weiter nichts als die Folge von Zauberstücken, die von Ihnen oder auch von denjenigen ausgeführt wurden, die sich in solch ähnlich vornehmen Betätigungen üben wie Sie. Ich meinerseits erachte es für meine Pflicht, Sie davon in Kenntnis zu setzen, daß ich, sollte die von mir erwähnte Nase nicht noch heute an ihrem Platz sein, gezwungen bin, mich unter Schutz und Schirm der Gesetze zu stellen.

Im übrigen habe ich mit vorzüglicher Hochachtung für Sie die Ehre zu verbleiben als

[24]

Ihr ergebener Diener
Platon Kowaljow

Gnädiger Herr,
Platon Kusmitsch!

Ihr Brief hat mich aufs höchste erstaunt. Ich gestehe Ihnen in aller Offenheit, ich habe das keineswegs erwartet, insbesondere was die ungerechten Vorwürfe Ihrerseits angeht. Ich setze Sie davon in Kenntnis, daß ich den Beamten, den Sie erwähnen, niemals in meinem Hause empfangen habe, weder in maskierter noch in eigener Gestalt. Wohl war Filipp Iwanowitsch Potantschikow bei mir zu Gast. Und obgleich er wirklich um die Hand meiner Tochter nachgesucht hat und ein guter Mensch von nüchternem Benehmen und großer Gelehrtheit ist, so habe ich ihm doch niemals irgendwelche Hoffnungen gemacht. Sie erwähnen da noch eine Nase. Wenn Sie damit meinen, daß ich Sie gleichsam mit einer Nase stehen lassen, das heißt Ihnen eine förmliche Absage erteilen wollte, so erstaunt es mich, daß Sie davon reden, während ich doch, was Ihnen bekannt ist, vollkommen gegenteiliger Meinung war, und wenn Sie jetzt rechtmäßig um meine Tochter anhalten wollen, so bin ich bereit, noch in dieser Stunde Ihrem Wunsch zu entsprechen, war doch das stets der Gegenstand meines lebhaftesten Verlangens; in der Hoffnung darauf verbleibe ich stets zu Ihren Diensten

Alexandra Podtotschina

»Nein«, sagte Kowaljow, nachdem er den Brief gelesen hatte. »Sie ist sicher nicht schuldig. Das kann nicht sein! Der Brief ist so geschrieben, wie ein Mensch, der eines Verbrechens schuldig ist, nicht schreiben kann.« Der Kollegienassessor war darin bewandert, weil er schon im Kaukasus einige Male mit gerichtlichen Nachforschungen betraut worden war. »Aber auf welche Art und Weise, durch welche Schicksalsfügungen hat sich das ereignet? Das versteht nur der Teufel!« sagte er schließlich und ließ die Hände sinken. [25]

Unterdessen hatten sich Gerüchte über dieses ungewöhnliche Ereignis in der ganzen Hauptstadt verbreitet, und zwar, wie üblich, nicht ohne besondere Ausschmückungen. Damals stand allen der Sinn nach Außergewöhnlichem: Erst kürzlich hatten Experimente mit der Wirkung des Magnetismus die ganze Stadt beschäftigt. Zudem war auch die Geschichte mit den tanzenden Stühlen in der Konjuschennaja-Straße noch frisch, und daher ist es nicht verwunderlich, daß man bald sagte, die Nase des Kollegienassessors Kowaljow promeniere immer genau um drei Uhr über den Newskij-Prospekt. Tagtäglich strömte eine Vielzahl von Neugierigen zusammen. Da sagte jemand, die Nase befinde sich anscheinend im Geschäft von Junker, und schon drängte sich bei Junker eine solche Menge, daß sogar die Polizei einschreiten mußte. Ein findiger Geschäftsmann von ehrbarem Äußeren mit Backenbart, der am Eingang zum Theater allerlei trockenes Zuckergebäck verkaufte, verfertigte eigens wunderschöne solide Holzbänke und lud die Neugierigen zu 80 Kopeken pro Besucher ein, sich darauf zu stellen. Ein verdienter Oberst ging eigens deswegen früher aus dem Haus und bahnte sich mit großer Mühe einen Weg durch die Menge; zu seiner großen Entrüstung jedoch

erblickte er im Schaufenster des Geschäfts statt der Nase eine gewöhnliche wollene Unterziehjacke und eine Lithographie mit dem Bild von einem Mädchen, das seinen Strumpf glattzog, und einem Stutzer mit zurückgeschlagener Weste und einem kleinen Bärtchen, der das Mädchen hinter einem Baum hervor beobachtete – ein Bild, das schon mehr als zehn Jahre an ein und demselben Platz hing. Er ging fort und sagte verärgert: »Wie kann man mit derlei törichten, unwahrscheinlichen Gerüchten das Volk in Aufruhr versetzen?« – Dann verbreitete sich das Gerücht, die Nase des Majors Kowaljow gehe nicht auf dem Newskij-Prospekt, sondern im Taurischen Garten spazieren, sie sei anscheinend seit langem dort, und schon Chosrew-Mirsa habe sich, als er noch dort lebte, über diese merkwürdige Laune der Natur sehr verwundert. Einige Studenten der Chirurgischen Akademie begaben sich dorthin. Eine vornehme, ehrbare Dame bat in einem besonderen Brief
[26] den Gartenaufseher, ihren Kindern dieses seltene Phänomen zu zeigen, wenn möglich, mit belehrenden und erbaulichen Erläuterungen für die Jugend.

Über alle diese Ereignisse höchst erfreut waren alle die eleganten, unentbehrlichen Besucher von Abendgesellschaften, die so gern die Damen zum Lachen brachten und deren Vorrat zu der Zeit völlig erschöpft war. Ein kleiner Teil der ehrbaren, wohlmeinenden Leute war äußerst unzufrieden. Ein Herr sagte voller Empörung, er verstehe nicht, wie sich im heutigen aufgeklärten Jahrhundert so absurde Lügen verbreiten könnten, und er wundere sich, daß die Regierung dem keine Aufmerksamkeit schenke. Dieser Herr gehörte ganz offensichtlich zur Zahl derjenigen Herrschaften, die die Regierung in alles zu verwickeln wünschen, selbst in ihre tagtäglichen Streitereien mit der Gattin. Daraufhin … doch hier bedeckt sich das ganze Geschehen erneut mit Nebel, und was danach passierte, ist vollkommen unbekannt.

III

Vollkommener Unsinn tut sich auf der Welt. Manchmal gibt es überhaupt keinerlei Glaubwürdigkeit: Unversehens geriet ebendiese Nase, die im Rang eines Staatsrats umhergefahren war und soviel Aufsehen in der Stadt erregt hatte, wie wenn nichts gewesen wäre, wieder an ihren Platz, also zwischen die beiden Wangen des Majors Kowaljow. Das geschah bereits am 7. April. Als der Major nach dem Aufwachen versehentlich in den Spiegel blickte, sah er – seine Nase! Er packte sie mit der Hand – wahrhaftig, seine Nase! »Haha!« sagte Kowaljow und hätte in seiner Freude beinahe barfuß einen Tropak durchs ganze Zimmer getanzt, doch Iwan kam herein und störte ihn dabei. Er ließ sich sogleich das Waschzeug bringen und schaute nach dem Waschen nochmals in den Spiegel: Die Nase war da. Er trocknete sich mit dem Handtuch ab und schaute wieder in den Spiegel: Die Nase war da! [27]

»Ach, schau doch mal, Iwan, ich habe anscheinend einen kleinen Pickel auf der Nase«, sagte er und dachte dabei: »Es wäre schlimm, wenn Iwan jetzt sagte: Aber nein, gnädiger Herr, nicht nur der Pickel, auch die Nase selbst ist nicht da!«

Iwan sagte jedoch: »Nichts ist da, kein Pickel, die Nase ist makellos!«

»Sehr gut, hol's der Teufel!« sagte der Major bei sich und schnippte mit den Fingern. In dem Moment schaute der Barbier Iwan Jakowlewitsch zur Tür herein, aber so furchtsam wie eine Katze, die man gerade wegen Diebstahls von Speck verprügelt hat.

»Sag zuerst: Sind deine Hände sauber?« rief ihm Kowaljow schon von weitem zu.

»Sie sind sauber.«

»Du lügst!«

»Bei Gott, sie sind sauber, gnädiger Herr.«

»Nun, paß nur auf.«

Kowaljow setzte sich. Iwan Jakowlewitsch bedeckte ihn mit einem Tuch und verwandelte im Handumdrehen mit Hilfe eines Pinsels den ganzen Bart und einen Teil der Wange in eine Creme, wie sie in Kaufmannshäusern am Namenstag serviert wird. »Du bist mir eine!« sagte Iwan Jakowlewitsch für sich mit einem Blick auf die Nase, drehte dann den Kopf zur anderen Seite und betrachtete sie im Profil. »Sieh mal an! Wenn man so bedenkt«, fuhr er fort und betrachtete die Nase lange. Schließlich hob er sachte und so behutsam, wie man sich nur denken kann, zwei Finger, um die Nase an der Spitze zu halten. Das war nun einmal Iwan Jakowlewitschs System.

»Na, na, na, paß auf!« schrie Kowaljow. Iwan Jakowlewitsch ließ die Hände sinken und war so verblüfft und verwirrt wie noch nie zuvor. Schließlich begann er vorsichtig, ihn mit dem Rasiermesser unter dem Kinn zu kitzeln, und obgleich es ihm äußerst unbequem und schwierig war, ohne den Halt am Riechorgan zu rasieren, überwand er letztlich alle Hindernisse und führte die Rasur zu Ende, indem er sich, so gut es eben ging, mit seinem rauhen Daumen auf der Wange und dem Unterkiefer abstützte.

[28] Als alles fertig war, kleidete Kowaljow sich auf der Stelle eilig an, nahm eine Droschke und fuhr geradewegs in die Konditorei. Beim Eintreten rief er schon von weitem: »Kellner, eine Tasse Schokolade!« und stürzte sogleich zum Spiegel: Die Nase war da. Fröhlich wandte er sich um und betrachtete mit spöttischer Miene und leicht zusammengekniffenen Augen zwei Soldaten, von denen der eine eine Nase hatte, die keinesfalls größer war als ein Westenknopf. Darauf begab er sich in die Kanzlei jenes Departements, in dem er sich um die Stelle eines Vize-Gouverneurs und im Falle eines Mißerfolgs um die eines Exekutors bemühte. Als er durch den Empfangsraum ging, warf er einen Blick in den Spiegel: Die Nase war da. Danach fuhr er zu einem anderen Kollegienassessor oder Major, einem großen Spötter, dem er auf seine diversen Sticheleien zu entgegnen pflegte: »Ach, du, ich kenne dich doch, du Spaßvogel!« Auf dem Weg dorthin dachte er: »Wenn auch der Major bei meinem Anblick nicht vor Lachen platzt, dann ist das ein zuverlässiges Anzeichen dafür, daß alles an der richtigen Stelle sitzt.« Doch der Kollegienassessor tat nichts dergleichen. »Vortrefflich, vortrefflich, zum Teufel!« überlegte Kowaljow im stillen. Unterwegs traf er die Stabsoffiziersgattin Podtotschina mit ihrer Tochter, machte ihnen eine Verbeugung und wurde mit freudigen Ausrufen begrüßt, also

war alles in Ordnung, er hatte keinerlei Schaden davongetragen. Er unterhielt sich sehr lange mit ihnen, nahm absichtlich seine Tabatiere heraus und stopfte vor ihren Augen umständlich beide Eingänge seiner Nase mit Tabak, wobei er vor sich hin murmelte: »Da habt ihr's, Weibsleute, Hühnervolk! Und das Töchterchen heirate ich trotzdem nicht. Einfach so, par amour – meinetwegen!« Und von da an promenierte Major Kowaljow, wie wenn nichts gewesen wäre, über den Newskij-Prospekt, ging ins Theater und überallhin. Und die Nase saß ebenfalls, wie wenn nichts gewesen wäre, in seinem Gesicht und gab sich noch nicht einmal den Anschein, als habe sie sich aus dem Staub gemacht. Danach sah man Major Kowaljow immer in guter Laune, er lächelte fortwährend und stellte allen hübschen Damen ohne Ausnahme nach; einmal blieb er sogar vor einem kleinen Laden im Gostinyj dwor stehen und kaufte ein Ordensband, man weiß nicht, aus welchem Grund, war er doch selbst nicht Träger eines Ordens. [29]

Solch eine Geschichte also hat sich in der nördlichen Hauptstadt unseres weiten Reiches zugetragen! Erst jetzt, unter Erwägung aller Umstände, sehen wir, daß sie vielerlei Unwahrscheinlichkeiten enthält. Ganz zu schweigen davon, daß die übernatürliche Abtrennung der Nase und ihr Erscheinen in Gestalt eines Staatsrats an verschiedenen Orten wirklich eigenartig ist, aber wie konnte Kowaljow nur nicht begreifen, daß man nicht über die Annoncenabteilung einer Zeitung eine Anzeige für eine Nase aufgeben kann? Ich meine das hier nicht in dem Sinne, daß mir eine Annonce zu teuer scheint: Das ist Unsinn, und ich gehöre wahrhaftig nicht zu den geizigen Menschen. Aber es ist unanständig, ungeschickt, unschön! Und dann – wie ist die Nase in das frischgebackene Brot geraten, und wie konnte Iwan Jakowlewitsch nur …? Nein, das verstehe ich überhaupt nicht, ich verstehe es ganz und gar nicht! Aber das Seltsamste, das Unverständlichste ist, wie sich Schriftsteller derartige Sujets vornehmen können. Ich gestehe, das übersteigt mein Begriffsvermögen vollkommen, das ist wirklich … nein, nein, ich begreife das überhaupt nicht. Erstens hat das Vaterland keinerlei Nutzen davon; zweitens … aber auch zweitens bringt das keinen Nutzen. Ich weiß einfach nicht, was das …

Aber dennoch kann man wiederum bei alldem, obgleich man
natürlich das eine und das andere und noch etwas zugeben kann,
vielleicht sogar … nun, und wo kommen schon keine Ungereimt-
heiten vor? Und trotzdem, wenn man darüber nachdenkt, so ist an
[30] alldem wahrhaftig etwas dran. Da kann man sagen, was man will,
aber derartige Vorkommnisse gibt es auf der Welt, selten, doch es
gibt sie.

DIE TÜR ZUR WAHRHAFTIGKEIT KÖNNTE DAS MERKWÜRDIGE SEIN

Gedanken zu *Die Nase*

Wir haben von der Rolle der Wahrheit und der Wahrhaftigkeit gesprochen, vom »Tatsächlichen« in der Fiktion. Wenn eine Erzählung sich in einer Weise auf die Welt bezieht, die wahrhaftig klingt, zieht sie die Leser:innen herein.

Wenn mir Tolstoi in »Herr und Knecht« erzählt: »Der Wind kam von links; er wehte die Mähne an dem drallen, wohlgenährten Hals des Braunen hartnäckig nach der einen Seite und drückte sogar den aufgebundenen Schweif des Pferdes seitwärts« – dann sehe ich das Pferd vor mir, fühle den scharfen Wind im Nacken, vielleicht sogar das kalte, harte Holz der Bank durch meine dünne, handgenähte russische Hose.

Das also ist ein Weg, um eine Erzählung wahrhaftig werden zu lassen.

Es gibt einen weiteren: wenn die *Folge der Ereignisse* uns als wahrhaftig überzeugt. Ein arroganter Landbesitzer besteht darauf, den Schlitten durch einen Schneesturm zu lenken, verfährt sich und gibt dem Bauern die Schuld. Ich fühle: »Jep, so läuft es manchmal auf der Welt.« Die grundlegende Akkuratesse der Beobachtung, die hier greift, lässt mich dem Autor vertrauen, ich lasse mich darauf ein.

Grob gesagt liegt hier die Essenz des »Realismus«: Da draußen gibt es eine Welt, und die Autorin sorgt dafür, dass ihre Erzählung der Welt ähnelt.

Doch wir sehen, Realismus ist gar nicht nur realistisch. Die Erzählungen von Tschechow, Turgenjew und Tolstoi, die wir gelesen haben, sind verdichtet und übertrieben, das Auswählen und Weglassen und Gestalten darin erreicht teils irrsinnige Ausmaße. (Hat es je eine so selbstverleugnende Frau wie Olenka gegeben? Einen so eindimensionalen Herrn wie Wasilij? Erleben Sie auf Ihren Heimfahrten aus der Stadt so viel verdichtetes Drama wie Marija?)

Der Begriff »Konsens-Wirklichkeit«, der mir einmal untergekommen ist, steht für diejenigen Anteile der Welt, auf die wir uns ziemlich gut als wahrhaftig einigen können. Wasser ist blau, Vögel singen, so etwas. Und obwohl Wasser nicht einfach nur blau ist, obwohl nicht alle Vögel singen und obwohl »singen« nur eine annähernde Beschreibung ist und unter Wert verkauft, was Vögel tatsächlich tun – es ist trotzdem natürlich und zweckmäßig, wenn wir uns auf diesen Konsens-Blick einigen. Wenn ich sage »Singende Vögel flogen tief über der blauen Wasserfläche«, dann ist das ein zweckdienliches Bild, wenn man ungefähr sagen will, was da unten am See so vor sich geht. Wenn ich sage: »Vorsicht, da fällt dir gleich ein Klavier auf den Kopf«, dann hilft dir die Tatsache, dass wir uns einig sind, diese Ansammlung aus Holz, Elfenbein und Metall ein »Klavier« und das Ding oben auf deinem Hals einen »Kopf« zu nennen, hoffentlich dabei, rechtzeitig aus dem Weg zu gehen.

»Realismus« nutzt unseren Hang zur »Konsens-Wirklichkeit«. Die Dinge geschehen ungefähr so wie in der wahren Welt; der Erzählmodus beschränkt sich auf das, was normalerweise passiert, was physisch möglich ist.

Eine Erzählung kann aber auch wahrhaftig sein, wenn sie die Konsens-Wirklichkeit ablehnt – wenn Dinge in ihr geschehen, die in der wahren Welt nie passieren und auch nie passieren könnten.

Wenn ich Ihnen die Aufgabe stellte, eine Erzählung zu schreiben, in der die Figuren ein Handy, ein Paar Handschuhe und ein vom Baum fallendes Blatt sind, plaudernd in einer Schubkarre in einer vorstädtischen Hauseinfahrt – könnte diese Erzählung wahrhaftig sein? Ja. Sie könnte wahrhaftig sein durch die Art, wie sie auf sich selbst und ihre Vorgaben reagiert, durch ihre Vorgehensweise – durch die Veränderungen in ihrem Verlauf, die Umrisse ihrer inneren Logik, die Bezüge zwischen ihren Elementen.

Wenn Sie sorgfältig genug herangehen, könnte diese Schubkarre voller Objekte zu einem ganzen Bedeutungssystem werden, das etwas Wahrhaftiges über unsere Welt aussagt, und manches davon ließe sich mit einem konventionelleren, realistischen Ansatz vielleicht nicht sagen. Dieses System wäre bedeutungsvoll, nicht durch die Plausibilität oder Hellsichtigkeit seiner Vorgaben, sondern dadurch, wie es auf diese Vorgaben reagiert – dadurch, was es aus ihnen macht.

Wenn ein Autor ein merkwürdiges Ereignis einführt und die fiktionale Welt darauf reagieren lässt, lernen wir im Grunde etwas über die psychologische Physik dieser fiktionalen Welt (nennen wir es mal so). Welche Regeln gelten dort? Wie entwickeln sich die Dinge? Eine solche Erzählung wird in dem Ausmaß als wahrhaftig und wesentlich empfunden, in dem die psychologische Physik der fiktionalen Welt derjenigen unserer Welt zu ähneln scheint.

Was uns zu *Die Nase* bringt.

Iwan Jakowlewitsch findet eine Nase in seinem morgendlichen Laib Brot. (»Etwas Hartes?«, ruft er in der hier genutzten Übersetzung aus; »Was Festes?« in einer anderen, von Peter Urban.) Er »ließ die Arme sinken«, wie wir es vermutlich auch täten.

Die Nase im Brot ist das ursprüngliche merkwürdige Ereignis. Nun warten wir auf die Reaktion der fiktionalen Welt (in diesem Fall Iwan und seine Frau, Praskowja Ossipowna). Hieraus wird sich entwickeln, was die Erzählung besagen will –

nicht aus der Tatsache, dass eine Nase im Brot steckt, sondern daraus, wie das Paar damit umgeht. Die Welt, wo eine Nase in einem Laib Brot auftauchen kann, ist nicht unsere Welt, aber sie ist *eine* Welt, in der es Regeln geben wird, und wir schauen erwartungsvoll, was für welche das sind.

Praskowja Ossipowna hat die Arme keineswegs sinken lassen, sie weiß genau, wie diese Nase da reingekommen ist: Iwan ist ja Barbier, er muss sie einem Kunden abgeschnitten haben.

Einen Moment lang akzeptieren wir diese Beschuldigung. Da ist eine Nase, die von ihrem Gesicht abgetrennt wurde; sie kommt Iwan »bekannt« vor; Iwan ist Barbier; und seine eigene teure Gemahlin erhebt diesen Vorwurf.

Aber so richtig hält das alles nicht stand.

Wenn ich Iwan wäre, würde ich in etwa antworten: »Moment mal, Schätzelchen, denk doch mal nach. Warum sollte ich einem Kunden die Nase abschneiden? Und wenn ich es täte, warum sollte ich sie dann mit nach Hause bringen? Und wenn ich das täte, warum sollte ich sie dann in den Teig stecken, der, jetzt, wo ich drüber nachdenke, gestern Abend, als ich nach Hause kam, noch gar nicht gemacht war? Und überhaupt, warum ist dir eigentlich diese Nase da drin gar nicht aufgefallen, als du heute Morgen noch den Teig geknetet hast?«

Iwan sagt nichts dergleichen, und in der Kluft zwischen seiner Reaktion und der, die wir gehabt hätten, beginnt Gogols Welt zu entstehen. Iwan akzeptiert nämlich auf der Stelle Praskowjas (verdrehte) Logik. (Wenn etwas Desaströses passiert ist, muss er es gewesen sein.) Dann erkennt er, dass die Nase einem seiner Kunden gehört, Kowaljow. (Könnte ich eine freistehende Nase als die eines Menschen erkennen, den ich zweimal die Woche sehe? Sagen wir, die Nase von dem Typen, der an der Rezeption meines Fitnessstudios sitzt? Wohl kaum. Na ja, hängt von der Nase ab.)

Während ich also mit Iwan und Praskowja auf einem groben Holzstuhl sitze, den ich an den wackligen russischen 19.-Jahrhundert-Tisch herangezogen habe, vor uns die Nase-im-Laib, mit der Geschichte gerade mal eine Seite weit gekommen, entferne ich mich schon wieder von ihnen. Sie reagieren anders auf diese Situation, als ich es tun würde, ziehen voreilige Schlüsse, die ich nicht vertreten kann, stellen die Fragen nicht, die mir einfallen würden, wie etwa: Hätte Kowaljow nicht bemerkt, dass ihm seine Nase abgeschnitten wurde, und dazu auch was zu sagen gehabt? Was hat Kowaljow überhaupt in den Stunden gemacht, seit er seine Nase verlor? Wenn Iwan die Nase nicht abgeschnitten und mit nach Hause gebracht hat (danach sieht es ja aus), wie ist sie dann dorthin gekommen?

Was sollen sie tun? Was würden Sie tun? Ich würde tief Luft holen und versuchen zu begreifen, wie diese irre Sache passiert ist. (»Praskowja, war ich betrunken, als ich nach Hause kam? Was hab ich als Erstes gemacht, als ich reinkam? Komm, wir gucken mal, ob mein Rasiermesser blutig ist.«) Wenn ich meine Unschuld festgestellt hätte, würde ich Kowaljow aufsuchen, ihm seine Nase zurückgegeben und erklären, dass ich nichts mit ihrem Verschwinden zu tun hatte.

Was aber ist Iwans Impuls: »(...) lege sie in die Ecke. Soll sie dort ein wenig liegen«. Später »trage ich sie hinaus«. Praskowja will sie hingegen sofort loswerden. Sie streiten sich also nicht darüber, ob sie das Irrationale, Ausweichende tun (die Nase wegschaffen), sondern wann.

Praskowja hält Iwan für schuldig, er stimmt zu. Aber wessen hat er sich schuldig gemacht? Er hat Angst, »die Polizei könne die Nase bei ihm auffinden und ihn anklagen«. Was für eine Anklage? Wir wissen, und er sollte es wissen, dass er nichts Unrechtes getan hat. Und wie soll das überhaupt passieren, dass die Polizei die Nase »auffindet«, bei ihm im Haus? Sie sorgen sich also, merken wir, um das Falsche: nicht dass ein Mann seine Nase verloren hat, sondern dass man ihnen die Schuld dafür gibt.

Dann tut Iwan ungefähr das, was ich tun wohl würde, wenn mein Ziel wäre, »Beweismaterial loszuwerden«. Er wickelt die Nase in einen Lappen und will sie »heimlich irgendwohin stecken (...) oder sie einfach wie aus Versehen fallen lassen und dann in eine Gasse einbiegen«. Aber ständig begegnet er Bekannten und findet den richtigen Moment nicht. Irgendetwas daran... ist *schräg*. Wenn ich mir vorstelle, ich wäre in New York City unterwegs, mit der Nase von meinem Fitnessstudiotypen in einem Lappen, dann fände ich, egal wie viele Bekannte mir über den Weg laufen, trotzdem einen Weg, sie loszuwerden – hinschmeißen und wegkicken, ein ganz alter Trick, oder ein Abfalleimer draußen vor Starbucks, was weiß ich. Schließlich ist sie in einen Lappen gewickelt und sieht auch nach Abfall aus. Die Bedingungen, die Iwan braucht, damit er die Nase entsorgen kann, sind irgendwie zu eng gefasst; er ist ein bisschen paranoid.

Endlich schafft er es, sie wegzuwerfen, aber sofort sieht ihn ein Polizist und befiehlt ihm, sie wieder aufzuheben. (Also ist Iwans Paranoia gerechtfertigt: Diese Welt ist wirklich so wachsam.)

Dann nimmt er die Nase mit zur Isaaks-Brücke und schmeißt sie in den Fluss. Dort wird er von einem zweiten Polizisten angesprochen, nicht weil er eine Nase in den Fluss geschmissen hat, sondern für das Verbrechen, in einer Erzählung von Gogol auf einer Brücke zu stehen.

Diese Szene ist, wie die ganze Erzählung, voll von etwas, das wir Multiples Mehrschichtiges Merkwürdigkeitssyndrom nennen könnten. Anfängliche Merkwürdigkeit: Eine Nase taucht in einem Laib Brot auf. Merkwürdigkeit, 2. Ebene: Das Paar reagiert irrational auf das Auftauchen der Nase im Brot.

Merkwürdigkeit, 3. Ebene: Da sie irrational reagiert haben, schmieden sie folgerichtig einen komischen Plan (Nase wegschmeißen). Merkwürdigkeit, 4. Ebene: Iwan führt den Plan schlecht aus; er kriegt es nicht hin, weil er zu ängstlich rangeht und weil die Welt da draußen zu einer leichten, widerborstigen Feindseligkeit ihm gegenüber neigt: der stetige Strom von Bekannten und eine Straße voller Polizisten, zumindest zwei auf zwei Seiten.

Und es gibt noch eine Ebene der Merkwürdigkeit, die damit zusammenhängt, wie die Geschichte erzählt wird.

Während Iwan da auf Seite 3 auf der Brücke steht, gibt es eine Pause für eine Abschweifung. Der Erzähler hat, gesteht er, »bisher noch gar nichts über Iwan Jakowlewitsch, einen in vieler Hinsicht ehrenwerten Menschen, gesagt«. Die Abschweifung tut aber nicht viel dazu, uns von Iwans ehrenwerter Art zu überzeugen. Er ist ein Saufbruder, so lesen wir, kleidet sich schlecht, und seine Hände stinken. Wir lesen außerdem, dass er ein »großer Zyniker« ist, und als Beweis wird uns die Tatsache geliefert, dass Iwan, als Kowaljow sagt, seine Hände würden immer stinken, mit einer ganz vernünftigen Frage antwortet (»Wonach sollen sie denn stinken?«). Und »dafür« seift Iwan Kowaljow »auf der Wange, unter der Nase, hinter dem Ohr und unter dem Bart ein« – also in etwa überall dort, wo ein Barbier einseifen sollte.

Die Abschweifung wird also mit Pokerface und so etwas wie Autorität ausgeführt, aber scheint (genau wie Iwan) unfähig dazu, das gesetzte Ziel zu erreichen; als sie vorbei ist, haben wir nicht viel über Iwan als Person erfahren, und was wir erfahren haben, unterminiert die Behauptung des Erzählers, Iwan sei ehrenwert. Es ist, als hätte der Erzähler seine eigene Thesenfeststellung falsch gehört und wollte sie nun mit einem auf den Kopf gestellten, unbeholfenen Logiksystem beweisen.

Und uns schwant, dass nicht nur Gogols Kosmos schräg ist, sondern auch sein Erzähler.

Gogols Prosa fühlt sich, im Vergleich zu Tschechows oder Tolstois, ein bisschen holprig an, unanmutig, weitschweifig. Sie ist seltsam ungenau und kommt, wie Iwan und Praskowja, zu komischen Schlüssen. Im ersten Absatz der Geschichte stellt der Erzähler fest, Iwans Familienname sei »verlorengegangen« – d. h. der Erzähler weiß ihn nicht. Dann weist er darauf hin, dass der Familienname »selbst« auf seinem Aushängeschild fehlt. Aber das sind keine miteinander verbundenen Tatsachen: Der Erzähler war nicht in der Lage, Iwans Familiennamen zu dokumentieren, aber Iwan wird ja wohl seinen Familiennamen kennen; er hat ihn nicht auf dem Aushängeschild weggelassen, weil er ihn selber nicht kennt. Praskowja Ossipowna wird als »ziemlich respektable Dame« beschrieben, aber was soll das heißen, jemand ist »ziemlich« respektabel? (Was ist der Unterschied zwischen »ziemlich« respektabel und, hm, »so richtig respektabel«?) Wenn wir das Gefühl bekommen, dass das Gespräch des Ehepaars ins Unlogische abdriftet, schaltet sich der Erzähler niemals ein, um uns zu versichern, dass es ihm auch so geht. (»›Wo hast du die Nase abgeschnitten, du Bestie?‹ schrie sie voller Zorn« *und übersah, dass das unmöglich war, denn hätte Iwan das getan, hätte sich sein Kunde ganz sicher gewehrt.)*

Wie sich herausstellt, ist die Erzählstimme von *Die Nase* eine besondere russische Form der unzuverlässigen Erzählung in der 1. Person namens *skaz*. Stellen Sie sich einen Schauspieler vor, der als Figur eine Geschichte erzählt. Und diese Figur ist … nicht in Ordnung. Sie ist, gemäß dem Literaturkritiker Viktor Vinogradov, »durch ihre Substandard-Redeweise scharf konturiert«. Laut einem anderen Kritiker, Robert Maguire, ist der Gogol'sche *skaz*-Erzähler »wenig gebildet und wenig damit vertraut, wie man ein Argument aufbaut, geschweige denn redegewandt und überzeugend von seinen Gefühlen spricht, auch wenn er gern für informiert und aufmerksam gehalten werden möchte; eher schweift und lenkt er ab, er kann nicht das Banale vom Bedeutsamen unterscheiden«. Der Autor und Übersetzer Val Vinokur fügt an (das ist uns auch schon aufgefallen), dass die daraus hervorgehende Erzählung durch »unpassende narrative Emphase« und »Annahmen am falschen Ort« verzerrt wird. Wie Maguire es ausdrückt: »Die Begeisterungen [des Erzählers] überrunden den gesunden Menschenverstand.«

Wir haben es also nicht mit unanmutigem Schreiben zu tun: Hier schreibt ein großartiger Schriftsteller, wie ein unanmutiger Schriftsteller schreibt. (Und mehr noch: Ein großartiger Schriftsteller schreibt, wie ein unanmutiger Schriftsteller schreibt, *und zwar über eine Welt, in der eine abgetrennte Nase in einem Laib Brot landet.*)

Unser Erzähler ist von einer steifen, aber unpräzisen literarischen Förmlichkeit befallen. Er ist pedantisch und überheblich, überschätzt seine Intelligenz und seinen Charme. Er hat uns einen Arm um die Schultern gelegt und verströmt irgendeinen seltsamen Mundgeruch, wenn er uns, seine Mit-Eingebildeten, (täppisch, großspurig, voll Anfängerfehler) dazu einlädt, gemeinsam auf seine (minderen) Figuren herabzuschauen. (»Betrachte, mein Freund, diese dummen Sterblichen dort unten, so ganz anders als du und ich.«) Mit der Wirkung, dass wir anfangen, den Erzähler schief anzuschauen (»Was ist *das* für ein Typ?«) und seiner Erzählung zu misstrauen. Dass der Erzähler literarische Manöver ausprobiert, die er in anderen Erzählungen gesehen hat, aber nicht so recht hinkriegt (wie diese missglückte Abschweifung), und auch nicht angemessen erstaunt ist über die seltsamen Dinge, die er erzählt, macht ihn zu einem Teil des komischen Systems, das er beschreibt, auch wenn er sich selbst als darüberstehend sieht und es abwertet. Mit diesem Versuch, sich zu erheben, will er über den Iwans und Praskowjas dieser Welt stehen. Aber da er darin nicht besonders gut ist, wird er von uns da unten neben ihnen platziert, oder sogar unterhalb von ihnen. Er ist eindeutig nicht Gogol, sondern ein Geschöpf Gogols, eine weitere Figur in der Erzählung – ein Beamter, der durch seinen Prosastil ungewollt verrät, dass er nicht so wichtig oder schlau ist, wie er meint.

Iwan ist also schräg und Praskowja ist schräg, und nun sieht es so aus, als wäre es unser Erzähler auch.

Aber, na ja – wer ist das nicht?

Die *skaz*-Tradition (amerikanische Varianten davon sehen wir bei Twain und John Kennedy Toole und der Comedian-Frau Sarah Cannon, wenn sie Minnie Pearl spielt, und Sacha Baron Cohen, wenn er Borat spielt, und Rainn Wilson, wenn er Dwight Schrute spielt) stellt sich gegen die Vorstellung, dass es irgendwo in der wahren Welt einen unparteiischen, objektiven, allwissenden Dritte-Person-Erzähler gibt. Es macht Spaß, so zu tun, als gäbe es so eine Person, und viele Schriftsteller:innen haben diese Vorstellung wunderbar genutzt (darunter Tschechow, Turgenjew und Tolstoi), aber, so legt Gogol nahe, das ist in gewissem Maße auf Kosten der Wahrhaftigkeit gegangen. Jede Geschichte wird von jemandem erzählt, und da jede und jeder einen Standpunkt hat, wird jede Geschichte falsch erzählt (nämlich subjektiv erzählt).

Wenn jegliches Erzählen falsches Erzählen ist, sagt Gogol, dann erzählen wir doch fröhlich falsch.

Das ist wie eine Prosaversion der Relativitätstheorie: Es gibt keinen festen, objektiven, »korrekten« Standpunkt; ein unausgeglichener Erzähler beschreibt mit unausgeglichener Stimme die Handlungen einer Gruppe unausgeglichener Figuren.

Mit anderen Worten: wie im wahren Leben.

Douglas Unger, einer meiner früheren Professoren in Syracuse, hat ein Modell dafür entwickelt, wie die Menschen auf der Welt kommunizieren.

Wenn zwei Personen miteinander reden, so schlug er vor, hat jede von ihnen eine Comic-Denkblase über dem Kopf, in der ihre oder seine privaten Hoffnungen, Projektionen, Ängste, mitgebrachten Sorgen und so weiter stehen. Person A spricht, Person B hört zu, wartet mit der Antwort ab, aber wenn das, was Person A sagt, in die Denkblase von Person B kommt, wird es entstellt.

Sagen wir, die Blase von B ist voller Schuldgefühle, denn nachdem sie vergaß, ihre Mutter an deren Geburtstag anzurufen, bekam sie eine tadelnde SMS von ihrem Bruder deswegen. Als A sagt: »Ich muss nächste Woche eine Rede halten«, denkt B an die unfreundlichen Dinge, die ihr Bruder ihr gerade schrieb, und antwortet (aus ihrer Blase heraus): »Die Leute können so schroff sein.« A, dessen Blase voller Unsicherheit über die bevorstehende Rede ist, hört: »Stimmt, wahrscheinlich wirst du das vermasseln« und runzelt die Stirn. B denkt: »Na toll, A runzelt die Stirn über mich, weil er erkennt, dass ich die Sorte Nulpe bin, die den Geburtstag ihrer Mutter vergisst.«[11]

Es gibt keine Welt außer der, die wir uns im Kopf zusammenbasteln, und dessen Vorprägung bestimmt die Art Welt, die wir wahrnehmen.

Eine Frau, die in einem kleinen einstöckigen Ranch-Haus wohnt und von der Idee besessen ist, dass ihr Gras stirbt, fährt nach Versailles, wo sie am allermeisten die Rasenflächen beeindrucken.

---

11 Der Briefwechsel zwischen Kowaljow und Frau Grigorjewna gegen Ende von Abschnitt II ist ein gutes Beispiel für diese Art misslungener Kommunikation.

Ein Typ, der in einer schlechten Ehe unter dem Pantoffel seiner Frau steht, geht ins Theater und kann es nicht fassen, wie sehr seine Frau Lady Macbeth ähnelt.

So ist das Leben.

Nein, sagt Gogol, im Ernst, so *ist* das Leben.

Das erinnert mich an eine Geschichte: Der Ferrari eines reichen Hollywood-Agenten hat in der Wüste außerhalb von Los Angeles eine Panne. Das ist furchtbar; später am Tag hat er den wichtigsten Termin seines Lebens. Sein Handyakku ist leer, kein Mensch zu sehen. Aber halt: Da hinten, in der Ferne, kommt ein Auto angefahren. Es kommt näher. Er sieht: ein Pick-up. Ein alter, verbeulter Pick-up. So, wie ihn Farmer fahren. O Gott. Konservative Farmer, die einen Typen wie ihn sehen (Ferrari, schicker Anzug, tonnenweise teures Zeug im Haar), werden annehmen, er schwimmt im Geld, arbeitet eigentlich gar nicht, nicht richtig wie, na ja, Farmer es tun, wenn sie draußen in der sengenden Sonne sind und mit Kühen ringen oder weiß der Himmel. Ein reicher Schnösel, der massenweise Geld scheffelt, und wofür? Leuten irgendwelchen Mist aufschwatzen! Voll der Faker! So ein Pech kann auch nur ich haben, denkt der Agent, von allen Menschen auf der Welt, die hier langfahren und mir vielleicht helfen könnten, kriege ich ausgerechnet diesen Sack? Was weiß dieser dumme Hinterwäldler schon von seinem Leben, davon, wie hart er jahrelang gearbeitet hat? Zeke oder Clem, oder wie er auch immer heißt, lebt wahrscheinlich in einer stabilen Ehe mit irgendeiner alten Farmer-Lady, ihn dagegen hat Jeannine letzten Monat verlassen, weil er immer so viel arbeitet, und jetzt kriegt er den kleinen Rex praktisch nicht mehr zu sehen und –

Der Truck hält an.

»Brauchen Sie eine Mitfahrgelegenheit?«, fragt der freundliche Farmer.

»Fick dich!«, brüllt der Agent.

Ich denke, also irre ich, und dann rede ich, und mein Irrtum trifft auf jemanden, der sich auch irrt, dann sind wir schon zu zweit in unserem Irrtum, und da wir Menschen sind, halten wir es kaum aus zu denken, ohne gleich zu handeln, und das Handeln macht alles nur noch schlimmer.

Sollten Sie sich je gefragt haben, wie ich es oft tue: »Die meisten Leute sind doch im Allgemeinen sehr nett, warum ist die Welt bloß so abgefuckt?«, dann hat Gogol eine Antwort parat: Wir alle haben eine kraftvolle, einzigartige *skaz*-Schleife im Kopf, an die wir voll und ganz glauben, nicht als »Ist ja bloß meine Meinung«, sondern als »So sind die Dinge übrigens wirklich, garantiert«.

Das ganze Drama unseres Lebens auf Erden sieht so aus: Eine *skaz*-köpfige Person Nr. 1 geht raus und begegnet der *skaz*-köpfigen Person Nr. 2. Beide sehen sich als Mittelpunkt des Universums und halten eine Menge von sich, und so verstehen sie sofort alles ein bisschen falsch. Sie versuchen, sich zu verständigen, sind aber nicht besonders gut darin.

Allgemeine Heiterkeit.

Iwan findet eine Nase in seinem Brot, schlussfolgert schlecht und stürzt sich in (ineffizienten, fehlgeleiteten) Aktionismus. Kowaljow, am anderen Ende der Stadt, erwacht ohne seine Nase, reagiert seltsam darauf (eher angesäuert als entsetzt, ihm passt nicht, dass sie »einfach so« abhandengekommen ist, und er wünschte, dass »wenigstens anstelle der Nase irgendetwas da wäre«), dann stürzt er sich ebenfalls in Aktionismus und läuft seiner eigenen Nase über den Weg, die letztes Mal, als wir sie sahen, klein genug war, um in einen Laib Brot zu passen, nun ist sie aber mannsgroß.

Es hat Spaß gemacht, diesen Satz zu tippen. Warum?

In der Antwort liegt ein wichtiger Aspekt von Gogols Genie.

Als Kowaljow seine rebellische Nase zum ersten Mal sieht,

erzählt Gogol das so: »Wie entsetzt und gleichzeitig verblüfft aber war Kowaljow, als er erkannte, daß das seine eigene Nase war!« Was ist »das«? Was genau *sieht* Kowaljow? Hat die Nase… eine Nase? Hat die Nase ein Gesicht? Falls ja, wird das Gesicht nicht beschrieben. Doch die beherzte Behauptung »er erkannte, daß das seine eigene Nase war« bringt unser Gehirn dazu, hier eine platonische Nase einzufügen, eine, die wir, auch wenn man uns noch so bäte, nicht zeichnen könnten.

Und doch ist sie da und eilt gerade in ein Haus.

Als die Nase ein paar Minuten später wieder herauskommt, gibt es keinen zusätzlichen Versuch zu erklären, warum Kowaljow meint, dies (dieser Mann, diese Nase?) wäre seine Nase. Wir erfahren nur, dass »sie (…) eine goldbetreßte Uniform mit einem großen Stehkragen, Hosen aus Wildleder und einen Degen an der Seite« trägt und dass sie »dem Hut mit Federbusch nach zu schließen (…) im Rang eines Staatsrats« steht. (Im Mittelpunkt steht hier der Statuswechsel der Nase, nicht ihre neue Form oder Größe.)

Hier handelt es sich um »unangemessene narrative Emphase«, die eingesetzt wird, um einer Frage auszuweichen, die wir, wäre das wirklich passiert und wären wir dabei gewesen, nicht hätten beantworten können. Entweder hat diese Nase ein Gesicht oder eben nicht. Manchmal wird sie als mannsgroße Nase mit Hut gezeichnet, mit Armen und Beinen, aber an einer anderen Stelle im Text erfahren wir über die Nase: »Ihre Augenbrauen zogen sich leicht zusammen«, d.h. sie hat ein Gesicht. Wenn die Nase ein Gesicht hat, woher kommen dann deren Augen, Mund und so weiter? Zu wem gehören die? Wem sehen die ähnlich? Oder ist das nur eine große Nase mit Augenbrauen?

Uns bleibt kein anderer Schluss übrig, als anzunehmen, dass die Nase sowohl eine Nase ohne Gesicht als auch eine Nase mit Gesicht ist, gleichzeitig. Oder, genauer gesagt, entweder keins von beiden oder beides, wie es die syntaktischen Umstände des jeweiligen Satzes verlangen.

Der Spaß entsteht hier dadurch, dass wir eine Weile in dem Land verbringen, wo die Sprache endlich zugibt, was sie wirklich ist: ein Kommunikationssystem mit seinen Grenzen, geeignet für den Alltagsgebrauch, aber wacklig in den höheren Registern. Die Sprache kann den Anschein erwecken, mehr auszusagen, als sie darf; wir können sie zu Sätzen formen, die nicht in Bezug zu dem stehen, was tatsächlich ist oder auch nur sein könnte.

Wenn ich tippe »Der Schreibtisch überlegte, sich am Arm zu kratzen, aber dann fiel ihm ein, dass er ja armlos war, und außerdem war eins seiner Beine kürzer als die anderen, und so errötete er ein wenig«, dann ist die Personifizierung des Tisches eine Ebene des Nonsens. Aber das ist nicht alles: Der Schreibtisch kann, sobald das Erröten nachlässt, wieder zu dem zurückkehren, was er gerade machte, also ein Emblem ratifizieren, das Freiheits-Grübchen dicht neben ein anderes stellen oder Kanada weiterhin mit gnadenlosen kleinen Schicksals-Muffins auspolstern (er kann einfach nicht anders). Taucht irgendetwas hiervon in Ihrem Kopf auf? In meinem irgendwie schon. Wie viele Schicksals-Muffins gibt es? Und wie »klein« sind sie genau, wo befinden sie sich bei Ihnen? Neben den dicht beisammenstehenden Freiheits-Grübchen? Die Schicksals-Muffins können, obwohl sie nur teilweise vom Gehirn gebacken wurden, jetzt gegessen oder durch den Empathie-Schlitz entsorgt werden, oder auch zu zylindrischen Newark-Papieren umfunktioniert werden, damit Judy sie locker überprüft, während sie das dem Flug übergeordnete Katzenmandat zerreißt.

Was bedeutet das, wenn es all dies jetzt auf einmal irgendwie *gibt*? Es bedeutet, dass Sprache Welten erschaffen kann, die nicht existieren und niemals existieren könnten. Wenn wir

Gogol lesen, könnten wir denken, dass unser Gehirn das eigentlich die ganze Zeit macht: aus Worten eine Welt schaffen, die nicht so ganz existiert. Die Sprache ist ein Annäherungsinstrument für Bedeutung, das manchmal etwas größenwahnsinnig wird und uns absichtlich täuscht (jemand mit einem Hintergedanken verdreht die Sprache, um uns zum Handeln zu drängen), oder auch unabsichtlich (wir sammeln Beweismaterial, mit einer Idee im Kopf, und versuchen, dass die Sprache die Idee wahrhaftig erscheinen lässt, und merken nicht, dass wir, zu sehr in unsere Idee verliebt, den dünnen Stoff der Sprache über den unwahrhaftigen Stellen in unserer Beweisführung über Gebühr dehnen).

Wie Algebra funktioniert die Sprache nur innerhalb gewisser Grenzen sinnvoll. Sie ist ein Werkzeug, um Darstellungen der Welt zu fabrizieren, die wir dann unglücklicherweise für die Welt selbst halten. Gogol erschafft keine lächerliche Welt; er zeigt uns, dass wir selbst ständig mit unserem Denken eine lächerliche Welt erschaffen.

Es könnte uns gehen wie einem, der mit ansieht, wie sein Freund in einem Notfall ausflippt; nachdem wir Gogol gelesen haben, sehen wir unseren alten Kumpel Sprache nie mehr mit denselben Augen wie zuvor.

Und das ist nur gut. Wir wollen doch ein Werkzeug, das zur Annäherung an die Wahrheit dient, nicht für die Wahrheit selbst halten.

Es ist nicht unproblematisch, über die Sprache eines Textes zu reden, den wir nur in der Übersetzung lesen können.

Gogol auf Englisch (oder Deutsch) zu lesen, ist das Eine; ihn auf Russisch zu lesen, ist offenbar ganz etwas Anderes. Auf Russisch ist er witziger; es gibt Klangspiele und Assonanzen und Wortspiele, die in den englischen Übersetzungen nicht nachgebildet werden, so ist es nun einmal. Gegen Anfang meiner Dozentenlaufbahn lud ich eine Kollegin von der Syracuse University in meinen Kurs ein, damit sie uns etwas von den Herausforderungen des Übersetzens erzählte. Das war großartig und ließ fast den ganzen Kurs platzen. Als sie fertig war, erkannten wir, welche blasse Imitationen der Originale wir lasen. Sie begleitete unsere Lektüre eines anderen Meisterwerks von Gogol, der Kurzgeschichte *Der Mantel*, und wies uns auf sämtliche klangbezogenen Momente der Komik hin, die uns entgingen. Zum Beispiel gibt es zu Anfang dieser Erzählung eine Mutter, die einen Namen für ihr Neugeborenes finden muss. Sie geht eine Reihe von Namen durch und entscheidet sich schließlich dafür, ihn nach seinem Vater zu benennen, er heißt also Akakij Akakijewitsch. Auf Russisch, so erklärte uns die Kollegin, enthalte die Sprache in diesem Abschnitt eine Reihe von Lauten, die Fäkalassoziationen auslösten, und schließlich kulminiere das im Namen des Babys. Würden Wörter mit »Kaka«-Lauten auf Englisch zu ähnlichen Assoziationen führen wie auf Russisch (oder Deutsch), klänge »Akakij Akakijewitsch«, vor allem nachdem der ganze Absatz schon genügend Scheiße-Anspielungen bringt, auch für englische Ohren so, wie es etwa »Shit O'Shitvich« täte (oder »Crap P. Poopton«[12]). Ein russisches Publikum würde die ganze Zeit kichern, sagte sie, und bei der Enthüllung des Namens schließlich losbrüllen vor Lachen.

Unsere Reaktion sah, gelinde gesagt, anders aus, natürlich. Uns erschien das Ganze wie ein etwas schräger Bericht darüber, wie Babys traditionell im alten Russland des 19. Jahrhunderts zu ihren Namen kommen.

Doch auch in Übersetzungen bleibt eine der Freuden von

---

12 Falls »Akacki Akackijewitsch« für deutsche Ohren nicht ausreicht, stellen wir uns »Schitti Schittewitsch« oder »Kack Pupsinger« vor. (A. d. Ü.)

Gogols Prosa erhalten, denn sogar durch den verzerrenden *skaz*-Filter kommt ein echtes Gefühl heraus, zwar verdreht, aber immer noch echt.

In meiner Jugend hörte ich eine Variante davon. Als ich, spätabends auf einer Nachbarsparty, von einem betrunkenen Kumpel meiner Eltern in die Ecke gedrängt wurde, der unbedingt irgendjemandem mitteilen musste, wie er die Welt sah (wunderschön, unfair und voll verborgener Botschaften, die ihm entgangen waren), da wurde eine Art Chicago-*skaz* aufgeführt: »Du hast ja Mumm, aber glaub mir, irgendwann werden dich die Arschgeigen verarschen, und wenn sie den Scheiß das erste Mal versuchen, musst du ihnen den hier *(erhobenen Mittelfinger einfügen)* zeigen!«

Jede Seele ist groß und will sich vollinhaltlich ausdrücken. Wird ihr aber ein geeignetes Instrument dazu vorenthalten (und schon bei der Geburt passiert das uns allen, den einen mehr als den anderen), dann kommt... Poesie dabei heraus, also Wahrheit, die mit Nachdruck durch eine beengte Öffnung gedrückt wird.

Poesie ist ja eigentlich nur das: wenn etwas Merkwürdiges rauskommt. Überfließende normale Rede. Ein misslungener Versuch, für Gerechtigkeit in der Welt zu sorgen. Die Poetin beweist, dass die Sprache inadäquat ist, indem sie sich gegen den Zaun der Sprache wirft, der sie einschränkt. Gogols Beitrag bestand darin, sich in dem Stadtteil gegen den Zaun zu werfen, wo die kleinen Leute leben, die undeutlich vor sich hin plappernden Menschen, deren Sprache dem Anlass nicht gemäß ist, aber die trotzdem dasselbe fühlen wie die großen Leute (sprachgewandt, gebildet, entspannt) auch.

Das Ergebnis ist unbeholfen, lustig und wahrhaftig, vom Geist der (merkwürdigen) Person geprägt, die das Erzählen übernimmt.

Wir haben eine Idealvorstellung vom Schreiben: Wir streben nach oben, um uns präzise auf den höchsten Ebenen der Sprache auszudrücken (denken Sie an Henry James). Eine andere Vorstellung geht dahin, dass wir uns unserer natürlichen Ausdrucksweise fügen, so mängelbehaftet sie sein mag, und sie, indem wir darin so konzentriert wie möglich arbeiten, sozusagen erheben, indem wir aus dieser (ineffizienten) Ausdrucksweise eine poetische Seltenheit machen.

Wenn ein Manager sagt: »Der Stress, den einige hier empfinden, besteht, wenn wir ihn uns einmal genauer anschauen, daraus, dass wir die Ziele nicht erreichten oder übertrafen, wie sie, wir erinnern uns sicher alle, Mark aus der Leitung letzten Monat so klar in seinem aussagekräftigen Schreiben formulierte«, dann ist das ein Gedicht, denn da stimmt etwas nicht. Es steckt eine wahrhaftige Äußerung darin (»Wir sind gescheitert und am Arsch«), aber auch das, was nicht stimmt, hat etwas Wahrhaftiges an sich, und dessen Beigeschmack teilt uns etwas über den Sprechenden und seine Kultur mit, das von »Wir sind gescheitert und am Arsch« nicht rübergebracht würde.

Das also ist ein Gedicht: eine Maschine, die einen Bonus an Bedeutung rüberbringt.

Vielleicht ist uns auch aufgefallen, dass an manchen Stellen das Unbeholfene von Gogols *skaz*-Erzählweise plötzlich verschwindet und die Prosa eine wunderschöne Gewandtheit erlangt: »Doch nichts auf der Welt ist von langer Dauer«, sagt uns der Erzähler, nachdem Kowaljow seine Nase wiedergefunden hat, nur um festzustellen, dass sie sich nicht wieder befestigen lässt, »und daher ist die Freude schon im zweiten Augenblick nicht mehr so lebhaft wie im ersten; im dritten Augenblick wird sie noch schwächer, und schließlich verschmilzt sie unmerklich mit dem gewöhnlichen Zustand der Seele, so wie ein Kreis auf dem Wasser, der durch das Fallen eines Steinchens verursacht wurde, schließlich mit der glatten Oberfläche verschmilzt.«

An diesem Abschnitt ist nichts »Sub-Standard«-haftes.

Die Art *skaz*, die Gogol hier einsetzt, hat eine echte Bandbreite. Manchmal schreibt hier ein großer Schriftsteller einen ungeschickt schreibenden Schriftsteller, und manchmal schreibt hier ... ein großer Schriftsteller.

»Gogol war ein seltsames Geschöpf«, schrieb Nabokov, »aber das Genie ist immer seltsam; nur der gesunde Zweitklassige erscheint dem dankbaren Leser als weiser alter Freund, der dem Leser fein säuberlich dessen eigene Vorstellungen vom Leben ausbreitet.« Tolstoi und Tschechow, sagte Nabokov, »hatten ihre Augenblicke irrationaler Einsicht«, die einen »plötzlichen Wechsel in der Scharfeinstellung« bewirkten. »Bei Gogol jedoch ist diese Verschiebung die eigentliche Grundlage seiner Kunst.«

Gogol war von Nasen besessen und hatte Angst vor Egeln und Würmern; anscheinend konnte er mit der Zungenspitze den Rücken seiner (ziemlich langen) Nase berühren. Sein Spitzname an der Schule? »Der geheimnisvolle Zwerg«. »Er war ein Schwächling«, sagt uns Nabokov, »ein zitterndes Mäuschen von einem Knaben, mit schmutzigen Händen und fettigen Locken, und aus dem Ohr tropfte ihm Eiter. Er stopfte sich mit klebrigen Süßigkeiten voll. Seine Mitschüler vermieden es, von ihm gebrauchte Bücher anzufassen.« Seine aristokratischen Schulkameraden sahen auf ihn herab, laut einem von ihnen, der den gogolischen Namen V. I. Ljubitsch Romanowitsch trug und sagte, der junge Gogol habe »morgens selten Gesicht und Hände gewaschen und immer schmutzige Leinenanzüge und fleckige Kleidung getragen«. Er habe sich einen Platz in der letzten Reihe gesucht, »damit er nicht ständig verspottet« wurde.

Gogol war ein Provinzler aus der Ukraine, ein bisschen ein Muttersöhnchen (die Liebe war wohl gegenseitig: Seine Mutter schrieb ihm stolz die Erfindung der Eisenbahn und des Dampfschiffes zu), zog nach St. Petersburg und wurde von den aristokratischeren Autoren, denen er dort begegnete, deklassiert.

»Die russische Prosa hatte bei Puschkin und Michail Lermontow eine vollkommene Leichtigkeit und Klarheit erlangt«, schreibt Richard Pevear in seiner hervorragenden Einführung zu Gogols Roman *Tote Seelen.* »Gogol bewunderte sie sehr und versuchte nicht, es ihnen gleichzutun. Er machte sich daran, eine andere Art Ausdrucksmittel zu erschaffen, das nicht die natürliche Redeweise gebildeter Menschen imitieren sollte und nicht mit den ›Prosatugenden‹ der Dichte und Präzision gesegnet war, sondern anscheinend genau das Gegenteil.«

Laut Andrej Sinjawski, den Pevear zitiert, griff Gogol dazu »nicht auf die Sprechweise zurück, die wir beim Reden pflegen, sondern eher – auf die Unfähigkeit, normal zu reden«.

Und so lautete Gogols Selbsteinschätzung: »Puschkin (…) sagte zu mir, kein anderer Schriftsteller habe bislang dieses Talent besessen, die Banalität des Lebens so lebhaft vorzuführen, die Banalität des banalen Menschen so kraftvoll zu schildern, dass all die kleinen Details, die einem sonst entgehen, jedermann groß vor Augen stehen. Das ist meine Haupteigenschaft, und über die verfüge tatsächlich nur ich, niemand sonst.«

Wie schreibt man eine Sprache, ohne »die natürliche Redeweise gebildeter Menschen [zu] imitieren«, wie könnten wir unsere »Unfähigkeit, normal zu reden« nutzen? Wieso kann er so gut »die Banalität des banalen Menschen« beschreiben?

Tja, man könnte hier auf Insiderwissen tippen. Vielleicht hatte Gogol nicht irgendeinen banalen Menschen draußen in der Welt beobachtet und das notiert, sondern vielmehr den banalen Menschen, der in ihm selbst existierte, und das schrieb er dann auf.

Nach meinem Eindruck ist Gogol in seinen besten Texten

zwei Menschen auf einmal: der wenig sprachgewandte, pompöse, steife, provinzielle Erzähler und der Schriftsteller mit dem feinen Geschmack, der zu dem Provinzler rüberschaut, ihn nutzt, indem er mit seiner Stimme spricht und sie zu einem Phänomen von köstlicher komischer Schönheit ausfeilt.

In den letzten zehn Jahren seines Lebens verlor Gogol die Begabung, sich so aufzuteilen. Oder man könnte sagen, der banale Mensch übernahm. Vor lauter Verzweiflung drehte Gogol, während er den zweiten Band seines Romans *Tote Seelen* schrieb, in Richtung Mystizismus und Schwulst ab und schickte auf einmal, aus Italien, lauter herablassende Briefe voll spiritueller Ratschläge an seine feingeistigen, verblüfften, gelegentlich verletzten Freunde daheim in Russland. (Da riet Gogol zum Beispiel einem Mann, der seine kürzlich verstorbene Frau betrauerte, Folgendes: »Jesus Christus wird Dir helfen, ein Gentleman zu werden, was Du weder durch Bildung noch durch Dein Wesen bist – da spricht sie mit meiner Zunge.«) Diese gesammelten Briefe bezeichnet Donald Fanger als »ein zutiefst persönliches, manchmal peinlich persönliches Buch«, vollkommen »ohne die ironische, kritische Haltung, die Gogols beste Werke aus früheren Zeiten kennzeichnete«.

»Wenn er den Sinn für Komik aufgibt (oder von ihm aufgegeben wird), aus dem seine besten Werke hervorgingen«, schreibt Fanger, »ähnelt er immer mehr einer seiner eigenen Karikaturen.«

»O zweifle nicht an meinen Worten«, drängt Gogol einen seiner Briefempfänger, »auch ich würde das nicht wagen.«

Dieser Ausspruch hätte aus dem Mund eines von Gogols *skaz*-Erzählern kommen können, aber er stammt vom Autor selbst und ist ernst gemeint.

Die Nase hat etwas Vertrautes und Erschreckendes. *Jemand verliert etwas Wertvolles und begibt sich auf die Suche danach.*

Wer kennt diesen Albtraum nicht? Wir suchen etwas und können es nicht finden. Die Traumwelt erhebt sich, fest entschlossen, uns zur Verzweiflung zu bringen. Sie verweigert uns ihre Hilfe, und in diesem Beigeschmack liegt die Bedeutung des Traums.

Ich skizziere jenen Teil der Erzählung, den wir »Kowaljow, dem gerade seine eigene Nase begegnet ist, begibt sich auf die Suche nach Hilfe« nennen könnten (ab Seite 10):

- Er geht zum Haus des Ober-Polizeimeisters, der nicht da ist.
- Er geht zur Zeitung, wo er zu seiner Enttäuschung missverstanden wird.
- Er geht ins Büro vom Polizeihauptmann des Reviers (das ist keineswegs der Ober-Polizeimeister) und wird beleidigt.
- Er geht nach Hause und kommt zu dem Schluss, dass Frau Podtotschina, die er für eine Hexe hält, an allem schuld ist.
- Ein Polizist kommt mit der Nase an.
- Die Nase lässt sich nicht wieder befestigen.
- Kowaljow wird von einem Arzt besucht, der die Nase wiederherstellen könnte, aber davon abrät und sie stattdessen kaufen will.
- Kowaljow schreibt einen anklagenden Brief an Frau Podtotschina, deren Antwortbrief zu entnehmen ist, dass sie ihn vollkommen missverstanden hat.

Das Muster hier sieht in etwa so aus: Kowaljow versucht etwas Vernünftiges und erzielt unbefriedigende Reaktionen.

Den Ober-Polizeimeister verpasst er knapp, der Zeitungsbeamte missversteht ihn, der Polizeihauptmann beleidigt ihn, der Arzt berät ihn schlecht. Er wendet sich an die richtigen Stellen, spricht die richtigen Leute an (und geht dabei ungefähr so vor, wie wir das auch tun würden), alle sind ausgesucht höflich (bis auf den Polizeihauptmann des Reviers, der innerhalb akzeptabler Grenzen ausfällig zu ihm wird – schließlich ist er ranghöher). Diese Leute sagen alle das Richtige (sie drücken Sorge und Mitgefühl aus, sie sind herzlich und neugierig, sie wollen helfen oder zumindest als hilfreich rüberkommen), aber sie können nicht helfen, weil sie seinen Albtraum eben nicht erleben (noch nicht), den Albtraum, der viele Formen annehmen kann: Man kann die eigene Nase verlieren, klar, aber vielleicht auch einen Arm oder die Gesundheit an sich oder den Lebensunterhalt oder die Frau, das Kind, den Verstand. Die Welt steckt voller Albträume, die nur darauf warten, uns zuzustoßen, aber die Menschen, an die sich Kowaljow wendet, glauben das nicht (oder noch nicht), genau wie wir; sie ordnen diesen Albtraum einzig und allein Kowaljow zu (außergewöhnlich, verrückt, peinlich), statt ihn als Vorschau auf den (unvermeidlich bevorstehenden) Albtraum zu verstehen, der uns irgendwann alle ereilen wird.

Das ist auch nicht ihre Aufgabe. Sie alle bleiben strikt im Rahmen dessen, was das System, zu dem sie gehören, ihnen jeweils erlaubt und von ihnen erwartet. Dieses System (ihre Gesellschaft) ist auf eine normale Vorgehensweise ausgelegt; jemandem mit so außergewöhnlichen Bedürfnissen wie Kowaljow kann es nicht helfen. (Sie reagieren auch merkwürdig milde, so als hätte Kowaljow nicht seine Nase verloren, sondern einen Koffer.)

Alles geht also ganz normal weiter, obwohl ein Mensch seine Nase verloren hat und verkrüppelte Bettler vor einer Kathedrale verspottet werden und unschuldige Gefangene in den dreckigen Gefängnissen des Zars verrotten und Kinder verhungern, während die Reichen auf dekadenten Bällen tanzen, und hier könnten wir noch hundert weitere empörende Tatsachen auflisten, die sich in diesem fiktionalen St. Petersburg an jenem 25. März 1835 vermutlich zugetragen haben, oder an jedem anderen Tag in jeder anderen Stadt, empörende Tatsachen, die, so unser aller stillschweigendes Einvernehmen, weitergehen müssen, denn eine Lösung für sie überschreitet das Maß des vernünftigerweise Erwartbaren.

Konzentrieren wir uns auf eine von Kowaljows Begegnungen (die mit dem Beamten bei der Zeitung, Seiten 12–16) um wahrzunehmen, wie Gogols Traumwelt und ihre Art der unterlassenen Hilfeleistung atmosphärisch »schmeckt«.

Kowaljow (der seine fehlende Nase mit einem Taschentuch verdeckt) sagt, er möchte gern eine Anzeige aufgeben. Er sagt nicht: »Ich vermisse meine Nase«, sondern, eher schüchtern-verschämt: »Es ist eine Gaunerei passiert«. Er sucht eigentlich nicht nach der Nase, die bislang in seinem Gesicht saß, sondern nach dem »Schurken«, zu dem die Nase jetzt geworden ist (also die Nase mit ihrem eigenen Kopf). Er betont nicht: »Meine Nase wird vermisst«, sondern: »Meine Nase hat mich beleidigt, indem sie mein Gesicht verließ, um jemand anders zu werden, jemand Höheres als ich, der mich nicht mit Respekt behandelt und daher eingefangen und auf Kurs gebracht werden muss.«

Der Beamte fragt nach seinem Namen. Kowaljow weigert sich, ihn anzugeben. Das ist für den Beamten in Ordnung. (Warum hat er dann überhaupt gefragt?) Der Beamte missversteht Kowaljow und denkt, er sucht nach einem entlaufenen Dienstboten. (Wie im klassischen Albtraum entfernen wir uns immer weiter von dem, worum es eigentlich geht.) Aber der Beamte hat es teilweise schon richtig verstanden – oder Kowaljow nimmt jedenfalls den Irrtum hin, mit einer kleinen Anpassung: Ja, es ist wirklich jemand entlaufen, aber dieser Jemand ist seine Nase. Das überhört der Beamte und verändert sein falsches Verständnis der Situation: »Und hat Ihnen dieser

Herr Nase eine große Summe gestohlen?« Kowaljow verbessert ihn erneut: »Die Nase, meine eigene Nase ist verschwunden.« Der Beamte ist nicht schockiert. Er hätte nur gern ein bisschen mehr Information. »Ich kann das nicht so recht begreifen«, sagt er milde.

Kowaljow muss seine Nase nicht aus dem naheliegenden Grund wiederfinden (weil sie seine Nase ist und weg ist), sondern weil es unmöglich ist, das Fehlen dieses Körperteils zu verbergen, und … na ja, er trifft sich mit vielen prominenten Leuten, von daher …

Er geht davon aus, dass dieser Beamte, der auf der sozialen Leiter einige Stufen unter ihm steht, das als einleuchtende Motivation akzeptiert. Der Beamte erwägt, die Anzeige zu bringen, hat dann aber Bedenken, er sagt, er müsse den Ruf der Zeitung schützen; so etwas Haarsträubendes könne er nicht veröffentlichen. Außerdem, so der Beamte, solle Kowaljow, falls seine Nase weg ist, einen Arzt aufsuchen. Aber … die ist doch nicht wirklich weg, oder? Kowaljow, sagt er, wirke »wie ein Mensch von fröhlichem Gemüt«, einer von denen, die »gerne in Gesellschaft zu scherzen belieben«. (Es liegt etwas typisch Gogolhaftes in der Vorstellung des Beamten, dass »scherzen«, wie es ein »Mensch von fröhlichem Gemüt« tut, darin bestehen könnte, in einen Raum voller Fremder zu kommen und zu behaupten, er habe keine Nase.)

Dazu angespornt, zieht Kowaljow das Taschentuch von seinem Gesicht (die große Enthüllung, zum ersten Mal bekommen wir einen Beweis durch einen Unbeteiligten, dass Kowaljows Nase wirklich weg ist, dass er nicht bloß ein Verrückter ist, der sich einbildet, seine Nase wäre weg). »Eine vollkommen ebene Stelle, wie ein frisch gebackener Pfannkuchen.« Entsetzt ist der Mann aber nicht. Noch nicht einmal überrascht. Oder auch nur interessiert. (Ist ja nicht seine eigene Nase, die fehlt.) Er sagt, er sehe »keinerlei Nutzen« darin für

Kowaljow, die Anzeige zu bringen. Stimmt das? Wenn tatsächlich die Nase immer noch in einer Kutsche durch die Stadt fährt, könnte so eine Anzeige doch irgendwen, der oder die eine mannsgroße Nase sieht, dazu bringen, eins und eins zusammenzuzählen und Kontakt mit Kowaljow aufzunehmen, dann käme die Sache vielleicht voran: potenziell ein großer »Nutzen« für Kowaljow. (Und hier sehen wir, wie weit Gogol uns gebracht hat. Jetzt argumentieren wir in vollem Ernst dafür, dass die Anzeige geschaltet wird, wir haben also nicht nur die Realität der Verwandlung einer Nase in einen Menschen akzeptiert, sondern auch die Überlegung, dass eine Zeitungsanzeige dabei helfen könnte, sie zu finden, obwohl wir – immer noch – nicht genau wissen, wonach wir suchen oder, na ja, nach wem. Die Grenzen dessen, was wir haarsträubend finden, werden ständig erweitert.)

Wehrt sich Kowaljow gegen die Unlogik des Beamten? Nein. Er führt sich »vollkommen entmutigt«, dann sieht er den Namen einer hübschen Schauspielerin und überlegt, ins Theater zu gehen. Und einfach so, über den Doppelschlag von Entmutigung und Ablenkung wird Kowaljows Suche, zumindest dieser Teil davon, abgewürgt.

Warum geschieht das, was sorgt für dieses Abwürgen Kowaljows? Nicht etwa ein Mangel an Mitgefühl. (»Es bekümmert mich wirklich sehr, daß Ihnen eine solche Geschichte zugestoßen ist«, sagt der Beamte, bevor er ihm eine Prise genau dessen anbietet, was er nicht schnupfen kann, so dringend er es sich auch wünscht.) Die Mechanik der Gogol-Welt selbst hat etwas Abwürgendes, da ist eine grundlegende Fehlkommunikation am Werk, die alles durchtränkt, auch die Struktur der Erzählung, auch ihre innere Logik.

Noch trauriger, eigentlich am traurigsten, dass der ganz und gar nicht böswillige Beamte trotzdem kein bisschen hilfreich ist.

Und wir erfahren etwas über Kowaljow, das auf uns alle zutreffen könnte: Er passt sich schnell (zu schnell!) an unsinnige neue Bedingungen an. Zu dem Gefühl, dass etwas haarsträubend sei, hat er nur begrenzt Zugang. Schneller als erwartet akzeptiert er seinen entsetzlichen neuen Zustand und lebt weiter, traurig, angefressen, aber nicht rebellierend; das wäre ja unhöflich.

Wo wir hinkommen, sind die Menschen (überwiegend) freundlich und ernsthaft und scheinen in etwa an dasselbe zu glauben wie wir: Verantwortlichkeit, Wahrhaftigkeit, gute Nachbarschaft. Und doch hören wir jeden Abend in den Nachrichten… usw. usf. Außerdem steht über jede Epoche in den Geschichtsbüchern… usw. usf. Nichts Grausames, das nicht schon irgendwo begangen worden wäre, keine Entwürdigung und Hoffnungslosigkeit, die nicht schon irgendjemand erlebt hätte (oder in diesem Augenblick erlebt).

Ich persönlich bin noch nie jemandem begegnet, der im klassischen Hollywood-Modus böse war, der sich frohgemut mit keckerndem Gelächter auf die Seite des Bösen schlägt, als eingeschworener Feind alles Guten, weil er oder sie eine frühe Enttäuschung erfahren hat. Das meiste Böse, das ich auf der Welt gesehen habe – die meisten Gemeinheiten, die ich selbst abgekriegt (übrigens auch ausgeteilt) habe –, kam von Menschen, die es gut meinten, die dachten, sie täten etwas Gutes, von vernünftigen Menschen, die höflich blieben, Kompromisse eingingen, sich mit leichten Fehlwahrnehmungen herumschlugen, die entweder nicht dazu neigten oder keine Zeit dazu hatten, alles in Ruhe zu durchdenken, die vor den negativen Folgen des Glaubenssystems, zu dem sie gehörten, entweder behütet wurden oder für sie blind waren und sich bestimmten Vorstellungen von Zweckmäßigkeit und/oder »gesundem Menschenverstand« beugten, kulturellen Prägungen, die sie nie in Frage gestellt hatten. Mit anderen Worten, sie waren wie die Menschen bei Gogol. (Ich lasse hier bewusst die schlimmen Täter beiseite, die monströsen Egos, die Pächter grandioser Ideen und alle, die durch zu viel Geld, Ruhm oder Erfolg von der Wirklichkeit abgeschnitten sind, die Hyperarroganten, die von Geburt an Machthungrigen, die Sozio- und Psychopathen.)

Aber im alltäglichen Zusammenhang sollten wir, wenn wir das Böse (Niedertracht, Unterdrückung, Vernachlässigung) verstehen wollen, erkennen, dass die Menschen, die diese Fehler begehen, nicht immer keckernd lachen, wenn sie sie begehen; oft lächeln sie, weil sie sich so nützlich und tugendhaft vorkommen.

In *Ich will Zeugnis ablegen bis zum Letzten*, Victor Klemperers Tagebüchern über Nazi-Deutschland, beschreibt er, wie ihm, weil er Jude ist, sein Büro an der Universität weggenommen wird, das Recht, überall einzukaufen, dann seine Arbeit, sein Zuhause; die Menschen, die das tun, tun es höflich, ja entschuldigend. (Es war nicht ihre Idee: Das haben sich diese Armleuchter in Berlin ausgedacht. Aber was will man machen?) Sie scheinen Klemperer zu mögen, sie sind keine Antisemiten, aber in diesen Situationen sind sie auch keine Anti-Antisemiten. Sie sind wohlerzogene, betretene-aber-willige Rädchen in der Nazimaschinerie.

Das Deutschland in Klemperers Buch hat etwas mit Gogols Zeitungsdruckerei gemeinsam. In beiden wird mit etwas Beunruhigendem (einer fehlenden Nase, einem abscheulichen politischen Programm) in höflichem, wohlmeinendem Anstand umgegangen – einem Anstand, der möchte, dass alles wie gewohnt weitergeht.

In ihrem Text über Gregor von Rezzoris Klassiker *Memoiren eines Antisemiten* hat Deborah Eisenberg darauf hingewiesen, welch großer Schaden von einer Handvoll böser Menschen angerichtet werden kann, solange sie sich auf eines verlassen können, »die passive Beihilfe von vielen, vielen Anderen, die in ihren sicheren Häusern aus dem Fenster schauen und einen wolkenlosen Himmel sehen«. Im Weiteren listet sie die Sünden dieser passiven Menschen auf: »Gleichgültigkeit, schwache Logik, gelegentlicher Snobismus – sozialer oder intellektueller Art – und Nachlässigkeit«.

Was hindert Gogols Beamten daran, wirklich eine Hilfe zu sein? Er ruht fest in sich, er bevorzugt und schützt ganz entschieden alles, was zu ihm gehört: seinen Standpunkt, seine Gewohnheiten, seine Interessen, sein Verständnis von den Grenzen seiner Verantwortung. Wie kann ihn das, was Kowaljow passiert, ernsthaft interessieren? Schließlich passiert es … *nicht ihm!*

Keiner der Autoren, deren Texte wir hier lesen, hätte sich die Schrecken des Holocaust (oder der Russischen Revolution oder der stalinistischen »Säuberungen«) vorstellen können, auch Gogol nicht, aber ich glaube, Gogol hätte sie *erzählen* können; sein Stil hätte damit umgehen können. Wenn ich mir die Technicolor-Filme von Naziführern in den Ferien anschaue, kommen sie mir zutiefst gogolhaft vor. Die Massenmörder sehen schlecht aus in ihren Badehosen, beim Tanzen, beim Herumalbern, manchmal wirken sie verklemmt vor der Kamera, ihre schlechten Ideen kommen ihnen gut vor, und in ihren Köpfen läuft eine verdrehte *skaz*-Schleife (technokratischer, rassistischer, ideologisch aufgehetzter Art).

Ich möchte hier etwas hervorheben: Die Geschichte geht nicht auf.

Ja, sie enthält unmögliche Ereignisse. Kann eine Erzählung unmögliche Ereignisse enthalten? Klar. Nehmen wir an, wir sind in einer Erzählung bei einem festlichen Abendessen, und plötzlich löst sich der Kopf des Gastgebers mit lautem Plopp, fliegt an die Decke und landet in seiner Suppe. Erlaubt? Natürlich. Welche Leseerwartungen entstehen dadurch? Dass es dem Autor aufgefallen ist und er nun dafür sorgen wird, dass es auch der Erzählung auffällt. (Falls es niemandem sonst am Tisch auffällt, empfinden wir diese fehlende Reaktion als Nachlässigkeit des Autors, sprich: schlechtes Schreiben.) Außerdem entsteht die Annahme, dass der Rest der Erzählung diesem Ereignis Rechnung tragen wird (ein weiterer Kopf ploppt hoch, oder der Gastgeber wird am selben Abend in seinem Bett gezeigt, wo er voller Scham und wie besessen die Verbindung zwischen seinem Kopf und seinem Hals untersucht). Mit anderen Worten, die Bedeutung einer Erzählung, in der etwas Unmögliches passiert, liegt nicht darin, dass es passiert ist (schließlich haben wir es nur mit Sprache zu tun, am anderen Ende hat es sich irgendjemand ausgedacht), sondern wie die Erzählung auf das Unmögliche reagiert. So teilt sie uns mit, was sie glaubt.

In einer Gogol-Erzählung gilt, wenn etwas Unmögliches passiert, entweder 1) niemandem fällt es auf, oder 2) alle bemerken es, missverstehen es aber und fangen dann an, darüber fehlzukommunizieren. Erzähler inklusive, der die ganze Zeit Merkwürdigkeiten nicht kommentiert (dabei fallen sie uns auf), Dinge falsch interpretiert und unglaubwürdige Erklärungen liefert, aber keine vernünftigen Ansatzpunkte, um verständlich zu machen, wie das, was er erzählt, passieren konnte.

Während wir lesen, türmen sich hinter uns lauter ablauftechnische Fragen auf.

Iwan wirft die Nase in den Fluss, und ein paar Stunden später wird sie von Kowaljow in der Nähe des Cafés gesehen, wie sie in Ausgehuniform aus einer Kutsche steigt. Wie ist sie aus dem Fluss gekommen? Wurde sie vorher mannsgroß oder nachher? Wie ist sie in diesen wenigen Stunden reich genug geworden, um sich eine Kutsche leisten zu können? Wie hat sie sprechen gelernt? Wer ist der Kutscher? Wie wurde er eingestellt? Ist ihm beim Einstellungsgespräch aufgefallen, dass sein zukünftiger Arbeitgeber eine Nase war?

Die Nase versucht, die Stadt mit Hilfe eines Passes zu verlassen, der »vor längerer Zeit auf den Namen eines Beamten ausgestellt« wurde (dieses »vor längerer Zeit« ist komisch, denn die Nase ist doch erst seit ein paar Stunden nicht mehr an Kowaljow dran), in einer Diligence nach Riga. Warum hält es die Nase für nötig, die Stadt zu verlassen? Hat sie mitbekommen, dass Kowaljow nach ihr sucht? Wie hat die Nase das gehört? Hat sie Ohren? Mit wem hat sie gesprochen? Wer würde mit ihr sprechen? Erkennen andere Leute, dass es sich um eine Nase handelt? Ein Polizist verwechselt die Nase mit einem Herrn, erkennt, dass es eine Nase ist, und verhaftet sie. Wie »erkennt« er das? Was gibt dabei den Ausschlag? Weswegen verhaftet er die Nase? Wie kommt er zu dem Schluss, dass die Nase zu Kowaljow gehört? Gesteht die Nase? Wahrscheinlich ist die Nase zum Zeitpunkt ihrer Verhaftung immer noch mannsgroß, aber irgendwie ist sie, bevor sie in ein Stück Papier eingeschlagen an Kowaljow zurückgegeben wird, wieder geschrumpft, hat ihre Kleidung und Beweglichkeit und Sprechfähigkeit verloren. Ist sie geschrumpft, als die Handschellen angelegt wurden? Oder vorher? Was sorgte für diese Rückverwandlung ins Nasentum? Warum hat der Polizist immer noch den Verdacht, dass Iwan »der Hauptbeteiligte an dieser Angelegenheit« ist, da er doch nie gesehen hat, wie Iwan die Nase in den Fluss warf, und selbst dann hätte er nicht wissen können, dass da eine Nase in den Fluss geworfen wurde, denn die Nase wäre doch sofort mit der Strömung weitergetrieben und hätte sich unter Wasser sofort in einen Staatsrat verwandeln müssen, um bald irgendwo flussabwärts an Land zu gehen?

Und so weiter.

Diese Fragen werden nicht nur nicht beantwortet; die meisten von ihnen *könnten* gar nicht beantwortet werden, jedenfalls nicht so, dass sie räumlich und zeitlich zu den Tatsachen passen würden, die woanders in der Erzählung behauptet werden.

Kowaljow fasst all das ziemlich knapp zusammen: »Wie konnte es sein, daß die Nase, die sich noch gestern in seinem Gesicht befunden hatte und weder fahren noch laufen konnte, eine Uniform trug!« Und ganz wie die Erzählung findet er keine Antwort darauf (zum Teil, weil es eben keine Antwort gibt, die die »Tatsachen«, wie sie die Erzählung präsentiert, zufriedenstellend verbindet).

In einem Workshop richten sich die ersten kritischen Rückmeldungen zu einer Erzählung immer darauf, dass sie keinen Sinn ergibt. »Du sagst, es ist Winter; warum ist Gertrude dann im Badeanzug am Pool? Das ergibt keinen Sinn.« »Ich finde, es ergibt keinen Sinn, dass Larry so ruhig bleibt, wo er gerade von einem Alien kastriert wurde.« Wir verstehen den Sinn einer Erzählung zum Teil dadurch, dass wir ihrer Kausalität nachgehen, und die Kraft einer Erzählung erwächst für uns daraus, dass ihre Kausalität wahrhaftig wirkt, mit anderen Worten, dass ihre innere Logik standhält.

Warum tun wir *Die Nase* also nicht als schlecht geschrieben ab?

Na ja. Ein Grund ist ... das machen wir einfach nicht. Dieser ausgearbeitete Scherz – eine Erzählung, die irgendwie so tut, als ergäbe sie logisch einen gewissen Sinn, was gar nicht stimmt – ist so gut gemacht, dass er unsere Lese-Intelligenz dazu verführt, von Kohärenz auszugehen, ähnlich wie unser Auge, das eine Reihe von Schnappschüssen für kontinuierliche Bewegung hält.

Die Nase ließe sich als ein Haufen Porzellanscherben denken, die dasselbe Muster tragen und in einem bestimmten Arrangement auf dem Boden liegen, so dass wir denken: »Vase, zerbrochen.« Aber wenn wir versuchen, sie wieder zusammenzusetzen, passen die Scherben nicht, sie waren nie eine kohärente Vase. Der Töpfer hat nicht eine Vase hergestellt und dann zerbrochen; er hat eine Menge Porzellanscherben hergestellt und sie dann in einem Arrangement ausgelegt, das nach zerbrochener Vase aussieht.

Der eigentliche Grund ist ein anderer und liegt auf einer höheren Ebene: Wir begreifen, dass die merkwürdige Logik der Erzählung nicht auf einem Irrtum beruht, nicht pervers oder vordergründig oder beliebig ist, sondern die wahrhaftige Logik des Universums darstellt – so funktioniert es alles wirklich, wir können es nur nicht immer deutlich erkennen.

Das Leben fühlt sich manchmal so an, dass wir es »absurd« nennen: Nichts ist von Bedeutung, alle Anstrengungen sind umsonst, alles wirkt willkürlich und pervers, gute Absichten werden ständig im Keim erstickt. Diese Haltung vermittelt Düsternis und Angespanntheit und kann sich wie Weisheit anfühlen. Aber wir leben nicht so, als wäre das Leben absurd; wir leben es so, als hätte es einen Sinn. Wir halten uns dabei (oder versuchen es) an Güte, Loyalität, Freundschaft, den Drang, uns zu verbessern, und den Glauben an das Beste in unseren Mitmenschen. Wir gehen von Kausalität und logischer Kontinuität aus. Und im Leben stellen wir fest, dass unsere Handlungen sehr wohl bedeutungsvoll sind. Wir können gute oder schlechte Eltern sein, wir können sicher Auto fahren oder wie die Irren. Unser Denken kann sich sauber, positiv und klar anfühlen oder verseucht und negativ. Es fühlt sich gesund an, ehrgeizig ein Ziel zu verfolgen. Ein Leben ohne ernsthaftes Streben ist ein Albtraum. (Wenn das Begehren aus einem normalen Leben verschwindet, nennt man das Depression.) Wir leben in der Annahme, dass einige Lebensweisen anderen vorzuziehen sind und dass wir die besseren erkennen können, um uns dorthin zu entwickeln.

Und doch: Wenn wir sagen, das Leben ist vollkommen absurd, erscheint uns das ebenso unzutreffend wie zu behaupten, es wäre vollkommen rational. Gut gedachte Pläne werden durcheinandergebracht. Wir machen alles richtig und werden bestraft. Jemand, den wir lieben, stirbt früh; unser Hirn verabschiedet sich; wir werden in unfairer Weise missverstanden; die Welt scheint sich plötzlich gegen uns verschworen zu haben. Wir stellen ein Glas ab, und es fällt gleich um. Unser Hund beschließt, auf dem gepflegtesten Rasen im Viertel einen Haufen zu machen, und aus der Tür tritt unser Boss. Die Macht ist in den Händen von Scheißkerlen; die Guten leiden ungerechterweise. Glückliche Menschen, die Glück haben und denen alles geschenkt wurde, predigen positives Denken den traurigen Menschen, die Pech haben und denen nichts geschenkt wurde. Wir drücken den »Hilfe!«-Knopf, und ein Boxhandschuh kommt heraus und boxt uns mitten ins Gesicht, während die Maschine ein lustiges Furzgeräusch macht.

Kurz, das Leben ist überwiegend vernunftbestimmt, aber manchmal gibt es Ausbrüche von Absurdität.

Oder vielleicht so: Die Annahme der Vernunftbestimmtheit hält unter normalen Umständen stand, gerät aber unter Druck ins Wanken.

Manche Geschichten zeigen, wie die Vernunftbestimmtheit unter Druck ins Wanken gerät (Schalamows *Erzählungen aus Kolyma*, die uns in ein sibirisches Arbeitslager versetzen; Atwoods *Report der Magd*, der in einer dystopischen, frauenfeindlichen Zukunft spielt). *Die Nase* legt nahe, dass die Vernunftbestimmtheit in jedem Augenblick, selbst dem allernormalsten, ins Wanken gerät. Aber abgelenkt von vorübergehenden Segnungen wie Stabilität und Wohlstand und Vernunft und Gesundheit bemerken wir es nicht.

Gogol wird manchmal als Vertreter des Absurden bezeichnet, der mit seinem Werk zeigen wollte, dass wir in einer sinnlosen Welt leben. Für mich ist Gogol ein absoluter Realist, der am bloßen Schein vorbei darauf schaut, wie die Dinge wirklich sind.

Gogol sagt, dass wir uns in unseren Alltagswahrnehmungen täuschen. Die meiste Zeit meinen wir, unsere Handlungen wären von Belang, ernsthafte Kommunikation fände statt, wir wären real und beständig und hätten unser Schicksal in der Hand. Unter normalen Umständen trifft all das (meistens) zu: Wir sind souveräne Seeleute auf einem soliden Schiff in einem ruhigen Hafen. Aber ab und zu fällt der Schleier (ja, in diesem metaphorischen Hafen gibt es einen Schleier), und da draußen sind: das offene Meer, hohe Wellen, heftige Winde. Und wir sind gerade auf dem Weg nach draußen. Bald wird klar, dass wir unterm Strich doch nicht alles im Griff haben, keine hochgradig funktionstüchtigen Seeleute sind, die stabil auf einem schönen ruhigen Deck stehen, einem Deck, das wir aus eigener Kraft gebaut haben. Das Schiff schaukelt, das Deck ist vereist, wir tragen spezielle Kopfhörer, die verzerren, was unsere Mannschaftskollegen schreien, und speziellen Mundschutz, der verzerrt, was wir zurückschreien. Und nun sinkt das Schiff, und es muss gehandelt werden, es braucht Zusammenarbeit und Mitgefühl. Wir wollen auch mitfühlend sein, wirklich, aber das beabsichtigte Mitgefühl, das durch diesen verzerrenden Mundschutz rausgeschickt und durch diese verzerrenden Kopfhörer empfangen wird, wirkt *schräg*; es hilft kein bisschen, es kann sogar verletzen oder, noch schlimmer, überhaupt nichts bewirken.

Gogol hört im Alltag die ersten kleinen Andeutungen von Fehlkommunikation, die unter Druck zur Katastrophe führen. Es ist ja ganz witzig, wenn Kowaljow in der Kathedrale der eigenen Nase keine richtige Antwort aus der Nase ziehen kann, aber dieselbe Art von Fehlkommunikation im großen Maßstab löst Revolutionen und Völkermorde und politische

Aufstände und Familiendesaster aus, die nie mehr richtig heilen (Scheidungen, Entfremdungen, bitteren Groll), und das, so deutet Gogol an, liegt im Kern allen menschlichen Leidens – mit anderen Worten, im Kern des ständig nagenden Gefühls rastloser Unzufriedenheit, das jeden menschlichen Austausch begleitet.

Gogol hat etwas Ewiges an sich. Seine Wahrhaftigkeit gilt jederzeit und überall. Wenn das Ende der Welt kommt, scheint er zu sagen, wird es (kann es nur) aus *diesem* Augenblick heraus entstehen, daraus, wie wir genau jetzt (und immer) denken. Das in der großen weiten Welt ablaufende Missverstehen läuft auch in uns ab, jetzt gerade, selbst wenn wir allein in einem ruhigen Zimmer sitzen.

Aber vertun wir uns nicht: Gogols Hauptwährung ist das Vergnügen. Meine Lieblingsstelle in der Erzählung – und sie fühlt sich weder alt noch neu an, sondern zeitlos – ist gegen Anfang der Szene in der Zeitung, wenn irgendwie, von Zauberhand, eine Gruppe Menschen, die darauf warten, ihre Anzeigen aufzugeben, in das verwandelt wird, wofür sie ihre Anzeigen aufgeben wollen, und plötzlich drängen sich in dem kleinen Büro »ein Kutscher, der nicht trinke (…) ein neunzehn Jahre altes Hausmädchen (…) eine feste ungefederte Droschke (…) ein junger feuriger Apfelschimmel(…) eine Datscha mit allem, was dazu gehört«.

Das macht Gogol so großartig – erst irgendwie darauf zu kommen, dass er das machen will, und es dann auch zu tun, mit einem so seltsamen, glücklichen Selbstvertrauen. Der unerklärliche Verstärker für die Liebe zur Welt, den ich spüre, wenn ich diesen Abschnitt lese – nicht wesentlich für die Handlung, aber anscheinend einfach aus reiner Freude daran hineingeschrieben –, steht meiner Meinung nach für alles, worum es bei Gogol im Grunde geht.

Was also »sagt uns« die Erzählung? Welchen Wandel durchläuft die Hauptperson? In welcher Weise »verändern« die Ereignisse der Erzählung »die Dinge für immer«?

Hmm, also: Kowaljows Nase verlässt ihn, dann kommt sie zurück. Sie lässt sich nicht wieder befestigen, und dann, anscheinend spontan, erlaubt sie es doch. Was lernt Kowaljow aus dieser furchtbaren Prüfung? Nichts. Was ist der Weg seines Helden? »Etwas Wichtiges, Wundersames geschah mit mir, und ich blieb die ganze Zeit derselbe, auch wenn ich zwischenzeitlich ziemlich verärgert war.«

Wer ist Kowaljow, bevor er seine Nase verliert? Ein Spieler, ein Egoist, ein nicht besonders reflektierter Aufsteiger, ein Namedropper. Inwiefern verändert ihn das Fehlen der Nase und ihre wundersame Wiederherstellung? Gar nicht. Wer ist er, nachdem seine Nase wieder in seinem Gesicht sitzt? Derselbe Typ. »Und von da an« – sobald die Nase wieder saß – »promenierte Major Kowaljow, wie wenn nichts gewesen wäre, über den Newskij-Prospekt (...). Und die Nase saß ebenfalls, wie wenn nichts gewesen wäre, in seinem Gesicht (...)«. »(...) also war alles in Ordnung, er hatte keinerlei Schaden davongetragen.« (Oder, in der Urban-Übersetzung: »Es war also nichts, ein Verlust war ihm nicht anzumerken.«) Als wir Kowaljow zum letzten Mal sehen, tut er dasselbe wie beim ersten Mal: Er tut so, als hätte er einen Rang inne, den er nicht erworben hat, er »kaufte ein Ordensband, man weiß nicht, aus welchem Grund, war er doch selbst nicht Träger eines Ordens«.

Hier könnten wir ein kleines Echo von *Herr und Knecht* wahrnehmen. Wie Wasilij bekommt Kowaljow einen Vorgeschmack auf den Tod: eine Warnung vom Kosmos, dass die Zeiten, in denen man alles bekommt, was man will (eine Zigarette rauchen, eine Nase haben), kurz und aufkündbar sind.

Doch anders als Wasilij lernt Kowaljow nichts daraus. Er

kommt nicht auf die Idee, dass er seine Lebensweise ändern müsste. Er will nur wieder zurück zu ihr, so schnell wie möglich.

Kowaljow ist also ein Narr. Aber er ist auch ein Jedermann, einer von uns. Eine ärztliche Untersuchung hat etwas ergeben. Könnte es das jetzt gewesen sein? Plötzlich empfinden wir unser Leben als kostbar, unsere Angewohnheiten als dumm. Warum spielen wir so viel Golf? Warum sind wir immer mit den E-Mails beschäftigt, wo unsere wunderbare Frau direkt neben uns sitzt? Die Untersuchungsergebnisse kommen zurück: Es ist doch alles in Ordnung. Der Geist entspannt sich, verfällt in die vorherige Dumpfheit, und wir sind wieder glücklich und schauen schnell mal in die Mails, da können wir auch gleich eine Tee Time auf dem Golfplatz reservieren, und unsere Frau sitzt da und schaut zu.

Wofür steht die Nase? Was will sie? Warum verlässt sie überhaupt Kowaljows Gesicht? Das erfahren wir nie. Anfangs könnten wir das Verschwinden noch als eine Art, hm, Streik, als Protest gegen Kowaljows Oberflächlichkeit und Ehrgeiz und Arroganz verstehen. Aber das hat keinen Bestand: Die Nase geht nicht als Reaktion auf Kowaljows Verhalten weg, sie kommt auch nicht zurück, weil er irgendwas daran geändert hätte; sie kehrt nicht zurück, weil sie befriedigt darüber ist, dass Kowaljow sich hat korrigieren lassen, denn er hat ja auf ihre Abwesenheit nicht mit einer Veränderung reagiert. Die Nase kommt nur zurück, weil sie zurück*gebracht* wird, von diesem Polizisten, und sie sitzt dann wieder in Kowaljows Gesicht, weil … na ja, erzählerisch aus gar keinem Grund, höchstens dass Gogol das Gefühl hatte, es würde jetzt Zeit, die Dinge zu Ende zu bringen.

Auf der anderen Seite ist Kowaljow vielleicht gar nicht so ein Narr. »Ich habe meine Nase ohne Grund verloren, und sie ist ohne Grund zurückgekommen«, scheint er zu sagen. »Derlei Desaster passieren offenbar, egal wie ich lebe. Na, dann bleibe ich doch weiter mein aggressives Ich, tue, was ich tue, sammle Medaillen, die ich nie verdient habe, und *jage Schürzen.*« Die Welt ist voll von solchen Menschen: die an ihren Hobbys und süßen Alltagsgewohnheiten hängen, die früh aufstehen, um zu schreiben, immer in ein ganz bestimmtes Café gehen, Porzellanenten sammeln, mit grün und weiß angemalten Gesichtern zu Spielen der Green Bay Packers gehen und so weiter. Sie versuchen, ein bisschen zu feiern, bevor das zuvor erwähnte sinkende Schiff untergeht.

Die Nase ist in ihrer (oder *seiner?* Hat diese Nase einen Penis?) kurzen Zeit des Herumspazierens ziemlich erfolgreich – mehr als Kowaljow. An einem Vormittag kommt sie an lauter Dinge, die sich Kowaljow, wie wir uns denken können, bestimmt sehnsüchtig wünscht: eine Beförderung, Elan, Autorität, eine Kutsche mit Chauffeur. Sie ist glücklicher und freier als er, aktiver und schneidiger. (Wie der Held in einem Liebesroman wird sie aufgegriffen, als sie »in einer Diligence (...) nach Riga fahren« will.)

Die Nase ist Kowaljows bestes Stück, der nicht kriecherische Anteil, der selbstbewusste, der Gewohnheiten und Konventionen abschütteln kann (Kowaljow ist von ihnen abhängig), der neu denken und leben und, ja, sich aufmachen kann, den Kontinent zu erobern. Die Nase ist sein wilder innerer Geist, der sich an den Zwängen des modernen Lebens reibt, die Nase ist sogar (apropos) ein Penis, jedenfalls für manche Kritiker (denn ohne sie ist Kowaljow entmannt, kann sein Leben der Flirtgier nicht fortsetzen), aber das Schöne an der Geschichte ist, dass – die ganze Zeit, trotz alledem oder unabhängig von alledem – die Nase immer noch ... eine Nase ist. Eine Art Nase. Eine echte Nase und eine metaphorische. Eine Nase, die sich verändert, je nachdem, was die Erzählung von ihr braucht. Die Nase ist ein Hilfsmittel, durch das wir unsere Suche nach allem, was wesentlich für uns ist und was wir verloren haben, genauer wahrnehmen. Das Mittel der Nase ermöglicht Gogol, seinen verrückten Freudentanz zu vollführen. Aber sie ist auch eine Nase. Sie hat sogar einen Pickel.

Wie kommt ein Schriftsteller aus so einer Geschichte wieder heraus?

Zu Anfang des III. Abschnitts erscheint die Nase wieder auf Kowaljows Gesicht. Um das zu feiern, spaziert Kowaljow über den Newskij-Prospekt und kauft sich, zur Feier des großartigen Tages mit Nase in der Stadt, das unverdiente Ordensband. Das fühlt sich wie ein Schluss an. (Wir könnten hier Schluss machen, gleich nach »war er doch selbst nicht Träger eines Ordens«.) Dann würde die Geschichte so etwas aussagen wie »Es war einmal ein Mann, der seine Nase verlor und wiederbekam, und es veränderte ihn nicht«. Aber wenn die Erzählung hier endete, würde sich das etwas unbefriedigend anfühlen, und das hat mit einem kleinen Element zu tun, das immer noch auf unserem WMUA-Karren liegt, wir haben es vorher kurz gestreift: das Irrationale, das wir geduldig während der ganzen Geschichte ertragen haben – all die losen Enden, die stetig zunehmenden Unwahrscheinlichkeiten, die Spur, die der Erzähler hinterlässt, vollgemüllt mit unerklärten und unerklärbaren Ereignissen, und seine *skaz*-bezogenen Schrullen (sein Gelaber und die Abschweifungen und die Unfähigkeit, »das Banale vom Bedeutsamen zu unterscheiden«, seine »unangemessene narrative Emphase« und seine »Annahmen am falschen Ort«). Wir fühlen uns irgendwie verschaukelt. Die ganze Zeit haben wir diesem Erzähler vertraut, und bis jetzt, bis ganz am Ende hat er noch nicht ausgepackt. Er hat (die Erzählung hat) seinen (ihren) überzogenen Erzählmodus noch nicht gerechtfertigt (ihm noch nicht Rechnung getragen).

Wir haben das Gefühl, all dies müsste irgendwie erklärt werden, und unser Freund, der mindere Schriftsteller, könnte in Versuchung geraten, genau das zu tun (»Übrigens, wie sich jetzt zeigt, ist *eigentlich* was ganz anderes passiert…«), aber wenn die verrückte Logik der Geschichte wegerklärt wird, verschwindet auch unser Aha-Erlebnis, das sich einstellte, als uns klar wurde, die Logik der Geschichte entspricht tatsächlich der Logik des Universums – dass die Erzählung eine künstlich fabrizierte Gelegenheit ist, uns zu zeigen, wie die Dinge wirklich sind, während normalerweise derlei Zusammenhänge im Verborgenen bleiben, bis ein Verlust oder eine Katastrophe sie ans Tageslicht bringt.

Was also tut Gogol?

Er gesteht.

»Erst jetzt, unter Erwägung aller Umstände«, sagt der Erzähler, »sehen wir, daß sie [die Erzählung] vielerlei Unwahrscheinlichkeiten enthält.«

»Ähm, *allerdings*«, denken wir.

Aber was für eine Erleichterung, dieses Eingeständnis zu hören.

Wir essen mit einer Freundin zu Abend. Es läuft schlecht. Seit wir uns hingesetzt haben, hat irgendwas nicht gestimmt, und jetzt ist der Abend fast vorbei. Was tun? Tja: Geben Sie's zu. Platzen Sie mit der Wahrheit heraus. »Dieses ganze Gespräch war so verkünstelt. Wir haben die ganze Zeit um deinen Verlobten herumgeredet, Ken, den ich ja nicht leiden kann, wie du weißt.« Und plötzlich ist das Gespräch nicht mehr verkünstelt, einfach so. Sie haben es gerade entkünstelt. Sie haben die falschen Töne eliminiert, indem Sie Ihrer Freundin ins Gesicht geschaut und die Wahrheit gesagt haben.

Oder: Wir sitzen in einem Bus, der seit vielen Meilen ein komisches Klonkergeräusch irgendwo unten drunter macht, aber der Fahrer hat es die ganze Zeit ignoriert. Schließlich dreht er sich um und sagt es: »Boah, das Geklonker da klingt echt nicht gut, oder, Leute?«

Gleich gefällt uns der Fahrer viel besser, und wir haben das Gefühl, uns in einem vernünftigeren System zu bewegen.

Wenn der Erzähler (in den letzten beiden Absätzen) mit zunehmender Verblüffung einen schrägen Blick auf seine eigene Geschichte wirft und dieselben Vorbehalte ausdrückt, die wir auch empfunden, aber unterdrückt hatten (»wie sich diese Nase so übernatürlich ablöst und dann an diversen Orten in der Kleidung eines Staatsrates auftaucht, ist echt merkwürdig«) – dann fallen unsere verbleibenden Vorbehalte weg. (Der Autoverkäufer fragt sich mitten in den Preisverhandlungen, wie er nur so dastehen und mir lauter Lügen erzählen kann, und ich reagiere mit einem neuen Aufwallen des Vertrauens darauf und kaufe das Auto am Ende.)

Selbst mitten in dieser Selbstanklage bleibt der Erzähler so *skaz* wie immer. Er kritisiert die falschen Dinge (Kowaljow hat etwa eine unangemessene Methode genutzt, um »eine Anzeige für eine Nase« aufzugeben), dann stürzt er sich in eine Abschweifung, die aber versickert (»es ist unanständig, ungeschickt, unschön!«), kommt kurz auf das eigentliche Thema zurück (»Wie ist die Nase in das frischgebackene Brot geraten?«), dann wieder davon ab, für die Frage, »wie sich Schriftsteller [also er selbst] derartige Sujets vornehmen können«. Er vertieft exakt gar keine der Fragen, die er angesprochen hat (»Nein, das verstehe ich überhaupt nicht, ich verstehe es ganz und gar nicht!«), aber mit seinem Gefuchtel in dieser Richtung sorgt er dafür, dass mein WMUA-Karren am Ende leergefegt ist.

Ich protestiere, weil die Erzählung es einfach nicht schafft, sich logisch zusammenzufügen.

»Ja, oder?«, sagt der Erzähler. »Echt ein Totalschaden!«

Irgendwie genügt das.

Und einfach so – wie einer jener tibetischen Mönche, die wochenlang äußerst sorgfältig ein Mandala aus Sand erschaffen haben – zerstört Gogol seine wunderbare Schöpfung und fegt sie in den Fluss.

NACHTRAG 5

Als ich einmal studentische Hausarbeiten über Kafkas *Verwandlung* zu bewerten hatte, stieß ich auf diesen Satz: »Bei genauerer Durchsicht dieser Erzählung fühlte ich mich in einer fraglosen Schräglage.«

Hmmm, wow, dachte ich. Ziemlich übel. Aber auch: irgendwie klasse.

Ich probierte aus, ob ich diese Stimme imitieren könnte, suchte in mir nach einer Ableitung davon. Und schon bald hatte ich ein paar Seiten meiner eigenen Version von dieser Stimme, und darin stand dies: »Damals in der Zeit, von der ich spreche, hatten uns unsere Koordinatoren dazu verpflichtet, dieses Schulungsvideo *Du kannst damit machen, was du willst!* anzusehen, in dem Jugendliche wie wir selbst über die gesunden Vorteile sprechen, sich einen runterzuholen und alles zu tun, wozu man Lust hat in Sachen Selbstbefriedigung.«

Und einfach so tauchte ein Raum voller Teenager auf, die offenbar geil waren, und ihre Geilheit war so problematisch, dass es jemand für nötig gehalten hatte, sie einem Kurzfilm zur Masturbationsermutigung auszusetzen.

Ich brauche nicht dazuzusagen, dass ich mir nicht vorgenommen hatte: »Ich würde gern was Kleines über das Thema schreiben, wie eine Gruppe eingesperrter Teenager mit ihrer machtvoll erblühenden Sexualität umgeht.« Ich improvisierte einfach nur über diesen Satz aus der Hausarbeit und versuchte, »wie« der Satz zu klingen.

Ein paar Zeilen später schrieb ich, vom Inhalt meines ersten

Satzes angeleitet: »Und wenn die Nacht einbrach, füllte sich unsere Einrichtung mit den Lauten schnellen leisen Atmens aus dem Inneren unserer Sichtschutzzelte, während wir alle gemäß der Techniken experimentierten, die uns in *Du kannst damit machen, was du willst!* beigebracht wurden, und wie man sich schon denken kann, stellte man lieber sicher, dass dieser kleine Spalt zwischen der Hauptwand und der Wand, die man ausfahren konnte, um die Geschlechterbereiche einzuteilen, wirklich, wirklich klein war.«

Und auf einmal gab es »Sichtschutzzelte« und »Geschlechterbereiche«, was die Frage aufwarf, ob, da sowohl Mädchen als auch Jungen dort zu sein schienen (wo immer das war), nicht vielleicht einige dieser Mädchen und Jungen ihre jeweiligen Geschlechterbereiche verlassen und Sex haben wollten. Und dann stellte sich heraus, jawohl, das wollten sie, und zwei von ihnen (Ruthie und Josh) taten es auch, gleich auf der nächsten Seite, und ich stellte fest, um einen Satz zu benutzen, den wir zuvor schon hatten, dass »der Weg der Erzählung enger geworden war«.

Stellen wir uns eine Erzählung als eine zimmergroße Black Box vor. Die Leserin soll in *einem* Gemütszustand in die Black Box hineingehen und in einem *anderen* wieder herauskommen, das ist das Ziel des Schriftstellers. Was dort drinnen passiert, soll aufregend und nicht trivial sein.

Mehr nicht.

Wie genau »schmeckt« das Aufregende? Das muss der Schriftsteller nicht vorher wissen. Er schreibt, um es herauszufinden.

Wie schafft er, dass es aufregend wird?

Um mal eine Metapher vom Bogenschießen zu verwenden (wie oft hat man dazu schon Gelegenheit?): Aufregend würde es, wenn Sie aufhören, das Ziel ins Visier zu nehmen, und sich lieber auf das Gefühl konzentrieren, wenn der Pfeil den Bogen verlässt. In dieser alternativen Version des Bogenschießens zischt der Pfeil in eine bestimmte Richtung, passt seine Flugbahn ständig an, und wo immer er landet... das ist dann das Ziel.

Als ich in Chicago aufwuchs, ließ sich eine gewisse, alberne Form von Einfluss erlangen, wenn man gut Leute nachmachen konnte, einen Lehrer oder einen anderen Schüler (kleiner als man selbst oder ungefähr dasselbe Format), oder wenn man bestimmte Typen »spielen« konnte (»knurriger Nachbar«, »Hippie«, »Gebrauchtwagenverkäufer«). Ich hatte einige Onkel, die so was gut konnten. Sie erfanden witzige Figuren und spielten die immer weiter, manchmal merkwürdig lange. Es faszinierte mich zu sehen, was mit einem Raum passierte, wenn sie einfach nur hereinkamen – alle freuten sich immer so, sie zu sehen. Jetzt begreife ich erst, was sie da machten: Sie improvisierten. Sie »lasen« den Raum und passten ihren Auftritt entsprechend an, sie versuchten, das Publikum zu unterhalten, indem sie jemanden nachmachten, und manchmal war das eine imaginäre Person. Wenn sie damit aufhörten oder wenn sie gerade nicht in Laune dafür waren – das war traurig.

Diesen Ansatz entdeckte ich (eigentlich war's eine Wiederentdeckung) an dem Tag in dem Maschinenbauunternehmen, als ich eine Telefonkonferenz transkribieren sollte und stattdessen diese kleinen Seuss-artigen Gedichte schrieb.

Diesen Ansatz könnten wir »Der Stimme folgen« nennen.

Sie haben plötzlich eine Idee für eine Stimme, und los geht's. Sie haben einfach »Lust auf« diese Stimme. (Und Sie stellen fest, Sie haben sie drauf.) Manchmal kann diese Stimme durch einen realen Menschen inspiriert sein. Manchmal ist es auch eine Seite von mir, die ich übertreibe (in einer Erzählung namens *Der Wasserfall* gab ich der Hauptfigur Morse eine übersteigerte Version meines eigenen neurotischen Sorgenmacher-Gedankenkarussells mit). Manchmal ist es ein Sprachfragment aus einer anderen Quelle (wie dieser Satz aus der studentischen Hausarbeit).

Vor allem eins möchte ich über diesen Schreibmodus sagen: Er macht Spaß. Ich denke dabei an so gut wie gar nichts außer daran, wie ich diese Stimme stabil halte – weder an die Themen der Erzählung noch an das, was als Nächstes passieren sollte oder dergleichen. In einem frühen Stadium ist mir vielleicht noch nicht einmal klar, warum diese Person so redet, wie sie redet. Mein einziges Ziel besteht darin, die Energie der Stimme hoch zu halten, die Figur soll nach sich selbst klingen, und das bedeutet, wie ich herausfand, dass ihr Ton expandieren muss. Sobald die Leserin die ungefähren »Regeln« der Stimme verstanden hat, wird sie unruhig werden, wenn sie eine Serie von Sätzen bekommt, die sich (lediglich) an diese Regeln halten. Ich muss also neue Wege finden, wie diese Figur nach sich selbst klingen kann. Das funktioniert am besten, wenn ich ihr ständig neue Ereignisse vorsetze, die eine Steigerung bedeuten (weil sie der Figur neu sind), denn dann muss sie neue Register der eigenen Stimme finden, die darauf reagieren. (Wenn eine Figur, die in einem bestimmten Ton redet, noch nie ein Pferd gesehen hat, und ich zeige ihr eines, dann muss der Ton expandieren, um Platz für das Pferd zu schaffen.)

In der oben erwähnten Erzählung (*Jon*) stellte ich fest, dass ich, wenn ich mich fast jeden Tag zum Schreiben hinsetzte, ein bestimmtes Einstellrad in meinem Kopf aufdrehte, das mit »Grad der Unverständlichkeit« beschriftet war. Das heißt, ich erlaubte mir, (noch) unverständlicher zu sein als normalerweise, weniger von jener Selbstkorrektur-vorm-Sprechen anzuwenden, die wir alle normalerweise draufhaben. Ich ließ einfach alles rausplatzen, ja, und sagte mir so in etwa: »Okay, spiel einen Surfer, aber zugleich auch den Streber der Firma.« Ich zielte auf Sätze ab, die wegen ihrer fehlerhaften Syntax witzig, aber irgendwie auch seltsam treffend klangen. (»Dann kam der Tropfen, der das Drängen meiner Gonaden zum Überlaufen brachte.«)

Außerdem war mir damals ein Trend aufgefallen: Firmen beauftragten »typische« Teenager, ihnen Feedback zu ihren Produkten zu geben, damit sie dieses Marktsegment (der »typischen Teenager«) noch effizienter ausbeuten konnten, und ich war erschüttert, wie zynisch und zugleich rational das war, und wie traurig, dass ein Jugendlicher, der aufgrund seiner Durchschnittlichkeit angesprochen wurde, dann antwortete: »Klar, supergerne!«

Das, fand ich, sagte etwas Interessantes über unsere Kultur aus.

Es passierten also eigentlich zwei Dinge gleichzeitig: Die Stimme lenkte mich, und ich lenkte die Stimme. Das ist so eine Huhn-oder-Ei-Sache, die sich schwer erklären lässt. Aber der springende Punkt ist, dass dieses Erschaffen der Stimme jegliche konzeptionelle Denkweise in Richtung »Ausgang« oder »Botschaft« der Erzählung immer wieder abwehrte – und damit sicherstellte, dass ich am Ende nicht (bloß) »ein Gedicht über zwei fickende Hunde« schrieb.

Jon handelte schließlich von einer Menge Themen – von Firmenkapitalismus, den Gefahren des Materialismus, der Deformation von Sprache, Liebe, Ehe, Treue durch Handel –, aber nichts davon hatte ich ursprünglich geplant. Der Hauptantrieb blieb die ganze Zeit das Vergnügen, der Spaß, diese Stimme in mir zu finden – ich überließ es ihr, mir zu zeigen, wie sie »ging«, und platzte dann mit Sätzen raus wie »Und dann hat sie mich geküsst, mit einem Kuss, den ich nur als schmelzend beschreiben kann«, oder ich schaute eines Tages hoch und merkte, dass es da auf einmal ein System gab, eine Institution, die Kinder mit Drogen in die Seligkeit schickte, dass jedes Kind da drinnen einen Chip im Nacken trug, auf den sämtliche jemals produzierte Fernsehwerbung gespielt war, und dass diese Werbeclips, ausgestattet mit etwas namens LI (Location Indicator), zu den Gründen gehörten, warum mein Erzähler so redete, wie er redete.

Aus der DNA der Stimme in der studentischen Hausarbeit, die ich im Versuch, sie zu imitieren, verändert hatte, erwachte eine ganze Welt zum Dasein.

Eine Möglichkeit also, die Erzählung »aus derselben Denkweise« herauszubekommen, »durch die sie entstanden war«, besteht darin, am besten gar keine solche Denkweise zu *haben*. Um das zu schaffen, brauchen wir eine Methode. Für mich (und ich stelle mir auch gern vor, dass es für Gogol ebenso galt, wenn er gerade im *skaz*-Modus war) lautet diese Methode »Der Stimme folgen«. Aber es gibt viele Methoden. Und sie alle helfen der Autorin dabei, etwas zu verfolgen, *zu dem sie eine klare Haltung hat*. Vielleicht hat sie eine klare Haltung zu (oder freut sich an) Mustern aus wiederkehrenden Bildern. Vielleicht hat sie eine klare Haltung dazu, wie die Wörter auf der Seite aussehen. Vielleicht ist sie eine Klangdichterin und lässt sich von einem rätselhaften Hörprinzip leiten, das sie nicht mal selbst benennen könnte. Vielleicht ist sie von kleinteiligen Strukturelementen besessen. Es kann alles sein. Aber wenn sie ihre Aufmerksamkeit darauf konzentriert, woran sie sich erfreut und wozu sie eine klare Haltung hat, wird sie vermutlich weniger genau wissen, was sie vorhat, und sich auch weniger von diesem Vorab-Bescheidwissen erlauben, das tendenziell einen Text einschläfert, zu einem Vortrag werden lässt oder einem einseitigen Auftritt, was die Leser:innen abschreckt.

Als Jon endlich mit Carolyn Sex hat, einem Mädchen, nach dem er verrückt ist, beschreibt er das so:

»Und obwohl ich viele Male die LI 34321 für Honey Grahams gesehen habe, wo sich der Strom von Milch und der Strom von Honig zu einem Fluss süß schmeckender Güte vereinigen, wusste ich nicht, dass, wenn man miteinander schläft, der eine wie die Milch werden kann und der andere wie der Honig und beide sich bald nicht mal mehr erinnern können, wer als Milch begonnen hat und wer als Honig, sie werden einfach eine einzige Flüssigkeit, so eine Art Honig/Milch-Kombi-Ding.«

Eigentlich will er sagen: »Das hat mir echt Spaß gemacht, ich glaube, ich bin verliebt.«

Aber er fühlt noch mehr als bloß das.

Und es braucht seine Stimme, um uns zu erzählen, was er noch alles fühlt.

In dem oben zitierten Satz spüre ich, dass er glücklich ist, und ich spüre, dass *er* glücklich ist. Anders ausgedrückt, in diesem Satz hat die Liebe eine bestimmte, ungeschickte Person ergriffen. Aber das tut sie immer: Sie ergreift eine bestimmte, ungeschickte Person. Etwas anderes kann die Liebe gar nicht ergreifen.

Wer von uns jemals an einem wunderschönen Sommermorgen aus dem Haus gegangen ist, weiß, das Wahrhaftige dieses Augenblicks ist mehr als nur »An einem Morgen im Juni ging ich aus meinem Haus«. In diesem Satz fehlt etwas, nämlich das »Ich«, das aus dem Haus geht. Dieser Morgen muss einen ganz bestimmten Geist ergreifen, damit er sich anfühlt wie ein irgendwie realer Morgen.

Mit anderen Worten, die Stimme ist nicht nur eine Verzierung; sie ist ein wesentlicher Bestandteil der Wahrhaftigkeit. In *Die Nase* merken wir, dass der Erzähler aus jener Welt der Beamten und kleinen Offiziere stammt, das hören wir in seiner Stimme, und die Erzählung profitiert davon; wenn die Geschichte so erzählt wird, weist die Erzählung eine zusätzliche Dimension von Wahrhaftigkeit und Freude auf.

Möglicherweise suchen wir letzten Endes genau danach – in einem Satz, einer Erzählung, einem Buch: Freude (Überfluss, Ekstase, Intensität). Eine Prosa, die anerkennt, dass all das zu groß ist, um davon sprechen zu können, aber auch, dass der Tod beginnt, sobald wir nicht mehr versuchen, davon zu sprechen.

Was uns zu dieser Black Box zurückbringt.

Wenn ich eine Erzählung als etwas sehe, das eine bestimmte Botschaft übermitteln soll, als Zug, der zu einer bestimmten Zeit in einen bestimmten Bahnhof einfährt, und mich selbst als den gestressten Ingenieur, der sich darum kümmert, dass das hoffentlich passiert – dann ist das zu viel. Ich erstarre, und niemand hat Spaß.

Aber wenn ich mir vorstelle, ich wäre eine Art genialer Jahrmarktsschreier, der versucht, Sie in meine magische Black Box hereinzulocken, auch wenn ich deren Funktionsweise selbst nicht ganz verstehe – das kriege ich hin.

»Was wird da drin mit mir passieren?«, fragen Sie.

»Ich weiß es nicht, ganz ehrlich«, sage ich. »Aber ich verspreche Ihnen, ich habe mein Bestes gegeben, um es aufregend und nicht trivial zu machen.«

»Gibt es da drin irgendetwas, was Freude macht?«, fragen Sie.

»Na, das will ich hoffen«, sage ich. »Immerhin hab ich genau dieses Gefühl angepeilt, während ich es gemacht habe, von daher ...«

Die eher intuitive Aufmerksamkeit beim Überarbeiten, von Zeile zu Zeile, von der die Rede war – sie macht es wahrscheinlicher, dass da drin etwas Aufregendes und Nicht-Triviales passiert, dass es knackig und entschieden passiert. Und da ich bei jeder Entscheidung von der Frage ausgehe »Macht mir das Vergnügen?«, sollten auch Sie irgendein Vergnügen darin finden.

Auf diese Weise wird die Black Box (wenn wir schon vom Jahrmarkt reden) zu einer Achterbahn. Die Ingenieurin, die eine Achterbahn entwirft, konzentriert sich auf ganz besondere Kurven und Gefälle. Handwerklich weiß sie, wie sie an solchen Stellen die Intensität maximiert. Sie kennt die genaue Geschmacksrichtung Ihrer Reaktion nicht, die ist ihr auch ziemlich egal. Aber sie will auf jeden Fall, dass Sie an diesen Stellen einen richtigen Arschtritt kriegen und am Ende so schwindlig und verändert und glücklich aus dem Wägelchen klettern, dass Sie ein paar Sekunden lang sprachlos sind.

Stachelbeeren

Anton Tschechow

(1898)

STACHELBEEREN

Bereits seit dem frühen Morgen bedeckten Regenwolken den Himmel; es war still, nicht besonders heiß und eintönig, wie es an grauen, trüben Tagen ist, wenn über dem Feld schon lange Wolken hängen und man auf Regen wartet, der aber nicht kommt. Der Tierarzt Iwan Iwanytsch und der Gymnasiallehrer Burkin waren vom Gehen bereits erschöpft, und die Ebene erschien ihnen endlos. Weit vorne waren die Windmühlen des Dorfs Mironossizkoje gerade noch zu erkennen, rechts zog sich eine Hügelkette hin und ver- [1]
schwand dann weit hinter dem Dorf, und beide wußten, daß dort das Flußufer war, wo es eine Wiese, grüne Weidenbäume und Höfe gab, und wenn man auf einem der Hügel stand, dann sah man von dort eine ebenso unermeßliche Ebene, Telegrafenmasten und den Zug, der von ferne einer Raupe glich, und bei klarem Wetter konnte man von dort sogar die Stadt sehen. Jetzt, bei ruhigem Wetter, bei dem die ganze Natur sanft und nachdenklich erschien, waren Iwan Iwanytsch und Burkin durchdrungen von Liebe zu dieser Ebene, und beide dachten, wie großartig, wie wunderbar dieses Land sei.

»Das letzte Mal, als wir beim Starost Prokofi in der Scheune waren«, sagte Burkin, »wollten Sie irgendeine Geschichte erzählen.«

»Ja, ich wollte damals von meinem Bruder erzählen.«

Iwan Iwanytsch seufzte tief und zündete seine Pfeife an, um mit dem Erzählen zu beginnen, aber gerade in diesem Moment begann es zu regnen. Fünf Minuten später goß es schon in Strömen, und es war schwer abzusehen, wann dieser Landregen aufhören würde. Iwan Iwanytsch und Burkin blieben stehen und überlegten; die Hunde, schon naß, standen mit eingezogenem Schwanz da und schauten sie treuherzig an.

»Wir müssen uns irgendwo unterstellen«, sagte Burkin. »Gehen wir zu Aljochin. Das ist hier in der Nähe.« »Gehen wir.«

Sie bogen zur Seite ab und gingen über ein gemähtes Feld, erst geradeaus, dann etwas nach rechts, bis sie zur Straße kamen. Bald zeigten sich Pappeln, ein Garten, die roten Dächer von Speichern; der Fluß blitzte auf, und es öffnete sich der Blick auf einen breiten von einem Wehr gestauten Teich mit einer Mühle und einem weißen Badehaus. Das war Sofmo, wo Aljochin lebte.

Die Mühle war in Betrieb und übertönte den Lärm des Regens; das Wehr bebte. Dort standen neben Bauernwagen nasse Pferde mit hängenden Köpfen, und Leute, die sich Säcke übergezogen hatten, gingen hin und her. Es war feucht, schlammig, ungemütlich, und der Wehrteich sah kalt und unfreundlich aus. Iwan Iwanytsch und Burkin spürten schon am ganzen Körper das Gefühl von Feuchtigkeit, Dreck und Unbehagen, ihre Füße waren schwer vom Schlamm, und
[2] als sie das Wehr überquert hatten und zu den herrschaftlichen Speichern hinaufgingen, da schwiegen sie, als seien sie böse aufeinander.

In einem der Speicher lärmte die Worfelmaschine; die Tür stand offen, und Staub flog hinaus. Auf der Schwelle stand Aljochin, ein Mann von ungefähr vierzig Jahren, groß, dick, mit langen Haaren, der eher wie ein Professor oder Künstler als wie ein Gutsbesitzer aussah. Er trug ein weißes, lange nicht gewaschenes Hemd mit einer Schnur als Gürtel, statt Hosen Unterhosen, und an seinen Stiefeln klebten Schlamm und Stroh. Seine Nase und seine Augen waren schwarz von Staub. Er erkannte Iwan Iwanytsch und Burkin und freute sich offensichtlich sehr.

»Bemühen Sie sich doch bitte ins Haus, meine Herren«, sagte er lächelnd. »Ich komme gleich, einen Augenblick.« Das Haus war groß, zweistöckig. Aljochin lebte unten, in zwei Zimmern mit gewölbter Decke und kleinen Fenstern, wo früher die Gutsverwalter gewohnt hatten; die Einrichtung hier war einfach, und es roch nach Roggenbrot, billigem Wodka und Sattelzeug. Oben aber, in den guten Zimmern, war er selten, nur wenn Gäste kamen. Im Haus wurden Iwan Iwanytsch und Burkin vom Stubenmädchen begrüßt, einer jungen Frau, die so schön war, daß die beiden gleichzeitig stehenblieben und einander ansahen.

»Sie können sich gar nicht vorstellen, wie ich mich freue, Sie zu sehen, meine Herren«, sagte Aljochin, als er hinter ihnen in die Diele trat. »Welch eine Überraschung! Pelageja«, wandte er sich an das Stubenmädchen, »geben Sie den Gästen etwas zum Umziehen. Apropos, ich werde mich auch umziehen. Nur muß ich mich erst waschen gehen, denn ich habe mich wohl seit dem Frühjahr nicht mehr gewaschen. Hätten Sie nicht Lust, meine Herren, mit ins Badehaus zu kommen, während hier unterdessen alles gerichtet wird?«

Die schöne Pelageja, so zart und dem Aussehen nach so sanft, brachte Laken und Seife, und Aljochin ging mit den Gästen ins Badehaus.

»Ja, ich habe mich schon lange nicht mehr gewaschen«, sagte er, als er sich auszog. »Wie Sie sehen, habe ich ein schönes Badehaus, mein Vater hat es noch gebaut, aber irgendwie komme ich nie zum Waschen.« [3]

Er setzte sich auf die Stufe und seifte seine langen Haare und seinen Hals ein, und das Wasser um ihn herum wurde braun.

»Ja, ich muß schon sagen ...« meinte Iwan Iwanytsch und blickte vielsagend auf Aljochins Kopf.

»Ich habe mich schon lange nicht mehr gewaschen ...« wiederholte Aljochin verlegen und seifte sich noch einmal ein, und das Wasser um ihn wurde dunkelblau wie Tinte.

Iwan Iwanytsch ging nach draußen, stürzte sich mit viel Lärm ins Wasser und schwamm im Regen umher, wobei er weit mit den Armen ausholte und Wellen machte, und auf den Wellen schaukelten weiße Seerosen. Er schwamm ganz bis zur Mitte des aufgestauten Teichs und tauchte, und nach einer Minute kam er an einer anderen Stelle wieder nach oben und schwamm weiter; er tauchte immer wieder und versuchte den Boden zu erreichen. »Ach, mein Gott ...« wiederholte er genüßlich. »Ach, mein Gott ...« Er schwamm bis zur Mühle, unterhielt sich dort mit den Bauern über irgend etwas und kehrte um, und in der Mitte des Teiches legte er sich auf den Rücken und hielt sein Gesicht in den Regen. Burkin und Aljochin waren schon angezogen und wollten gehen, er aber schwamm und tauchte noch immer.

»Ach, mein Gott«, sagte er. »Ach, Herr erbarm dich.« »Jetzt ist es aber genug!« rief Burkin ihm zu.

Sie gingen zurück ins Haus. Und erst, als oben im großen Salon die Lampen angezündet worden waren, als Burkin und Iwan Iwanytsch, die Schlafröcke aus Seide und warme Pantoffeln trugen, in Sesseln saßen und Aljochin selbst, gewaschen, gekämmt, in einem neuen Rock im Salon auf und ab ging und sichtlich das Gefühl der Wärme, der Sauberkeit, der trockenen Kleidung, der leichten Schuhe genoß und als die schöne Pelageja, lautlos über den Teppich gehend und lächelnd, auf einem Tablett Tee mit Konfitüre gereicht hatte, erst da machte sich Iwan Iwanytsch an seine Erzählung, und es schien, als würden ihm nicht nur Burkin und Aljochin zuhören, sondern auch die alten und jungen Damen und Militärs, die ruhig und streng aus den goldenen Rahmen blickten.

»Wir sind zwei Brüder«, begann er, »ich, Iwan Iwanytsch, und
[4] der zweite – Nikolai Iwanytsch, zwei Jahre jünger. Ich wandte mich dem Studium zu, wurde Tierarzt, Nikolai aber saß schon von seinem neunzehnten Lebensjahr an im Steueramt des Gouvernements. Unser Vater Tschimscha-Himalaiski war ein Bauernjunge, den man zum Militär eingezogen hatte, aber er hinterließ uns, nachdem er sich in den Offiziersrang hochgedient hatte, einen erblichen Adelstitel und einen kleinen Gutshof. Nach seinem Tod wurde uns der Gutshof vom Gericht wegen der Schulden wieder abgenommen, doch wie dem auch sei, unsere Kindheit verbrachten wir auf dem Land in voller Freiheit. Wir waren, ganz wie die Bauernjungen, Tag und Nacht auf dem Feld, im Wald, hüteten Pferde, schälten Bast, fingen Fische und dergleichen mehr ... Und Sie wissen ja, wer auch nur einmal in seinem Leben einen Kaulbarsch gefangen und im Herbst die Drosseln hat wegfliegen sehen, wie sie an klaren, kalten Tagen in Schwärmen über das Dorf ziehen, der ist schon kein Stadtmensch mehr und den wird es bis zu seinem Tod in die Freiheit ziehen. Mein Bruder hatte Sehnsucht in seinem Gouvernementssteueramt. Die Jahre vergingen, und er saß immer auf demselben Platz, schrieb dieselben Schriftstücke und dachte an ein und dasselbe – wie er aufs Land kommen könnte. Und diese Sehnsucht nahm allmählich die Gestalt eines bestimmten Wunschs

an, des Traums, sich irgendwo am Ufer eines Flusses oder Sees ein kleines Gut zu kaufen.

Er war ein guter, sanfter Mensch, ich liebte ihn, aber diesen Wunsch, sich für sein ganzes Leben auf einem eigenen Gut zu verschließen, konnte ich nie verstehen. Man sagt allgemein, daß der Mensch nur drei Arschin Land braucht. Aber diese drei Arschin braucht doch der Leichnam und nicht der Mensch. Und man sagt heute auch, daß es gut sei, wenn es unsere Intelligenz zu Grund und Boden zieht und sie nach einem Gut strebt. Aber diese Gutshöfe sind doch genau diese drei Arschin Land. Sich aus der Stadt, dem Kampf, dem Lärm des Alltags zurückzuziehen, sich zurückzuziehen und auf seinem Gut zu verstecken – das ist kein Leben, das ist Egoismus, Faulheit, das ist eine Art Mönchstum, aber ein Mönchstum ohne Heldenmut. Der Mensch braucht keine drei Arschin Land, kein Gut, sondern den ganzen Erdkreis, die ganze Natur, wo er alle Eigenarten und Besonderheiten seines freien Geistes uneingeschränkt [5] entwickeln kann.

Während mein Bruder in seiner Kanzlei saß, träumte er davon, wie er seine eigene Kohlsuppe essen würde, deren köstlicher Duft über den ganzen Hof zöge, wie er auf dem grünen Gras essen, in der Sonne schlafen und stundenlang vor dem Tor auf einer Bank sitzen und auf Feld und Wald blicken würde. Landwirtschaftliche Bücher und all diese Bauernregeln in den Kalendern waren seine Freude, seine liebste geistige Nahrung; er las gerne Zeitung, las aber nur die Anzeigen, in denen soundso viele Desjatinen Ackerland und Wiese mit einem Gutshaus, Fluß, Garten, Mühle und Fließwasserteichen zum Verkauf geboten wurden. Er malte sich im Geiste die Wege im Garten aus, die Blumen, das Obst, die Starenkästen, die Karauschen in den Teichen und, Sie wissen schon, lauter solche Sachen. Diese Phantasiebilder unterschieden sich je nach den Anzeigen, die ihm unterkamen, aber aus irgendeinem Grund tauchten in jedem von ihnen unbedingt Stachelbeeren auf. Er konnte sich kein einziges Gut, keinen einzigen idyllischen Winkel vorstellen, ohne daß es dort Stachelbeeren gab.

›Das Landleben hat seine Annehmlichkeiten‹, pflegte er zu sagen. ›Du sitzt auf dem Balkon, trinkst Tee, und im Teich schwimmen deine Entchen, es riecht so gut und ... und die Stachelbeeren wachsen.‹

Er zeichnete den Plan seines Gutshofs, und jedesmal kam bei seinem Plan ein und dasselbe heraus: a) Herrenhaus, b) Gesindehaus, c) Obstgarten, d) Stachelbeeren. Er lebte äußerst sparsam: aß sich nicht satt, trank sich nicht satt, zog sich Gott weiß wie an, ganz wie ein Bettler, sparte alles und brachte es auf die Bank. Er war schrecklich geizig. Mir tat es weh, ihn anzusehen, und ich gab ihm ein wenig Geld und schickte ihm etwas zu den Festtagen, aber auch das steckte er weg. Wenn sich ein Mensch etwas in den Kopf gesetzt hat, dann ist da nichts mehr zu machen.

Die Jahre vergingen, er wurde in ein anderes Gouvernement versetzt, er war schon über vierzig, las aber immer noch die Anzeigen in den Zeitungen und sparte. Dann höre ich, er habe geheiratet. Immer noch mit demselben Ziel, sich ein Gut mit Stachel-
[6] beeren zu kaufen, hatte er eine alte, häßliche Witwe geheiratet, ganz ohne Gefühl, und nur weil sie etwas auf der hohen Kante hatte. Auch mit ihr lebte er äußerst sparsam, ließ sie hungern und brachte ihr Geld unter seinem Namen auf die Bank. Davor war sie mit einem Postmeister verheiratet gewesen und hatte sich bei ihm an Torten und Fruchtliköre gewöhnt, bei ihrem zweiten Mann aber bekam sie nicht einmal genug Schwarzbrot zu sehen; bei solch einem Leben begann sie zu kränkeln, und nach etwa drei Jahren befahl sie plötzlich Gott ihre Seele. Natürlich glaubte mein Bruder keinen Augenblick, daß er an ihrem Tod schuld sei. Geld macht den Menschen seltsam, genau wie Wodka. In unserer Stadt starb ein Kaufmann. Vor seinem Tod befahl er, ihm einen Teller Honig zu geben, und schlang mit diesem Honig all sein Geld und all seine Wertpapiere hinunter, damit sie niemand bekäme. Einmal untersuchte ich auf dem Bahnhof die Viehherden, da geriet ein Pferdehändler unter die Lokomotive, und ihm wurde ein Bein abgeschnitten. Wir tragen ihn in den Warteraum, das Blut fließt in Strömen – eine schreckliche Sache –, und er bittet ständig, man solle sein Bein suchen, und macht sich Sorgen; im Stiefel am abgeschnittenen Bein waren zwanzig Rubel, die sollten nicht verlorengehen.«

»Da sind Sie aber schon bei einer ganz anderen Geschichte«, sagte Burkin.

»Nach dem Tod seiner Frau«, fuhr Iwan Iwanytsch nach kurzem Nachdenken fort, »begann mein Bruder, sich nach einem Gutshof umzusehen. Natürlich macht man schließlich doch einen Fehler, selbst wenn man sich fünf Jahre lang umsieht, und kauft überhaupt nicht das, wovon man geträumt hat. Mein Bruder kaufte über einen Vermittler und unter Übernahme der Hypothek hundertundzwölf Desjatinen mit einem Herrenhaus, einem Gesindehaus, einem Park, aber ohne Obstgarten, ohne Stachelbeeren, ohne Teiche mit Entchen; es gab einen Fluß, aber sein Wasser hatte die Farbe von Kaffee, weil auf der einen Seite des Gutshofs eine Ziegelei stand und auf der anderen – eine Knochenbrennerei. Aber meinen Nikolai Iwanytsch betrübte das kaum; er bestellte sich zwanzig Stachelbeerbüsche, pflanzte sie und begann sein Leben als Gutsbesitzer.

Letztes Jahr bin ich zu ihm gefahren, um ihn zu besuchen. Fahr [7]
ich mal hin, denke ich, und schau mir an, wie es da so ist. In seinen Briefen nannte mein Bruder seinen Gutshof immer ›Tschumbaroklow- oder Himalaiski-Einöde‹. Ich kam nachmittags in der ›Himalaiski-Einöde‹ an. Es war heiß. Überall kleine Gräben, Bretterzäune, Flechtzäune, in Reihen gepflanzte Tannen – und du weißt nicht, wie du zum Hof durchkommen, wo du das Pferd hinstellen sollst. Ich gehe zum Haus, und ein rotbrauner, dicker Hund kommt mir entgegen, der aussieht wie ein Schwein. Er will bellen, ist aber zu faul. Aus der Küche kam die Köchin, barfuß, dick, auch sie sah wie ein Schwein aus und sagte, der Herr halte seinen Mittagsschlaf. Ich gehe zu meinem Bruder hinein, er sitzt auf dem Bett, seine Knie stecken unter einer Decke; er ist alt geworden, hat zugenommen und ist aufgedunsen; Backen, Nase und Lippen sind nach vorne gewölbt – und jeden Augenblick, so schien es, würde er anfangen in die Decke zu grunzen.

Wir umarmten uns und weinten vor Freude und vor Trauer darüber, daß wir einmal jung waren, jetzt aber beide grau geworden sind und es Zeit wird zu sterben. Er zog sich an und führte mich herum, um mir sein Gut zu zeigen.

›Na, wie geht es dir hier?‹ fragte ich.

›Alles in Ordnung, Gott sei Dank, mir geht es gut.‹

Das war nicht mehr der frühere schüchterne Bettelbeamte, sondern ein echter Gutsbesitzer, ein Herr. Er hatte sich hier längst eingelebt, eingewöhnt und war auf den Geschmack gekommen; er aß viel, wusch sich im Dampfbad, nahm zu, prozessierte bereits mit der Gemeinde und den beiden Fabriken und war tief gekränkt, wenn ihn die Bauern nicht mit ›Euer Hochwohlgeboren‹ anredeten. Für sein Seelenheil sorgte er gründlich, nach Herrenart, und vollbrachte gute Taten nicht einfach so, sondern mit Würde. Und was waren das für gute Taten? Er behandelte die Bauern bei allen Krankheiten mit Soda und Rizinusöl, und an seinem Namenstag ließ er im Dorf eine Dankandacht halten und stellte danach einen halben Eimer mit Wodka hin, weil er dachte, es müsse so sein. Ach, diese schrecklichen halben Eimer! Heute zerrt der dicke Gutsbesitzer die Bauern wegen Feldflurschaden vor den Semstwovorsitzenden, und morgen,
[8] am Feiertag, stellt er ihnen einen halben Eimer hin, und sie trinken und rufen ›Hurra‹, und die Betrunkenen verneigen sich vor ihm bis zum Boden. Eine Veränderung des Lebens zum Besseren, Sattheit und Untätigkeit führen beim russischen Menschen zu Dünkel, dem allerdreistesten. Nikolai Iwanytsch, der früher im Gouvernementssteueramt sogar Angst gehabt hatte, allein vor sich selbst eigene Ansichten zu haben, verkündete jetzt nur noch Wahrheiten, und das in einem Ton wie ein Minister: ›Bildung ist notwendig, für das Volk aber ist sie verfrüht‹, ›Die Prügelstrafe ist allgemein schädlich, aber in einigen Fällen ist sie nützlich und unentbehrlich‹.

›Ich kenne das Volk und kann mit ihm umgehen‹, sagte er. ›Das Volk liebt mich. Ich brauche nur den kleinen Finger zu rühren, und das Volk macht für mich alles, was ich will.‹

Und all das, wohlgemerkt, mit einem klugen, wohlwollenden Lächeln. An die zwanzig Mal wiederholte er: ›Wir Adlige‹, ›Ich, als Adliger‹; offenbar hatte er längst vergessen, daß unser Großvater ein Bauer war und unser Vater – ein Soldat. Sogar unser Familienname Tschimscha-Himalaiski, der im Grunde unsinnig ist, erschien ihm jetzt wohlklingend, edel und angenehm.

Aber es geht nicht um ihn, sondern um mich selbst. Ich möchte Ihnen erzählen, welche Veränderung in mir während der wenigen

Stunden, die ich auf seinem Gut verbrachte, vorging. Abends, als wir Tee tranken, stellte die Köchin einen vollen Teller mit Stachelbeeren auf den Tisch. Das waren keine gekauften, sondern selbstgezogene Stachelbeeren, die erste Ernte, seit die Sträucher gepflanzt worden waren. Nikolai Iwanytsch lachte und schaute lange auf die Stachelbeeren, schweigend, mit Tränen – vor Erregung konnte er nicht sprechen –, dann steckte er sich eine Beere in den Mund, schaute mich triumphierend an wie ein Kind, das endlich sein Lieblingsspielzeug bekommen hat, und sagte:

›Wie köstlich!‹

Und er aß gierig und wiederholte immer wieder: ›Ach, wie köstlich! Probier auch mal!‹

Sie waren hart und sauer, aber wie Puschkin sagte: ›Teurer als die Masse der Wahrheiten ist uns der uns erhebende Wahn.‹ Ich sah einen glücklichen Menschen vor mir, dessen sehnlichster Wunsch
sich ganz offensichtlich erfüllt hatte, der das Ziel seines Lebens er- [9]
reicht, der bekommen hatte, was er wollte, der mit seinem Schicksal und mit sich selbst zufrieden war. In meine Gedanken über das menschliche Glück hatte sich aus irgendeinem Grund schon immer etwas Trauriges gemischt, jetzt aber, beim Anblick eines glücklichen Menschen, ergriff mich ein bedrückendes Gefühl, das an Verzweiflung grenzte. Besonders schlimm war es in der Nacht. Mir wurde das Bett im Zimmer neben dem Schlafzimmer meines Bruders hergerichtet, und ich konnte hören, daß er nicht schlief und immer wieder aufstand, zum Teller mit den Stachelbeeren ging und sich eine Beere nahm. Ich überlegte: Wie viele zufriedene und glückliche Menschen gibt es doch im Grunde! Was für eine erdrückende Kraft das ist! Schauen Sie sich dieses Leben an: Unverschämtheit und Müßiggang der Starken, Unwissenheit und viehische Lebensweise der Schwachen, ringsum unmögliche Armut, Enge, Degeneration, Trunksucht, Heuchelei und Lüge … Unterdessen herrscht in allen Häusern, auf allen Straßen Stille, Ruhe; unter den fünfzigtausend Einwohnern der Stadt ist keiner, der aufschreien, sich laut empören würde. Wir sehen die, die auf den Markt gehen, um Lebensmittel zu kaufen, tagsüber essen, nachts schlafen, die ihren Unsinn erzählen, heiraten, alt werden, unbekümmert ihre Toten auf

den Friedhof schleppen; die aber, die leiden, sehen und hören wir nicht, und was im Leben schrecklich ist, geschieht irgendwo hinter den Kulissen. Alles ist still, ruhig, und allein die stumme Statistik protestiert: Soundso viele haben den Verstand verloren, soundso viele Eimer Wodka wurden getrunken, soundso viele Kinder sind an Unterernährung gestorben ... Und diese Ordnung ist offenbar notwendig; offenbar fühlt sich der Glückliche nur deshalb wohl, weil die Unglücklichen ihre Last schweigend tragen, und ohne dieses Schweigen wäre das Glück nicht möglich. Das ist eine allgemeine Hypnose. Vor der Tür eines jeden zufriedenen, glücklichen Menschen müßte jemand mit einem Hämmerchen stehen und ihn ständig durch Klopfen daran erinnern, daß es Unglückliche gibt, daß ihm das Leben, so glücklich er auch sein mag, früher oder später seine Krallen zeigen, daß ein Unglück geschehen wird – eine Krankheit, Armut, Verluste – und daß ihn dann niemand sehen und hören
[10] wird, so wie er jetzt die andern nicht sieht und nicht hört. Aber den Mensch mit dem Hämmerchen gibt es nicht, der Glückliche lebt vor sich hin, die kleinen alltäglichen Sorgen bewegen ihn nur leicht wie der Wind die Espe – und alles steht zum besten.

In dieser Nacht wurde mir klar, daß auch ich zufrieden und glücklich war«, fuhr Iwan Iwanytsch fort und stand auf. »Beim Essen und auf der Jagd belehrte auch ich die anderen, wie man leben, glauben, das Volk lenken sollte. Auch ich sagte, daß Lernen Licht, daß Bildung notwendig sei, für die einfachen Leute aber vorerst Lesen und Schreiben ausreichten. Die Freiheit sei ein hohes Gut, sagte ich, ohne sie könne man nicht leben, genausowenig wie ohne Luft, aber man müsse noch warten. Ja, das habe ich gesagt, jetzt aber frage ich: Weswegen warten?« fragte Iwan Iwanytsch und schaute Burkin wütend an. »Weswegen warten, frage ich Sie? Aufgrund welcher Überlegungen? Man sagt mir, daß nicht alles auf einmal möglich sei, daß jede Idee sich allmählich verwirkliche, zu ihrer Zeit. Aber wer sagt das? Wo sind die Beweise, daß das stimmt? Sie verweisen auf die natürliche Ordnung der Dinge, auf die Gesetzmäßigkeit der Erscheinungen, aber hat es denn mit Ordnung und Gesetzmäßigkeit zu tun, wenn ich, ein lebendiger und denkender Mensch, an einem Graben stehe und warte, bis er von selber zuwächst oder vom Schlamm zugeschüttet wird, während ich vielleicht hinüberspringen oder eine Brücke über ihn bauen könnte? Und noch einmal: Weswegen warten? Warten, wenn die Kraft zum Leben fehlt und man dennoch leben muß und leben will!

Ich fuhr damals frühmorgens von meinem Bruder fort, und seitdem ist es für mich unerträglich, in der Stadt zu sein. Mich bedrücken die Stille und Ruhe, ich fürchte mich, in die Fenster zu sehen, für mich gibt es jetzt keinen unangenehmeren Anblick als eine glückliche Familie, die um den Tisch sitzt und Tee trinkt. Ich bin schon alt und tauge nicht mehr für den Kampf, ich bin nicht einmal fähig zu hassen. Ich gräme mich nur in der Seele, rege mich auf, ärgere mich, in den Nächten brennt mir der Kopf vom Ansturm der Gedanken, und ich kann nicht schlafen … Ach, wenn ich nur jung wäre!«

Iwan Iwanytsch ging erregt von einer Ecke zur anderen und wiederholte: [11]

»Wenn ich nur jung wäre!«

Plötzlich trat er zu Aljochin und drückte ihm bald die eine, bald die andere Hand.

»Pawel Konstantinytsch«, sprach er mit flehender Stimme, »geben Sie sich nicht zufrieden, lassen Sie sich nicht einschläfern! Werden Sie nicht müde, Gutes zu tun, solange Sie jung, stark und munter sind. Es gibt kein Glück und darf auch keines geben, und wenn das Leben einen Sinn und ein Ziel hat, dann liegen dieser Sinn und dieses Ziel mitnichten in unserem Glück, sondern in etwas Vernünftigerem und Größerem. Tun Sie Gutes!»

Und all das sagte Iwan Iwanytsch mit einem hilflosen, bittenden Lächeln, als würde er für sich selbst bitten.

Danach saßen alle drei in ihren Sesseln, in unterschiedlichen Ecken des Salons, und schwiegen. Iwan Iwanytschs Erzählung hatte weder Burkin noch Aljochin befriedigt. Während aus den goldenen Rahmen Generäle und Damen blickten, die in der Dämmerung lebendig zu sein schienen, langweilte es sie, eine Geschichte von einem Bettelbeamten zu hören, der Stachelbeeren aß. Sie wollten lieber von eleganten Menschen, von Frauen sprechen und hören. Und allein die Tatsache, daß sie in diesem Salon saßen, in dem alles – der Kronleuchter in seiner Hülle, die Sessel, die Teppiche unter ihren Füßen – davon sprach, daß einst dieselben Leute hier umhergingen, saßen und Tee tranken, die jetzt aus den Rahmen blickten, und daß jetzt hier die schöne Pelageja lautlos umherging – das war besser als jede Erzählung.

Aljochin wäre sehr gerne schlafen gegangen; er war wegen der Wirtschaft früh aufgestanden, zur dritten Morgenstunde, und jetzt fielen ihm die Augen zu, aber er fürchtete, die Gäste könnten in seiner Abwesenheit etwas Interessantes erzählen, und so ging er nicht. Ob das, was Iwan Iwanytsch gerade gesagt hatte, klug oder richtig war, durchschaute er nicht; seine Gäste sprachen nicht über Grütze, Heu oder Teer, sondern über etwas, das keinen direkten Bezug zu seinem Leben hatte. Er freute sich darüber und wünschte, daß sie damit fortführen …

»Jetzt ist es aber Zeit zum Schlafen«, sagte Burkin und erhob
[12] sich. »Gestatten Sie, Ihnen eine gute Nacht zu wünschen.«

Aljochin verabschiedete sich und ging in seine Zimmer hinunter, während die Gäste oben blieben. Man hatte den beiden für die Nacht ein großes Zimmer gegeben, in dem zwei alte, mit Schnitzereien verzierte Holzbetten standen und in der Ecke ein Kruzifix aus Elfenbein hing; ihre breiten, kühlen Betten, die die schöne Pelageja bezogen hatte, rochen angenehm nach frischer Wäsche.

Iwan Iwanytsch zog sich schweigend aus und legte sich hin.

»Herr, vergib uns Sündern!« sprach er und zog sich die Decke über den Kopf.

Von seiner Pfeife, die auf dem Tisch lag, ging ein starker Geruch nach verbranntem Tabak aus, und Burkin konnte lange nicht schlafen und nicht begreifen, woher dieser unangenehme Geruch kam.

Die ganze Nacht über schlug der Regen gegen das Fenster.

BEI REGEN IN EINEM TEICH SCHWIMMEN

Gedanken zu *Stachelbeeren*

In meinem ersten Semester als Aufbaustudent in Syracuse hielt der große Kurzgeschichtenautor Tobias Wolff eine Lesung, für mich war das eine der ersten überhaupt. Doch statt aus seinen eigenen Werken zu lesen, wählte er Tschechow aus: zuerst eine Erzählung namens *Der Mann im Futteral*, dann *Stachelbeeren* und schließlich *Von der Liebe*. (Diese drei Erzählungen werden manchmal als »Kleine Trilogie« oder »Trilogie von der Liebe« bezeichnet.)

Damals wusste ich nicht viel von Tschechow. Was ich gelesen hatte, war mir Armleuchter, der ich damals war, als sanft, ohne Stimme, unangeberisch erschienen – zu dem Zeitpunkt in meiner Entwicklung eine fatale Diagnose.

In Tobys Lesung konnten wir hören, wie lustig Tschechow war, wie sympathisch und schlau, und wie gut er mit seinem Publikum kommunizierte. Es war, als säßen wir in dem schon mal erwähnten Beiwagen eines Motorrads – wo immer die Erzählung hinfuhr, fuhren wir mit. Durch Toby gesteuert, konnten wir Tschechows Humor, seine Zärtlichkeit und sein leicht zynisches (liebendes) Herz spüren. Fast als wäre er selbst in diesem Raum gewesen: ein bezaubernder, geliebter Mensch, der viel von uns hielt und auf seine stille Weise dafür sorgen wollte, dass wir uns »einlassen«.

Das Podium war vor einer großen Fensterfront aufgebaut, und während Toby las, fiel hinter ihm, das weiß ich noch, sacht der erste Schnee des Jahres. Endlich hatte ich das Gefühl, zur literarischen Gemeinschaft zu gehören, einer Gemeinschaft, die alle Anwesenden einschloss, ebenso alle anderen Autor:innen, die diesen Studiengang absolviert hatten, ebenso Raymond Carver, der vor nicht langer Zeit dort unterrichtet hatte, und auch Tschechow; wir alle, wie die Jünger, zusammen in der Priesterschaft der Kurzgeschichte.

Ehrlich gesagt, war das ein Wendepunkt in meinem Leben.

Damals kämpfte ich mit allen möglichen Fragen, die sich ein junger Autor stellt: Soll Literatur klug oder unterhaltsam sein? Philosophisch oder performativ? Erkenntnis oder Spaß? Tobys Tschechow-Lesung antwortete: Ja klar, all das. Plötzlich wirkte das Potenzial für Literatur als Lebensenergie in der Welt schier grenzenlos. Sie konnte *alles* sein: die effektivste Art der Verständigung von einem Geist zum anderen und eine wirkmächtige Form von Entertainment im besten Sinne dieses Wortes. Wahrscheinlich hatte ich mich innerlich auch gefragt, ob die Form der Erzählung ausreichen würde – für meine grandiosen Ambitionen und meine (jugendlichen) Vorstellungen von Kunst (sie sollte zu allen sprechen, zu den besten Anteilen aller, und das Leben besser machen).

Nach Tobys Lesung hatte ich keine Zweifel an der Kraft der Kurzgeschichte mehr. Ich wollte nur schleunigst herausfinden, wie meine eigenen besser werden konnten.

All das, um zu sagen: *Stachelbeeren* bedeutet mir besonders viel.

Auf der Oberfläche ist von dieser Erzählung kaum zu erwarten, dass sie bei irgendwem einen Wendepunkt im Leben auslöst. Eigentlich passiert nicht sehr viel. Es gibt keine Handlung mit großem Höhepunkt, keinen akuten Konflikt. Kein Lebensweg verändert sich für immer. Niemand stirbt oder kämpft oder verliebt sich. Im Grunde sind da nur zwei Freunde, die auf der Jagd in einen Regenguss kommen und im Haus eines dritten Freundes Unterschlupf suchen, wo einer von ihnen eine Geschichte erzählt, und das ist für die anderen unbefriedigend.

Hier die Skizze von *Stachelbeeren*:

- Iwan und Burkin überqueren bei der Jagd eine russische Ebene.
- Burkin erinnert Iwan daran, dass er ihm noch eine Geschichte schuldig ist.
- Es fängt an zu regnen.
- Sie gehen zu ihrem Freund Aljochin, dessen Haus in der Nähe liegt.
- Dort begegnen wir Aljochin und seinem Stubenmädchen Pelageja.
- Die Männer gehen ins Badehaus.
- Aljochins Badewasser wird schwarz.
- Iwan genießt das Schwimmen im Teich (zu lange, laut Burkin).
- Wieder im Haus, in einem gemütlichen Wohnzimmer, erzählt Iwan die versprochene Geschichte:
- Iwans Bruder Nikolai, der sich nach dem Landleben sehnt, lebt geizig, um seinen Wunsch zu ermöglichen;
- dann heiratet er eine Witwe wegen ihres Geldes, bringt sie mit seinem Geiz praktisch um;
- Nikolai bekommt schließlich sein Gut;
- Iwan besucht das Gut.
- Dort im Wohnzimmer bringt die Erinnerung an diesen Besuch Iwan dazu, eine Rede zu halten:
- Die Glücklichen sind eine überwältigende Macht, was von den (stummen) Unglücklichen ermöglicht wird.
- Die Glücklichen müssen daran erinnert werden, dass nicht alle glücklich sind.
- Inzwischen quält es Iwan, wenn er Glück sieht.
- Er drängt Burkin und Aljochin: Lebt nicht für das Glück,

sondern für etwas Größeres: »Werden Sie nicht müde, Gutes zu tun!«

- In diesem Wohnzimmer kommt Iwans Geschichte als Schlaftablette an.
- Burkin verkündet, es sei Schlafenszeit.
- Sie gehen schlafen.

An der Erzählung könnte uns eines auffallen: Es gibt eine (durch den Regen bedingte) Abschweifung, die am Ende der ersten Seite einsetzt, als Iwan gerade die Geschichte erzählen will, und sie endet zwei Seiten später, auf Seite 4, als er anfängt, sie zu erzählen. Das ist nicht nur eine Abschweifung, man könnte diese Passage einfach aus der Erzählung schmeißen. Schauen Sie mal, was passiert, wenn wir diese Seiten streichen:

»Iwan Iwanytsch seufzte tief und zündete seine Pfeife an, um mit dem Erzählen zu beginnen.« [HIER ZWEI SEITEN STRICH.]

»Wir sind zwei Brüder«, begann er, »ich, Iwan Iwanytsch, und der zweite – Nikolai Iwanytsch, zwei Jahre jünger.«

(Die Nahtstelle ist unsichtbar.)

Diese Abschweifung gehört auf den WMUA-Karren, »Was mir unweigerlich auffiel«. wobei sie uns wahrscheinlich beim ersten Lesen gar nicht aufgefallen ist. Sie fühlt sich völlig natürlich an. Es regnet, also muss Iwan mit dem Erzählen seiner Geschichte abwarten, bis sie Unterschlupf gefunden haben, klar. Wir tappen mit, ohne zu merken, dass wir in einer Abschweifung sind, wir versuchen einfach, genau wie sie, schnell ins Trockene zu kommen.

Und doch ist sie da: eine Abschweifung von 92 Zeilen in einer Erzählung von 417 Zeilen, was beinahe ein Viertel der Gesamtlänge ausmacht.

Wir wissen, eine Erzählung ist de facto ein Plädoyer für narrative Effizienz. Ihre begrenzte Länge legt nahe, dass jeder ihrer Abschnitte seine Daseinsberechtigung hat. Wir gehen davon aus, dass alles, bis hin zur Zeichensetzung, vom Autor so beabsichtigt ist.

Erfassen wir vorerst diese Abschweifung als ein strukturelles Merkmal der Erzählung (eine Schrulle, einen Kropf). Sie liegt auf unserem WMUA-Karren, und wenn wir das Ende erreichen, werden wir einen Blick darauf werfen und fragen: »Okay, und wozu warst *du* da?«

Sie erinnern sich an die Technik, die wir bei Turgenjew angewandt haben – sehr nützlich, wenn wir einem Stück Literatur auf den Grund gehen wollen: »Wo liegt das Herzstück der Geschichte?«

Hier – weil sie hinausgezögert wird und weil der ganze Erzählmechanismus so gebaut ist, dass er uns dort hinbringt – ist offenbar Iwans Geschichte über seinen Bruder (Seiten 4–11) das Herzstück von *Stachelbeeren* (die *raison d'être* der Erzählung, die Antwort auf die Seuss'sche Frage »Warum machst du dir die Mühe, mir das zu erzählen?«).

Und das Herzstück *dieser* Geschichte (also das Herzstück vom Herzstück der Erzählung) ist Iwans leidenschaftliche Rede über das Wesen des Glücks, die etwa von Seite 8 unten bis zur Mitte von Seite 11 reicht.

Es ist eine radikale, eine verblüffende Rede. Jedes Mal, wenn ich sie lese, bin ich von neuem berührt und überzeugt. »Vor der Tür eines jeden zufriedenen, glücklichen Menschen müßte jemand mit einem Hämmerchen stehen und ihn ständig durch Klopfen daran erinnern, daß es Unglückliche gibt, daß ihm das Leben, so glücklich er auch sein mag, früher oder später seine Krallen zeigen, daß ein Unglück geschehen wird (...)« Das glaube ich. Und jede Wette, Tschechow hat es auch geglaubt; die Rede liest sich, als käme sie direkt aus seinem Tagebuch. Und da diese Rede sich um die Frage dreht, ob wir uns das Bedürfnis nach Glück zugestehen oder ihm widerstehen sollten, empfinden wir die ganze Erzählung als eine Art Meditation über diese Frage. Iwans Schlussfolgerung »Es gibt kein Glück und darf auch keines geben« hängt, rückwirkend, über allem.

Auf einmal spüren wir, dass die Erzählung vom Glück handelt oder handeln will.

Auf der Mitte von Seite 11 gibt es eine kleine Überraschung; bezaubert und überzeugt von Iwans Geschichte, lesen wir auf einmal, Burkin und Aljochin sind es... nicht. Sie fanden sie langweilig, »eine Geschichte von einem Bettelbeamten (...), der Stachelbeeren aß«. In dieser Umgebung (sie sitzen satt im Warmen und trinken Tee unter den Porträts von Aljochins toten Verwandten) wollen sie »lieber von eleganten Menschen, von Frauen sprechen und hören«. Warum? Weil »einst dieselben Leute hier umhergingen, saßen und Tee tranken, die jetzt aus den Rahmen blickten«.

Eigentlich ist es klar, warum Burkin und Aljochin die Geschichte nicht mögen. Sie sind Beispiele genau für das, wovon Iwan gesprochen hat: Sie kümmern sich nur um ihr eigenes Vergnügen, fein bürgerlich-sauber, und haben sich gerade mit Essen vollgestopft, das jemand anders gekocht hat. Ihre Reaktion zeigt, dass Iwan recht hat. Die zufriedenen, glücklichen Menschen hören einfach nicht zu. Sie wollen nichts Deprimierendes, das ihr Vergnügen beeinträchtigen könnte.

Die Männer gehen in »ihre breiten, kühlen Betten, die die schöne Pelageja bezogen hatte«. Iwan murmelt einen letzten deprimierenden Satz (»Herr, vergib uns Sündern!«), zieht sich die Decke über den Kopf und schläft (wohl) ein.

Und das war die Erzählung.

Aber Moment, es sind noch zwei Absätze übrig, deren erster, wie sich zeigt, alles ändert.

Er lautet: »Von seiner Pfeife, die auf dem Tisch lag, ging ein starker Geruch nach verbranntem Tabak aus, und Burkin konnte lange nicht schlafen und nicht begreifen, woher dieser unangenehme Geruch kam.«

Iwan, der große moralische Denker, auf dessen Seite wir uns geschlagen haben, war also gerade rücksichtslos seinem Freund gegenüber: Burkin kann nicht schlafen, weil es so stinkt. Oder, genauer gesagt, er kann nicht schlafen, weil er von Iwans Rede so aufgewühlt ist, und da, hellwach, bemerkt er den Gestank.

Iwans Rücksichtslosigkeit macht unsere Haltung zu ihm komplizierter. »Werden Sie nicht müde, Gutes zu tun!«, fordert der Typ, den der Klang seiner eigenen Stimme so aufgedreht hat, dass er sich nicht an die Regeln normaler Höflichkeit hält. (»Werden Sie nicht müde, Gutes zu tun?« Mach erst mal deine Pfeife sauber, du Großmaul.) Ist Iwans Rede immer noch wahrhaftig? Na ja, schon. Und doch haben wir plötzlich das Gefühl, sie wäre es nicht mehr so ganz. Oder ist sie irgendwie verdächtig, weil sie von jemandem stammt, der sich an die eigenen Ratschläge nicht halten kann? Eine Rede über achtsame Lebensführung von jemandem, der gerade gar nicht achtsam gehandelt hat.

In dem Satz, den wir als Schluss des Herzstücks vom Herzstück der Erzählung empfunden haben, verkündet Iwan: »Es gibt kein Glück und darf auch keines geben.«

Wie kommt uns das jetzt vor?

Ich merke, wie ich rückwärts die Erzählung durchgehe, auf der Suche nach »Glück, Bemerkungen zu«. Ich suche also nach Stellen, die mir Material für die Beantwortung der Frage liefern: »Glück, pro oder contra?«

Zum Beispiel dieses anfallartige Schwimmen auf Seite 3.

Ach ja, das war ja Iwan, fällt uns jetzt mit einem Hauch angenehmer Ungläubigkeit wieder ein, der da aus dem Badehaus stürmte und im Gewitter in einen Fluss[13] sprang, der als »kalt und unfreundlich« beschrieben wird, derselbe Iwan, der mit der Kraft seines Schwimmens Wellen macht, auf denen weiße Seerosen schaukeln, der, wie ein Kind, immer wieder taucht, um den Boden zu erreichen, dann fröhlich zur Mühle schwimmt, um sich dort mit den Bauern zu unterhalten – derselbe Iwan, der uns gerade den großen zürnenden Vortrag über die Sündigkeit des Glücks gehalten hat.

Ist er jetzt für oder gegen das Glück?

Trotz seiner Rede scheint Iwan schon noch empfänglich für das Glück zu sein, ja, er scheint sich mehr danach und nach der Nähe zum Glück zu sehnen als seine beiden Freunde.

Vielleicht ist er so dagegen, weil er so dafür ist?

Überschreibt diese korrigierte Lektüre (»Eigentlich ist Iwan manchmal sehr energisch *für* das Glück«) die vorherige (»Iwan ist gegen Glück«)? Nein. Beide Lesarten stimmen, nebeneinander, und machen die Wahrheit größer, als eine allein es gekonnt hätte.

Die Erzählung hat sich gerade erweitert. Ja, sie handelt immer noch von der möglichen Dekadenz des Glücks, aber jetzt handelt sie auch davon, wie trivial es ist, eine eindimen-

---

13 Das russische Wort hier ist *pljos*. Ein archaisches, nicht mehr oft benutztes Substantiv, sagt mir ein russischer Freund, durch den Klang assoziativ verbunden mit dem Verb *pleskatsja* (spritzende oder plätschernde Geräusche machen). *pljos* kann sich auf eine offene Wasserfläche beziehen, ein gerades Stück Fluss zwischen Flussbiegungen oder den Teil eines Stausees, wo das Wasser am tiefsten ist. (Einschub des Übersetzers: In Ulrike Langes deutscher Übersetzung wird das Wort als »aufgestauter Teich« oder »Wehrteich« übersetzt, bei Peter Urban ist nur von »Fluss« die Rede, wie in der englischen Übersetzung.) Vor meinem geistigen Auge (vielleicht weil das Wort auch so in der Fassung vorkam, die Toby damals vorlas) sehe ich jedenfalls immer einen Teich: ohne Strömung, kalt, ruhig, schilfbewachsen, tief, umgeben von Kiefern.

sionale Meinung zu vertreten. Oder wie unmöglich. Iwan hält Glück nicht ernsthaft für schlecht, und falls doch, dann hält er es gleichzeitig auch für wesentlich.

Durch den Augenöffner mit der stinkigen Pfeife liest sich Iwans Rede jetzt also etwas anders.

Was beim ersten Lesen nach einem rechtschaffenen Aufschrei für die Unterdrückten klang (»Schauen Sie sich dieses Leben an: Unverschämtheit und Müßiggang der Starken«), wirkt jetzt irgendwie … griesgrämig. Er mag die Starken nicht, aber so verrückt ist er auch nicht nach den Schwachen, denn er sieht »Unwissenheit und viehische Lebensweise der Schwachen«. Für Iwan ist überall (auf der Welt) ein einziger Schlamassel: »ringsum unmögliche Armut, Enge, Degeneration, Trunksucht, Heuchelei und Lüge«. Jetzt scheint seine Rede nicht nur Anti-Glück zu sein, sondern irgendwie Anti-Alles (Anti-Leben). Er sagt (auf Seite 10): Nun »belehrte auch ich die anderen, wie man leben (…) sollte«, früher. Aber jetzt tut er es genauso: Er belehrt Burkin und Aljochin (und uns), wie man leben sollte. Sein rechtschaffenes Auseinandernehmen des Glücks ist von einem Hauch emotionalen Bolschewismus angeweht: Du sollst nicht glücklich sein, denn ich habe beschlossen, das ist sündig. Oder: Du darfst so glücklich sein, wie es meiner Meinung nach für dich gesund ist.

Er gerät in Wallung (sieht seinen Freund Burkin »wütend« an), springt etwas gewollt und nicht ganz logisch zu dem Gedanken, dass es nutzlos ist, auf den Fortschritt zu warten (»Weswegen warten?«), und dann gibt es eine kleine Betonung des »Sie«, unten auf Seite 10, bei »Sie verweisen auf die natürliche Ordnung der Dinge«. Iwan antwortet auf einen Vorbehalt, den weder Burkin noch Aljochin erhoben haben, sondern irgendein imaginärer Kritiker in seinem Kopf.

Jetzt klingt Iwan nicht so sehr nach einem moralischen Denker voller Einsichten, den der traute Abend dazu bewegt, eine hart erkämpfte Erkenntnis mit zwei lieben Freunden zu teilen, sondern er klingt (*auch*) nach einem frustrierten alten Mann: Er hat die Nase voll und lässt Dampf ab, ohne zu merken, dass er seine Zuhörer (seine Geiseln) langweilt.

Sofern wir uns immer noch über den leichten strukturellen Kropf wundern, den die Abschweifung darstellt, spüren wir jetzt vielleicht, dass sie in gewisser Weise notwendig war; sie »erlaubt« diese Schwimmszene, die wiederum unser Verständnis von Iwan komplexer gemacht hat.

Die Schwimmszene ist aber nicht das Einzige, was durch die Abschweifung aktiviert wird.

Denn dort begegnen wir auch dem Stubenmädchen Pelageja und dem Gutsherrn Aljochin.

Immer wenn Pelageja in der Erzählung auftritt, wird sie durch dieselbe schmale, allein aufs Äußerliche gerichtete Linse gesehen (»schön«, »zart«, »sanft«, wieder »schön«, »lautlos über den Teppich gehend« und »lächelnd« und noch zweimal »schön«); sie verkörpert, das scheint ihr Zweck zu sein, unleugbare Schönheit. Oder auch: sinnlosen Liebreiz. Iwans und Burkins Reaktion auf sie beweist, dass niemand immun ist gegen einen Ausbruch von verblüffendem Liebreiz; sie brauchen sie nur zu sehen, schon sind sie gleich ein bisschen lebendiger. Pelageja ist die menschliche Version dieses erfrischenden Teichs. In diesem Haushalt ist sie unerwartet schön – schöner, als wir hier erwartet hätten, schöner, als sie es sein müsste. Kurz, sie ist eine Art Gratisgenuss, um uns daran zu erinnern, dass die Schönheit ein unvermeidlicher, wesentlicher Teil des Lebens ist; sie taucht immer wieder auf, und wir reagieren immer wieder auf sie, unabhängig von unseren theoretischen Standpunkten, und sollten wir irgendwann nicht mehr reagieren, sind wir schon mehr Leiche als Mensch.

Der Augenblick, als das gute Aussehen von Pelageja Iwan und Burkin innehalten lässt, ist nach meinem Dafürhalten die beste Beweisstelle für die Schönheit einer Figur in der Weltliteratur. (»Im Haus wurden Iwan Iwanytsch und Burkin vom Stubenmädchen begrüßt, einer jungen Frau, die so schön war, daß die beiden gleichzeitig stehenblieben und einander ansahen.«) Tschechow teilt uns nichts über sie mit (nicht die Länge ihrer Haare oder ihre Größe, nichts über ihren Körper oder ihren Duft oder die Farbe ihrer Augen oder die Form ihrer Nase), und doch: Wenn sie diese beiden vermutlich wohlerzogenen alten Säcke zu etwas erstarren lässt, das an Grobheit grenzt, sehe oder erschaffe ich sie vor meinem geistigen Auge.

»Ja, das Glück kann hemmungslos sein, und wenn wir danach jagen, kann das andere Menschen bedrängen«, scheint sie zu sagen, »auf der anderen Seite aber kann niemand von uns ohne Freude und Schönheit und Vergnügen auch nur einen Moment lang leben, wie gerade eben Ihre Reaktion auf mich beweist, meine Herren.« Sie lässt uns instinktiv spüren, wie freudlos und pedantisch und heikel es wäre, die Existenz von Schönheit abzustreiten oder zur Vermeidung von Glück zu raten.

Während die Erzählung absolut ernsthaft fragt, ob sich Glück moralisch rechtfertigen lässt, spricht sie durch Pelagejas Anwesenheit auch eine Warnung aus: »Vorsicht, dass ihr bei eurer Suche nach moralischer Reinheit nicht vergesst, wie stark positive Emotionen werden können!«

Iwans und Burkins Reaktion auf sie wirkt unwillkürlich, durch keine Kritik erreichbar – wie ein hörbares Nach-Luft-Schnappen bei einem Feuerwerk. Welcher Mensch würde diesen Laut unterdrücken?

Können wir wirklich ohne Glück leben?

Wollen wir das?

Aber Pelageja dient noch einem weiteren Zweck, der die

Dinge komplexer macht: Sie muss ja die ganze Arbeit wuppen. Sie läuft ins Haus, um Handtücher und Seife zu holen, dann, während die Männer im Badehaus sind, legt sie die Bademäntel und Pantoffeln bereit, flitzt zurück und macht den Tee, stellt die Marmelade auf einen Teller und bringt alles raus, dann läuft sie wieder zurück und macht wahrscheinlich die Betten im Gästezimmer, und so weiter. Ihr Dasein bestärkt Iwans Haltung: »(...) offenbar fühlt sich der Glückliche nur deshalb wohl, weil die Unglücklichen ihre Last schweigend tragen, und ohne dieses Schweigen wäre das Glück nicht möglich.« Warum muss sie so schwer arbeiten, damit diese Männer es gemütlich haben und dann herumsitzen und diskutieren können, in welchem Maße das Streben nach Glück berechtigt ist?

Und was ist mit Aljochin? Er scheint sich von der Welt zurückgezogen zu haben, sucht nicht nach dem Vergnügen. Und doch ist er glücklich oder jedenfalls glücklich genug. Mit seiner stillen Integrität ist er eine Art Anti-Iwan: offen für das Vergnügen, das es gibt (einen Geschichtenabend mit Freunden), frei von jedem Bedürfnis, zu predigen oder zu philosophieren. Er ist auch eine Art Anti-Nikolai: Er ist für unser Gefühl aus den »richtigen« Gründen Bauer (nicht um irgendeinen kleinlichen Stachelbeer-Ehrgeiz zu befriedigen oder sich von seinen Bauern verherrlichen zu lassen, ihm geht es um rechtschaffene Arbeit auf der Welt). Er macht seine Bauern nicht klein wie Nikolai, sondern arbeitet an ihrer Seite. Seine Gegenwart sagt, dass eine Form von ehrbarem Glück möglich ist, wenn man sich still einer Aufgabe widmet – keine Verzückung, nur stille Zufriedenheit.

Auf der anderen Seite ist sein Leben ... traurig. Es hat etwas Tragisches, Resigniertes an sich. Wie schmutzig er ist und dass er in den (armseligen) Verwalterräumen lebt, lässt uns annehmen, dass etwas in ihm stillgelegt ist, dass er einiges an Lebenskraft verloren hat, weil er keine Ziele mehr verfolgt. Typisch für einen Menschen, der es aufgegeben hat, glücklich zu sein: Er verliert sich, verlottert und lebt irgendwie unter seinen Möglichkeiten.

Ein weiterer Aspekt, den die Abschweifung aktiviert: Burkins mürrische Reaktion auf Iwans Schwimmen.

Burkin hat die Funktion eines spaßfeindlichen, sturen Schiedsrichters, der Iwan bremst, immer wenn der zu enthusiastisch wird. Nicht nur, dass er Iwan aus dem Wasser zwingt, er unterbricht auch seine sprudelnde Erzählung von dem Pferdehändler mit dem abgeschnittenen Bein (»Da sind Sie aber schon bei einer ganz anderen Geschichte«) und beendet den Abend vorzeitig (»Jetzt ist es aber Zeit zum Schlafen«), als es aussieht, als würden Iwan und Aljochin gern noch aufbleiben und weiterreden.

Keiner mag Spaßbremsen. Andererseits schadet es nichts, wenn Iwans Spaß auch mal gebremst wird. Er lässt Burkin und Aljochin am Ufer warten, während er viel zu lange schwimmt, dominiert den ganzen Abend mit einem Vortrag, den keiner hören will (dass sie sich langweilen, merkt er nicht), und die stinkende Pfeife ist der (egoistische) Überrest einer weiteren narzisstischen Schwelgerei: Er raucht sie fröhlich, während er zugleich gegen Vergnügen und Glück wettert.

Burkin wiederum ist (auch) ein Reinfall, allerdings von einer anderen Sorte. Wir spüren, wie er sich gegen die Wahrheit im Kern von Iwans Rede wehrt: dass Glück unterdrücken kann. Die große böse Maschinerie wird von den Burkins dieser Welt am Laufen gehalten (den behäbigen, einfallslosen Beamten, die exakt so lange schwimmen, wie es richtig ist, und exakt die korrekte Menge Spaß dabei haben). Wach gehalten wird Burkin am Ende von der *bitteren Wahrheit*, die, wie die stinkende

Pfeife, nicht immer angenehm ist. Die Burkins dieser Welt mögen ihre Wahrheit lieber schmeichelnd und schmackhaft, damit sie gut dabei weiterschlafen können. Manchmal braucht es eine stinkende Pfeife, damit sie etwas merken – als Nebenprodukt der Leidenschaft, ohne die sich schwierige Wahrheiten nicht verkünden lassen, eine Art notwendiger Kollateralschaden.

Und wiederum: Dass Burkin eigentlich gar nicht von der Pfeife, sondern von Iwans Rede und ihren Nachwirkungen wach gehalten wird, spricht vielleicht auch für ihn. Obgleich er zunächst Iwans Erkenntnisse zu leugnen versucht, packen sie ihn dann doch und wühlen ihn auf und lassen ihn nicht schlafen. Vielleicht hat er Iwan am Ende ja doch gehört.

Noch ein letzter Aspekt kommt durch die Abschweifung in die Erzählung hinein: das Gewitter selbst.

Davor sind Iwan und Burkin beim Betrachten der Landschaft glücklich (»beide dachten, wie großartig, wie wunderbar dieses Land sei«). Dann beginnt der Regen, und schon bald »schwiegen sie, als seien sie böse aufeinander«.

Registrieren wir zunächst diese Reihe von Vorher-nachher-Fotos als strukturelles Muster.

Vorher: Das Wetter ist gut, die Welt ist schön, sie sind glücklich.

Nachher: Das Wetter wird schlecht, die Welt wird hässlich, sie sind böse aufeinander.

Das Gewitter bringt den Gedanken in die Erzählung, dass es das Glück gibt, aber abhängig von den äußeren Umständen, auf die wir keinen Einfluss haben. Es steht nicht immer in unserer Macht, uns fürs Glücklichsein zu entscheiden. Glück ist ein Geschenk unter Vorbehalt. Wir sollten es lieber annehmen, wenn es kommt. Glücklichsein kann ein wertvolles Instrument sein, eine notwendige Bedingung, um Gutes zu tun.

(»Tu was Gutes!« oder sogar »Fühl dich wohl!« kann schwierig werden, wenn du »am ganzen Körper das Gefühl von Feuchtigkeit, Dreck und Unbehagen« spürst.) Und ist es nicht schön (erfrischt es uns nicht und erhöht die Möglichkeit, etwas Gutes in der Welt zu bewirken, und wären wir nicht dumm, wenn wir die stärkende Aufmunterung verweigern würden), aus dem Regen hereinzukommen, und die schöne Pelageja bringt uns Handtücher und Seife und Bademäntel und Pantoffeln und Tee?

Der Regen hat in der Erzählung die Funktion einer Nebenfigur: Er fällt weiter, während die Männer im Teich baden, dann verschwindet er bis zu seinem letzten Auftritt in der letzten Zeile der Erzählung: »Die ganze Nacht über schlug der Regen gegen das Fenster.« Der Regen war eine Quelle des Unglücklichseins (für die beiden Fußgänger) und eine Quelle des Glücklichseins (als sie im Regen schwammen), und nun ist er eine beharrliche, niedrigschwellige, nervende Ermahnung zu … hm, mal sehen. Um der komplexen Schönheit dieser Erzählung näher zu kommen, schreiben Sie bitte auf, wozu der Regen Sie »ermahnt« (oder was er Ihnen »sagt« oder für Sie »darstellt«), als er am Ende gegen das Fenster schlägt. Darauf gibt es nicht nur eine Antwort, das sind viele verschiedene Punkte zugleich. Und es ist sehr persönlich; selbst wenn ich meine Antwort formulieren könnte (ich habe es mehrfach versucht und das Ergebnis jedes Mal gelöscht, weil ich es verflachend und ungenügend fand), wäre sie eben nicht Ihre Antwort.

Zum Glück müssen wir uns ja nicht festlegen.

Auch und gerade dafür wurde diese Erzählung geschrieben: für diesen Schlussmoment, der sich nicht herunterbrechen lässt und über den nichts mehr gesagt zu werden braucht.

Ohne Abschweifung sähe die Erzählung ungefähr so aus:

Die Sonne scheint hell, und Iwan erzählt (nur) Burkin die

Geschichte von seinem Bruder, während sie über einige (nicht vom Regen durchnässte) Felder laufen. Iwans abschließende Aufforderung (»Es gibt kein Glück und darf auch keines geben, und wenn das Leben einen Sinn und ein Ziel hat, dann liegen dieser Sinn und dieses Ziel mitnichten in unserem Glück, sondern in etwas Vernünftigerem und Größerem. Tun Sie Gutes!«) ist allein an Burkin gerichtet. Es wird Nacht, und die etwas enttäuschten russischen Sterne blinken herab und wünschen sich, wie Burkin, dass Iwan eine bessere Geschichte erzählt hätte.

Was ist verlorengegangen?

Tja, wie gesagt (und diesmal in der richtigen Reihenfolge): das Gewitter, Aljochin, Pelageja, das Schwimmen, Burkins Reaktion auf das Schwimmen.

Wenn die Abschweifung fehlt, breitet Iwan sein Plädoyer contra Glücklichsein aus, ohne Gegengewicht. Das Ergebnis ist Iwans unhinterfragter Vortrag mit der schlichten Ausbeute: »Glück – nicht so toll, wie Sie denken.«

Ein hörenswerter Vortrag, aber nicht die komplexe Erfahrung, *Stachelbeeren* zu lesen.

Wenn wir die Erzählung so verstehen, dass sie fragt: »Ist es richtig, nach Glück zu streben?«, zersplittert die Abschweifung durch den Stoff, den sie enthält, in mehrere Fragen: »Wenn wir beschließen, uns vom Glück zu distanzieren, was verlieren wir?«, »Leben wir zum Vergnügen oder zur Pflichterfüllung?«, »Wie viel Überzeugung ist zu viel?«, »Ist das Leben eine Strapaze oder eine Freude?« und noch viele mehr, die Ihr Denken Ihnen beim Lesen geliefert hat – oder jetzt, während wir die Erzählung durcharbeiten.

Die Abschweifung, die die ganze Zeit auf unserem WMUA-Karren gelegen hat, können wir mittlerweile als vollkommen gerechtfertigt bezeichnen.

Die Erzählung wendet sich uns zu und sagt: »Sehen Sie, warum ich mir diese Abschweifung gönnen musste? Damit ich ein bisschen Platz hatte, um komplexer zu werden, damit ich nicht nur ein eindimensionales Positionspapier gegen das Glück war, sondern zu etwas Geheimnisvollem und Schönem werden konnte, das Ihnen, egal wie oft Sie es lesen, immer wieder neue Dimensionen eröffnen wird, von denen George in seinem Essay hier eine Menge übersieht.«[14]

Meine Behauptung, die Abschweifung sei gerechtfertigt, weil sie verkomplizierende Elemente zulässt, könnte man auch tautologisch finden, weil außer der Abschweifung nicht viel mehr in der Erzählung steht, abgesehen von Iwans Geschichte über seinen Bruder und dem kurzen Epilog danach auf den letzten beiden Seiten. (Wo sonst sollte die Erzählung so viel Stoff hernehmen, wenn nicht aus der Abschweifung, die einen so großen Anteil ihrer Länge ausmacht?) Es könnte auch so aussehen, als wollte ich hier etwas andeuten, was ich gar nicht wissen kann, nämlich wie Tschechow die Erzählung schrieb: zuerst Iwans Brudergeschichte und dann den Stoff davor und danach als bewussten Rahmen, um sie komplexer zu machen.

Aber ganz gleich, wie die Erzählung zustande kam: Just die Abschweifung, die wir zuerst als Verschwendung oder Umweg empfunden haben, befreit die Erzählung aus »derselben Denk-

---

14 Beschließen wir zum Beispiel, dass die Erzählung nicht vom Glück handelt, sondern vom Extremismus – und wissen Sie was? Das tut sie. Schauen Sie sich an, wie viele Extremisten darin auftreten: Iwan ist extrem in seiner Verdammung des Glücks und seiner Begeisterung fürs Schwimmen. Er muss von Burkin, dem Mäßigungs-Extremisten, aus dem Wasser geholt werden. Nikolai ist natürlich ein Stachelbeeren-Extremist, Aljochin ein extremer Asketiker. Ist Pelageja eine Extremistin? Hm, sie ist extrem hübsch und extrem arbeitsam. Ist die Erzählung für oder gegen Extremismus? Ja. Und diesen Trick können wir ganz genauso mit anderen Begriffen durchführen. (Versuchen Sie es mit »Pflicht«, »Leidenschaft«, »Unterdrückung«.)

weise, durch die sie entstanden ist«, und macht sie so komplex und geheimnisvoll, und das trägt zu unserem Lesevergnügen bei. Was erst nach einer Abschweifung aussah, erkennen wir jetzt als wunderbar effizient.

Der übergeordnete Sinn einer Erzählung liegt nicht darin, worauf sie hinausläuft, sondern darin, wie sie vorgeht.

Wie wir gesehen haben, ist die Vorgehensweise von *Stachelbeeren* der stetige Selbstwiderspruch. Wenn ein Aspekt eine bestimmte Sichtweise auszudrücken scheint, taucht sogleich ein neuer Aspekt auf, der diese Sicht in Frage stellt.

Die Erzählung will uns nicht sagen, was wir vom Glück zu halten haben. Sie will uns helfen, darüber nachzudenken. Sie bietet sozusagen eine Struktur der Denkhilfe.

Und wie sollten wir gemäß der Struktur nachdenken?

Hm, wie denkt denn die Struktur selbst?

Sie denkt mit Hilfe einiger »Andererseits«-Äußerungen. »Iwan hat was gegen das Glücklichsein; andererseits macht es ihm echt Spaß zu schwimmen.« »Aljochin lebt ein beachtlich ruhiges, exzessfreies Leben; andererseits färbt sich sein Waschwasser vor lauter Selbstvernachlässigung blau.« »Iwans Leidenschaft ist selbstsüchtig; andererseits sind Burkins ständige Bemühungen darum, Iwan herunterzudimmen, nervig.« »Eine Leidenschaft für etwas so Triviales wie Stachelbeeren zu haben ist schräg; andererseits liebt Iwans Bruder immerhin irgendwas, auch wenn es nur ein bestimmtes Obst ist, wobei wiederum Aljochin zumindest noch nie jemanden zu Tode gegeizt hat.« Und so weiter.

Ich kann es auch anders sagen: Die Erzählung will offenbar vermeiden, dass wir beim Lesen auf Autopilot schalten, wir sollen stets argwöhnisch bleiben, um uns nicht auf irgendein allzu simples Konzept zu versteifen, was im weiteren Verlauf dann falsch würde. Die Erzählung relativiert sich also immer weiter, bis sie sich komplett aus jeglicher Beurteilung herausrelativiert hat. Wir versuchen ständig, auf festen Boden zu kommen, damit wir die Erzählung als »für« oder »gegen« etwas einordnen und dann auch dafür oder dagegen sein können. Doch die Erzählung stellt sich beharrlich auf den Standpunkt, lieber kein Urteil zu fällen.

Das Leben ist schwer. Unsere Ängste, allein schon durch das bloße Leben, bringen uns dazu, gern urteilen zu *wollen*, um sicher zu sein, einen Standpunkt einzunehmen, endgültig etwas zu entscheiden. Ein festes, starres System von Überzeugungen kann eine große Erleichterung darstellen.

Wäre es nicht schön, einfach zu beschließen, dass man als Anti-Glücks-Eiferer leben will? Man würde sich jegliches Schwimmen im Teich verbieten, bei jeder Pelageja die Stirn runzeln. Man wäre vollkommen konsequent und daher nie mehr verunsichert. Man könnte, nach dem Verkauf der Badehose, einfach herumstapfen und auf alles und alle hinabschauen.

Aber anders betrachtet, wäre es nicht schön, sich einfach auf die Seite des Glücklichseins zu schlagen? Man würde beschließen, das Leben als ein glühender Pro-Glück-Kämpfer zu leben, stets danach streben, zu feiern, zu tanzen, Spaß zu haben, die eigene Freude zu vergrößern? Aber dann wäre man im Handumdrehen so ein peinlicher Depp auf Instagram, der mit einer Blumengirlande unter einem Wasserfall steht und Gott dafür dankt, dass er ihn mit einem wunderbaren Leben gesegnet hat, das er sich irgendwie durch seine unbefleckte Achtsamkeit verdient hat.

Solange wir uns nicht entscheiden, lassen wir weitere Informationen zu. Eine Erzählung wie *Stachelbeeren* zu lesen könnte eine Art sein, das zu üben, eine Erinnerung daran, dass jeder Frage à la »Ist X richtig oder falsch?« vielleicht eine weitere Runde Klärungsfragen guttäten.

Frage: »Ist X gut oder schlecht?«

Erzählung: »Für wen? An welchem Tag, unter welchen Umständen? Könnte es sein, dass X irgendwelche ungeplanten Folgen mit sich bringt? Dass etwas Gutes in dem Schlechten, das X darstellt, verborgen liegt? Etwas Schlechtes in dem Guten, das X darstellt? Ich höre.«

Jeder menschliche Standpunkt bringt Probleme mit sich. Wenn man zu sehr an ihn glaubt, rutscht man in den Irrtum. Nicht weil es keinen richtigen Standpunkt gäbe; sondern weil kein Standpunkt sehr lange richtig bleibt. Wir rutschen ständig aus der Trefferzone für angemessene Entscheidungen heraus und merken es gar nicht, weil das Bedürfnis, uns *einzufügen*, uns blind macht – wir möchten endlich nicht mehr grübeln und uns lieber für immer entspannen und einfach das Richtige tun; uns Absichten überlegen und uns an sie halten.

Am meisten bewundere ich an Tschechow, wie frei von Absichten er im Text erscheint – an allem interessiert, aber an kein festes System von Überzeugungen gebunden, bereit, überall hinzugehen, wo die Sachlage ihn hinschickt. Er war Arzt; sein literarischer Ansatz fühlt sich liebevoll-diagnostisch an. So als käme er ins Untersuchungszimmer, wo das Leben sitzt, und würde sagen: »Wunderbar, jetzt schauen wir mal, was bei Ihnen los ist!« Nicht etwa, dass er keine starken Meinungen gehabt hätte (das zeigen seine Briefe). Aber in seinen besten Erzählungen (den dreien hier im Buch würde ich noch fünf weitere hinzufügen: *Die Dame mit dem Hündchen*, *In der Schlucht*, *Feinde*, *Von der Liebe* und *Der Bischof*) benutzt er die Form, um *über die Meinungen hinauszukommen* und unsere üblichen Ausdrucksweisen dafür ins Wanken zu bringen.

Falls er ein Programm hat, dann seinen Argwohn gegenüber jeglichem Programm.

Sein Allerheiligstes, schrieb er, sei der menschliche Körper, die Gesundheit, die Intelligenz, das Talent, die Inspiration, die Liebe und die absolute Freiheit – Freiheit von Lüge und Gewalt in allen Erscheinungsformen.

Er wurde für das wahrgenommene Fehlen einer politischen oder moralischen Haltung kritisiert. Tolstois frühe Einschätzung lautete, er habe großes Talent und ohne Zweifel ein großes Herz, aber bislang scheine er noch keine sehr klare Haltung gegenüber dem Leben zu haben.

Doch genau für diese Eigenschaft schätzen wir ihn heute. In einer Welt voller Menschen, die alles zu wissen scheinen, voller Leidenschaft, auch auf der Basis von wenig (und oft schiefer) Information, in einer Welt, wo Gewissheit oft mit Macht verwechselt wird … ist ein Mensch, der selbstsicher genug ist, um Ungewissheit zugeben zu können (also ein Mensch, der neugierig bleibt), da nicht eine große Erleichterung?

Seine Gesundheit war schwach (mit 44 starb er an Tuberkulose), seine Familie war liebevoll, aber bedürftig, er wurde als junger Mann berühmt, und ständig bestürmten ihn Leute mit Bitten. Er blieb die ganze Zeit freundlich, wirkte lebensfroh, versuchte, sich gütig zu zeigen. »Seiner Meinung nach«, schrieb Troyat, »durfte ein rechtschaffener Mann seine Zeitgenossen nicht mit der Zurschaustellung seiner Leiden langweilen.« Er lebte ein kurzes, fieberhaftes Leben, in dem er sich oft spontan großzügig zeigte. Er las und kommentierte alle Manuskripte, die ihm zugeschickt wurden, behandelte Bedürftige auch umsonst, wenn es nötig war, und finanzierte Krankenhäuser und Schulen überall in Russland, von denen es viele heute noch gibt.

Dieses Gefühl der Zuneigung zur Welt nimmt in seinen Erzählungen die Gestalt ständiger Neuüberprüfung an. (»Bin ich mir da sicher? Ist das wirklich so? Bringen vorgefasste Meinungen mich dazu, etwas wegzulassen?«) Er hat ein Talent für Neubewertung. Die ist nicht einfach; sie braucht Mut. Wir müssen uns den Luxus verwehren, immer derselbe Mensch zu sein, der vor einiger Zeit eine Antwort gefunden hat, aber nie einen Anlass, sie anzuzweifeln. Mit anderen Worten: Wir müssen offen bleiben (das ist, in dieser selbstbewussten New-Age-Art, leicht gesagt, aber angesichts des realen, zermahlenden, erschreckenden Lebens schwer getan). Uns aber ist die kontinuierliche, rituelle Infragestellung aller Schlussfolgerungen bei Tschechow ein Trost. Es ist in Ordnung, etwas neu zu bewerten. Es ist edel – geradezu heilig. Es kann getan werden. Wir können es tun. Das wissen wir, weil er dafür Vorbilder in seinen Erzählungen liefert, die, so könnte man sagen, prachtvolle, schnelle Neubewertungsmaschinen sind.

Noch einen Gedanken zu Iwans Rede.

Viele junge Autor:innen beginnen in der Annahme, eine Erzählung sei ein Ort, um ihre Meinungen auszudrücken – um der Welt mitzuteilen, woran sie glauben. Sie verstehen den Text als ein Sprachrohr für ihre Ansichten. Mir ging es jedenfalls so. In einer Erzählung konnte ich die Welt in Ordnung bringen und Ruhm erlangen durch die bloße Originalität meiner fortschrittlichen moralischen Haltungen.

Doch handwerklich (er)trägt die Literatur Meinungsstärke nicht gut. Da alle Elemente erfunden sind, lässt sich mit einer Erzählung eigentlich auch nichts »beweisen«. (Wenn ich ein Puppenhaus aus Eiscreme baue und in die Sonne stelle, beweist das nicht die Behauptung: »Häuser schmelzen.«)

In einer »jungen« Erzählung spüren wir den Autor, scharfsinnig, überlegen, voll und ganz im Recht, oft in Gestalt einer getriebenen, aber anziehenden Figur, die von einer Weltreise voller Erkenntnisse zurückgekehrt ist und nun mit hochgezogenen Augenbrauen auf all die anderen Trottel schaut, aus denen ihre Kultur besteht. Das hat zu der allgemeinen (und, wie ich finde, zutreffenden) Auffassung geführt, dass die Überzeugungen der Autorin aus dem Text herausgehalten werden sollten.

Aber vielleicht lautet die Frage nicht so sehr, *ob* eine Überzeugung in einer Erzählung aufscheint, sondern *wie* – das heißt, wie sie genutzt wird.

Iwans Rede ist wie ein hervorragender Essay beschaffen: wortgewandt, ernsthaft, präzise formuliert, mit Beispielen untermauert, von aufrichtigen Absichten durchdrungen. Deshalb erscheint sie uns glaubwürdig und berührt uns. Aber Tschechow nutzt die Rede doppelt, weil er sie Iwan *zuschreibt*. Wo Iwan, dank Tschechow sprechend, von Tschechow abweicht (als er, auf Seite 11, aufgebracht und unleidlich und ungenau wird), lässt Tschechow das zu (»Das bin ja nicht ich, das ist er«), und dann reagiert die Erzählung auf diesen neuen Iwan. Als er diese neue Seite Iwans bemerkt, die er gerade entdeckt hat, folgt Tschechow ihm in das große Zimmer, »in dem zwei alte, mit Schnitzereien verzierte Holzbetten standen«, und fragt: »Was könnte ein Mensch in dieser Stimmung (aufgeregt, enttäuscht, direkt nach einer leidenschaftlichen Rede, die nicht funktioniert hat) als Nächstes tun?« Und kommt auf eine Antwort: »Vielleicht ist er so rücksichtslos und vergisst, seine Pfeife zu reinigen, bevor er erschöpft einschläft.«

Das entkräftet unseren Verdacht, die Erzählung diene nur als Anlass für einen auktorialen Vortrag. Tschechow erzielt beides: die Wucht seiner leidenschaftlichen Meinung (deren Wahrhaftigkeit wir spüren) und ihre Erschütterung, indem er sie Iwan zuschreibt (dessen Schwachstellen wir bemerken).

Wenn ich in der Stimme einer Figur schreibe, und sie oder er platzt auf einmal mit etwas heraus, wer spricht da, »ich«? Tja, irgendwie schon. Dieses Herausplatzen ist ja aus mir gekommen. Aber bin das wirklich »ich«? »Glaube« ich das Gesagte? Aber wen juckt das? Es steht da. Ist es gut? Hat es irgendeine

Kraft? Wenn ja, wäre es verrückt, das nicht zu benutzen. So entstehen Figuren: Wir exportieren Fragmente von uns selbst, dann verpassen wir diesen Fragmenten Hosen und eine Frisur und eine Heimatstadt und all das.

Wenn wir auf diese Weise eine Figur aufgebaut haben, können wir einen Schritt zurücktreten und »sie« ein bisschen mit schräggelegtem Kopf betrachten. Hat es irgendwelche Folgen, diese Überzeugungen zu vertreten? Gibt es irgendwelche verdächtigen Untertöne in dem, was »sie« gerade gesagt hat? Müssen wir mit irgendwelchen Kollateralschäden rechnen? Unterschwelligen, nicht vorhergesehenen Konsequenzen? (Irgendwelche stinkenden Pfeifen irgendwo?)

Ich habe einmal eine Szene in einer Erzählung geschrieben (*Sprung zum Sieg*), in der ein Mädchen im Teenageralter auf seine Mutter wartet, die es abholen und zum Tanzunterricht bringen soll. Ich war es leid geworden, heftige, hyperdramatische Erzählungen zu schreiben und wollte es mal mit etwas Nettem versuchen, wie Tschechows *Nach dem Theater*, wo nicht viel passiert, nur dass eine süße Sechzehnjährige herumsitzt und aufgekratzt über die Liebe nachdenkt, so sehr in der Art einer echten Sechzehnjährigen, dass wir uns selbst wieder wie sechzehn fühlen und ebenso glücklich: mitgegangen, mitgefangen. Aber irgendwie steckt ihr ganzes Leben auch da drin: Als Leser spüre ich schon die vierzigjährige Frau, die einmal aus ihr werden wird.

Also beschloss ich, so etwas in der Art auch zu machen. Nur: Als ich es probierte, wurde es nicht gut. Es war ein verplauderter innerer Monolog, anekdotisch, statisch, es ging um nichts. Aber es passierte etwas Interessantes. An einer Stelle, während ich mein arrogantes sechzehnjähriges Ich in diese Figur schickte, die sämtliche erwachsenen Dysfunktionen (Sucht, Scheidung, Ehebruch – all die Krankheiten der späten Siebziger, nicht wahr) als Fehler betrachtete, leicht zu korrigieren, wenn die Erwachsenen nur beschließen könnten, bessere Menschen zu werden, an dieser Stelle platzte ich plötzlich mit Folgendem heraus, in ihrer Stimme: »Um etwas Gutes zu tun, musst du nur beschließen, etwas Gutes zu tun. Du musst tapfer sein. Du musst dich für das einsetzen, was richtig ist.«

War ich davon überzeugt? Na ja, irgendwann mal war ich davon überzeugt gewesen. Nicht, als ich es schrieb, als 51-Jähriger. Aber sobald sie es sagte, war es auch *sie*, die es sagte, nicht mehr ich, und damit ergab sich eine Gelegenheit für Plot.

Sie: »Um etwas Gutes zu tun, musst du nur beschließen, etwas Gutes zu tun.«

Erzählung: »Ach ja?«

Jetzt musste die Erzählung ihre aktuelle (meine frühere) schlichte Überzeugung auf den Prüfstand stellen.

Falls Sie die Erzählung noch nicht gelesen haben, werde ich sie jetzt nicht für Sie spoilern, aber sagen wir so: Mein Wunsch, eine süße Erzählung ohne Gewalt zu schreiben, wurde von meinem stärkeren Wunsch, eine Geschichte zu schreiben, die auch zu Ende gelesen würde, auf den Kopf gestellt.

Jeder Gedanke, den wir ausdrücken, ist nur einer von vielen, die wir in uns tragen. Im Alltagsleben entscheiden wir uns natürlich für bestimmte dieser Gedanken, identifizieren uns mit ihnen, befürworten sie, richten uns nach ihnen und kämpfen für sie, während wir andere in den Hintergrund schieben, die wir uns trotzdem durchaus vorstellen können: die rudimentären Überreste von Philosophien, die wir als junger Mensch gut fanden, aber seither verworfen haben (hallo, Ayn Rand), die seltsamen Stimmen, die wir früher beim Sprechen angenommen haben, Gedanken, mit denen wir politisch nicht übereinstimmen und die, wenn wir Spuren von ihnen in uns wiederfinden, für inneres Unbehagen sorgen.

Wenn Sie Pro-Immigration sind, gibt es tief in Ihnen vielleicht auch Gefühle gegen Immigranten? Natürlich: Deshalb regen Sie sich ja so auf, während Sie für die Rechte der Einwanderer kämpfen. Sie kämpfen gegen diesen unterschwelligen Anteil in Ihrem Innern an. Immer wenn Sie auf einen politischen Gegner wütend werden, dann geschieht das, weil er Sie an einen Anteil von Ihnen erinnert, bei dem Sie sich unbehaglich fühlen. Wenn Sie jemand dazu zwingen würde, könnten Sie eine ganz anständige Imitation einer Immigrationsgegnerin abliefern. (Und in ganz ähnlicher Weise beschimpft der wütende Immigrationsfeind seinen inneren Linken.)

Meistens identifizieren wir uns mit bestimmten Meinungen und schätzen die Welt von dieser Warte aus ein. Unser inneres Orchester hat die Anweisung, dass bestimmte Instrumente dominieren sollen, andere sollen leise spielen oder überhaupt nicht. Wenn wir schreiben, bekommen wir die Chance, die Mischung zu verändern. Leisere Instrumente werden nach vorn gebeten, unsere üblicherweise trompetenden Überzeugungen sollen still dasitzen, die Tröten auf dem Schoß. Das ist gut; es erinnert uns daran, dass die anderen, leiseren Instrumente die ganze Zeit auch da waren. Über den Daumen gepeilt, gibt es bei jedem Menschen auf der Welt ein inneres Orchester, dessen Instrumente grosso modo dieselben sind wie bei uns.

Deshalb funktioniert Literatur.

In Henri Troyats Tschechow-Biografie steht eine sehr schöne Beschreibung der ersten Begegnung von Tschechow und Tolstoi. Tschechow hatte das Treffen hinausgezögert. »Bislang hatte sich Tschechow (…) stets geweigert, sich vor dem gefürchteten Propheten zu verbeugen, der nach wie vor den technischen Fortschritt zugunsten des geistigen ablehnte.«

Aber am 8. August 1895 begab sich Tschechow zu Tolstois Haus, Jasnaja Poljana, um den großen Mann zu treffen. Er begegnete »dem alten Dichter auf der Birkenallee, die zum Hause führte. Tolstoj trug eine weiße Leinenjacke; ein Tuch über die Schulter geworfen, wollte er ein Bad im nahegelegenen Fluß nehmen. Kurzerhand lud er Tschechow ein, ihn zu begleiten. Beide Männer zogen sich aus und sprangen ins Wasser. In dieser paradiesischen Nacktheit herumplanschend fand das erste Gespräch zwischen ihnen statt. Von vornherein begeisterte sich Tschechow für diese Einfachheit. Fast hätte er vergessen, daß er ein Monument der russischen Literatur vor sich hatte.«

In diesem Bad sind, könnte man sagen, die ganzen *Stachelbeeren* enthalten: Tolstoi spielt eine Art kondensierten Iwan mit großtönenden, strikten moralischen Verkündigungen, während er zugleich fröhlich nackt herumpaddelt; Tschechow spielt Burkin (und widersteht Tolstois leidenschaftlichen Verallgemeinerungen); beide spielen Aljochin (zwei Malocher machen Pause). Und bei näherem Hinsehen spielte auch Tschechow eine Version von Iwan, verkörperte sowohl seine frömmelnde als auch seine feierliche Seite: Er kam, um Tolstoi zu verurteilen, fand aber heraus, dass er ihn verehrte, und sollte später schreiben: »Ich habe Angst vor Tolstojs Tod. Wenn er stürbe, würde in meinem Leben ein großer leerer Fleck bleiben. (...) [Ich] habe (...) keinen Menschen so geliebt wie ihn.« Tschechow starb allerdings zuerst, 1904, und nach seinem Tod schrieb Tolstoi: »Mir war gar nicht klar, wie sehr er mich liebte.«

Drei Jahre, nachdem sie zusammen schwimmen gegangen waren, schrieb Tschechow *Stachelbeeren.*

NACHTRAG 6

Die Erzählungen, die wir hier lesen, gehören zu dem Besten, was ihre Autoren je geschrieben haben. Sie schrieben allerdings auch mindere Texte, und wir sollten diese ebenso lesen, und wäre es, um uns ins Gedächtnis zu rufen, dass keiner jedes Mal einen Volltreffer landet und dass ein Meisterwerk drei oder vier Testläufe hinter sich haben kann, in denen die Künstlerin ein paar Dinge klären musste.

Ich möchte gern zwei Übungen vorschlagen, um diesen Gedanken noch etwas weiterzuverfolgen, die eine arbeitet mit russischer Literatur, die andere mit einem Film.

Als junger Mann war Tolstoi Mitfahrer in einem Schlitten, der sich in einem Schneesturm verfuhr. Die Gruppe fuhr zwanzig Stunden lang, die ganze Nacht durch, bevor sie Unterschlupf fand. Nicht lange danach schrieb er eine Erzählung, die auf diesem Erlebnis basierte, nämlich *Der Schneesturm*. Vierzig Jahre später nutzte er den Stoff noch einmal, für *Herr und Knecht*. Wenn wir diese beiden Erzählungen nacheinander lesen, bekommen wir eine Ahnung davon, was Tolstoi in den dazwischenliegenden vierzig Jahren über das Erzählen gelernt hatte.

Zweitens gibt es eine Boxszene in einem frühen Kurzfilm von Charlie Chaplin, *Der Champion*. Sechzehn Jahre später setzte Chaplin eine ganz ähnliche Sequenz in *Lichter der Großstadt*.

Die Übung geht so:

Da Sie vor kurzem *Herr und Knecht* gelesen haben, lesen Sie jetzt *Der Schneesturm*.

Sehen Sie sich in beliebiger Reihenfolge die Boxszene aus *Lichter der Großstadt* und die entsprechende Sequenz aus *Der Champion* an.

Lassen Sie das spätere Werk im Vergleich zum früheren auf sich wirken.

Ich vermute, Sie werden feststellen, dass die späteren Werke stärker als hochorganisierte Systeme erkennbar werden.

In *Der Schneesturm* verfolgte Tolstoi offenbar das Ziel, das tatsächliche Ereignis zu dokumentieren. Mit dem springenden Punkt: Dass sie sich im Schneesturm verirrten, war ja *passiert.* Keine der Figuren steht für irgendetwas oder tut irgendetwas, was auf ihre Persönlichkeit schließen lässt. Sie werden zufällig gerettet. Einiges darin ist sehr gut gemacht (zum Beispiel fürchtet die Hauptfigur zu erfrieren, döst dann weg und träumt vom Sommer, und die Beschreibungen des Sturms und der Pferde sind umwerfend), aber insgesamt ist die Erzählung nicht so dramatisch wie *Herr und Knecht* und scheint auch nichts Besonderes über die Menschen auszusagen, nur dass sich, dieses eine Mal, ein paar von ihnen halt verirrten.

Verglichen mit der entsprechenden Sequenz in *Lichter der Großstadt* wirkt der Kampf in *Der Champion* statisch, er hängt durch. Schwerstarbeit – eine Menge Herumgespringe, das improvisiert aussieht. Der jüngere Chaplin verwendet eine Menge der Gags, die später in *Lichter der Großstadt* auftauchen werden, bereits in früheren Versionen, aber sie werden die ganze Zeit wiederholt, anscheinend ist er noch nicht darauf gekommen, sie zu einem dichten, sich steigernden Muster zu ordnen, wie er es später so großartig in *Lichter der Großstadt* tut.

Heben wir das auf die allgemeinere Ebene: In einem hochorganisierten System sind die Kausalzusammenhänge deutlicher und bewusster gesetzt. Die Elemente werden offenbar präziser ausgewählt. Es gibt entschlossene Steigerungen; alles erfüllt seinen Zweck.

Ein höher organisiertes System ist halt einfach besser.

So dass sich für die Künstlerin die naheliegende Frage stellt: Wie kriege ich mein System höher organisiert?

Wenn Sie zehn Schriftstellerinnen und Schriftsteller in einem Zimmer versammeln, von großartig bis schlecht, und Sie auffordern, eine Liste der Haupttugenden der Literatur zusammenzustellen, werden Sie auf wenig Uneinigkeit stoßen. Es gibt tatsächlich so eine Liste der Haupttugenden, wir haben schon ganz nebenbei beim Durcharbeiten dieser russischen Erzählungen damit angefangen: Seien Sie spezifisch und effizient. Benutzen Sie viele Details. Denken Sie immer ans Steigern. Zeigen statt erzählen. Und so weiter. Die Vorträge der zehn Autor:innen über das Handwerk des Schreibens werden allesamt diese Haupttugenden wieder hervorholen bzw. personalisieren, plus minus ein paar, und es wird ein paar sympathische Variationen in den Anekdoten geben, mit denen sie das Loblied dieser Tugenden singen und behaupten, dass sie sich beim Schreiben immer getreulich an sie halten.

Aber jeder kann »Wie schieße ich einen unhaltbaren Elfmeter?« googeln und sich darüber informieren lassen, dass man als Rechtshänder mit rechts und als Linkshänder mit links schießen soll, dass man nicht Latte oder Pfosten treffen und am besten in eine Ecke zielen soll und so weiter, und wir können dann alle auf dem Weg zum Elfmeterpunkt darüber schnattern, aber sobald wir da sind, werden wir feststellen, dass trotz allem ein paar von uns gute Elfmeter schießen können und andere nicht.

Der Unterscheid zwischen einer großen und einer guten Schriftstellerin (oder einer guten und einer schlechten) liegt in der Qualität der Momententscheidungen, die sie beim Arbeiten trifft. Ihr schießt plötzlich ein Satz durch den Kopf. Sie löscht einen anderen. Sie streicht einen Absatz. Sie stellt zwei Wörter um, die schon seit Monaten in ihrem Text gestanden haben.

Fünf Autoren könnten aufgereiht an einem langen Tisch im selben Café sitzen, alle glauben an das Spezifische, aber im Augenblick der Wahrheit finden manche eine bezaubernde Art und Weise, spezifisch zu sein, und andere nicht.

Das ist knallhart.

Aber es ist auch befreiend. Es reduziert das, worüber wir uns Sorgen machen müssen, auf eines: den Augenblick, wenn wir beim Lesen unseres Textes entscheiden, ob wir einen Satz ändern oder nicht.

Darauf lässt sich Schreiben überhaupt herunterbrechen: Wir lesen eine Zeile, reagieren auf sie, vertrauen dieser Reaktion (akzeptieren sie) und antworten sofort und intuitiv darauf.

Das ist alles.

Immer wieder.

Es klingt irgendwie verrückt, aber nach meiner Erfahrung war's das schon, das ganze Spiel: 1) mich davon überzeugen, dass es in mir eine Stimme gibt, die wirklich genau weiß, was ihr gefällt, und 2) trainieren, diese Stimme besser zu hören und in ihrem Sinne handeln zu können.

»Kritiker haben etwas grundlegend Lächerliches an sich«, sagt Randall Jarrell, der selbst ein ziemlich guter Kritiker ist. »Wenn etwas gut ist, trifft das auch zu, ohne dass wir es sagen. Irgendwo unter all unserer Erhabenheit ist uns das klar.«

Stimmt.

Wir wissen es.

Oder: Wir wissen es vor uns selbst, *im jetzigen Moment*. Morgen kann das anders aussehen. Und so führen wir heute kühn die Änderung aus (oder eben nicht). Das Schöne ist ja, morgen kommen wir wieder an dieser Stelle vorbei und übermorgen auch und am Tag darauf, wir werden diesen Satz immer wieder lesen und ihn in Ruhe lassen oder wieder ändern, und wir können ihn auch zu der allerersten Fassung zurückändern.

Das tun wir immer wieder, bis wir irgendwann zu einer Entscheidung kommen – und woher wissen wir, wann es so weit ist? Wenn diese Stelle unverändert bleibt.

Was wir hier ein »höher organisiertes System« nennen, ist das kumulative Ergebnis all dieser sich wiederholenden Überlegungen von Zeile zu Zeile, es sind diese Tausende von Mikro-Entscheidungen beim Überarbeiten. (Wissen Sie noch, die Wohnung in New York, die ich Ihnen gegeben hatte? Wenn Sie zwei Jahre lang nach Lust und Laune eingekauft und dabei alles, was da war, durch etwas ersetzt haben, das Ihnen lieber war – dann haben Sie da ein richtig hochorganisiertes System!)

Sagen wir, folgende Passage ergibt sich als Auftakt für Ihre Erzählung: »Die Sonne schien mit einer Kraft durch Anns Fenster herein, die Ann auf ihrem Handgelenk spürte, als sie aus dem Bett stieg, um ans Telefon zu gehen. Es war so früh. Wer rief denn nur so früh an? Draußen fuhr ein Lkw vorbei, vielleicht ein Bus.«

Ja, da ist noch einiges zu tun, aber was genau? Was stört Sie an dieser Passage? Was gefällt Ihnen daran? Nennen wir unser System aus Vorlieben ganz schick »Überarbeitungsgrundlage«. Also, nur zu. Wenden Sie Ihre Überarbeitungsgrundlage an. Was möchten Sie mit diesem Stück Prosa am liebsten tun? Die Antwort darauf erzählt Ihnen alles, was es über Sie als Schriftsteller zu wissen gibt.

Ich für meinen Teil möchte am liebsten gleich auf den Punkt kommen. »Himmel. Wer rief denn nur so früh an?«, könnte meine Erzählung anfangen. Laut meiner Überarbeitungsgrundlage sind die hereinscheinende Sonne und der Lkw/Bus unwichtig, denn die Sonne verursacht ein Problem mit dem Satzbau (durch »mit einer Kraft hereinscheinen, die«), und Lkw bzw. Bus sind Klischee-Elemente jeder städtischen Straßenszene (ich will spontan rufen: »Mist, raus aus meiner Geschichte!«). Meine Überarbeitungsgrundlage rät mir, von der ganzen Idee der hereinscheinenden Sonne Abstand zu nehmen und den Lkw/Bus zu streichen. Aber vielleicht mag eine andere Schriftstellerin, wie sich »durchs Fenster scheinende Sonne« und »Mensch im Bett« in ihrem Kopf verbinden. Vielleicht möchte sie den Satz ein bisschen durchkämmen, damit er besser fällt: »Die Sonne schien bei Marie durchs Fenster und auf ihren Arm, fast schon brennend warm.« Jemand anders könnte vielleicht auf diese Idee kommen: »Draußen, Lkw oder Bus. Die träumende Marie wusste, der Lkw oder Bus war Greg, doch als das klingelnde Telefon sie weckte, tauchte sie aus dem Traum auf und erkannte: Nein, Greg war weder Lkw noch Bus, er war immer noch in Dallas …« Oder was auch immer. Es geht um Folgendes: Wenn Sie mit diesem traurigen kleinen Stück Prosa anfangen, aber dann (hier kommt noch so ein schicker handwerklicher Begriff) »energisch daran herumbasteln«, und zwar genau gemäß Ihrem Geschmack (der braucht weder verteidigt noch auserklärt zu werden), dann wird ein höher organisiertes System daraus. Das ist einfach so. Und es wird etwas von Ihnen darin sein. Potenziell eine Menge von Ihnen, ja, nichts anderes als Sie. Schließlich ist es ja nach Ihrem Geschmack organisiert. Vielleicht mögen Sie Tempo oder Klarheit; vielleicht widerstrebt Ihnen Tempo, und Sie verlangsamen gern. Vielleicht fühlt sich »Klarheit« für Sie wie übergroße Vereinfachung an. Es kommt nicht darauf an, welches Aroma Ihr Geschmack hat, sondern darauf, dass Sie Ihren Geschmack zur Anwendung bringen, und je intensiver Sie das tun, desto höher organisiert ist das daraus entstehende Kunstwerk.

Vielleicht haben Sie einmal in einem Aufnahmestudio ein Mischpult gesehen, mit vielen Reihen voller Regler. Wir können uns eine Erzählung als Version so eines Mischpults vorstellen, nur mit Tausenden von Reglern darauf – das sind Tausende von Entscheidungspunkten.

Sagen wir, in einer Erzählung muss Mike sich für eine Operation seines Sohnes Geld leihen und bittet seinen Vater darum. Ein Regler erscheint, mit dem Etikett »Mikes Beziehung zu seinem Vater«. Wenn sie sich sehr nahestehen, ist das die eine Erzählung; wenn sie seit zwanzig Jahren nicht mehr miteinander geredet haben, eine andere. Die Schriftstellerin muss entscheiden, wohin sie den Regler schiebt. »Mikes Vater« ist ein anderer Regler. Er könnte vermögend und großzügig sein oder vermögend und geizig (oder arm und geizig oder arm und großzügig).

Nun könnte man sagen, innerhalb dieses Modells hat ein Schriftsteller zwei Aufgaben: zunächst den Regler erschaffen (über den Augenblick stolpern, wenn Mike einfällt, er könnte sich an seinen Vater wenden, und diesen Augenblick nicht streichen), dann den Regler einstellen. Er muss entscheiden, welche der Myriaden von Versionen des Vaters er in seiner Erzählung haben will.

Und hier muss ich meine Metapher leicht anpassen. Das Mischpult soll ja keine Musik aufnehmen, sondern einen Raum mit wunderschönem, intensivem Licht erfüllen. Jede Anpassung eines Reglers von Tausenden wird subtil die Qualität und Intensität des Lichts in dem Raum verändern. In einer perfekten Erzählung steht jeder Regler an genau der richtigen Stelle, und das Licht dort drinnen kann nicht heller oder schöner werden.

In diesem Modell ist das Überarbeiten der Prozess, eine Erzählung immer wieder durchzugehen und die bestehenden Regler fein aufeinander abzustimmen, vielleicht auch neue einzuführen, je nach Bedarf (vielleicht spielt Mikes Mutter auch eine Rolle?). Jedes Mal, wenn Sie einen der Regler auch nur ein paar Millimeter verschieben, wird das System etwas höher organisiert, hat mehr von Ihnen in sich, und das Licht im Raum wird schöner. (Klar, das trifft nur auf die *guten* Entscheidungen zu. Aber da wir unsere Entscheidungen immer wieder neu auf den Prüfstand stellen, gehe ich einfach davon aus, dass wir irgendwann nur noch gute treffen.)

Mir gefällt, was mir gefällt, Ihnen gefällt, was Ihnen gefällt, und in der Kunst ist genau das, immer wieder angewandt, nicht nur erlaubt, sondern es stellt das wesentliche Können dar. Wie emphatisch kann Ihnen gefallen, was Ihnen gefällt? Wie lange sind Sie bereit, an einem Text zu arbeiten, bis er noch im kleinsten Detail von Ihren radikalen Vorlieben geprägt ist?

Auswählen, immer weiter auswählen, mehr haben wir nicht.

Aljoscha der Topf

Leo Tolstoi
(1905)

ALJOSCHA DER TOPF

Aljoscha war der jüngste Bruder. Topf wurde er deshalb genannt, weil ihn die Mutter mit einem Topf Milch zur Frau des Diakons geschickt hatte, er gestolpert war und den Topf zerbrochen hatte. Die Mutter schlug ihn deshalb, und die Kinder fingen an, ihn »Topf« zu hänseln. Aljoscha Topf – der Spitzname blieb an ihm hängen.

Aljoscha war klein, schmächtig, tolpatschig (die Ohren standen ihm wie Flügel ab), und die Nase war groß. Die Kinder hänselten ihn: »Aljoschas Nase ist wie ein Hund auf dem Hügel.« Im Dorf [1]
war eine Schule, aber das Lesen und Schreiben wollte Aljoscha nicht in den Kopf, und er hatte auch keine Zeit zum Lernen. Sein älterer Bruder lebte bei einem Kaufmann in der Stadt, und Aljoscha mußte von klein auf dem Vater helfen. Er war sechs Jahre alt, und schon mußte er mit seinem Schwesterlein die Schafe und die Kuh auf der Weide hüten, und als er etwas heranwuchs, hütete er schon Tag und Nacht die Pferde auf der Weide. Mit zwölf Jahren pflügte und fuhr er schon aufs Feld. Kraft hatte er keine, aber Geschicklichkeit war vorhanden. Immer war er lustig. Die Kinder verspotteten ihn; er schwieg oder lachte. Wenn ihn der Vater schalt, schwieg er und hörte zu. Und sobald man aufgehört hatte, ihn zu schelten, lächelte er wieder und machte sich an die Arbeit, die er vor sich hatte.

Aljoscha war neunzehn Jahre alt, als man seinen Bruder zu den Soldaten nahm. Und der Vater stellte Aljoscha an seines Bruders Statt beim Kaufmann als Hausknecht ein. Man gab Aljoscha die alten Stiefel des Bruders, eine Mütze und eine Jacke des Vaters und fuhr in die Stadt mit ihm. Aljoscha konnte sich über seine Kleidung nicht genug freuen, aber der Kaufmann war mit Aljoschas Aussehen unzufrieden.

»Ich dachte, du würdest einen richtigen Menschen an Semjons

Statt einstellen«, sagte der Kaufmann, nachdem er Aljoscha betrachtet hatte, »aber du kommst mit einer Rotznase an. Wozu taugt der schon?«

»Er kann alles – einspannen und irgendwo hinfahren, und auf die Arbeit ist er ganz wild; er ist nur äußerlich wie eine Zaunlatte, aber sonst recht sehnig und zäh.«

»Na also, meinetwegen, es wird sich zeigen.«

»Und die Hauptsache – er ist nachgiebig und fügsam. Und auf die Arbeit geradezu neidisch.«

»Was soll ich tun mit dir? Laß ihn da.«

Und Aljoscha lebte von nun an beim Kaufmann.

Die Familie des Kaufmanns war nicht sonderlich groß: die Hausfrau, eine alte Mutter, ein älterer verheirateter Sohn von einfacher Erziehung, der mit dem Vater im Geschäft war, und ein jüngerer, gelehrter Sohn, der hatte das Gymnasium beendet und die Univer-
[2] sität besucht, war aber hinausgeflogen und lebte jetzt daheim, und noch eine Tochter, eine Gymnasiastin.

Anfänglich gefiel Aljoscha nicht; er war zu bäuerlich und schlecht angezogen und hatte kein Benehmen, sagte zu allen »du«, doch bald gewöhnte man sich an ihn. Er diente noch besser als sein Bruder. Er war tatsächlich nachgiebig und fügsam, man ließ ihn jegliche Arbeit verrichten, und er tat alles bereitwillig und schnell und ging ohne lange Rast von einer Arbeit zur anderen über. Und wie daheim wurden auch beim Kaufmann alle Arbeiten Aljoscha aufgebürdet. Je mehr er arbeitete, desto mehr Arbeit wurde ihm von allen aufgebürdet. Die Hausfrau und die Mutter der Hausfrau und die Tochter der Hausfrau und der Sohn der Hausfrau und die Gehilfen und die Köchin schickten ihn bald dahin und bald dorthin und ließen ihn bald dies und bald jenes verrichten. Man hörte nur: »Lauf, Bruder«, oder: »Aljoscha, richte mir das her«, oder: »Was ist denn, Aljoscha, hast du etwa das vergessen?« oder: »Paß auf, Aljoscha, vergiß es nicht.«

Und Aljoscha lief und richtete her und vergaß nicht und paßte auf und kam mit allem zurecht und lächelte immer.

Die Stiefel des Bruders hatte er bald zerrissen, und der Kaufmann schalt ihn, daß er mit Löchern in den Stiefeln und den bloßen Zehen herumlief, und befahl, ihm auf dem Basar neue Stiefel zu kaufen. Die Stiefel waren neu, und Aljoscha freute sich über sie, doch seine Beine waren immer noch die alten, und sie brannten ihm gegen Abend von den vielen Laufereien, und er war wütend auf sie. Aljoscha fürchtete, daß der Vater, wenn er das Geld für ihn holen käme, beleidigt sein könnte, weil der Kaufmann die Stiefel vom Lohn abziehen würde.

Aljoscha stand im Winter vor dem Morgengrauen auf, spaltete Holz, kehrte dann den Hof, gab der Kuh und dem Pferd zu fressen und tränkte sie. Dann heizte er die Öfen, putzte die Stiefel und die Kleider der Hausleute, stellte die Samoware auf und reinigte sie, und dann hieß ihn entweder ein Gehilfe Waren austragen, oder die Köchin befahl ihm, Teig zu kneten und Pfannen zu putzen. Dann wurde er in die Stadt geschickt, bald mit einem Zettel, bald mit der Tochter der Hausfrau ins Gymnasium, bald um Baumöl für die
Alte. »Wo steckst du, verdammter Kerl?« sagte bald der eine, bald [3]
der andere zu ihm. »Warum sollt ihr selber gehen, Aljoscha wird hinlaufen. Aljoscha! He, Aljoscha!« Und Aljoscha lief.

Er frühstückte im Gehen, und mit allen anderen zu Mittag essen konnte er nur selten. Die Köchin schalt ihn deshalb, daß er nicht mit allen anderen kam, hatte aber dennoch Mitleid mit ihm und stellte ihm das Essen sowohl mittags als auch abends warm. Besonders viel Arbeit gab es vor den Feiertagen und während der Feiertage. Und Aljoscha freute sich auf die Feiertage vor allem deshalb, weil er an den Feiertagen Trinkgelder erhielt, zwar recht wenig, es kamen so an die sechzig Kopeken zusammen, aber es war dennoch sein Geld. Er konnte damit anfangen, was er wollte. Seinen Lohn bekam er nicht einmal zu Gesicht. Der Vater kam, holte ihn beim Kaufmann ab und machte Aljoscha nur Vorhaltungen, daß er so rasch die Stiefel zerreiße.

Als er sich von den Trinkgeldern zwei Rubel zusammengespart hatte, kaufte er sich auf den Rat der Köchin eine rote gestrickte Jacke, und als er sie anzog, konnte er vor Vergnügen nicht mehr den Mund schließen.

Aljoscha redete wenig, und wenn er redete, dann immer abgehackt und kurz. Und wenn man ihm befahl, etwas zu tun, oder man ihn fragte, ob er dies oder jenes tun könne, dann sagte er immer ohne das kleinste Zögern: »Ist alles möglich«, und stürzte sich darauf, es zu tun, und tat es.

Gebete kannte er keine; was die Mutter ihn gelehrt, hatte er vergessen – und dennoch betete er morgens und abends; er betete mit den Händen, wenn er sich bekreuzigte.

So lebte Aljoscha anderthalb Jahre, und da, in der zweiten Hälfte des zweiten Jahres, widerfuhr ihm das ungewöhnlichste Ereignis seines ganzen Lebens. Dieses Ereignis bestand darin, daß er zu seiner Verwunderung erfuhr, daß es zwischen den Menschen außer den Beziehungen, die aus der gegenseitigen Not entstanden, noch ganz andere Beziehungen gab: nicht eine, die einen Menschen zwang, die Stiefel zu putzen oder Einkäufe heimzutragen oder das Pferd einzuspannen, sondern eine, daß man nur so – ohne einem anderen Menschen zu irgend etwas verpflichtet zu sein – diesem zu
[4] Diensten sein und sich ihn geneigt machen wollte. Und Aljoscha erfuhr, daß er ein solcher Mensch war. Er erfuhr es durch die Köchin Ustinja. Ustinja war eine Waise, jung und eine ebensolche Arbeiterin wie Aljoscha. Sie fing an, Aljoscha zu bemitleiden, und Aljoscha fühlte zum erstenmal, daß er – er selber, nicht seine Dienstleistungen, sondern er selber – einem anderen Menschen vonnöten war. Wenn die Mutter ihn bemitleidete, merkte er es nicht, es schien ihm, daß es so sein müsse und daß es ungefähr dasselbe sei, als ob er sich selber bemitleidete. Aber hier sah er plötzlich, daß die ihm ganz fremde Ustinja ihn bemitleidete, ihm Grütze mit Butter im Topf übrigließ und ihn anschaute, während er, das Kinn in die aufgestützte Hand geschmiegt, aß. Und er blickte sie an, und sie lachte auf, und er lachte auf.

Das war so neu und seltsam, daß Aljoscha anfänglich erschrak. Er fühlte, daß ihn das am Dienen, wie er diente, hindern würde. Aber dennoch freute er sich, und als er seine von Ustinja geflickten Hosen betrachtete, schüttelte er den Kopf und lächelte. Während der Arbeit oder beim Laufen erinnerte er sich oft Ustinjas und sagte: »Ach, diese Ustinja!« Ustinja half ihm, wo sie konnte, und er half ihr. Sie erzählte ihm ihr Schicksal, wie sie zur Waise wurde, wie eine Tante sie zu sich genommen, wie sie in die Stadt kam, wie ein Kaufmannssohn sie zu einer Dummheit überreden wollte und wie sie ihn abwies. Sie redete gern, und ihm war es angenehm, ihr zuzuhören. So erfuhr er, was in der Stadt häufig vorkam: Bauern, die sich als Knechte verdingt hatten, heirateten Köchinnen. Und einmal fragte sie ihn, ob man ihn bald verheiraten würde. Er sagte, daß er das nicht wüßte und daß er keine Lust hätte, eine vom Dorf zu nehmen.

»Nun, hast du dir schon eine angeschaut?« fragte sie.

»Ich würde dich nehmen. Willst du vielleicht?«

»Schau an, der Topf, der Topf, und wie geschickt er's zu sagen weiß«, sagte sie und schlug ihn mit dem Handtuch auf den Rücken. »Weshalb sollte ich dich nicht wollen?«

In der Butterwoche kam der Alte in die Stadt um das Geld. Die Frau des Kaufmanns hatte erfahren, daß Aljoscha die Absicht hatte, Ustinja zu heiraten, und ihr gefiel das nicht. »Sie wird in die Umstände kommen, mit dem Kind taugt sie zu nichts«, sagte sie zu [5]
ihrem Mann.

Der Hausherr gab Aljoschas Vater das Geld.

»Nun, wie steht's, führt sich der Meinige gut auf?« fragte der Bauer. »Ich habe es gleich gesagt, nachgiebig und fügsam.«

»Nachgiebig und fügsam ist er wohl, aber Dummheiten hat er sich in den Kopf gesetzt. Ist auf den Gedanken verfallen, die Köchin zu heiraten. Und verheiratete Dienstboten will ich nicht halten. Das paßt uns nicht.«

»Der Narr, der Narr, was der sich da in den Kopf gesetzt hat«, sagte der Vater. »Denk nicht daran. Ich werde ihm befehlen, das sein zu lassen.«

Als der Vater in die Küche kam, setzte er sich, um auf seinen Sohn zu warten, an den Tisch. Aljoscha lief gerade seinen Geschäften nach und kehrte abgehetzt zurück.

»Ich dachte, du bist auf dem rechten Weg. Und was hast du dir in den Kopf gesetzt?« sagte der Vater.

»Ich? Nichts.«

»Wieso nichts? Heiraten willst du. Ich werde dich verheiraten, wenn es Zeit dazu ist, und ich werde dich mit der Richtigen verheiraten, nicht mit einer Stadtschlampe.«

Der Vater redete viel. Aljoscha stand da und seufzte. Als der Vater fertig war, lächelte Aljoscha.

»Nun, ich kann es auch lassen.«

»So gehört sich's.«

Als der Vater gegangen und er mit Ustinja (sie hatte hinter der Tür gestanden und gelauscht, als der Vater mit dem Sohn sprach) allein war, sagte er: »Aus unserer Sache wird nichts, es ist nicht gut ausgegangen. Hast du gehört? Er wurde böse, erlaubt's nicht.«

Sie weinte schweigend in ihre Schürze.

Aljoscha schnalzte mit der Zunge.

»Wie sollte man nicht gehorchen? Scheint's muß man es sein lassen.«

Am Abend, als die Kaufmannsfrau ihn holen ließ, daß er die Fensterläden schließe, sagte sie zu ihm: »Nun, hast du dem Vater gehorcht und deine Dummheiten aufgegeben?«

[6] »Scheint's muß man es sein lassen«, sagte Aljoscha, lächelte und begann gleich darauf zu weinen.

Seitdem sprach Aljoscha mit Ustinja nicht mehr über die Heirat und lebte wie bisher.

In der Fastenzeit befahl ihm der Gehilfe, den Schnee vom Dach herabzukehren. Er kroch aufs Dach, kehrte es ab, begann den festgefrorenen Schnee aus den Dachrinnen zu stoßen, die Beine kamen ins Rutschen, und er stürzte mit der Schaufel herunter. Zu allem Unglück fiel er nicht in den Schnee, sondern auf den blechgedeckten Eingang. Ustinja und die Tochter der Hausfrau liefen herbei.

»Hast du dich angeschlagen, Aljoscha?«

»Ja, ein wenig angeschlagen. Macht nichts.«

Er wollte aufstehen, konnte aber nicht und lächelte. Er wurde ins Hausknechtstübchen getragen. Es kam der Feldscher. Er untersuchte ihn und fragte, wo es weh tue.

»Weh tut es überall, aber das macht nichts. Daß nur der Hausherr nicht beleidigt ist. Man muß dem Vater eine Nachricht zukommen lassen.«

Aljoscha lag zwei Tage, am dritten schickte man nach dem Popen.

»Was ist, wirst du etwa sterben?« fragte Ustinja.

»Nun, was macht's schon aus? Werden wir etwa ewig leben? Irgendwann muß man doch sterben«, stieß Aljoscha schnell wie immer hervor. »Ich danke dir, Ustinja, daß du Mitleid hattest mit mir. Es ist auch besser, daß sie mir das Heiraten verboten haben, es wäre doch nichts geworden daraus. Jetzt ist alles gut.«

Er betete mit dem Popen nur mit den Händen und mit dem Herzen. Und in seinem Herzen war die Vorstellung, daß – wie es hier schön ist, wenn man gehorcht und niemanden beleidigt – es auch dort schön sein werde.

Er sprach wenig. Nur um Wasser bat er und wunderte sich immer über etwas.

Er wunderte sich über etwas, streckte sich und starb. [7]

DIE KLUGHEIT DES WEGLASSENS

Gedanken zu *Aljoscha der Topf*

Eine Figur beginnt als Eigenname – ein Strichmännchen, das wir mit Eigenschaften aufladen. Mit dem ersten Wort dieser Erzählung wissen wir, es gibt einen Menschen namens Aljoscha. Dann stolpert er und stürzt und zerbricht einen Topf. Dafür wird er von seiner Mutter geschlagen und von den anderen Jungs gehänselt und bekommt einen Spitznamen, »Aljoscha der Topf«.

Allmählich erscheint ein Junge.

Des Weiteren ist er »schmächtig«, mit abstehenden Ohren und einer großen Nase (»wie ein Hund auf dem Hügel«[15] oder, in anderen Übersetzungen, »auf dem Misthaufen«[16] bzw. »wie eine Gurke«[17]). Jedenfalls nicht die Nase, die man sich aussuchen würde – aber wir mögen ihn wegen seiner Nase, den armen Kerl. Er ist kein begabter Schüler, aber fürs Lernen hat er sowieso keine Zeit. Er ist Arbeiter, einer der Schwerarbeiter der Literatur: Er hat seinem Vater »von klein auf« geholfen, als Viehhirte mit sechs, beim Pflügen mit zwölf.

Im zweiten Absatz bekommt unser Strichmännchen Fleisch auf die Knochen: schmächtiger Bub, große Nase, harter Ar-

---

15 So bei Joseph Hahn, in: Leo Tolstoi, *Die Erzählungen*, Band II, S. 620. (A. d. Ü.)

16 So bei Arthur Luther, in: Leo Tolstoi, *Sämtliche Erzählungen*, Band VIII, S. 90. (A. d. Ü.)

17 So bei dem Übersetzertrio Erich Boehme/Erich Müller/August Scholz, in: Leo Tolstoi, *Hadschi Murat und andere Erzählungen*, S. 274. (A. d. Ü.)

beiter, bisschen Außenseiter. Wir könnten uns jemanden vorstellen, der schikaniert wird und komisch aussieht und viel arbeitet und unglaublich giftig ist. Aber nicht Aljoscha: »Immer war er lustig.« Dann erzählt uns Tolstoi, welche Geschmacksrichtung von »lustig« wir uns darunter vorstellen sollen (es gibt viele Möglichkeiten auf der Welt, »lustig« zu sein, welche ist es bei ihm?): Wenn die anderen Jungs Aljoscha auslachen, wird er entweder still, oder er lacht mit; wenn sein Vater ihn anschreit, wird er still und hört zu. Das ist ein sehr spezifischer Junge, im Unterschied etwa zu einem, der sich zur Wehr setzt, wenn die anderen ihn hänseln, oder, wenn sein Vater ihn anschreit, hinter seinem Rücken Grimassen schneidet. Was tut Aljoscha, wenn sein Vater fertig gebrüllt hat: Er lächelt und geht wieder an die Arbeit.

Wie Olenka in *Herzchen* mag uns Aljoscha zunächst etwas karikaturesk vorkommen, wenn wir das Wort ohne abwertende Untertöne nehmen. Aljoscha wird ohne die Frequenzen präsentiert, die ihn komplexer machen würden, sie sind herausgefiltert, und er wird einfach auf einen Wesenszug reduziert, nämlich, in dieser Erzählung, die so schlicht ist wie ein Märchen: freudiger Gehorsam.

Und dafür mögen wir ihn. Die Erzählung sagt schon früh so etwas wie: »Auf dieser Welt gibt es Menschen, deren Leben von Anfang bis Ende die reine Schinderei sind. Wie kann so ein Mensch leben?« Aljoscha nimmt eine Haltung ein, die wir alle ab und zu wählen: »Wenn ich das schon durchstehen muss, dann will ich es zumindest gutgelaunt tun.« Eine legitime Haltung. Stellen Sie sich vor, Sie sind bei irgendeiner Schulveranstaltung, aber es sind keine Stühle aufgestellt worden. Da kommt der kleine Kerl mit der großen Nase. »Moment, ich helfe Ihnen!«, sagt er und macht sich an die Arbeit, energisch, lächelnd, effizient. Dahinten in der Ecke schmollt sein kleiner Grufti-Kumpel rum und versteckt sich in seinem

Handy. Wen mögen Sie lieber? Wer hat diese Situation besser durchlebt?

Sobald unser Strichmännchen mit einer charakteristischen Eigenschaft ausgestattet ist, macht sich die Erzählung daran, diese Eigenschaft auf die Probe zu stellen. »Es war einmal ein freudig gehorsamer Junge, der in die Welt hinauszog.« Und das tut Aljoscha, gleich unten auf der ersten Seite, während die Ansteigende Handlung einsetzt: Er geht zu dem Haus eines Kaufmanns, an den sein Vater ihn praktisch vermietet hat.

Dort gibt es weitere Schikanen. Laut seinem neuen Boss ist er kein Mensch, sondern eine »Rotznase«. Verteidigt sein Vater ihn? Irgendwie schon, aber eher so wie ein Pferd, das er verkaufen will: »(...) er ist nur äußerlich wie eine Zaunlatte, aber sonst recht sehnig und zäh.« Die Familie des Kaufmanns ist von Aljoscha auch nicht begeistert – er hat kein Benehmen, ein rechter Bauer.

In einer Erzählung muss Eigenschaft auf Widrigkeit treffen. (Olenka, in *Herzchen*, ist ein Extrembeispiel für eine Frau, die auf *einen* Mann fixiert ist; also stirbt der Mann. Wasilij, in *Herr und Knecht*, ist arrogant; da kommt ein Schneesturm, um ihn zu demütigen.) Wie die Familie Aljoscha empfängt, stellt hier nur eine geringere Widrigkeit gegen Anfang dar. Wie wird Aljoscha reagieren? Wie immer: Er wird freudig hart arbeiten. Er gibt keine Widerworte, tut alles sofort und »bereitwillig«, ruht noch rastet nicht. Funktioniert sein Ansatz? Ja. Er wird unentbehrlich für den Haushalt. Sind sie dankbar? Nicht so richtig. Sie überhäufen ihn einfach mit immer mehr Arbeit. Er »lief und richtete her und vergaß nicht und paßte auf und kam mit allem zurecht und lächelte immer«. Hier wird also der erste Spielzug der Erzählung wiederholt, nur in einem etwas risikoreicheren Umfeld. Selbst hier, auf dieser größeren Bühne, im schicken Haus dieses Kaufmanns, funktioniert sein Ansatz.

Zu Hause hat er hart gearbeitet und gelächelt und wurde »belohnt«, mit dieser Stelle. Er bleibt bei »Arbeite und lächle«. Wird er wieder dafür belohnt?

O ja, gleich, mit Ustinjas Liebe.

Zuvor aber, unten auf Seite 2, die nächste Widrigkeit: Seine Stiefel fallen auseinander.

Und wir erfahren etwas Neues über ihn. (Achten Sie darauf, dass diese Erzählung uns auf ihre ruhige Weise ständig Neues über ihn mitgeteilt hat, in jedem Absatz.) Als seine Stiefel auseinanderfallen und er ein neues Paar bekommt, macht er sich Sorgen, dass sein Vater wütend werden könnte, weil der Kaufmann den Preis der Stiefel von seinem Lohn abzieht. Hier schwebt der erste Hauch einer Frage über der Erzählung: »Könnte Aljoschas Gehorsam eine Kehrseite haben? Ist er vielleicht *allzu* gehorsam?« Anders gesagt, unser Gerechtigkeitsgefühl befindet, dass er ausgenutzt wird, aber sein eigenes nicht. Wir rücken etwas von ihm ab. Was anfangs nach einer guten Eigenschaft aussah, wird gerade ein bisschen hinterfragt.

Er hat keine Bedürfnisse oder nur sehr bescheidene. Er mag die Feiertage, weil er da Trinkgelder bekommt (sein Vater behält den Lohn ein). Von seinen Trinkgeldern kauft er sich »eine rote gestrickte Jacke«, die ihn glücklich macht – so glücklich, dass er »vor Vergnügen nicht mehr den Mund schließen« kann.

Aljoscha hat also, so bescheiden er ist, ein Talent zum Glücklichsein und überdies ein Bedürfnis danach, und da dieses ein extrem ökonomisches Meisterwerk ist, muss dieses Talent, wenn es einmal eingeführt ist, auch genutzt werden.

Bald »widerfuhr ihm das ungewöhnlichste Ereignis seines ganzen Lebens.« Was ist es?

»Dieses Ereignis bestand darin, daß er zu seiner Verwunderung erfuhr, daß es zwischen den Menschen außer den Beziehungen, die aus der gegenseitigen Not entstanden, noch ganz andere Beziehungen gab: nicht eine, die einen Menschen zwang, die Stiefel zu putzen oder Einkäufe heimzutragen oder das Pferd einzuspannen, sondern eine, daß man nur so – ohne einem anderen Menschen zu irgend etwas verpflichtet zu sein – diesem zu Diensten sein und sich ihn geneigt machen wollte. Und Aljoscha erfuhr, daß er ein solcher Mensch war.«

So weit Joseph Hahn. Vergleichen Sie diese Fassung mit der Version von Arthur Luther:

»Er erfuhr nämlich zu seiner größten Verwunderung, daß außer jenen Beziehungen zwischen den Menschen, die darauf begründet sind, daß man sich gegenseitig nötig hat, noch andere Beziehungen bestehen können: da handelt es sich nicht darum, daß man dem andern die Stiefel putzen oder den Einkauf ins Haus bringen oder das Pferd anspannen muß, sondern der eine hat den andern überhaupt nötig, ohne jeden besonderen Anlaß, es drängt ihn, ihm einen Dienst zu leisten, ihm eine Freundlichkeit zu erweisen – und als so ein Mensch, zu dem sich ein anderer hingezogen fühlt, erwies sich Aljoscha.«

Erich Boehme/Erich Müller/August Scholz übersetzen die Stelle so:

»Dieses Ereignis bestand darin, daß er zu seiner Verwunderung erfuhr, daß es zwischen den Menschen außer dem Abhängigkeitsverhältnis auch noch Beziehungen von ganz besonderer Art gab: Beziehungen, bei denen es nicht darauf ankam, dem andern die Stiefel zu putzen, oder ein Paket für ihn wegzutragen, oder den Wagen für ihn anzuspannen, sondern Beziehungen, bei denen einer dem andern ganz aus eignem Antrieb gefällig war und ihn freundlich behandelte, – und daß auch er, Alioscha, von einer solchen Behandlung nicht ausgeschlossen sei.«

Nehmen Sie sich einen Moment Zeit und vergleichen Sie diese drei Fassungen, damit Sie ein Gefühl dafür bekommen, welche Unterschiede zwischen guten Übersetzungen bestehen können und in welchem Ausmaß Entscheidungen auf der Satzebene dazu beitragen, die Welt der Erzählung zu erschaffen.

Drei verschiedene Ustinjas entstehen in diesen Übersetzungen: Eine, die Aljoscha »zu Diensten sein und sich ihn geneigt machen« will, eine andere, die ihn »nötig hat«, die es »drängt (...), ihm einen Dienst zu leisten, ihm eine Freundlichkeit zu erweisen«, und eine dritte, die ihm »gefällig war und ihn freundlich behandelte«.

Diese Passage ist offenbar übersetzerisch besonders interessant. Clarence Brown, einer der Übersetzer ins Englische, sagte dazu Folgendes: »Als Aljoscha zum ersten Mal dämmert, dass es so etwas wie uneigennützige Sympathie, schlichte menschliche Zuneigung gibt, ist der Gedanke so erstaunlich, dass Tolstois Syntax sich zu Mus auflöst[18]; das bildet ab, wie Aljoschas beinahe unsprachliche Art zu denken sich an eine neue Vorstellung herantastet. Die meisten Übersetzer vereiteln Tolstois Sprachge-

18 Tolstoi lässt, so die deutsche Russisch-Übersetzerin Olga Radetzkaja, die Syntax zwar nicht gleich kollabieren, wie Brown es beschreibt, aber sie wird stockend und stotternd, der für einen Aljoscha lange Satz setzt mehrfach neu an. Das ist weder im Russischen noch in Browns englischer Übersetzung eleganter Stil; die deutschen Übersetzungen reflektieren dieses bewusste Abrücken von stilistischer Eleganz zum Beispiel durch die Häufung von »daß«-Sätzen. (A. d. Ü.)

staltung an dieser Stelle, indem sie der Erzählung einen Stil geben, der in die Salons von *Krieg und Frieden* passen würde. Ich habe versucht, im Stilniveau so niedrig, schlicht, ja ungrammatisch zu bleiben, wie es das Original ist.«[19]

Der Text ist in der indirekten dritten Person geschrieben, erzählt wird er immer noch vom Tolstoi'schen Erzähler, aber an den Rändern sickert Aljoschas Bewusstsein herein. Warum hat Tolstoi das so gemacht? Um wahrhaftiger zu sein. Aljoscha stolpert auf eine neue Wahrheit zu, und sein einziges Instrument dafür ist seine beschränkte Sprache.

Es ist kein so weiter Weg von dem, was Tolstoi hier mit Aljoschas Stimme tut, zu den schriftstellerischen Ansätzen von Virginia Woolf in *Die Fahrt zum Leuchtturm*, von James Joyce in *Ulysses* und von William Faulkner in *Schall und Wahn*. Tolstoi hat einen Erkenntnisgrad erreicht, der später den Modernismus durchdringen sollte: Ein Mensch lässt sich nicht von seiner Sprache trennen. (Wenn Sie meine Wahrheit hören wollen, dann werde ich sie Ihnen in meinen Worten erzählen, in der Diktion und Syntax, die mir entsprechen.)

Aljoscha verliebt sich also in Ustinja, und sie schenkt ihm die Erkenntnis, dass er mehr ist als nur der Wert, den er produziert; selbst wenn eine Person einen anderen Menschen nicht braucht, damit er eine Aufgabe erfüllt, kann sie ihn durchaus brauchen, nämlich genau ihn. Weil sie ihn vielleicht mag, seine Gesellschaft schätzt und gut zu ihm sein möchte. Für ihn ist das eine radikale Vorstellung – nie hat ihm jemand dieses Ge-

---

19 Eine Übersetzerin ist eine Stilistin. Und eine Stilistin ist eine Übersetzerin, sie übersetzt ein geistiges Bild in den Satz, der es am besten wachruft. Wer von uns anstrebt, Stilist:in zu werden, kann etwas darüber lernen, was wir stilistisch mögen, indem er oder sie sich am Übersetzen versucht, selbst ohne die Ausgangssprache zu beherrschen. Vgl. Anhang C.

fühl gegeben, außer seine Mutter. Ist er darüber glücklich? Ja, aber nicht nur: »Das war so neu und seltsam, daß Aljoscha anfänglich erschrak.«

Ihre Freude ist von kurzer Dauer; sein Vater erstickt die Idee im Keim, und eine der schmerzlichsten Stellen in der Erzählung ist der verräterische Augenblick, als der Vater Ustinja eine »Stadtschlampe« nennt, und sie steht dabei direkt hinter der Tür und hört alles mit, auch dass Aljoscha es nicht schafft, sie zu verteidigen.

»Aus unserer Sache wird nichts, es ist nicht gut ausgegangen«, sagt er demütig zu ihr. »Hast du gehört? Er wurde böse, erlaubt's nicht.«

Ustinja fängt an zu weinen. Aljoscha tröstet sie nicht, schwört nicht, dass er noch einmal zu seinem Vater geht, um ihn doch zu überzeugen, er schnalzt nur mit der Zunge. Mit anderen Worten, er drängt sie, kein großes Ding daraus zu machen.

»Wie sollte man nicht gehorchen?«, sagt er.

An dieser Stelle wirft der zeitgenössische Leser einen Seitenblick auf Aljoscha und ist enttäuscht. Er wirkt schwach und unzulänglich. Sein vermeintlich positiver Zug wirkt jetzt wie eine Charakterschwäche. Ist sein freudiger Gehorsam nur gewohnheitsmäßige Passivität? Ein Beweis nicht für seine Bescheidenheit, sondern für seine beschränkte Vorstellungskraft? Eine reflexhafte Reaktion auf Autorität? Eine Art arbeiterklassentypisches Zurückzucken?

Am selben Abend erkundigt sich die Kaufmannsfrau, ob Aljoscha seine »Dummheiten aufgegeben« hat.

»Scheint's muß man es sein lassen«, sagt er bei Hahn.

»Ich muß es wohl sein lassen«, sagt er bei Luther.

»Gewiß doch«, steht bei Boehme/Müller/Scholz.

Dann versucht er, was er immer gemacht hat (fröhlich bleiben). In zwei Übersetzungen steht, er »lächelte«, in einer »er lachte«. Aber dann löst er sich in allen dreien von seinem üblichen Elan und bricht in Tränen aus.

Genauer gesagt, er »begann gleich darauf zu weinen« (Hahn und Luther), »brach aber gleich darauf in Tränen aus« (Boehme/Müller/Scholz) – und in einer vierten Übersetzung ohne Urhebernennung steht: »fing an zu lachen und zugleich zu weinen«[20].

Hätte Aljoscha der Kaufmannsfrau wie üblich geantwortet (»›Scheint's muß man es sein lassen‹, sagte Aljoscha lächelnd und sprang aus dem Zimmer, weil noch so viel zu tun war«), hätten wir das als Wiederholung eines Spielzugs empfunden, ein Ausbleiben von Steigerung: Aljoscha, der weiterhin so ist wie immer.

Doch durch diese Tränen wird der Weg der Erzählung enger. Tatsächlich empfindet Aljoscha, wie unfair es ist, was sein Vater getan hat, ihm ist klar, dass er es nicht geschafft hat, Ustinja zu verteidigen. Aljoscha ist kein Trottel ohne Gefühle, er hat sowohl Sehnsüchte als auch ein Ego. Er *wünscht* sich etwas, er *kann* lieben, er *kann* verletzt sein.

Jetzt befinden wir uns auf Neuland. Genau wie er. Zum ersten Mal im Leben hat ihn sein freudiger Gehorsam etwas gekostet, und er weiß es auch.

Wir warten ab, wozu ihn das bringen wird.

Wobei die Erzählung sagt, zu gar nichts: »Seitdem (...) lebte [Aljoscha] wie bisher.« Wir haben da unsere Zweifel. Wir hoffen, dass das nicht stimmt. Und eigentlich wissen wir das auch. Wenn etwas einen einfachen Arbeiter dazu bringt, vor der Hausherrin in Tränen auszubrechen, wird dieses Gefühl nicht

---

20 In der Zeitschrift der Pestalozzigesellschaft Zürich *Am häuslichen Herd*: Schweizerische illustrierte Monatsschrift, 1950-07-15, Vol. 53 (20), S. 396.

einfach verschwinden. Es könnte geleugnet und verdrängt werden, aber es geht nicht weg. Selbst wenn er äußerlich dasselbe Leben weiterlebt, hat sich im Inneren etwas verändert.

Eine Ungerechtigkeit hat dazu geführt, dass sich etwas in der Erzählung verknotet hat, und jetzt sehnen wir uns nach der Lösung des Knotens.

Nur noch eine knappe Seite bis zum Schluss. Während er zügig näher kommt, achten Sie darauf, wie aufmerksam wir den Text nach einer Antwort auf die Frage absuchen, zu der die Erzählung uns geführt hat: »Was wird Aljoscha wegen dieser Ungerechtigkeit unternehmen?« (Oder: »Wie wird die Ungerechtigkeit, die Aljoscha erlebt hat, sich rächen?«)

Betrachten wir kurz die Möglichkeiten. Es gibt eine Version der Erzählung, in der Aljoscha zu seinem Leben zurückkehrt, äußerlich »wie bisher« weiterlebt, innerlich aber verbittert. Dann verlangt diese Bitterkeit ihren Tribut: Er gibt der Tochter des Kaufmanns Widerworte, er wird gefeuert, er fängt an zu trinken, so etwas. In einer anderen Variante bringt ihn diese Bitterkeit dazu, seinem Vater endlich entgegenzutreten. Sie könnte, in einer anderen Variante, auch überhaupt nichts auslösen und schließlich abflauen zu einem handhabbaren Ausmaß. Das wäre, zugegeben, nicht die dramatischste Variante, aber sie ist möglich, reale Menschen erleben das die ganze Zeit, und es sieht ganz danach aus, als wäre es auch Aljoscha beschieden.

Aber dann tut Tolstoi etwas Kluges: Er schubst Aljoscha vom Dach hinunter. Dadurch werden alle psychologischen Folgen des gebrochenen Eheversprechens in einen verdichteten zeitlichen Rahmen gezwungen. Falls Aljoscha noch etwas mit der Energie der Enttäuschung anfangen will, bleibt ihm dafür nur der Rest der letzten Seite.

Aljoscha der Topf steht in der Tradition von Gogols Meisterwerk *Der Mantel*, wo ein armer, bescheidener Angestellter sich einen neuen Mantel für den Winter wünscht. In beiden Erzählungen erwacht ein Niemand kurz zum Leben: Aljoscha durch seine Gefühle für Ustinja, Akakij Akakijewitsch dadurch, dass er den Mantel kauft und ihn dann mit untypischer Grandezza zu einer Feier trägt. Beide Männer werden hart bestraft für ihre Hybris, sich für »richtige Menschen« zu halten. Aljoscha stürzt vom Dach. Akakijs Mantel wird auf dem Heimweg von der Feier gestohlen, und als er versucht, ihn zurückzubekommen, wird er so schroff von einem Bürokraten abgekanzelt, an den er sich um Hilfe gewandt hat (eine »wichtige Persönlichkeit«), dass er praktisch an den Folgen dieses Schrecks stirbt.

Akakij wird fertiggemacht, mit tödlichen Folgen, und das lässt sich als natürliche Fortsetzung eines Lebens voller kleiner Misshandlungen lesen. Aljoschas Sturz vom Dach wird eigentlich von gar nichts *ausgelöst*. »Die Beine kamen ins Rutschen, und er stürzte mit der Schaufel herunter.« Er stirbt rein zufällig, ungefähr so, als hätte ihn, sagen wir, ein umstürzender Baum erschlagen. (Oder doch nicht? Auf mich wirkt dieser Sturz immer wie eine Art Suizid-durch-Erschütterung – nicht absichtlich, aber doch irgendwie als Reaktion auf den Zusammenstoß mit seinem Vater, wie es der Körper eben unbewusst macht, wenn wir zum Beispiel abgelenkt und somit unbeholfen werden. Sein Vater hat ihn unterworfen und in einem ewigen Teenagerzustand fixiert, also wählt Aljoscha, als er die gefrorene Ödnis betrachtet, die sein restliches Leben wohl sein wird, unterbewusst den Ausgang.)

Jedenfalls verkürzt der Sturz den zeitlichen Rahmen, innerhalb dessen unsere Frage (»Was wird Aljoscha gegen diese Ungerechtigkeit unternehmen?«) eine Antwort bekommen kann.

Aljoscha stirbt nicht, weil er von einem Dach fällt, sondern weil Tolstoi zu diesem späten Zeitpunkt seiner Künstlerlaufbahn weiß, was wir erfahren wollen, und sich darum kümmert, es uns so schnell wie möglich zu geben.

Aljoscha liegt im Schnee, und Ustinja fragt, ob er sich »angeschlagen« hat. Natürlich hat er das: Er ist so hart auf den Boden geschlagen, dass er nicht aufstehen kann. Er wird innerhalb von ein paar Tagen sterben, vermutlich an inneren Blutungen. Er ist angeschlagen, das gibt er zu, »ein wenig«, aber dann fügt er hinzu: »Macht nichts.« Er versucht aufzustehen, schafft es nicht. Wie reagiert er? Er lächelt. (Beziehungsweise »fing an zu lächeln« oder »lächelte nur«, bei Luther und Boehme/Müller/Scholz.) Warum lächelt er? Ist dies eine bedeutungslose, automatische Reaktion auf Ungemach, die er vor langen Jahren gelernt hat? Eine aktive Verdrängung? Der Versuch, Ustinja zu trösten? Oder ist er so gut, so schlicht, dass er selbst jetzt eigentlich ganz glücklich ist und aufrichtig lächelt?

In *Der Mantel* findet Akakijs Wut ein Ventil: Er verwandelt sich in ein Gespenst und stalkt den Bürokraten, der ihn gedemütigt hat. Zu diesem späten Zeitpunkt von *Aljoscha der Topf* könnten wir uns fragen: Gibt es bei Aljoscha überhaupt irgendwo aufgestaute Wut?

Kurt Vonnegut hat gesagt, dass *Hamlet* auch deshalb so ein wirkmächtiger Text ist, weil wir nicht wissen, wie wir den Geist von Hamlets Vater verstehen sollen: Ist er real, oder existiert er nur in Hamlets Kopf? Das erfüllt jede Situation des Stücks mit Mehrdeutigkeit. Ist der Geist imaginär, dann ist es falsch, dass Hamlet seinen Onkel ermordet. Ist er real, dann ist die Tat eine Notwendigkeit. Diese ungeklärte Mehrdeutigkeit gibt, neben vielem anderen, dem Stück seine Kraft.

Hier passiert etwas Ähnliches. Wir beobachten, wie Aljoscha seinen freudigen Gehorsam in allen Lebenslagen beibehält, selbst jetzt, als er tödlich verletzt im Schnee liegt. Aber wir haben keine Ahnung, *wie* er das macht. Fühlt er all das, was wir in seiner Situation fühlen würden, unterdrückt es aber mit Gewalt? Wenn Aljoscha früher müde war und ihm die Füße wehtaten und er gerade eine schwere Aufgabe bewältigt und keinen Dank dafür bekommen hatte, nur die nächste schwere Aufgabe – fiel ihm das auf? Gab es je einen Augenblick der inneren Klage? Oder nicht? Die Antwort auf diese Frage macht ihn zu einem von zwei verschiedenen Menschen (der eine beklagt sich manchmal innerlich, der andere nie).

Welcher von beiden ist Aljoscha?

Er liegt zwei Tage lang im Bett, am dritten wird der Pope gerufen.

»Was ist, wirst du etwa sterben?«, fragt Ustinja. (Ein russischer Freund übersetzt den Satz als: »Du wirst doch wohl nicht sterben, oder?«)

Niemand lebt ewig, sagt Aljoscha, irgendwann müssen wir alle gehen. Als könnte er nicht zulassen, dass er traurig oder ängstlich wird. Oder, falls er traurig oder ängstlich ist, kann er nicht zulassen, es ehrlich einzugestehen. Er dankt Ustinja dafür, »daß du Mitleid hattest mit mir« (bei Hahn, »daß du gut zu mir gewesen bist« bei Boehme/Müller/Scholz, »daß du ein Herz für mich gehabt hast« bei Luther), und zieht den Schluss, es sei am Ende besser gewesen, dass sie nicht geheiratet haben; es wäre ja doch nichts daraus geworden, und: »Jetzt ist alles gut.«

Moment, wirklich?, fragen wir uns. Ist wirklich »alles gut«? Hätte die Heirat nicht doch alles verändern können, was danach kam? Ist Aljoschas positive Behauptung nicht völlig übereilt?

Hier, drei Absätze vorm Schluss, erwarten wir von Aljoscha, dass er die Ungerechtigkeit, die er gerade erlebt hat, anerkennt (die Krönung eines ganzen Lebens voller Ungerechtigkeiten). (Ich persönlich hätte am liebsten, dass er sich im Bett aufsetzt und seinen Vater zusammenstaucht und sich bei Ustinja entschuldigt und den Popen ruft, damit er sie gleich an Ort und Stelle verheiratet, vor dem Kaufmann und seiner ganzen beschissenen, immer nur fordernden Familie.) Jede Texteinheit, die noch vor uns liegt, ist eine Chance für Aljoscha, zu protestieren oder gegenzuhalten.

Wir dürfen noch einmal in Aljoschas Kopf hineinschauen, bevor er stirbt.

Sehen wir dort Protest?

Nein.

Hahn: »Und in seinem Herzen war die Vorstellung, daß – wie es hier schön ist, wenn man gehorcht und niemanden beleidigt – es auch dort schön sein werde.«

Luther: »Aber in seinem Herzen lebte das Bewußtsein: wie man es hier gut habe, wenn man gehorsam sei und keinem was zuleide tue, so werde man es auch drüben gut haben.«

Boehme/Müller/Scholz: »In seinem Herzen aber lebte der Gedanke: wenn hier alles gut war, wenn man folgsam war und niemand ein Leid antat, dann wird auch im Jenseits alles gut sein.«

Offenbar findet er immer noch nichts Falsches daran, wie er gelebt hat. Genau so, wie er seine fügsame Art, mit allem umzugehen, von seinem Elternhaus ins Haus des Kaufmanns mitgenommen hat, will er sie auch jetzt mitnehmen an den Ort, wohin er jetzt kommt, was auch immer das sein wird – das Leben nach dem Tod, so hofft er.

Und weg ist er.

(Hahn:) »Er sprach wenig. Nur um Wasser bat er und wunderte sich immer über etwas.

Er wunderte sich über etwas, streckte sich und starb.«

Ist da irgendetwas, das auf eine Erkenntnis in letzter Sekunde bei Aljoscha schließen lässt? Mein Blick fällt natürlich auf die Formulierung »er wunderte sich über etwas«. Worüber?

(Luther:) »Er sprach nur wenig. Nur zu trinken verlangte er und staunte immerfort über irgend etwas.

Staunen lag auf seinem Gesicht, als er sich ausstreckte und starb.«

(Boehme/Müller/Scholz:) »Er sprach nicht mehr viel. Er begehrte nur zu trinken und machte ein verwundertes Gesicht.

Und dann reckte er sich und starb.«

Ein ehemaliger Student von mir, der fließend Russisch kann, und seine Frau, eine russische Muttersprachlerin, sowie eine russische Dichterin, die sie konsultierten, und die Tutorin meines ehemaligen Studenten, ihres Zeichens Linguistin, stimmen alle darin überein, dass diese Stelle knifflig zu übersetzen ist. Dass Aljoscha »um Wasser bat« und sich »wunderte« (in der vorvorletzten Zeile), müsse man als Handlungen verstehen, die sich über einen gewissen Zeitraum wiederholen; er bitte mehrfach um Wasser und sei nicht nur von einem »Etwas« verwundert, sondern von einer ganzen Reihe. Doch dann, in der letzten Zeile, hebe sich ein »Etwas« von der Reihe ab und überrasche ihn am meisten. (Ich zitiere meinen ehemaligen Studenten: »Er ist überrascht, nicht einmal, nicht zweimal, sondern offenbar viele Male, und dann noch ein letztes Mal.«)[21]

21 Dieser Deutung folgt keine der deutschen Übersetzungen; das Staunen oder Wundern wird als ein kontinuierlicher Zustand bis zum Augenblick des Sterbens verstanden, so sehr, dass z. B. Boehme/Müller/Scholz sogar auf die Wiederholung verzichten; bei Luther wird das wiederholte Staunen benannt und zeigt sich dann im Sterben auf Aljoschas Gesicht. Hahns Wiederholung lässt die Interpretation am offensten. (A. d. Ü.)

Mein ehemaliger Student, seine Frau, die Dichterin und die Linguistin boten mir folgende Kollektivversion der letzten beiden Zeilen an:

»Er bat nur um etwas zu trinken und wurde immer wieder von irgendwelchen Dingen überrascht.
Eins davon überraschte ihn, er streckte sich und starb.«

Wir haben darauf gewartet und warten immer noch, dass Aljoscha aus seiner Haltung der völligen Passivität herausgebracht wird.

Jetzt, so unser Gefühl, könnte es geschehen sein.

Die Frage lautet also: Was ist dieses letzte Etwas, das ihn am Ende überrascht?

Viele Jahre lang habe ich diese Erzählung ungefähr so im Unterricht interpretiert: »Was Aljoscha in seinen letzten Augenblicken überrascht, ist die plötzliche Erkenntnis, dass er zu unterwürfig gelebt hat. Er hätte für sich einstehen sollen, auch für Ustinja. Tolstoi sagt das nicht explizit, aber die Erzählung ist ein Meisterwerk des Understatements, und angetrieben durch die starken Gefühle, die die verhinderte Heirat in uns ausgelöst hat und die wir noch frisch im Gedächtnis haben, da sie erst eine Seite her sind, zählen wir eins und eins zusammen und finden, dass Aljoscha, als er die Welt verlässt, alles so sieht wie wir: Er hätte geliebt werden können, er hätte ein ›richtiger Mensch‹ sein können.«

Heute bin ich mir da nicht mehr so sicher.

Irgendwann stellte eine Studierende diese Ansicht in Frage; sie widerspreche Tolstois ästhetischer und moralischer Position zu dem Zeitpunkt, als diese Erzählung entstand (1905). Und da ist was dran. Gegen Ende seines Lebens war Tolstoi, laut der Slawistin Ewa Thompson, »entschlossen, dem ›Unsinn‹ seines früheren Stils abzuschwören und aus allen seinen literarischen Werken nunmehr Sprachrohre für die Botschaft der christlichen Lehre zu machen, wie er sie verstand«. Er schätzte stilistische Schlichtheit (»Sehen Sie, wie schön die Bauern dichten«, sagte er zu Gorki. »Alles ist einfach, wenig Worte, aber viel Gefühl. Die echte Weisheit ist wortkarg – wie das ›Hospodi Pomilui‹ – Herr, erbarme dich.«) und fand, die wahre Aufgabe der Kunst bestehe darin, Moral zu lehren.

Könnte Tolstoi also beabsichtigt haben, dass wir die Erzählung als schlichtes Loblied auf Aljoscha lesen, der sein ganzes Leben lang und auch im Angesicht des Todes radikale christliche Demut an den Tag legt – als eine traurige Erzählung auf menschlicher Ebene, aber letzten Endes als Erzählung vom Triumph der Schlichtheit und des Glaubens?

Es gibt eine Lesart der Figur Aljoscha, die ihn als »heiligen Narren« sieht (wie man in Russland sagt). Einen Menschen, wie es (noch) eine russische Freundin ausdrückt[22], der »durch und durch von Gott beherrscht oder geführt wird«. Jemand, der – so beschreibt es Richard Pevear – »mit einer Reinheit, einem inneren Frieden lebt und stirbt, wie sie Tolstoi und den meisten seiner Figuren auf ewig versagt bliebe«. Für so einen Menschen ist schon der Zustand der Freude selbst ein legitimes spirituelles Ziel. Wer sein Herz voll Liebe hält, egal was passiert, hat spirituell zutiefst etwas geleistet, und das kann man als eine Form aktiven Vertrauens auf Gottes grundlegende Güte verstehen.

---

22 Es mag so aussehen, als hätte ich sehr viele russische Freundinnen und Freunde, aber im Grunde sind es nur drei, allesamt wunderbare, hilfsbereite, großzügige Menschen. Ich danke von Herzen Luba Lapina und Jana Tjulpanova (beide aus dem Klub für englische Literatur in Moskau) sowie Valerij Minuchin für ihre Einsichten und ihre Geduld mit meinen vielen Fragen zu dieser Erzählung.

Da so vieles geschehen kann, was sich unserer Kontrolle entzieht, kontrollieren wir doch unser Denken und lassen die aufgewühlte Welt ihrs machen, während wir darüber schweben, voller Liebe für die Dinge, wie sie sind, und das Ich unterworfen, das ja sowieso nur eine vorübergehende Fiktion ist.

»Ich habe beschlossen, bei der Liebe zu bleiben«, sagte Martin Luther King Jr., »Hass ist eine viel zu schwere Bürde.« Und wir merken, Aljoscha ist durch sein Leben zu demselben Schluss gekommen. (Vielleicht wurde er auch schon damit geboren.)

In seinem letzten Roman *Auferstehung* schrieb Tolstoi: »Würde man es als zutreffend anerkennen, daß irgendwelche Pflichten – und sei es auch nur für eine Stunde und in einem einzigen, außergewöhnlichen Fall – wichtiger seien als die der Menschenliebe, dann könnte jeder ein noch so schweres Verbrechen an seinen Mitmenschen verüben, ohne sich dabei schuldig zu fühlen (…) Und das liegt ausschließlich daran, daß die Menschen glauben, es gäbe Umstände, unter denen es statthaft sei, Menschen lieblos zu behandeln; doch solche Umstände gibt es nicht. (…) Wer keine Liebe zu seinen Mitmenschen empfindet (…), der soll sich zurückhalten; er mag sich mit seiner eigenen Person und allen möglichen Dingen beschäftigen, nur nicht mit anderen Menschen. (…) Erlaubt sich jemand, auch nur einmal mit Menschen (…) lieblos umzugehen, (…) dann gibt es keine Grenzen mehr für die bestialischsten Grausamkeiten (…) und keine Grenzen für die eigenen Leiden.«

Also richtet sich das Bestreben darauf, niemals von der Liebe abzulassen, und wenn das erfordert, die normalen Schutzbedürfnisse des Egos zu opfern, dann sei's drum.

Darin ist Aljoscha erfolgreich. Wir könnten ihn als ein schlichtes Genie der Liebe betrachten. Er spricht oder denkt kein einziges hasserfülltes Wort in der ganzen Erzählung, und soweit wir es erfahren, in seinem ganzen Leben nicht.

Das ist doch gut, oder?

Wenn wir die Erzählung also so lesen, was ist dann das Etwas, das Aljoscha bei seinem Tod überrascht?

Werfen wir noch mal einen kurzen Blick auf die ganze Erzählung und fragen uns: »Ist woanders schon einmal das Konzept des Sich-Wunderns, der Überraschung vorgekommen?« Ja, durchaus: in der Szene auf Seite 4, wo er seine lebensverändernde Erkenntnis über Ustinja hat. Da steht das Wort »Verwunderung«. (Der Moment mit Ustinja und derjenige auf seinem Sterbebett stellen die einzigen größeren Überraschungen in Aljoschas kurzem Leben dar, soweit wir wissen.[23])

Wir verknüpfen die beiden Ereignisse also assoziativ miteinander: Was immer ihn am Ende verwundert, könnte (sollte) eine Variante dessen sein, was ihn auf Seite 4 verwundert hat.

Und was war das?

Aljoscha war verblüfft, so etwas wie die Liebe zu entdecken, und dass er damit gemeint sein kann; dass jemandem etwas an ihm liegen könnte, so wie er ist – also keine Dienste von ihm erwartet, sondern ihn einfach bedingungslos liebt.

Im Kopf probieren wir das aus: Könnte es sein, dass er auf seinem Sterbebett verwundert darüber ist, dass es eine noch größere Form dieser Art Liebe gibt (nämlich die Liebe Gottes) und dass er damit gemeint ist? Spürt er also vielleicht die universelle Form dessen, was er zuvor von Ustinja geschenkt bekam? (Das kann jemanden schon dazu bringen, zu lächeln und sich zu wundern.)

Wenn wir die Erzählung so betrachten, ist sie radikal und etwas beunruhigend: »Es war einmal ein Mann, der war demütig und bescheiden, und egal, was mit ihm passierte oder wer ihn alles mit Füßen trat, er blieb immer demütig, und am

23 Eine dritte, kleinere Überraschung findet auf Seite 3 statt, als er zum ersten Mal die neue rote Strickjacke anzieht.

Ende war das genau die richtige Lebensweise, weswegen er auch in Gottes Liebe willkommen geheißen wurde.«

Es ist beunruhigend, aber als mögliche Lösung für ein zeitloses Dilemma ergibt es irgendwie auch Sinn, nämlich wie man mit dem Bösen in der Welt umgehen soll: Lass das Böse nicht deine Liebe kaputtmachen.

Das Problem mit dieser Lesart liegt darin, dass sie Arschlöcher Arschlöcher bleiben lässt, zum Beispiel Aljoschas Vater. Aljoschas Passivität erlaubt seinem Vater, ihn weiterhin wie einen Lastesel zu behandeln. Wäre es nicht besser gewesen, Aljoscha hätte sich gegen ihn behauptet? Wäre es nicht auch besser für seinen Vater gewesen? Hätten wir das als einen Akt des Mitgefühls sehen können, wenn Aljoscha dafür gesorgt hätte, dass seinem Vater die Schuppen von den Augen fallen? (»Ah, mein Sohn ist ein menschliches Wesen und verdient meinen Respekt. Das wäre mir nie klargeworden, wenn er mich nicht eines Besseren belehrt hätte. Von nun an werde ich anders leben.«) Natürlich hätte es nicht diese Wirkung haben müssen, aber wenn Tolstoi uns klarmachen wollte, dass Aljoscha der Superstar der selbstlosen Liebe ist, hätte Aljoscha zumindest einmal versuchen sollen, sich gegen seinen Vater zur Wehr zu setzen; dass er das nicht getan hat, erscheint uns als Scheitern der Liebe.

Nach meiner Auffassung scheitert Aljoscha ebenso in der Liebe, als er Ustinja (hinter der Tür) nicht verteidigt und sie dann durch sein demütiges Einknicken einem Leben ohne ihn ausliefert, ohne den Mann, den sie offenbar liebt. Auch am Ende lässt er sie ungetröstet und bietet ihr, als er stirbt, nur unaufrichtige Plattitüden.

Also beherzigt Aljoscha den Rat, den die Mächtigen den Ohnmächtigen schon immer gegeben haben: Schluck's runter, sei freudig. *Don't worry, be happy.*

Und Tolstoi scheint mit dieser Botschaft einverstanden zu sein.

Die Lesart »Aljoscha ist bewundernswert passiv« kommt also ein bisschen ungut beim zeitgenössischen Publikum an.

Kann es sein, dass Tolstoi mit der Erzählung etwas aussagen wollte (»Gegrüßet seist du, Aljoscha, o demütiger Heiliger!«), wir heute lesen aber etwas anderes (»Pech gehabt, Aljoscha, du übertrieben passives Opfer!«), weil wir in den Jahren, seit die Erzählung geschrieben wurde, sensibler für das Leiden der Unglücklichen geworden sind und weniger empfänglich für religiöse Traditionen, die von den Leidenden verlangen, still zu leiden?

Ja, vielleicht ist das so, aber laut meinem Freund, dem Schriftsteller Mikhail Iossel, kann das Unwohlsein, das wir bei dem »Gegrüßet seist du, Aljoscha«-Ende empfinden, auch genau das sein, was Tolstoi erreichen wollte; vielleicht wollte er die weltlichen Leser:innen überraschen, ihnen zusetzen, sie verunsichern, damit sie sehen, wie konventionell und reflexhaft und letztendlich ineffektiv unsere übliche Reaktion auf einen Schikaneur ist (nämlich sich zu wehren) – mit anderen Worten, vielleicht wollte er uns provozieren.

Wir Menschen haben auf diejenigen, die wir als Feinde wahrnehmen, immer mit Abwehr reagiert. Alles andere wird als Schwäche betrachtet.

Aber was hat uns das gebracht?

Einige wenige große Herzen empfehlen uns dringend einen anderen Weg. Möglicherweise sagt uns Tolstoi, dass Aljoscha so ein (seltener, spiritueller) Mensch ist.

Hat Jesus es nicht ernst gemeint, als er sagte: »Liebet eure Feinde; segnet, die euch fluchen; tut wohl denen, die euch hassen; bittet für die, so euch beleidigen und verfolgen«? Hat Gandhi es nicht ernst gemeint, als er sagte: »Vergebung ist eine

Eigenschaft des Starken«? Wollte Buddha einen Witz machen, als er sagte: »Niemals in der Welt hört Hass durch Hass auf. Hass hört durch Liebe auf, das ist die ewige Regel«?

Also, ja, ich bin provoziert, aber nicht zufrieden.

Wenn Tolstoi wirklich möchte, dass ich Aljoscha als moralisches Vorbild anerkenne, dann hat er den Burschen schlecht entworfen, finde ich. Denn die Haltung des passiven Widerstands – oder eigentlich Nicht-Widerstands –, die Aljoscha einnimmt, erreicht er zu willig, zu früh und bei einem zu trivialen Anlass: Er könnte sich leicht gegen seinen Vater wehren und trotzdem noch gut im Rahmen christlicher Prinzipien bleiben. Als Christus die Geldverleiher im Tempel vorfand, spazierte er nicht einfach wieder hinaus, demütig und voller Liebe. Sondern er hat den Laden aufgemischt, voller Liebe. Und später, als er das Prinzip der bedingungslosen Liebe auf höchster Ebene installieren wollte, sagte er im Sterben über seine Mörder: »Vater, vergib ihnen, denn sie wissen nicht, was sie tun.« Er hat nicht gesagt: »Okay, alles in Ordnung, hier hat mich keiner in irgendeiner Weise beleidigt.« Um ihnen zu vergeben, musste er erst einmal erkennen und zugeben, dass sie ihn gerade umbrachten. Aljoscha scheint auch jetzt noch nicht zu empfinden, dass ihm irgendein Unrecht geschieht. Ob ihm das ernsthaft nicht aufgefallen ist? Aber ich erinnere mich daran, dass er in Tränen ausgebrochen ist. *Diese* Ungerechtigkeit ist ihm ganz sicher aufgefallen. Und dass er das nicht aussprach, kommt mir eher ausweichend vor als heiligmäßig. Er wirkt nicht wie die Inkarnation von Moral, sondern eher wie jemand, der sich nicht behaupten kann – deprimiert oder vielleicht einfältig.

Und tatsächlich berichtet Richard Pevear in seiner Einführung zu *Der Tod des Iwan Iljitsch und andere Geschichten*, dass es einen realen Aljoscha gab, der auf Tolstois Gut angestellt war und den Tolstois Schwägerin für einen »hässlichen Schwachkopf«[24] hielt. Eine russische Freundin erzählt mir, dass russische Leser:innen den Text so verstehen, dass Aljoscha »geistig behindert« sei. Wir können uns durchaus vorstellen, dass Tolstoi so einen Menschen anthropologisch betrachtet und gewisse Tugenden, an denen ihm selbst liegt, auf ihn projiziert; wir können uns auch vorstellen, dass Tolstoi einige der Nöte, die so ein Mensch vielleicht überstanden hat, übergeht oder vielleicht nicht ernst nimmt, weil er das freudige Auftreten mit einem friedlichen Innenleben verwechselt.

Aber nehmen wir an, der fiktionale Aljoscha (die Figur Aljoscha) ist eine Person mit beschränkten geistigen Fähigkeiten. Seine Demut als Lebensansatz wäre dann vielleicht das Maximum, was er hinkriegt. Da jegliche Vorstellung, sich zur Wehr zu setzen oder die Autorität herauszufordern, seine Fähigkeiten übersteigt, hat er beschlossen oder gelernt, freudig zu gehorchen und davon auszugehen, dass Autorität über Weisheit verfügt, und so hat er es geschafft, seinen Platz in der Welt zu finden. Sein schlichtes Moralprogramm (Gehorche und beleidige niemanden) könnte schlimmer sein; es gibt geistig beschränkte Menschen mit wesentlich mehr Ehrgeiz und Gemeinheit.

Also sagt uns Tolstoi vielleicht gar nicht, wir sollten alle wie Aljoscha leben; vielleicht beobachtet er nur diesen einen Menschen Aljoscha voll Zärtlichkeit und Bewunderung?

Aber das überzeugt mich nicht. Die Erzählung scheint Al-

---

24 An anderer Stelle schrieb diese Schwägerin, Tatjana Kusminskaja (Vorbild für Natascha in *Krieg und Frieden*): »Der Hilfskoch und Träger war ein Halbidiot ... und aus irgendeinem Grund derart romantisiert, daß ich in ihm beim Lesen unseren unschuldigen, missgestalten Aljoscha der Topf erst gar nicht erkannte. Ich habe ihn als einen stillen, harmlosen Mann in Erinnerung, der klaglos alles ausführte, was von ihm verlangt wurde.«

joscha als moralisches Vorbild hochzuhalten. Ganz gleich, warum er tut, was er tut (weil er ein Heiliger ist, weil er so einfältig ist, oder einfältig, weil er ein Heiliger ist), es fühlt sich an, als sollten wir ihn bewundern.

Tu ich aber nicht.

Er tut mir leid, und ich wünschte, er hätte den Mumm, für sich einzustehen.

Obwohl, eigentlich bewundere ich ihn doch irgendwie.

Er hätte auch bloß wieder ein genervtes, verbittertes Opfer eines grausamen Systems sein können, doch irgendwie ist er dieser Falle ausgewichen und etwas Besseres geworden: ein geduldiges, glückliches, (immer noch) liebendes Opfer des Systems.

Und dann denke ich: Moment, ist das wirklich besser?

Anscheinend kann ich die Schlussfolgerung, die Tolstoi mir nahelegen will, nicht gut akzeptieren: dass Aljoschas Entscheidung, so klaglos zu leben und zu sterben, richtig war. Vielleicht hat sich die Erzählung einfach überlebt und ist durch den Wunsch des Autors, uns eine ideologische Aussage von gestern aufzudrängen, verdorben?

Aber ich liebe diese Erzählung, und jedes Mal, wenn ich sie lese, berührt sie mich.

Also frage ich mich: Könnte es sein, dass Tolstoi vorhatte, Aljoscha zu loben, unbewusst aber etwas anderes getan hat, etwas Komplexeres, das all die vielen Jahre später immer noch zu mir spricht? Ja, allerdings, und Tolstoi beschreibt genau diese Möglichkeit auch in einem Aufsatz, den er über Tschechows *Herzchen* geschrieben hat. Er erwägt, dass Tschechow, als er diese Erzählung schrieb, sich anfangs noch über eine bestimmte Art Frau lustig machen wollte (demütig, dem Mann ergeben), also »im Grunde zeigen, wie die Frau nicht sein soll«. Wie Bileam im Buch Numeri, meint Tolstoi, habe Tschechow den Berg erstiegen, um Olenka zu verfluchen, »aber als der Dichter zu sprechen begann, da segnete er, was er verfluchen wollte«. Tschechow wollte Olenka also parodieren, nur überkam ihn dann der Heilige Geist der überpersönlichen Weisheit, er gewann sie richtig lieb, genau wie wir, mit ihm.

In *Aljoscha der Topf* hat Tolstoi eigentlich das Gegenteil getan: Er hat ungewollt verflucht, was er eigentlich segnen wollte. Obwohl er Aljoscha theoretisch bewundert und die Erzählung schrieb, um seine Ergebenheit und seinen freudigen Gehorsam zu loben, schafft es die Erzählung, unter Tolstois Händen mit ihrer ehrlichen Kunstfertigkeit, selbst nicht so ganz, diese Botschaft eindeutig herüberzubringen.

Schauen wir uns Aljoschas Todesszene genauer an.

»Er sprach wenig. Nur um Wasser bat er und wunderte sich immer über etwas.

Er wunderte sich über etwas, streckte sich und starb.«

Hier ist der spielerische Versuch einer Alternativversion, passend zu der Lesart, dass Aljoscha ein freudig gehorsamer Heiliger war, den wir bewundern sollten (also der Version, die Tolstoi unserer Meinung nach beabsichtigte):

»Er sprach wenig. Nur um Wasser bat er und wunderte sich immer über etwas. Er sah, dass Gott ihn liebte und seinen freudigen Gehorsam guthieß und dass es Gott gefallen hatte, als Aljoscha seinem Vater gehorchte. Angezogen von der ewigen Belohnung, die er sich verdient hatte und nach der wir alle streben sollten, streckte er sich und starb.«

Wodurch unterscheiden sich die beiden Fassungen? Ich zeige es Ihnen:

»Er sprach wenig. Nur um Wasser bat er und wunderte sich immer über etwas~~. Er sah, dass Gott ihn liebte und seinen freudigen Gehorsam guthieß und dass es Gott gefallen hatte, als Aljoscha seinem Vater gehorchte. Angezogen von der ewigen Belohnung, die er sich verdient hatte und nach der wir alle streben sollten~~, streckte ~~er~~ sich und starb.«

Das Gestrichene ist alles innerer Monolog, den ich erfunden habe. Wie Sie sehen können, hat es Tolstoi, anders als ich, abgelehnt, in Aljoschas Kopf hineinzugehen. Beziehungsweise, er hat beschlossen, aus Aljoschas Kopf rauszugehen (im vorherigen Satz war er ja drinnen: »Und in seinem Herzen war die Vorstellung, daß – wie es hier schön ist, wenn man gehorcht und niemanden beleidigt – es auch dort schön sein werde«). In anderen Erzählungen (auch in *Herr und Knecht*) hat sich Tolstoi absolut willens gezeigt, im Kopf einer Figur zu bleiben, wenn sie stirbt. Aber hier verlässt er ihn (in dem Satz: »Er sprach wenig«), und dann sehen wir Aljoscha beim Sterben zu, von der Bettkante aus. Was immer in diesen letzten Sekunden in ihm vor sich geht, müssen wir durch Beobachtung schlussfolgern.[25]

Aber das können wir nicht.

Wenn es Tolstois Absicht war, Aljoschas freudigen Gehorsam bis in den Tod hinein zu loben, warum hat er das dann nicht so geschrieben? Warum sagt er es nicht einfach?

Oder, falls seine Absicht war, Aljoschas freudigen Gehorsam zu kritisieren (wie in »meiner« Lesart der Erzählung), warum hat er es dann nicht so geschrieben:

»Er sprach wenig. Nur um Wasser bat er und wunderte sich immer über etwas. Plötzlich wurde ihm klar, dass er falsch ge-

25 Und wie auch in *Herr und Knecht* ist die Figur, in deren Kopf Tolstoi im Augenblick des Sterbens nicht mehr sein will, ein Bauer.

lebt hatte, zu passiv gewesen war. Er hätte für sich und für Ustinja einstehen sollen. Doch jetzt war es zu spät. Und er streckte sich und starb.«

Oder er hätte beides gleichzeitig tun können:

»Er sprach zu wenig. Nur um Wasser bat er und wunderte sich immer über etwas. Plötzlich wurde ihm klar, dass er falsch gelebt hatte, zu passiv gewesen war. Er hätte für sich und für Ustinja einstehen sollen. Und jetzt war es zu spät. Aber es war in Ordnung. Nichts davon war wichtig, begriff er, als er verwundert spürte, wie ihn Gottes Liebe umhüllte. Und er streckte sich und starb.«

Wie dem auch sei, warum diese letzten Gedanken weglassen, die uns genau gesagt hätten, wie wir diese Erzählung lesen sollen?

Tja, vielleicht ist es ja genau das: Er wollte uns nicht genau sagen, wie wir die Erzählung lesen sollen.

Oder ein Teil von ihm wollte es nicht.

Tolstoi hatte zwei Gesichter; er verfocht sexuelle Abstinenz, schwängerte Sofja aber immer wieder, auch in den späteren Jahren (ihr dreizehntes und letztes Kind Iwan Lwowitsch wurde 1888 geboren, als Tolstoi sechzig war und Sofja vierundvierzig). Er predigte die universelle Liebe, stritt sich aber verbissen mit Sofja; er lobte einen jungen Bauern salbungsvoll, dass er mit seiner Verlobten nicht vor der Ehe »gesündigt« hatte, fragte aber bei Tschechow vergnügt nach: »Sie sind also in Ihrer Jugend kein richtiger Wüstling gewesen?« In einem Gespräch mit Gorki (nacherzählt in Gorkis *Erinnerungen an Lew Nikolajewitsch Tolstoi*) wies Tolstoi kategorisch einen bestimmten Gedanken zurück, der sich darum drehte, dass manche Familien über mehrere Generationen degenerierten. Aber als Gorki ihm ein Beispiel aus dem echten Leben präsentierte, wurde Tolstoi ganz aufgeregt: »Das ist wahr! Das kenne ich, in Tula gibt es zwei solcher Familien. Und das müßte man schreiben. Gedrängt in einen großen Roman schreiben, verstehen Sie? Unbedingt!«

Gorki hält fest, welche Meinung Tolstoi über die Trunksucht äußert: »Ich mag Betrunkene nicht, aber ich kenne Menschen, die besonders interessant werden, wenn sie getrunken haben, die einen ihnen im nüchternen Zustande abgehenden Geist, Schönheit der Gedanken, Schwung und Reichtum der Rede erlangen. Dann bin ich bereit, den Wein zu segnen.«

Als Tolstoi einmal mit dem Theaterregisseur Leopold Sulerschizki die Straße entlanggging, kamen zwei Soldaten auf sie zu, voll abscheulichen jugendlichen Selbstvertrauens. (Gorki schrieb: »In der Sonne funkelte das Messing ihrer Harnische, ihre Sporen klirrten, und sie gingen im Takt, als wären sie zusammengewachsen, ihre Gesichter strahlten vor Selbstzufriedenheit und Jugend.«) Tolstoi stürzte sich in eine halblaute Tirade gegen sie, ihre Arroganz, ihren Stolz auf das eigene körperliche Können, ihren hirnlosen Gehorsam. (»Welch majestätische Dummheit! Ganz wie Tiere, die man mit dem Stock abgerichtet hat ...«) Aber dann gingen sie weiter, und Tolstoi wechselte seinen Tonfall, währenddessen »folgte [er] ihnen mit einem freundlichen Blick«: Wie stark und schön sie andererseits seien. »Kraft und Schönheit – ach mein Gott!«, sagte er. »Wie gut ist es, wenn der Mensch schön ist, wie gut!«

»Die sogenannten großen Männer sind immer entsetzlich widerspruchsvoll«, sagte Tolstoi zu Gorki. »Das wird ihnen verziehen, zusammen mit allen anderen Torheiten. Obschon Widerspruch keine Torheit ist; der Tor ist eigensinnig, versteht jedoch nicht zu widersprechen.«

Tolstoi wusste, wie man sich widersprach.

»All dies: Romane, Gedichte, Musik [ist] nicht Kunst (…) im Sinne einer für alle Menschen wichtigen und notwendigen Sache«, schrieb er 1896 in sein Tagebuch, »sondern mutwillige Spielerei (…), die mit dem Leben nichts gemein hat. Romane und Novellen über schmutzige Liebesgeschichten (…). Das Leben aber, das ganze Leben bestürmt uns mit seinen Fragen nach Nahrung, Unterkunft, Arbeit, nach dem Glauben, dem Verhältnis der Menschen… Beschämend und ekelhaft.« Dreißig Jahre früher, 1865, hatte er Folgendes geschrieben: »Es darf nicht die Aufgabe des Künstlers sein, ein Problem unwiderlegbar zu lösen, sondern uns zu zwingen, das Leben in seinen unzähligen und unerschöpflichen Aspekten zu lieben.« Der Widerspruch kam nicht nur durch das höhere Alter zustande; in jedem Lebensalter schien es in ihm zwischen dem Künstler und dem Prüden hin- und herzuflackern.

Er konnte sogar über Christus widersprüchlich werden, nach dessen Prinzipien er doch zu leben behauptete. »Ich denke, er hält Christus für einen bemitleidenswerten Einfältigen«, schrieb Gorki, »und obschon er ihn zuweilen bewundert, liebt er ihn wohl kaum. Und fürchtet vielleicht, daß, wenn Christus in ein russisches Dorf käme, ihn die Bauernmädchen verlachen würden.« (Dieser täppische Christus hat eine gewisse Ähnlichkeit mit Aljoscha.) Gorki bemerkte auch eine seltsame Freudlosigkeit an Tolstoi, immer wenn er von Gott sprach, »aber über dieses Thema sprach er kalt und müde.«

Wir können die Erzählung also in zwei sich widersprechenden und gleichermaßen tragfähigen Lesarten interpretieren:

Die Erzählung plädiert intensiv für freudigen Gehorsam.

Die Erzählung plädiert intensiv dafür, dass ein Plädoyer für freudigen Gehorsam ein Geschenk für Tyrannen sei.

Welche Lesart trifft zu?

Das Wunder dieser Erzählung liegt darin, die Antwort auf

diese Frage zu verweigern oder vielmehr, sie erfolgreich zugunsten beider Perspektiven gleichzeitig zu beantworten.

Handwerklich gesprochen können wir uns deshalb nicht für die eine oder die andere Lesart entscheiden, weil uns Aljoschas Gedanken im entscheidenden Moment verschlossen bleiben. (Das »Wundern« bedeutet etwas für Aljoscha, etwas ganz Bestimmtes, aber die Erzählung will uns nicht sagen, was es ist.) Wir würden gern die eine Lesart der anderen vorziehen, aber die Erzählung lässt es nicht zu. Jede Lesart rückt abwechselnd in den Vordergrund und wieder in den Hintergrund, wie in der optischen Täuschung namens Rubins Vase:

»Die Erzählung«, das sind genau diese beiden koexistierenden Interpretationen, die bis in alle Ewigkeit miteinander ringen. Wenn wir beschließen, dass die Erzählung freudigen Gehorsam unterstützt, dann tut sie das. Wenn wir beschließen, sie stellt sich dagegen, dann tut sie eben das. Beide Lesarten fühlen sich radikal an; beide stellen die Frage, wie man mit Unterdrückung umgehen soll, und das ist, damals wie heute, in einer Welt, die sich in Reich und Arm aufteilt, die drängendste Frage von allen.

Doch die Erzählung vermittelt uns, indem sie eine eindeutige Antwort verweigert (indem sie die Stelle verdunkelt, wo die Antwort hätte liegen können), den Eindruck, dass sie der Frage nicht etwa ausweicht, sondern ihr eine stärkere Intensität verleiht.

Wie hat Tolstoi das hingekriegt?

Eine mögliche Antwort: rein zufällig.

Laut Pevear schrieb Tolstoi die Kurzgeschichte an einem Tag. Als er fertig war, gefiel sie ihm nicht. »An Aljoscha geschrieben, ganz und gar schlecht«, hielt er in seinem Tagebuch fest. »Habe es aufgegeben.«

Was gefiel ihm daran nicht? Warum gab er es auf?

Spekulieren wir mal.

In der Todesszene hat Tolstoi die Chance, in Aljoschas Geist hineinzugehen, und … er lehnt ab. Wie sah diese Entscheidung aus? Also, wenn wir in Tolstois 77-jährigen Geist hineingehen könnten, während er sich tief über das Papier beugte und zu diesem letzten Absatz kam, was würden wir da drin vorfinden? Ich rate mal: Er kommt näher und näher heran, dann dreht er in einem Sekundenbruchteil ab. Der (lediglich) kritzelnde Mann, geleitet von jener »überpersönlichen Weisheit« (durch lebenslange Übung), hat nicht *entschieden*, nicht in Aljoschas Geist hineinzugehen; ihm *war einfach nicht danach*. In diesem Moment war ihm, sagen wir, unbehaglich dabei (kein offenes, intellektuelles Unbehagen, sondern tief vergrabenes, unterbewusstes Unbehagen), hier ein Plädoyer für freudigen Gehorsam zu verfassen. In diesem Abdrehen widerstand er seiner eigenen didaktischen Ader. Eine Art, nennen wir es: künstlerische Zurückhaltung schaltete sich ein. Wie Bartleby sagt Tolstoi: »Ich möchte lieber nicht.«

Und daher hat er es bleiben lassen.

Er hat um den Augenblick herumgeschrieben, in dem er

hätte ausführen können, was Aljoscha fühlte (also, worüber er sich genau wunderte), weil – na ja, weil er es nicht wusste. Oder noch nicht wusste. Oder nicht mochte, was ihm dazu gleich einfallen würde. Dieses Abdrehen stellt eine Art vorübergehender Entscheidung dar, nicht jetzt zu entscheiden – die Entscheidung zu verschieben.

Manchmal ist es am kunstvollsten und am wahrhaftigsten, einfach das zu tun, was uns vor Falschheit bewahrt: abdrehen, streichen, eine Entscheidung verweigern, verstummen, abwarten, wissen, wann man besser aufhört.

Etwas wegzulassen ist manchmal ein Mangel und führt zu Unklarheit. Andere Male ist es eine Qualität, führt zu Mehrdeutigkeit und zu einer Steigerung der erzählerischen Spannung.

»Wenn man die Leute langweilen will«, sagte Tschechow, »liegt das Geheimnis darin, ihnen alles zu erzählen.«

Einmal fragte Gorki Tolstoi, ob er auch so denke wie eine seiner Figuren.

»Möchten Sie das sehr dringend wissen?«, fragte Tolstoi.

»Sehr«, sagte Gorki.

»Dann werde ich es Ihnen nicht verraten«, sagte Tolstoi.

Nach diesem einen Tag des Schreibens ist Tolstoi anscheinend nie mehr auf *Aljoscha der Topf* zurückgekommen. Wir wissen nicht, warum. Er war in dieser Zeit krank, verbrachte viel Zeit und Energie damit, Aphorismen aus den Weltreligionen und Philosophien zu sammeln und sie zu Büchern wie *Kalender der Weisheit* und *Der Lebensweg* zusammenzustellen (die ziemlich wunderbar sind). Vielleicht wandte sich sein Kopf hin und wieder Aljoscha zu, und er merkte, er hatte immer noch keine befriedigende Auflösung.

Jedenfalls kam er nie darauf zurück, und *Aljoscha der Topf* liegt uns so vor, wie er es hinterlassen hat.

Nämlich perfekt, würde ich sagen.

Hätte er noch mal daran gearbeitet, hätte er die Erzählung vielleicht »verbessert«, indem er den Sinn von Aljoschas letzten Minuten verdeutlicht oder irgendwie anders und expliziter seine, Tolstois, Meinung zu Aljoschas Lebensweise ausgedrückt hätte.

Aber wäre das eine Verbesserung gewesen?

»Aljoschas erbärmliches Schicksal erregt unser Mitleid«, schrieb der Übersetzer Clarence Brown, »aber die meisten Leser werden sich fragen, was wir denn nun genau machen oder lassen sollen, nachdem wir davon gelesen haben.«

Genau. Wir fragen uns wirklich. Wir haben soeben mit angesehen, wie etwas Grausames geschah: Ein kleines Leben ohne Vergnügen ist kurzfristig erblüht (eine rote Jacke! eine Freundin!), und es sah so aus, als könnte Aljoscha vielleicht geliebt werden, eine Chance, die selbst der bescheidenste Mensch verdient hat, aber nein, sie wird ihm entrissen, ohne besonderen Grund, und keiner entschuldigt sich dafür, weil keiner etwas dabei findet.

Verglichen mit dem Großen und Ganzen ist das eine kleine Ungerechtigkeit, aber stellen wir uns vor, wie viele solcher Ungerechtigkeiten schon passiert sind, seit es die Welt gibt. All diese Menschen, die im Leben betrogen werden und ungerächt oder unbefriedigt oder bitter bleiben, sich noch auf ihrem Sterbebett nach Liebe sehnen (all die Menschen, deren Leben nur Frustration, Enttäuschung, Qual war) – wie geht für sie die Geschichte dieses Lebens wirklich aus?

Tja. Gehören wir nicht alle irgendwo zu diesen Menschen? Ist für uns hinieden alles so perfekt gelaufen? Sind Sie in ebendiesem Augenblick vollkommen im Frieden mit allem, sind Sie vollkommen zufrieden, bin ich es? Wenn das Ende naht, was werden Sie fühlen? »Könnte ich nur in der Zeit zurückspringen und es noch einmal machen, ich würde es besser machen, tapfer und furchtlos gegen all das kämpfen, was mich kleingemacht hat« oder »Alles ist gut, ich war so, wie ich war, im Guten wie im Schlechten, und jetzt gehe ich glücklich dahin, auf dem Weg zu etwas Größerem«?

Jedes Mal, wenn ich *Aljoscha der Topf* lese, versetzt mich das in diesen Zustand des Fragens, des Wunderns.

Und ich bekomme nie eine Antwort, außer: »Wundere dich weiter.«

Und das, finde ich, ist eine echte Leistung.

NACHTRAG 7

Der Schriftsteller und die Leserin stehen an den entgegengesetzten Enden eines Teichs. Der Schriftsteller wirft einen Kiesel hinein, die Wellenkreise erreichen die Leserin. Der Schriftsteller steht da und stellt sich vor, wie sie wohl bei der Leserin ankommen, was sich in seiner Entscheidung äußert, welchen Kiesel er als nächsten hineinwirft.

Währenddessen kommen die Wellenkreise bei der Leserin an und sagen ihr etwas, in irgendeiner Weise.

Mit anderen Worten, sie sind in Verbindung.

Man hat heutzutage schnell das Gefühl, dass wir die Verbindung zueinander und zur Erde und zur Vernunft und zur Liebe verloren haben. Ich meine: Es ist so. Aber wenn wir lesen, wenn wir schreiben, dann sagen wir damit, dass wir zumindest noch an die Möglichkeit einer Verbindung glauben. Wenn wir lesen und schreiben, spüren wir eine konkrete Verbindung (oder auch nicht). Das ist die Essenz dieser beiden Tätigkeiten: zu überprüfen, ob es eine Verbindung gibt und wo und warum.

Diese beiden Menschen in diesen Positionen auf beiden Seiten des Teichs leisten essenzielle Arbeit. Das ist kein Hobby, Zeitvertreib oder Luxus. Dadurch, dass sie beide an Verbindung glauben, machen sie die Welt besser, denn sie machen sie (zumindest in diesem kleinen Moment, zwischen ihnen beiden) freundlicher. Wir könnten sogar sagen, sie bereiten sich auf zukünftige Katastrophen vor; wenn eine Katastrophe naht, werden sie ihr mit einer weniger panischen, reagierenden Perspektive auf den anderen begegnen, weil sie, beim Lesen oder Schreiben, so viel Zeit in Verbindung mit dem imaginären Anderen verbracht haben.

So jedenfalls lautet die Idee, und, apropos Reden übers Handwerk: Den Gedanken, dass Literatur essenziell sei, haben Sie garantiert auf Ihrer letzten Literaturveranstaltung oder beim Lesen eines Interviews mit einer Schriftstellerin in irgendeiner Version schon mal gehört.

Aber eins ist interessant.

Die Erzählungen, die wir hier gelesen haben, stammen aus einer unglaublichen, siebzig Jahre andauernden künstlerischen Renaissance in Russland (aus der Zeit von, ja, Gogol, Turgenjew, Tschechow und Tolstoi, aber auch von Puschkin, Dostojewski, Ostrowski, Tjutschew, Tschaikowski, Mussorgski, Rimski-Korsakow und vielen anderen), auf die eine der blutigsten und irrationalsten Perioden der Menschheitsgeschichte folgte. Zwanzig Millionen Menschen oder mehr wurden von Stalin umgebracht, zahllose weitere wurden gefoltert und inhaftiert; es gab Hungersnöte in großen Gebieten, manchmal sogar Kannibalismus; Kinder, die ihre eigenen Eltern verrieten, Männer, die ihre Frauen verrieten; das war der systematische, bewusste Umsturz aller menschlichen Werte, nach denen unsere vier Schriftsteller lebten.

Im *Archipel Gulag* schrieb Solschenizyn: »Wenn man den Tschechowschen Intelligenzlern auf ihr stets banges Fragen nach der Welt – wie sie in zwanzig, dreißig, vierzig Jahren wohl aussieht – geantwortet hätte, daß in vierzig Jahren in Rußland die *peinliche* Befragung eingeführt sein würde, die da war: den Schädel mit einem Eisenring zusammenpressen, den Angeklagten in ein Säurebad tauchen [hier folgt eine lange, entsetzliche Liste anderer stalinistischer Foltermethoden, die ich Ihnen erspare] – dann wäre kein Tschechow-Stück zu Ende gegangen, dies hätte alle Helden ins Irrenhaus gebracht.«

Der künstlerische Überfluss dieser Zeit reichte also nicht aus, um diese Katastrophe abzuwenden, und ich nehme an, dass er in mancher Hinsicht vielleicht sogar dazu beigetragen hat (eigentlich muss das so gewesen sein). Hat er die lesenden Schichten für den Bolschewismus aufgeweicht? Eine Ungeduld erzeugt, dass sich endlich etwas ändern müsse, die zu einer allzu heftigen Revolution führte? War diese herausragende Kunst von Anfang an nur von der und für die Bourgeoisie gemacht worden, die die zaristischen Exzesse ermöglichte und vertuschte, und war das teilweise der Grund, warum die Stalinisten so brutal gegen die humanistischen Tugenden vorgingen?

Diese Fragen übersteigen mein Niveau. (Schon sie zu stellen, macht mich ein bisschen nervös.)

Aber ich stelle sie, um deutlich zu machen, dass sich nicht so einfach sagen lässt, was Literatur für uns oder mit uns tun kann.

Es gibt eine Art, über literarische Texte zu reden, die sie als etwas Rettendes sieht, als Antwort auf alle Probleme; sie sind, »wovon wir leben«, und so weiter. Wie Sie an diesem Buch sehen können, schließe ich mich dieser Meinung an, bis zu einem gewissen Punkt. Doch bin ich, vor allem je älter ich werde, auch davon überzeugt, dass wir unsere Erwartungen bescheiden halten sollten. Wir sollten weder überschätzen noch über Gebühr glorifizieren, was Literatur leistet. Insbesondere sollten wir uns davor hüten, ganz bestimmte Dinge von ihr zu verlangen. Darüber hat der Kritiker Dave Hickey geschrieben: Wenn wir der Kunst sagen, was sie leisten *sollte*, könnten wir einem reaktionären Establishment in die Hände spielen, das ihr sagt, was sie leisten *muss*, und dann die Künstlerinnen und Künstler zum Schweigen bringt, deren Werke das nicht leisten. Mit anderen Worten, immer wenn wir uns auf die Seifenkiste stellen und das Loblied der Literatur singen, erklären, wie gut sie für uns alle ist, dann schränken wir gleichzeitig auch ihre Freiheit ein … zu sein, was sie sein *will* (pervers, widerspenstig, frivol, anstößig, nutzlos, zu schwierig für die meisten, und so weiter).

Und wo wir gerade so ehrlich sind, machen wir doch weiter: Wir, die wir lesen und schreiben, tun das, weil wir es lieben und uns dabei lebendiger fühlen; wahrscheinlich würden wir es auch tun, wenn uns jemand beweisen könnte, dass insgesamt netto null dabei herauskäme. Ich für meinen Teil vermute, ich würde es sogar weiter tun, auch wenn unterm Strich ein Minus herauskäme. (Einmal schrieb mir jemand eine E-Mail, der eine meiner Erzählungen (falsch) gelesen und deshalb seine Mutter vorzeitig ins Altersheim verfrachtet hatte. Vielen Dank, Literatur! Und trotzdem stand ich am nächsten Morgen auf und schrieb weiter.)

Ich merke allerdings, dass ich oft die günstigen Auswirkungen von Literatur als Begründungskonstrukt heranziehe, einfach um meine Arbeit all der Jahre zu rechtfertigen.

Wenn wir also weiterhin versuchen, ganz ehrlich zu bleiben, dann fragen wir doch, diagnostisch: Was genau leistet Literatur denn?

Und diese Frage haben wir ja auch die ganze Zeit gestellt, während wir unserem Geist dabei zugesehen haben, wie er diese russischen Erzählungen liest. Wir haben den Zustand unseres Geistes vor der Lektüre mit dem nach der Lektüre verglichen. Und hier genau liegt, was Literatur leistet: Sie sorgt dafür, dass sich ein Geist zunehmend verändert. Das war's schon. Aber hey – das tut sie wirklich. Diese Veränderung ist begrenzt, aber real.

Und das ist schon etwas.

Es ist nicht alles, aber nichts ist es auch nicht.

WIR KOMMEN ZUM SCHLUSS

Ich hoffe, unser gemeinsamer Spaziergang durch diese russischen Erzählungen hat Ihnen genauso viel Spaß gemacht wie mir (halb so viel wäre, bei meiner Freude daran, immer noch eine Menge).

Ein paar abschließende Gedanken.

Nach meiner Erfahrung funktioniert ein künstlerisches Mentorat im besten Fall ungefähr so: Der Mentor äußert meinungsstark seine Ansicht, so als wäre sie die einzig mögliche und richtige. Der Studierende gibt vor, diese Haltung zu übernehmen: Er glaubt dem Lehrer einfach (probiert seine ästhetischen Prinzipien versuchsweise an wie ein Kleidungsstück, beugt sich seinem Ansatz), um herauszufinden, ob da was dran sein könnte. Am Ende der Mentoratszeit (jetzt) klinkt die Studierende sich wieder aus, distanziert sich von der Ansicht des Lehrers, die sich sowieso inzwischen anfühlt wie schlecht sitzende Kleidung, und kehrt zu ihrer eigenen Denkweise zurück. Aber vielleicht hat sie ja unterwegs ein paar Erkenntnisse mitnehmen können. Wahrscheinlich waren ihr die gar nicht ganz neu, die Lehrerin hat sie einfach nur daran erinnert.

Sollte Ihnen also irgendetwas in diesem Buch eingeleuchtet haben, dann habe nicht ich »Ihnen etwas beigebracht«, sondern Sie haben sich an etwas erinnert oder etwas wiedererkannt, das ich einfach nur, sagen wir, bestätigt habe. Und wenn irgendetwas, ähm, so gar nicht einleuchtend war? Dieses Gefühl, mir nicht zustimmen zu können, war Ihr künstlerischer Wille, der sich da behauptet hat. (Sie hatten ihn erst an die Leine gelegt und darum gebeten, sich ein bisschen von mir spazieren führen zu lassen, aber er konnte das Gefühl, gegen seine natürlichen Neigungen von mir herumgezerrt zu werden, nur bis zu einem gewissen Punkt ertragen.) Dieser Widerstand sollte von Ihnen registriert werden, freuen Sie sich darüber, hören Sie darauf. Der Weg zu dem »ikonischen Raum«, den ich zu Anfang ansprach (dort tun Sie die Arbeit, die nur Sie leisten können), ist geprägt von Momenten starker, fast manischer Vorlieben. (Und von Trotz, Halsstarrigkeit, Faszination, unhaltbarer Obsession.) Was Randall Jarrell über Erzählungen gesagt hat, trifft auf deren Autor:innen auch zu: Sie »wollen nicht wissen, wollen sich nicht kümmern, sie wollen einfach nur *tun, wozu sie Lust haben.*«

Und das gilt auch für die Leser:innen einer Erzählung. Wo außer in einem literarischen Text können wir uns all das erlauben: heftige Vorlieben, vernunftfrei erfolgende Reaktionen, einfach freien Herzens lieben oder hassen und radikal wir selbst sein? Sie haben nicht mich gebraucht, um zu wissen, was Sie von diesen Erzählungen halten. (Aber, um es mit Carol Burnetts Song zu sagen: *I'm so glad we had this time together.*)

Ich bedanke mich also bei Ihnen, dass ich Sie durch die Erzählungen führen durfte, ziemlich herrisch übrigens, und Ihnen zeigen durfte, wie ich sie lese und warum ich sie liebe. Ich habe versucht, so klar und überzeugend wie möglich zu sein, ich habe Ihnen gezeigt, was Ihnen vielleicht auffallen sollte, einige handwerkliche Aspekte, und meine besten Erklärungen dafür geliefert, warum »wir« von dieser oder jener Stelle berührt werden, und so weiter.

Doch all das habe ich mir zusammengeträumt, mein Kopf hat es beim Lesen der Erzählungen geträumt, ich habe Ihnen diese Träume weitererzählt, und Sie waren freundlicherweise einverstanden damit, sie sich anzuhören.

Jetzt, wo wir fertig sind, hoffe ich, dass Ihnen ein paar Dinge, die ich im Träumen vor mich hin gemurmelt habe, bleiben werden (weil diese Gedanken ursprünglich ja auch Ihre waren) und Ihnen nutzen werden; andere dagegen (nicht so nützliche, nicht Ihre) werden sicher wegfallen, was Sie freuen wird. Und Sie sollen wissen, dass das wiederum mich freut. Denn genauso funktioniert das hier.

Eine der Gefahren, wenn man ein Buch übers Schreiben schreibt, liegt darin, dass es als Ratgeber aufgefasst werden könnte: So und nicht anders geht das…

Dieses Buch ist nicht so gemeint. Lebenslanges Schreiben hat mir eines gebracht: Ich weiß, wie *ich* es mache. Oder, ehrlich gesagt, wie ich es *gemacht habe.* (Wie ich es demnächst machen werde, bleibt mir notwendig ein Rätsel.)

Der Himmel bewahre uns vor Manifesten, selbst vor meinen. (Tolstoi war überzeugt, dass keine Erklärung alles erfasst.)

Von allem, was ich anzubieten habe, kommt das hier einer Methode noch am nächsten: Gehen Sie hin und tun Sie, wozu Sie Lust haben.

Aber es stimmt: Wenn Sie tun, wozu Sie Lust haben (also: was Ihnen Lust macht), und zwar mit Schwung, dann führt Sie das zu allem – zu dem, wovon Sie besonders besessen sind und wie Sie ihm nachgeben, zu dem, was Sie besonders fordert und wie Sie es in Schönheit verwandeln, zu dem, was Sie besonders behindert und wie Sie es mit präzise auf Sie zugeschnittenen Verfahren aus dem Weg räumen. Wir können unsere Schreibprobleme nicht kennen, wenn wir uns nicht in sie hineinschreiben – und dann wieder aus ihnen hinaus.

Ein Studierender erzählte mir einmal, wie Robert Frost zu einer Lesung an ein College kam. Ein redlicher junger Dichter stand auf und stellte eine komplexe handwerkliche Frage zur Form des Sonetts (oder etwas in der Art).

Frost zögerte kurz, dann sagte er: »Junger Mann, machen Sie sich keine Gedanken: ARBEITEN SIE!«

Ich liebe diesen Ratschlag. Nach meiner Erfahrung trifft er hundertprozentig zu. Wir können nur einen bestimmten Teil der Dinge entscheiden. Die großen Fragen finden allein durch Stunden am Schreibtisch ihre Antworten. Viele Gedanken, die wir uns machen, sind letztlich eine Art, der Arbeit auszuweichen, und das zögert die (durch Arbeit ermöglichte) Lösung nur hinaus.

Also, machen Sie sich keine Gedanken, arbeiten Sie, und vertrauen Sie darauf, dass Sie dabei all Ihre Antworten finden werden.[26]

Am Ende des vorhergehenden Teils hatten wir uns darauf geeinigt, unsere Erwartungen an die Literatur zu beschränken: darauf, dass das Lesen von Literatur unseren Geist für eine kurze Zeit verändern kann.

Aber vielleicht war das ein bisschen zu bescheiden. Schließlich haben wir öfter gesehen, dass das Lesen von Literatur unseren Geist *in ganz bestimmter Weise* verändert, während wir aus unserem eigenen (begrenzten) Bewusstsein in ein anderes eintreten (oder zwei oder drei).

Wir könnten uns also fragen, inwiefern wir denn in dieser »kurzen Zeit« tatsächlich verändert werden.

(Bevor ich meine Antwort gebe, möchte ich noch einmal betonen, dass ich das eigentlich gar nicht zu tun brauche.

---

26 Allerdings ... ein paar Jahre später kam ein Frost-Spezialist nach einer Veranstaltung zu mir und wartete mit einer freundlichen Korrektur auf. Laut ihm hat Frost in Wahrheit gesagt: »Junger Mann, arbeiten Sie nicht: Machen Sie sich Gedanken!« Tja, das passt auch. (Gedankenmachen ist eine Form von Arbeit.) Aber für mich passt es umgekehrt besser. Wenn die zweite Version des Ratschlags für Sie passt, dann unterschreibe ich auch die. Gehen Sie hin und arbeiten Sie nicht, machen Sie sich Gedanken!

Wir wissen, wie unser Geist sich verändert hat, während wir unsere Russen gelesen haben, wir waren schließlich dabei. Und wir wissen auch, wenn wir das Glück weiterer großer Leseerlebnisse hatten, was diese für uns und mit uns gemacht haben.)

Aber ich will's versuchen:

Ich werde daran erinnert, dass mein Geist nicht der einzige ist.

Ich verspüre zunehmendes Vertrauen in meine Fähigkeit, mir die Erfahrungen anderer Menschen vorzustellen und sie gelten zu lassen.

Ich spüre, dass ich in einem Kontinuum mit anderen Menschen existiere: Was in ihnen ist, habe ich auch in mir, und umgekehrt.

Meine Sprachkompetenz wird frisch aufgeladen. Meine innere Sprache (die Sprache, in der ich denke) wird reicher, spezifischer und wendiger.

Ich merke, dass mir die Welt besser gefällt, ich nehme sie liebevoller wahr (das hängt mit der Neuaufladung meiner Sprache zusammen).

Ich bin glücklicher darüber, am Leben zu sein, und mir ist stärker bewusst, dass ich es eines Tages nicht mehr sein werde.

Ich habe eine größere Aufmerksamkeit für die Einzelheiten der Welt, sie interessieren mich mehr.

Das alles ist also ziemlich gut.

Bevor ich anfange, eine Erzählung zu lesen, befinde ich mich im Wesentlichen in einem wissenden Zustand, in relativer Sicherheit. Mein Leben hat mich an einen bestimmten Punkt gebracht, wo ich mich zufrieden und in Ruhe aufhalte. Dann kommt die Erzählung an, und ich werde ein wenig demontiert, auf eine gute Weise. Ich bin meiner nicht mehr ganz so sicher, meiner Ansichten, und werde daran erinnert, dass mein innerer »Ansichtenmacher« immer ein bisschen danebenliegt: Er ist beschränkt, er gibt sich zu leicht zufrieden und hat zu wenig Daten.

Und das ist, selbst wenn es nur ein paar Minuten lang andauert, ein beneidenswerter Zustand.

Wenn Ihnen jemand die Vorfahrt nimmt, wissen Sie nicht auch jedes Mal, welche Partei der wählt (natürlich nicht die Ihre)? Und natürlich wissen Sie es nicht. Das muss sich erst noch zeigen. Alles muss sich zeigen. Daran erinnert uns die Literatur: dass sich alles erst noch zeigen muss. Sie gleicht einem Sakrament, das diesem Ziel gewidmet ist. Wir können uns nicht immer so offen für die Welt fühlen wie am Ende einer wunderschönen Erzählung, aber wenn wir uns nur kurz so fühlen, erinnert uns das daran, dass dieser Zustand existiert, und weckt in uns das Streben danach, ihn öfter zu erleben.

Würden uns die »echten« Marijas, Jaschas, Olenkas, Wasilijs usw. ebenso ans Herz wachsen wie ihre literarischen Abbilder? Hätten wir sie im wahren Leben abgetan, vielleicht gar nicht bemerkt?

Sie waren ursprünglich Vorstellungen im Geist eines anderen Menschen, wurden zu Worten, dann zu Vorstellungen in unserem Geist, und jetzt werden sie für immer zu uns gehören, als Teil unserer moralischen Ausrüstung, wenn wir die wunderschönen, schwierigen, kostbaren Tage angehen, die vor uns liegen.

Draußen vor der Tür meiner Schreibhütte befinden sich diverse Dinge. Was für Dinge? Ja, genau. Es liegt bei mir, Ihnen das zu erzählen, und indem ich es Ihnen erzähle, werde ich sie gleich herstellen. Wie ich sie erzähle, so werden sie sein. Sind das »struppige traurige Redwood-Bäume, die von dem langen Scheitern namens Leben Zeugnis ablegen«? »Stolze, prachtvolle rotbraune Freunde meiner Arbeitstage, die mich mit den zahllosen Generationen vor mir verbinden«? »Ein Redwood-

Bestand«? »Ein paar Bäume«? Hängt vom Tag ab, hängt von meinem Kopf ab. Diese Beschreibungen sind alle wahr, und ebenso gilt: Keine davon ist wahr.

Da draußen steht ein Stuhl, um die Tür offen zu halten (es ist heiß, und ein Ventilator in der Türöffnung bläst etwas kühlere Luft herein), und da liegt ein Schlauch, den ich hierhergezogen habe, um eine Pflanze zu bewässern, irgendeine Sukkulente, deren genauen Namen ich nicht weiß, wir haben sie letzten Monat im Baumarkt gekauft, und wenn ich jeden Morgen hier hereinkomme, denke ich mir etwas Ermutigendes aus, das ich ihr zuflüstere. Der Schlauch liegt draußen, blassgrün in der heißen Sonne.

Aber übrigens, er liegt nicht »grünlich aussehend an diesem heißen sonnigen Tag« da. Sondern »blassgrün in der heißen Sonne«. Warum? Weil es besser so ist. Warum ist es besser so? Weil ich es so besser finde.

Tja. Darüber könnten wir verschiedener Meinung sein. Weiter oben, als Sie gelesen haben »blassgrün in der heißen Sonne«, haben Sie da den Schlauch vor sich gesehen? Bei diesem Satz hat Ihre Leseenergie reagiert. Waren Sie dabei oder nicht dabei? Bei mir oder gegen mich? Etwas näher herangezogen oder etwas zurückgeschoben?

Dieses kleine Gerangel sorgt dafür, dass Sie wissen, ich bin da. Und ich weiß, dass Sie da sind. Dieser Satz ist ein kleiner Korridor der Verbindung zwischen uns, er gibt uns ein Fragment der Welt, über das wir rangeln, d. h. uns verbinden können.

Es gibt viele Versionen von Ihnen, in Ihnen. Zu welcher davon spreche ich, wenn ich schreibe? Zu der besten. Der einen, die meiner besten Version am nächsten ist. Diese beiden besten Versionen von uns verlassen in dem Augenblick der Lektüre unser sonstiges Ich und werden, an einem Ort, der aus gegenseitigem Respekt erschaffen wurde, eins.

Das ist ein ziemlich hoffnungsvolles Modell menschlicher

Interaktion: Zwei gegenseitig respektvolle Menschen wenden sich einander zu, der eine spricht, um zu faszinieren, der andere hört zu, bereit, sich verzaubern zu lassen.

Damit kann man doch arbeiten.

Wie ich am Anfang sagte, begann ich dieses Buch, als mir klar wurde, wie wichtig die Unterrichtslektüre dieser Erzählungen im Lauf der letzten zwanzig Jahre für mich war. Ich wollte einiges davon, was sie mich gelehrt haben, zu Papier bringen – die Erkenntnisse bewahren, so würde ich es wohl ausdrücken. Während der Arbeit am Buch stellte ich fest, dass noch etwas geschah. Befreit vom Zeitplan des Semesters, durch die Essay-Form zu größerer Spezifität gezwungen, taten sich die Erzählungen für mich in einer Weise auf und forderten mich heraus, wie sie es nie zuvor getan hatten. Sie sind, stellte ich fest, noch großartiger, als ich die ganze Zeit schon gewusst hatte – noch komplexer gebaut, noch geheimnisvoller. Und sie stellten meine eigene Arbeit auf den Prüfstand: Ich sehe jetzt, was die Russen gemacht haben und was mir bislang noch nicht gelungen ist.

Es war einschüchternd und aufregend festzustellen, dass meine Lieblingsform so viel Potenzial bietet und ich immer noch so weit davon entfernt bin, es alles zu verwirklichen.

Und noch ein Gedanke flog mich an: Diese Russen haben das, was sie taten, so wunderbar gemacht, da braucht es weder mich noch irgendwen sonst, um es weiterhin zu machen.

Aber das besagt eigentlich nur, dass es zu meinen Aufgaben (zu Ihren Aufgaben) gehört, neue Wege für die Form der Erzählung zu finden und zu beschreiten; Erzählungen zu schreiben, die so kraftvoll sind wie diese russischen Erzählungen, in ihrer Stimme, ihrer Gestalt und ihren Anliegen aber neu sind, neu in dem Sinne, dass sie darauf reagieren, was uns die Geschichte seit der Zeit dieser russischen Autoren über das Leben auf der Erde gelehrt hat.

Wie wir gesehen haben, funktionieren diese Erzählungen auf eine ganz bestimmte Weise. Unsere werden anders funktionieren müssen, nicht nur, um sie von den älteren Werken abzuheben, sondern damit sie in ihrer Zeit ebenso frisch klingen wie die russischen Erzählungen damals in ihrer Zeit.

Während ich an diesem Buch schrieb, wurde ich 61, und ich fragte mich immer wieder bei der Arbeit, warum es so wichtig ist, Erzählungen zu schreiben – ist es wichtig genug, um die Zeit, die es braucht, zu rechtfertigen? Mir wird immer klarer, wie kostbar Zeit ist, dass das Leben vorbeigeht und dass ich ganz sicher nicht alles, was ich in diesem Leben schaffen will, hinkriegen werde, ganz sicher nicht, unmöglich; das Ende wird schneller angerauscht kommen als erwartet (auch wenn es nach meinem eigenen Plan erst in zweihundert Jahren angerauscht kommt, wenn ich 261 bin).

Das Schreiben dieses Buches entpuppte sich als Chance, mich erneut ganz in Ruhe zu fragen: »Willst du dein Leben immer noch der Literatur widmen?«

Und die Antwort lautet, ich will. So richtig.

Am Anfang der ersten Stunde im Semester bitte ich meine Studierenden immer darum, dass sie alles, was ich (im Lauf des Semesters) sagen werde, in Klammern setzen und vor die Klammer schreiben sollen: »George findet.«

Am Ende der letzten Stunde des Semesters fordere ich sie auf, die Klammer zu schließen und dahinter zu schreiben: »So, das war's, was George findet.«

Sie können diese Klammer jetzt schließen.

Ich danke Ihnen von ganzem Herzen, dass Sie die Zeit und Energie investiert haben, um bis zum Schluss zu lesen, und hoffe sehr, irgendetwas hier drin ist für Sie von Nutzen.

Corralitos, Kalifornien, April 2020

ANHÄNGE

ANHANG A

Eine Übung im Streichen

ÜBUNG, TEIL 1

Lesen Sie den unten stehenden Text.
Stellen Sie einen Wecker auf fünf Minuten.
Streichen Sie in dieser Zeit zwanzig Wörter aus dem Text.
Wenn Sie fertig sind, beantworten Sie diese Fragen:

1. Was habe ich gestrichen?
2. Warum habe ich es gestrichen? (Daraus erfahren Sie etwas über Ihre Sensibilität beim Redigieren.)
3. Ist der Text besser geworden oder schlechter?

Jetzt machen Sie eine weitere Runde.

Genauer gesagt, machen Sie Runde um Runde, bis Sie den Text von seiner derzeitigen Länge von 600 Worten auf die Hälfte gekürzt haben (300 Worte).

TEXT

Es war einmal ein behäbiger, freundlicher Mann namens Bill. Eines Tages ging Bill ins Kraftfahrzeugamt, er trug ein braunes Hemd und verströmte irgendwie Paranoia. Das ist weder normal noch falsch. Die Kfz-Behörde macht jeden nervös, der noch bei Sinnen ist. Bill hüpfte im Geist zwischen einer Reihe von Bildern hin und her, die ebenso verschwommen wie angsteinflößend waren. Er sah sich in Handschellen. Er stellte sich vor, wie jemand aus einem Hinterzimmer kam, mit einer Liste sämtlicher Autos, die Bill je auf den diversen Parkplätzen in den fünfzig Jahren seines Lebens verbeult, verkratzt oder mit seiner Fahrertür verschrammt hatte: zuerst in Indiana, dann in Kalifornien und jetzt in Syracuse, New York, wo sie das schlimmste Kfz-Amt aller Zeiten hatten, so kam es Bill jedenfalls vor, schon was das Angsteinflößende betrifft, wie es da so eckig in einer Straße ähnlicher flacher Gebäude und Fabriken stand, die nur schwer zu finden war. Und jedes Mal musste er sie wieder von neuem finden. Er konnte sich nie daran erinnern, wie er sie beim letzten Mal gefunden hatte, und das war schlecht. Das Büro hatte niedrige Decken und roch nach Rauch, Bodenreiniger und menschlichem Schweiß. Dabei war da immer derselbe Typ, der den Boden wischte, unaufhörlich wischte. Es schien fast, als würde er mit einer Mischung aus Bodenreiniger und menschlichem Schweiß wischen, während er rauchte. Aber nein, über seinem Kopf hing ein Schild: RAUCHEN VERBOTEN. Das war alles furchtbar typisch und furchtbar bürokratisch. Überall in Amerika standen solche öffentlichen Gebäude: Wahrscheinlich kostete es nicht viel, sie zu bauen, aber der Preis für die Psyche der Menschen, die hierherkommen mussten, war hoch. Bill setzte an, sich dem Schalter zu nähern. Aber vorher musste er eine Nummer bei einer Frau mit flammend roten Haaren ziehen. Sie saß an einem Schalter vorn bei der Eingangstür, durch die Bill gerade gekommen war.

»Kriege ich hier dieses Nummernding?«, fragte Bill.

»Ja«, sagte die Frau.

»Schöne Haare«, sagte Bill.

»Soll das ironisch sein?«, fragte die Frau.

Bill wusste nicht, was er sagen sollte. Ja, er hatte es ironisch gemeint, aber jetzt begriff er, dass das, in Bezug auf die Nummer, die er brauchte, eine schlechte Taktik gewesen war. Warum war er immer so ironisch? Was hatte ihm diese bleiche, clowneske Frau getan? Er fühlte sich noch paranoider. Bilder schwebten vor seinen Augen – Schemen eigentlich: katastrophal, fötal, dazu feierliches Zucken und Blitzen, eventuell durch eine nahende Migräne ausgelöst. Der Raum schwankte, schlingerte, dann stellten seine Augen wieder scharf. Es war so heiß.

Die Clown-Frau gab ihm die Nummer. Bill setzte sich auf eine Bank. In der Nähe stritt sich ein Paar. Die Frau behauptete, der Mann würde nie seinen Hintern waschen, nie. Der arme Mann wirkte gedemütigt. Die Frau redete so laut. Der Mann war verschrumpelt und alt und wehrlos. Er hielt buchstäblich die Augen gesenkt und die Hände im Schoß. Bill stierte die Frau an. Sie stierte zurück. Dann stierte der Mann Bill an. Er machte eine bedrohliche Geste mit den Händen im Schoß. Jetzt hatte sich das Paar gegen Bill vereint, der unsaubere Arsch des Mannes schien total vergessen zu sein. So war das schon immer für den armen Bill gelaufen. Einmal hatte er sich eingeschaltet, als ein Mann seine Frau schlug, und die Frau war auf *ihn* losgegangen, dann war der Mann auf ihn losgegangen, sogar ein paar Vorbeikommende waren auf ihn losgegangen. Ja, eine Nonne hatte ihm unnötigerweise einen Tritt mit ihrem dicken Nonnenschuh verpasst. Eine roboterhafte Stimme verkündete Bills Nummer, die 332. Bill trat an den Schalter. Zu seiner Überraschung sah er seine Exfrau Angie, die dort hinter dem Schalter arbeitete. Angie sah schöner aus denn je.

(600 Worte)

DISKUSSION

Nicht jedes Stück Prosa muss so massiv eingestrichen werden, aber es ist gut, ein Gefühl dafür zu entwickeln, wie viele Kürzungen ein Text vertragen kann, bevor er schlechter wird.

Diese Übung hilft Ihnen dabei, Ihre Stimme zu entdecken, oder, genauer, Ihren Duktus.

Stellen Sie sich vor, Sie stehen nackt vorm Spiegel. In den Spiegel eingebaut ist eine App, mit der Sie dem Bild Gewicht hinzufügen können, in Zwei-Kilo-Schritten. Schrauben Sie das Gewicht auf 250 Kilo hoch. Wie sehen Sie aus? Jetzt drehen Sie es stetig runter: auf 248, 200, 150, auf Ihr derzeitiges Gewicht, an Ihrem derzeitigen Gewicht vorbei bis, sagen wir, 30 Kilo. Tja, irgendwo dazwischen liegt Ihr ideales Körpergewicht.

Sie erkennen es, wenn Sie es sehen.

Genauso ist es mit der Prosa. Für jede und jeden von uns gibt es einen idealen Prosaduktus. Aber nur wenige von uns finden ihn schon in der ersten Fassung. Deshalb müssen wir uns Hilfe holen. Durch diese Übung bekommen wir einen Vorgeschmack auf unseren möglichen idealen Prosaduktus, weil sie uns unerbittlich von einer Ebene der Verknappung zur nächststrengeren schickt.

Während Sie diese Übung gemacht haben, gab es wahrscheinlich einen Zeitpunkt, als Ihnen das Gefühl dafür, was Sie streichen sollten, abhandenkam, weil Sie nicht wussten, worauf der gesamte Text hinauswill. Sie hatten das Gefühl, Sie müssten wissen, wo es hingeht, um die Spreu vom Weizen trennen zu können. (Diese Frau, die Bill wegen ihrer Haare beleidigt hat – wird die später wichtig? Wenn nicht, könnte die Passage raus. Andererseits, wenn Ihnen dieser Dialog so gut gefallen hat, dass Sie ihn drinlassen wollen, müssen Sie der Frau später auch eine Rolle geben.)

Aber achten Sie darauf, wie weit Sie schon mit der Übung waren, als Sie dieses Gefühl bekamen. Meistens gab es vorher schon andere Gründe fürs Streichen. (Welche Gründe waren das *für Sie?* Was stört Sie, in einem Prosatext? Was macht Ihnen Freude, so dass Sie es erhalten wollen?)

Extremes Streichen dieser Art bietet einen Zugang zur eigenen Stimme. Wir können zwei Phasen des Schreibens unterscheiden (obwohl sie oft bei der Arbeit ineinander übergehen): *Komposition* und *Redaktion*. Wir neigen dazu, die Stimme mit der ersten Phase zu verbinden (»Grad hab ich meine erste Fassung in meiner wahren Stimme rausgehauen, meine spontane Vision rausgesungen!«). In meiner Erfahrung entsteht die Stimme eigentlich eher in der zweiten Phase – während wir überarbeiten, insbesondere: streichen. Die meisten von uns neigen dazu, in der ersten Fassung zu lange zu singen, und das klingt dann schnell ziemlich ähnlich wie das Singen all der anderen Autor:innen.

Es gibt zwei Wege, wie eine erkennbare Stimme entstehen kann: Wir können sie von Anfang an in den Text packen oder sie durch Reduktion entdecken. Jede Methode lässt, wenn wir sie nach unserem Geschmack durchführen, den Text mehr »nach uns« klingen. (Und in einer echten Schreibsitzung wechseln wir natürlich ständig von einem Modus zum anderen, manchmal im Sekundentakt.)

Verdichtung hat etwas Intelligenzsteigerndes an sich. Unser erster Versuch, etwas zu schreiben, sitzt oft noch nicht so richtig, ist auf der Suche. »Damals im College machte es mich immer nervös, wenn ich, müde von der Party der letzten Nacht, in den Kurs kam und mich auf meinen üblichen Platz am Fenster setzte und Professor Vader vorn an der Tafel stehen sah, wo er alle möglichen Beweise oder Berechnungen machte oder einfach nur dozierte, während sein schwarzer Helm das Gesicht verbarg und sein leichter Säbel an seinem Gürtel baumelte und ab und zu leuchtend rote Funken an dem kleinen Kreidebrett schlug, wo die Kreide aufbewahrt wurde, wenn sie nicht in Gebrauch war.« Okay, das ist ein Anfang. Wird das zusammengestrichen zu so etwas wie »Es machte mich nervös, Professor Vader vorn an der Tafel zu sehen, sein Helm verbarg das Gesicht, und sein leichter Säbel schlug ab und zu funkensprühend gegen das kleine Kreidebrett«, dann ist das überzeugender als vorher. Der Autor nimmt auf das Publikum Rücksicht, wenn er die mäandernd suchende Erstfassung durchsiebt und nur das präsentiert, was er daran unverzichtbar findet.

Wenn Sie etwas Mittelmäßiges streichen, dann ist Ihre Erzählung gleich ein bisschen weniger mittelmäßig, wie von selbst. Das ist der eine Vorzug davon. (Wenn Sie Essen zwischen den Zähnen haben und es rausnehmen, sehen Sie gleich besser aus.) Überdies haben Sie aber Platz geschaffen für etwas Besseres, das dort hinkann (dieser Punkt trifft übrigens nur auf das Schreiben zu). Manchmal ändert der Strich den Rhythmus des Satzes in einer Weise, die Sie ermutigt, ihn anders zu Ende zu bringen, und das wiederum führt etwas Neues in die Erzählung ein. Wenn wir »Sam war dieser irgendwie dümmliche, schwere Typ, den ich kannte« überarbeiten zu »Sam, dümmlich und schwer…« – dann ist das schon besser. Es hängt noch nicht durch. Und wenn wir uns noch mal an diesen Teilsatz machen, lässt sein verdichteter Zustand nach dem Strich uns erkennen (und hören), womit wir arbeiten können. Versuchen Sie es mal: Lesen Sie diesen Teilsatz laut und schauen Sie, ob Ihnen dabei nicht irgendetwas einfällt, wie Sie ihn zu Ende bringen können. Respektieren Sie dabei auch den Rhythmus; irgendein Teil Ihres Gehirns weiß, was es hören will, und liefert einen Vorschlag, der nicht nur auf den Sinn abzielt, sondern ebenso auf den Klang.

»Sam war dümmlich und schwer… aber laufen konnte er.«

Tja, und so ist der dümmliche, schwere Sam ein Läufer geworden. Da läuft er los, und alles nur, weil wir unseren ersten, schludrigen Versuch, ihn zu beschreiben, in Form gebracht haben.

ÜBUNG, TEIL 2

- Nehmen Sie eine Geschichte, an der Sie gerade arbeiten und von der Sie meinen, sie ist fast fertig.
- Greifen Sie davon, sagen wir, Seite 4 heraus und kürzen Sie sie *auf die Hälfte*, wie meinen Text oben. (Beim Text einer anderen Person ist das einfach, bei einem eigenen schwerer.) Studierende berichten, dass sich, weil sie es an dem Übungstext trainiert haben, das »Muskelgedächtnis« zum Teil auf das Redigieren ihres eigenen Textes überträgt.

ANHANG B

Eine Übung im Steigern

ÜBUNG

Stellen Sie den Wecker auf, sagen wir, 45 Minuten.

Jetzt schreiben Sie eine Erzählung von 200 Worten Länge. ABER die Herausforderung lautet: Sie dürfen nur 50 bestimmte Wörter dafür benutzen.

Sie werden Ihre Art und Weise herausfinden, wie Sie mit der Wortzählung hinterherkommen; Sie könnten eine fortlaufende Liste führen. Nehmen wir an, Ihr erster Satz wäre »Eine Kuh stand auf dem Feld«.

Dann schreiben Sie zur Orientierung unten auf die Seite:

- Ein(e)
- Kuh
- stand
- auf
- dem (der, die, das)
- Feld

Jetzt »haben« Sie diese sechs Wörter, mit denen Sie weiterarbeiten können.

Wenn Sie 50 erreicht haben, ist Schluss: Dann müssen Sie Wörter mehrfach einsetzen. (Pluralformen sind erlaubt; »Kuh« und »Kühe« sind ein Wort, ebenso die verschiedenen Genera und die deklinierten Formen, wie oben beim Artikel.)

Das Endprodukt soll *exakt* 200 Worte lang sein (nicht 199 und nicht 201).

Fertig? Los.

Die meisten Autor:innen neigen dazu, Erzählungen mit langen Expositionen zu schreiben, kommen aber nie in die Ansteigende Handlung hinein (es gibt also keine Steigerung). Ich habe schon ganze Romane von Studierenden gelesen, die so liefen – Seiten über Seiten brillanter Exposition, ohne dass die Spannung anstieg. Manchmal sage ich: In der Exposition stellen wir einen Topf auf den Herd; wenn es darum geht, dass die Handlung ansteigen soll, bringen wir das Wasser zum Kochen. (Was wir »bedeutsame Handlung« genannt haben, entspricht dem kochenden Wasser, also der Steigerung.)

Aus Gründen, die mir verschlossen bleiben, enthalten Erzählungen, die bei dieser Übung zustande kommen, fast immer Ansteigende Handlung. Manche Studierende werden eher witziger und unterhaltsamer und dramatischer als in ihren »echten« Texten.

Wenn Ihnen die Erzählung, die Sie geschrieben haben, gefällt – wenn sie etwas zu haben scheint, das Ihren ernsthaft produzierten Geschichten fehlt –, dann halten Sie kurz inne und überlegen Sie, was das genau sein könnte.

Warum funktioniert diese Übung? Ich bin mir nicht sicher. Die Beschränkungen haben etwas damit zu tun (das Maximalvokabular von 50 Wörtern und die exakten 200 Worte Länge, statt 199 oder 201, machen etwas aus). Wenn eine Autorin diese Übung macht, konzentriert sie sich auf diese Beschränkungen, das heißt, sie nähert sich allem anders, als sie es sonst täte. Der Teil ihres Geistes, der sonst über ihre Themen nachdenken würde oder über die Pflege ihres Stils oder das Ziel des Textes oder ihre politische Haltung, hat genug damit zu tun, Wörter zu zählen. Was einem anderen Teil ihres Geistes erlaubt vorzutreten, einem weniger bewussten, spielerischen Teil.

Wenn ich diese Übung im Kurs aufgebe, kündige ich vorher an, dass jede und jeder das Ergebnis nachher laut vorlesen muss. Das intensiviert alles. (»Verlassen Sie sich drauf, Sir, wenn ein Mann weiß, dass er in vierzehn Tagen an den Galgen kommt, sorgt das für wunderbare Konzentration in seinem Geist.«) Es bringt eine natürliche, performative Ader hervor, und so ziemlich jede Autorin, jeder Autor, die ich kenne, hat sie.

Als ich selbst in Syracuse studierte, verkündete Doug Unger, der ein bisschen die Nase voll davon hatte, wie klug und »literarisch« unsere Erzählungen alle waren, kurz vor einer Workshop-Pause, dass in der zweiten Hälfte jede und jeder von uns eine Geschichte erzählen sollte, und zwar *spontan.*

Nervenbündelpause (gelinde gesagt).

Aber verglichen mit den Geschichten, die wir vorher abgeliefert hatten, waren die an jenem Abend erzählten ohne Ausnahme lebendiger, dramatischer und stärker davon geprägt, wer wir wirklich waren, unsere echten Qualitäten reicherten sie an und die Art und Weise, wie wir in der Welt tatsächlich originell waren.

Was passiert nachher mit den kleinen Stücken, die aus dieser Übung hervorgehen? Sie klingen meistens ein bisschen seltsam. Einmal machte ein Student eine längere Erzählung aus mehreren Durchgängen dieser Übung; in jedem Durchgang benutzte er einen verschiedenen Satz von 50 Wörtern, aber die Figuren blieben in der längeren Erzählung aus mehreren 200-Wort-Stücken immer dieselben. Andere Studierende nutzten diese Übung für eine Art Startpassage mit guter Ansteigender Handlung, dann lockerten sie die Beschränkungen und überarbeiteten die Erzählung, wobei sie so viele »neue« Wörter einsetzten, wie sie wollten.

Das Schöne an dieser Übung liegt darin, was sie uns zeigt: Normalerweise laufen wir mit einer bestimmten Vorstellung davon herum, was für ein Schriftsteller wir sind. Wenn wir uns zum Schreiben hinsetzen, ist das auch derjenige, dem wir als Erstes Ausdruck geben. In diesem Augenblick verändert sich die Arbeitsweise unseres Gehirns. Wir sind weniger offen dafür, was die Erzählung vorhat oder was der Sprachgenerator in uns vorhat. Wir arbeiten innerhalb des schmalen Korridors dessen, wie wir unserer Meinung nach schreiben *sollten*. Diese Übung schaltet die genannte Arbeitsweise ab, indem sie den entsprechenden Teil unseres Gehirns mit den praktischen Ansprüchen dieser Übung beschäftigt hält. So kann der Rest unseres Gehirns fragen: »Okay, und was haben wir sonst noch?« Mit anderen Worten: »Was für andere Schriftsteller verstecken sich hier noch?«

Vielleicht ist diese Übung ein bisschen, als würden wir betrunken tanzen und uns dabei filmen. Beim Abspielen fangen wir vielleicht einen kurzen Eindruck von etwas ein, was wir uns normalerweise gar nicht trauen, aber es gefällt uns. Und wenn es uns gefällt, wollen wir es vielleicht später noch mal absichtlich machen.

ANHANG C

Eine Übung mit Übersetzungen

Einer der russischen Autoren, die ich am meisten liebe, aber hier nicht mit reinnehmen konnte (ein Russe des 20. Jahrhunderts), ist Isaak Babel.

Bei Babel kommt, wie bei Gogol, der Übersetzung eine Schlüsselbedeutung zu, weil seine Prosa so musikalisch ist. Ein »trockenerer« Autor – bei dem die Wirkung durch die Kombination von Bildern zustande kommt, weniger durch den genauen Wortlaut dieser Bilder (wie Tolstoi oder Tschechow) – erweist sich in Übersetzung als robuster. Ein Stilist wie Babel hängt wesentlich stärker von der Übersetzung ab, die letzten Endes eine unmöglich schwere Aufgabe zu lösen hat: Sie muss ihn auf Englisch (oder Deutsch) so klingen und wirken lassen, wie er auf Russisch klingt und wirkt. Wir, die wir kein Russisch sprechen, werden einen Stilmeister wie Babel nie wahrhaft kennenlernen, aber auf dem Wege dieser Übung bekommen wir ein besseres Gefühl für ihn.

Und wie Sie gleich sehen werden, bekommen wir überdies eine bessere Vorstellung von unseren eigenen stilistischen Vorlieben.

Im Folgenden gebe ich Ihnen fünf Versionen eines Isaak-Babel-Satzes, den ich absolut großartig finde, von fünf verschiedenen Übersetzerinnen und Übersetzern[27]; er entstammt

27 Wie es der glückliche Zufall will, gibt es nicht nur fünf englischsprachige Fassungen dieser Erzählung, sondern immerhin auch vier auf Deutsch, die hier zum Vergleich herangezogen werden. (A. d. Ü.)

der Erzählung *Im Keller*, einer der besten, die je über das heikle Thema der Gesellschaftsschichten geschrieben wurden.

»In grünbewachsenen Laubengängen glänzten weiße Korbsessel.«[28] (Milan Dor, Reinhard Federmann)

»In den Alleen standen unter Laubbaldachinen weiße Korbsessel.«[29] (Karl-Heinz Jähn)

»Korbsessel schimmerten weiß in laubüberschatteten Alleen.«[30] (Bettina Kaibach)

»In den Alleen schimmerten, vom Grün halb verborgen, weiße Korbmöbel.«[31] (Dimitrij Umanskij)

Kann der echte Babel bitte mal aufstehen? Wird er nicht, kann er nicht, den gibt's nur im russischen Original. Was sieht eine Russin zuerst, wenn sie diesen Satz auf Russisch liest, weiße Sessel oder grünes Laub? Und was ist dieser grüne Bewuchs genau, wirklich Laub von Bäumen oder eher von Büschen oder Rankpflanzen oder was?

Eine gute Übung zum Finden der eigenen Stimme für alle werdenden Autorinnen und Autoren: Bewerten Sie die vier oben stehenden Fassungen von der besten zur schlechtesten.

Wenn Sie damit fertig sind, fragen Sie sich: Nach welchen

---

28 In: *Geschichten aus Odessa*. Aus dem Russischen von Milan Dor und Reinhard Federmann. dtv, München 1987, S. 38. (A. d. Ü.)
29 In: *Werke* Bd. 1. Aus dem Russischen von Karl-Heinz Jähn. Volk und Welt, Berlin 1973, S. 238. (A. d. Ü.)
30 In: *Im Taubenschlag*. Aus dem Russischen von Bettina Kaibach (und Peter Urban). Hanser, München 2014, S. 36. (A. d. Ü.)
31 In: *Budjonnys Reiterarmee und anderes*. Das erzählende Werk. Aus dem Russischen von Dimitrij Umanskij. Walter, Olten/Freiburg i.Br. 1963, S. 247. (A. d. Ü.)

Kriterien haben Sie gerade bewertet? (Ich hatte ja nichts dafür vorgegeben, deshalb kam das von Ihnen, von irgendeinem grundlagenhaften Aspekt Ihres künstlerischen Geschmacks.)

Beachten Sie: Wenn Sie bewerten konnten, zeigt das, Sie hatten Vorlieben. Das könnte (muss) mit Ihrem intuitiven Sprachgefühl zu tun haben, auf das Sie sich bei jedem einzelnen Satz Ihrer Laufbahn verlassen.

Wir können diese Übung noch einen Schritt weiter treiben: Stellen Sie jetzt selbst eine »Übersetzung« dieses Satzes her. Die Elemente sind klar: Einige weiße Korbsessel (oder -stühle?) reflektieren das Licht in besonderer Weise, während sie auf irgendwelchen Wegen oder Pfaden stehen, die von Bäumen und/oder Büschen gesäumt sind. Wie würden Sie das ausdrücken? Wenn diese Elemente Pflicht sind, brauchen Sie nur die beste Variante, wie sie sich zusammenfügen lassen, zu suchen, *gemäß Ihrem Geschmack* – das bedeutet, verleihen Sie dem Inhalt (Ihre) Stimme.

Versuchen Sie es mal.

Jetzt fragen Sie sich: Worauf habe ich Wert gelegt, als ich meine Fassung schrieb? Worauf habe ich mich gestützt? Wie habe ich bei dieser Fassung »eine Auswahl getroffen«?

Als ich die Übung soeben selbst machte, habe ich etwas über mich gelernt, nämlich dass mein Hirn als Erstes nach einem einfachen Weg durch die Vorgaben sucht. Ich bemerkte, wie ich mögliche Listen von aktiven Verben durchscannte, um eine Passivkonstruktion wie »Weiße Korbsessel waren da hingestellt worden, unter die … usw.« zu vermeiden. Das »Weiße« schien wichtig zu sein, als Kontrast zu all dem Grün, aber was genau macht das aktive Verb? Leuchten, schimmern, strahlen? Woraus sind diese klassischen Korbsessel oder Korbstühle? Aus Weidengeflecht. Gibt es »Weidensessel«? Sollte ich, wegen der Alliteration, »weiße Weidensessel« sagen, oder »weiße Weidenkorbsessel«? Zu lang. Ich stellte mir vor, dass ich auf die Szenerie blickte. »Weiße Korbsessel« leuchteten stärker, weil das W neben dem K mehr auffiel als bei »Weiße Weidensessel«. Und dann fragte ich mich: Woraus genau besteht denn der Farbkontrast, das umgebende Grün? Sollte ich hier in die Vollen gehen? »(...) leuchteten im Grün des Laubs, der Sträucher mit den tiefhängenden Ranken«? Nun ja; 1) ist das ein bisschen mehr, als Babel offenbar vor Augen hatte, und 2) sitzt es irgendwie nicht richtig; zu viel Aufwand (zu viele Wörter), und es kommt zu wenig dabei heraus. Es entsteht kein richtiges Bild, der Satz wirkt vollgestopft. Also lieber die beherzte Gartenschere und raus aus dem Satz, Hauptsache, die Leserin sieht zumindest WEISS und GRÜN.

Nämlich:

»Weiße Korbsessel leuchteten im Grün.«

Aber wenn ich das lese, ist meine Reaktion: »Ähm, von was für einem Grün ist da jetzt die Rede?«

»Weiße Korbsessel, in einer laubdichten Promenade versteckt, leuchteten.«

Hmmm. Netter Versuch.

Wir wissen nicht, wie diese Sessel arrangiert wurden (oder wie viele da sind), aber ich merke, am liebsten würde ich so was hinschreiben wie »Drei weiße Korbsessel standen ungefähr, aber nicht ganz in derselben Richtung und starrten abwesend in den Dschungel, der sie umgab, so als planten sie ihre Flucht.«

Dieser Satz wäre in Babels Erzählung fehl am Platz, dort gehört diese kleine Beschreibung zu einem größeren Kontext, der herausarbeiten soll, dass die Figur, ein armer Junge, der zum ersten Mal einen reichen Klassenkameraden besucht, von dem Reichtum des Anwesens überwältigt ist.

Und jetzt kommen wir zu dem eigentlichen springenden Punkt der Übung. Vergessen Sie, dass der Satz zu einer Erzählung von Babel gehört, und machen Sie ihn so gut, wie Sie können. Dieser neue Satz, der da völlig allein steht, fängt nämlich sofort an, seine ganz eigene Geschichte zu diktieren: eine, in der er einen Sinn ergibt.

Mit anderen Worten, unser Stil (den wir durch radikale Vorlieben finden, auf der Jagd nach »Spaß« oder »Coolness« oder »Genuss« usw.) führt zu einem Satz, und dieser Satz enthält die DNA einer Erzählung.

»Drei weiße Korbsessel starrten in den Dschungel aus Zimmerpflanzen ringsum, so als planten sie ihre Flucht.«

Wenn jetzt ein Mensch ins Bild kommt und sich auf einen der Sessel setzt, hat er eine Welt betreten, die mit »Fluchtgelüsten« aufgeladen ist. Was uns dabei helfen wird zu entscheiden, wer dieser Mensch ist. Er könnte jemand sein, der gern fliehen will, er könnte jemand sein, der gerade geflohen ist. Aber eines kann er nicht (mehr) sein: einfach irgendwer. Dieser Mensch ist in eine Erzählung spaziert, wo der Gedanke an Flucht in der Luft hängt, und er ist nicht mehr vollkommen frei.

DANKSAGUNGEN

Als Erstes möchte ich mich gern bei Andy Ward bedanken, der mein Leben und meine Kunst verändert hat durch seine stille Weisheit, seine Zen-mäßige Präzision und seinen großzügigen Blick auf die Welt. Ich weiß, dass ich nur einer der vielen Autoren bin, denen er auf diese Weise geholfen hat, bis wir durch seine unermüdliche Begeisterung und Fürsprache zu den besten künstlerischen Versionen von uns selbst wurden.

Mein tief empfundener Dank geht an Esther Newberg, meine Agentin und gute Kumpelin, weil sie an mich glaubt und mich immer so vertritt, wie ich mich selbst vertreten würde, bloß mit mehr Schmackes, Großzügigkeit und Fantasie, und das (unglaublich) seit 1992.

Vielen Dank auch an die erstaunliche Bonnie Thompson, die Michael Jordan des Lektorats, die dieses Buch an so vielen Stellen und auf so viele Arten und Weisen besser gemacht hat.

Tief und ganz besonders dankbar bin ich meiner wunderbaren Frau Paula und unseren Töchtern Caitlin und Alena, dafür, wie wir immer als Familie gelebt, geredet und geträumt haben, so als gäbe es keinen Unterschied zwischen der Literatur und dem Leben und als könnte die Hingabe zu Ersterer Letzteres besser machen.

Für die unschätzbare Hilfe, während ich dieses Buch schrieb, danke ich: Val Vinokur, Mikhail Iossel, Jeff Parker, Alina Parker, Polina Barskowa, Luba Lapina, Jana Tjulpanova und Valerij Minuchin. Danke auch an Lisa Nold für das Einstein-Zitat; an Jon Fink für die Robert-Frost-Geschichte; an Lynda

Barry für den erhellenden Besuch in Syracuse vor so vielen Jahren; an Erika Haber für einen frühen, umwerfenden Besuch im Klassenzimmer, den ich niemals vergessen und hier weidlich genutzt habe, vor allem in dem Kapitel über Gogol; und an Jonathan Dee, der mich auf das Kundera-Zitat für das *Herr und Knecht*-Kapitel hinwies.

Ich möchte auch gern den folgenden Menschen danken, die mir über die Jahre all das beigebracht haben, was ich über das Schreiben und das Lesen weiß: meinen Eltern (die mir von Anfang an Zeit zum Lesen ließen und mir klarmachten, dass das eine vitale Beschäftigung ist), Sheri Lindbloom, Joe Lindbloom, Jay Gillette, Michael O'Rourke, Richard Moseley, Charmazel Dudt, Sue Park, Douglas Unger, Tobias Wolff, Deborah Treisman, meinen Studierenden in Syracuse und, vor ganz langer Zeit, Schwester Carol Mucha und Schwester Lynette an der St. Damian School in Oak Forest, Illinois.

Viele der Gedanken in diesem Buch stammen von den oben genannten Menschen und gingen in mein Verständnis ein. Schwer zu sagen, was davon jetzt meins und was ihrs ist. Alles Wertvolle kommt von ihnen, alle Irrtümer von mir.

Dank auch an Patrick Bierut und Kyle Nielsen, deren Gegenwart in meinem Leben, während ich an diesem Buch arbeitete, die Welt zu einem herzlicheren, vernünftigeren Ort gemacht hat.

James und Anne Rasin bin ich sehr dankbar für ihre großartige Last-Minute-Gastfreundschaft in der Endphase im wunderschönen Cherry Valley, New York.

Ein besonderer Zuruf geht an Arthur Flowers, meinen kürzlich pensionierten, geliebten Literaturkumpel in diesen über zwanzig Jahren in Syracuse. Jedes Mal, wenn ich Arthur liebevoll und aus vollem Herzen über das Schreiben reden höre, bin ich dankbar und stolz, zu unserer Gemeinschaft aus Schriftstellerinnen und Schriftstellern zu gehören. Vielen Dank auch an meine speziellen Erzähldebatten-Genossinnen Dana Spiotta und Mary Karr, an alle Kolleginnen und Kollegen in Syracuse, und an die Dekanin Karin Ruhlandt für ihre freundliche Geduld mit unserem Studiengang und ihr scharfsinniges Verständnis dessen, was wir da versuchen.

Ein Dank den Übersetzerinnen und Übersetzern dieser Erzählungen dafür, dass wir ihre Arbeit benutzen dürfen.

Und zu guter Letzt noch einmal herzlichen Dank an Sie, liebe Leserin, lieber Leser, für die viele Arbeit. Versuchen wir, das wunderschöne, widersprüchliche Mantra aus zwei kombinierten Gogol-Zitaten (aus *Die Geschichte des Streitfalls Iwan Iwanowitsch gegen Iwan Nikiforowitsch* und *Newski-Prospekt*) nicht zu vergessen und gut zu beherzigen:

»Traurig ist es auf dieser Welt, Herrschaften.«

(Und doch:)

»Wie wundersam die Welt doch eingerichtet ist!«

QUELLENVERWEISE

Texte

Anton Tschechow, »Auf dem Wagen«, in: *Die Dame mit dem Hündchen.* Erzählungen 1896–1903, © Artemis & Winkler, Düsseldorf und Zürich, Patmos Verlag GmbH & Co. KG 2004. Übersetzt von Barbara Conrad

Iwan Turgenjew, »Die Sänger«, in: *Aufzeichnungen eines Jägers*, © Carl Hanser Verlag, München 2018. Übersetzt von Vera Bischitzky

Anton Tschechow, »Herzchen«, in: *Die Dame mit dem Hündchen.* Erzählungen 1896-1903, © Artemis & Winkler, Düsseldorf und Zürich, Patmos Verlag GmbH & Co. KG 2004. Übersetzt von Vera Bischitzky

Leo Tolstoi, »Herr und Knecht«, in: Lew N. Tolstoj, *Die schönsten Erzählungen*, © Insel Verlag, Frankfurt am Main 1999. Übersetzt von Hermann Röhl

Nikolai Gogol, »Die Nase«, in: Nikolaj Gogol, *Die Nase* (Russisch/Deutsch), © Philipp Reclam jun. GmbH & Co. KG, Stuttgart 1997. Übersetzt von Dorothea Trottenberg

Anton Tschechow, »Stachelbeeren«, in: *Die Dame mit dem Hündchen.* Erzählungen 1896–1903, © Artemis & Winkler, Düsseldorf und Zürich, Patmos Verlag GmbH & Co. KG 2004. Übersetzt von Ulrike Lange

Leo Tolstoi, »Aljoscha der Topf«, in: *Die Erzählungen*. Band II, Späte Erzählungen 1866-1910, © Artemis & Winkler, Düsseldorf und Zürich, Patmos Verlag GmbH & Co. KG 2001. Übersetzt von Joseph Hahn

Andere Quellen

Isaak Babel, *Guy de Maupassant*, in: *Zwei Welten. Die Geschichten des Isaak Babel*. 46 Erzählungen, © Desch, München 1960. Aus dem Russischen von Milo Dor und Reinhard Federmann

Anton Čechov, *Späte Erzählungen in zwei Bänden* (1893–1905), © Diogenes, Zürich 2015. Aus dem Russischen von Peter Urban

Nikolai Gogol, *Die Geschichte des Streitfalls Iwan Iwanowitsch gegen Iwan Nikiforowitsch*. In: Gesammelte Werke in 5 Bänden, Band 1, Erzählungen, © Cotta, Stuttgart 1982. Aus dem Russischen von Georg Schwarz

Maxim Gorki, *Erinnerungen an Tolstoi,* © Oprecht, Zürich/New York 1945. Aus dem Russischen von Fega Frisch

Dave Hickey, *Air Guitar. Essays on Art and Democracy*, Art Issues Press, Los Angeles 1997

Henry James, *The Art of Fiction*, 1884, Reprint, Pantianos Classics, New York 2018

Randall Jarrell, Introduction to *Randall Jarrell's Book of Stories: An Anthology*, New York Review Books, New York 1958

Milan Kundera, *Die Kunst des Romans*. Essay, © Carl Hanser Verlag München, Wien 1987. Aus dem Französischen von Brigitte Weidmann

Kuzminskaya, Tatyana A., *Tolstoy as I Knew Him: My Life at Home and at Yasnaya Polyana*, Macmillan, New York 1948

Robert Maguire, *Exploring Gogol*, Stanford University Press, Stanford 1994

David Mamet, *True and False: Heresy and Common Sense for the Actor*, Vintage Books, New York 1997

Vladimir Nabokov, *Gesammelte Werke*. Herausgegeben von Dieter E. Zimmer. Band XVI, Nikolai Gogol. Aus dem Englischen von Jochen Neuberger. Band XVII, Vorlesungen über russische Literatur. Herausgegeben von Fredson Bowers und Dieter E. Zimmer. Aus dem Englischen von Dieter E. Zimmer, © Rowohlt Verlag, Reinbek 2013

Flannery O'Connor, *A Good Man Is Hard to Find and Other Stories*, Harcourt, New York 1992

Gregor von Rezzori, *Memoirs of an Anti-Semite*. With an introduction by Deborah Eisenberg, New York Review Books, New York 2007

George Saunders, *I Can Speak! TM*, © Liebeskind, München 2012. Aus dem Englischen von Matthias Müller

Alexander Solschenizyn, *Archipel Gulag*, © Rowohlt Verlag, Reinbek 1988. Aus dem Russischen von Anna Peturnig und Ernst Walter

Victor Terras (ed.), *Handbook of Russian Literature*, Yale University Press, New Haven 1985

Sofja Andrejewna Tolstaja, *Tagebücher 1862–1897*, © Athenäum, Königstein 1982. Aus dem Russischen von Johanna Renate Döring-Smirnov und Rosemarie Tietze

Leo Tolstoi, »Der Tod des Iwan Iljitsch«, in: *Die Erzählungen*. Band II, Späte Erzählungen 1866–1910, © Artemis & Winkler, Düsseldorf und Zürich, Patmos Verlag GmbH & Co. KG 2001. Übersetzt von Barbara Conrad

Leo Tolstoi, *Für alle Tage. Ein Lebensbuch*, © C.H. Beck Verlag, München 2021. Aus dem Russischen von Christiane Körner

Leo Tolstoi, *Hadschi Murat und andere Erzählungen*, © Diogenes Verlag, Zürich 1985. Aus dem Russischen von Erich Boehme, Erich Müller, August Scholz

Leo Tolstoj, *Sämtliche Erzählungen*, Band VIII, © Insel Verlag, Frankfurt/M. 1961. Aus dem Russischen von Arthur Luther

Lew Tolstoi, *Auferstehung*, © Rütten & Loening, Berlin 1969. Aus dem Russischen von Hermann Asemissen

Lew Tolstoi, *Tagebücher 1847–1910*, 3 Bände, © Rütten & Loening, Berlin 1987. Aus dem Russischen von Günter Dalitz

Henri Troyat, *Tschechow. Leben und Werk*, © Deutsche Verlagsanstalt, Stuttgart 1987. Aus dem Französischen von Christian D. Schmidt

Henri Troyat, *Tolstoi oder die Flucht in die Wahrheit*, © Econ, Düsseldorf, Wien 1966. Aus dem Französischen von Hansjürgen Wille und Barbara Klau

Viktor Vinogradov, *Gogol and the Natural School*, Ardis, Ann Arbor 1987

Val Vinokur, »Talking Fiction; What Is Russian *Skaz*?« *McSweeney's Quarterly Concern*, Fall 2002

Andrei Zorin, *Leo Tolstoy*, Reaktion Books, London 2020

In dem Text habe ich einige Geschichten und Filme erwähnt. Dazu finden sich zusätzliche Quellen unter georgesaundersbooks.com/additional-resources.

Die Originalausgabe erschien 2021 unter dem Titel
A Swim in a Pond in the Rain. In which Four Russians Give a Master Class in Writing, Reading, and Life bei Random House, einem Imprint von Penguin Random House LLC, New York.

Der Übersetzer bedankt sich herzlich für Unterstützung, Flexibilität und anregenden Austausch bei Mareike Röhricht, Olga Radetzkaja, seiner Lektorin Christine Popp und George Saunders selbst.

MIX
Papier | Fördert gute Waldnutzung
FSC® C014496

Penguin Random House Verlagsgruppe FSC® N001967

2. Auflage
Genehmigte Taschenbuchausgabe November 2023

Neumarkter Straße 28, 81673 München
produktsicherheit@penguinrandomhouse.de
(Vorstehende Angaben sind zugleich Pflichtinformationen nach GPSR)

Umschlaggestaltung: semper smile, München
nach einem Entwurf von buxdesign I München
unter Verwendung einer Illustration von © Ruth Botzenhardt
Druck und Einband: GGP Media GmbH, Pößneck
cb · Herstellung: sc
Printed in Germany
ISBN 978-3-442-77372-5

www.btb-verlag.de
www.facebook.com/penguinbuecher